Analysen und Dokumente

Wissenschaftliche Reihe der Bundesbeauftragten
Band 23

Analysen und Dokumente

Wissenschaftliche Reihe der Bundesbeauftragten für die Unterlagen des
Staatssicherheitsdienstes der ehemaligen Deutschen Demokratischen Republik

Herausgegeben von der Abteilung Bildung und Forschung

Redaktion:
Siegfried Suckut, Ehrhart Neubert, Walter Süß, Roger Engelmann, Bernd Eisenfeld,
Jens Gieseke

Georg Herbstritt
Helmut Müller-Enbergs (Hg.)

Das Gesicht dem Westen zu ...

DDR-Spionage gegen die
Bundesrepublik Deutschland

EDITION TEMMEN

Die Meinungen, die in dieser Publikationsreihe geäußert werden, geben ausschließlich die Auffassungen der Autoren wieder.

Bildnachweis:
Titelbild rechts: Volksarmisten auf dem Brandenburger Tor, o. J.
(Foto: dpa, Zettler);
Titelbild links: Auszeichnung von MfS-Mitarbeitern durch Walter Ulbricht aus Anlass des 20. Jahrestages des MfS im Februar 1970, u. a. mit Willi Stoph, Walter Ulbricht, Markus Wolf, Pjotr Abrassimow, Erich Honecker, Erich Mielke (Foto: BStU, ZA, SdM/Fo 173);
Bild Rückseite: Glienicker Brücke, West-Berlin/Potsdam, 11.2.1986: Der sowjetische Regimekritiker und spätere israelische Innenminister Anatolij (Natan) Schtscharanskij sowie drei westliche Spione werden gegen fünf in den USA und der Bundesrepublik Deutschland inhaftierte Ostagenten ausgetauscht (Foto: BStU, ASt Potsdam, AKG 2292)

© EDITION TEMMEN 2003
Hohenlohestr. 21 – 28209 Bremen
Telefon 0421-348430 – Fax 0421-348094
info@edition-temmen.de
www.edition-temmen.de

Herstellung: EDITION TEMMEN
Umschlaggestaltung: www.blaukontor.de

ISBN 3-86108-388-4

Inhalt

Vorwort

Vor rund einem halben Jahrhundert begann die DDR mit der organisierten Spionage in der Bundesrepublik Deutschland, deren geheimdienstliche Durchdringung später ein beachtliches Ausmaß erreichte. In die Schlagzeilen gerieten die DDR-Geheimdienste vor 1989 zwar vor allem wegen einiger »Pannen« wie der Enttarnung und Verurteilung des Agentenehepaares Christel und Günter Guillaume oder des Übertritts des HVA-Offiziers Werner Stiller. Zugleich verfestigte sich aber schon damals das Bild einer recht erfolgreichen DDR-Spionage. Nach dem Untergang der DDR wurde deutlich, dass die »Westarbeit« des Ministeriums für Staatssicherheit sowie des militärischen Nachrichtendienstes der DDR in ihrem Umfang die Erwartungen und Befürchtungen der meisten Beobachter noch übertroffen hatte. Justiz, Geschichtsschreibung und Publizistik nahmen sich in den neunziger Jahren des Themas an. Sie machten eine Fülle von Einzelfällen und Details bekannt und lösten mitunter heftige Kontroversen aus. Die These, wonach die Spionagedienste der DDR in die Geschicke der Bundesrepublik Deutschland steuernd eingegriffen und das Land unterwandert hätten, wurde von der zeitgeschichtlichen Forschung zwar weitgehend zurückgewiesen, regte aber eine Debatte über den Stellenwert und die Folgen der DDR-Spionage an. Eine lebhafte Diskussion wurde durch die Frage ausgelöst, ob die MfS-gesteuerten Kampagnen der späten fünfziger und der sechziger Jahre, die auf die nationalsozialistische Vergangenheit bundesdeutscher Amtsträger zielten, dem westlichen Deutschland nicht sogar eher genutzt als geschadet hätten, da sie dort eine fruchtbare Debatte über die NS-Vergangenheit bewirkten, was wiederum der politischen Kultur zugute gekommen sei.

Für die Abteilung Bildung und Forschung in der Behörde der Bundesbeauftragten für die Unterlagen des Staatssicherheitsdienstes (BStU) lag es nahe, die seit 1992 laufenden Forschungsarbeiten auf einer wissenschaftlichen Fachtagung vorzustellen. Unter dem Thema »Stasi im Westen. Geheimdienste und Politik im deutsch-deutschen Verhältnis« wurde eine Bestandsaufnahme der aktuell vorliegenden Erkenntnisse vorgenommen. Der vorliegende Band enthält 21 der auf der Tagung im November 2001 in Berlin gehaltenen Beiträge und führt die Forschungsergebnisse von Zeithistorikern mit den Erfahrungen unmittelbar Beteiligter zusammen. Leitende Mitarbeiter des Bundesamtes für Verfassungsschutz, des Bundesnachrichtendienstes, des Militärischen Abschirmdienstes, des Bundeskriminalamtes, der Bundesanwaltschaft und der Hauptverwaltung A des MfS stellten sich auf dieser Fachtagung einer öffentlichen Debatte über die DDR-Spionage – vermutlich erstmalig in der bundesdeutschen Geschichte. Neben den zeitgeschichtlichen Forschungsergebnissen erlauben insbesondere diese Erfahrungsberichte und Rückblicke einen vielschichtigen und stärker differenzierenden Einblick, als es die bislang erschienene Literatur zum Thema erlaubt. Zugleich sollen sie zu weiterführenden Forschungen anregen.

Der vorliegende Band deckt drei Themenfelder ab: Erstens wird die gegenwärtige Quellenlage vorgestellt, zweitens die historische Entwicklung der DDR-Spionage an einzelnen Beispielen exemplarisch diskutiert, und drittens werden einzelne Spionagekomplexe wie Militär- oder Wirtschaftsspionage genauer untersucht.

Den zeitgeschichtlichen Hintergrund des Ost-West-Konflikts in Deutschland leuchtet Manfred Görtemaker aus. Er zeigt, dass Deutschland aufgrund seiner politisch-geographischen Lage für geheimdienstliche Operationen prädestiniert war; mithin gehörte die Informationsbeschaffung über den politischen und ideologischen Gegner zu den zentralen Elementen des Wettkampfs der Systeme, der das Verhältnis zwischen beiden deutschen Staaten prägte. Den Kenntnisstand in der Literatur und der Behörde der Bundesbeauftragten fasst Helmut Müller-Enbergs zusammen. Mithilfe des 1998 entschlüsselten »Systems der Informations-Recherche der HV A« (SIRA) wie auch der mikroverfilmten Abschriften von Karteien der HV A (»Rosenholz I«) stellt er eine Art »Top Ten« der Agenten der DDR-Spionage vor.

Aus seiner langjährigen Praxis berichtet der Abteilungsleiter der Spionageabwehr des Bundesamtes für Verfassungsschutz, Dirk Dörrenberg, über Erfahrungen und Erkenntnisse des Amtes im Spionagekrieg mit ungleichen Waffen. Im Einzelnen werden in dem historischen Rückblick neben dem damaligen Wissensstand auch Operationen des Bundesamtes vorgestellt, wie die in den siebziger Jahren durchaus erfolgreichen Reisewegsuchmaßnahmen oder die Aktion »Anmeldung« zur Enttarnung von DDR-Agenten. Ferner wird über die Aufarbeitung in den neunziger Jahren berichtet, die Werbung von Informanten aus den Reihen des MfS und Befragungen, die bis März 1993 immerhin 2 300 Spuren ergaben. Ausführlich werden die kurz nach diesem Datum gewonnenen Erkenntnisse aus dem Vorgang »Rosenholz« dargestellt.

Welche Möglichkeiten SIRA für die Analyse der DDR-Spionage eröffnet, zeigt Stephan Konopatzky an den beiden Fallbeispielen Günter Guillaume und Werner Stiller. Demnach sind Stellenwert und Anzahl der Informationen Guillaumes deutlich geringer zu veranschlagen als bislang vermutet, während im Falle Stillers überrascht, dass mit einigen seiner Quellen, trotz deren Enttarnung, die operative Arbeit offenbar fortgesetzt worden ist. Während sich SIRA somit als vorzügliches Instrument für die zeitgeschichtliche Forschung erweist, gibt es auch für polizeiliche Ermittlungen Aufschluss über möglicherweise begangenen Landesverrat. Dies lotet Kriminaldirektor Rainer O. M. Engberding in seinem Beitrag aus, der diese polizeiliche Arbeit in den neunziger Jahren nach drei »Wellen« trennt – vor und nach »Rosenholz I« sowie nach der SIRA-Entschlüsselung –, wobei letztere für eine strafverfolgende Spionagebekämpfung um einige Jahre zu spät gekommen ist.

Drei Beiträge widmen sich den fünfziger und sechziger Jahren: Roger Engelmann beschreibt die Anfänge der »Westarbeit« der Staatssicherheit unter sowjetischer Anleitung, die »konzentrierten Schläge« gegen vermeintliche Agenten nach dem 17. Juni 1953 sowie die Intensivierung der »Westarbeit« ab Sommer 1955 nach Unterzeichnung der Pariser Verträge. Mit dem Wechselspiel zwischen amerikanischer

Liberation Policy und den Aktivitäten der DDR-Spionage setzt sich Bernd Stöver auseinander. Er analysiert die Strategie der Befreiungspolitik und ihre Perzeption in Osteuropa, insbesondere am Beispiel der DDR und anhand zahlreicher »verdeckter Operationen«. In diesen Kontext gehört auch das »Kronjuwel im antifaschistischen Mythenschatz der DDR«, die publizistischen Angriffe gegen »Hitlers Ostlandritter« und nachmaligen Bundesminister Theodor Oberländer. Philipp-Christian Wachs stellt diese konzertierte Kampagne und ihre Hintergründe dar.

Mit der Spionage in den siebziger und achtziger Jahren setzen sich vier Autoren auseinander. Jochen Staadt nimmt die Entspannungspolitik der sozialliberalen Koalition in den Blick und ihre Wahrnehmung in der DDR und durch die Staatssicherheit. Hubertus Knabe beschreibt die Bemühungen der DDR-Spionage um Einflussnahme auf die bundesdeutschen Parteien am Beispiel der Grünen und auf die politischen Bewegungen am Beispiel der Friedensbewegung. Der Leiter Sicherheit und Spionageabwehr beim Bundesnachrichtendienst, Ullrich Wössner, resümiert in einer Art Schadensbilanz die Einflussnahme der DDR-Gegenspionage auf Infrastruktur, Personal, Kommunikationswege und Quellen des BND. Den begrenzten Einfluss der Staatssicherheit auf die Deutschlandpolitik der achtziger Jahre untersucht Karl-Rudolf Korte. Das »System Kohl«, ein unsystematisch erscheinendes, nur für den Bundeskanzler transparentes Regieren in Personalnetzwerken, machte einen direkten MfS-Einfluss auf den Kanzler unmöglich.

Der DDR-Militärspionage widmen sich vier Beiträge aus unterschiedlichen Blickwinkeln. Der Leiter der Spionageabwehr des MAD, Oberst Joachim Zöller, beschreibt in einer Übersichtsdarstellung die Akteure, Ziele und Wirkungen der Verwaltung Aufklärung des Ministeriums für Nationale Verteidigung sowie der Hauptverwaltung A des MfS mit ihren jeweils wichtigsten Abteilungen. Bodo Wegmann konzentriert sich in seinem Beitrag auf die Verwaltung Aufklärung und gibt einen historischen Aufriss, der von der Bildung bis zur Auflösung des militärischen Nachrichtendienstes reicht. Heinz Busch, ehemals Oberst und stellvertretender Abteilungsleiter der HV A, beschreibt den seinerzeit erzielten Kenntnisstand über die NATO aus Sicht der Auswertung. Generell, so sein Fazit, verfügte die HV A über »ungewöhnlich umfangreiche, stets frische und geheime Daten«, die »kontinuierlich ein ungeschminktes, weitgehend realistisches und fundiertes Bild der Lage« erlaubt hätten. Die von Thomas Auerbach ausgebreitete Sabotage- und Terrorstrategie gehört nicht im engen Sinne zur Militärspionage, kann aber zu den militärischen Komponenten gezählt werden. Er benennt Strukturen, Ausbildung und Ziele der »Vernichtungsingenieure«.

Drei Beiträge befassen sich mit der DDR-Wirtschaftsspionage, die – wie die Militärspionage – zu den bislang wenig erforschten Bereichen gehört, was eine beachtliche Schieflage in der öffentlichen Wahrnehmung der DDR-Spionage zur Folge hatte. Kristie Macrakis fragt in ihrem Beitrag nach der Effektivität der Spionage in Wissenschaft und Technik. Sie kommt zu der Erkenntnis, dass die HV A zwar bei der Beschaffung einschlägiger Informationen und embargogeschützter Technologien äußerst erfolgreich war; doch das so gewonnene Wissen konnte in der DDR nur partiell in Forschung und Produktion eingesetzt werden und verhinderte darüber hinaus eigenständige wissenschaftlich-technische Innovationen im Osten. Reinhard Buthmann rekonstruiert in seiner Fallstudie mit großer Detailgenauigkeit die Organisationsstruktur zur Beschaffung westlicher Technologien im Bereich der Mikroelektronik und benennt die wesentlichen Akteure. Noch am Vorabend der Herbstrevolution herrschte, trotz umfassender Spionage, ein Zwei-Generationen-Rückstand bei der Mikroelektronik, der – so Buthmann – seine Ursache auch in dem vom MfS mit zu verantwortenden, innovationsfeindlichen Klima in der DDR hatte. Der Beitrag von Jörg Roesler geht von der Annahme aus, dass ein Land durch systematisch betriebene Industriespionage und Know-how-Importe durchaus an die Weltspitze aufschließen kann, wofür modellhaft die japanische Entwicklung stehe. Warum der DDR ein vergleichbarer Erfolg verwehrt blieb, zeigt Roesler, indem er die Schwachstellen des illegalen Technologietransfers benennt, die schließlich zum »Mikroelektronik-Debakel« der DDR führten.

Zwei Beiträge widmen sich der juristischen Aufarbeitung der DDR-Spionage in den neunziger Jahren. Der Bundesanwalt beim Bundesgerichtshof, Joachim Lampe, beschreibt das Verhältnis der Strafjustiz zur Stasi-Unterlagenbehörde und nach zehnjährigem »Sonderrecht« die Rückkehr zur Normalität. Lampe bilanziert, dass das bundesdeutsche Abwehrsystem den Angriffen der DDR-Spionage nicht gewachsen gewesen sei, da die Dimension der ostdeutschen Spionage die übliche Vorstellung klassischer Spionage überstiegen habe. Georg Herbstritt zieht aus der Sicht des Historikers eine Bilanz der juristischen Aufarbeitung. Die systematische Auswertung von Anklageschriften und Urteilen, so seine These, ermögliche erstmals zuverlässige empirische Aussagen zu bestimmten Aspekten des Spionagegeschehens. Der Alltag eines Agenten, auch eines Spitzenagenten, erweist sich dabei als weitaus nüchterner und trivialer, als es die Darstellung spektakulärer Einzelfälle bisher suggerierte. Zugleich plädiert er dafür, den Opfern der DDR-Spionage künftig mehr Aufmerksamkeit zu widmen.

Die Beiträge in diesem Sammelband repräsentieren einen Kenntnisstand, den man als den Ertrag einer zweiten Etappe der Forschungen über die ostdeutsche Spionage in der Bundesrepublik Deutschland bezeichnen kann. Die erste Etappe reichte bis zur Herbstrevolution 1989 und war nolens volens Teil der geheimdienstlichen Auseinandersetzungen. Die Angaben über ihren Gegenstand beruhten damals in der Regel auf Aussagen von Überläufern, Verhaftungen oder Verhandlungen, mithin auf Informationen, die sich nur selten empirisch überprüfen ließen. In den neunziger Jahren konnte – trotz erheblicher Aktenvernichtungen – auf einen breiten Fundus von Materialien zurückgegriffen werden, der anhand von Archivalien, Gerichtsakten, Erinnerungsberichten und Vernehmungen einen relativ sicheren Überblick über die geheimdienstliche »Westarbeit« der DDR erlaubt.

Eine dritte Forschungsetappe steht nun unmittelbar bevor, nachdem im Juni 2003 der Zugang zu »Rosenholz II« freigegeben wurde. Bislang war nur das zuletzt existierende nachrichtendienstliche Netz der HV A als weitgehend erschlossen anzusehen. 1 553 bundesdeutsche inoffizielle Mitarbeiter der HV A sind spätestens seit 1993 mithilfe von Abschriften der Karteien der HV A (»Rosenholz I«) bekannt geworden. Da diese vom Bundesamt für Verfassungsschutz erstellten Abschriften aber nicht als Stasi-Unterlagen gelten, dürfen sie von der BStU nicht herausgegeben werden. Bei den mit »Rosenholz II« bezeichneten Unterlagen handelt es sich hingegen um mikroverfilmte Karteien der HV A über die von ihr verzeichneten ost- wie westdeutschen Staatsbürger (F 16) und die ihnen zugeordneten Aktenvorgänge (F 22). Es ist zu erwarten, dass »Rosenholz II« Aufschluss gibt über Akteure in West und Ost, die bereits vor 1988 ihre Agententätigkeit eingestellt hatten. Das Wissen darum wird der Forschung über die DDR-Spionage in der Bundesrepublik Deutschland weitere wichtige Impulse geben können. In Kombination mit den vorhandenen Überlieferungen wie den Informationsberichten, die an die Parteiführung gereicht wurden, den SIRA-Dateien wie auch anderen Archivalien ist eine Rekonstruktion der personellen Netzwerke, nachrichtendienstlichen Interessenlagen und eingeholten Nachrichten möglich. Gleichwohl werden weiße Flecken bleiben, teils, weil in den »Rosenholz II«-Unterlagen die nichtdeutschen Bezüge ausgeklammert sind und nicht zur Behörde der Bundesbeauftragten gelangten, teils, weil die Lesbarkeit der mitunter handschriftlich erfolgten Karteieinträge mehr als unbefriedigend ist. Darüber hinaus erfordert das Lesbarmachen dieser mikroverfilmten Unterlagen einen immensen und zeitintensiven Arbeitsaufwand. Zudem erweist sich seit längerem als Problem, dass mehrere Personen einem Aktenvorgang zugeordnet worden sind, was analytisch die Frage aufwirft, welche dieser Personen als Agenten, Kundschafter oder Spione, welche lediglich als Bekannte, Freunde oder Angehörige anzusehen sind und welche Namen nur als Pseudonyme für gefälschte Personaldokumente dienten. Hier wird nicht jeder Fall geklärt werden können.

Auch im Hinblick auf diese Fragen versteht sich der vorliegende Band als Wegweiser in einem gleichermaßen spannenden wie vielschichtigen Forschungsfeld.

Georg Herbstritt
Helmut Müller-Enbergs

Manfred Görtemaker
Deutschland im Ost-West-Konflikt

Das geteilte Deutschland nach 1945 war prädestiniert für geheimdienstliche Operationen im Kalten Krieg. Die Informationsbeschaffung über den politischen und ideologischen Gegner zählte zu den zentralen Elementen des Wettkampfs der Systeme, der die zweite Hälfte des 20. Jahrhunderts und nicht zuletzt das Verhältnis zwischen den beiden deutschen Staaten bis zur Wiedervereinigung 1990 maßgeblich prägte. Zwar wurde der Ost-West-Konflikt auch in anderen Teilen der Welt ausgetragen, wie in Korea oder Vietnam, und war damit keineswegs auf Deutschland beschränkt. Doch nirgendwo war der Konflikt über mehr als vier Jahrzehnte hinweg offenkundiger als in der Mitte Europas. Nicht zuletzt die Besonderheit der politisch-geographischen Lage Berlins trug dazu bei, das Bewusstsein für die Spannungen zu schärfen, die zwischen den Blöcken herrschten und bei denen geheimdienstliche Aktivitäten eine nicht unwesentliche Rolle spielten.

Das Thema »Geheimdienste und Politik im deutsch-deutschen Verhältnis« bedarf deshalb keiner besonderen Rechtfertigung. Während der gesamten Dauer des Kalten Krieges stand Deutschland im Mittelpunkt der Tätigkeit von Nachrichtendiensten - eigener wie fremder. In einigen Fällen, wie beim konstruktiven Misstrauensvotum gegen Bundeskanzler Willy Brandt 1972, ist sogar die Frage erlaubt, ob die Geschichte nicht einen anderen Verlauf genommen hätte, wenn die Dienste nicht involviert gewesen wären. Stets bildete der deutsch-deutsche Handlungsrahmen den Ausgangspunkt für die Operationen beider Seiten – wenn auch nicht immer mit dem erhofften Erfolg und gelegentlich, wie bei der Guillaume-Affäre 1974, vermutlich sogar mit unerwünschtem Ergebnis. Die Frage ist daher, wie dieser Handlungsrahmen im Einzelnen aussah, wie er sich nach dem Zweiten Weltkrieg entwickelte und im Laufe der Jahrzehnte veränderte und welche Bedeutung er mit Blick auf den Gesamtkomplex geheimdienstlicher Operationen zwischen Ost und West besaß.

Die Ausgangslage

Die Weichenstellungen, die zwischen 1945 und 1949 im beginnenden Ost-West-Konflikt erfolgten, bestimmten auch die Handlungsspielräume der Regierungen in den beiden deutschen Teilstaaten ab 1949. So war die Teilung Deutschlands für Konrad Adenauer - damals noch Vorsitzender der CDU in der britischen Zone - bereits im April 1948 nicht länger eine drohende Gefahr, sondern schon eine vollzogene Tatsache. Sie sei vom Osten her geschaffen und müsse vom Westen her beseitigt werden, erklärte er dazu in der *Kölnischen Rundschau* am 3. April 1948. Dazu war es nach Ansicht von Adenauer notwendig, den westlichen Teil Deutschlands fest in die westliche Gemeinschaft einzugliedern, um hier ein politisch stabiles und wirtschaftlich erfolgreiches System mit freiheitlich-demokratischer Grundordnung aufzubauen, das durch seine Attraktivität wie ein Magnet wirken und die Ostdeutschen zu sich herüberziehen sollte. Aus dieser Position der Stärke heraus sollte dann auch die Wiedervereinigung Deutschlands erreicht werden, die, wie Adenauer meinte, ohne gesicherte Westbindung nur um den Preis der Sowjetisierung ganz Deutschlands zu erreichen wäre.

Nach seiner Wahl zum Bundeskanzler hielt Adenauer an dieser Konzeption der Westintegration fest, die jedoch von vornherein nicht national, sondern europäisch bestimmt war. Wie Winston Churchill, der in einer Rede in Zürich bereits am 19. September 1946 für eine Aussöhnung zwischen Deutschland und Frankreich plädiert hatte, um damit einen ersten Schritt zu tun, »so etwas wie die Vereinigten Staaten von Europa« zu errichten, trat auch Adenauer für einen Zusammenschluss Westeuropas unter Beteiligung Deutschlands ein.[1] Durch eine klare Entscheidung für den Westen wollte er die alte deutsche »Schaukelpolitik« zwischen Ost und West beenden und zugleich die Gefahr einer weiteren Expansion des sowjetischen Machtbereichs bannen. Dies erschien ihm umso dringlicher, als die ostdeutschen Kommunisten unter Walter Ulbricht in ihrer Politik eine gesamtdeutsche Perspektive propagierten, deren Ziel offenbar darin bestand, die Herrschaft der SED auf ganz Deutschland auszudehnen und damit Stalin und der Sowjetunion den Weg bis zum Rhein zu bahnen.

Mit der »Westernisierung« der Bundesrepublik und der »Sowjetisierung« der DDR waren zugleich die Modelle für die Systemkonkurrenz auf deutschem Boden vorgegeben, die nicht zuletzt mit den Mitteln geheimdienstlicher Tätigkeit ausgetragen wurde. Vor allem zu Beginn dieses »Wettkampfs der Systeme«, als der Status quo noch nicht fixiert, sondern beiderseits infrage gestellt war, schien es nur eine Frage der Zeit, wann die auf diese Weise beschafften Informationen über den jeweiligen Gegner von Nutzen sein würden, um den Kampf für sich zu entscheiden. Der kommunistische Staatsstreich in der Tschechoslowakei im Februar 1948 sowie die Berliner Blockade, die im Juni 1948 begann und bis Mai 1949 andauerte, wiesen bereits auf die Gefährlichkeit der Situation hin, die westlicherseits mit der Gründung der NATO im April 1949 beantwortet wurde. Danach war es jedoch vor allem der Angriff der Streitkräfte des kommunistischen Nordkorea auf das von amerikanischen Truppen eben erst geräumte Südkorea am 25. Juni 1950, der den Konflikt dramatisch verschärfte. Nun wurde sogar eine Wiederbewaffnung der Bundesrepublik ins Auge gefasst, die bis dahin aus politischen Gründen stets abgelehnt worden war, um durch einen westdeutschen Wehrbeitrag die Basis der westlichen Verteidigung gegenüber dem Osten zu verbreitern.

---

1   Winston Churchill, Rede in Zürich, 19. September 1946. In: Europa. Dokumente zur Frage der europäischen Einigung, Hg.: Auswärtiges Amt. Bonn 1953, S. 84; Schwarz, Hans-Peter (Hg.): Konrad Adenauer, Reden 1917-1967. Eine Auswahl. Stuttgart 1975, S. 167.

Die Wiederbewaffnung vollzog sich ebenfalls im Rahmen der Westintegration, durch welche die Bundesrepublik von vornherein an den neu entstehenden europäischen Institutionen beteiligt wurde. Dabei ging es Adenauer nicht in erster Linie um militärische Fragen, sondern um internationale Gleichberechtigung und die Wiedererlangung der Souveränität, die durch die bedingungslose Kapitulation der deutschen Wehrmacht und die Übernahme der obersten Regierungsgewalt durch die Siegermächte des Zweiten Weltkrieges 1945 sowie durch das anschließende Besatzungsregime praktisch beseitigt worden war. Die Rechnung Adenauers, durch Anbindung an den Westen nicht nur Sicherheit und Beistand gegenüber dem Kommunismus, sondern auch Anerkennung und Akzeptanz unter den neuen Verbündeten zu erhalten, ging auf: Mit dem Schuman-Plan und der Montanunion, dem Projekt der Europäischen Verteidigungsgemeinschaft (EVG) und dem Beitritt der Bundesrepublik zur NATO sowie der Gründung der Europäischen Wirtschaftsgemeinschaft (EWG) wurde die Bundesrepublik zu einem Partner der Westmächte im Ost-West-Konflikt und beim Neuaufbau Europas und erhielt dafür im Gegenzug den größten Teil ihrer Souveränität zurück.[2]

Der Preis für diese Politik war die Vertiefung der Teilung Deutschlands, die eine Wiedervereinigung zunächst in weite Ferne rücken ließ. Ob eine Wiedervereinigung nach dem Zweiten Weltkrieg überhaupt möglich gewesen wäre - und wenn ja, zu welchen Bedingungen -, ist in der historischen Forschung immer noch umstritten. Sicher ist nur, dass die Sowjetunion durch ihr Verhalten nach der Besetzung Ost- und Ostmitteleuropas durch die Rote Armee schon früh ihren Willen dokumentierte, die eroberten Gebiete nicht ohne weiteres wieder zu räumen, sondern langfristig zu unterwerfen. Deutschland spielte dabei aufgrund seiner geostrategischen Lage eine Schlüsselrolle: Die Kontrolle seines politischen und wirtschaftlichen Potenzials war praktisch die Voraussetzung für die Beherrschung Mitteleuropas. Welche Bedeutung Stalin der deutschen Entwicklung beimaß, wird durch das umfangreiche Engagement der Sowjetunion bei der Ausbildung deutscher Exil-Kommunisten während des Krieges in Moskau unterstrichen, bei der kommunistische Kader systematisch auf ihren Einsatz nach Kriegsende in Deutschland vorbereitet wurden. Die Machtübernahme der KPD/SED 1945/46 in der Sowjetischen Besatzungszone, mit der die Gründung eines kommunistischen deutschen Staates eingeleitet wurde, wäre ohne diese langfristige Planung viel schwieriger, wenn nicht unmöglich gewesen. Eine vergleichbare Vorbereitung demokratischer Kräfte im Westen gab es nicht.

Die Integration, die im Westen Deutschlands von Adenauer in langen politischen Kämpfen mühsam durchgesetzt werden musste, gelang daher im Osten problemlos: Die SBZ und später die DDR wurden praktisch vom ersten Tage an nahtlos in den sowjetischen Machtbereich eingefügt. Zwar gab es auch in Ostdeutschland

---

2   Ausführlicher zu den hier und im Folgenden angesprochenen Aspekten bundesdeutscher Geschichte vgl. Görtemaker, Manfred: Geschichte der Bundesrepublik Deutschland. Von der Gründung bis zur Gegenwart. München 1999.

Kräfte, die für einen anderen Weg plädierten – wie Jakob Kaiser in der neu gegründeten Ost-CDU, der für ein geeintes Deutschland als »Brücke« zwischen Ost und West plädierte und einem wiedervereinigten Deutschland eine Sonderrolle zwischen den Blöcken zuweisen wollte. Aber gegen die Allmacht der rigorosen sowjetischen Besatzungspolitik waren solche Konzeptionen chancenlos, zumal Stalin auf starke deutsche Verbündete zählen konnte, darunter in erster Linie die KPD unter Wilhelm Pieck und Walter Ulbricht, aber auch die Führung der ostdeutschen SPD unter Otto Grotewohl, die für eine Ostorientierung und eine revolutionäre Umgestaltung Deutschlands mit Ausrichtung auf die Sowjetunion plädierten, um den Kapitalismus, der ihrer Auffassung nach in den Nationalsozialismus gemündet hatte, zu überwinden. Die grundlegenden Strukturreformen, die seit 1945 in Ostdeutschland durchgeführt wurden, waren deshalb nicht nur ein Zeichen sowjetischer Entschlossenheit, die kommunistische Herrschaft in Ostmitteleuropa langfristig zu sichern, sondern auch ein Beweis für die Absicht der ostdeutschen Kommunisten und Sozialdemokraten, mit sowjetischer Hilfe einen Systemwandel herbeizuführen.

Der Kalte Krieg, der sich seit dem Herbst 1946 immer deutlicher bemerkbar machte, war somit von Anfang an ein ideologisch fundierter Systemkonflikt, der alle wichtigen Bereiche in Politik, Wirtschaft und Gesellschaft erfasste. Die Teilung Deutschlands erscheint daher ebenso logisch wie unvermeidbar, obwohl man die Einheitsforderung auf beiden Seiten verbal aufrechterhielt. Die Einbeziehung Ostdeutschlands in das sowjetische Imperium wurde auch nach Gründung der DDR 1949 nicht mehr in Zweifel gezogen. Anders als in Westdeutschland, wo sich die Westintegration mit großer Zustimmung der Bevölkerung vollzog, wurde diese Entwicklung im Osten allerdings weithin als politische Katastrophe empfunden. Eine freie Wahl gab es für die Menschen in Ostdeutschland weder im Innern noch nach außen. Das Regime der SED war von der sowjetischen Besatzungsmacht, der es seine Existenz verdankte, abhängig. Das daraus resultierende Legitimitätsdefizit ließ sich nie mehr kompensieren. Die Anwesenheit sowjetischer Streitkräfte blieb eine unverzichtbare Bestandsgarantie für das Regime. Und als die sowjetische Rückendeckung in der zweiten Hälfte der achtziger Jahre erstmals ernsthaft infrage gestellt wurde, war das Ende der DDR nicht mehr fern.

Politik der Stärke

Über Jahrzehnte hinweg beherrschte der Ost-West-Konflikt nun die Entwicklung in Deutschland, Europa und der Welt und ließ jeden Gedanken an eine Überwindung des Status quo illusorisch erscheinen. Zwar trug die enge Einbeziehung der beiden deutschen Staaten in die jeweiligen Machtblöcke dazu bei, das deutsche Negativ-Image zu relativieren und die Furcht vor den Deutschen abzubauen. Aber der Kalte Krieg bedeutete auch Entfremdung der beiden deutschen Staaten voneinander sowie ein hohes Maß an Konflikt und gegenseitiger Abgrenzung zwischen Ost und West.

Das Bild vom »militaristischen Deutschen« der Vergangenheit wurde auf beiden Seiten durch neue Feindbilder ersetzt, die sich an der ideologischen Auseinandersetzung zwischen den Blöcken orientierten: hier der »imperialistische Klassenfeind« in der Bundesrepublik, dort das »kommunistische Satelliten-Regime« der DDR. Politische Konfrontation, wirtschaftliche Rivalität, ideologischer Kampf und militärische Aufrüstung im Rahmen einer beiderseitigen »Politik der Stärke« bestimmten das Bild. Selbst der Tod Stalins am 5. März 1953 änderte daran nur wenig. Befürworter eines neuen Ost-West-Dialogs wurden insbesondere durch den amerikanischen Außenminister John Foster Dulles in die Schranken verwiesen, der – gemeinsam mit Bundeskanzler Adenauer – davor warnte, die Entspannungsrhetorik der Nachfolger Stalins falsch einzuschätzen und für die Fortsetzung der westlichen Politik der Stärke plädierte. Adenauer und Dulles sahen sich in dieser prinzipiellen Skepsis gegenüber der sowjetischen Politik bestätigt, als ein Aufstand in der DDR am 16. und 17. Juni 1953 von sowjetischen Panzern gewaltsam unterdrückt wurde. Sie blieben überzeugt, dass dem sowjetischen Machtstreben nicht durch Überredung, sondern nur durch die Demonstration der eigenen Stärke Einhalt geboten werden könne. Bereits 1950 hatte Dulles in diesem Sinne geschrieben, es gebe »keine größere oder gefährlichere Illusion als die, dass die sowjetischen Absichten durch Überzeugungskraft verändert werden könnten«. Macht sei der Schlüssel zum Erfolg, wenn man mit der sowjetischen Führung zu tun habe.[3] Deshalb genüge es auch nicht, den kommunistischen Expansionsdrang durch eine defensive Containment-Politik lediglich einzudämmen. Vielmehr müsse man ihr durch eine offensive Konzeption der »Befreiung« (*liberation*) begegnen, um »den Millionen unruhigen, unterworfenen Menschen in Osteuropa und Asien gegenüber klarzustellen, dass wir den Status quo der Knechtschaft, der ihnen vom aggressiven sowjetischen Kommunismus aufgezwungen worden ist, nicht akzeptieren und dass die schließliche Befreiung ein wesentlicher und dauerhafter Bestandteil unserer Außenpolitik ist«.[4]

Zugleich ließ Dulles allerdings keinen Zweifel daran, dass er die Befreiungspolitik nicht militärisch verstanden wissen wollte. Osteuropa sollte keinesfalls gewaltsam erobert werden, weil dies im Nuklearzeitalter zur Zerstörung all dessen führen musste, was es zu befreien galt. Die Zurückhaltung der USA am 17. Juni 1953 in der DDR, aber mehr noch beim Ungarn-Aufstand im Herbst 1956 wird damit verständlich. Dennoch war die Befreiungspolitik mehr als bloße Rhetorik: Durch gezielte politisch-ideologische Arbeit, durch Information und Aufklärung – vor allem mithilfe von Rundfunksendern wie Radio Free Europe in München und dem RIAS in Berlin –, aber auch durch die Unterstützung oppositioneller Gruppierungen im In-

---

3   Dulles, John Foster: War or Peace. New York 1950, S. 236.
4   Dulles, John Foster: The Pursuit of Liberty. Address at Town Hall, New York, 13. Dezember 1949. In: John Foster Dulles Papers, Selected Correspondence and Related Material 1949, Folder Re »Liberation Policy«, Seeley J. Mudd Manuscript Library (Princeton), S. 8; vgl. auch den Beitrag von Bernd Stöver in diesem Band.

und Ausland sollten die Regime in Osteuropa unterwandert und über kurz oder lang zum Einsturz gebracht werden. Dabei zeigte sich Dulles hinsichtlich des Zeitrahmens äußerst optimistisch. In einem Memorandum für den Präsidentschaftskandidaten der Republikanischen Partei, Dwight D. Eisenhower, prophezeite er 1952, »dass innerhalb von zwei, fünf oder zehn Jahren wesentliche Teile der jetzt versklavten Welt auf friedliche Weise ihre nationale Unabhängigkeit wiedererlangt« haben würden. Das werde dann »den Anfang vom Ende des sowjet-despotischen Versuchs markieren, die Welt zu erobern«.[5]

Dieser politisch-ideologische Kampf, der westlicherseits als »Befreiungspolitik«, östlicherseits als Kampf um die Weltrevolution geführt wurde, erwies sich jedoch schon bald als langwieriger und risikoreicher als erwartet. Schnelle Erfolge waren kaum möglich, solange die USA und die Sowjetunion den Bestand ihrer jeweiligen Einflusssphären garantierten. Jede militärische Auseinandersetzung, wie begrenzt sie auch sein mochte, war stets mit der Gefahr der Eskalation behaftet, bei dem der Einsatz von Kernwaffen letztlich nicht auszuschließen war. Der Status quo war deshalb zwar für beide Seiten unbefriedigend. Doch da niemand ihn einseitig zu ändern vermochte, setzte allmählich ein Umdenken ein, bei dem »Koexistenz« und »Entspannung« in den Mittelpunkt der Diskussion rückten. Ein neuer Dialog auf allen Ebenen sollte zur Erhaltung des Friedens beitragen. Ideen kollektiver Sicherheit, mit denen man in der Zeit zwischen den beiden Weltkriegen keineswegs positive Erfahrungen gemacht hatte, wurden ebenso mit neuer Aufgeschlossenheit betrachtet wie regionale Inspektionszonen zur Rüstungskontrolle und Abrüstung, die Schneisen in das Dickicht des Rüstungswettlaufs schlagen sollten. Beispiele für die neue Entwicklung waren die Berliner Außenministerkonferenz 1954 und der Genfer Gipfel 1955. In der deutschen Frage gab es dabei jedoch keine Fortschritte. Nachdem die Bundesrepublik im Mai 1955 der NATO beigetreten war, erklärte der sowjetische Ministerpräsident Nikolai Bulganin im Juli 1955 in Genf, da die beiden deutschen Staaten in ihrer politischen, sozialen und wirtschaftlichen Struktur fundamental verschieden seien, erscheine ihre »mechanische Verschmelzung« undenkbar. Eine Lösung des Problems sei nur auf einer »friedlich-demokratischen Grundlage« – das heißt unter Beibehaltung der sozialistischen Gesellschaftsordnung – möglich.[6]

Die deutsche Teilung war damit praktisch festgeschrieben. Nach dem NATO-Beitritt und der Wiederbewaffnung der Bundesrepublik war für die Sowjetunion das Thema Wiedervereinigung offenbar abgeschlossen. Stattdessen wandte sich Moskau verstärkt Fragen der Errichtung eines gesamteuropäischen Sicherheitssystems als Kernelement einer »friedlichen Koexistenz« zwischen Ost und West zu. Auch von den Westmächten wurde die deutsche Wiedervereinigung jetzt nicht länger als Vor-

---

5   Dulles, John Foster: Memorandum für Dwight D. Eisenhower, März 1952; ebenda, Folder Re Massive Retaliation, S. 14; repr. in: »A New Foreign Policy«. In: Life, 19.5.1952.
6   Schlusserklärung des Vorsitzenden des Ministerrats der Sowjetunion, Nikolai A. Bulganin, 23. Juli 1955. In: Europa-Archiv 10(1955), S. 8118 f.

aussetzung für eine Entspannung angesehen. Das Ost-West-Verhältnis trat in eine neue Phase ein, in der die Großmächte ein geordnetes Nebeneinander der beiden Blöcke anstrebten, um den Konflikt kalkulierbarer als bisher zu machen und das Risiko eines Nuklearkrieges zu vermindern.

Vom Kalten Krieg zur Entspannung

Erste Zeichen der Neuorientierung waren die Neuformulierung der sowjetischen Koexistenz-Doktrin durch Nikita Chruschtschow auf dem XX. Parteitag der KPdSU im Februar 1956 und die westliche Zurückhaltung in der Ungarn-Krise im Herbst 1956. Zwar erfuhr der Kalte Krieg mit der Berlin-Krise vom Chruschtschow-Ultimatum 1958 bis zum Mauerbau 1961 und der kubanischen Raketenkrise im Herbst 1962 noch einmal eine Zuspitzung, die sich anschließend im Vietnamkrieg fortsetzte. Doch dieser »weltpolitische Umweg« (Richard Löwenthal) änderte nichts an der grundsätzlichen Notwendigkeit, in wichtigen Bereichen zu Vereinbarungen zu gelangen. So war es nicht zuletzt die Erfahrung der Kuba-Krise, in der die Welt zum ersten Mal bewusst in den Abgrund eines möglichen Atomkrieges blickte, die 1963 zu den ersten Rüstungskontrollabkommen zwischen Ost und West – der Errichtung eines »Heißen Drahtes« zwischen dem Weißen Haus und dem Kreml und dem Abschluss des begrenzten Atomteststoppvertrages zwischen den USA, Großbritannien und der Sowjetunion – führte. Der Vietnamkrieg behinderte danach zwar die weitere Entwicklung und führte zu Verzögerungen. Dennoch wurde die Rüstungs-kontrollpolitik, an der beide Seiten ein gesteigertes Interesse besaßen, mit dem Nichtverbreitungsvertrag für Kernwaffen (non-proliferation) 1968 und den amerikanisch-sowjetischen Verhandlungen über die Begrenzung strategischer Offensivraketen (SALT), die 1969 begannen, fortgesetzt.

Die neue Ostpolitik der Bundesrepublik unter Bundeskanzler Willy Brandt, der nach Bildung der sozialliberalen Koalition nach den Bundestagswahlen vom 20. September 1969 die Regierung übernahm, fügte sich nahtlos in dieses neue Ost-West-Schema ein. Brandt hatte als Regierender Bürgermeister von Berlin den Mauerbau am 13. August 1961 vor Ort miterlebt und danach rasch die Erkenntnis gewonnen, dass entgegen den Hoffnungen der fünfziger Jahre eine Überwindung der deutschen Teilung noch für lange Zeit unmöglich sein werde, da die mit Unterstützung der Sowjetunion erfolgte Abriegelung der DDR dem SED-Regime zur Stabilität verhalf. Brandt schloss daraus, dass man in der Deutschlandpolitik nunmehr vom Status quo ausgehen müsse. Sogar direkte Vereinbarungen mit der DDR sollte es nun geben, um kurzfristig »menschliche Erleichterungen« im geteilten Deutschland zu erreichen und langfristig durch eine Intensivierung der Kontakte und gegenseitige

Beeinflussung einen »Wandel durch Annäherung« herbeizuführen, wie Brandts Pressesprecher Egon Bahr im Juli 1963 in Tutzing erklärte.[7]

Diese neue Ostpolitik, die in den sechziger Jahren vorbereitet und nach 1969 im Rahmen der allgemeinen Ost-West-Entspannung in die Praxis umgesetzt wurde, führte innerhalb kurzer Zeit, zwischen 1970 und 1973, zu den Ostverträgen der Bundesrepublik mit Moskau, Warschau und Prag sowie zum Vier-Mächte-Abkommen über Berlin und zum Grundlagenvertrag mit der DDR, in denen die bestehenden Grenzen anerkannt und Maßnahmen zur Zusammenarbeit vereinbart wurden. Zugleich ebnete diese Politik einer gesamteuropäischen Entspannung den Weg, indem sie dazu beitrug, die Voraussetzungen für die Einberufung der Konferenz über Sicherheit und Zusammenarbeit in Europa (KSZE) sowie für Gespräche über beiderseitige, ausgewogene Truppenbegrenzung in Mitteleuropa (MBFR) zu schaffen. Das »deutsche Problem« erschien dadurch in einem neuen Licht: Die Deutschen waren nicht länger Störenfriede der internationalen Politik, sondern fügten sich, wie schon seit 1945 innerhalb der Blöcke, nunmehr auch in die Neugestaltung der Ost-West-Beziehungen ein, bei der die Sicherung des Status quo ein zentrales Element darstellte, weil ohne die Anerkennung der bestehenden Grenzen und Einflusssphären keine Kooperation über die machtpolitischen und ideologischen Gräben des Kalten Krieges hinweg möglich gewesen wäre.

In den siebziger Jahren gewann die deutsche Frage damit eine neue Dimension. Erinnerungen an das Dritte Reich verblassten, die Idee der deutschen Wiedervereinigung wurde nach der bereits vollzogenen Integration der beiden deutschen Teilstaaten in die jeweiligen Blöcke nun zusätzlich durch eine innerdeutsche »Normalisierung« überlagert. Die Welt und sogar die Deutschen selber gewöhnten sich an den Zustand der deutschen Teilung. Die Tatsache, dass die beiden deutschen Staaten »normale gutnachbarliche Beziehungen zueinander auf der Grundlage der Gleichberechtigung« entwickelten, wie es im Grundlagenvertrag zwischen der Bundesrepublik und der DDR vom 21. Dezember 1972 hieß, war schon bald eine Selbstverständlichkeit.

Allerdings bedeutete diese Entwicklung zur Entspannung keineswegs das Ende des Ost-West-Konflikts. In den USA gingen die politischen Planer um Präsident Richard M. Nixon und seinen Sicherheitsberater Henry A. Kissinger zwar davon aus, dass die UdSSR inzwischen eine »saturierte Macht« sei. Doch diese »realpolitische« Einschätzung stand in bemerkenswertem Kontrast zur offiziellen sowjetischen Koexistenz-Doktrin, derzufolge Koexistenz nur eine »Form des Klassenkampfes« darstellte. Koexistenz, so hatte bereits Chruschtschow 1956 erklärt, sei in politischer und militärischer Hinsicht notwendig, weil die Entwicklung der Kernwaffen nichts anderes zulasse. Aber der ideologische Kampf gehe unvermindert weiter, und der militärische Kampf werde lediglich durch wirtschaftlichen Wettbewerb ersetzt. Ziel

---

7 Dokumente zur Deutschlandpolitik, IV. Reihe, Bd. 9, Hg. Bundesministerium für innerdeutsche Beziehungen. Frankfurt/M. 1978, S. 572 ff.

der sowjetischen Politik bleibe die sozialistische Weltrevolution.[8] Die damit proklamierte Kontinuität des Kalten Krieges – ungeachtet aller politischen Entspannung – galt erst recht für die innerdeutschen Beziehungen. So war das Verhältnis zur Bundesrepublik für die DDR nur Teil der globalen Auseinandersetzung zwischen Sozialismus und Kapitalismus. Eine Wiedervereinigung erscheine nur möglich, wenn die Bundesrepublik eines Tages sozialistisch werde, erklärte dazu Erich Honecker in einem Interview mit dem britischen Verleger Robert Maxwell: »Wenn der Tag kommt«, so Honecker, »an dem die Arbeiterklasse mit der sozialistischen Umgestaltung der Bundesrepublik beginnt, dann wird sich die Frage der Vereinigung der beiden deutschen Staaten in einem völlig neuen Licht zeigen. Es sollte in unseren Köpfen keinen Zweifel geben, [...] wie unsere Entscheidung dann aussehen wird.«[9] Diese Erwartung einer Wiedervereinigung durch Systemwechsel galt jedoch auch in der umgekehrten Richtung: Für die Bundesregierung blieb die Wiedervereinigung in freier Selbstbestimmung des ganzen deutschen Volkes eine grundgesetzliche Verpflichtung, die in einem Urteil des Bundesverfassungsgerichts zu den Ostverträgen 1973 noch einmal ausdrücklich bekräftigt wurde.

Der Systemgegensatz wurde durch die neue Ost- und Entspannungspolitik also keineswegs beendet oder auch nur relativiert. Von einer »Konvergenz« der Systeme konnte ungeachtet aller Veränderungen in der politischen Atmosphäre nicht die Rede sein. Dies sollte sich vor allem für die DDR schon bald als Problem erweisen. Denn so willkommen die Aufwertung war, die sich mit der internationalen Anerkennung für die DDR verband – innerhalb eines Jahres nach Abschluss des Grundlagenvertrages nahmen 68 Länder diplomatische Beziehungen mit Ostberlin auf, außerdem wurden beide deutsche Staaten Mitglieder der UNO –, so problematisch erschienen aus der Sicht der DDR-Führung die innenpolitischen Konsequenzen der Vereinbarungen, die zwischen 1971 und 1973 zwischen den beiden deutschen Staaten geschlossen wurden: Während 1970 nur etwa zwei Millionen Menschen aus der Bundesrepublik und Westberlin die DDR und Ostberlin besucht hatten, stieg diese Zahl bereits 1973 auf über acht Millionen. Die Zahl der Telefongespräche zwischen Ost und West, die 1970 lediglich 700 000 betragen hatte, explodierte förmlich auf über 23 Millionen jährlich bis 1980. Angesichts der Tatsache, dass die DDR bereits durch die westlichen Medien – vor allem das westdeutsche Fernsehen, das außer im Raum Dresden und im nordöstlichen Teil von Mecklenburg-Vorpommern überall in der DDR empfangen werden konnte – starker Beeinflussung ausgesetzt war, wuchs daher die Sorge der DDR-Führung, dass die Zunahme der persönlichen Kontakte sich negativ auf den inneren Zusammenhalt der DDR auswirken könnte.

8   Laloy, Jean: Koexistenz. In: Sowjetsystem und demokratische Gesellschaft. Eine vergleichende Enzyklopädie. Bd. 3, Freiburg/Br. 1969, Sp. 678–686.
9   Pergamon-Press-Verleger Robert Maxwell empfangen: Interview Erich Honeckers zu aktuellen Fragen der Innen- und Außenpolitik. In: Neues Deutschland v. 7.2.1981, S. 1.

Dieser Herausforderung suchte das SED-Regime durch verstärkte »Abgrenzung« zwischen den beiden deutschen Staaten zu begegnen. Schon am 13. September 1970, kurz nach den ersten zwei Begegnungen zwischen Bundeskanzler Willy Brandt und DDR-Ministerpräsident Willi Stoph in Kassel und Erfurt, erklärte in diesem Zusammenhang das für die Außenpolitik zuständige Mitglied des SED-Politbüros, Hermann Axen, die DDR habe »die Pflicht, sich weiterhin in allen Bereichen von der imperialistischen Bundesrepublik abzugrenzen«.[10] Wenige Tage später, am 6. Oktober, wies Stoph selbst die »Fiktion der so genannten Einheit der Nation« zurück und behauptete, »angesichts des Gegensatzes der Systeme des Staates und der Gesellschaft« sei »ein objektiver Prozess der Abgrenzung, nicht dagegen der Annäherung, unausweichlich«.[11] Schlüsselgruppen, wie Partei- und Staatsfunktionären sowie Wehrpflichtigen, war es künftig untersagt, Kontakte zu Ausländern zu unterhalten. In einem neu eingeführten »Besucherbuch« waren die Namen aller Besucher, die nicht aus der DDR stammten, in den Wohnungen von DDR-Bürgern zu notieren.

Auf dem VIII. Parteitag der SED 1971 vertrat Honecker außerdem die Auffassung, dass sich in Deutschland zwei getrennte Nationen entwickelten: die sozialistische Nation in der DDR und die kapitalistische Nation in der Bundesrepublik.[12] Historiker und Parteiideologen wurden beauftragt, Bonns These, dass die deutsche Nation aufgrund der gemeinsamen Geschichte und des weiter vorhandenen Zusammengehörigkeitsgefühls fortbestehe, zurückzuweisen. In dieser Hinsicht war es auch kein Zufall, dass das SED-Politbüro einen Tag vor der Paraphierung des Grundlagenvertrages am 8. November 1972 durch die Staatssekretäre Egon Bahr aus dem Kanzleramt und Michael Kohl vom DDR-Ministerrat neue Prinzipien für Agitation und Propaganda beschloss. Zehn Tage später, am 16. und 17. November, fand eine »Agitationskonferenz« statt, auf der das Politbüromitglied Werner Lamberz erklärte, dass es »an der ideologischen Front keinen Waffenstillstand, sondern verschärften Kampf« gebe und dass »friedliche Koexistenz nicht ideologische Koexistenz« bedeute.[13] In der neuen Verfassung von 1974 wurde die DDR nur mehr als »sozialistischer Staat der Arbeiter und Bauern« und nicht mehr, wie noch in der Verfassung von 1968, als »sozialistischer Staat deutscher Nation« bezeichnet. Die Worte der von Johannes R. Becher 1949 verfassten DDR-Nationalhymne »Auferstanden aus Ruinen und der Zukunft zugewandt, lass' uns dir zum Guten dienen, Deutschland, einig Vaterland« durften nicht mehr gesungen werden.

---

10   Kupper, Siegfried: Politische Beziehungen zur Bundesrepublik Deutschland 1955-1977. In: Jacobsen, Hans-Adolf u. a. (Hg.): Drei Jahrzehnte Außenpolitik der DDR. 2. Aufl., München 1980, S. 438.

11   Rexin, Manfred: Koexistenz auf deutsch. Aspekte der deutsch-deutschen Beziehungen 1970-1987. In: Glaeßner, Gert-Joachim (Hg.): Die DDR in der Ära Honecker. Opladen 1988, S. 47.

12   Bericht des Zentralkomitees an den VIII. Parteitag der Sozialistischen Einheitspartei Deutschlands. In: Protokoll der Verhandlungen des VIII. Parteitages der Sozialistischen Einheitspartei Deutschlands 15.-19. Juni 1971. Bd. 2, Berlin (Ost) 1971, S. 288 ff.

13   Rexin: Koexistenz auf deutsch (Anm. 11), S. 47.

Die bedenklichste Form der Abgrenzung vollzog sich jedoch auf dem Gebiet des Staatssicherheitsapparates, der in der Ära der Entspannung immer weiter ausgebaut wurde und sich – erst jetzt – zu einem Instrument der flächendeckenden Kontrolle der DDR-Bevölkerung entwickelte. Der Etat des Ministeriums für Staatssicherheit, der 1968 eine Summe von rund einer Milliarde DDR-Mark aufgewiesen hatte, wuchs bis 1989 um etwa 400 Prozent auf 4,2 Milliarden. Die Zahl der hauptamtlichen Mitarbeiter, die Mitte der fünfziger Jahre nur rund 4 000 betragen hatte, expandierte von 32 900 im Jahre 1967 auf 81 500 am Ende des Jahres 1982 und erreichte 1989 mit über 91 000 einen Höchststand. In immer wiederkehrenden Wendungen gingen die Führung des Ministeriums für Staatssicherheit (MfS) und die Leiter der Dienst-einheiten wie selbstverständlich von einem »hohen Kaderbedarf« aus, um der Rolle des MfS als Allheilmittel zur Bekämpfung der als allgegenwärtig empfundenen »feindlichen Einflüsse« gerecht werden zu können. Das Netz der »inoffiziellen Mitar-beiter« wurde allein in der Anfangsphase der Entspannungspolitik von rund 100 000 im Jahre 1968 auf etwa 180 000 im Jahre 1975 nahezu verdoppelt. Die allgemeine Entspannung und der Abbau von Feindseligkeit im Ost-West-Verhältnis führte somit aufseiten der DDR keineswegs zu einer Reduzierung der Bemühungen um die »Staatssicherheit«, sondern bewirkte im Gegenteil sogar eine erhebliche Zunahme der Bedeutung des MfS für die Politik des SED-Regimes.[14]

Wandel durch Annäherung?

Alle Anstrengungen des Ministeriums für Staatssicherheit konnten indessen nicht verhindern, dass die Bürger der DDR das Klima der Entspannung zum Anlass nah-men, auch im eigenen Lande eine Lockerung der strengen Zensur und Überwachung zu fordern. Dies galt nicht zuletzt für den Kulturbetrieb, dem Honecker im Mai 1973 ein gewisses Maß an Freiraum für »künstlerische Kreativität« zugestanden hatte. Doch die Grenzen der Autonomie wurden bald erneut sichtbar, als Wolf Biermann 1976 nach einer Konzerttournee in der Bundesrepublik nicht wieder in die DDR zurückkehren durfte, sondern ausgewiesen wurde. Freunde und Bekannte, die gegen diese Maßnahme der DDR-Führung protestierten, wie Robert Havemann und Ru-dolf Bahro, wurden ebenfalls verfolgt. Gleiches galt für zahlreiche andere prominen-te DDR-Schriftsteller, Musiker und Künstler, die entweder ausgebürgert wurden oder »langfristige Ausreiseerlaubnisse« erhielten. Der Exodus prominenter DDR-Schrift-

---

14 Zahlenangaben nach Gieseke, Jens: Das Ministerium für Staatssicherheit (1950–1990). In: Im Diens-te der Partei. Handbuch der bewaffneten Organe der DDR. Im Auftrag des Militärgeschichtlichen Forschungsamtes, Hg. Torsten Diedrich u. a. Berlin 1998, S. 391–393 u. 406; siehe auch Gieseke, Jens: Mielke-Konzern. Die Geschichte der Stasi 1945–1990. Stuttgart, München 2001, S. 84 ff. u. ö., sowie ders.: Die hauptamtlichen Mitarbeiter der Staatssicherheit. Personalstruktur und Lebenswelt 1950–1989/90. Berlin 2000, S. 552–558. Die Angaben zum MfS-Etat enthalten nicht den Valuta-dienstleistungsplan.

steller bedeutete nicht nur einen großen geistigen Verlust für die DDR, sondern war auch ein bezeichnender Ausdruck für die Problematik der SED-Politik, die sich angesichts der Entspannungsfolgen nicht anders zu helfen wusste, als unliebsame Geister abzuschieben, um die innere Stabilität des Regimes zu sichern.

Unruhe und Opposition gab es in den siebziger Jahren in der DDR aber auch in anderen Bereichen. So begannen Pastoren damit, sich gegen die Diskriminierung ihrer Kirchen aufzulehnen und jungen Menschen unter dem Dach der Gotteshäuser ein Forum zu bieten. Von den Kirchen veranstaltete Diskussionen über Sexualität, Alkoholismus, Rock-Musik und das Leben in der DDR, sogar über die Militarisierung der Gesellschaft, waren nun keine Seltenheit mehr. Sie führten dazu, dass die Gottesdienste oft überfüllt waren und dass sich vor allem die evangelischen Kirchen zu einem Sammelbecken der Opposition entwickelten. Die Selbstverbrennungen von Pastor Oskar Brüsewitz aus Zeitz 1976 und der Pastoren Rolf Günther aus Falkenstein und Gerhard Fischer aus Schwanewitz 1978 trugen zusätzlich dazu bei, dass sich das Verhältnis von Kirche und Staat in der DDR änderte. Mit der Ruhe, die in dieser Hinsicht zwei Jahrzehnte lang geherrscht hatte, war es nun vorbei. Daran änderte auch der am 6. März 1978 auf einem Treffen zwischen SED-Generalsekretär Honecker und den Kirchenführern der DDR unter Bischof Albrecht Schönherr geschlossene informelle Pakt nichts, in dem der Kirche bescheinigt wurde, »eine autonome Organisation von sozialer Bedeutung« zu sein.[15]

Die Beruhigung, die sich die SED-Führung von diesem Treffen erhofft hatte, trat jedenfalls nicht ein. Die Kirchen blieben ein wichtiger Angelpunkt der Opposition. Beispiele dafür waren die 1979/80 öffentlich geübte Kritik am Einmarsch sowjetischer Truppen in Afghanistan und im Januar 1982 die Übersendung des von mehreren hundert DDR-Bürgern unterzeichneten »Berliner Appells« an Honecker durch den Ostberliner Pastor Rainer Eppelmann, in dem die Militarisierung der Kindererziehung in der DDR angeprangert wurde. Etwa zur selben Zeit gewann die Friedensbewegung, die sich nach dem NATO-Doppelbeschluss vom Dezember 1979 zur Stationierung amerikanischer Mittelstreckenraketen für den Fall eines Scheiterns der Abrüstungsverhandlungen mit der Sowjetunion in der Bundesrepublik gebildet hatte, auch in der DDR an Bedeutung. Zehntausende von zumeist jungen Ostdeutschen nahmen unter dem Slogan »Schwerter zu Pflugscharen« an einer Vielzahl von Veranstaltungen teil, ehe die SED-Führung nach dem Scheitern der Kampagne gegen die NATO-Nachrüstung 1983 offen gegen die Friedensbewegung in der DDR vorging und Ausweisungen und Verhaftungen vornehmen ließ.

Aber mit der Ausweisung einzelner Oppositioneller war es jetzt nicht mehr getan. Anfang 1984 beschloss die DDR-Regierung daher, 31 000 Bürgern die Ausreise zu erlauben. Verglichen mit den 7 729 Personen, die 1983 die DDR verlassen hatten, war dies nicht nur in qualitativer, sondern auch in quantitativer Hinsicht bemer-

---

15 Henkys, Reinhard (Hg.): Die evangelischen Kirchen in der DDR. Beiträge zu einer Bestandsaufnahme. München 1982, S. 19-22.

kenswert. Dass sich die Stimmungslage in der DDR grundsätzlich zu ändern begann, zeigte sich auch, als es im Juli 1984 zur ersten »Botschaftsbesetzung« kam, bei der 50 Ostdeutsche in der Ständigen Vertretung der Bundesrepublik in Ostberlin Zuflucht suchten, um die Genehmigung zur Ausreise aus der DDR zu erhalten. Nachdem die ökonomischen Rahmenbedingungen aufgrund der Ölkrisen von 1973 und 1979 ungünstiger geworden waren und die DDR im direkten, auch optisch sichtbaren Vergleich mit der Bundesrepublik entgegen der staatlichen Propaganda immer schlechter abschnitt, schien die Unzufriedenheit der Menschen mit den Verhältnissen in der DDR zuzunehmen. Die Zuversicht, die zu Beginn der Honecker-Ära 1971 noch geherrscht hatte, war verflogen; eine Besserung war nicht in Sicht. Die Frustration der ostdeutschen Bevölkerung über den Mangel an Reformen in der DDR wurde noch vergrößert durch Beispiele des Wandels in Polen, Ungarn und der Sowjetunion.

Die SED-Führung hielt jedoch auch dann noch an ihrer starren Haltung fest, als Michail Gorbatschow am 10. März 1985 zum neuen Generalsekretär der KPdSU ernannt wurde. Vierzig Jahre lang hatte bis dahin zwischen Moskau und Ostberlin Übereinstimmung geherrscht, dass die sowjetische Präsenz ein grundlegendes Element der inneren Stabilität der DDR darstelle. Die 380 000 in Ostdeutschland stationierten sowjetischen Soldaten dienten ebenso sehr dem Zweck, die SED an der Macht zu halten, wie dazu, die äußere Sicherheit der DDR zu garantieren. Solange die Präsenz der Roten Armee nicht in Zweifel stand, waren weder die Stabilität der DDR noch der Zusammenhalt des sowjetischen Imperiums in Osteuropa in Gefahr. Dies alles änderte sich – wenn auch nicht über Nacht – mit dem Amtsantritt Gorbatschows. Der neue Generalsekretär der KPdSU besaß zwar kein Gesamtkonzept für Reformen, sodass seine Politik oft widersprüchlich und wenig homogen wirkte. Aber die grundsätzliche Abkehr vom Stil und von den Denkweisen seiner Vorgänger war nicht zu übersehen. Dabei ging es unter den Schlagworten »Glasnost« und »Perestroika« nicht um die Beseitigung, sondern um die Stärkung des Sozialismus. Dem lag die durchaus richtige Überlegung zugrunde, dass das sowjetische System in seiner bisherigen Form zwar geeignet gewesen war, der Industrialisierung im rückständigen Russland zum Durchbruch zu verhelfen und Massengüter zu produzieren, dass es aber den Anforderungen der neuen Kommunikations- und Informationsgesellschaft kaum noch gewachsen war. Gorbatschow suchte deshalb den Einengungen der bisherigen sowjetischen Politik zu entkommen und eine Differenzierung und Regionalisierung der Entscheidungen und Handlungsabläufe zu ermöglichen. Zugleich sollte mit der Abwendung von der bisherigen Parteidiktatur die Kooperation des Westens zurückgewonnen werden, die unter Generalsekretär Breshnew und seinen Nachfolgern Andropow und Tschernenko verloren gegangen war.

Aus Sicht der DDR erschien diese Politik, die Gorbatschow selbst vieldeutig als »zweite russische Revolution« bezeichnete, in hohem Maße bedrohlich.[16] Denn die anvisierten inneren Reformen, die auf eine Schwächung der repressiven Macht des Partei- und Staatsapparates hinausliefen, gefährdeten den inneren Zusammenhalt der DDR, die sich noch nie auf politische Legitimität durch freie Wahlen hatte stützen können. Zum anderen war spätestens seit 1987 absehbar, dass Gorbatschow auch auf eine Revision der »Breshnew-Doktrin« drängte, die nach der militärischen Niederschlagung des »Prager Frühlings« im August 1968 von dem sowjetischen Parteiideologen Sergej Kowaljow entwickelt und danach von Generalsekretär Leonid Breshnew auf dem V. Parteitag der Polnischen Vereinigten Arbeiterpartei am 12. November 1968 in Warschau zur Rechtfertigung der ČSSR-Intervention verkündet worden war. Mit dem Verweis auf die »begrenzte Souveränität sozialistischer Länder« erhob diese Doktrin einen militärischen Interventionsanspruch für die Sowjetunion, falls die kommunistische Herrschaftsordnung in einem Land ihres Machtbereichs bedroht schien.[17] Ihre Rücknahme kam damit einem Verzicht auf die sowjetische Bestandsgarantie für die sozialistischen Systeme in den osteuropäischen Ländern gleich. Schwerwiegende Konsequenzen nicht nur in Polen, Ungarn und der Tschechoslowakei, sondern auch in der DDR mussten die Folge sein. Doch Gorbatschow hielt die These von der »beschränkten Souveränität« und dem »beschränkten Selbstbestimmungsrecht« sozialistischer Staaten offenbar für ein entbehrliches Instrument der Vergangenheit. Auch im Verhältnis zu den osteuropäischen Ländern, so meinte Gorbatschow, seien Reformen – vor allem aus wirtschaftlichen Gründen – dringend notwendig. Die damit verbundene Neugestaltung des Verhältnisses der sozialistischen Länder untereinander werde zu einem weiteren Aufschwung des Sozialismus beitragen.[18]

Tatsächlich blieben die Konturen der Politik Gorbatschows gegenüber Osteuropa in den ersten zwei Jahren seiner Amtszeit noch vage und widersprüchlich. Bekenntnisse zu größerer nationaler Eigenständigkeit wechselten mit Forderungen nach Aufrechterhaltung der Einheit, wobei der Akzent zumeist auf der politischen, wirtschaftlichen und militärischen Integration als Mittel zur Stärkung der »sozialistischen Gemeinschaft« lag. Doch am 10. April 1987 deutete sich erstmals in der Öffentlichkeit eine Positionsveränderung an, als Gorbatschow in einer Rede in Prag erklärte:

> »Wir sind auch weit davon entfernt, irgend jemanden dazu aufrufen zu wollen, uns zu kopieren. Jedes sozialistische Land hat seine Spezi-

16 Gorbatschow, Michail: Perestroika. Die zweite russische Revolution – Eine neue Politik für Europa und die Welt. München 1987.

17 Dokumente zur Deutschlandpolitik, V. Reihe. Bd. 2, Hg. Bundesministerium für innerdeutsche Beziehungen. Frankfurt/M. 1987, S. 1325–1329.

18 Vgl. Kramer, Marc: Beyond the Brezhnev Doctrine: A New Era in Soviet-East European Relations. In: International Security, Winter 1989, S. 25–67.

fik. Die Bruderparteien legen den politischen Kurs unter Berücksichtigung der nationalen Bedingungen fest [...] Niemand hat das Recht, Anspruch auf eine Sonderstellung in der sozialistischen Welt zu erheben. Die Selbstständigkeit jeder Partei, ihre Verantwortung vor dem eigenen Volk und das Recht, souverän die Fragen der Entwicklung des Landes zu lösen, sind für uns selbstverständliche Prinzipien.«[19]

Eine ähnliche Auffassung vertrat Gorbatschow bei anderen Gelegenheiten in den folgenden Jahren noch mehrfach. So bemerkte er etwa in einer Rede vor dem Europarat in Straßburg am 7. Juli 1989 unter direkter Bezugnahme auf die Breshnew-Doktrin, »jede Einmischung in innere Angelegenheiten, alle Versuche, die Souveränität von Staaten - sowohl von Freunden und Verbündeten als auch von jedem sonst - zu beeinträchtigen«, seien »unzulässig«. Die »Philosophie des gemeinsamen europäischen Hauses« schließe die Möglichkeit eines bewaffneten Zusammenstoßes und »die Anwendung von Gewalt, vor allem militärischer Gewalt, zwischen den Bündnissen, innerhalb der Bündnisse oder wo auch immer« aus.[20] Im Oktober 1989 schließlich verkündete der Sprecher des sowjetischen Außenministeriums, Gennadi Gerassimow, am Rande eines Besuches von Gorbatschow in Finnland ausdrücklich, die Breshnew-Doktrin sei »tot«. Die Regierungen in den einzelnen Ländern sollten frei sein, ohne Furcht vor sowjetischer Intervention über einen »eigenen Weg« zu entscheiden.[21]

Zusammenbruch der DDR und Ende des Kalten Krieges

Bei der DDR-Spitze riefen diese Entwicklungen große Besorgnis hervor. Zwar war die Regierung in Ostberlin mehr als ein Jahrzehnt lang in der Lage gewesen, durch ihre Politik der Abgrenzung die Kontakte der DDR-Bürger mit dem Westen zu begrenzen und die destabilisierenden Folgen der Entspannung durch eine Mischung aus sozialer Befriedung und Kontrolle - einschließlich der Überwachung der Bevölkerung durch den Staatssicherheitsdienst - abzufangen, sodass Beobachter schon dazu verleitet wurden, die innere Stabilität und den relativen Erfolg der DDR überzubewerten. Aber nachdem die Sowjetunion, die für die Rückendeckung des SED-Regimes unverzichtbar war, nun selber eine »Revolution von oben« forderte und andere Ostblockstaaten wie Polen, Ungarn und die Tschechoslowakei bereits bedenkliche Auflösungserscheinungen zeigten, wurde die Lage für die DDR kritisch.

---

19 Zit. nach: Gorbatschow, Michail: Ausgewählte Reden und Aufsätze. Bd. 4, Berlin (Ost) 1988, S. 530 f.

20 Rede Gorbatschows vor der Parlamentarischen Versammlung des Europarates am 7. Juli 1989. In: Europa-Archiv 44(1989), S. D 588.

21 The New York Times v. 26.10.1989.

Natürlich sah sich die DDR-Führung durch diese »reformistische Einkreisung« bedroht. Aber sie reagierte darauf nicht mit eigenen Reformen, sondern mit Selbstisolierung: Das SED-Regime wurde zu einer Insel der Orthodoxie in einem Meer politischer, ökonomischer und ideologischer Strukturveränderungen. Honecker bestand sogar darauf, dass die DDR nicht gezwungen werden dürfe, dem sowjetischen Modell zu folgen, sondern dass es ihr erlaubt sein müsse, einen Sozialismus »in den Farben der DDR« zu entwickeln. Kurt Hager, Mitglied des Politbüros der SED und Chefideologe der Partei, stellte in diesem Zusammenhang in einem Interview mit der Zeitschrift Stern vom 9. April 1987 die vielzitierte rhetorische Frage, ob man sich denn verpflichtet fühlen müsse, seinem Nachbarn zu folgen, wenn dieser beschließe, in seinem Haus die Wände neu zu tapezieren.[22] Die DDR-Führung jedenfalls – so konnte man den Äußerungen Honeckers und Hagers entnehmen – verspürte keine Verpflichtung zu inneren Reformen. Im Gegenteil, man hielt sie für höchst überflüssig und schädlich, ja gefährlich.

Aus der begrenzten Sicht einer kommunistischen Kaderpartei war diese Einschätzung sogar zutreffend. Denn die improvisierten Bemühungen Gorbatschows, eine neue Linie zu entwickeln, ermutigten Reformer in anderen Ländern Osteuropas, ebenfalls eigene Ideen zu entwickeln, da man ein militärisches Eingreifen der Sowjetunion immer weniger befürchten musste. Im April und Mai 1988 kam es in Polen zu neuen Streiks der Stahl- und Werftarbeiter, die sich sofort zu einer Kraftprobe zwischen der offiziell immer noch verbotenen Gewerkschaft »Solidarität« und dem Regime von General Jaruzelski entwickelten, bis im Februar 1989 Gespräche am »Runden Tisch« begannen, die nicht nur zu einer Verfassungsreform, sondern auch zur Wiederzulassung der »Solidarität« sowie im Juni 1989 zu den ersten Parlamentswahlen in Polen nach dem Kriege mit teilweise freier Kandidatenaufstellung führten. In Ungarn wurde Ministerpräsident Károly Grosz am 22. Mai 1988 als Verfechter weitreichender politischer und wirtschaftlicher Reformen zum neuen Generalsekretär der Ungarischen Sozialistischen Arbeiterpartei ernannt. In der Tschechoslowakei wurde Staats- und Parteichef Gustáv Husák im Dezember 1987 durch den jüngeren und flexibleren Milós Jakeš ersetzt.

1987/88 war es daher schon fraglich geworden, ob sich das SED-Regime gegen die Öffnungs- und Liberalisierungstendenzen, die auch im eigenen Lande immer sichtbarer wurden, noch lange würde abschirmen können. Immerhin bewies die DDR-Regierung ihre wachsende Nervosität, als sie im November 1988 fünf sowjetische Filme und den Vertrieb der sowjetischen Zeitschrift Sputnik in der DDR verbot, die von vielen reformorientierten Ostdeutschen als Ausdruck sowjetischer Offenheit gern gelesen wurde. Die Selbstisolierung der DDR, die auch in diesen Maßnahmen wieder zum Ausdruck kam, sowie der antireformistische Kurs Honeckers waren zwar innerhalb der SED-Führung nicht unumstritten. Doch die meisten Funk-

---

22 Interview mit Kurt Hager. In: Stern v. 9.4.1987, abgedruckt in: Neues Deutschland v. 10.4.1987, S. 3: Kurt Hager beantwortete Fragen der Illustrierten Stern.

tionäre zogen es vor zu schweigen, auch wenn manche von ihnen vielleicht mit der offiziellen Politik ihrer Regierung nicht übereinstimmten.

Auf westlicher Seite blieb man in den achtziger Jahren bei der Ausnutzung der Chancen, die sich durch die Reformprozesse in den osteuropäischen Ländern zu bieten schienen, außerordentlich vorsichtig. Da grundlegende Strukturveränderungen in Osteuropa aufgrund der sowjetischen Militärpräsenz unmöglich schienen und man sich andererseits nicht vorzustellen vermochte, dass die sowjetischen Streitkräfte in absehbarer Zeit friedlich abziehen würden, hätte eine Eskalation der Entwicklung von außen leicht zu einer Katastrophe führen können. Die Westmächte hielten daher an ihrer Status-quo-orientierten Politik fest, ohne die Möglichkeit zu verschütten, im Rahmen der Entspannung weitere Fortschritte zur Auflockerung der politischen Strukturen zu erzielen. So hieß es beispielsweise im Bericht zur Lage der Nation, den Bundeskanzler Helmut Kohl im März 1984 - ein Jahr vor Gorbatschows Amtsantritt, aber lange nach Beginn der Liberalisierungsbestrebungen in Polen und Ungarn - vor dem Deutschen Bundestag abgab, wörtlich:

> »Wir wollen das Erreichte bewahren und ausbauen, wir wollen die Chancen des Grundlagenvertrages und der anderen innerdeutschen Verträge und Vereinbarungen nutzen. Wir sind bereit, die Beziehungen zur DDR auf der Basis von Ausgewogenheit, Vertragstreue und Berechenbarkeit und mit dem Ziel praktischer, für die Menschen unmittelbar nützlicher Ergebnisse weiterzuentwickeln. Die Bundesrepublik Deutschland und die DDR stehen in einer Verantwortungsgemeinschaft für den Frieden und die Sicherheit in Europa, beide müssen sich um eine Entschärfung der internationalen Lage bemühen.«[23]

In der zweiten Hälfte der achtziger Jahre, als die inneren Schwierigkeiten und die Isolierung der DDR innerhalb des eigenen Lagers zunahmen, wurde diese Bereitschaft der Bundesregierung, mit Ostberlin zusammenzuarbeiten, keineswegs geringer. Der bereits 1980 geplante Besuch von SED-Generalsekretär Honecker in Bonn, der nach der Verschlechterung der Ost-West-Beziehungen im Gefolge des sowjetischen Einmarsches in Afghanistan und nach dem Streit um die Stationierung amerikanischer Mittelstreckenraketen in Westeuropa immer wieder hatte verschoben werden müssen, konnte 1987 schließlich stattfinden. Im gemeinsamen Kommuniqué von Honecker und Kohl wurde erneut betont, dass das Verhältnis der beiden deutschen Staaten zueinander ein »stabilisierender Faktor für konstruktive Ost-West-Beziehungen« bleiben müsse. Die Wiedervereinigung Deutschlands tauchte als Thema nicht auf. Zwar wurden »Unterschiede in den Auffassungen zu grundsätzlichen Fragen, darunter der nationalen Frage«, festgestellt. Im Anschluss daran wurde allerdings

---

23 Texte zur Deutschlandpolitik, Reihe III. Bd. 2, Hg. Bundesministerium für innerdeutsche Beziehungen. Bonn 1985, S. 81.

sogleich hervorgehoben, »dass beide Staaten die Unabhängigkeit und Selbstständigkeit jedes der beiden Staaten in seinen inneren und äußeren Angelegenheiten respektieren«. Verständigungswille und Realismus sollten Richtschnur für eine konstruktive, auf praktische Ergebnisse gerichtete Zusammenarbeit zwischen beiden Staaten sein.[24]

Einen wie immer gearteten »Revanchismus« oder auch nur die leichtfertige Verbalisierung von Wiedervereinigungshoffnungen angesichts wachsender innerer Schwierigkeiten der DDR konnte man diesen Ausführungen kaum entnehmen. Vielmehr bewies die Bundesrepublik ihre Verantwortungsbereitschaft, indem sie zugunsten der Vermeidung unnötiger Komplikationen in den osteuropäischen Reformprozessen auf die Propagierung und unmittelbare Durchsetzung langfristiger eigener politischer Ziele verzichtete, die sich beispielsweise aus dem Wiedervereinigungsgebot des Grundgesetzes ergaben. Die Liberalisierung der kommunistischen Regime – darüber herrschte in den achtziger Jahren in Bonn, wie in den westlichen Hauptstädten überhaupt, weitgehend Einigkeit – musste von innen erfolgen und konnte von außen höchstens gefährdet, aber kaum gefördert werden. Dies galt besonders im Hinblick auf die DDR, wo nicht nur das Schicksal des SED-Regimes, sondern auch die sowjetische Präsenz im Zentrum Europas auf dem Spiel stand.

Der Zusammenbruch der DDR erfolgte deshalb nicht auf Druck von außen, sondern war das Ergebnis eines langjährigen inneren Zerfalls, der sich 1989 entscheidend beschleunigte und durch Entwicklungen in den osteuropäischen Nachbarländern eine zusätzliche Dynamik erfuhr. So spitzte sich die Situation bereits merklich zu, als ungarische Soldaten am 2. Mai 1989 nahe der Ortschaft Köszeg mit dem Abbau der elektronischen Sicherungsanlagen und des Stacheldrahtverhaus an der Grenze zu Österreich begannen. Zum ersten Mal seit 1945 wurde damit das Prinzip des »Eisernen Vorhangs« infrage gestellt. Schon jetzt – nicht erst am 9. November 1989 – war die Grenze zum Westen offen. Obwohl man, wie Günter Schabowski später berichtete, im SED-Politbüro durchaus ahnte, welche Sprengkraft in dem Vorgang lag, zog man es vor, sich selbst zu beschwichtigen. »Erschrocken und hilflos« habe man beobachtet, »wie der sozialistische Block in die Brüche ging«.[25] Die Flüchtlingszahlen stiegen dramatisch an. Aus einem Rinnsal wurde ein Strom. Immer mehr DDR-Bewohner fassten nun den Entschluss, ihrem Land den Rücken zu kehren. Allein 120 000 von ihnen stellten im Sommer 1989 einen Antrag auf Ausreise in die Bundesrepublik. Im Juli und August versuchten darüber hinaus Hunderte, ihre Ausreise durch die Besetzung westlicher – vor allem westdeutscher - diplomatischer Vertretungen in Budapest, Warschau, Ostberlin und Prag zu erzwingen. Die Ständige Vertretung der Bundesrepublik in Ostberlin und die Botschaft in Prag mussten wegen Überfüllung geschlossen werden. Etwa 600 DDR-Urlauber nutzten zudem am 19. August 1989 ein Fest der »Paneuropa-Union« bei Sopron an der ungarisch-österreichischen Grenze zur Flucht nach Österreich, während die ungari-

---

24 Ebenda, Bd. 5. Bonn 1988, S. 203–211, insb. 204 f.
25 Schabowski, Günter: Der Absturz. Berlin 1991, S. 221 f.

schen Grenzposten die Massenflucht zwar bemerkten, aber demonstrativ untätig blieben. Im September flohen nicht nur Hunderte, sondern Tausende täglich. Bis Ende September waren es bereits 32 500.

Im SED-Politbüro beschuldigte Günter Mittag die Ungarn des »Verrats am Sozialismus« und konnte doch nur resigniert den Bericht eines Abgesandten entgegennehmen, der nach Budapest geschickt worden war, um »die Dinge zu verlangsamen«, und von dort mit leeren Händen zurückkehrte: Die Ungarn hatten die Kontrolle verloren und – schlimmer noch – besaßen offenbar nicht die Absicht, sie zurückzuerlangen. Außenminister Gyula Horn, so hieß es, sei dort jetzt die »treibende Kraft«, während das ungarische Militär den »Erwartungen der DDR« zwar loyal gegenüberstehe, aber aufgrund innerer Uneinigkeit nicht mehr handlungsfähig sei. Die Bitte von DDR-Außenminister Fischer, ein Warschauer-Pakt-Treffen einzuberufen, um die Ungarn zur Räson zu bringen, wurde von Gorbatschow mit dem Hinweis abgelehnt, die Zeit, als eine Abweichung von der allgemeinen Linie durch den Druck der Mehrheit habe korrigiert werden können, sei vorüber. Die DDR stand allein.[26]

Zugleich nahmen die Proteste und Demonstrationen innerhalb der DDR zu. Seit Juni wurden am 7. jeden Monats Protestaktionen veranstaltet, um an die Manipulation der Kommunalwahl vom 7. Mai 1989 zu erinnern. Darüber hinaus begannen am 4. September in Leipzig nach einem Friedensgebet in der Nikolaikirche etwa 1 200 Menschen mit den »Montagsdemonstrationen«, auf denen Forderungen nach Reise- und Versammlungsfreiheit laut wurden. Bis zum 25. September war die Teilnehmerzahl auf 5 000 angewachsen, am 2. Oktober waren es bereits 20 000. Ermutigt durch den Erfolg dieser Aktionen bildeten sich nun auch politische Organisationen, die sich zum Teil als Parteien, zum Teil als Bürgerbewegungen begriffen. Am 26. August entstand die »Sozialdemokratische Partei in der DDR«, am 9./10. September das »Neue Forum«, am 12. September »Demokratie jetzt« und am 14. September der »Demokratische Aufbruch«. Erstmals in ihrer Geschichte sah sich die SED damit einer organisierten innenpolitischen Opposition gegenüber, die darüber hinaus durch die Liberalisierungstendenzen in Osteuropa und die wachsende Fluchtbewegung zunehmend Auftrieb erhielt.

Nach den Feierlichkeiten zum 40. Jahrestag der DDR am 7. Oktober 1989, bei denen die öffentlichen Demonstrationen und Aktivitäten der Oppositionsgruppen einen neuen Höhepunkt erreichten und Gorbatschow erklärte, wer bei den jetzt notwendigen »kühnen Entscheidungen« zurückbleibe, den bestrafe »das Leben sofort«,[27] wurde Generalsekretär Honecker zum Rücktritt gezwungen und durch Egon Krenz ersetzt, der Reisefreiheit versprach und am 9. November die Mauer öffnete.

---

26 Vgl. Schnibben, Cordt: »Ich bin das Volk«. Wie Erich Honecker und sein Politbüro die Konterrevolution erlebten. In: Der Spiegel 44(1990)16, S. 87 ff.
27 Vgl. Europa-Archiv 44(1989), S. D 573-586; Süß, Walter: Staatssicherheit am Ende. Berlin 1999, S. 298.

Die Probleme der DDR waren damit jedoch keineswegs gelöst. Der Erosionsprozess beschleunigte sich sogar noch, sodass bald auch das wirtschaftliche und staatliche Überleben infrage stand. Nach der Grenzöffnung und der Rücknahme der Bestandsgarantie durch die Sowjetunion ging es jetzt nicht mehr um das Ob, sondern nur noch um das Wie und Wann der Wiedervereinigung, die schließlich mit ausdrücklicher Zustimmung der Siegermächte des Zweiten Weltkrieges in den »Zwei-plus-Vier-Verhandlungen« vereinbart wurde und am 3. Oktober 1990 formell erfolgte. Der damit zugleich verbundene Abzug der sowjetischen Streitkräfte aus den im Zuge des Zweiten Weltkrieges besetzten Gebieten veränderte die internationale Lage grundlegend. Der Kalte Krieg war beendet, das Selbstbestimmungsrecht für die Völker Ost- und Ostmitteleuropas verwirklicht. Die Rahmenbedingungen, die seit 1945 das Schicksal Europas bestimmt hatten, galten nicht mehr. Der alte Kontinent erhielt eine neue Chance zu ungeteilter Integration.

Helmut Müller-Enbergs
Was wissen wir über die DDR-Spionage?

In der Geschichte der DDR hatte die »Westarbeit« viele Facetten. Sie reichte von der gezielten Kontaktpolitik im Rahmen der Kampagne »Deutsche an einen Tisch« der Sozialistischen Einheitspartei Deutschlands (SED) bis hin zum Ziel, auf diplomatischem Wege die Anerkennung der DDR als Staat zu erreichen.[1] Für das Ministerium für Staatssicherheit (MfS) war das, was »Westarbeit« genannt wird, die »Arbeit im und nach dem Operationsgebiet« mit dem Schwerpunkt Bundesrepublik, aber auch mit Blick auf Europa, USA, Dritte Welt und gar bis nach China.[2] »Wir sind überall auf der Welt«, hieß es im Ministerium.[3]

Zu diesem Zweck entstanden in der DDR zahlreiche, feingliedrige nachrichtendienstliche Organisationsstrukturen, denen jeweils bestimmte Aufgaben zugewiesen worden waren. Diese Strukturen der Spionage unterlagen einem vielfältigen Wandel, die strategischen Programme wiederholten Neujustierungen. Grundsätzlich hatte sich die Staatssicherheit auf die Fahnen geschrieben, den Frieden zu erhalten, den Kalten Krieg und die »Aggressionsabsichten der Imperialisten« zu bekämpfen und die Sicherheit des Staates wie des sozialistischen Lagers zu garantieren.[4]

Die Staatssicherheit hatte sich jeweils den operativen Bedingungen und den politischen Interessen der Parteiführung anzupassen. Hallsteindoktrin, Mauer oder Entspannungspolitik bedingten und erforderten jeweils unterschiedliche Operationsformen. Dominierten in den fünfziger Jahren beispielsweise illegale Residenturen, so bot die Einrichtung von Botschaften insbesondere ab den siebziger Jahren vermehrt legale Zugriffe auf Informationen. Entsprechend dieser Lageveränderungen gab es zwar auch in den achtziger Jahren - wie schon in den fünfziger Jahren - den klassischen Agenten, zunehmend Bedeutung gewann jedoch das Abschöpfen, die legendierte Verbindung zu interessanten Geheimnisträgern.

Überdies schwankte der Grad der Spionage des Staatssicherheitsdienstes zwischen dem primären Bedürfnis der SED, den Staat DDR funktionsfähig zu erhalten, und dem primären Bedürfnis des KGB, Informationen aus dem »Operationsgebiet« zu gewinnen. Diese Gemengelage brachte einen Sicherheitskonzern hervor, der zuletzt

---

1   Exemplarisch für die Westarbeit der SED: Mönnighoff, Martin: »Hettstedt ruft Münster!« »Westarbeit« der Sozialistischen Einheitspartei Deutschlands im Bezirk Halle und in Nordrhein-Westfalen (1956-1970). Münster 1998; Staadt, Jochen: Die geheime Westpolitik der SED 1960-1970. Von der gesamtdeutschen Orientierung zur sozialistischen Nation. Berlin 1993; Pötzl, Norbert F.: Basar der Spione. Die geheimen Missionen des DDR-Unterhändlers Wolfgang Vogel. Hamburg 1997.

2   Richtlinie 2/79. In: Müller-Enbergs, Helmut: Inoffizielle Mitarbeiter des Ministeriums für Staatssicherheit. Teil 2: Anleitungen für die Arbeit mit Agenten, Kundschaftern und Spionen in der Bundesrepublik Deutschland. Berlin 1998, S. 471-512, hier 472.

3   Günther, Heinz: Wie Spione gemacht wurden. Berlin o. J., S. 12.

4   Mielke, Erich: Vorwort. In: Kundschafter des Friedens. Bd. 1, Leipzig 1989, S. 16-26, hier 16-19.

91 015 hauptamtliche[5] und 174 200 inoffizielle Mitarbeiter (IM)[6] dirigierte – Agenten der Hauptverwaltung A (HV A), die zum MfS gehörte, darin nicht eingeschlossen.[7]

Die DDR-Spionage war lediglich eine Sparte der »Westarbeit«, der wiederum vielfältige Aufgaben zugewiesen waren. Welche das waren, wo die Forschung in Sachen DDR-Spionage steht und welche Perspektiven sie hat, sind die Fragen, die nachfolgend im Vordergrund stehen.

1   Spionagetheorie

Warum spionierte die DDR in der Bundesrepublik? Warum leistete sie sich einen bzw. mehrere Spionageapparate? Die Standardantworten verweisen auf die politischen Interessenlagen der DDR, ihre militärischen und wirtschaftlichen Interessen, speziell an westlichen Forschungsergebnissen, sowie auf die Absichten des »feindlichen«, gegen die DDR gerichteten politischen Spektrums. Mitunter wird auch die Traditionslinie der sowjetischen Tscheka genannt, die nach dem Ende des Zweiten Weltkriegs in der DDR ihre Fortsetzung fand.

Wird jedoch das Selbstverständnis der HV A auf diese Frage hin untersucht, so schlägt einem mitunter kräftiges Pathos entgegen. Für Erich Mielke leisteten »Kundschafter des Friedens« eine »selbstlose Arbeit«, die »zur Aufdeckung der gegen den Weltfrieden und den Sozialismus gerichteten Absichten und Maßnahmen«, zur »Gewährleistung einer friedlichen Zukunft der Völker« und »zum umfassenden Schutz des Sozialismus« beizutragen hatte. Oftmals mit militärischem Vokabular unterlegt, wurde die Spionagetätigkeit im »feindlichen Lager« als »unabdingbar« für die DDR betrachtet. Solche Ausführungen wirken auf den ersten Blick lächerlich und phrasenhaft. Gleichwohl beruht Mielkes Begriff von Spionage auf einer der ältesten diesbezüglichen Ausarbeitungen: Mit Blick auf die russische Geschichte der Spionage und die sie leitenden Theoreme wird deutlich, dass die sowjetischen und ostdeutschen Geheimpolizeien und Nachrichtendienste eine rund 2 500 Jahre alte Spionagetheorie umsetzten. Es handelt sich hierbei um das Traktat »Die Kunst des Krieges« des chinesischen Armeegenerals Sun tzu, das auch von Militärtheoretikern häufig herangezogen wird. Nach ihm ist die Spionage die ökonomischste und menschlichste Form des Krieges, sowohl in seiner Vorbereitung als auch während der militärischen Auseinandersetzung: Die Lage des Feindes rechtzeitig zu erkennen sei kriegsentscheidend. »Aufschluss über Pläne der Feinde erhält man nur über Spione.«[8]

---

5   Gieseke, Jens: Mielke-Konzern. Die Geschichte der Stasi 1945–1990. Stuttgart 2001, S. 70.

6   Müller-Enbergs, Helmut: Inoffizielle Mitarbeiter des Ministeriums für Staatssicherheit. Teil 1: Richtlinien und Durchführungsbestimmungen. Berlin 1996, S. 59.

7   Müller-Enbergs: Inoffizielle Mitarbeiter. Teil 2 (Anm. 2).

8   Sun tzu: Die dreizehn Gebote der Kriegskunst. München 1974.

Dieses Traktat gelangte erst im 17. Jahrhundert über Frankreich ins westliche Europa und wurde von den Nachrichtendiensten rezipiert: Sherman Kents Standardwerk zur Spionagetheorie,[9] aber auch jüngere westliche Arbeiten wie die von Bernd Jakob[10] oder Manfred Zoller[11] wurden von ihm mehr oder minder inspiriert. Diese Autoren ordnen die Spionagetheorie nicht bzw. kaum in militärstrategische Überlegungen ein, sie leiten sie von Bedrohungs- bzw. Risikoszenarien ab. Gleichwohl deutet auch das auf gemeinsame Wurzeln der Spionagetheorien hin.

Sofern dies zutreffen sollte, wird die spannende Frage zu untersuchen sein: Gibt es eine universelle Spionagetheorie? Und wenn ja, ob deren Umsetzung allein von den Rahmenbedingungen der jeweiligen Staaten abhängig ist, die sich Spionagedienste leisten können. Ob also der potenzielle Ertrag der Spionage dadurch vorgegeben ist, welche gesellschaftliche und politische Akzeptanz im spionageführenden Land vorhanden ist. Die Spionage dürfte in der DDR eine wesentlich höhere Akzeptanz gefunden haben als etwa in der Bundesrepublik. Dies gilt sogar für erhebliche Teile der Bürgerbewegung während der Herbstrevolution, die dem Schutz von DDR-Agenten einigen Stellenwert beigemessen hatten. Überdies dürfte Spionage in demokratisch verfassten Staaten erheblich leichter fallen als in Diktaturen. Doch sind solche Fragen bislang kaum Gegenstand der Forschung gewesen. Selbst in bekannten Übersichtsdarstellungen zur Geschichte der Spionage werden theoretische Grundlagen kaum erwähnt.[12] Diesbezüglich ist allgemein und insbesondere bei der »Westarbeit« der DDR-Organe wohl das größte Defizit anzuzeigen. Auch auf die DDR-Spionage bezogen lautete also die zentrale praktische Frage während des Kalten Krieges: Wie ist die Lage beim Feind? Aus Forscherperspektive: Welchen Kenntnisstand hatte die DDR mit ihrer Spionage erworben, wie hatte sie diese Informationen politisch, wirtschaftlich oder militärisch genutzt?

---

9   Kent, Sherman: Strategic Intelligence for American Word Policy. Princeton 1949.

10 Jakob, Bernd: Geheime Nachrichtendienste und Globalisierung. Der Faktor »intelligence« zwischen staatsweltlicher Bedrohungsanalyse und weltgesellschaftlicher Risikoperzeption. Frankfurt/M. 1999. Vorläufer hierzu Kaltenbrunner, Gerd-Klaus (Hg.): Wozu Geheimdienste? Kundschafter - Agenten - Spione. München 1985.

11 Zoller, Manfred (Hg.): Auswärtige Sicherheit als nachrichtendienstliche Aufgabe. Herausforderung in veränderter Globallage. Brühl 1999; ders.; Korte, Guido: Informationsgewinnung mit nachrichtendienstlichen Mitteln. Brühl 2001; ders.; Korte, Guido: Nachrichtendienste in der Informationsgesellschaft. Brühl 2000.

12 Barring, Ludwig: Geheimagenten und Spione. Das Sachbuch der Spionage vom Altertum bis heute. Bayreuth 1968; Bergh, Hendrik van: ABC der Spione. Eine illustrierte Geschichte der Spionage in der Bundesrepublik. Pfaffenhofen 1965; ders.: Die Überläufer. Eine illustrierte Dokumentation aus den Akten der Geheimdienste. Würzburg 1979; Gramont, Sanche de: Der geheime Krieg. Die Geschichte der Spionage seit dem Zweiten Weltkrieg. Wien 1962; Knightley, Phillip: Die Geschichte der Spionage im 20. Jahrhundert. Aufbau und Organisation, Erfolge und Niederlagen der großen Geheimdienste. Bern 1989; Piekalkiewicz, Janusz: Weltgeschichte der Spionage. Agenten - Systeme - Aktionen. München 1988.

2 Komitee für Staatssicherheit

Nach der Auflösung des Informationskomitees im Jahre 1951, das Aufklärungsorganisationen der Sowjetunion vereint hatte, bestand wieder ein Komitee für Staatssicherheit (KGB), eine Aufklärungsorganisation und der Militärnachrichtendienst GRU. Beide verfügten in der DDR nicht nur über eigene Filialen, sondern schufen jeweils ostdeutsche Ebenbilder. Zum einen den formell dem DDR-Außenministerium zugeordneten Nachrichtendienst, aus dem die HV A erwachsen sollte, zum anderen innerhalb der ostdeutschen Militärstrukturen die so genannte Allgemeine Verwaltung. Diese sich außerhalb des MfS entwickelnden Struktureinheiten riefen seinerzeit Minister Wilhelm Zaisser auf den Plan. Er richtete ebenfalls eine Abteilung ein, deren Schwerpunkte auf die Bundesrepublik und Westberlin zielten. Profil und Aufgaben dieser Dienste gaben freilich deren sowjetische Väter vor, die sich weithin auch die Kontrolle vorbehielten, wenn auch ab 1958 mit deutlich abnehmender, aber nie gänzlich verschwindender Tendenz. Aus der Identität von Zielobjekten der sowjetischen und ostdeutschen Dienste erwuchsen immer neue Konflikte, etwa bei der Nutzung von Personen für die inoffizielle Arbeit, wobei in Zweifelsfällen die sowjetischen Dienste zum Zuge kamen. Die in den fünfziger Jahren gebräuchliche Praxis der sowjetischen Seite, sich die ostdeutschen IM-Akten vermerklos anzueignen, wurde allerdings zunehmend formalisiert. Die von den beiden ostdeutschen Diensten – der Nachrichtendienst des Außenministeriums wurde im August 1953 in das MfS integriert – eingeworbenen Informationen gingen bis zuletzt in großem Umfang an die »Freunde«, wie der KGB genannt wurde. Von den bei der HV A in der elektronischen Datenbank (SIRA 12) gespeicherten 167 500 Informationen ist beinahe jede dritte Information (52 000) an den KGB gegangen, während im Gegenzug lediglich 12 500 Informationen übermittelt wurden. So betrachtet hatten die ostdeutschen Dienste bei dieser »Waffenbrüderschaft« mit dem KGB den Charakter von selbstbewussten Hilfsorganen.[13]

Die Staatssicherheit unterlag somit einer doppelten Anleitung. Neben dem sowjetischen Patronat war sie, wie es in ihrem Selbstverständnis hieß, Schild und Schwert der Partei. Von jedem Angehörigen wurde die Parteimitgliedschaft selbstredend erwartet. Das Verhältnis zur Sowjetunion war stets – in den letzten Jahren freilich weniger – ein Indikator loyaler Gefolgschaft. Die zentralen politischen Koordinaten für die Spionage gab die Partei vor, die bis in die einzelnen Referate der Diensteinheiten in Jahresarbeitspläne umgesetzt wurden.

---

13 Richter, Peter; Rösler, Klaus: Wolfs West-Spione. Ein Insider-Report. Berlin 1992.

3   Allgemeiner Forschungsstand

Die Staatssicherheit bediente alle klassischen Spionagefelder. Absoluten Schwerpunkt besaß die Informations- und Materialbeschaffung, und hier interessierten überwiegend jene Fragen, deren Beantwortung unmittelbar der DDR oder den Warschauer Pakt-Staaten nützten. Dies schließt Informationen zu Repressionszwecken in der DDR ein. Darüber hinaus betrieb die Staatssicherheit »aktive Maßnahmen«, um – wie es Lenin formulierte – beim Gegner auf das »Sorgfältigste, Sorgsamste, Vorsichtigste, Geschickteste sowohl jeden, selbst den kleinsten Riss zwischen den Feinden, jeden Interessengegensatz zwischen der Bourgeoisie der verschiedenen Länder, zwischen den verschiedenen Gruppen oder Schichten der Bourgeoisie innerhalb der einzelnen Länder als auch jede, selbst die kleinste Möglichkeit auszunutzen, um einen Verbündeten unter den Massen zu gewinnen, mag das auch ein zeitweiliger, schwankender, unsicherer, bedingter Verbündeter sein«.[14] Nach zahlreichen Kampagnen dieser Art wurde 1966 die Abteilung X bei der HV A eingerichtet. Die interessante Frage, wie weit diese »aktiven Maßnahmen« reichten, ob also Bonn nicht nur im Blick war, sondern auch im Griff der Staatssicherheit zappelte, die Bundesrepublik folglich unterwandert war, wird lebhaft diskutiert. Es spricht jedoch sehr vieles dafür, dass im Verhältnis von Informationsbeschaffung und Einflussnahme die Informationsbeschaffung deutlich überwogen hatte. Dafür spricht, dass weniger als 2 Prozent der hauptamtlichen Mitarbeiter der HV A und nur 4 Prozent der IM auf diese Abteilung X entfielen (etwa 60 Hauptamtliche und 62 West-IM). Gleichwohl hatte die Staatssicherheit grundsätzlich zum Ziel, »progressive Kräfte« in der Bundesrepublik zu stärken, »reaktionäre« zu schwächen.[15]

Die DDR-Spionage als Gegenstand populärer Sachbücher und der Fachliteratur hat nach der Herbstrevolution 1989 enorm an Attraktivität gewonnen. Die zahlreichen Veröffentlichungen reichen von kritischen Untersuchungen (wie etwa von Friedrich-Wilhelm Schlomann, Karl Wilhelm Fricke oder Peter Siebenmorgen) über unterhaltsam abgefasste Sachbücher (beispielsweise von Peter-Ferdinand Koch) bis hin zu Memoiren[16] und Selbstdarstellungen ehemaliger Akteure wie Markus Wolf [17]

---

14   Lenin, Wladimir I.: Der »linke Radikalismus«, die Kinderkrankheit des Kommunismus. In: ders.: Lenin Werke. Bd. 31, Berlin 1974, S. 1-91, hier 56.

15   Bohnsack, Günther; Brehmer, Herbert: Auftrag: Irreführung. Wie die Stasi Politik im Westen machte. Hamburg 1992.

16   Exemplarisch Eltgen, Hans: Ohne Chance. Erinnerungen eines HVA-Offiziers. Berlin 1995; Nitsche, Rudolf: Diplomat im besonderen Einsatz. Eine DDR-Biographie. Schkeuditz 1994.

17   Wolf, Markus: Die Troika. Reinbek 1991; ders.: In eigenem Auftrag. Bekenntnisse und Einsichten. München 1991; ders.: L' oeil de Berlin. Entretiens de Maurice Najman avec l' ex-patron des services secrets est-allemands. Paris 1992; ders.: Spionagechef im geheimen Krieg. Erinnerungen. München 1997; ders.: Die Kunst der Verstellung. Dokumente. Gespräche. Interviews. Berlin 1998; ders.: Freunde sterben nicht. Berlin 2002. Über ihn: Hirsch, Rudolf: Der Markus-Wolf-Prozeß. Eine Reportage. Berlin 1994; Villemarest, Pierre de: Le coup d' Etat de Markus Wolf. La guerre secrète des

oder Werner Großmann[18], die wichtige Hinweise geben. Die Publikationen über ihre Hauptakteure,[19] über Strukturen und wichtige inoffizielle Mitarbeiter sind kaum noch überschaubar. Auch liegen mittlerweile einige Veröffentlichungen zu konkreten Spionagezielen vor, wobei gegenwärtig vor allem Institutionen interessieren, die der DDR besondere Aufmerksamkeit gewidmet haben. Zu nennen sind amnesty international oder die Internationale Gesellschaft für Menschenrechte. Gleichwohl können dies nur erste Schritte historischer Aufarbeitung sein, denn das MfS hatte zuletzt 153 konkrete Zielobjekte in der Bundesrepublik und Westberlin aufgelistet, deren »Bearbeitung« zu zwei Dritteln auf die Abwehrdiensteinheiten, zu einem Drittel auf die »Aufklärung« des MfS entfielen.

Die bislang interessanteste Publikation zur Geschichte der HV A ist als Sachbuch angelegt und stammt von zwei ehemaligen Mitarbeitern dieses Dienstes: Peter Richter und Klaus Rösler.[20] Sie beschreiben die innere Entwicklung der HV A von ihren Anfängen bis zur Auflösung, die Spannungen zwischen den verschiedenen Diensteinheiten, insbesondere zwischen der »Abwehr« des MfS und der HV A sowie auch deren elitäres Selbstverständnis. Auch benennen sie »Erfolge« und »Niederlagen« dieses Dienstes und gehen auf die Informationsvermittlung und -verarbeitung durch Wirtschaft und Staatsführung ein. Ihr analytischer Erinnerungsbericht besticht zudem durch die authentische Beschreibung von Stimmungslagen und Sichtweisen innerhalb dieser Struktureinheit des MfS.

Eine wissenschaftliche Gesamtdarstellung der Geschichte der HV A oder gar der Westarbeit des Abwehrbereiches des MfS oder – mit Einschränkungen – der Verwaltung Aufklärung des Ministeriums für Nationale Verteidigung gibt es bislang nicht. Am besten noch sind die frühen Jahre untersucht, etwa durch die Arbeiten von Michael Kubina.[21] Mir scheint, eine Gesamtdarstellung ist angesichts der Fülle noch

deux Allemagnes 1945-1991. Documentation et synthèse. O. O. 1991; Reichenbach, Alexander: Chef der Spionage. Die Markus-Wolf-Story. Stuttgart 1992; Runge, Irene; Stelbrink, Uwe: Markus Wolf. »Ich bin kein Spion«. Gespräche mit Markus Wolf. Berlin 1990.

18 Großmann, Werner: Bonn im Blick. Die DDR-Aufklärung aus der Sicht ihres letzten Chefs. Berlin 2001.

19 Deckname Stabil. Stationen aus dem Leben und Wirken des Kommunisten und Tschekisten Paul Laufer. Leipzig 1988; Aktivisten der ersten Stunde. Miniaturausgabe anläßlich des 40. Jahrestages der Bildung des Ministeriums für Staatssicherheit. 3 Bde., Leipzig 1989; Im Kampf bewährt. Erinnerungen an Richard Großkopf. Leipzig 1984; Aus dem Leben eines Berufsrevolutionärs. Erinnerung an Richard Stahlmann. Leipzig 1986; Menschen, ich hatte euch lieb, seid wachsam! Erinnerungen an Robert Korb. Leipzig 1985; Scholz, Michael F.: Bauernopfer der deutschen Frage. Der Kommunist Kurt Vieweg im Dschungel der Geheimdienste. Berlin 1997; Herms, Michael; Noack, Gert: Aufstieg und Fall des Robert Bialek. Berlin 1998.

20 Richter; Rösler: Wolfs West-Spione (Anm. 13). Eher wegen seines Unterhaltungswertes ist zu nennen Koch, Peter-Ferdinand: Die feindlichen Brüder. DDR contra BRD. Eine Bilanz nach 50 Jahren Bruderkrieg. Bern 1994.

21 Kubina, Michael: »In einer solchen Form, die nicht erkennen läßt, worum es sich handelt«. Zu den Anfängen der parteieigenen Geheim- und Sicherheitsapparate der KPD/SED nach dem Zweiten Weltkrieg. In: Internationale Wissenschaftliche Korrespondenz 32(1996)3, S. 340-374; ders.: »Was in

unaufbereiteten Materials als Einzelleistung gegenwärtig nicht möglich. Sie lässt sich wohl nur von einer Gruppe von Wissenschaftlern erstellen und, angesichts der bruchstückhaften Überlieferungen, nur unter Befragung der ehemaligen Akteure.

Vergleichsweise genau und verlässlich ist bislang die zuletzt gültige Organisationsstruktur der HV A ermittelt worden – allerdings nur ihr Ist-Zustand im Dezember 1989, zu einem Zeitpunkt also, als bereits erste Reorganisationen wirksam geworden waren.[22] Auch die Struktur der Verwaltung Aufklärung des Ministeriums für Nationale Verteidigung ist hinreichend bekannt, ihr Schema liegt jedoch noch nicht gedruckt vor. Vergleichsweise schwerer zu rekonstruieren sind die Strukturen des Abwehrbereichs, die sich mit der Westarbeit befassten, da sie in beinahe allen Diensteinheiten in dieser oder jener Form betrieben wurde.[23]

Von den IM-Netzen in der Bundesrepublik ist das der HV A noch am ehesten erschlossen. Grundlage bilden die als »Rosenholz I« zu bezeichnenden Unterlagen, aus denen die im Jahre 1988 noch aktiven inoffiziellen Vorgänge ersichtlich sind. Es waren zu diesem Zeitpunkt 1 553 Bundesbürger und Westberliner verzeichnet, im Herbst 1989 werden es noch etwa 1 500 gewesen sein. Schätzungsweise 6 000 waren es für diesen Dienst in 40 Jahren DDR-Geschichte.[24] Somit war Ende 1988 jeder achte Einsatzkader der HV A (IMA) anerkannter Bundesbürger bzw. Westberliner (Tabelle 1).

---

dem einen Teil verwirklicht werden kann mit Hilfe der Roten Armee, wird im anderen Teil Kampffrage sein.« Zum Aufbau des zentralen Westapparates der KPD/SED 1945-1949. In: Wilke, Manfred (Hg.): Anatomie der Parteizentrale. Die KPD/SED auf dem Weg zur Macht. Berlin 1998, S. 413-500. Wichtige Aufschlüsse sind enthalten in: Bailey, George; Kondraschow, Sergej A.; Murphy, David E.: Die unsichtbare Front. Der Krieg der Geheimdienste im geteilten Berlin. Berlin 1997; Sacharov, Vladimir V.; Filippovych, Dmitrij N.; Kubina, Michael: Tschekisten in Deutschland. Organisation, Aufgaben und Aspekte der Tätigkeit der sowjetischen Sicherheitsapparate in der Sowjetischen Besatzungszone Deutschlands (1945-1949). In: Wilke (Hg.): Anatomie der Parteizentrale, S. 293-335.

22   Die Organisationsstruktur des Ministeriums für Staatssicherheit 1989. Bearbeitet von Roland Wiedmann (MfS-Handbuch, Teil V/1). Hg. BStU. Berlin 1995. Noch unveröffentlicht, aber wesentlich aussagekräftiger: ders.: Diachrone Struktur der HV A 1959-1989. Berlin 1997 (Ms.); vgl. ferner Die Hauptverwaltung Aufklärung (HV A) des Ministeriums für Staatssicherheit (MfS), erstellt vom Bundesamt für Verfassungsschutz. Köln 1994.

23   Zur Problematik Knabe, Hubertus: West-Arbeit des MfS. Das Zusammenspiel von »Aufklärung« und »Abwehr«. Berlin 1999.

24   Müller-Enbergs: Inoffizielle Mitarbeiter. Teil 2 (Anm. 2).

Tabelle 1
IM/GMS-Vorgänge in der SIRA-Teildatenbank 21 und »Rosenholz I«
(Stand: Dezember 1988)

Abteilung[25]	Vorgänge[26]			Personen	
	GMS[27]	IMA[28]	IMB[29]	Bundesbürger[30]	Anteil Bundes-bürger unter den IMA (in %)
I	15	676	427	103	15
II	16	672	351	95	14
III	140	938	77	4	0
IV	87	302	342	74	25
V	29	258	77	21	8
VI	37	686	300	105	15
VII	5	0	2	0	0
VIII	15	24	6	0	0
IX	37	786	279	105	13
X	3	295	85	62	21
XI	30	512	459	101	20

25 Abteilung (Abt.) I: Regierung, Abt. II: Parteien, Abt. III: Europa, Abt. IV: Militär, Abt. V: SWT-Auswertung, Abt. VI: »Regimefragen«, Abt. VII: Auswertung und Information, Abt. VIII: Operative Dienste und Technik, Abt. IX: Geheimdienste, Abt. X: »Aktive Maßnahmen«, Abt. XI: USA, Abt. XII: NATO, Abt. XIII: Energie, Biologie, Chemie, Abt. XIV: Elektronik, Elektrotechnik, Abt. XV: Maschinenbau, Embargo, Abt. XVI: Offizielle Kontakte, Abt. XVII: Grenzschleusung, Abt. XVIII: Sabotage und Zivilverteidigung, Abt. XX: EDV-Einsatz.

26 Die HV A führte verschiedene Vorgangsarten, von denen mit GMS, IMA und IMB hinsichtlich der dort verzeichneten IM lediglich diese drei von größerem Gewicht sind. Gleichwohl konnten in einem IMA- bzw. IMB-Vorgang mehrere IM verzeichnet sein, auch »West-IM«. Belegt ist ebenfalls, dass »West-IM« auch in anderen Vorgangsarten erfasst worden sind, die in der Regel dafür zuletzt nicht vorgesehen waren wie etwa Akten zu Kontaktpersonen (KP) oder Operative Personenkontrollen (OPK). Entsprechende Beispiele finden sich weiter unten im Text. Mit Blick darauf deutet die Tabelle 1 lediglich Dimensionen an, da eine Einzelfallauswertung anhand bisheriger Unterlagen gegenwärtig noch nicht möglich ist.

27 GMS: Gesellschaftlicher Mitarbeiter für Sicherheit. Bislang gibt es keinen Fall, wo bei der HV A ein Bundesbürger oder Westberliner als GMS erfasst worden ist.

28 IMA: IM-Akte A für IM im Operationsgebiet und Einsatzkader der DDR. In der Regel wurde für einen IM ein Vorgang angelegt, weshalb – mit Einschränkungen – eine direkte Korrelation zu IM aus »Rosenholz I« hergestellt werden kann, da nach bislang vorliegenden Kenntnissen unter den IMA neben den DDR-Bürgern auch Bundesbürger, Westberliner und »Ausländer« erfasst worden sind.

29 IMB: IM-Akte B für sonstige IM wie Deckadressen, Decktelefon, konspirative Wohnungen, Verwalter konspirativer Objekte, Anlaufstellen, Grenz-IM und Sicherungs-IM.

30 Vgl. Müller-Enbergs: Inoffizielle Mitarbeiter. Teil 2 (Anm. 2), S. 954–969.

Abteilung[25]	Vorgänge[26]			Personen	
	GMS[27]	IMA[28]	IMB[29]	Bundesbürger[30]	Anteil Bundesbürger unter den IMA (in %)
XII	29	495	346	59	12
XIII	10	396	162	53	13
XIV	33	548	249	91	17
XV	14	449	225	99	22
XVI	35	137	47	0	0
XVII	9	380	114	78	21
XVIII	8	304	142	18	6
XX	1	6	0	0	0
Diverse	434	3 847	1 846	485	13
Σ	987	11 711	5 536	1 553	13

Eine recht genaue Angabe über die Anzahl der IM wird möglich sein, wenn die mikroverfilmte Personen- und Vorgangskartei (»Rosenholz II«), soweit sie deutsche Vorgänge betrifft, zur Behörde zurückgereicht und ausgewertet worden ist. Dem offenbar weitmaschigen inoffiziellen Netz der Verwaltung Aufklärung der NVA sollen zuletzt 138 Bundesbürger und Westberliner angehört haben. Im historischen Längsschnitt gibt es lediglich vereinzelte, eher darunter liegende und bislang unüberprüfbare Angaben.[31] Hinsichtlich des Abwehrbereichs des MfS sind gegenwärtig allenfalls vorsichtige Überlegungen zum Umfang des IM-Netzes in der Bundesrepublik möglich. Stichproben nach zu urteilen könnten ebenso viele Inoffizielle wie bei der HV A in der Bundesrepublik tätig gewesen sein. Als sehr wahrscheinlich muss jedoch gelten, dass die oftmals öffentlich genannten Schätzungen von 20, 30, 40 oder gar 50 000 Agenten des MfS[32] in der Bundesrepublik eher als hoch gegriffen anzusehen sind. Bei dem Versuch, eine genauere Angabe über die von der Abwehr in der Bundesrepublik geführten IM zu ermitteln, stößt man auf kaum zu überwindende analytische Probleme: Selbst statistisch repräsentative Stichproben in der Personenkartei des Zentralarchivs erbringen keine zuverlässigen Ergebnisse, da gerade Karten der West-IM entfernt worden sind. Die wenigen Statistiken, die von Kreisdienststellen, Bezirksverwaltungen oder Hauptabteilungen des MfS erstellt worden und erhalten geblieben sind, erlauben ebenfalls keine sicheren Rückschlüsse: Sie wurden zu verschiedenen Zeiten ermittelt, die Diensteinheiten weisen untereinander

---

31 Göpel, Helmut: Aufklärung. In: Naumann, Klaus (Hg.): NVA. Anspruch und Wirklichkeit. Berlin 1993, S. 221–239.
32 Vgl. Knabe, Hubertus: Die unterwanderte Republik. Stasi im Westen. Berlin 1999.

oftmals zu große Unterschiede auf, sodass auch in naher Zukunft mit keiner gesicherten Angabe zu rechnen ist.

Was weiß man über diese IM? Die zuletzt aktiven West-IM der HV A sind nahezu vollständig enttarnt. Über sie lässt sich auch ein Profil erstellen: Über die Hälfte (54 Prozent) von ihnen sind als Agenten im engeren Sinne anzusehen. Dabei handelt es sich um »Abschöpf-« und »Objektquellen« oder »Residenten«. Ein Drittel hat zudem Hilfs- oder Teilfunktionen wie »Ermittler«, »Gehilfen« oder »Werber«. Für die logistische Basis in der Bundesrepublik wie »Anlaufstellen« oder »Deckadressen« war rund ein Sechstel der IM eingesetzt worden. Auffallend ist die relativ lange Arbeitsdauer: 5 Prozent waren bereits seit den fünfziger Jahren, 14 Prozent seit den sechziger, 29 Prozent seit den siebziger und 52 Prozent seit den achtziger Jahren inoffiziell tätig. Somit bestand das zuletzt aktive IM-Netz zur Hälfte schon über zehn Jahre. Der auch andernorts nur geringe Anteil von Frauen ist auch für die HVA-Inoffiziellen zu bestätigen: 28 Prozent waren weiblichen Geschlechts. Die Ursachen hierfür sind bislang unerforscht: Zumeist wird die wenig überzeugende These vertreten, nach der männlich dominierte Nachrichtendienste gegenüber weiblichen Inoffiziellen traditionell kritisch eingestellt sind.[33]

Deutlich erkennbar sind die Zielgruppen Sekretärinnen, Studenten und Journalisten. Die überwiegende Anzahl der Kontakte zu den IM (58 Prozent) resultierte aus Empfehlungen bereits aktiver IM. Ein mit 11 Prozent recht hoher Anteil der Rekrutierten geht auf den Reiseverkehr und das Meldewesen, 6 Prozent auf direkte Anbahnungen auf den Leipziger Messen zurück. Im Weiteren entstanden stabile Beziehungen durch Hinweise der Einreisekontrolle (5 Prozent), durch offizielle Kontakte (5 Prozent), aber auch durch die Postkontrolle (2 Prozent). Bemerkenswert hoch ist mit 7 Prozent der Anteil der gezielt in die Bundesrepublik geschleusten Agenten.[34]

Die Werbungen fanden zumeist in der DDR statt (80 Prozent). Die Führungsoffiziere gaben als Motiv ihrer IM in der Bundesrepublik überwiegend Überzeugung an (60 Prozent). Erst an zweiter Stelle rangierten materielle Interessen (27 Prozent), an dritter mit 7 Prozent persönliche Zuneigung. Nahezu bedeutungslos, zumindest zuletzt, war mit einem Prozent Erpressung. Unter Vorspiegelung falscher Tatsachen war es der HV A gelungen, 4 Prozent ihrer zuletzt aktiven IM zu gewinnen, indem sich die Gesprächspartner etwa als Mitarbeiter eines westlichen Nachrichtendienstes ausgaben. Ebenfalls auffallend ist mit 7 Prozent der hohe Anteil an Selbstanbietern, die aus politischer Überzeugung oder materiellem Interesse den Kontrakt mit der

---

33 So Maennel, Annette: Auf sie war Verlaß. Frauen und Stasi. Berlin 1995; Schmole, Angela: Frauen und MfS. In: Deutschland Archiv (1996)4, S. 518. Hier wird man die empirisch angelegte Analyse von Regina Karell abwarten müssen.

34 Exemplarisch Goliath, Inge: Das Interview. Inge Goliath enthüllt Geheimnisse des Dr. Werner Marx. Berlin 1982; Vielain, Heinz; Schell, Manfred: Verrat in Bonn. Berlin 1978; Voelker, Hans: Salto mortale. Vom Rampenlicht zur unsichtbaren Front. Berlin 1990.

HV A eingegangen waren.[35] Tatsächlich dürften geldwerte Vorteile eher stärker, die politischen Überzeugungen der Agenten schwächer ausgeprägt gewesen sein. Angesichts vernichteter Akten wird es schwer sein, empirisch gesicherte Angaben zu ermitteln.

Sichere Angaben sind zur Altersstruktur der West-IM der HV A möglich, wie sie sich 1988 darstellte. Offenbar war das Netz leicht überaltert, denn der Anteil der unter 30-Jährigen betrug 5 Prozent, während die meisten zwischen 40 und 49 Jahre alt waren. Jeder sechste IM hatte das sechste Lebensjahrzehnt, neun das achte überschritten. Sogar über die regionale Verteilung der IM liegen Erkenntnisse vor: Ein Viertel wohnte oder arbeitete in Nordrhein-Westfalen, 23 Prozent in Westberlin und 13 Prozent in Bayern. Das Saarland belegte mit nur einem Prozent der IM den letzten Platz. Dies ist jedoch lediglich ein Schlussbild der Inoffiziellen. In den Jahrzehnten zuvor wird es Veränderungen gegeben haben, die noch zu erschließen sind. Mithilfe des »Rosenholz«-Materials wird dies möglich sein.

Die normativen Vorgaben, wie sie die Führungsoffiziere bei der Arbeit mit den IM und der Aktenführung zu erfüllen hatten, Richtlinien und Kommentare, sind aufgefunden und publiziert worden.[36] Die Anschlussfrage jedoch, wie die Umsetzung in die Praxis aussah, wird künftig eine wichtige Untersuchungsfrage sein.[37] Schon die ersten Zwischenergebnisse, die Georg Herbstritt, wissenschaftlicher Mitarbeiter der Stasi-Unterlagen-Behörde, anhand der Akten der Generalbundesanwaltschaft ermittelt hat, deuten darauf hin, dass sich zwischen gesellschaftlicher Wahrnehmung, bisherigem Bild in der Forschung und der »Wirklichkeit« deutliche Diskrepanzen ergeben.

4   »Abwehr« und »Aufklärung«

Eine scharfe Abgrenzung der HV A als »elitäre Aufklärung« gegenüber der »repressiven Abwehr« ist kaum möglich. Das IM-Netz der HV A speiste sich zu etwa 20 Prozent aus dem Abwehrbereich, während diesem zugleich etwa 10 Prozent der HVA-Akten zur weiteren Nutzung übergeben wurden. Die hauptamtlichen Mitarbeiter der HV A stammten zu etwa einem Drittel aus dem Abwehrbereich, umgekehrt wechselte ein Viertel der HVA-Mitarbeiter im Laufe ihres Dienstes zur Abwehr. Die geschätzten 7 000 bis 10 000 DDR-IM, die zuletzt für die HV A verzeichnet waren, trugen nicht unwesentlich zum Informationsaufkommen der Abwehr bei, was zuweilen direkte repressive Folgen hatte und mitunter auch zu Auszeichnungen von HVA-

---

35 Eine sehr fleißige Arbeit mit einem recht eigenwilligen Zugang zum Komplex der Motive legte vor Henkel, Rüdiger: Was treibt den Spion? Spektakuläre Fälle von der »Schönen Sphinx« bis zum »Bonner Dreigestirn«. Berlin 2001. Darin entwickelt Henkel sogar 25 Motivgruppen, die bei näherer Betrachtung jedoch auf die hier genannten Komplexe zu reduzieren sind.

36 Müller-Enbergs: Inoffizielle Mitarbeiter (Anm. 6).

37 Hierzu immer noch instruktiv Günther, Heinz: Wie Spione gemacht wurden. Berlin 1992.

Hauptamtlichen führte, so, wenn geplante Republikfluchten angezeigt worden waren.

Die Kooperation zwischen Abwehr und Aufklärung war formal zwar sorgfältig geregelt, in der Praxis kam es jedoch zu Spannungen. Hatte noch im Jahre 1955 jede der Kreisdienststellen, die in ihrer Gesamtheit etwa die Hälfte aller IM des MfS führten, die Zuständigkeit für eine Stadt, Einrichtung oder Parteigruppe in der Bundesrepublik, so konnte die Aufklärung in einem langwierigen Prozess ihren Einfluss auf die Spionage durch die Kreisdienststellen ausbauen. Ungleich komplizierter verhielt es sich bei den Beziehungen zur Spionageabwehr, der Linie II, oder der Wirtschaft, der Linie XVIII, wo institutionelle und strukturelle Eigeninteressen konkurrierend zur HV A standen. Im Übrigen konnte die HV A auf das gesamte Equipment der Abwehr zurückgreifen wie beispielsweise die Telefon-, Post- oder Einreisekontrolle in die DDR.[38]

Zu den denkwürdigen Konflikten zwischen Abwehr und Aufklärung dürften die Aktivitäten zum »Generalvertrag« im Frühjahr 1952 zu zählen sein, durch den die drei Westmächte das Besatzungsstatut beendeten und der Bundesrepublik weitgehende staatliche Souveränität verliehen. Die Aufklärung hatte durch ihre Residentur »Kornbrenner« in der Bundesrepublik den Entwurf des Generalvertrages beschaffen können. Dessen Verhinderung stand seinerzeit im Mittelpunkt des politischen Kampfes. Ulbricht erläuterte auf einer eigens veranstalteten Pressekonferenz anhand dieses Vertrages den »aggressiven« Charakter der geplanten Europäischen Verteidigungsgemeinschaft. Doch stellte sich schon Tage später heraus, dass die Residentur »Kornbrenner« durch einen amerikanischen Dienst und durch die Organisation Gehlen kontrolliert worden war und der Aufklärung eine Totalfälschung untergeschoben hatte. Die Abwehr unter Minister Wilhelm Zaisser hingegen hatte offenbar das Original beschafft und war damit dem Ziel, den Aufklärungsdienst unter die Fittiche des MfS zu nehmen, einen guten Schritt näher gekommen. Im Ergebnis mussten sieben, zum Teil wertvolle Residenturen der Aufklärung geschlossen werden.[39]

5 Spionagefelder

Von einer Hand voll Mitarbeiter im Jahre 1951 wuchs die spätere HV A beinahe kontinuierlich bis 1989 auf 3 300 hauptamtliche Mitarbeiter. Hinzu kamen 700 Offiziere im besonderen Einsatz und über 700 Hauptamtliche Inoffizielle Mitarbeiter. Sie verfügte zuletzt über 16 zentrale operative Abteilungen und in jeder Bezirksstadt der DDR über eine Filiale. Jeder dieser Diensteinheiten waren Organisationen,

---

38 Knabe: Die unterwanderte Republik (Anm. 32).
39 Aktenvermerk, 17.5.1956; BStU, ZA, HA II/6 1158.

Parteien und Institutionen der Bundesrepublik zugeordnet. Dort waren Quellen zu platzieren, zu werben oder Personen abzuschöpfen.

5.1 Politische Spionage

Die politische Spionage fand großes Interesse seitens der Medien. Auch die bislang erschienene Fachliteratur ist darauf fixiert,[40] die Liste der Memoiren – genannt seien die von Günter Guillaume[41] und Bernd Michels[42] – ist lang. Vermutlich wird der Stellenwert der politischen Spionage innerhalb der HV A zu hoch veranschlagt. Denn von den zuletzt von der HV A geführten Agenten (»Objektquellen«) waren diesem Spionagefeld lediglich 19 Prozent zugeordnet – ebenso viele wie den Verwaltungen, aber weniger als der Wirtschaftsspionage, auf die 39 Prozent, also zwei Fünftel der Objektquellen konzentriert waren.

Es ist auch dieses Themenfeld, das gegenwärtig einen beachtlichen Streit ausgelöst hat. Auf der einen Seite wird – insbesondere von Hubertus Knabe – die These vertreten, die Bundesrepublik sei unterwandert, durch das MfS sei auf ihre Geschicke steuernder Einfluss genommen worden.[43] Auf der anderen Seite wird vielstimmig die Gegenthese artikuliert, die HV A habe zwar einen sehr beachtlichen Einblick in politische Prozesse in der Bundesrepublik gehabt, doch sei ihr Einfluss auf grundsätzliche Entscheidungen trotz ihrer Bemühungen gering, wenn nicht unbedeutend gewesen: Die politisch initiierte »Kampf dem Atomtod«-Bewegung konnte ihr Ziel ebenso wenig erreichen wie die machtvolle Friedensbewegung die Stationierung der Pershing-Raketen verhindern konnte. Gleichwohl liegt mit dem Band von Hubertus Knabe zur »unterwanderten Republik« die bislang umfassendste Darstellung der politischen Spionage in der Bundesrepublik vor. Ausgiebig, wenn auch auf geringerer Materialbasis war die politische Spionage bereits in den Publikationen von Friedrich-Wilhelm Schlomann[44] und Peter Siebenmorgen untersucht worden.[45] Jedoch

---

40 Exemplarisch: SSD-Agenten in der Bundesrepublik. In: SBZ-Archiv 1(1950)8; Binder, Gerhard: Spione – Verräter – Patrioten. Nachrichtendienst im Schatten der Politik. Herford 1986; Selitrenny, Rita; Weichert, Thilo: Das unheimliche Erbe. Die Spionageabteilung der Stasi. Leipzig 1991.

41 Guillaume – der Spion. Ein dokumentarischer Bericht. Landshut 1974; Guillaume, Günter: Die Aussage. Protokolliert von Günter Karau. Berlin 1988.

42 Michels, Bernd: Spionage auf Deutsch. Wie ich über Nacht zum Top-Agent wurde. Düsseldorf 1992; Lattmann, Dieter: Jonas vor Potsdam. Zürich 1995.

43 Knabe: Die unterwanderte Republik (Anm. 32).

44 Schlomann, Friedrich-Wilhelm: Die Ostblock-Spionage gegen die Bundesrepublik Deutschland: Eine Analyse der nachrichtendienstlichen Offensive des Warschauer Paktes – insbesondere der »DDR« – gegen das freie Deutschland. München 1981; ders.: Operationsgebiet Bundesrepublik: Spionage, Sabotage und Subversion. München 1984; ders.: Die östliche Spionage gegen die Bundesrepublik Deutschland. In: Politische Studien 42(1991)320, S. 581-601; ders.: Das Erbe der Spionage. In: Politische Studien 43(1992)324, S. 82-92; ders.: Die Maulwürfe: Noch sind sie unter uns, die Helfer der Stasi im Westen. München 1993.

45 Siebenmorgen, Peter: »Staatssicherheit« der DDR. Der Westen im Fadenkreuz der Stasi. Bonn 1993.

fehlen nach wie vor zeitgeschichtliche Untersuchungen, die die Einflussversuche des MfS auf die einzelnen Parteien analysieren. Mithilfe parteiinterner Unterlagen ließe sich der Kenntnisstand der DDR-Spionage abgleichen, da die von ihr ermittelten, an die SED-Führung weitergereichten Informationen weithin erhalten geblieben sind. Doch haben die Parteien (mit Ausnahme der CDU und der Grünen[46]) dem bislang wenig Aufmerksamkeit geschenkt.

Solche Zahlenangaben erwecken bei oberflächlicher Prüfung den Anschein einer weitreichenden Unterwanderung der Parteien, mitunter sogar der Fernsteuerung. Daran sind jedoch Zweifel angebracht. Die inoffizielle Anbindung als Agenten bedeutet noch lange nicht die nachrichtendienstliche Steuerung politischer oder gesellschaftlicher Prozesse, geschweige eine erfolgreiche Einflussnahme. Der recht bekannte Fall des Bundestagsabgeordneten Steiner, dessen Stimmverhalten beim Misstrauensvotum gegen Kanzler Brandt durch die HV A motiviert worden sein soll, stellt bislang eher eine Ausnahme dar, als dass er die Regel bilden würde.

Die »exekutive Führungszentrale«, wie das Bundeskanzleramt genannt wurde, sowie die bundesdeutschen Parteien fanden bei der Staatssicherheit erwartungsgemäß große Aufmerksamkeit. Für das Jahr 1988 ergibt sich folgendes Bild: Allein die Abteilung I der HV A verfügte 1988 über 32 Objektquellen, darunter Sekretärinnen im Kanzleramt, Regierungsdirektoren und vortragende Legationsräte. Die Spitzenquelle in den Jahren von 1969 bis 1989 war jedoch der zeitweilige Leiter der Politischen Stabsstelle der Geschäftsführung des Flickkonzerns, Hans-Adolf Kanter (»Fichtel«).[47] Diese Abschöpfquelle ist damit, unter quantitativen Gesichtspunkten für diesen Zeitraum, der fleißigste IM der HV A überhaupt. 1 727 Informationen gehen auf ihn zurück, was durchschnittlich sieben Meldungen pro Monat entspricht, die sein Vorgangsführer an die Auswerter vermittelte.[48] Als Spitzenmeldungen »Fichtels«, die

---

46 Vgl. hierzu Neubert, Ehrhart: Ein politischer Zweikampf in Deutschland. Die CDU im Visier der Stasi. Freiburg im Breisgau 2002; Knabe, Wilhelm: Was erfuhr Honecker vom MfS über die Grünen? In: Deutschland Archiv (2003)2, S. 206–219; Baron, Udo: Kalter Krieg und heißer Frieden. Der Einfluss der SED und ihrer westdeutschen Verbündeten auf die Partei »Die Grünen«. Münster 2003.

47 Hans-Adolf Kanter (»ck3«; »Fichtel«); Reg.-Nr. XV 18243/60; Kategorie: A-Quelle; Vorgangsart: IMA; 22.4.1952 bis Auflösung für die Abteilung I der HV A erfasst; Führungsoffizier: 22.4.1952 Siegfried Wagner, 9.8.1974 Rudolf Fohri, 21.1.1985 bis Auflösung Rainer Grellmann; BStU, SIRA TDB 21, ZV 8259510.

48 Diese wie auch alle weiteren Angaben zur Anzahl der Informationen beruhen auf Analysen, die Stephan Konopatzky und Wilfried Meier für diesen Aufsatz bereitgestellt haben. Sie recherchierten jeweils nach Abteilungen der HV A, im Einzelfall nach Referaten. Indikator war, für welche Quelle wie viele Informationen in der Teildatenbank 12 der SIRA verzeichnet sind. In diesem Zusammenhang wurden in der Regel lediglich die drei Spitzenpositionen jeder Abteilung berücksichtigt. Die diesbezüglichen Ausführungen bilden den Kenntnisstand vom 13. Januar 2003 ab, der im laufenden Rekonstruktionsprozess der SIRA-Datenbänder durchaus im Einzelfall noch zu Korrekturen führen kann. Als weitere Einschränkung ist anzuführen, dass bei diesen Angaben die Quellen der Abteilungen XV der Bezirksverwaltungen des MfS außen vorgeblieben sind, da diese in SIRA nicht linienspezifisch zugeordnet werden können. Dies ist nicht unproblematisch, da diese Filialen der HV A durchaus bedeutende Quellen geführt haben. Sofern solche Quellen von einer der Abteilungen der

mit der Note »I« bewertet worden sind, galt eine Übersicht über die Bundesverwaltung der Jahre 1979 und 1981[49] sowie die geplanten Panzer der neunziger Jahre[50] oder eine Analyse des Bundeskanzleramtes zu den deutsch-sowjetischen Beziehungen.[51] Dabei sind die Informationen dieses dienstältesten Kundschafters der HV A, der anfangs »ck 3« hieß, aus den Jahren von 1948 bis 1968 nicht einmal berücksichtigt. Über seinen Zugang zur Spionage schrieb Markus Wolf: Er »half beim Aufbau der FDJ, bis er einen Lehrgang auf einer Beamtenanwärterschule mitmachte. [...] Durch Bekannte bekam er Verbindung zu führenden Funktionären der KPD und FDJ. ›ck 3‹ ist von dem ehemaligen Residenten ›Kneip‹ (Leo Schieder) für unsere Arbeit entwickelt worden. ›Kneip‹ und ›ck 3‹ wohnen in Andernach (Rheinland-Pfalz).«[52] Kanter wurde zu zwei Jahren auf Bewährung und 20 000 DM Geldbuße verurteilt.[53]

An zweiter Stelle changiert die Residentur »Park«, eine Bezeichnung, unter der mutmaßlich die Ständige Vertretung der DDR in Bonn ihre Informationen abgelegt hat. Verzeichnet sind 1 084 Meldungen, von denen 123 mit »II« bewertet worden sind. Für diese Residentur waren nach gegenwärtigem Kenntnisstand fünf Kontaktpersonen mit den Decknamen »Bogen«, »Bohlsen«, »Gräte«, »Stubben« und »Wildow« erfasst, denen innerhalb der SIRA-Datenbank die Deckbezeichnung »Bar« mit jeweils unterschiedlichen Nummern zugewiesen worden war. Die Kontaktpersonen waren zwischen 1934 und 1945 geboren, arbeiteten als Angestellte und Beamte in Bonn und hatten Zugänge zum Bundeskanzleramt, SPD-Vorstand und -Präsidium.[54] Der Legationsrat Dr. Hagen Blau (»Merten«) schließlich firmiert mit 955

HV A übernommen worden sind, finden sie nur dann hier ihren Niederschlag, wenn die sodann bei der Abteilung eingegangenen Informationen der Quellen eine hervorragende Anzahl erreicht haben. Vgl. hierzu Siebenmorgen: »Staatssicherheit« der DDR (Anm. 45). In Fällen, wo dies offenkundig ist, wird dies angeführt. Eine namentliche Erwähnung erfolgt stets nur dann, wenn die Quelle rechtskräftig verurteilt worden ist. Schließlich ist auffallend, dass oftmals Objektquellen weniger - wie auch geringer bewertete - Informationen lieferten, als Quellen einer anderen IM-Kategorie wie »Abschöpfquellen«.

49 Übersicht über die Organisation sowie die Personalausstattung der Bundesverwaltung, 6.11.1979; BStU, SIRA TDB 12, SE 7923663; Übersicht über die Organisation sowie die Personalausstattung der Bundesverwaltung, 11.2.1981; ebenda, SE 8100758;

50 Panzer der 90er Jahre, 15.4.1980; BStU, SIRA TDB 12, SE 8003960.

51 Einschätzung der westdeutsch-sowjetischen Beziehungen durch das BKA, 11.2.1983; BStU, SIRA TDB 12, SE 8300997.

52 Zusammenfassender Bericht über die Untersuchung des ehemaligen Nachrichtenapparates der Partei und über dessen Abwicklung, 18.9.1952; BStU, ZA, HA II76 1158, Bl. 48-166, hier 84.

53 Hans-Adolf Kanter (Anm. 47).

54 »Park«; Reg.-Nr. XV 3140/82; Vorgangsart: Residentur; 3.6.1982 bis Auflösung für die Abteilung I erfasst; Führungsoffizier: 3.6.1982 Dieter Stapf, 21.1.1985 Wolfgang Seidel, 12.4.1988 bis Auflösung Horst Neumann; BStU, SIRA TDB 21, ZV 8230471.

Informationen auf dem dritten Platz der Abteilung I der HV A für die Jahre 1969 bis 1989.[55]

Parteien

Für die mit den Parteien, Kirchen und Gewerkschaften befasste Abteilung II der HV A waren 1988 genau 95 Bundesbürger als IM verzeichnet. Von ihnen waren 36 als Objektquellen und acht als Abschöpfquellen kategorisiert. Tatsächlich dürften wesentlich mehr Inoffizielle auf Parteien angesetzt worden sein, jedoch waren diese dann anderen Abteilungen der HV A zugeordnet oder für die Bezirksfilialen der HV A, die Abteilungen XV der Bezirksverwaltungen, tätig. Dies wird sich jedoch kaum jemals sicher beziffern lassen. Wie schon aus Tabelle 1 (S. 41) ersichtlich wurde, war etwa jeder 7. IMA-Vorgang der Abteilung II der HV A für einen bundesdeutschen IM angelegt worden. Aus Tabelle 2 ist ableitbar, dass demnach seit den sechziger Jahren schätzungsweise 90 bis 110 Bundesbürger für die Abteilung II inoffiziell tätig waren. Spitzenwerte sind – mit Blick auf die IMA-Vorgangszahlen – für die Zeit vor der großen Koalition und der Studentenbewegung zu vermuten; seit dem Rückzug Markus Wolfs als HVA-Leiter jedoch mit leicht fallender Tendenz.

Tabelle 2
IM/GMS-Vorgänge der Abteilung II der HV A (in der SIRA-Teildatenbank 21)

Jahr	GMS	IMA	IMB
1951	-	3	1
1953	-	32	3
1955	-	123	19
1957	-	314	66
1959	-	484	107
1961	-	678	172
1963	-	727	226
1965	-	854	322
1967	-	862	406
1969	-	793	446
1971	-	718	460
1973	-	595	470

55 Dr. Hagen Blau (»Merten«); Reg.-Nr. XV 6427/60; Vorgangsart: IMA; 31.12.1959 Abteilung XV der Bezirksverwaltung Berlin, 23.8.1960 Abteilung II, 6.6.1969 bis Auflösung Abteilung I der HV A; 31.12.1959 Manfred Klemm, 23.8.1960 Harry Brade, 6.6.1969 Klaus Wengler, 14.6.1971 Eckhart Daehne, 3.4.1975 Uwe Bade, 12.2.1987 bis Auflösung Mathias Voelker; BStU, SIRA TDB 21, ZV 8217879.

Jahr	GMS	IMA	IMB
1975	-	593	476
1977	1	615	452
1979	1	634	459
1981	14	663	447
1983	18	680	407
1985	20	695	381
1987	16	700	358
1988	16	672	351
1989	16	645	323

CDU/CSU

Für das Referat 1, das für die CDU/CSU, deren Jugendorganisationen und nahestehenden Stiftungen, aber auch für Kirchen und den Vatikan zuständig war, sind mindestens fünf Objektquellen verzeichnet.

Schon früh verfügte der Aufklärungsdienst über erstaunliche Zugänge. So heißt es in einem Bericht aus dem Jahre 1952 über Karlfranz Schmidt-Wittmack (»Timm«), der über die KPD Hamburg Kontakt zum Spionageapparat erhielt:

> »Seine wichtigsten Aufträge waren, zuerst in den Vorstand der ›Jungen Union‹ und dann in den Vorstand der CDU vorzustoßen, dann seine Arbeit von der Landes- auf die Bundesebene zu entwickeln. [Er hatte] Berichte über die CDU, speziell über die Tätigkeit des Parteivorstandes und der Bonner Regierungskreise, zu liefern. Aus diesem Grunde ergab sich im weiteren Verlaufe seiner Mitarbeit auch die Notwendigkeit der Übersiedlung von Hamburg nach Bonn, was auch im Frühjahr 1952 verwirklicht wurde.«[56]

Am Beispiel Schmidt-Wittmacks lässt sich aber auch ein grundsätzliches Problem der Informationsbeschaffung benennen. In jenem Bericht heißt es zu seinen operativen Leistungen bis 1952 weiter: Obwohl er

> »unter seinen Verbindungen wichtige Leute in der Bundesgeschäftsstelle der CDU, im Büro Blank, im Bundeskanzleramt und dem Amt für Verfassungsschutz hat, fanden diese Verbindungen in dem Wert seiner Berichte in keiner Form ihren Niederschlag. Die Berichte sind allgemein gehalten, und teilweise ist das Material schon in der Presse erschienen. Das Material ›Blank über den Verteidigungsbeitrag in der

---

56 Zusammenfassender Bericht über die Untersuchung des ehemaligen Nachrichtenapparates der Partei und über dessen Abwicklung, 18.9.1952; BStU, ZA, HA II/6 1158, Bl. 48-166, hier 163.

Wehrausschuss-Sitzung der CDU‹ ist identisch mit den in der Presse veröffentlichten Materialien, und das Material über den Generalvertrag ist zum Teil schon bekannt gewesen durch die Presse-Veröffentlichungen.«[57]

Dies deutet darauf hin, dass selbst Quellen mit Spitzenplatzierungen informatorisch nicht zwingend ertragreich sein mussten.[58]

Mit Blick auf die Informationseingänge bei der Abteilung II/1 ergibt sich für die Jahre von 1969 bis 1989 folgendes Bild: Mit 154 bei den Auswertern eingegangenen Informationen gehen die meisten Lieferungen auf den Postoberinspektor Horst Tischler (»Tusch«) zurück, der als Abschöpfquelle verzeichnet ist und politisch auf unterer Ebene der CSU in München gearbeitet hat.[59] An zweiter Stelle findet sich mit 114 Informationseingängen die Abschöpfquelle »Birke«, ein Berliner Journalist, der über enge Zugänge zur CDU-Fraktion im Berliner Abgeordnetenhaus verfügte.[60] Die dritte Quelle namens »Nestor«, auf die 110 Informationen zurückgehen sollen, ist bislang unbekannt. Sie hatte offenbar jedoch einigen Einblick in die Arbeit des Ostausschusses der Deutschen Wirtschaft und den CDU-Landesverband Nordrhein-Westfalen.[61]

FDP/NPD

Für die FDP, NPD und die Republikaner, die vom Referat 2 der Abteilung II der HV A bearbeitet wurden, waren zuletzt fünf Objektquellen verzeichnet. Zur FDP findet sich in dem bereits erwähnten Bericht aus dem Jahre 1952 der FDP-Spitzenfunktionär Lothar Weirauch (»X«), der 1948 zur KPD Coburg Kontakte unterhielt: Er »arbeitete immer auf der Linie der politischen Information, insbesondere über die Führung der FDP, in der er zuerst als Geschäftsführer für Nordrhein-Westfalen« arbeitete. »Jetzt ist Weirauch Hauptgeschäftsführer der FDP in Westdeutschland in Bonn. Er besitzt Kenntnis von großen Korruptionsfällen, dadurch hat er mehrere westdeutsche bürgerliche Politiker in der Hand«, heißt es.[62]

---

57 Ebenda, Bl. 167.

58 Schlomann, Friedrich-Wilhelm: Die Maulwürfe: Noch sind sie unter uns, die Helfer der Stasi im Westen. München 1993. Zur Spionage bei den Kirchen vgl. Heidingsfeld, Uwe-Peter: Kirchlich relevante Aspekte der Westarbeit des MfS. Hannover 1993.

59 »Tusch«; Reg.-Nr. XV 3058/75; Vorgangsart: IMA; 3.11.1975 bis Auflösung für die Abteilung II/1 der HV A erfasst; Führungsoffizier: 3.11.1975 bis Auflösung Johannes Schuster; BStU, SIRA TDB 21, ZV 8204839.

60 »Kuhnert«/»Birke«; Reg.-Nr. XV 1252/64; Vorgangsart: IMA; 27.4.1964 bis Auflösung für die Abteilung II/1 der HV A erfasst; Führungsoffizier: 27.4.1964 Horst Marx, 12.11.1971 Heinz Lehmann, 11.2.1980 bis Auflösung Hans-Dieter Schlippes; BStU, SIRA TDB 21, ZV 8208391.

61 »Nestor«; Reg.-Nr. XV 92/79; Vorgangsart: IMA; 19.2.1979 bis Auflösung für die Abteilung II/1 der HV A erfasst; Führungsoffizier: 19.2.1979 Friedrich Kilian, 17.3.1980 Horst Naumann, 1.6.1981 Johannes Schuster, 5.6.1985 bis Auflösung Bernd Nichterlein; BStU, SIRA TDB 21, ZV 8213809.

62 Zusammenfassender Bericht über die Untersuchung des ehemaligen Nachrichtenapparates der Partei und über dessen Abwicklung, 18.9.1952; BStU, ZA, HA II/6 1158, Bl. 48–166, hier 118 u. 120.

In der SIRA-Teildatenbank 12 zeigt sich für dieses Referat folgendes Bild: Der Bote »Hans Schaller«, angestellt beim Bundesverwaltungsamt in Bonn, lieferte als Abschöpfquelle bemerkenswerterweise in nur sechs Jahren mit 211 die meisten Informationen, bis er am 17. August 1985 in die DDR fliehen musste.[63] Der Anteil seiner 132 mit der Note »II« bewerteten Informationen ist auffallend hoch, wobei diese stets dann vergeben wurde, wenn es sich um Unterlagen der Bundeswehr handelte. Mit 200 Informationen ist der hochrangige PLO-Funktionär »Sascha« verzeichnet, der wiederholt aus »führenden Kreisen« der FDP berichtete, ansonsten ein weites Spektrum an Kenntnissen hatte. Er wusste von Gesprächen Arafats mit Ceausescu in Bukarest ebenso zu berichten wie erwartungsgemäß über interne Vorgänge der PLO.[64] Sodann firmierte mit 189 Informationen die Objektquelle »Auto«, ein Journalist.[65]

Landsmannschaften und Rechtsextremismus

Das Referat 3 befasste sich mit Organisationen der »ideologischen Diversion« und Landsmannschaften, insbesondere mit dem Bund der Vertriebenen (BdV), dem Bund der Mitteldeutschen (BdM), der Europäischen Arbeiterpartei (EAP), der Freiheitlichen Arbeiterpartei (FAP) und (anderen) rechtsstehenden bzw. -extremistischen Gruppen. Nach den Angaben in der Teildatenbank 12 der SIRA gehen die meisten Informationen auf »Rüde«[66] und »Lenz«[67] zurück, die bislang nicht identifiziert worden sind. Die mit »II« bewerteten Informationen »Rüdes« bezogen sich jedoch nicht auf die Interessensphäre dieses Referates, sondern auf die CDU. So vermittelte »Rü-

---

63 »Hans Schaller«; Reg.-Nr. XV 232/69; 27.3.1969 für die Abteilung XV der Bezirksverwaltung Gera, 11.1.1974 für die Abteilung II, 19.12.1988 bis Auflösung für die Abteilung XIX der HV A erfasst; Führungsoffizier: 27.3.1969 Günter Mehlhorn, 11.1.1974 Kurt Wedler, 1.4.1987 Werner Proksch, 19.12.1988 bis Auflösung Wolfgang Rausch; BStU, SIRA TDB 21, ZV 8206981.

64 »Sascha«; Reg.-Nr. XV 3060/75; 3.11.1975 bis Auflösung für die Abteilung II der HV A erfasst; Führungsoffizier: 3.11.1975 Theo Schönfelder, 20.1.1977 Winfried Bauch, 23.2.1987 bis Auflösung Peter Böttger; BStU, SIRA TDB 21, ZV 8204841.

65 Johannes Bork (»Auto«); Reg.-Nr. XV 8618/61; 17.7.1961 für die Abteilung III, 14.7.1975 für die Abteilung II der HV A erfasst; Führungsoffizier: 17.7.1961 Rolf Täger, 30.7.1964 Heinz Ubl, 2.6.1966 Werner Helas, 21.8.1967 Kurt Zeichner, 14.2.1974 Bernd Schilling, 14.7.1975 Horst Hoewler, 5.3.1980 bis Auflösung Dieter Friedrich; BStU, SIRA TDB 21, ZV 8208920.

66 »Rüde«; Reg.-Nr. XV 937/66; 17.6.1966 bis Auflösung für die Abteilung II der HV A erfasst; Führungsoffizier: 17.6.1966 Horst Hoewler, 28.5.1969 Winfried Bauch, 17.6.1971 Gert Retzlaff, 18.12.1973 Ewald Bürge, 5.4.1976 Horst Hoewler, 30.11.1978 Johannes Gensel, 9.10.1986 Horst Hoewler, 13.7.1988 bis Auflösung Fred Schwarz; BStU, SIRA TDB 21, ZV 8257170.

67 »Lenz«; Reg.-Nr. XV 651/66; 24.3.1966 Erich Gehrke, 6.6.1969 Harry Brade, 10.1.1976 bis Auflösung Erich Gehrke; BStU, SIRA TDB 21, ZV 8244285.

de« Interna der Konrad-Adenauer-Stiftung[68] oder Aussagen zur gegenwärtigen Deutschlandpolitik der CDU und der Bundesregierung.[69]

SPD

Die Abteilung I des SPD-Parteivorstandes, die Friedrich-Ebert-Stiftung und die Sozialistische Internationale standen im Blickfeld des Referates 4 der Abteilung II der HV A. Im Jahre 1988 waren für das SPD-Referat der HV A 14 Objektquellen verzeichnet, darunter Abgeordnete, Journalisten und Ministerialräte, aber auch eine Sekretärin und eine Referentin im Parteivorstand. Zu ihnen gehörte auch Kurt Wand (»Hülse«), einer der dienstältesten Agenten der HV A.[70] Er ist wie »Fichtel« als Beispiel für die Kontinuität nachrichtendienstlicher Arbeit der HV A anzusehen. Bereits Anfang der fünfziger Jahre verfügte er über ein umfassendes Netz in der Hamburger SPD. Dieses inoffizielle Netz reichte bis in die Vorzimmer des SPD-Parteivorstandes, des Ostbüros, sogar in das von Erich Ollenhauer und Herbert Wehner, und in das Hamburger Landesamt für Verfassungsschutz hinein, wo die Quelle »Harald« tätig war.[71] Mit seinem gleichnamigen Sohn (»Kugel«), der mit einer Hamburger Senatorin verheiratet war, wurde die Arbeit bis zur Auflösung der HV A fortgeführt.[72]

Im Rückblick auf die Jahre zwischen 1969 und 1989 sind mit 804 die meisten Informationen für den Journalisten Rudolf Maerker (»Max«) verzeichnet.[73] Drei Viertel (633) davon erhielten von den Auswertern der HV A die Bewertung »I« oder »II« und erlaubten ein atemberaubend dichtes Bild über die SPD-Führung bzw. die sozialliberale Koalition in Bonn. Kaum geringere Bedeutung dürfte für die HV A das Ehepaar »Bob« und »Petra« gehabt haben.[74] Während er in der Organisationsabteilung des SPD-Parteivorstandes arbeitete, war sie als Mitarbeiterin der SPD-Bundes-

---

68 Interne Studie des sozialwissenschaftlichen Forschungsinstituts der Konrad-Adenauer-Stiftung, 29.8.1986; BStU, SIRA TDB 12, SE 8606708.

69 Aussagen zur gegenwärtigen Deutschlandpolitik der CDU und der Bundesregierung, 30.9.1988; BStU, SIRA TDB 12, SE 8807410.

70 Kurt Wand (»Hülse«); Reg.-Nr. XV 14586/60; 13.2.1957 bis Auflösung für die Abteilung II der HV A erfasst; Führungsoffizier: 13.2.1957 Gerhard Mehlhase, 25.2.1969 Peter Hausstein, 21.3.1975 Bernd Langerwisch, 9.12.1986 bis Auflösung Axel Zimmermann; BStU, SIRA TDB 21, ZV 8217445.

71 Zusammenfassender Bericht über die Untersuchung des ehemaligen Nachrichtenapparates der Partei und über dessen Abwicklung, 18.9.1952; BStU, ZA, HA II/6 1158, Bl. 48–166, hier 88.

72 »Kugel«; Reg.-Nr. XV 107/72; 24.2.1972 bis Auflösung für die Abteilung II der HV A erfasst; Führungsoffizier: 24.2.1972 Peter Hausstein, 21.3.1975 Bernd Langerwisch, 4.12.1986 bis Auflösung Axel Zimmermann; BStU, SIRA TDB 21, ZV 8234629.

73 Rudolf Maerker (»Max«); Reg.-Nr. XV 1628/68; 18.10.1968 bis Auflösung für die Abteilung II der HV A erfasst; Führungsoffizier: 18.10.1968 Gerhard Mehlhase, 26.8.1969 Harry Brade, 10.1.1976 Wolfgang Gemeinhardt, 5.7.1977 Peter Hausstein, 5.2.1981 Bernd Langerwisch, 4.11.1986 bis Auflösung Dirk Thomas; BStU, SIRA TDB 21, ZV 8207117.

74 »Bob«/»Petra«; Reg.-Nr. XV 1471/65; 26.6.1965 für die Abteilung XV der Bezirksverwaltung Schwerin, 24.2.1972 bis Auflösung für die Abteilung II der HV A erfasst; Führungsoffizier: 26.6.1965 Jos Schmelter, 11.8.1966 Willi Roebke, 24.2.1972 Johannes Gensel, 26.1.1981 Axel Zimmermann, 4.12.1984 bis Auflösung Stefan Ulrich; BStU, SIRA TDB 21, ZV 8237496.

tagsfraktion angestellt. Die 697 in SIRA gespeicherten Informationseingänge erhielten zu einem Drittel Spitzenbewertungen (272), bei denen vor allem die (streng) vertraulichen Vermerke interner und politischer Natur auffallen, darunter Aufzeichnungen von Gesprächen sozialdemokratischer Spitzenfunktionäre mit ausländischen, auch amerikanischen Politikern.

Legt man die Einträge in SIRA zugrunde, gehen auf die beiden Mitglieder des Berliner Abgeordnetenhauses, das Ehepaar »Hans« und »Marcella«,[75] 437 Informationseingänge zurück. Über die Hälfte (227) erhielten Noten von »I« oder »II«. Die Informationen gaben Aufschluss über die SPD-Fraktion im Abgeordnetenhaus, den SPD-Landesvorstand, Vorstellungen und Wertungen sozialdemokratischer Politik sowie diverse Sitzungen.

Gewerkschaften

Für das Gewerkschaftsreferat der HV A waren zuletzt vier Objektquellen verzeichnet. In den letzten 20 Jahren der HV A gingen für dieses Referat die meisten Informationen auf Günter Scheer (»Gaston«) zurück, der dem DGB-Bundesvorstand als Abteilungsleiter angehörte.[76] Die Auswerter erreichten 321 Informationen, die auf diese Objektquelle zurückgingen und von denen 110 gute Bewertungen erhielten. Neben den zu erwartenden Gewerkschaftsinterna beschäftigen sich zahlreiche Meldungen mit dem ZDF-Fernsehrat. Ebenfalls als Objektquelle ist »Marbach« verzeichnet, ein Angestellter der ÖTV.[77] Auf ihn gehen 164 Informationseingänge zurück, die sich meist mit seinem Arbeitsgebiet befassten. Schließlich ist die Objektquelle »Brandenburg« anzuführen, ein Mitarbeiter des Hauptvorstandes der Industriegewerkschaft Chemie-Papier-Keramik,[78] der in den achtziger Jahren wiederholt aus seinem Arbeitsfeld berichtet hatte.

---

75 »Hans«/»Marcella«; Reg.-Nr. XV 14906/60; 2.4.1957 für die Abteilung XV der Bezirksverwaltung Berlin, 27.8.1963 bis Auflösung für die Abteilung II der HV A erfasst; Führungsoffizier: 2.4.1957 Manfred Klemm, 27.8.1963 Harry Brade, 19.2.1968 Heinz Wirthgen, 30.4.1969 Wolfgang Gemeinhardt, 14.11.1972 Johannes Gensel, 1.8.1979 bis Auflösung Rainer Schuldt; BStU, SIRA TDB 21, ZV 8238976.

76 »Gaston«; Reg.-Nr. XV 141/65; 14.2.1965 bis Auflösung für die Abteilung II der HV A erfasst; Führungsoffizier: 14.2.1965 Herbert Bräunig, 29.7.1965 Fritz Karp, 23.6.1967 Manfred Richter, 26.5.1978 Gerhard Näser, 22.4.1988 Reiner Gentsch, 23.3.1989 bis Auflösung Horst Keil; BStU, SIRA TDB 21, ZV 8252584.

77 »Marbach«; Reg.-Nr. XV 2177/64; 27.7.1964 bis Auflösung für die Abteilung II der HV A erfasst; Führungsoffizier: 27.7.1964 Manfred Richter, 19.11.1964 Claus Ritter, 11.6.1980 bis Auflösung Horst Keil; BStU, SIRA TDB 21, ZV 8208314.

78 »Brandenburg«; Reg.-Nr. XV 2370/65; 9.7.1965 bis Auflösung für die Abteilung II der HV A erfasst; Führungsoffizier: 9.7.1965 Lothar Nutsch, 26.6.1973 Hartmut Kretschel, 26.1.1976 Lothar Nutsch, 22.4.1988 bis Auflösung Jörg Wolle; BStU, SIRA TDB 21, ZV 8208105.

Grüne und Linksextremismus

Bei den Grünen finden sich in dem dafür zuständigen Referat der HV A fünf Objektquellen, darunter zwei Mitarbeiter der Bundestagsfraktion. Den Spitzenplatz nach Informationseingängen in SIRA hat jedoch für dieses Referat die Abschöpfquelle »Steinweg« inne.[79] Die auf ihn zurückgehenden Informationen gaben Auskunft über den »Kommunistischen Bund«, sodann über die Alternative Liste in Westberlin und über die Grünen. Mit 99 Informationseinträgen ist die bislang unbekannte Quelle »Sputnik« verzeichnet, die über die maoistische »Kommunistische Partei Deutschlands«, sodann ebenfalls über die Alternative Liste Westberlins zu berichten wusste.[80] Schließlich ist »Beate Schäfer« mit 86 verzeichneten Informationen zu erwähnen.[81]

5.2 Wirtschaftsspionage

Vom Kräfteeinsatz her gehörte der Sektor Wissenschaft und Technik mit seinen Abteilungen XIII, XIV und XV zu den großen Bereichen der HV A. In praktischer Hinsicht war er von »existenzieller« Bedeutung, zumal die Rückständigkeit der DDR-Industrie – im Vergleich zur Bundesrepublik – wie auch die COCOM-Liste der DDR erheblich zu schaffen machten. Dieser Sektor sollte »Ergebnisse aus Forschung und Entwicklung der imperialistischen Hauptstaaten« heranschaffen. Sicher war der Name »Institut für wirtschaftswissenschaftliche Forschung« für den Vorläufer der HV A nicht zufällig als Deckbezeichnung gewählt worden.

Die Abteilung XIII der HV A beschaffte Erkenntnisse zur Atomwissenschaft, Chemie, Biologie und Medizin. Nach den Einträgen in der SIRA-Teildatenbank 11 zu urteilen, gehen die meisten Angaben der Jahre zwischen 1969 und 1989 auf einen Ingenieur aus Hannover zurück, der als Kontaktperson »Ems« erfasst ist.[82] Von den 467 Informationseingängen erhielten 55 ein hervorragendes Prädikat. Dabei handelte es sich vorwiegend um Erkenntnisse aus der Rüstungsforschung wie um Flügelgeschosse, zivil-militärische Flugzeuge, Sprengstoffe oder Treibsätze. Diese Kenntnisse wurden an die VEB Sprengstoffwerke in Gnaschwitz, Schönebeck sowie an das Kombinat VEB Synthesewerk Schwarzheide, aber auch an militärtechnische Institute

---

79 »Steinweg«; Reg.-Nr. XV 4677/79; 19.12.1969 bis Auflösung für die Abteilung II der HV A erfasst; Führungsoffizier: 19.12.1979 bis Auflösung Rolf Keßler; BStU, SIRA TDB 21, ZV 8233245.

80 »Sputnik«; Reg.-Nr. XV 1535/82; 22.8.1968 für die Abteilung XV der Bezirksverwaltung Potsdam, 25.8.1969 für die Abteilung XVII, 10.3.1976 bis Auflösung für die Abteilung II der HV A erfasst; Führungsoffizier: 22.8.1968 Erwin Wede, 30.11.1973 Harald Keßler, 20.9.1985 bis Auflösung Rolf Keßler; BStU, SIRA TDB 21, ZV 8255926.

81 »Beate Schäfer«; Reg.-Nr. 5276/82; nicht in der BStU, SIRA TDB 21 erfasst.

82 »Ems«; Reg.-Nr. XV 310/82; Vorgangsart: OPK; 13.1.1982 bis Auflösung für die Abteilung XIII der HV A erfasst; Führungsoffizier: 13.1.1982 Dieter Gladitz, 14.10.1984 bis Auflösung Matthias Schubert; BStU, SIRA TDB 21, ZV 8224226.

und an den KGB weitergeleitet. Mit 388 Informationen ist der Kanadier »Carlo« verzeichnet, dessen Lieferungen überwiegend aus Handbüchern und Programmierunterlagen für die elektronische Datenerfassung bestanden. Jede zweite Lieferung (175) erhielt sehr gute bis gute Noten.[83] Schließlich ist für diese Abteilung »Lerch« erwähnenswert, der bislang nicht identifiziert worden ist. Seine 318 Informationen reichen vom Betriebssystem der Firma Motorola über das Satellitenkommunikationssystem bis hin zur Diskettenherstellung oder Spezialkabel zur Datenübertragung. Mit dem VEB Mikroelektronik »Karl Marx« in Erfurt oder dem Robotron-Projekt in Dresden fanden diese Unterlagen dankbare Abnehmer.[84]

Schwerpunkt der Abteilung XIV war die Beschaffung von Erkenntnissen zur Mikroelektronik und Elektrotechnik. Als Spitzenquelle dieser Abteilung ist nach den Angaben in der SIRA-Teildatenbank 11 mit 3 023 Einträgen der Logistiker Hans Kauther anzusehen. Unter dem Decknamen »Seemann« sind für ihn Erkenntnisse über Minicomputer und 32-bit-Computer verzeichnet, darunter 424 mit Prädikat versehene Informationen.[85] Der Entwicklungsingenieur bei SEL Stuttgart, Gerhard Müller, ist als Objektquelle »Otto« verzeichnet. Unter dieser Registriernummer sind 896 Informationseingänge notiert, darunter Unterlagen zu Mikroprozessoren und PCM-Vermittlungssystemen. Auffallend ist die beinahe durchgehend hohe Bewertung (601 Prädikate »I« und »II«) sowie die mehrfache Würdigung als »wertvolles Material« mit »hoher Bedeutung für die Erzeugnisentwicklung«.[86] Auf die Österreicherin »Pichler«, deren Vorgang in einer OPK-Akte geführt wurde, gehen 848 Einträge in SIRA zurück,[87] darunter Informationen zur dem Embargo unterliegenden Faseroptik, aber auch zur Nachtsichttechnik, zu speziellen Autopiloten, Navigationssystemen für Tridentraketen oder zu Problemen der Endphasenlenkung von Raketen. 105 dieser Informationen erhielten ein besonderes Prädikat.

Zu den operativen Beschaffungsabteilungen gehörte auch die Abteilung XV der HV A. Sie arbeitete zu den Bereichen Fahrzeug-, Schiffs- und Maschinenbau, Luft-

---

83 »Carlo«; Reg.-Nr. XV 2758/79; 23.11.1979 bis Auflösung für die Abteilung XIII der HV A erfasst; Führungsoffizier: 23.11.1979 Frank Röhner, 11.3.1983 Günter Krauße, 29.5.1985 bis Auflösung Günter Mann; BStU, SIRA TDB 21, ZV 8228260.

84 »Lech«; Reg.-Nr. XV 238/68; 5.3.1968 für die Abteilung V, 5.3.1969 bis Auflösung für die Abteilung XIII der HV A erfasst; Führungsoffizier: 5.3.1968 Arno Mauersberg, 14.11.1985 bis Auflösung Hartmut Scheingruber; BStU, SIRA TDB 21, ZV 8252108.

85 Hans Kauther (»Seemann«); Reg.-Nr. XV 2768/76; 3.7.1976 bis Auflösung für die Abteilung XIV der HV A erfasst; Führungsoffizier: 3.7.1976 Hubert Zwick, 3.4.1989 bis Auflösung Wolf-Günther Böhme; BStU, SIRA TDB 21, ZV 8241008.

86 Gerhard Müller (»Otto«); Reg.-Nr. XV 18655/60; 4.11.1955 für die Abteilung V, 1.2.1975 für die Abteilung XIV der HV A erfasst; Führungsoffizier: 4.11.1955 Karl-Heinz Köhler, 18.10.1965 Rolf Kreinberger, 28.5.1969 Günther Vogel, 1.2.1975 Joachim Demmler, 24.1.1979 bis Auflösung Wolfgang Hofmann; BStU, SIRA TDB 21, ZV 8238805.

87 »Pichler«; Reg.-Nr. XV 6412/82; Vorgangsart: OPK; 18.10.1982 bis Auflösung für die Abteilung XIV der HV A erfasst; Führungsoffizier: 18.10.1982 Karl-Heinz Broszan, 4.6.1986 bis Auflösung Reiner Hildebrandt; BStU, SIRA TDB 21, ZV 8211505.

fahrt- und Raketentechnik, Industrie- und Wirtschaftsverbände sowie Banken. Im Vordergrund standen allerdings auch Wehrtechnik, rüstungspolitische Vorhaben und der Erwerb von Embargowaren. Im Bezugszeitraum von 1969 bis 1989 lieferte der Physiker Wolfgang Rudolf aus Mannheim mit 1 178 eine erhebliche Anzahl von Unterlagen.[88] Er ist als Objektquelle »Herzog« verzeichnet, auf die Unterlagen zum Gasturbinenbau, zur Verarbeitung radioaktiven Abfalls von Kernkraftwerken zurückgehen. Der Physiker »Zelter« aus Hagen vermittelte der Abteilung XV in offenbar nur vier Jahren 928 Informationen, statistisch gesehen 19 Informationen pro Monat.[89] Sie betrafen die Halbleiter-Speicherproduktion, Rechnerbetriebsprogramme und diverse Soft- und Hardware. Schließlich ist noch der Feinmechaniker »Inka« zu nennen.[90] Auf ihn gehen 711 Informationen zurück, die meist Fragen der Rechnertechnik betreffen.

Die Wirtschaftsspionage war keine Domäne allein der HV A. Die Hauptabteilung und die Linie XVIII des MfS, die überwiegend für die Sicherung der Volkswirtschaft zuständig waren, sind im erheblichen Maße in Beschaffungsmaßnahmen eingebunden gewesen. Hinzu kam der hinlänglich bekannte Bereich Kommerzielle Koordinierung des MfS-Offiziers Alexander Schalck-Golodkowski. Die Wirtschaftsspionage der DDR hatte so gesehen zuweilen den Charakter eines Quelle-Kataloges, der die Bedürfnisse der DDR-Industrie sättigen sollte, soweit sie imstande war, das Know-how zu implantieren. Kostenersparnis und Verringerung des Forschungsrückstandes bedeutete das allemal. Vermutlich war die Wirtschaftsspionage in den achtziger Jahren nicht nur das größte, sondern auch das produktivste Feld der Spionage. Dafür spricht, dass allein zwei Fünftel der Objektquellen der HV A für diesen Sektor erfasst waren, doppelt so viele wie für die politische Spionage.

Die Bedeutung der Wirtschaftsspionage wurde insbesondere durch den Übertritt des Oberleutnants Werner Stiller im Januar 1979 einem größeren Publikum bewusst. Dessen 1986 erschienene Autobiographie »Im Zentrum der Spionage« dürfte vor der Herbstrevolution den tiefsten Einblick in die Arbeitsweise des dafür zuständigen Sektors Wissenschaft und Technik der HV A geboten haben.[91]

---

88 Wolfgang Rudolf (»Herzog«); Reg.-Nr. XV 2550/74; 18.11.1974 bis Auflösung für die Abteilung XV der HV A erfasst; Führungsoffizier: 18.11.1974 Werner Glaß, 12.7.1976 Klaus Kessel, 21.1.1981 bis Auflösung Hans-Fred Joachim; BStU, SIRA TDB 21, ZV 8260352.

89 »Zelter«; Reg.-Nr. 450/86; 9.1.1986 bis Auflösung für die Abteilung XV der HV A erfasst; Führungsoffizier: 9.1.1986 bis Auflösung Peter Großmann; BStU, SIRA TDB 21, ZV 8220416.

90 »Inka«; Reg.-Nr. XV 906/83; 1.6.1983 bis Auflösung für die Abteilung XV der HV A erfasst; Führungsoffizier: 1.6.1983 bis Auflösung Peter Großmann; BStU, SIRA TDB 21, ZV 8222856.

91 Stiller, Werner: Im Zentrum der Spionage. Mit einem Nachwort von Karl Wilhelm Fricke. Mainz 1986; vgl. zuvor Bundesamt für Verfassungsschutz (Hg.): Informationen über Konzeption und Arbeitsweise des MfS auf dem Gebiet der Wissenschafts- und Wirtschaftsspionage in der Bundesrepublik Deutschland. Köln 1980; vgl. hierzu Liebl, Karlhans (Hg.): Betriebsspionage. Begehungsformen – Schutzmaßnahmen – Rechtsfragen. Ingelheim 1987; ders.; Tuck, Jay (Hg.): Direktorat T. Industriespionage des Ostens. Heidelberg 1988.

Eine erste kursorische, aber wissenschaftlich aufbereitete Überblicksdarstellung nach 1989 bietet die amerikanische Professorin Kristie Macrakis, die sich in ihrem Aufsatz auf den Sektor Wissenschaft und Technik der HV A konzentriert hat. In diesem Zusammenhang war es ihr gelungen, mit einigen ehemaligen Hauptamtlichen Interviews zu führen.[92] Grundlegend ist jedoch nach wie vor die Publikation von Rainer O. M. Engberding, leitender Mitarbeiter des Bundeskriminalamtes. Gestützt auf umfangreiche Ermittlungstätigkeiten ist es dem BKA gelungen, die Organisationsstruktur des SWT, wie sie zuletzt bestand, mit ihren Quellen und hauptamtlichen Mitarbeitern weithin zu rekonstruieren. Engberding publizierte eine gestraffte Übersicht, die die konkrete Nennung von Quellen weithin vermeidet und sie allenfalls exemplarisch anführt.[93]

Eine Komponente der Wirtschaftsspionage hat Anfang der neunziger Jahre auffallend großes Interesse gefunden. Es handelt sich um die geheimen Außenhandelsoperationen des Bereichs Kommerzielle Koordinierung. Neben einer ganzen Reihe publizistischer Schnellschüsse wie denen von Norbert Treutwein und Wolfgang Seiffert[94], Peter-Ferdinand Koch[95], Egmont Koch[96] oder Walter Bajohr[97] findet sich auch eine umfassende Darstellung: der 1994 veröffentlichte Bericht des Deutschen Bundestages.[98] Hinsichtlich der Westarbeit der für die Volkswirtschaft der DDR zuständigen Hauptabteilung XVIII des MfS ist nach wie vor die Arbeit von Maria Haendcke-Hoppe-Arndt aus dem Jahre 1997 konkurrenzlos, die auf einer nur sehr schmalen Quellengrundlage basiert.[99] In diesem Zusammenhang sind auch die Fall-

---

92 Macrakis, Kristie: Das Ringen um wissenschaftlich-technischen Höchststand. Spionage und Technologietransfer in der DDR. In: Hoffmann, Dieter; dies. (Hg.): Naturwissenschaft und Technik in der DDR. Berlin 1997, S. 59–88.

93 Engberding, Rainer O. M.: Spionageziel Wirtschaft. Technologie zum Nulltarif. Düsseldorf 1993.

94 Seiffert, Wolfgang; Treutwein, Norbert: Die Schalck-Papiere: DDR-Mafia zwischen Ost und West. München 1991.

95 Koch, Peter-Ferdinand: Das Schalck-Imperium: Deutschland wird gekauft. München 1992.

96 Koch, Egmont R.: Das geheime Kartell: BND, Schalck, Stasi & Co. Hamburg 1992.

97 Bajohr, Walter (Hg.): Das Erbe der Diktatur. Bonn 1992. Zu nennen wären weiter: Fischer, Horst: Schalck-Imperium. Ausgewählte Dokumente. Bochum 1993; Bahrmann, Hannes: Sumpf: Privilegien, Amtsmißbrauch, Schiebergeschäfte. Berlin 1990; Blutke, Günter: Obskure Geschäfte mit Kunst und Antiquitäten. Ein Kriminalreport. Berlin 1990; Förster, Andreas: Auf der Spur der Stasi-Millionen. Die Wien-Connection. Berlin 1998; Wilke, Manfred: Eine tragende Säule der DDR-Wirtschaft. Das Imperium des Alexander Schalck-Golodkowski. In: Gerbergasse 18 (2000)2, S. 22 f.

98 Deutscher Bundestag (Hg.): Der Bereich Kommerzielle Koordinierung und Alexander Schalck-Golodkowski – Werkzeuge des SED-Regimes. Abschlußbericht des 1. Untersuchungsausschusses des 12. Deutschen Bundestages. 5 Bde., Bonn 1994. Der Spionageaspekt wird insbesondere betont bei Köppe, Ingrid: Abweichender Bericht der Berichterstatterin der Gruppe Bündnis 90/Die Grünen im 1. Untersuchungsausschuß des 12. Deutschen Bundestages. Bonn o. D. [1994].

99 Haendcke-Hoppe-Arndt, Maria: Die Hauptabteilung XVIII: Volkswirtschaft (MfS-Handbuch, Teil III/10). Hg. BStU. Berlin 1997; dies.: Wer wußte was? Der ökonomische Niedergang der DDR. In: Deutschland Archiv 28(1995)6, S. 588–602; dies.: Wirtschaftsspionage und Überwachung westlicher Geschäftsleute – Die Hauptabteilung XVIII. In: Knabe: West-Arbeit des MfS (Anm. 23), S. 244–254. In diesem Zusammenhang auch Gilles, Franz-Otto: Sicherung der Volkswirtschaft: Struktur und Tä-

---

studien von Reinhard Buthmann zur Mikro- und Hochtechnologie[100] und von Gerhardt Ronneberger zum »High-Tech-Schmuggel«[101] anzuführen. Der Stand der empirischen Forschung zur Wirtschaftsspionage muss dennoch als unbefriedigend bewertet werden: Untersucht sind die zuletzt existierenden Strukturen der Wirtschaftsspionage der HV A, bekannt die vom Sektor Wissenschaft und Technik im Dezember 1988 geführten 334 Bundesbürger, die als inoffizielle Mitarbeiter oder Kontaktpersonen erfasst waren. Hinzu kommen bedeutendere operative Vorgänge aus früheren Jahren. Hinsichtlich der leistungsstarken Hauptabteilung XVIII des MfS fällt die Bilanz bescheidener aus. Auch wenn sie überwiegend als reine Abwehrdiensteinheit konzipiert war, hatte sie, wenngleich in deutlich geringerem Maße, ebenfalls, bis hinunter zu den Kreisdienststellen, die von ihr kontrollierten wirtschaftlichen Beziehungen zur Bundesrepublik im Visier. Kurzfristig sind sicherlich die organisatorischen Strukturen und hauptamtlichen Akteure der Wirtschaftsspionage im historischen Längsschnitt nachzuzeichnen. Bedeutender dürfte jedoch die wiederholt – so von Friedrich-Wilhelm Schlomann[102], J. J. Edgar und R. J. Armin[103], Heiner Emde[104], Erich Schmidt-Eenboom und Jo Angerer[105], Peter Siebenmorgen[106], Gerhard Barkleit[107] sowie von Peter Richter und Klaus Rösler[108] – gestellte Frage sein, mit welchem Aufwand welcher Nutzen für die Wirtschaft der DDR erzielt wurde. Abschließend beantwortet ist diese Frage immer noch nicht. Den bislang bedeutendsten Beitrag hierzu verfasste Jörg Roesler, der den Zusammenhang von

---

tigkeit der »Linie XVIII« des Ministeriums für Staatssicherheit der DDR, dargestellt am Beispiel der Objektdienststellen in der Chemieindustrie. In: Deutschland Archiv 29(1996)1, S. 48-57.

100 Buthmann, Reinhard: Kadersicherung im Kombinat VEB Carl Zeiss Jena. Die Staatssicherheit und das Scheitern des Mikroelektronikprogramms. Berlin 1997; ders.: Hochtechnologien und Staatssicherheit. Die strukturelle Verankerung des MfS in Wissenschaft und Forschung der DDR. Hg. BStU. Berlin 2000.

101 Ronneberger, Gerhardt: Deckname »Saale«. High-Tech-Schmuggler unter Schalck-Golodkowski. Berlin 1999.

102 Schlomann, Friedrich-Wilhelm: Operationsgebiet Bundesrepublik. Spionage, Sabotage und Subversion. München 1984, S. 227.

103 Edgar, J. H.; Armin, R. J.: Spionage in Deutschland. Preetz 1962, S. 232-235.

104 Emde, Heiner: Spionage und Abwehr in der Bundesrepublik. Bergisch Gladbach 1986, S. 13 u. 26.

105 Schmidt-Eenboom, Erich; Angerer, Jo: Die schmutzigen Geschäfte der Wirtschaftsspione. Düsseldorf 1996.

106 Siebenmorgen, Peter: »Staatssicherheit« der DDR. Der Westen im Fadenkreuz der Stasi. Bonn 1993.

107 Barkleit, Gerhard: Mikrochips als »Wunderwaffe« - Hochtechnologie in der Zentralplanwirtschaft der DDR. In: Hänseroth, Thomas (Hg.): Dresdner Beiträge zur Geschichte der Technikwissenschaften 25(1998), S. 71-87; ders.: »Wann hört ihr endlich auf zu klauen?«. Zur Geschichte der Mikroelektronik in der DDR. In: Gerbergasse 18 (1987)3, S. 28-31; ders.: Das Dilemma der Mikroelektronik in der DDR in der zweiten Hälfte der achtziger Jahre. In: Timmermann, Heiner (Hg.): Die DDR - Politik und Ideologie als Instrument. Berlin 1999, S. 307-322; ders.: Mikroelektronik in der DDR. SED, Staatsapparat und Staatssicherheit im Wettstreit der Systeme. Dresden 2000.

108 Richter; Rösler: Wolfs West-Spione (Anm. 13), S. 52-55.

Industrieinnovation und Industriespionage in einem Aufsatz diskutierte.[109] Welchen Stellenwert die Wirtschaftsspionage gehabt haben muss, wird anhand der verausgabten Mittel deutlich: Der Operativgeldabfluss des Sektors Wissenschaft und Technik der HV A ist mit über zwei Millionen DM für die Jahre von 1986 bis 1989 verzeichnet. Die Abteilung 8 der Hauptabteilung XVIII, die für Elektrotechnik und Elektronik zuständig war, registrierte allein für 1985 Embargoimporte im Wert von 97 Millionen Valutamark.

5.3   Militärspionage

Kleiner als der Sektor Wissenschaft und Technik war die Militärspionage. Die Abteilungen IV, XI und XII der HV A sowie die Verwaltung Aufklärung des Verteidigungsministeriums konzentrierten sich auf den Komplex der Militärpolitik und der Rüstungsforschung, der in den achtziger Jahren sicherlich zentralen Stellenwert hatte. Das recht übersichtliche IM-Netz in der Bundesrepublik – für die Abteilung IV der HV A waren 74, für die Abteilung XI 101 und die Abteilung XII 59 und für die Verwaltung Aufklärung zuletzt 138 bundesdeutsche inoffizielle Verbindungen verzeichnet – darf nicht über die qualitativen Einblicke in NATO und Bundeswehr hinwegtäuschen.

Die Abteilung IV der HV A befasste sich mit den »militärischen Zentren« in der Bundesrepublik. Eine ihrer bedeutendsten Quellen war Alfred Spuhler, der als Objektquelle »Peter« registriert ist.[110] Allein in den fünf Jahren, in denen er von dieser Abteilung geführt wurde, lieferte er 457 Informationen, monatlich also acht. Auf ihn wird noch zurückzukommen sein. An zweiter Stelle hinsichtlich der Informationslieferungen nach der SIRA-Teildatenbank 12 ist Dr. Peter Kraut (»Siegfried«) mit 316 Einträgen zu nennen.[111] Über die Hälfte (177) der Meldungen dieses bei der Industrieanlagen-Betriebsgesellschaft angestellten Wissenschaftlers wurden als »sehr wertvoll« oder »wertvoll« beurteilt, insbesondere die Studien und Planungen zur Militärtechnik. Ebenfalls auffällig, schon wegen seines Arbeitsplatzes, ist der

---

109 Roesler, Jürgen: Industrieinnovation und Industriespionage in der DDR. Der Staatssicherheitsdienst in der Innovationsgeschichte der DDR. In: Deutschland Archiv 27(1994)10, S. 1026–1040.

110 Alfred Spuhler (»Peter«); Reg.-Nr. XV 96/72; Kategorie: O-Quelle; Vorgangsart: IMA; 24.2.1972 für die Abteilung IV, 18.7.1977 bis Auflösung für die Abteilung IX der HV A erfasst; Führungsoffizier: 24.2.1972 Hans Krüger, 23.7.1974 Manfred Fleischhauer, 18.7.1977 Harry Schütt, 29.4.1985 bis Auflösung Siegfried Schlegel; BStU, SIRA TDB 21, ZV 8251612.

111 Dr. Peter Kraut (»Siegfried«); Reg.-Nr. XV 1677/69; Vorgangsart: IMA; 30.7.1969 für die Abteilung XV der Bezirksverwaltung Suhl, 8.11.1971 bis Auflösung für die Abteilung IV der HV A erfasst; Führungsoffizier: 30.7.1969 Heinz Schumacher, 8.11.1971 Gerhard Schoebel, 23.7.1974 Karl Pestel, 9.12.1983 Werner Hoffmann, 15.5.1986 Roland Schiemann, 19.10.1987 bis Auflösung Hans-Joachim Roesler; BStU, SIRA TDB 21, ZV 8243786.

Hertie-Abteilungsleiter »Walter« und seine Ehefrau »Waltraud«, die als Kurierin fungierte. Auf sie gehen 151 Informationen zurück.[112]

Die Abteilung XI der HV A konzentrierte ihre Interessen auf die USA, in der »operativen Arbeit« jedoch vornehmlich auf Angehörige und Zivilangestellte der US-Armee in Westeuropa sowie auf Angestellte in Botschaften, Generalkonsulaten, Handelsbüros und Forschungseinrichtungen der USA in Westeuropa. Insoweit hatte diese Abteilung nur bedingt Militärspionage betrieben. Als Spitzenquelle für den Zeitraum von 1969 bis 1989 ist nach der SIRA-Teildatenbank 12 die Angestellte einer US-Botschaft, Gabriele Albin, anzusehen. Für sie, die als Objektquelle »Gerhard« firmierte, sind 1 479 Informationseingänge verzeichnet.[113] Von den 417 mit »I« bzw. »II« bewerteten Informationen betreffen zahlreiche diplomatische Fragen, in beachtlichem Maße jedoch auch militärische Aspekte wie Trainingsprogramme für den Flakpanzer Gepard, Planungen für das Projekt Stinger oder die Modernisierung der Pershing-Raketen. Ebenfalls als Objektquelle ist die Angestellte des Bundesministeriums der Verteidigung, Erika Schmitt, registriert. Unter dem Decknamen »Erich« lieferte sie 1 216 Materialien, von denen 369, meist NATO-Dokumente, ein besonderes Prädikat erhielten.[114] An dritter Position für diese Abteilung ist Professor Dr. Hanns-Dieter Jacobsen von der FU Berlin verzeichnet. Als Abschöpfquelle »Hoffmann« lieferte er demnach 475 Informationen, meist zu Tagungen oder Forschungseinrichtungen.[115]

Übertroffen werden die Abteilungen IV und XI bei weitem durch die Abteilung XII der HV A. Allein für Rainer Rupp (»Topas«) sind 1 043 Informationen verzeichnet, von denen zwei Drittel (629) als »wertvoll« erachtet worden sind, in der Regel NATO-Dokumente.[116] An zweiter Stelle findet sich der belgische Diplomat

---

112 »Walter«/»Waltraud«; Reg.-Nr. XV 1311/68; 7.6.1968 für die Abteilung XV der Bezirksverwaltung Erfurt, 26.4.1971 für die Abteilung IV, 5.8.1971 bis Auflösung für die Abteilung IX der HV A erfasst; Führungsoffizier: 7.6.1968 Ludwig Einicke, 24.11.1969 Dieter Hertwig, 26.4.1971 Achim Wiegand, 5.8.1971 bis Auflösung Siegfried Weber; BStU, SIRA TDB 21, ZV 8251978.

113 Gabriele Albin (»Gerhard«); Reg.-Nr. XV 4607/75; 24.11.1975 bis Auflösung für die Abteilung XI der HV A erfasst; Führungsoffizier: 24.11.1975 Kurt Zeichner, 4.5.1976 bis Auflösung Heinz Keller; BStU, SIRA TDB 21, ZV 8250468.

114 Erika Schmitt (»Erich«); Reg.-Nr. XV 47/68; 12.1.1968 für die Abteilung III, 12.1.1969 bis Auflösung für die Abteilung XI der HV A erfasst; Führungsoffizier: 12.1.1968 Heinz Keller, 5.12.1986 Heinz Ubl, 26.1.1989 bis Auflösung Lothar Fuchs; BStU, SIRA TDB 21, ZV 8236432.

115 Dr. Hanns-Dieter Jacobsen (»Hoffmann«); Reg.-Nr. XV 232/67; 30.3.1967 für die Abteilung III, 28.12.1977 bis Auflösung für die Abteilung XI der HV A erfasst; Führungsoffizier: 30.3.1967 Werner Helas, 6.10.1969 Bernd Gentz, 28.12.1977 bis Auflösung Heinz Keller; BStU, SIRA TDB 21, ZV 8256760.

116 Rainer Rupp (»Topas«); Reg.-Nr. XV 333/69; Kategorie: Resident; Vorgangsart: IMA; 8.5.1969 bis Auflösung für die Abteilung XII der HV A erfasst; Führungsoffizier: 8.5.1969 Dieter Kutta, 12.11.1974 Karl Renner, 23.4.1979 bis Auflösung Karl Rehbaum; BStU, SIRA TDB 21, ZV 8243845.

»Angestellter«, eine Abschöpfquelle, mit 705 Informationseingängen.[117] Schließlich der norwegische Journalist »Lanze« mit 499 verzeichneten Informationen, der offenbar über gute Zugänge zu amnesty international und einigen Einblick in norwegische Rüstungsplanungen verfügte.[118]

Eine ausgezeichnete, allerdings bislang unveröffentlichte Überblicksdarstellung der Militärspionage bietet der ehemalige Auswerter der HV A, Dr. Heinz Busch. Es hat sich bisher kein Verlag für diese fundierte Analyse finden lassen. Recht detailliert beschreibt Busch die Organisation bzw. Organisationen der Militärspionage, ihre Ziele und Grundlagen sowie ihre inoffiziellen Akteure in der Bundesrepublik. Er erhellt einen Gesichtspunkt, der viel zu lange schon missachtet worden ist: die Debatte um die militär-strategische Defensive, die 1987 eingeleitet worden sein soll.[119] Bis zur Veröffentlichung dieser Arbeit muss die Militärspionage in der Bundesrepublik Deutschland als lediglich teilerforschtes Gebiet gelten.

Gleichwohl gibt es eine Reihe von Artikeln, Aufsätzen und auch kleineren Monographien, die sich mit einzelnen Gesichtspunkten dieses Themas auseinandersetzen. Den ersten aussagekräftigen Aufsatz verfasste Oberstleutnant Helmut Göpel, der Mitarbeiter des Amtes für Studien und Übungen der Bundeswehr war. Über den militärischen Nachrichtendienst des Ministeriums für Nationale Verteidigung legte er einen quellengesättigten Beitrag vor, der kursorisch einzelne Aspekte dieses Dienstes aufgreift. Er machte erstmals eine präzise Angabe zum agenturischen Netz in der Bundesrepublik, das im Jahre 1985 93 »Agenturische Mitarbeiter« (AM) umfasst haben soll, darunter 31 Agenten im engeren Sinne, also »Quellen«. Hinzu kamen nochmals 1 374 DDR-Bürger, die ebenfalls inoffiziell als »Instrukteure«, »Aufklärer«, »Werber« etc. eingebunden waren.[120] Einen Insider-Bericht mit sehr präzisen und, soweit überprüfbar, auch zutreffenden Angaben gibt Andreas Kabus in dem Sachbuch »Auftrag Windrose«. Es galt längere Zeit als das informativste öffentlich zugängliche Buch zur Verwaltung Aufklärung des Ministeriums für Nationale Verteidigung.[121] Mit der Studie des ehemaligen Nachrichtenoffiziers Walter Richter liegt

---

117 »Angestellter«; Reg.-Nr. XV 5485/60; 23.10.1959 für die Abteilung III, 15.5.1978 für die Abteilung XII, 20.2.1983 für die Arbeitsgruppe Operative Betreuung, 1.7.1987 bis Auflösung für die Abteilung XIX der HV A erfasst; Führungsoffizier: 23.10.1959 Heinz Schmalfuß, 30.12.1959 bis Auflösung Helmut Schreier; BStU, SIRA TDB 21, ZV 8261431.

118 »Lanze«; Reg.-Nr. XV 5368/62; 5.12.1962 für die Abteilung III, 4.7.1978 bis Auflösung für die Abteilung XII der HV A erfasst; Führungsoffizier: 5.12.1962 Manfred Elisath, 7.12.1966 Egon Weitling, 3.4.1969 Helfried Linkhardt, 23.11.1977 Edgar Gattlitz, 4.7.1978 Jürgen Winter, 18.6.1982 Jürgen Wittig, 4.2.1983 bis Auflösung Heinz Becker; BStU, SIRA TDB 21, ZV 8258602.

119 Busch, Heinz: Die Militärspionage der DDR. Berlin 2001 (Ms.); ders.: Die Militärspionage der DDR. In: Europäische Sicherheit (1993)12, S. 617-621.

120 Göpel, Helmut: Aufklärung. In: Naumann, Klaus (Hg.): NVA. Anspruch und Wirklichkeit. Berlin 1993, S. 221-239.

121 Kabus, Andreas: Auftrag Windrose: Der militärische Geheimdienst der DDR. Berlin 1993.

nunmehr eine umfassende Ausarbeitung vor, in der nicht nur die bislang vorliegenden Kenntnisse zusammengefasst werden, sondern auch neue Erkenntnisse mithilfe von Stasi-Unterlagen präsentiert werden. Der Schwerpunkt seiner Darstellung liegt allerdings auf der Kontrolle der Militäraufklärung durch das MfS.[122] Gespannt darf man auf die Forschungsarbeiten von Bodo Wegmann sein, der mehrere Dutzend ehemals Aktive der Verwaltung Aufklärung interviewt hat und absehbar seine Ergebnisse vorlegen wird.[123] Sobald die Arbeiten von Busch und Wegmann gedruckt sind, dürften einige Bereiche der Militärspionage gut erforscht sein. Perspektivisch interessant ist auch hier die Frage nach dem konkreten Nutzen für die DDR und für den Warschauer Pakt mit Blick auf Rüstungstechnik und -forschung sowie auf die Rückwirkung nachrichtendienstlicher Erkenntnisse auf die militärpolitische Strategie. Die Frage, ob die Korrektur der sowjetischen Militärdoktrin auch aufgrund so gewonnener Erkenntnisse erfolgt ist, wäre eine eigene Darstellung wert. Im Übrigen fehlt weiterhin die Untersuchung der personellen und organisatorischen Entwicklung der für Militärspionage zuständigen Abteilung IV der HV A.

Zu wenig wahrgenommen wird bis heute ein weiteres militärstrategisches Spionageziel der HV A: die Früherkennung befürchteter militärischer Offensiven der NATO. Auch wenn innerhalb des MfS Zweifel an den offensiven Absichten der NATO bestanden, wurden die Vorbereitungen für den Verteidigungszustand dennoch mit großem Aufwand betrieben. Nicht wenige Agenten hatten hier Teilaufgaben zu übernehmen.

5.4 Gegenspionage

Die Gegenspionage zählt zum Herzstück nachrichtendienstlicher Tätigkeit. Hier gab es mit der Hauptabteilung II, der so genannten Spionageabwehr, und der erst 1973 eingerichteten Abteilung IX der HV A, der so genannten Äußeren Abwehr, zwei sehr leistungsstarke Diensteinheiten des MfS, die erfolgreich gegen die Nachrichtendienste der Bundesrepublik operiert haben. Die Hauptabteilung II dürfte der HV A zeitweise, wenn nicht sogar über lange Strecken überlegen gewesen sein. Gleichwohl verfügte die Abteilung IX der HV A mit zuletzt 120 inoffiziellen Mitarbeitern und Kontaktpersonen in der Bundesrepublik schon über einen beachtlichen Stamm an Informanten, die Zugänge zu den Diensten hatten oder dort arbeiteten (Spionageaufklärung).

---

122 Richter, Walter: Der militärische Nachrichtendienst der Nationalen Volksarmee der DDR und seine Kontrolle durch das Ministerium für Staatssicherheit. Frankfurt/M. 2002.

123 Wegmann, Bodo: Die struktur-historische Darstellung des geheimen militärischen Nachrichtendienstes der Deutschen Demokratischen Republik 1952 bis 1990. Neustadt 1997; ders.: Zwischen Normannenstraße und Camp Nikolaus. Zur Entstehung der deutschen Nachrichtendienste nach 1945. Berlin 1999.

Die Abteilung IX verfügte über eine eigene Auswertungsabteilung, in der die sie betreffenden Daten eingespeist worden sind. Bänder dieser SIRA-Teildatenbank 14 sind zwar aufgefunden, jedoch noch nicht abschließend rekonstruiert worden, sodass die bislang abrufbaren Daten kein überzeugendes Bild ergeben.[124] Jedoch erlauben auch hier die Einspeisungen in die SIRA-Teildatenbank 12 einigen Aufschluss. Demnach scheint »Friedrich« mit 1 979 Einträgen auf den ersten Blick Spitzenreiter zu sein. Hinter diesem Decknamen werden Abhörprotokolle vermutet, die seitens der Hauptabteilung III des MfS zur Verfügung gestellt worden sind.[125] Tatsächlich aber lieferte offensichtlich Dr. Gabriele Gast, Mitarbeiterin des BND, die meisten Informationen, nur wurden diese auf mehrere, zumindest aber auf drei Registriernummern aufgeteilt, die in der Summe über 2 000 Einträge ergeben.[126] Während ihre Informationen, die als »Katja« bzw. »Gerald« abgelegt wurden, überwiegend internationale Bewertungen enthalten, finden sich unter »Reinhard« überwiegend Angaben zum BND.

Wie schon bei der Abteilung IV, so war Alfred Spuhler nach Übernahme durch die Abteilung IX der HV A mit 983 Informationseingängen außerordentlich produktiv.

Insbesondere die HA II stellte mit ihren inoffiziellen Kräften erhebliche Kontingente als Agenten gegnerischer Dienste zur Verfügung;[127] mithin muss angenommen werden, dass das MfS nahezu vollständig die Agenten gegnerischer Dienste in der DDR kontrolliert hat (Spionageabwehr). Obgleich zahlreiche Prozessmaterialien vorliegen und die Überlieferungslage der Hauptabteilung II – im Vergleich zur HV A – recht gut ist, ist dieser Bereich noch wenig erforscht. Grundlegend ist bislang die Studie von Hanna Labrenz-Weiß, die Angaben zu Geschichte, Struktur und

---

124 Nach gegenwärtigem Kenntnisstand sind mit 94 Einträgen die meisten für Alfred Spuhler verzeichnet, sodann 37 für XV 3733/85 und 36 für XV 3199/82.

125 »Friedrich«; Reg.-Nr. XV 213/73; Vorgangsart: Objektvorgang; 28.2.1973 bis Auflösung für die Abteilung IX der HV A erfasst; Führungsoffizier: 28.2.1973 bis Auflösung Werner Lahr; BStU, SIRA TDB 21, ZV 8251107.

126 Dr. Gabriele Gast (»Gisela«); Reg.-Nr. XV 34/69; 14.1.1969 für die Abteilung XV der Bezirksverwaltung Karl-Marx-Stadt des MfS, 15.7.1981 bis Auflösung für die Abteilung IX der HV A erfasst; Führungsoffizier: 14.1.1969 Horst Martin, 26.6.1973 bis Auflösung Karl-Heinz Stefan; BStU, SIRA TDB 21, ZV 8236033.
»Gerald«/»Katja«; Reg.-Nr. XV 378/68; 25.4.1968 für die Abteilung V, 20.11.1969-4.5.1981 für die Abteilung XIII der HV A erfasst; Führungsoffizier: 25.4.1968 Christian Streubel, 20.11.1969 Gerhard Jauck, 6.7.1971 Richard Reise, 16.1.1975 bis Auflösung Steffen Heinrich; BStU, SIRA TDB 21, ZV 8256169.
»Reinhard«; Reg.-Nr. XV 3331/77; keine Erfassung in der BStU, SIRA TDB 21.

127 Als Beispiel Gebauer, Karl: Doppelagent. Erinnerungen. Berlin 1999; Haase, Dieter: Mein Name ist Haase – ich weiß zuviel. Ein Doppelagent berichtet über unheimliche Dienste, Regierungskriminalität. Celle 1993.

Akteuren zusammengestellt hat.[128] Über die Arbeit gegen bundesdeutsche Dienste ist bislang wenig veröffentlicht, wenn von Selbstdarstellungen wie denen von Gabriele Gast, zuletzt stellvertretende Referatsleiterin Auswertung Sowjetunion beim BND,[129] oder Helmut Wagner[130] abgesehen wird. Einen geradezu einmaligen Einblick in Denk- und Arbeitsweise der gegen amerikanische Nachrichtendienste tätigen Abteilung IX/C bietet der informative, sachlich-genüsslich berichtende Band der ehemaligen HVA-Mitarbeiter Klaus Eichner und Andreas Dobbert.[131] Dieser sensible Gegenstand ist unter den klassischen Spionagefeldern noch am wenigsten untersucht.

5.5 Aktive Maßnahmen

Zu den klassischen Aufgaben nachrichtendienstlicher Arbeit zählt die Desinformation, was Information und Einflussversuche mit einschließt.[132] Hierzu gibt es bislang zwar keine wissenschaftliche Ausarbeitung, aber den sehr aufschlussreichen Bericht der ehemaligen Angehörigen der Abteilung X, Herbert Brehmer und Günter Bohnsack.[133] Demnach arbeiteten sie mit echten oder fiktiven Briefen, Dokumenten, Flugblättern, Bekennerschreiben, Studien; auch verbreiteten sie Witze, unterstützten in der Bundesrepublik unerwünschte Bücher und Filme und gaben überdies legendierte Informations-, Partei- und Organisationsdienste heraus. Eine besondere Zielgruppe waren Journalisten, Schriftsteller, Professoren und Parlamentarier. Es fehlt an einer systematischen, vor allem wirkungsgeschichtlichen Analyse der Desinformation. Einige Aspekte hat Hubertus Knabe im »Diskreten Charme« aufgegriffen.[134]

Insgesamt verfügte diese Abteilung zuletzt über 95 IM und Kontaktpersonen. Nach den Angaben der SIRA-Teildatenbank 12 lieferte in den Jahren zwischen 1969 und 1989 der Journalist »Stephan« mit 241 die meisten Informationen, in der Regel

128 Labrenz-Weiß, Hanna: Die Hauptabteilung II: Spionageabwehr (MfS-Handbuch, Teil III/7). Hg. BStU. Berlin 1998; dies.: Bearbeitung von Geheimdiensten, Korrespondenten und anderen »feindlichen Zentren« – Die Hauptabteilung II. In: Knabe: West-Arbeit des MfS (Anm. 23), S. 183–205.

129 Gast, Gabriele: Kundschafterin des Friedens. 17 Jahre Topspionin der DDR beim BND. Frankfurt/M. 1999.

130 Wagner, Helmut: Schöne Grüße aus Pullach. Operationen des BND gegen die DDR. Berlin 2000.

131 Eichner, Klaus; Dobbert, Andreas: Headquarters Germany. Die USA-Geheimdienste in Deutschland. Berlin 1997.

132 Liminski, Jürgen: Desinformation – ein Relikt des Kalten Krieges? In: Aus Politik und Zeitgeschichte, Beilage zur Wochenzeitung Das Parlament v. 23.9.1968.

133 Bohnsack; Brehmer: Auftrag: Irreführung (Anm. 15); Bohnsack, Günter: Die Legende stirbt. Das Ende von Wolfs Geheimdienst. Berlin 1997; Brehmer, Herbert: Die Verratslegende ist die Erlösung von der eigenen Verantwortung. Von »Falschspielern« und solchen, die sich der Dolchstoßlegende bedienen. In: Zwie-Gespräch 3(1993)15, S. 22–28.

134 Knabe: West-Arbeit des MfS (Anm. 23).

über den Berliner FDP-Landesvorstand und Wirtschaftskreise.[135] Für den Journalisten »Mansfeld« und seinen Sohn »Junior«, einen Musikeinzelhändler, sind 205 Informationseingänge verzeichnet, die sich überwiegend mit den ost-westdeutschen Wirtschaftsbeziehungen befassen. An dritter Stelle findet sich ein Politikwissenschaftler, die Kontaktperson »See«, für die 197 Informationen erfasst sind.[136]

5.6 Einzelaspekte

Weithin unbemerkt vom deutschen Publikum sind in Skandinavien, aber auch in anderen westeuropäischen Ländern Projekte entstanden, die sich mit der Spionage des MfS außerhalb Deutschlands beschäftigten. Die umfassendste Veröffentlichung über die ostdeutsche Spionage in Österreich stammt vom Journalisten Kid Möchel,[137] über die in Dänemark von den Journalisten Mette Herborg und Per Michaelsen.[138] Studien über die »Kundschafter« in den Niederlanden, Kanada und Schweden befinden sich in Vorbereitung – in der Regel aus der Feder von Journalisten. Erste Anfänge bei der Erforschung der DDR-Spionage bzw. Spionageunterstützung in der Dritten Welt liegen vor: über Afrika von Hans-Georg Schleicher und Ulf Engel[139] oder über Mosambik und Äthiopien von Hans-Joachim Döring.[140] Eine lesenswerte Insiderdarstellung aus der Sicht eines Residenten legte der DDR-Diplomat Kurt Berliner vor.[141]

In den fünfziger und sechziger Jahren musste die HV A infolge der Hallstein-Doktrin überwiegend auf illegale Residenturen zurückgreifen. Als in den siebziger Jahren zahlreiche Staaten, zuletzt waren es 133, die DDR anerkannten, gewann die legale Informationsbeschaffung erheblich an Bedeutung. Die HV A baute die dafür zuständige Abteilung III aus und strebte ein weltweites Engagement an. Der SIRA-Teildatenbank 12 ist hinsichtlich dieser Abteilung zu entnehmen, dass vor allem die Quelle »Ahmed« mit 1 656 Informationseinträgen führend ist, von denen 1 414 ein besonderes Prädikat erhielten. Die dieser Quelle zugeordneten Angaben haben vor

---

135 »Stephan«; Reg.-Nr. XV 1276/64; 27.4.1964 für die Abteilung VII, 8.4.1968 für die Abteilung X, 4.12.1987 für die Abteilung XI der HV A erfasst; Führungsoffizier: 27.4.1964 Gerhard Schubert, 8.4.1968 Heinz Dornberger, 18.12.1978 Peter Ludwig, 4.12.1987 bis Auflösung Udo Jähnert; BStU, SIRA TDB 21, ZV 8208416.

136 »Teleskop«; Reg.-Nr. XV 4075/70; Vorgangsart: Sicherungsvorgang; 18.11.1970 für die Abteilung X, 6.12.1977 bis Auflösung für die Abteilung XIV der HV A erfasst; Führungsoffizier: 18.11.1970 Hans Knaust, 30.3.1971 Gerhard Wohllebe, 10.1.1976 Hans Sacher, 13.11.1978 bis Auflösung Rudolf Mnich; BStU, SIRA TDB 21, ZV 8206513.

137 Möchel, Kid: Der geheime Krieg der Agenten. Spionagedrehscheibe Wien. Hamburg 1997.

138 Herborg, Mette; Michaelsen, Per: Stasi og Danmark. Viborg 1996.

139 Schleicher, Hans-Georg; Engel, Ulf: DDR-Geheimdienst und Afrika-Politik. In: Außenpolitik 47(1996)4, S. 399–409.

140 Döring, Hans-Joachim: »Es geht um unsere Existenz«. Die Politik der DDR gegenüber der Dritten Welt am Beispiel von Mosambik und Äthiopien. Berlin 1999.

141 Berliner, Kurt: Der Resident. Ein Diplomat im Dienst der HV A erinnert sich. Berlin 2001.

allem Nahost-Fragen und Themen des Auswärtigen Amtes zum Mittelpunkt.[142] An zweiter Stelle ist, bezogen auf die Anzahl der Informationseingänge, »Münze« mit 987 Einträgen zu finden, der recht umfassend über Interna Indiens zu berichten wusste.[143] Schließlich ist »Patriot« mit 347 Informationseingängen zu erwähnen.[144] Keine von diesen drei Quellen konnte in Deutschland bislang identifiziert werden, was nicht verwundern muss, da es sich um Ausländer handelt, zu denen die bisherigen Findhilfsmittel keinen Aufschluss erlauben.

Recht gut, wenn auch noch nicht abschließend, ist durch zahlreiche Einzelstudien das Wirken des MfS gegen widerständige Organisationen dokumentiert, die von der Bundesrepublik aus gegen die DDR gearbeitet haben.[145] Zu nennen sind der Untersuchungsausschuss Freiheitlicher Juristen,[146] amnesty international[147] oder die Internationale Gesellschaft für Menschenrechte.[148]

Zu den »Romeos« lagen bereits vor der Herbstrevolution zahlreiche Untersuchungen vor.[149] In den neunziger Jahren erschienen zwei nennenswerte Titel: Jeweils auf recht breiter Quellenlage fassten Elisabeth Pfister mit »Unternehmen Romeo«[150] und Marianne Quorin mit »Agentinnen aus Liebe«[151] den Forschungsstand zusammen. Wobei insbesondere Quorin, die jahrzehntelang als Gerichtsreporterin tätig

---

142 »Ahmed«; Reg.-Nr. XV 2962/78; 25.9.1978 bis Auflösung für die Abteilung III der HV A erfasst; Führungsoffizier: 25.9.1978 Walter Schrader, 25.1.1982 Peter Schorn, 9.4.1984 Klaus Guhlmann, 19.10.1984 bis Auflösung Siegmund Schumann; BStU, SIRA TDB 21, ZV 8233462.

143 »Münze«/»Norbert«; Reg.-Nr. XV 308/71; 16.4.1971 bis Auflösung für die Abteilung III der HV A erfasst; Führungsoffizier: 16.4.1971 Rudolf Strauß, 30.3.1973 Hans-Joachim Kästner, 27.6.1975 Walter Stöß, 4.11.1977 Peter Krüger, 26.1.1981 Walter Stöß, 7.1.1983 Bernd Hirsch, 27.4.1989 bis Auflösung Manfred Käbel; BStU, SIRA TDB 21, ZV 8251627.

144 »Patriot«; Reg.-Nr. XV 173/70; 1.4.1970 bis Auflösung für die Abteilung III der HV A erfasst; 1.4.1970 Hans-Ulrich Fritz, 5.1.1971 Gerhard Hofmann, 9.6.1973 Peter Schurm, 13.9.1976 Walter Schrader, 25.1.1982 Peter Schurm, 9.4.1984 Klaus Guhlmann, 19.10.1984 bis Auflösung Siegmund Schumann; BStU, SIRA TDB 21, ZV 8243584.

145 Chaker, Irene: Die Arbeit der Hauptverwaltung Aufklärung (HV A) im »Operationsgebiet« und ihre Auswirkungen auf oppositionelle Bestrebungen in der DDR. In: Deutscher Bundestag (Hg.): Materialien der Enquete-Kommission »Aufarbeitung von Geschichte und Folgen der SED-Diktatur«, Bd. VIII: Das Ministerium für Staatssicherheit. Seilschaften, Altkader, Regierungs- und Vereinigungskriminalität. Baden-Baden 1995, S. 126-242.

146 Hagemann, Frank: Der Untersuchungsausschuß Freiheitlicher Juristen 1949-1969. Frankfurt/M. 1994.

147 Brauckmann, Roland: Amnesty International als Feindobjekt der DDR. Berlin 1996; Mihr, Anja: Amnesty International in der DDR. Der Einsatz für Menschenrechte im Visier der Stasi. Berlin 2002.

148 Wüst, Jürgen: Menschenrechtsarbeit im Zwielicht. Zwischen Staatssicherheit und Antifaschismus. Bonn 1999.

149 Für die Zeit vor 1989 beispielsweise Gabriel, Hans: Sex und Spionage. Ein offener Bericht über geheime Verhältnisse. Pfaffenhofen 1966.

150 Pfister, Elisabeth: Unternehmen Romeo. Die Liebeskommandos der Stasi. Berlin 1999.

151 Quorin, Marianne: Agentinnen aus Liebe. Warum Frauen für den Osten spionierten. Frankfurt/M. 1999.

war, auf zahlreiche Interviews und Gespräche mit Frauen zurückgreifen konnte. Die interessanteste Arbeit stammt gleichwohl von dem Verfassungsschutzmitarbeiter Heinz Hülser,[152] der sich vor allem mit der Psychologie und den Rekrutierungsmechanismen auseinandergesetzt hat. Sie ist bedauerlicherweise nicht zur Veröffentlichung vorgesehen. Eine kürzlich abgeschlossene Arbeit setzt sich mit den Hauptcharakteristika der »Romeo-Methode« auseinander, zu der 18 Fälle auf Persönlichkeitsmerkmale und Motive analysiert werden.[153] Gegenwärtig befinden sich einige Monographien, Ausstellungen und Filme in Vorbereitung, womit das Thema erschöpfend behandelt sein wird.

Der vorläufige Kenntnisstand zu dem Bemühen der Staatssicherheit, auf Journalisten und bundesdeutsche Medien einzuwirken, findet sich in Hubertus Knabes Buch über den »diskreten Charme« der DDR.[154] Zuvor hatte sich bereits Gunter Holzweißig mit den »West-Medien im Fadenkreuz von SED und MfS« auseinandergesetzt.[155]

Zu den Sabotagevorbereitungen der Staatssicherheit liegen unterdessen zwei Studien vor. Die erste empirische Darstellung dazu erschien 1996, wenn auch schon vor 1989 auf solche Sabotagegruppen verschiedentlich hingewiesen wurde. Sie wurde von Jens Gieseke und Stephan Fingerle verfasst, die sich auf den Zeitraum von 1957 bis 1962 konzentriert haben.[156] Eine weitere Publikation stammt aus der Feder von Thomas Auerbach.[157] Noch wichtiger dürfte seine in Arbeit befindliche Gesamtdarstellung zu diesem Thema sein. Die Sabotage war strukturell unterschiedlich angebunden: beim MfS, bei der Nationalen Volksarmee und bei der Abteilung XVIII der HV A. Dieses Themenfeld dürfte, wenn die zweite Arbeit von Auerbach vorliegt, weitgehend erforscht sein.

Einige Publikationen liegen auch zum Terrorismus und zur Rolle des MfS vor. Zu nennen ist die Veröffentlichung der Journalisten Michael Müller und Andreas Kanonenberg[158] sowie die Studie von Tobias Wunschik.[159] Anzuführen sind außer-

---

152 Hülser, Heinz: Der unbewußte Vorgang. Der Versuch einer Gesamtbetrachtung von Bestimmungselementen und Handlungen auf der Grundlage psychologischer Kenntnisse und praxisbezogener Analysen. Köln 1993 (Ms.).

153 Agentinnen aus Liebe. Eine psychologische Betrachtung der Romeo-Methode. Haar 2002 (Ms.).

154 Knabe, Hubertus: Der diskrete Charme der DDR. Berlin 2001.

155 Holzweißig, Gunter: Klassenfeinde und »Entspannungsfreunde«. West-Medien im Fadenkreuz von Bundesrepublik Deutschland. Verfassungsrechtliche Grenzen der Strafverfolgung wegen Landesverrat, geheimdienstlicher Agententätigkeit und damit in Zusammenhang stehender Straftaten nach Herstellung der Einheit Deutschlands. Frankfurt/M. 2001.

156 Fingerle, Stephan; Gieseke, Jens: Partisanen des Kalten Krieges. Die Untergrundtruppe der Nationalen Volksarmee. Hg. BStU. Berlin 1996; dies.: Partisanen des Kalten Krieges. Die Untergrundtruppe der Nationalen Volksarmee 1957 bis 1962 und ihre Übernahme durch die Staatssicherheit. In: Jahrbuch für Historische Kommunismusforschung 1996. Berlin 1996, S. 132-147.

157 Auerbach, Thomas: Einsatzkommandos an der unsichtbaren Front. Terror- und Sabotagevorbereitungen des MfS gegen die Bundesrepublik. Berlin 1999.

158 Müller, Michael; Kanonenberg, Andreas: Die RAF-Stasi-Connection. Berlin 1992.

dem die Arbeiten von Fritz Schmaldienst und Klaus-Dieter Matschke[160], Oliver Schröm[161], Jens Anker[162] sowie von Wilhelm Dietl.[163] Diese Veröffentlichungen können eine systematische Aufbereitung der Beobachtung des Terrorismus, des Links- wie des Rechtsextremismus, durch die DDR-Spionage nicht ersetzen; sie bieten Anhaltspunkte.

Die strafrechtliche Verfolgung von ehemaligen West-IM wurde in einer Reihe von zum Teil umfänglichen Monographien vor allem unter juristischen Gesichtspunkten bilanziert.[164] Im Vergleich dazu legte Bundesanwalt Joachim Lampe mit seiner Darstellung zwar nur ein schmales Bändchen vor, das aber in zusammenfassender Darstellung eine informative vorläufige Bilanz zieht.[165] Hinsichtlich einer empirisch gestützten Analyse ist der Abschluss der erwähnten Forschungsarbeiten Georg Herbstritts abzuwarten, der die Akten der Generalbundesanwaltschaft auswertet. Nach dem gegenwärtigen Kenntnisstand sind von den 1 553 eingeleiteten Ermittlungsverfahren (»Rosenholz I«) 1 134 (73 Prozent) eingestellt worden. 181 Personen wurden verurteilt, davon 118 auf Bewährung.

6   Forschungsperspektive

Die DDR-Spionage hat offenbar auf nahezu allen Gebieten recht erfolgreich operiert. Die Informationszugänge bei den Angriffszielen Politik, Wirtschaft, Militär und Nachrichtendienste waren außerordentlich. Mithin war für sie die Bundesrepublik ein offenes Buch. Offensichtlich ist, dass die Informationsbeschaffung die Hauptseite nachrichtendienstlicher Tätigkeit der HV A war, auch konnte mit den Mitteln der

159 Wunschik, Tobias: Baader-Meinhofs Kinder. Die zweite Generation der RAF. Opladen 1997.
160 Schmaldienst, Fritz; Matschke, Klaus-Dieter: Carlos-Komplize Weinrich. Die internationale Karriere eines deutschen Top-Terroristen. Frankfurt/M. 1995.
161 Schröm, Oliver: Im Schatten des Schakals. Carlos und die Wegbereiter des internationalen Terrorismus. Berlin 2002.
162 Anker, Jens; Mangelsdorf, Frank: La Belle. Anatomie eines Terroranschlages. Berlin 2002.
163 Dietl, Wilhelm: Carlos. Das Ende eines Mythos. Die Jagd nach dem Top-Terroristen. Bergisch-Gladbach 1995.
164 Ridder, Helmut: Die deutsch-deutsche Spionage im Okular der westdeutschen Deutschland-Jurisprudenz. Bonn 1996; Gesellschaft zum Schutz von Bürgerrecht und Menschenwürde (GRM) und für rechtliche und humanitäre Unterstützung (GRH): Unfrieden in Deutschland. Weissbuch. Unrecht im Rechts-Staat. Strafrecht und Siegerjustiz im Beitrittsgebiet. Berlin 1995; Wagner, Klaus: Spionageprozesse. Brühl 2000; Nanzka, Martin: Spionage der ehemaligen DDR gegen die Bundesrepublik Deutschland. Verfassungsrechtliche Grenzen der Strafverfolgung wegen Landesverrat, geheimdienstlicher Agententätigkeit und damit in Zusammenhang stehender Straftaten nach Herstellung der Einheit Deutschlands. Frankfurt/M. 2001.
165 Lampe, Joachim: Juristische Aufarbeitung der Westspionage des MfS. Eine vorläufige Bilanz. Hg. BStU. Berlin 1999; ders.: Politische und juristische Aspekte der Spionageprozesse. In: Weber, Jürgen; Piazolo, Michael (Hg.): Eine Diktatur vor Gericht. Aufarbeitung von SED-Unrecht durch die Justiz. München 1995, S. 137–145.

Desinformation sehr erfolgreich, wenn auch nur punktuell, auf das gesellschaftliche Klima und politische Einstellungen Einfluss genommen werden. Hingegen ist es offenbar nur selten gelungen, auf politische Grundsatzentscheidungen einzuwirken, der erwähnte Fall des Bundestagsabgeordneten Steiner erweist sich vermutlich als Einzelfall. Frappierend ist einerseits die Diskrepanz zwischen dem in der Gesellschaft vorhandenen Mythos, der der DDR-Spionage anhaftet, und andererseits der realen Alltagsgeschichte ihrer Akteure, bei denen die Normalität überrascht. Schließlich ist davon auszugehen, dass ein erheblicher Teil der Informationen aus dem militärischen und wirtschaftlichen Bereich in der DDR oder in den osteuropäischen Staaten verwertet werden konnte. Enorm waren auch die Erkenntnisse über die nachrichtendienstliche Arbeit westlicher Dienste in der DDR, was für die Betroffenen nicht folgenlos war. Insoweit war die DDR-Spionage aus Sicht der SED-Diktatur erfolgreich. Zugleich vermochten aber deren Informationen auf die kommunistischen Eliten nur unzureichend Einfluss zu nehmen, um den Zusammenbruch des Herrschaftsgefüges und die Herbstrevolution zu verhindern – was immerhin zentrale Aufgabe auch der DDR-Spionage gewesen ist.

Bezogen auf die eingangs aufgeworfenen Fragen – welchen Kenntnisstand hatte die DDR mithilfe der Spionage über die Bundesrepublik erwerben können, *wie* hatte sie diese Informationen politisch, wirtschaftlich oder militärisch genutzt? – steht die Forschung auch 13 Jahre nach dem Ende der DDR noch an ihrem Anfang. Das letzte Jahrzehnt der Forschung zur DDR-Spionage ist einerseits gekennzeichnet durch Rekonstruktionsversuche, in deren Mittelpunkt Organisationsstrukturen, hauptamtliche und inoffizielle Akteure standen, andererseits durch erste Interpretationsversuche der Wirkungsgeschichte wie etwa die von Hubertus Knabe. Dieses unbefriedigende Ergebnis hat seine Ursache auch darin, dass die universitäre Forschung über Nachrichtendienste in Deutschland – anders als in den USA – kaum entwickelt ist. Nicht einmal ein Lehrstuhl ist hierfür eingerichtet, diesbezügliche Seminare haben Seltenheitswert. Der hierbei stets vorgetragene Verweis auf mangelnde Zugänge zu nachrichtendienstlichen Unterlagen trifft zwar grundsätzlich, nicht jedoch auf die Stasi-Unterlagen zu – selbst wenn auch hier Einschränkungen vorliegen:

Zunächst schien es in den neunziger Jahren so, als würde die DDR-Spionage niemals seriös erforscht werden können. Angesichts der im Frühjahr 1990 erfolgten Vernichtung der HVA-Akten musste dieser Eindruck aufkommen. Tatsächlich sind kaum noch Unterlagen zu den Inoffiziellen der HV A vorhanden. Gleichwohl sind Hilfsmittel erhalten geblieben: das elektronische »System der Information und Recherche der Aufklärung« der HV A, das alle Vorgänge, Informationseingänge und Informationsausgänge verzeichnet, die mikroverfilmten Karteien F 16 und F 22 (»Rosenholz II«), die über Namen, Decknamen und Registriernummern Aufschluss geben. Mit Stand vom Juni 2003 liegen der BStU 381 »Rosenholz«-CD vor, auf denen rund 200 000 Personen und 57 464 Vorgänge verzeichnet sind. Hinzu kommen 2 037 (bzw. 2 281) Statistikbögen. Zudem lassen sich Zusammenhänge anhand der Unterlagen des Generalbundesanwaltes und weiterer Stasi-Unterlagen rekonstruieren. Erhalten geblieben sind insbesondere die zentralen »Informationen«, die seitens der DDR-Spionage an die politische Führung weitergeleitet worden sind. Diese zentralen Puzzlestücke ließen gegen Ende der neunziger Jahre den Eindruck entstehen, als sei es nur noch eine Frage der Zeit, bis die HV A vollständig enttarnt werden könne. Diese Hoffnung war schon seinerzeit überzogen. Eine Analyse der IM-Netze ohne den historischen Kontext hätte nicht nur die Forschungsperspektive erheblich eingeschränkt, sondern auch in ihrer Struktur zur eindimensionalen Betrachtung geführt. Eine Zukunft für dieses Forschungsfeld ergibt sich insbesondere aus der Entsperrung der »Rosenholz«-Materialien im Juni 2003. Gleichwohl: Eine Reduktion auf die Inoffiziellen würde einem Mythos HV A Vorschub leisten. Umgekehrt könnte die zeitgeschichtliche Aufbereitung der DDR-Spionage zu deren schon seit Jahrzehnten angemahnten Entmythologisierung beitragen.[166]

Unbeschadet davon bieten die Akten, Datenbanken und Karteien des MfS zwar grundsätzlich eine ausgezeichnete Grundlage zum Thema, doch wird die zukünftige Forschung zur DDR-Spionage – bei verbesserten gesetzlichen Rahmenbedingungen – dieses Quellenmaterial in den Kontext der allgemeinen Zeitgeschichtsforschung stellen müssen. Es wird hier einerseits darauf ankommen, diese Quellen – wie andere auch – einzubeziehen und andererseits die Zentrierung auf die Stasi-Unterlagen aufzugeben. Sodann müssten die eingangs aufgeworfenen Fragen nach der Lage beim »Feind« aus Sicht der DDR-Spionage, der Wechselwirkung zwischen Information und Verarbeitung sowie – vor allem – der Wirkungsgeschichte beantwortbar sein.

---

166 Newman, Bernd: Spione. Gestern, heute, morgen. Stuttgart 1952; ders.: Spionage. Mythos und Wirklichkeit. München 1962.

Dirk Dörrenberg

Erkenntnisse des Verfassungsschutzes zur Westarbeit des MfS

Zum besseren Verständnis des Themas ist es geboten, den Begriff »MfS-Westarbeit« aus verfassungsschutzspezifischer Sicht zu präzisieren. Für das Bundesamt für Verfassungsschutz (BfV) und die Landesbehörden für Verfassungsschutz (LfV), die einheitlich mit der Bearbeitung der Nachrichtendienste der DDR befasst waren, ist der Begriff »MfS-Westarbeit« als Summe der Spionageaktivitäten zu definieren, die von den ehemaligen DDR-Nachrichtendiensten – schwerpunktmäßig vom ehemaligen Ministerium für Staatssicherheit (MfS) – bis zu deren Auflösung gegen die Bundesrepublik Deutschland gerichtet waren. Die nachfolgenden Ausführungen beziehen sich daher auf die Darstellung des Inhalts und des Ausmaßes der von den ehemaligen DDR-Nachrichtendiensten entfalteten Spionageaktivitäten gegen die Bundesrepublik Deutschland und die von den Verfassungsschutzbehörden zu ihrer Bekämpfung durchgeführten Maßnahmen.

Wegen der Auflösung des MfS 1989/90 ist bei der nachfolgenden Darstellung ferner in zeitlicher Hinsicht zu differenzieren. Während die »MfS-Westarbeit« bis zur »politischen Wende« – wie bei jedem anderen fremden Nachrichtendienst – als Spionageaktivität galt und mit entsprechenden Abwehrmaßnahmen bekämpft wurde, trat nach dem Ende der DDR eine besondere Situation ein. Nunmehr war es erforderlich, die gegen die Bundesrepublik Deutschland gerichtete nachrichtendienstliche Tätigkeit des ehemaligen MfS aufzuarbeiten, wobei insbesondere die Enttarnung der für das MfS gegen die Bundesrepublik Deutschland tätig gewesenen Agenten sowie die Erfassung des Umfangs der von der DDR betriebenen Spionage im Vordergrund standen. Dabei kam es bei den Bemühungen, das Agentennetz des MfS zu enttarnen, auf besonders rasches und effizientes Handeln an, da die Verfassungsschutzbehörden davon ausgehen mussten, dass die Identität einer Vielzahl dieser inoffiziellen Mitarbeiter – »IM-West« – im Zuge der Auflösung des ehemaligen MfS fremden Nachrichtendiensten bekannt geworden war und daher die Gefahr bestand, dass sie von diesen übernommen wurden. Zur Klarstellung ist darauf hinzuweisen, dass die Aufarbeitung des Repressionsbereichs des MfS, also die von den Verfassungsschutzbehörden als »IM-Ost« bezeichneten IM, nicht in die Zuständigkeit der Verfassungsschutzbehörden fiel. Ausgenommen hiervon waren lediglich jene DDR-Bürger, die in das Führungs- und Verbindungswesen der Hauptverwaltung A des MfS (HV A) zu den im Bundesgebiet tätig gewesenen Agenten eingebunden waren, beispielsweise als Kuriere, Instrukteure, Deckadressen- oder Decktelefongeber.

Auch hinsichtlich des Begriffes Bundesrepublik Deutschland bedarf es in diesem Zusammenhang einer definitorischen Eingrenzung: Gemeint ist die Bundesrepublik Deutschland in ihren staatsrechtlichen Grenzen vor dem 3. Oktober 1990.

Ferner wird vorsorglich darauf hingewiesen, dass nicht sämtliche Facetten der den Verfassungsschutzbehörden bekannt gewordenen MfS-Spionage behandelt werden können, da dies den vorgegebenen Rahmen sprengen würde.

A   Die Spionage der ehemaligen DDR bis zur »politischen Wende«

1   Die Nachrichtendienste der DDR

1.1   Ministerium für Staatssicherheit

Im November 1989 waren für das MfS (einschließlich der HV A) 91 015 Personen als hauptamtliche Mitarbeiter tätig. Das MfS war in drei große Bereiche gegliedert: den »Repressionsapparat« zur Ausforschung und Unterdrückung von Oppositionellen und Andersdenkenden auf dem Territorium der DDR, die offensive Spionageabwehr mit Aufklärungstätigkeit gegen die Bundesrepublik Deutschland sowie die HV A als ziviler Auslandsnachrichtendienst. Organisatorisch war das MfS gegliedert in die Berliner Zentrale mit Hauptabteilungen, Abteilungen und Referaten, wobei die HV A ebenfalls über Abteilungen und Referate verfügte. In den 15 Bezirksverwaltungen gab es ebenso Abteilungen und Referate; in den 216 Kreisdienststellen lediglich Referate.

Als wesentliche Diensteinheiten des Abwehrbereichs mit offensiven nachrichtendienstlichen Aufgaben, die auch Agenten in der Bundesrepublik Deutschland und in Westberlin führten, sind zu nennen die

— Hauptabteilung II: Spionageabwehr;
— Hauptabteilung VIII: Ermittlungen und Observationen in der Bundesrepublik Deutschland und in Westberlin;
— Hauptabteilung XVIII: Sicherung der Volkswirtschaft, darunter zentraler Objekte des Staatsapparates, Einrichtungen der Volkswirtschaft, Spionageabwehr, Geheimnisschutz und Unterlaufen der Embargobestimmungen;
— Hauptabteilung XXII: Operative Bearbeitung terroristischer und anderer gewaltorientierter Organisationen, die gegen die DDR wirksam werden konnten.

Die HV A wurde als fachlich selbstständiger Bereich innerhalb des MfS im Herbst 1953 gegründet. Vorläufer waren der »Haid-Apparat« sowie das im Sommer 1951 gegründete »Institut für wirtschaftswissenschaftliche Forschung« (IWF), das 1953 bereits über circa 200 Mitarbeiter verfügte. Als Leiter der HV A fungierte bis November 1986 Markus Wolf, der bereits das IWF seit 1952 geleitet hatte. Sein Nachfolger bis zur faktischen Auflösung der HV A im März 1990 war Werner Großmann. Im Dezember 1989 waren für die HV A rund 4 500 hauptamtliche Mitarbeiter tätig.

Im Rahmen ihrer Aufgabenstellung war die HV A jedoch in die Gesamtorganisation des MfS eingebunden. Dies bedeutete, dass sie einerseits vom gesamten Repressionsapparat für die operative Westarbeit in jeder Hinsicht profitierte, andererseits aber auch unterstützende Tätigkeiten für die anderen MfS-Diensteinheiten leistete, etwa durch Bespitzelung ausgebürgerter Dissidenten wie des Liedermachers Wolf Biermann und des Schriftstellers Jürgen Fuchs. Je nach Anforderung unterstützte sie den Repressionsapparat auch durch gezielte Weitergabe von Informationen, die nach dem Sprachgebrauch des MfS zur Bekämpfung der »politisch-ideologischen Diversion« bzw. zur Bekämpfung der »politischen Untergrundtätigkeit« in der DDR benötigt wurden. Auf diese teilweise vielschichtige Verflechtung zwischen Aufklärungsbereich und Repressionsapparat innerhalb des MfS, die von ehemals leitenden Mitarbeitern der HV A sowie von politisch interessierten Kreisen nach der »politischen Wende« vehement bestritten wurde, wird noch an anderer Stelle näher eingegangen.

Nach den entsprechenden gesetzlichen Bestimmungen waren die Spionageabwehrbehörden des Bundes und der Länder für die Abwehr der vom MfS ausgehenden Spionagetätigkeit gegen die Bundesrepublik Deutschland und Westberlin zuständig. Eine wichtige Erkenntnisquelle für die Tätigkeit der Spionageabwehr war das bis zur »politischen Wende« recht hohe Informationsaufkommen aus der Bevölkerung zum Thema MfS, das in nicht wenigen Fällen zu Erkenntnissen führte, die als Grundlage für eine Verdachtsfallbearbeitung dienten. Eine wesentliche Erkenntnisgrundlage war auch der seit Abschluss des Grundlagenvertrags zwischen der Bundesrepublik Deutschland und der DDR im Jahre 1972 stetig wachsende innerdeutsche Reiseverkehr, der von den Nachrichtendiensten der DDR intensiv genutzt wurde und auch für die Verfassungsschutzbehörden eine ergiebige Informationsquelle war. Ein zahlenmäßig nahezu ebenso großes Potenzial war auch die seit Mitte der siebziger Jahre stetig wachsende Zahl legaler Übersiedler aus der DDR – damals »Zuwanderer« genannt –, die bei Vorhandensein bestimmter Kriterien bereits während ihres Aufenthalts in den Bundesnotaufnahmelagern unter anderem vom BfV befragt wurden. Bereits bei diesen Erstbefragungen offenbarte ein Teil dieser Übersiedler Kontakte zum MfS, wobei es sich nicht nur um »Spitzeltätigkeiten« in der DDR, sondern auch um nachrichtendienstliche Aufträge handelte, die nach der Übersiedlung in die Bundesrepublik Deutschland ausgeführt werden sollten.

Insgesamt ergaben sich daher für die Verfassungsschutzbehörden immer wieder Einzelerkenntnisse, die nach einer erfolgreichen Verdachtsfallbearbeitung zur Enttarnung eines Agenten, Instrukteurs oder Kuriers des MfS führten. Die Fülle dieser Einzelerkenntnisse wurde auch sehr erfolgreich zentral und methodisch ausgewertet, wie noch aufgezeigt wird.

1.2 Verwaltung Aufklärung

Die Verwaltung Aufklärung (VA) des Ministeriums für Nationale Verteidigung umfasste zuletzt etwa 1 270 hauptamtliche Mitarbeiter zuzüglich der 1 620 Angehörigen des in Dessau stationierten Funkaufklärungsregiments 2. Sie arbeitete mit »Agenturischen Mitarbeitern« (AM). Ihr Aufklärungsziel war in erster Linie die Bundeswehr sowie die Erkundung militärischer Ziele in der Bundesrepublik Deutschland.

Die Zuständigkeiten für die Abwehr von Spionageaktivitäten der VA waren zwischen dem Militärischen Abschirmdienst (MAD) einerseits und dem BfV und den LfV andererseits aufgeteilt. Soweit Bundeswehr-Angehörige (Soldaten, Wehrpflichtige und Zivilangestellte) sowie Beamte und Angestellte des Bundesministeriums der Verteidigung einschließlich der nachgeordneten Behörden im Verdacht standen, nachrichtendienstlich für die VA oder das MfS tätig oder als Zielpersonen Gegenstand von Ausforschungsbemühungen geworden zu sein, war der MAD für die Bearbeitung zuständig. Soweit sonstige Personen betroffen waren, oblag die Bearbeitungszuständigkeit dem BfV (in »Bundesfällen«) oder einem LfV.

Hier waren besonders die so genannten Briefanbahnungen einschlägig, die über Jahre eine »Spezialität« der VA waren. Diese Werbungsmethode wurde in mehreren Varianten angewandt: Zum einen schaltete der Dienst selbst fiktive Stellenanzeigen in bundesdeutschen oder Westberliner Zeitungen, in denen eine lukrative Nebentätigkeit wie die Erstellung von Gutachten oder Marktanalysen angeboten wurde. Sobald sich nachrichtendienstlich interessante Personen meldeten, wurden diese in der Regel nach Ostberlin zu einem Vorstellungsgespräch eingeladen. Dabei wurden vielfach schon erste Aufträge erteilt, bei denen der nachrichtendienstliche Hintergrund für die Zielpersonen in der Regel zunächst nicht erkennbar war. Nach mehreren Treffs wurde dieser jedoch entweder durch einen direkten Hinweis des »Arbeitgebers« oder aufgrund des auffälligen Missverhältnisses zwischen Vergütung und der von der Zielperson geleisteten Tätigkeit deutlich. Diese Methode wurde auch dann angewandt, wenn die Zielperson selbst ein Stellengesuch, zum Teil auch wegen einer Nebentätigkeit geschaltet hatte.

Schließlich veranstaltete die VA auch fiktive Preisausschreiben, bei denen die Teilnehmer Angaben zu ihrer beruflichen Tätigkeit machen sollten. War eine nachrichtendienstlich interessante Zielperson unter den Einsendern, wurde sie ebenfalls nach Ostberlin oder in die DDR zur Entgegennahme eines »Gewinns« eingeladen. Die Anbahnung verlief dann wie bei den oben beschriebenen Varianten.

Trotz der relativ geringen Zahl von Agenten war die Ausspähungstätigkeit der VA als effektiv und erfolgreich zu bewerten. Allerdings konnten durch einige, zum Teil erfolgreiche Abwehroperationen der Verfassungsschutzbehörden in diesem Bereich recht gute Aufklärungsergebnisse erzielt werden.

2 Schwerpunkte der Spionage der ehemaligen DDR-Nachrichtendienste

Bereits vor der »politischen Wende« war für die Verfassungsschutzbehörden erkennbar, dass die Spionagetätigkeit des MfS die vollständige Penetrierung der politischen und gesellschaftlichen Institutionen in der Bundesrepublik Deutschland und Westberlin zum Ziel hatte, um gemäß den Vorgaben des Zentralkomitees der SED die politischen und wirtschaftlichen Verhältnisse vollständig transparent zu machen und zugleich die Bundesrepublik Deutschland als »Frontstaat des imperialistischen NATO-Blocks« zu destabilisieren. Schwerpunkte der insbesondere von der HV A betriebenen Spionage in der Bundesrepublik Deutschland und Westberlin waren:

- Politische Spionage: insbesondere Bundes- und Landesministerien mit nachgeordneten Behörden, politische Parteien und Verbände;
- Militärspionage: Strukturen der Bundeswehr, Beschaffung von Informationen aus dem Bundesministerium der Verteidigung und dem nachgeordneten Geschäftsbereich sowie Ausspähung von Strukturen und Verteidigungsstrategien der NATO;
- Wirtschaftsspionage;
- Sicherheits- und Polizeibehörden;
- Desinformation bzw. »aktive Maßnahmen«;
- Fernmeldeaufklärungstätigkeit der Hauptabteilung III.

Für die Abteilungen XV der Bezirksverwaltungen des MfS galten diese Schwerpunkte der Spionagetätigkeit ebenfalls; zusätzlich arbeiteten sie jedoch nach territorialen Schwerpunkten. Sie bearbeiteten also Objekte wie etwa Hochschulen und wissenschaftliche Institute in bestimmten Regionen und klärten diese mit dem Ziel auf, Agenten anzuwerben und zu führen. Nach den im MfS gültigen Regelungen waren sie gehalten, von ihnen geworbene und geführte Agenten bei einer bestimmten Wertigkeit an die Zentrale in Berlin abzugeben.

Zu den vorbezeichneten Aufklärungsschwerpunkten konnten die Verfassungsschutzbehörden bereits vor der »politischen Wende« wertvolle Erkenntnisse gewinnen, wenngleich das gesamte Ausmaß der Spionageaktivitäten erst im Zuge der Aufarbeitung der Tätigkeit des MfS deutlich wurde. Beispielhaft sollen hier die Komplexe politische Spionage, Wirtschaftsspionage, Desinformation und Fernmeldeaufklärung skizziert werden.

2.1 Politische Spionage

Zahlreiche spektakuläre Verratsfälle im Zusammenhang mit der Ausspähung des Parteien- und Staatsapparats der Bundesrepublik Deutschland wurden durch mitunter intensive Ermittlungen der Verfassungsschutzbehörden im »Kalten Krieg« aufgedeckt und einer breiteren Öffentlichkeit bekannt. Erinnert sei in diesem Zusammenhang an den Fall des Mitte der fünfziger Jahre in die Bundesrepublik Deutschland eingeschleusten Agenten im Bundeskanzleramt, Günter Guillaume[1], der seit Anfang der siebziger Jahre als Hilfsreferent im unmittelbaren Umfeld des Bundeskanzlers Willy Brandt tätig war und dessen Verhaftung zum Rücktritt Brandts beitrug.

Der Enttarnung Guillaumes waren langjährige Ermittlungen vorausgegangen, die auch deshalb zum Erfolg führten, weil es in den fünfziger Jahren gelungen war, den Führungsfunk der HV A, also die Funkverbindung zu Agenten zu entschlüsseln, sodass auch der »legendäre« Funkspruch der HVA-Zentrale zur Geburt seines Sohnes Pierre (»Glückwunsch zum 2. Mann«) mitgelesen und im Zuge der weiteren Ermittlungen Guillaume zugeordnet werden konnte. Durch die Entschlüsselung des Führungsfunks der HV A konnten außer dem Ehepaar Guillaume noch weitere 90 Agenten nach teilweise umfangreichen und schwierigen Ermittlungen enttarnt werden. Die recht hohe Zahl dieser Verlustfälle bei ihren über Funk geführten Agenten dürfte die HV A bereits vor der Verhaftung Guillaumes zu der Erkenntnis gebracht haben, dass ihr Führungsfunk entschlüsselt worden war. Zu diesem Zeitpunkt hatte sie jedoch bereits den Funkverkehr mit ihren Agenten auf das »einbruchsichere« individuelle Zahlenwurmverfahren (»I-Wurm-Verfahren«) umgestellt. Spätestens durch eine Veröffentlichung der Funksprüche in der Zeitschrift Stern nach seiner Verhaftung war dies öffentlich bekanntes Wissen.[2]

Erhebliches Aufsehen erregten auch die Verratsfälle des CDU-Bundestagsabgeordneten Julius Steiner[3] und des ehemaligen bayerischen SPD-Landtagsabgeordneten Dr. Friedrich Cremer[4]. Während im Verlauf des gegen Steiner geführten Ermittlungsverfahrens offenbar wurde, dass er von der HV A 50 000 DM für sein Abstimmungsverhalten bei dem konstruktiven Misstrauensvotum gegen den Bundeskanzler Brandt im April 1972 erhalten hatte, wurde der damalige Leiter der HV A, Markus Wolf, bei einem Führungstreff mit Dr. Cremer in Stockholm im Juli 1978 erstmals durch konspirativ aufgenommene Fotos identifiziert. Bis zu diesem Zeitpunkt war weder den Verfassungsschutzbehörden noch den westlichen Partnerdiensten das Aussehen Wolfs bekannt. Steiner und Dr. Cremer wurden von der für die Ausspähung der politischen Parteien zuständigen Abteilung II der HV A geführt.

---

1   Günter Guillaume (»Hansen«); Reg.-Nr. XV 19142/60; Vorgangsart: IMA; 9.9.1954 bis Auflösung für die Abteilung II der HV A erfasst; Führungsoffizier: 9.9.1954 Erich Boldt, 26.9.1962 Lothar Ruderich, 1.2.1966 bis Auflösung Walter Weichert; BStU, SIRA TDB 21, ZV 8259394.

2   Bremer, Heiner: »Der Sputnik ist gelandet«. In: Stern 26(1974)39, S. 170-175.

3   Julius Steiner (»Simon«); Reg.-Nr. XV 221/73; Vorgangsart: IMA; 7.3.1973-22.4.1980 für die Abteilung II der HV A erfasst; Führungsoffizier: 7.3.1973-22.4.1980 Friedrich Kilian; BStU, SIRA TDB 21, ZV 8251117.

4   Dr. Friedrich Cremer (»Becker«); Reg.-Nr. XV 808/61; 6.3.1961 für die Abteilung XV der Bezirksverwaltung Karl-Marx-Stadt, 22.2.1966 bis Auflösung für die Abteilung II der HV A erfasst; Führungsoffizier: 6.3.1961 Dieter Hetrich, 16.4.1962 Karl-Heinz Werner, 22.2.1966 Walter Weichert, 30.11.1971 Joachim Pampel, 23.1.1984 Werner Groth, 29.12.1984 bis Auflösung Walter Weichert; BStU, SIRA TDB 21, ZV 8815060.

2.2 Wirtschaftsspionage

Die Ausspähungsaktivitäten des MfS gegen westdeutsche Geschäftsleute und Wirtschaftsunternehmen wurden den Verfassungsschutzbehörden bereits zu einem recht frühen Zeitpunkt im Zusammenhang mit der »Vulkan«-Affäre bekannt. Aufgrund der Aussagen eines Überläufers wurden im April 1953 38 Personen wegen des Verdachts der geheimdienstlichen Agententätigkeit für die ehemalige DDR festgenommen, die in einer Kartei des bereits erwähnten IWF erfasst waren. Die späteren Ermittlungen der Generalbundesanwaltschaft ergaben, dass es sich bei diesen Personen tatsächlich zu einem geringeren Teil um Agenten gehandelt hatte, während die Mehrzahl lediglich als Zielpersonen erfasst waren, an denen ein operatives Interesse bestand, ohne dass sie jedoch bereits nachrichtendienstlich tätig geworden waren oder von ihrer Erfassung Kenntnis hatten. Allerdings konnte durch die Ermittlungen bewiesen werden, dass es sich bei dem IWF um eine Spionageinstitution handelte, die für die Beschaffung von wirtschaftlich relevanten Informationen zuständig war.

Am 18. Januar 1979 setzte sich der hauptamtliche HVA-Mitarbeiter Werner Stiller in die Bundesrepublik Deutschland ab. Durch sein detailliertes Wissen und die Auswertung der von ihm mitgebrachten Unterlagen konnten 32 Agenten der HV A in der Bundesrepublik Deutschland identifiziert werden, von denen 17 festgenommen werden konnten; 15 Agenten konnten sich aufgrund einer rechtzeitigen Warnung ihrer Führungsstelle in die DDR absetzen. In nahezu allen Fällen handelte es sich um hochqualifizierte Wissenschaftler. Die von Stiller mitgebrachten Unterlagen vermittelten den westlichen Abwehrdiensten erstmals einen deutlichen Einblick in die Entwicklung des speziell für die Wirtschafts- und Wissenschaftsspionage der HV A zuständig gewesenen Sektors Wissenschaft und Technik (SWT) sowie in die Struktur, Aufgabenstellung und Arbeitsmethoden der HV A des MfS. So musste nach einer eingehenden Auswertung und Bewertung der aus den Unterlagen und Aussagen Stillers gewonnenen Erkenntnisse der Schluss gezogen werden, dass Intensität und Erfolg der Wirtschafts- und Wissenschaftsspionage von den westlichen Abwehrdiensten erheblich unterschätzt worden waren. Der Spionageabwehr wurde erstmals bekannt, dass die HV A nicht nur mit einer Abteilung, sondern seit Anfang der siebziger Jahre mit dem Sektor Wissenschaft und Technik und seinen insgesamt vier Abteilungen systematisch die Wirtschaft und wissenschaftliche Forschung in der Bundesrepublik Deutschland ausspähte. Die Auswertung der durch Stiller aufgedeckten Verratsfälle vermittelte den Verfassungsschutzbehörden auch fundierte Erkenntnisse über die Methodik der Wirtschafts- und Wissenschaftsspionage.

Als Basis für die Anwerbung eines Agenten im Bundesgebiet dienten regelmäßig Hinweise von DDR-Bürgern in häufig bedeutenden politischen oder wissenschaftlichen Positionen, die es ihnen ermöglichten, als so genannte Reisekader in das westliche Ausland zu reisen und im Rahmen ihrer normalen beruflichen Tätigkeit Kontakte zu westlichen - insbesondere westdeutschen - Fachkollegen auf wirtschaftlicher oder wissenschaftlicher Basis zu unterhalten, beispielsweise anlässlich von Kongressen, Fachtagungen und Messen.

Den Angaben Stillers zufolge verfügte der SWT Anfang Januar 1979 über circa 2 000 so genannte DDR-IM. Sobald ein westlicher Kontaktpartner aufgrund seiner Position und seiner Charakteristik geeignet erschien, wurde er vom SWT als Zielperson mit der Perspektive einer operativen Nutzung bearbeitet. Diese Zielpersonen wurden in enger Anlehnung an die Vorgaben der DDR-Wirtschaft aus den Fachbereichen ausgewählt, an denen ein vordringliches Informationsinteresse bestand. Die nachrichtendienstliche Ansprache wurde zumeist sehr sorgfältig vorbereitet, sodass der Werbungsprozess unter Umständen mehrere Jahre dauerte.

Insgesamt wurde den Verfassungsschutzbehörden auch erstmals die Erkenntnis vermittelt, dass sich die DDR-Wirtschaftsspionage praktisch auf alle Unternehmens- und Wissenschaftsbereiche erstreckte. Aufklärungsziele waren nicht nur technische Kenntnisse über bestimmte Produkte, sondern auch betriebswirtschaftliche oder brancheninterne Markt- und Wettbewerbsdaten wie Firmenangebote, Lizenzverträge oder Investitionsplanungen. Ein umfassendes Aufklärungsinteresse bestand auch an der Grundlagenforschung in allen naturwissenschaftlichen Disziplinen sowie im technologischen Bereich.

Die durch Stiller gewonnenen Erkenntnisse über Art und Ausmaß der Wirtschafts- und Wissenschaftsspionage der HV A ließen neben der Bedrohung der äußeren Sicherheit durch die Ausspähung neuer Forschungsergebnisse in der Rüstungswirtschaft auch den Umfang der Schäden für die übrigen Zweige der Volkswirtschaft der Bundesrepublik Deutschland erkennen, sodass auch eine Überprüfung der bis zu diesem Zeitpunkt üblich gewesenen Praxis des Geheimschutzes in der Wirtschaft erfolgte. Betrachtet man die – teilweise unbestreitbaren – »Erfolge« der Wirtschafts- und Wissenschaftsspionage des SWT, insbesondere auf dem Gebiet der Beschaffung so genannter embargogeschützter Güter, aus heutiger Sicht, ist jedoch festzustellen, dass die DDR bis zum Beitritt zur Bundesrepublik Deutschland nicht in der Lage war, die durch ihre Spionagetätigkeit gewonnenen Erkenntnisse so umzusetzen, dass sie den erheblichen Rückstand im wirtschaftlichen, wissenschaftlichen und technologischen Bereich auch nur annähernd egalisieren konnte.

2.3 Aktive Maßnahmen

Aktive Maßnahmen – im allgemeinen Sprachgebrauch auch in ihrer Erscheinungsform der Desinformation bekannt – waren Gegenstand der Abteilung X der HV A, die im Juni 1966 aus dem vormaligen Sonderreferat F der Informations- und Auswertungsabteilung VII der HV A hervorgegangen war. Die herausgehobene Bedeutung dieser Abteilung wird auch dadurch ersichtlich, dass sie unmittelbar dem Anleitungsbereich des Leiters der HV A unterstand. Insbesondere Markus Wolf, der auf einzelne Aktionen dieser Abteilung auch persönlich Einfluss nahm, initiierte und förderte diese Form der nachrichtendienstlichen Bestrebungen. Da die Durchführung von Desinformationskampagnen als Instrument der Regierungspolitik der ehemaligen DDR diente, unterlag sie - im Gegensatz zu nachrichtendienstlichen Operationen anderer HVA-Abteilungen - in besonderem Maße den Vorgaben des Zentralkomitees der SED. Aktivitäten und konkrete Operationen dieser Abteilung sind bereits Anfang der achtziger Jahre durch das BfV enttarnt worden.

Neben dieser primären Zielstellung war die Abteilung X - wie alle operativ tätigen Diensteinheiten der HV A - gehalten, durch Agenten in der Bundesrepublik Deutschland der Geheimhaltung unterliegende Erkenntnisse auszuspähen und allgemein die Verhältnisse und Entwicklungen für das MfS aufzuklären. Darüber hinaus war sie ebenfalls in die repressive Bekämpfung oppositioneller Kräfte der ehemaligen DDR eingebunden und leistete durch die Erfüllung spezieller Ausspähungsaufträge - wie im Fall des 1976 aus der DDR ausgebürgerten Liedermachers Wolf Biermann - für den Repressionsapparat des MfS aktive Unterstützung. Die von der Abteilung X durchgeführten Desinformationskampagnen zielten allgemein darauf ab, den Staat Bundesrepublik Deutschland und seine führenden politischen Gruppierungen und Persönlichkeiten bloßzustellen und zu diffamieren, die Bevölkerung gegen staatliche Institutionen aufzuwiegeln - so durch Einflussnahme auf die Friedensbewegung im Zusammenhang mit dem NATO-Doppelbeschluss - sowie die außenpolitischen Beziehungen der Bundesrepublik Deutschland zu ihren Verbündeten zu beeinträchtigen.

Das Grundprinzip der Durchführung von Desinformationskampagnen bestand darin, vertrauliche oder offene Informationen, die durch eigene oder durch IM anderer HVA-Abteilungen beschafft worden waren, verfälscht oder unverfälscht von westlichen Medien verbreiten zu lassen, die als »Lancierungskanäle« dienten. Eine erhebliche Anzahl von Basisinformationen, die von der Abteilung X entsprechend genutzt wurden, wurde auch durch die Fernmeldeaufklärung der Hauptabteilung III gewonnen.

Eine weitere Methode der Abteilung X zur Durchführung von »aktiven Maßnahmen« war die Nutzung offizieller Institutionen und Einrichtungen der ehemaligen DDR als »legale Dächer«, die mit IM bzw. »Offizieren im besonderen Einsatz« (OibE) durchsetzt waren und unter der Legende dieser Einrichtungen auftraten. Zu diesen Institutionen gehörten das Presseamt beim Vorsitzenden des Ministerrats der DDR sowie der Pressedienst »Panorama«. Da diese Institutionen nachrichtendienstlich unbelastet erschienen, konnten die dort tätigen IM und OibE unverfänglich operative Beziehungen - zum Beispiel zu Journalisten aus der Bundesrepublik Deutschland - knüpfen und ihnen entsprechend manipulierte Unterlagen zuspielen, die dann von den - zumeist gutgläubigen - Multiplikatoren in der Bundesrepublik Deutschland verbreitet wurden.

Als Beispiele aus den siebziger und achtziger Jahren sollen folgende besonders spektakuläre Fälle dienen:

– Abhöraffäre Kohl/Biedenkopf: Auf der Grundlage eines von der Hauptabteilung III am 3. Oktober 1974 abgehörten Telefongesprächs zwischen dem damaligen CDU-Vorsitzenden Dr. Helmut Kohl und seinem Generalsekretär Dr. Kurt Biedenkopf, das angebliche Führungsschwächen des CDU-Vorsitzenden zum Gegenstand hatte, wurde von der Abteilung X eine Niederschrift aufbereitet mit dem Ziel, vermutete oder vorhandene Differenzen zwischen diesen Personen zu vertiefen. Unter Benutzung eines Formblatts, das in der Vergangenheit von einem westlichen Partnerdienst für die Protokollierung abgehörter Telefongespräche verwandt worden war, wurde diese Niederschrift Anfang Juni 1975 anonym den Zeitschriften Der Spiegel und Stern zugespielt und sodann in der Zeitschrift Stern auch veröffentlicht.[5] Da dieses Protokoll den Eindruck von Abhörmaßnahmen eines westlichen Partnerdienstes erweckte, führte diese »aktive Maßnahme« zu einer erheblichen Verstimmung zwischen der Bundesregierung und dem verbündeten Staat.

– Angebliches CSU-Positionspapier mit dem Titel: »Rückbesinnung auf Kreuth«: Im Vorfeld der Bundestagswahl im Oktober 1980 wurden in der Abteilung X Überlegungen angestellt, durch eine Desinformationskampagne Zerwürfnisse innerhalb der CDU/CSU-Bundestagsfraktion zu erzeugen, um die damals regierende SPD/FDP-Koalition, die nach den Vorstellungen der SED an der Regierung bleiben sollte, zu stärken. Zu diesem Zweck wurde auf der Grundlage des ursprünglichen Trennungsbeschlusses von November 1976, der auf einer Klausurtagung der CSU in Wildbad Kreuth gefasst worden war, ein Positionspapier entworfen, in dem die Forderung nach einer Auflösung der Fraktionsgemeinschaft mit der CDU im Deutschen Bundestag und die Schaffung einer »4. Partei« durch eine bundesweite Ausdehnung der CSU erhoben wurde. Diese Fälschung wurde sodann anonym an die Zeitschrift Der Spiegel übersandt, wobei die zuständigen Redakteure davon ausgingen, dass dieses Papier offiziell von dem damaligen Generalsekretär der CSU, Dr. Edmund Stoiber, autorisiert worden war.[6] Nachdem dieses Papier unmittelbar vor der damaligen Bundestagswahl veröffentlicht wurde, entstanden naturgemäß erhebliche Irritationen zwischen den beiden Parteien, sodass diese Maßnahme aus Sicht der Abteilung X als »Erfolg« verbucht wurde.

– Barschel-Brief: Nach dem Tod des schleswig-holsteinischen Ministerpräsidenten Dr. Uwe Barschel am 11. Oktober 1987 wurde innerhalb der Abteilung X beschlossen, die damaligen Ereignisse zu nutzen, um den ehemaligen Bundesfinanzminister Dr. Gerhard Stoltenberg mittels einer »aktiven Maßnahme« in Verruf zu bringen und zugleich den Ausgang der Landtagswahl in Schleswig-Holstein im Mai 1988 zum Nachteil der CDU zu beeinflussen. Gestützt auf Abhörprotokolle der Hauptabteilung III wurde von einem Mitarbeiter der Ab-

---

5   Die Abhör-Affäre. In: Stern 27(1975)26, S. 12–20.
6   »Wir müssten vollendete Tatsachen schaffen«. In: Der Spiegel 34(1980)40, S. 20–22.

teilung X ein fiktiver Brief formuliert, der den Eindruck erweckte, von Dr. Uwe Barschel selbst verfasst worden zu sein. In diesem Brief wurde der Vorwurf erhoben, Dr. Stoltenberg sei Mitwisser der angeblich von Dr. Barschel initiierten »Machenschaften« im Zusammenhang mit der Diskreditierung des damaligen SPD-Oppositionsführers im schleswig-holsteinischen Landtag, Björn Engholm, gewesen. Fototechnisch wurde eine in Ablichtung beschaffte Originalunterschrift von Dr. Barschel in diesen Brief hineinmanipuliert. Das Schreiben wurde im April 1988 an verschiedene Empfänger, unter anderem an den schleswig-holsteinischen Landesverband der Partei »Die Grünen« sowie an die Redaktion des Nachrichtenmagazins Der Spiegel, anonym versandt. Obgleich dieser gefälschte Brief wegen einer Strafanzeige Dr. Stoltenbergs zunächst nicht veröffentlicht worden war, wurde sein wesentlicher Inhalt gleichwohl im Oktober 1988 in einem Beitrag des Fernsehmagazins Panorama zitiert und unter Berufung auf ein linguistisches Gutachten als tatsächlich von Dr. Barschel geschrieben dargestellt. Auch diese »aktive Maßnahme« sorgte für die von der HV A bezweckten erheblichen innenpolitischen Auseinandersetzungen.

2.4 Fernmeldeaufklärungstätigkeit der Hauptabteilung III

Ein sehr wirksames Instrument auch für die Westarbeit des MfS war die Hauptabteilung III (HA III), die für die - hier auszuklammernde - Funkabwehr in der DDR und die Fernmeldeaufklärung zuständig war. Die HA III war eine eigenständige Hauptabteilung, die aber unterstützend für die Hauptbedarfsträger HV A und die für die Spionageabwehr zuständige Hauptabteilung II arbeitete. Die Fernmeldeaufklärung richtete sich gegen Fernmeldeverkehre und -systeme im angrenzenden westlichen Ausland, primär in der Bundesrepublik Deutschland. Zu diesen Systemen gehörten das Autotelefon-B- und C-Netz, das polizeiliche Informationssystem (INPOL), der Observationsfunk der westdeutschen Sicherheitsbehörden, das Euro-Signal-System, die Richtfunkverbindungen innerhalb der Bundesrepublik, soweit sie vom Territorium der DDR aus erfassbar waren (Linie Hamburg - München, Braunschweig - Hannover - Bonn, Kiel - München - Bonn), und schließlich die Richtfunkverbindungen und leitungsgeführten Verbindungen zwischen der Bundesrepublik Deutschland und Westberlin.

Zur Wahrnehmung dieser Aufgabe besaß die HA III ein dichtes Netz von Empfangsstationen entlang der innerdeutschen Grenze, um Berlin und entlang der Richtfunktrassen vom Bundesgebiet nach Westberlin und in die ČSSR. Das BfV hatte bereits Jahre vor dem Ende der DDR vor den Risiken einer gegnerischen Fernmeldeaufklärung - vor allem durch die DDR - gewarnt und diese Warnungen auch publiziert. Dabei wurde insbesondere auf die Abhörbarkeit von Telefonaten sowohl im Festnetz als auch über Mobilfunk hingewiesen. Die Wirkung dieser Warnungen war leider nicht groß - auch nicht im Behördenkreis. Nach der »Wende« konnte durch

Einsicht in entsprechende Empfangsberichte und durch Gespräche mit ehemaligen Angehörigen der HA III erfahren werden, in welch großem Umfang das MfS durch diese Fernmeldeaufklärung verwertbare Informationen erlangt hat. So wurden im Jahre 1988 rund 650 000 Einzelmeldungen durch die Erfassungsstützpunkte erarbeitet und an die zentrale Auswertung übergeben.

Das Informationsaufkommen teilte sich wie folgt auf: Der Richtfunk hatte einen Anteil von 35 Prozent, von denen drei viertel aus den Strecken zwischen dem Bundesgebiet und Westberlin (»Brücken«) entstammten. Auf Autotelefone gingen 25 Prozent und auf sonstige technische Überwachungsformen (Inpol, Observationsfunk, Euro-Signal) 40 Prozent zurück.

Neben diesen »passiven« Aufklärungsaktivitäten, deren Hauptziel es war, aus den aufgeführten Systemen interessante Informationen herauszufiltern, war die HA III auch erfolgreich durch aktives Eindringen in westliche Fernmeldenetze und Informationssysteme. Allerdings nicht so, wie man es sich heute in Zeiten des Internets vorzustellen hätte, durch elektronisches Eindringen, etwa durch »Hacken«. Bei der HA III-Maßnahme »Zugriff« stellte ein ausgewähltes Team mittels eines Autotelefongeräts (B-Netz) von wechselnden grenznahen Standorten aus Verbindungen in das Fernsprechnetz der Deutschen Bundespost her und konnte damit - scheinbar vom Bundesgebiet aus - unkontrolliert mit Teilnehmern wie Polizeidienststellen, Kfz-Zulassungsstellen oder Einwohnermeldeämtern telefonieren. Den dortigen Gesprächspartnern gegenüber legitimierte man sich - nötigenfalls - durch anderweitig erlangte Kennwörter und bekam dann in der Regel Auskünfte zu Personen, Kfz oder Meldedaten aus offiziellen Datenbeständen. Auch erfolgten Anrufe bei MfS-Zielpersonen zur Identitätsklärung mittels Stimmenvergleich. Durch die mit solchen risikolosen Tricks erlangten Informationen konnten zeit- und kostenaufwändige Ermittlungen vor Ort durch Agenten erspart und wichtige Daten für operative Vorhaben gewonnen werden. In Ausnahmefällen wurde dieser »grenzüberschreitende Mobilfunkweg« auch für nachrichtendienstliche Verbindungen wie Führungsanweisungen an Agenten benutzt, was aber nicht ohne Risiko war und dem BfV beispielsweise die Enttarnung und Überführung eines wertigen und gut platzierten Agenten ermöglichte.

3 Methodische Abwehrmaßnahmen der Verfassungsschutzbehörden gegen die Spionagetätigkeit des ehemaligen MfS

3.1 Analysen aufgrund von Verdachts- und Exekutivfällen sowie aus Gegenoperationen

Seit Beginn der Tätigkeit der Spionageabwehr haben sich die Verfassungsschutzbehörden bemüht, Agenten der DDR-Nachrichtendienste zu enttarnen und die Mittel und Methoden dieser Spionagetätigkeit aufzudecken und zu analysieren, um auf der Basis der so gewonnenen Erkenntnisse die nachrichtendienstlichen Angriffe des MfS zu enthüllen und möglichst einzudämmen. Um diese Zielstellung zu erreichen, wurden zum einen bei den Verfassungsschutzbehörden eingegangene Verdachtshinweise auf einzelne Personen, die tatsächliche Anhaltspunkte für eine nachrichtendienstliche Verstrickung enthielten, durch entsprechende Ermittlungen dahingehend geklärt, dass der Verdacht entweder bestätigt oder ausgeräumt werden konnte, wobei natürlich eine Restmenge von Hinweisen übrig blieb, die entweder gar nicht oder erst nach der »politischen Wende« aufgeklärt werden konnte. Dabei zeigte sich, dass die Spionageabwehr bei ihren Ermittlungen auf dem richtigen Weg gewesen war.

Soweit diese Ermittlungen zu dem Ergebnis führten, dass ein strafrechtlich relevanter Anfangsverdacht für eine geheimdienstliche Agententätigkeit vorlag, wurde das Ergebnis dieser Ermittlungen gegebenenfalls - je nach Entscheidung der Verfassungsschutzbehörden - an den Generalbundesanwalt (GBA) als zuständige Strafverfolgungsbehörde übermittelt, der daraufhin ein förmliches Ermittlungsverfahren einleitete. Ein repräsentativer Überblick dieser Ermittlungsverfahren, die zu einer rechtskräftigen Verurteilung der Verdachtspersonen führten und überwiegend auf Vorermittlungen der Verfassungsschutzbehörden beruhten, ist für die Jahre von 1964 bis 1989 im Anhang dargestellt.[7] Verdachtshinweise wurden allerdings nicht nur für eine Abgabe an die Strafverfolgungsbehörden aufbereitet, sondern es wurde versucht, sie auch operativ zu nutzen. Dies war insbesondere dann der Fall, wenn diese Personen gegenüber den Verfassungsschutzbehörden offenbarten, dass sie bereits für einen fremden Nachrichtendienst tätig waren bzw. wenn aus ihren Angaben auf eine nachrichtendienstliche Ansprache geschlossen werden konnte. Aufgrund des für die Verfassungsschutzbehörden geltenden Opportunitätsprinzips bestand die Möglichkeit, mithilfe dieser Personen - bei Eignung und Bereitschaft - jene nachrichtendienstlichen Kontakte nunmehr unter Kontrolle der Verfassungsschutzbehörden (als so genannte Gegenoperation) fortzusetzen. Aus diesen Fällen konnten teilweise wertvolle Hinweise über die Mittel und Methoden des MfS bei der Werbung, Führung und Auftragserteilung (Zielrichtung, Schwerpunkte) gewonnen werden. Diesen Personen

---

7 Anhang: Der Spionageabwehr bekannt gewordene Werbungen/Werbungsversuche von Nachrichtendiensten der ehemaligen DDR sowie Verurteilungen wegen Spionage, S. 110.

– auch Doppelagenten genannt – hat der Verfassungsschutz viel zu verdanken, denn nur so konnten aktuelle Erkenntnisse im vorerwähnten Sinn gewonnen werden.

Die aus den Verdachts- und Exekutivfällen sowie aus den Gegenoperationen durch zentrale Auswertung gewonnenen Erkenntnisse dienten dem BfV zur Fertigung methodischer Analysen über den modus operandi der DDR-Nachrichtendienste. Soweit die Ergebnisse dieser Analysen zur Aufdeckung von nachrichtendienstlichen Methoden führten, konnten sie auch in systematische Abwehrmaßnahmen, die nicht auf Einzelfälle beschränkt blieben, umgesetzt werden.

3.2   Einzelne methodische Suchmaßnahmen

3.2.1 Aktion »Anmeldung«

Zu den erfolgreichsten Maßnahmen der Spionageabwehr gehörte die von Anfang der siebziger bis in die neunziger Jahre von den Verfassungsschutzbehörden gemeinsam durchgeführte Aktion »Anmeldung«. Darunter wurde die Suche nach so genannten Illegalen verstanden, also nach Personen, die unter Verwendung falscher biographischer Daten in die damalige Bundesrepublik oder das zumeist angrenzende europäische Ausland eingeschleust worden waren. In dieser Aktion wurden Erkenntnisse über 450 Einschleusungsfälle bis Ende 1989 und über insgesamt 495 Einschleusungsfälle bis Ende 1993 gesammelt; 82 Agenten konnten festgenommen werden. Der erste und größte Erfolg wurde am 1. Juni 1976 erzielt, als am selben Tag 14 Illegale und im Zusammenhang mit diesen sechs weitere Personen (Bundesbürger), die von den Illegalen als Quelle geführt wurden, festgenommen werden konnten. Darüber hinaus wurde festgestellt, dass nach dieser Festnahmeaktion allein im zweiten Halbjahr 1976 etwa weitere 80 Illegale aus Furcht vor Enttarnung und Festnahme von ihrer Führungsstelle aus der Bundesrepublik beziehungsweise dem westlichen Ausland zurückgerufen worden sind. Die Spionagedienste des Ostblocks haben demnach allein in diesem einen Halbjahr etwa 100 Agenten verloren, wodurch beachtliche Lücken in ihren Auslandsnetzen entstanden sind. Das hatte – wie später durch die Befragung ehemaliger MfS-Mitarbeiter zu erfahren war – insbesondere bei der HV A und beim ehemaligen KGB die »roten Lampen glühen« lassen.

Begonnen hatte alles Ende der sechziger, Anfang der siebziger Jahre, als man etwa 40 bis dahin bekannte Schleusungsfälle methodisch analysierte und dabei feststellte, dass es in allen Fällen Parallelen gab – wie Zuzug aus dem Ausland, bestimmtes Alter beim Zuzug, Legitimation durch Vorlage eines im Ausland ausgestellten deutschen Reisepasses, kurze Zeit später Umzug innerhalb des Bundesgebietes und Beantragung eines neuen Personaldokuments am Zuzugsort. Diese Parallelen wurden dann als »methodisch erarbeitete Suchkriterien« zugrunde gelegt und nach ihrer

Maßgabe große Datenbestände – unter anderem die Einwohnermeldekarteien ausgewählter Städte – manuell gesichtet. So konnten aus einer großen Anzahl biographischer Daten – oftmals in die Zehntausende gehend – 5 bis 10 Prozent herausgefiltert werden, die dann als »Basismaterial« im Wege der »abstrakten Verdachtsfallbearbeitung« weiter bearbeitet wurden. Abstrakter Verdachtsfall deshalb, weil den betreffenden Personen zum Zeitpunkt der Aufnahme der Fallbearbeitung nichts Konkretes vorzuhalten war, außer der Tatsache, dass in ihrem bisherigen Lebensweg bestimmte Parallelen auftauchten, die in einigen Fällen zur Enttarnung von Illegalen, in anderen Fällen zur Ausräumung eines entsprechenden Verdachts geführt hatten. Ziel dieser Bearbeitung war stets die Identitätsklärung, die durch Rückverfolgung der Melde- und Dokumentenlage, Lichtbildvergleiche und Befragung von Kontaktpersonen versucht wurde. Nachdem sich herausgestellt hatte, dass dieser neue methodische Suchansatz Erfolge brachte, wurde die Aktion »Anmeldung« vor allem in den siebziger und achtziger Jahren forciert vorangetrieben.

Im Laufe der Zeit und mit Zunahme der »Trefferquote« bei der Enttarnung von Illegalen wurde dann auch deutlich, dass die Einschleusung Illegaler durchaus nicht immer nach dem gleichen »Strickmuster« realisiert worden war. Außer der bereits beschriebenen »klassischen – weil als erste erkannten – Schleusung« wurden weiterhin erkannt:

— die »nahtlose Schleusung«, bei der biographische Daten einer Person benutzt wurden, die aus der alten Bundesrepublik in die ehemalige DDR übergesiedelt war, und deren Lebensdaten als Legende im Bundesgebiet durch einen eingeschleusten Illegalen übernommen wurden;

— die »Schleusung von Ausländern«, bei der eine fremde Staatsangehörigkeit (meist Schweiz, Österreich oder Luxemburg) zur Einschleusung von Agenten nach Deutschland als angebliche Ausländer genutzt wurde;

— die »Schleusung als Volksdeutsche«, die sich auf die deutsche Volkszugehörigkeit berufen konnten und als Agenten, die angeblich aus den ehemals deutschen Ostgebieten kamen, eingeschleust wurden.

Das breiter werdende Erkenntnisaufkommen aus den aufgedeckten Fällen führte auch dazu, dass die ursprünglich maßgeblich gewesenen Suchkriterien permanent modifiziert und – außer den anfänglich für Suchmaßnahmen relevanten Behörden (Meldeämtern) – auch andere Stellen in die Maßnahmen der Aktion »Anmeldung« einbezogen wurden (wie Ausländerämter, deutsche Vertretungen im Ausland). Des Weiteren offenbarte das zunehmende Spektrum der Erkenntnisse, dass die Einschleusung von Illegalen – vorwiegend in die Bundesrepublik – keinesfalls nur eine Domäne der Nachrichtendienste der ehemaligen DDR war. Es stellte sich – allerdings oft erst später – heraus, dass sich auch der sowjetische Nachrichtendienst KGB und die Nachrichtendienste anderer Staaten des Warschauer Paktes dieser Methode zur

Einschleusung von Agenten bedienten. So ist nach bisherigem Kenntnisstand der polnische Agent Jerzy Romanowski (»Bobek«, »Blank« und »Edek«) der »Rekordhalter im Langzeiteinsatz«. Er hat sich bis zu seiner Enttarnung und Verhaftung im Jahr 1988 in Hamburg 35 Jahre in der Bundesrepublik Deutschland als Illegaler aufgehalten.

Als Ergebnis lässt sich aus den im Rahmen dieser Maßnahme angefallenen Erkenntnissen zusammenfassend feststellen, Illegale verschiedener fremder Nachrichtendienste kamen in allen relevanten nachrichtendienstlichen Funktionen zum Zuge. Sie waren teilweise als Agenten im Objekt sowie auch als Tipper, Anbahner, Werber, im Führungs- und Verbindungswesen (Kurier, Instrukteur) oder als illegale Residenten zur Führung anderer Agenten eingesetzt. Im Rahmen der Aktion »Anmeldung« konnten unterdessen schon legendäre »Sekretärinnen-Spionagefälle« aufgedeckt werden: bei der NATO Ingrid Garbe (»Iris«), bei der CDU Ursula Höfs[8], Inge Goliath (»Herta«) und Christel Broszey[9], bei der SPD Hanneliese Reggentin[10] und beim Bundespräsidialamt die KGB-Agentin Margarete Höke. Ferner konnte – freilich erst später – nachgewiesen werden, dass im Fall des Kanzleramtsspions Guillaume die Illegalen Wolfgang und Anita Rausch als Kuriere eingebunden waren und der Spion im Auswärtigen Amt Klaus von Raussendorf[11] zumindest zeitweise von dem Illegalen-Ehepaar »Fehse« als Resident betreut wurde. Schließlich wurde auch der MfS-Spion bei der NATO, Rainer Rupp[12], unter anderem vom Illegalen »Kurt Tannheiser« geführt.

Obgleich eine Mehrzahl der von den Verfassungsschutzbehörden als Illegale identifizierten Personen sich zum Zeitpunkt ihrer Enttarnung nicht mehr in der Bundesrepublik Deutschland aufhielten, schmälert dieser Umstand die erfolgreiche Tätigkeit der Spionageabwehr nur unwesentlich. Die HV A (und das KGB) wussten

---

8 Ursula Höfs (»Stefan«); Reg.-Nr. XV 259/66; Vorgangsart: IMA; 5.2.1966–24.1.1985 für die Abteilung II der HV A erfasst; Führungsoffizier: 5.2.1966 Günter Ritter, 14.6.1983–24.1.1985 Peter Hausstein; BStU, SIRA TDB 21, ZV 8257303.

9 Christel Broszey (»Christel«); Reg.-Nr. XV 3233/69; Vorgangsart: IMA; 17.12.1969 für die Abteilung XV, 23.11.1973 für die Abteilung II, 3.3.1983–18.8.1983 für die Abteilung VI der HV A erfasst; Führungsoffizier: 17.12.1969 Dieter Klaus, 23.11.1973–18.8.1983 Heinz Lehmann; BStU, SIRA TDB 21, ZV 8235824.

10 Hanneliese Reggentin (»Hulda«); Reg.-Nr. XV 541/64; Vorgangsart: IMA; 29.2.1964 für die Abteilung II, 10.4.1978–1.8.1986 für die Abteilung XVI der HV A erfasst; Führungsoffizier: 29.2.1964 Dietmar Mütze, 26.11.1964 Klaus Repa, 13.9.1976 Ulrich Weiß, 10.4.1978 Horst Marx, 3.12.1984–1.8.1986 Rudolf Mnich; BStU, SIRA TDB 21, ZV 8208485.

11 Klaus von Raussendorf (»Brede«); Reg.-Nr. XV 13864/60; Vorgangsart: IMA; 1.8.1957 bis Auflösung für die Abteilung I der HV A erfasst; Führungsoffizier: 1.8.1957 Willi Otto, 1.2.1964 Eberhard Fritzsche, 14.4.1972 Siegfried Wagner, 15.10.1973 Klaus Wengler, 14.2.1980 Siegfried Kern, 20.4.1988 bis Auflösung Axel Thiede; BStU, SIRA TDB 21, ZV 8253939.

12 Rainer Rupp (»Topas«); Reg.-Nr. XV 333/69; Kategorie: Resident; Vorgangsart: IMA; 8.5.1969 bis Auflösung für die Abteilung XII der HV A erfasst; Führungsoffizier: 8.5.1969 Dieter Kutta, 12.11.1974 Karl Renner, 23.4.1979 bis Auflösung Karl Rehbaum; BStU, SIRA TDB 21, ZV 8243845.

nämlich nicht, dass die personenbezogenen Daten dieser Illegalen an alle westlichen Partnerdienste des BfV weitergegeben wurden. Dies geschah in der Annahme, dass sie einen weiteren Einsatz im westlichen Ausland haben könnten, oder dass ihre Daten bzw. die von ihnen benutzte Legende von einem anderen Illegalen zukünftig benutzt werden könnten. Diese Annahme stellte sich als zutreffend heraus, sodass die HV A auch in den USA und Kanada Verlustfälle hinnehmen musste. Außerdem gab es Festnahmen in anderen Ländern, wie in Südafrika und in der Schweiz, wobei die nachfolgenden Ermittlungen ergaben, dass es sich bei den festgenommenen Personen um Illegale des ehemaligen KGB handelte. Die bekannte enge Zusammenarbeit zwischen der HV A und dem ehemaligen KGB bestand auch bei der nachrichtendienstlichen Arbeit mit Illegalen.

Ein etwas eigentümlicher Ausdruck dieser engen Zusammenarbeit zwischen diesen Nachrichtendiensten war die »feierliche Übergabe« eines von der HV A voll ausgebildeten und ausgerüsteten Illegalen an das ehemalige KGB zum jeweiligen Jahrestag der russischen Oktoberrevolution am 7. November als »revolutionäres Geschenk« des ehemaligen MfS an den »großen Bruder« KGB.

3.2.2 Reisewegsuchmaßnahmen

Mauer und Stacheldraht haben nicht nur der Bevölkerung der DDR freie Reisemöglichkeiten genommen. Sie haben auch für die HV A das Spionagegeschäft schwieriger gemacht. Das neben der Werbung wichtigste Verknüpfungselement zwischen Führungsoffizier und Agent ist das Führungs- und Verbindungswesen. Ein Agent beschafft Verratsmaterial, das er an seine Führungsstelle abgeben will und er erwartet dafür seine Belohnung – in der Regel Geld. Verratsmaterial wird zumeist nicht mit der Post verschickt, Agentenlohn nicht per Banküberweisung bezahlt. Um diesen Transfer zu ermöglichen, mussten sich die Führungsoffiziere des MfS für jede nachrichtendienstliche Verbindung etwas einfallen lassen. Und es durfte nicht immer das Gleiche sein. Noch bedeutsamer in der Führung eines Agenten sind persönliche Treffen zwischen dem Spion und seinem Führungsoffizier. Nur so kann ein Agent stets neu motiviert werden, nur so bleibt auch die wichtige persönliche Bindung zwischen beiden dauerhaft stabil.

Für MfS-Führungsoffiziere waren Reisen in das Operationsgebiet Bundesrepublik Deutschland tabu. Deshalb gab es für sie nur die Möglichkeit, den Agenten in der DDR oder in Drittländern zu treffen. Für die übrigen operativen Takte im Führungs- und Verbindungswesen – insbesondere in der Bundesrepublik – wurden häufig Kuriere und Instrukteure eingesetzt. Dabei handelte es sich um IM der HV A aus der DDR, die nach entsprechender Erprobung und Bewährung im nachrichtendienstlichen Auftrag ins »Nichtsozialistische Wirtschaftsgebiet« (NSW) reisten, sich dort mit dem Agenten trafen, Verratsmaterial entgegennahmen und Agentenlohn übergaben. In einer ganzen Reihe von Fällen wurden solche Kuriere und Instrukteure in Agentenverbindungen über Jahre eingesetzt. Daraus entwickelte sich häufig eine enge persönliche Verbindung zum Agenten, die oft intensiver war als die Verbindung des Agenten zu seinem eigentlichen Führungsoffizier.

Reisen der Agenten zum Treff – überwiegend nach Ostberlin und in die DDR – sowie Reisen der Kuriere und Instrukteure in den Westen sollten variantenreich geplant und die persönlichen Lebensumstände des Agenten soweit berücksichtigt werden, dass die Treffreise einen plausiblen Hintergrund hatte und das nachrichtendienstliche Geschehen nach außen nicht erkennbar werden sollte, da die persönliche Sicherheit des Agenten aus Sicht der Führungsstelle absolute Priorität hatte.

Trotz dieser operativen Zielsetzungen ergaben sich oft Gleichförmigkeiten zwangsläufig. Wie sollte ein berufstätiger Agent zu einem kurzen Wochenendtreff nach Ostberlin kommen? In der Regel mit leichtem Gepäck im Flugzeug nach Westberlin. Die Spionageabwehr hat diese Regelmäßigkeiten in den siebziger Jahren erkannt und systematisch analysiert. Durch die Auswertung von Gegenoperationen und Exekutivfällen, die Hinweise über den Ablauf von Treffreisen enthielten, konnten Häufigkeiten bestimmter Reisemodalitäten ermittelt werden, die ihrerseits dann als Suchkriterien zur Feststellung von Agenten auf dem Weg zum Treff verwendet wurden. Ein aufgrund dieser Reisewegsuchmaßnahmen enttarnter und festgenommener »prominenter« MfS-Agent war der damalige Vorsitzende des Bundes Deutscher Kriminalbeamter, Rolf Grunert[13]. In einem anderen Fall wurde ein junger Jurist als MfS-Agent überführt, der kurz vor der Einstellung beim BND stand.

Ein weiterer Suchansatz waren Kuriere und Instrukteure, die – zumeist aus Ostberlin kommend – sich auf dem Weg zum operativen Treff mit einem Agenten im Westen befanden. Die Tippansätze waren die ersten S-Bahn-Stationen oder die U-Bahn-Haltestellen, die nach Ostberlin im westlichen Teil der Stadt lagen. Auch hier spielte die Erfahrung der Mitarbeiter der Spionageabwehr – wie schon geschildert – die entscheidende Rolle, um aus der Masse der Reisenden mutmaßliche Zielpersonen zu erkennen. Natürlich zogen an der Kleidung erkennbare DDR-Bürger zwischen 30 und 40 Jahren schnell die Aufmerksamkeit auf sich. Manche dieser »operativen Reisekader«, die bereits häufiger im Westen waren, hatten sich allerdings schon mit westlichen Kleidungsstücken und Reiseutensilien ausgestattet und so getarnt. Dann waren die »Tipper« der Spionageabwehr besonders gefordert.

Das MfS hatte seine Kuriere und Instrukteure in der Regel mit den Identitäten und den Ausweispapieren von existenten Bundesbürgern oder Westberlinern ausgestattet. Deshalb kam es darauf an, möglichst bald eine Identitätskontrolle beim Grenzübergang in die Bundesrepublik oder im ersten aufgesuchten Hotel durchführen zu können. Stand fest, mit welcher Identität die Zielperson reiste, wurde versucht, möglichst schnell festzustellen, ob der vermutete Legendenspender zu Hause

---

13 Rolf Grunert (»Hans Schneider«); Reg.-Nr. XV 4663/75; Vorgangsart: IMA; 26.11.1975-6.1.1988 für
    die Abteilung XV der Bezirksverwaltung Erfurt erfasst; Führungsoffizier: 26.11.1975 Klaus-Dieter
    Wisbe, 8.4.1987 Albrecht Ißleib, 6.1.1988 bis Auflösung Siegfried Suchant; BStU, SIRA TDB 21, ZV
    8250524.

oder bei der Arbeit war. War dem so, dann war klar, dass die getippte und beobachtete Person ein Kurier oder Instrukteur eines östlichen Nachrichtendienstes sein musste. In der Zwischenzeit war es oft schon ein nahezu sicheres Indiz auf einen nachrichtendienstlichen Hintergrund, wenn die aus Ostberlin kommende Zielperson einen Sex-Shop in Westberlin aufsuchte.

Das Interesse der Spionageabwehr war aber nicht so sehr auf eine schnelle Festnahme des Kuriers oder des Instrukteurs gerichtet, sondern auf die Feststellung des von diesem betreuten Agenten. Das bedeutete eine unter Umständen längere Observation quer durch die Bundesrepublik Deutschland – auch verbunden mit dem Risiko, dass die Observation bemerkt oder die Zielperson verloren wurde. In einem Fall konnte der Kurier noch in Westberlin als solcher identifiziert werden. Sein »Legendenspender« war im Urlaub, aber der Hausmeister beschrieb diesen mit einer vollen Haarpracht, während die observierte Person nur noch einen Haarkranz zeigen konnte. Ein Beispiel soll eine weitere Variante der Reisewegsuchmaßnahmen aufzeigen. In einem Verdachtsfall wurden ein Agent und sein Kurier bei einem Treff in Köln observiert. Danach fuhr der Kurier mit dem Zug nach Goslar, wo er übernachtete. Als er sich am nächsten Morgen zum dortigen Busbahnhof begab, um nach Westberlin zurückzufahren, wurde er festgenommen. Die unmittelbar danach aufgenommene Überwachung dieses Reiseweges führte bald darauf zu der Feststellung, dass in einem aus Westberlin kommenden Bus voller Rentner ein hochgewachsener jüngerer Mann mitfuhr. Durch seine weitere Observation bis ins Rheinland konnte auch der von ihm betreute Agent ermittelt werden. Beide wurden festgenommen.

Nach der »Wende« konnte die Spionageabwehr in Erfahrung bringen, dass das MfS – durch Verrat aus dem Verfassungsschutz über die Einzelheiten der Reisewegsuchmaßnahmen unterrichtet – selbst vergleichbare Testläufe durchgeführt hat und feststellen musste, dass dieses Verfahren erfolgreich funktionieren konnte.

4   Statistische Angaben zu den Spionagetätigkeiten der DDR-Nachrichtendienste

In der Anlage finden sich statistisch aufbereitete Erkenntnisse der Verfassungsschutzbehörden, die einen ungefähren Eindruck über den Umfang der Spionagetätigkeit der DDR-Nachrichtendienste vermitteln sollen, soweit er damals bekannt war. Für den Zeitraum von 1964 bis 1989 sind in tabellarischer Form Angaben über die in dem jeweiligen Jahr erfassten Werbungen und Werbungsversuche und Spionageaufträge enthalten, die den Nachrichtendiensten der ehemaligen DDR zugeordnet werden konnten. Die vor dem Jahre 1964 erfassten Daten konnten nicht berücksichtigt werden, weil sie bis zu diesem Zeitpunkt lediglich pauschal für die Nachrichtendienste aller Länder des ehemaligen Ostblocks erhoben wurden.[14]

Ferner ist die Anzahl der in den Jahren 1969 bis 1989 erfassten Verurteilungen wegen Landesverrats und geheimdienstlicher Agententätigkeit für einen Nachrichtendienst der DDR aufgeführt. Die vor diesem Zeitpunkt erfassten Verurteilungen wurden nicht berücksichtigt, da die entsprechenden Vorschriften des Landesverrats bzw. der geheimdienstlichen Agententätigkeit in ihrer heutigen Form erst durch das Strafrechtsreformgesetz 1969 in das Strafgesetzbuch (StGB) übernommen wurden. Bis dahin erfolgten Verurteilungen in Staatsschutzangelegenheiten nach den Vorschriften der §§ 100e und 109f StGB (alte Fassung), die jedoch nicht nur den Landesverrat beziehungsweise die geheimdienstliche Agententätigkeit unter Strafe stellten, sondern auch Kontakte in Länder des ehemaligen Ostblocks pönalisierten, die nach heutigem Rechtsverständnis nicht als Landesverrat bzw. geheimdienstliche Agententätigkeit gewertet werden können. Die Berücksichtigung dieser Zahlen würde folglich zu einer Verfälschung des statistischen Aussagewerts dieser Angaben führen, da die eigentlichen Spionagedelikte aus diesen Angaben nicht herausgefiltert werden können.

5 Versuch der Bewertung der Tätigkeit der Verfassungsschutzbehörden zur Abwehr der Spionageaktivitäten des MfS bis zur »politischen Wende«

Nach diesem kursorischen Überblick über die gegen die Bundesrepublik Deutschland gerichtete Spionagetätigkeit des MfS und die entsprechenden Abwehrmaßnahmen der Verfassungsschutzbehörden soll der Versuch unternommen werden, ein Resümee der Tätigkeit der deutsch-deutschen Geheimdienste bis zur »politischen Wende« zu ziehen.

Dabei ist zunächst zu berücksichtigen, dass die politische und rechtliche Ausgangslage für die Tätigkeit von MfS und Verfassungsschutzbehörden völlig unterschiedlich war. Bei der Bundesrepublik Deutschland handelt es sich um einen demokratischen Staat mit einer offenen, pluralistischen Gesellschaftsordnung, die auf dem verfassungsrechtlichen Prinzip der Gewaltenteilung basiert. Dies bedeutet, dass die Tätigkeit des BfV und der Verfassungsschutzbehörden der einzelnen Bundesländer in vielfältiger Hinsicht rechtlichen Schranken unterworfen ist. Im Gegensatz dazu war das MfS das Instrument eines auf der kommunistischen Willkürherrschaft der SED aufgebauten diktatorischen Systems, in dem das MfS als »Schwert und Schild« der Partei bei der Anwendung nachrichtendienstlicher Mittel und Methoden auch im Rahmen seiner Spionagetätigkeit völlig freie Hand hatte und als einzigen

---

14 Anhang: Der Spionage bekannt gewordene Werbungen/Werbungsversuche von Nachrichtendiensten der ehemaligen DDR sowie Verurteilungen wegen Spionage, S. 110.

Maßstab die Effizienz nachrichtendienstlicher Tätigkeit kannte. Dabei wurde von der politischen Führung der DDR bewusst in Kauf genommen, dass im Einzelfall auch die Grenze strafbaren Handelns überschritten wurde, wie beispielsweise die Entführungs- und Verschleppungsfälle aus den fünfziger und sechziger Jahren belegen, die vom MfS auch unter Mitwirkung der HV A durchgeführt wurden.

Nach der Präambel des Grundgesetzes war bis Oktober 1990 eines der wesentlichen Staatsziele die Wiedervereinigung. Um dieses Ziel zu erreichen und den Abgrenzungsbemühungen der DDR wirksam zu begegnen, wurde sie von der Bundesrepublik Deutschland staatsrechtlich als Inland und nicht als ausländischer Staat angesehen. Dies bedeutete im Einzelfall, dass im grenzüberschreitenden Reise- und Besucherverkehr mit der DDR nach Abschluss des Grundlagenvertrags im Jahre 1972 das Prinzip der größtmöglichen Freizügigkeit galt. Umgekehrt hat das DDR-Regime die Mauer errichtet, über deren Durchlässigkeit allein seine Organe und zwar nach ihren Interessen entschieden. Für das MfS war es daher relativ leicht, Bundesbürger gezielt in die DDR einreisen zu lassen oder DDR-Bürger in das Bundesgebiet überzusiedeln, die dann nach einer Eingewöhnungsphase entweder selbst Spionage betrieben oder andere Agenten anleiteten und führten. Zahlreiche verwandtschaftliche Beziehungen zwischen Bürgern der beiden deutschen Staaten sowie die gemeinsame Sprache und Kultur taten ein Übriges, um dem MfS eine Tätigkeit im Bundesgebiet relativ leicht zu machen. Ihm kam ferner zugute, dass bei einem nicht unerheblichen Teil, insbesondere der jüngeren Generation in der Bundesrepublik Deutschland, eine äußerst kritische Einstellung zu den in der Bundesrepublik Deutschland bestehenden politischen und gesellschaftlichen Verhältnissen bestand, die sich zum Teil auch in einer gewissen ideologischen Sympathie mit dem in der DDR herrschenden Gesellschaftssystem niederschlug. Mit dem Argument, »einen Beitrag für den Frieden und die Stabilität des Ost-West-Verhältnisses zu leisten«, konnte das MfS daher eine Anzahl von Bundesbürgern für eine geheimdienstliche Agententätigkeit anwerben. Andere wiederum konnten durch das Versprechen eines hohen Agentenlohns und anderer Vergünstigungen – erleichterte Reisemöglichkeiten, Familienzusammenführung – für eine geheimdienstliche Agententätigkeit zugunsten des MfS geworben werden.

Es bestand auch in personeller Hinsicht keinerlei »Waffengleichheit« zwischen MfS und Verfassungsschutz. Konkret heißt das, dass die personellen Ressourcen der Verfassungsschutzbehörden wesentlich geringer waren. Während in der HVA-Zentrale und in ihr zugeordneten Abteilungen XV der Bezirksverwaltungen durchschnittlich 4 500 hauptamtliche Mitarbeiter beschäftigt waren, verfügten die Bereiche Spionageabwehr des BfV und der Verfassungsschutzbehörden der Länder zur »Hochzeit« der Spionage insgesamt nur über rund 800 hauptamtliche Mitarbeiter.

Wie bereits dargestellt, konnte die Spionageabwehr des BfV und der Verfassungsschutzbehörden der Länder nicht nur auf dem Gebiet der methodisch fundierten Suchmaßnahmen Erfolge bei der Enttarnung von Agenten des MfS verbuchen. Möglicherweise wären sie auch noch größer gewesen, wenn die HV A nicht von

Selbstanbietern aus dem Bereich der Spionageabwehr des BfV und einiger LfV profitiert hätte, die erst nach der Auflösung des MfS enttarnt und verurteilt werden konnten.

Die Tatsache, dass Erfolge, Aktivitäten und Maßnahmen der Spionageabwehr vom MfS mehr als »ernst genommen« wurden, lässt sich auch durch authentische Quellen belegen – nämlich durch das MfS selbst. So konnten durch die Auswertung der kontrollierten Doppelagentenoperationen aufgrund von Äußerungen der MfS-Führungsoffiziere gegenüber ihren Agenten »aus erster Hand« Erkenntnisse darüber gewonnen werden, wie die Effizienz dieser Abwehrmaßnahmen vom MfS beurteilt wurde. So sind aus solchen Operationen Warnungen der Führungsoffiziere kolportiert, nur die Bahn als Verkehrsmittel zur Treffanreise zu benutzen, da der Luftverkehr von und nach Westberlin »von den Verfassungsschutzbehörden lückenlos kontrolliert« werde. Ferner wurde den Verfassungsschutzbehörden bekannt, dass Kuriere und Instrukteure des MfS von ihrer Führungsstelle die strikte Weisung erhielten, für die Anreise zu nachrichtendienstlichen Treffs im Bundesgebiet beziehungsweise im westlichen Ausland zum Teil komplizierte und damit für das MfS kostenträchtige Reisewege über Drittstaaten mit erheblichen Umwegen zu benutzen.

Zusammenfassend ist festzuhalten, dass die Tätigkeit der Verfassungsschutzbehörden bei der Abwehr der Spionagetätigkeit des MfS vor der »politischen Wende« unter Berücksichtigung der vorerwähnten Umstände dahingehend bewertet werden kann, dass die flächendeckend konzipierten nachrichtendienstlichen Angriffe des MfS auf das politische, wirtschaftliche und gesellschaftliche System der Bundesrepublik Deutschland in Teilbereichen effektiv eingedämmt werden konnten und dass die Spionageabwehr trotz gegenteiliger Behauptungen beachtliche Erfolge erzielt hat.

B Aufarbeitung der Spionagetätigkeit des MfS durch die Verfassungsschutzbehörden nach der »politischen Wende«

Nach den Ereignissen des 9. November 1989 begann die schrittweise Auflösung des MfS. Nach dem Rücktritt von Erich Mielke als Minister für Staatssicherheit wurde das MfS in das »Amt für Nationale Sicherheit« (AfNS) umgewandelt, das jedoch durch Beschluss des DDR-Ministerrats vom 13. Januar 1990 wieder aufgelöst wurde, nachdem zuvor schon die Modrow-Regierung seine Auflösung beschlossen hatte. Der Plan, einen neuen Auslandsnachrichtendienst sowie ein Verfassungsschutzorgan zu gründen, wurde bis zum Ende der DDR nicht mehr realisiert.

Große Teile des Abwehr- und Repressionsapparats des MfS waren bereits Ende 1989 nicht mehr arbeitsfähig. Nach der Erstürmung einiger Gebäude der MfS-Zentrale durch Demonstranten der Bürgerrechtsbewegung kam ihre Tätigkeit am 15. Januar 1990 nahezu endgültig zum Erliegen, zumal bereits zuvor die dort geführten Akten zum großen Teil unter die Kontrolle der Beauftragten des »Zentralen Runden Tisches« gelangt waren. Dagegen blieb die HV A von dieser Entwicklung verschont, weil es ihr gelang, die zuständigen Vertreter des »Zentralen Runden Tisches« von der Schutzbedürftigkeit ihrer »Kundschafter« zu überzeugen, die ihrem Vaterland gedient und sich dadurch nicht von Mitarbeitern westlicher Nachrichtendienste unterschieden hätten. Aufgrund dieser Argumentation wurde der HV A gestattet, »sich selbst aufzulösen«. Mit Ablauf des 31. März 1990 quittierten die meisten Mitarbeiter der HV A, die endgültig zum 30. Juni 1990 aufgelöst wurde, ihren Dienst. Auch der Verwaltung Aufklärung der NVA gelang es mit einer ähnlichen Argumentation, »sich selbst aufzulösen«. Als letzter Funkspruch konnte vom BfV das »gegrölte« Kinderlied »Alle meine Entchen« aufgefangen werden, mit dem sich der Führungsfunk der Verwaltung Aufklärung für immer aus dem Äther verabschiedete.

Aus der Sicht des BfV bleibt anzumerken, dass mit dieser Argumentation der HV A die Vertreter des »Zentralen Runden Tisches« bewusst getäuscht wurden, da nach ihrem damaligen Wissenshorizont die nunmehr offenliegenden vielfältigen Verflechtungen zwischen der HV A und dem Repressionsapparat im MfS von ihnen nicht erkannt wurden und auch nicht erkannt werden konnten. Dass es diese Verflechtungen gab, ist inzwischen durch zahlreiche Veröffentlichungen nicht zuletzt durch Publikationen der BStU hinreichend dokumentiert.

Angesichts der Auflösung der DDR-Nachrichtendienste wies die damalige Bundesregierung die Spionageabwehr- und Strafverfolgungsbehörden des Bundes an, die Spionagetätigkeit der DDR-Nachrichtendienste umfassend aufzuarbeiten. Dies bedeutete in erster Linie die Enttarnung der in der Bundesrepublik Deutschland tätig gewesenen Agenten. Darüber hinaus erhielt die Spionageabwehr zusätzlich den Auftrag festzustellen, ob und wie die Nachrichtendienste fremder Staaten - insbesondere der ehemaligen Sowjetunion –, die jahrzehntelang mit den Nachrichtendiensten der DDR eng kooperiert hatten, das dabei gewonnene Wissen über bundesdeutsche Institutionen und Personen zum Schaden der Bundesrepublik Deutschland nutzen. Wegen der in den Verfassungsschutzgesetzen des Bundes und der alten Bundesländer geregelten Kompetenzen für die Spionageabwehrbehörden war diese Aufgabe auf die Aufarbeitung der gegen die Bundesrepublik Deutschland gerichteten nachrichtendienstlichen Aktivitäten der operativen Diensteinheiten des MfS, zu denen die gesamte HV A sowie die operativ tätig gewesenen Abwehrdiensteinheiten des MfS gehörten, beschränkt.

1 Maßnahmen der Verfassungsschutzbehörden bis zum Beginn der Aktion »Rosenholz«

1.1 Werbung von Informanten

Ab Ende 1989 konzentrierten sich die Bemühungen der Spionageabwehr auf die Werbung von Informanten aus den in Auflösung begriffenen, gleichwohl noch existierenden Nachrichtendiensten der DDR, insbesondere des MfS. Obgleich die Kooperation dieser Personen mit dem BfV für diese nicht ungefährlich war, da sie nach dem noch geltenden Strafrecht der DDR mit hohen Strafen bedroht war, gelang es bis zum 3. Oktober 1990, über 150 Informanten zur Zusammenarbeit zu bewegen. Aufgrund ihrer Angaben fielen bereits bis zur Wiedervereinigung zahlreiche Spurenhinweise auf in der Bundesrepublik Deutschland tätig gewesene MfS-Agenten an, die jedoch nur in einigen Fällen zu einer konkreten Identifizierung und Abgabe an die Strafverfolgungsbehörden führten. Dieser Umstand war durch das insbesondere bei der HV A relativ strikt praktizierte »need to know«-Prinzip bedingt, das eine relativ strenge Abschottung des Operativwissens der jeweiligen Führungsoffiziere zur Folge hatte, sodass sich der Wissensstand dieser Informanten auf die Erkenntnisse aus dem eigenen Organisationsbereich sowie auf zufällig erlangtes »Seitenwissen« beschränkte.

Neben diesen Spurenhinweisen fielen auch Erkenntnisse über Strukturen und Arbeitsabläufe innerhalb der HV A und des MfS an, die den Verfassungsschutzbehörden zuvor nicht bekannt waren. Ferner machten die Angaben dieser Informanten deutlich, dass wegen der systematischen Vernichtung von Akten und Unterlagen der HV A einschließlich (fast) aller Such- und Findmittel zu diesen Unterlagen in der zentralen MfS-Kartei eine Enttarnung der in den politischen und wirtschaftlichen »Schaltstellen« der Bundesrepublik Deutschland tätig gewesenen Agenten der HV A nur durch Befragungen der operativen Mitarbeiter möglich sein würde, die für die Ausspähung dieser »Schaltstellen« zuständig waren. Eine erste »Hochrechnung« ergab, dass das für den Verfassungsschutz interessante Befragungspotenzial allein in der HV A – ohne die operativ tätig gewesenen Diensteinheiten des Abwehrbereichs des MfS – circa 2 300 Personen betrug.

1.2 Befragungen ehemaliger MfS-Angehöriger

Im Zeitraum vom 3. Oktober 1990 bis März 1993 führte das BfV mit Unterstützung einiger LfV und des BND systematische Befragungen von ausgewählten MfS-Mitarbeitern in Berlin und in den neuen Bundesländern durch. Ziel dieser Befragungsaktionen war die Identifizierung der im Bundesgebiet tätig gewesenen Agenten sowie die Erarbeitung von Strukturerkenntnissen über das MfS als Grundlage für die Aufarbeitung dieser Dienste. Darüber hinaus sollten durch diese Befragungen auch Erkenntnisse über die Zusammenarbeit zwischen dem MfS und dem ehemaligen KGB bzw. dem (sowjetischen) Militärischen Nachrichtendienst GRU gewonnen werden, da nicht ausgeschlossen werden konnte, dass diese Nachrichtendienste, die noch in erheblichem Umfang in den neuen Bundesländern vertreten waren, nicht identifizierte Agenten übernehmen könnten.

Aufgrund der bei den zunächst systematischen Befragungsaktionen gesammelten Erfahrungen konzentrierten sich die Spionageabwehrbehörden zunehmend auf Einzelbefragungen ehemaliger HVA- bzw. MfS-Mitarbeiter. Entscheidend für die neue Vorgehensweise war, dass durch die stetig zunehmenden Sach- und Personeninformationen sowie die steigenden Hinweise auf ehemalige Agenten zielgerichteter an ehemalige MfS-Mitarbeiter herangetreten werden konnte, indem ihnen konkrete Sachverhalte zu von ihnen geführten Agenten vorgehalten wurden. Außerdem wurde das Potenzial der zu befragenden Personen zunehmend auf jüngere Mitarbeiter der mittleren Führungs- und Sachbearbeiterebene verlagert. Maßgebend hierfür waren die während der systematischen Befragungsaktionen gewonnenen negativen Erfahrungen mit Personen der Führungs- und Leitungsebene, die ideologisch zu sehr mit dem politischen System der DDR verwurzelt waren und daher bis auf wenige Ausnahmen nicht zu einer umfassenden Aussagebereitschaft motiviert werden konnten. Zeitgleich mit diesem Wechsel in der weiteren Vorgehensweise wurde auch eine »pragmatische Arbeitsteilung« zwischen der Generalbundesanwaltschaft und dem Bundeskriminalamt und den Sicherheitsbehörden bei der Aufarbeitung der Tätigkeit der DDR-Nachrichtendienste vereinbart. Ausschlaggebend dafür war die veränderte Rechtsauffassung des GBA, der die weitere Aufklärung der von den DDR-Nachrichtendiensten betriebenen Spionage nach Auflösung des MfS als abgeschlossenen Sachverhalt betrachtete, der ausschließlich in seine Kompetenz fiel. Nachdem jedoch mehrere ausschließlich von GBA und BKA durchgeführte systematische

Vernehmungsaktionen von ehemaligen Mitarbeitern der Abteilung I und II der HV A wegen der nahezu »flächendeckenden« Geltendmachung von Aussageverweigerungsrechten der betroffenen Beschuldigten keine weiterführenden Erkenntnisse ergaben, wurde nachfolgend zwischen den beteiligten Strafverfolgungs- und Sicherheitsbehörden auch unter Berücksichtigung der knappen personellen Ressourcen vereinbart, dass sich das BfV und die LfV wegen ihrer bereits vorhandenen Erfahrungen vorrangig um die Aufarbeitung der HV A bemühen sollten, während sich GBA und BKA schwerpunktmäßig auf den Abwehrbereich des MfS konzentrierten. Diese Aufteilung machte auch deshalb Sinn, weil die Strafverfolgungsbehörden durch die Auswertung von hier noch vorliegenden Unterlagen aus dem operativ tätig gewesenen Abwehrbereich des MfS eine Vielzahl von Agenten enttarnen konnten. Die Aufarbeitung der Verwaltung Aufklärung erfolgte durch den MAD.

1.3   Ergebnis

Durch Hunderte von Einzelbefragungen – insbesondere im Bereich der HV A – gelang es, vor allem in den Abteilungen II (Parteien und gesellschaftliche Organisationen), IX (Gegenspionage), X (Aktive Maßnahmen) sowie im Bereich des Sektors Wissenschaft und Technik durch Offenbarungen von dort tätig gewesenen Mitarbeitern zum Teil erhebliche Einbrüche in die »Phalanx« des Schweigens zu erzielen. Bis März 1993 konnten durch Befragungen der Verfassungsschutzbehörden sowie durch Hinweise von BND, MAD und ausländischen Partnerdiensten 2 300 Spurenhinweise auf Agenten aller Bereiche des MfS gewonnen werden, von denen rund 1 050 so weit verifiziert werden konnten, dass eine Abgabe an den GBA möglich war. Darunter waren auch 300 Spurenhinweise auf Agenten der HV A, die durch die später erfolgte Auswertung der »Rosenholz«-Materialien bestätigt wurden, wie noch aufzuzeigen ist. Ferner konnte auch in einigen Fällen nachgewiesen werden, dass zuvor vom MfS geführte Agenten an das ehemalige KGB übergeben worden waren oder zumindest ein solcher Versuch stattgefunden hatte.

2   Probleme der Verfassungsschutzbehörden bei der Aufarbeitung der MfS-Spionage

Die Tätigkeit der Verfassungsschutzbehörden bei der Aufarbeitung der Spionage des MfS war insbesondere im Bereich der HV A durch die Vernichtung der Akten, das geringe Offenbarungsverhalten der HVA-Mitarbeiter, eine fehlende Amnestieregelung und den Quellenschutz belastet.

Das zentrale Problem für die Sicherheitsbehörden war die Vernichtung nahezu des gesamten Aktenbestands der HV A im Zuge der ihr zugebilligten Selbstauflösung. Das heißt, komplette Aktenbestände, die für eine Enttarnung von Agenten ausgewertet werden konnten, blieben lediglich in größerem Umfang bei der Abteilung XV der Bezirksverwaltung Leipzig erhalten, da beherzte DDR-Bürgerrechtler rechtzeitig die Kontrolle über diese Dienststelle übernahmen und entgegen der Weisung des Zentralen Runden Tischs die Vernichtung der Aktenbestände dieser Abteilung verhinderten. Ein Teil des Aktenbestands der Verwaltung Aufklärung wurde ebenfalls vor der Vernichtung gerettet, weil er sich in den Beständen der Hauptabteilung I des MfS befand, die für die weitere Bearbeitung von Agenten der VA in Fällen vermuteter Doppelagententätigkeit zuständig war, sodass diese Akten bei der Auflösung des MfS vorgefunden und in den Bestand der BStU überführt werden konnten.

Diese weitgehende Aktenvernichtung bedeutete für die Verfassungsschutzbehörden, dass sie zunächst durch Befragungen ehemaliger HVA-Mitarbeiter versuchen mussten, deren »Kopfwissen« in Erfahrung zu bringen, was nicht nur sehr zeit- und personalintensiv, sondern auch mit weiteren Problemen verbunden war.

Vornehmlich bei den ersten Befragungen stießen die Verfassungsschutzbehörden besonders bei den leitenden HVA-Mitarbeitern auf die bereits erwähnte »Mauer des Schweigens«. Diese gründete sich zum einen auf rechtlich nicht mehr existierende Loyalitätspflichten gegenüber einem untergegangenen Staat und seinem Nachrichtendienst sowie auf menschliche und ideologische Skrupel, Personen zu »verraten«, die aus der Sicht der HV A als »Kundschafter des Friedens« für das Gesellschaftssystem der DDR gegen die Bundesrepublik Deutschland nachrichtendienstlich tätig waren, zum anderen wurde die mangelnde Offenbarungsbereitschaft mit der Ausgrenzung der hauptamtlichen Mitarbeiter des MfS in sozialer und wirtschaftlicher Hinsicht (etwa Rentenkürzung) begründet, die als »Siegerjustiz« empfunden wurde.

Schließlich wurde auch als Argument herangezogen, dass die ehemaligen HVA-Agenten »abgeschaltet« und nicht von anderen fremden Nachrichtendiensten – insbesondere der Sowjetunion – übernommen worden seien, sodass sie auch nicht erpressbar wären. Diese Darstellung ist aus der Sicht der Verfassungsschutzbehörden jedoch nicht zutreffend. Einerseits wurden bei der Aufarbeitung Fälle bekannt, in denen ehemalige HVA-Mitarbeiter nachweislich die von ihnen geführten Agenten an sowjetische beziehungsweise russische Nachrichtendienste übergeben oder dies zumindest versucht hatten. Andererseits konnte auch in zahlreichen Fällen die Behauptung widerlegt werden, die Agenten seien überwiegend aufgrund ihrer politisch-ideologischen Übereinstimmung mit dem System der DDR nachrichtendienstlich tätig geworden. In Wirklichkeit gaben in den meisten Fällen materielle Motive den Anlass für die Aufnahme einer nachrichtendienstlichen Tätigkeit, sodass der Anreiz, diese Tätigkeit nunmehr für einen anderen fremden Nachrichtendienst zu betreiben, als nicht gering eingeschätzt werden musste.

Negativen Einfluss auf die Auskunftsbereitschaft dieses Personenkreises übte auch die zunächst ungeklärte Rechtsfrage der Strafbarkeit derjenigen MfS-Mitarbeiter aus, die nicht dem Repressionsapparat angehört, sondern »nur« von dem Territorium der ehemaligen DDR Auslandsspionage betrieben hatten. Nachdem die von der damaligen Bundesregierung geplante Amnestieregelung für diesen Personenkreis auf Druck der DDR-Bürgerrechtler Ende 1990 verworfen wurde, bestand über diese Frage juristischer Streit, der zu einer tiefen Verunsicherung und damit zu einer generell restriktiven Offenbarungsbereitschaft führte.

Während der Generalbundesanwalt und ihm folgend der Bundesgerichtshof die Strafbarkeit ohne weiteres bejahte, hatte das Kammergericht Berlin in dem Strafverfahren gegen Werner Großmann bereits 1991 verfassungsrechtliche Bedenken gegen die entsprechenden strafrechtlichen Bestimmungen geäußert und das bei ihm anhängige Strafverfahren bis zu einer Entscheidung des Bundesverfassungsgerichts (BVerfG) ausgesetzt. Mit Beschluss vom 15. Mai 1995 schloss sich das BVerfG diesen Bedenken an und verneinte generell die Strafbarkeit hauptamtlicher MfS-Mitarbeiter, sofern diese ausschließlich vom Boden der ehemaligen DDR aus nachrichtendienstlich tätig geworden waren.

Aus Sicht der Verfassungsschutzbehörden ist anzumerken, dass eine frühere Klärung dieser Rechtsfrage einen positiveren Einfluss auf die Offenbarungsbereitschaft dieses Personenkreises gehabt hätte und die Tätigkeit der Verfassungsschutzbehörden bei der Aufarbeitung der Spionagetätigkeit des MfS wesentlich erleichtert worden wäre. Ebenso wäre auch die Tätigkeit der Strafverfolgungsbehörden erleichtert worden, da diese Personen nach dem Beschluss des BVerfG nicht mehr den Status eines Beschuldigten hatten und sich daher nicht mehr auf ein Aussageverweigerungsrecht berufen konnten.

Ganz besonders zu Beginn der Aufarbeitung der Spionagetätigkeit des MfS durch die Verfassungsschutzbehörden war die Zusage des Quellenschutzes für die Gewinnung von Informanten von entscheidender Bedeutung. Von Ausnahmen abgesehen war diese Zusage elementare Voraussetzung für eine Offenbarungsbereitschaft, da sie diesen Personen hauptsächlich in den ersten Jahren nach der Wiedervereinigung garantierte, weder von ihren ehemaligen Kollegen noch von den von ihnen geführten Agenten als »Verräter« betrachtet zu werden. Es liegt auch in der Natur der Sache, dass von einem Informanten nicht erwartet werden kann, sich erst anonym zu offenbaren, um sich anschließend für die offenbarten Sachverhalte vor Gericht entweder selbst zu belasten oder als Zeuge zur Verfügung stehen zu müssen. Aufgrund einer geänderten Rechtsauffassung akzeptierten die mit Spionagedelikten befassten Gerichte - anders als vor der »politischen Wende« - bei Strafverfahren gegen Agenten, die aufgrund der Offenbarung von Informanten bei den Verfassungsschutzbehörden eingeleitet wurden, zunehmend nicht mehr die Rechtsfigur des - meist von einem BfV-Mitarbeiter gestellten - »Zeugen vom Hörensagen«, sondern verlangten die unmittelbare Benennung des Informanten als sachnäheres Beweismittel. Ursache hierfür war der Umstand, dass das MfS als Nachrichtendienst nicht mehr existierte, das sachnähere Beweismittel - der Informant - ohne weiteres erreichbar war und die Strafprozessordnung seine Vernehmung als Zeugen zwingend vorschreibt. Demzufolge verlangten auch die Strafverfolgungsbehörden im Ermittlungsverfahren von den Verfassungsschutzbehörden zunehmend die Benennung der

Identität des Informanten. Da das BfV sich diesem Verlangen nicht mehr entziehen konnte, führte dies zwangsläufig zu einem erheblichen Vertrauensverlust bei den bereits vorhandenen Informanten und zu großen Problemen bei der Gewinnung neuer Hinweisgeber.

3 Aktion »Rosenholz«

Im Jahre 1993 gelang es dem BfV, nahezu das gesamte Agentennetz der HV A zu enttarnen, das zum Zeitpunkt der »politischen Wende« in der Bundesrepublik Deutschland bestand. Entscheidend hierfür war, dass das BfV ab April 1993 über einen ausländischen Partnerdienst Einblick in Reproduktionen von verfilmten Registraturunterlagen der HV A erhielt, die von einer nach wie vor schutzwürdigen Quelle beschafft worden waren, für die der Partnerdienst auch heute noch Quellenschutz verlangt. Die HV A selbst hatte diese Filme aufgrund einer Entscheidung ihrer Leitung bewusst von der Vernichtung ausgenommen. Diese Unterlagen wurden im BfV unter der Fallbezeichnung »Rosenholz« bearbeitet; bei der in zahlreichen Presseveröffentlichungen verwandten Bezeichnung »Rosewood« handelt es sich um eine Fantasiebezeichnung. Der Partnerdienst, der ursprünglich auch nicht namentlich benannt werden wollte, hat sich inzwischen öffentlich zum Besitz der »Rosenholz«-Unterlagen bekannt. Es handelt sich um die amerikanische CIA.

Durch die aus diesen Unterlagen gewonnenen Erkenntnisse konnte eine Vielzahl von bisher nicht identifizierten Agenten enttarnt werden; darüber hinaus haben sie in einer Reihe von Fällen bereits erarbeitete Auswertungsergebnisse des BfV bestätigt bzw. ergänzt, sodass nunmehr der konkrete Nachweis einer geheimdienstlichen Agententätigkeit erbracht werden konnte. Schließlich konnte in 300 Fällen die Spionagetätigkeit von bereits identifizierten und zum Teil verurteilten Agenten bestätigt werden.

3.1 Inhalt und Aufbau der »Rosenholz«-Materialien

Die »Rosenholz«-Materialien bestehen aus drei unterschiedlichen Karteien, die von der HV A getrennt geführt und zu unterschiedlichen Zeiten erstellt wurden (im Folgenden als Teil I, II und III bezeichnet). Teil I wurde im Dezember 1988, Teil II und III vermutlich Ende 1987 erstellt. Bei dem Teil I handelt es sich um so genannte Statistikbögen. Diese Unterlagen sind Bestandteil einer vom Stab der HV A für den Eintritt eines eventuellen »Mobilisierungsfalls« erstellten IM-West-Statistik. Sie umfasst das gesamte, zu diesem Zeitpunkt aktiv gewesene IM-Netz der HV A und sollte ihr einen Überblick verschaffen, zu welchen Agenten bei Eintritt des »Mobilisierungsfalls« die nachrichtendienstliche Verbindung aufrechterhalten werden konnte. Außerdem war so eine Kontrolle möglich, welche HVA-Abteilung wo eine Quelle hatte bzw. wo (noch) keine Quellen platziert waren. Die Statistikbögen enthalten Informationen zu insgesamt rund 2 500 Agenten bzw. Kontaktpersonen der HV A, in denen jedoch die Klarnamen dieser Personen nicht enthalten sind. In dieser Gesamtzahl sind auch Informationen zu etwa 500 Personen enthalten, bei denen es sich um ausländische Staatsangehörige handelt, die nicht in der Bundesrepublik Deutschland, sondern im westlichen Ausland für die HV A nachrichtendienstlich tätig waren und deren Daten dem BfV vorenthalten wurden.

Diese Statistikbögen enthalten Angaben zum IM (Deckname, Vorgangsnummer, verantwortliche Diensteinheit, IM-Kategorie), zur operativen Entwicklung des Vorgangs (Ursprung, Werbungsdatum, Werbungsgrundlage), persönliche Angaben (Geburtsjahr, Geschlecht, Nationalität, Familienstand, Fremdsprachenkenntnisse, Wohnort, Land, Beruf, Tätigkeit, Vermögenslage), das Zielobjekt, die Zuverlässigkeit, Sicherheitsprobleme und das Verbindungswesen (Deckadresse, Instrukteurverbindung, Geheimschreibmittel, KW-Funk).

Der zweite Teil der »Rosenholz«-Materialien umfasst die Personenkartei der HV A (auch F 16-Kartei genannt). Diese Kartei enthält die Klarnamen und Daten aller Zielpersonen der HV A sowie die Klarnamen aller Personen aus dem Umfeld einer Zielperson, soweit sie für die Aufgabenerfüllung der HV A relevant waren. Diese Kartei umfasst circa 314 000 verfilmte Karteikarten (Stand: November 2001). In dieser Personenkartei sind regelmäßig auch die Klarnamen der zu identifizierenden Agenten und Kontaktpersonen (KP) enthalten, ohne dass dies aus der Karte selbst heraus erkennbar ist. Eine F 16-Karteikarte enthält die Angaben: Name, Vorname, Geburtsname, Geburtsdatum, Staatsangehörigkeit, Wohnanschrift, Beruf, Arbeitsstelle, zuständige MfS-Diensteinheit, zuständiger MfS-Mitarbeiter und das Datum der Erstellung der Karteikarte.

Der dritte Teil der »Rosenholz«-Materialien enthält die Vorgangskartei der HV A (auch F 22-Kartei genannt). Der Bestand der Vorgangskartei umfasst circa 63 000 verfilmte Karteikarten (Stand: November 2001). Im Einzelnen enthält die F 22-Kartei die Angaben: Vorgangsnummer, Anlegungsdatum der Akte, zuständige HVA-Diensteinheit, zuständiger HVA-Mitarbeiter, angelegte Aktenteile, gegebenenfalls Übergabe an andere HVA-Mitarbeiter oder Archivverfügungen.

3.2   Ablauf der Aktion »Rosenholz«

Nachdem im Juni 1993 zwischen BfV, GBA und BStU vereinbart worden war, dass das BfV unter der Sachherrschaft des GBA die Vorauswertung der »Rosenholz«-Materialien quasi in »Amtshilfe« durchführen sollte, wurden von BfV-Mitarbeitern in den USA aus den vorerwähnten Materialien Informationen zu insgesamt 1 929 Personen erhoben, bei denen es sich entweder um deutsche Staatsbürger mit Wohnsitz im Inland oder im westlichen Ausland oder um ausländische Staatsangehörige handelte, die im Zeitpunkt ihrer Erfassung durch die HV A ihren Wohnsitz in der

Bundesrepublik Deutschland hatten. Soweit diese Personen laut Statistikbogen von der HV A als inoffizielle Mitarbeiter (IM) eingestuft worden waren, versuchte das BfV anschließend, diese Personen durch Auswertung der erhobenen Daten zu identifizieren. Das Auswertungsergebnis wurde an den GBA übersandt, der bei einem entsprechenden Anfangsverdacht ein Ermittlungsverfahren wegen geheimdienstlicher Agententätigkeit beziehungsweise in Einzelfällen wegen Landesverrats einleitete.

Handelte es sich bei diesen Personen laut Statistikbogen um so genannte Kontaktpersonen (KP), wurden die zu diesen Personen erhobenen Informationen ohne weitere Bearbeitung durch das BfV ebenfalls an den GBA übermittelt. Hintergrund für diese unterschiedliche Behandlung war die Rechtsauffassung des GBA, die sich im Wesentlichen an der Definition der »Kontaktperson« orientierte, wie sie in den für die HV A gültig gewesen MfS-Richtlinien 2/68 und 2/79 nebst den dazu ergangenen Durchführungsverordnungen und Kommentaren des MfS vorgefunden wurde.[15] Danach handelte es sich bei einer »Kontaktperson« um eine Person, deren nachrichtendienstlich relevantes Wissen von der HV A abgeschöpft wurde, ohne dass sie in der Regel den nachrichtendienstlichen Hintergrund ihrer Verbindung zur HV A erkannte oder erkennen sollte, wobei im Einzelfall auch Ausnahmen möglich waren. Auf der Grundlage dieser Definition verneinte der GBA grundsätzlich den Anfangsverdacht einer geheimdienstlichen Agententätigkeit mit der Folge, dass das BfV keine rechtlichen Möglichkeiten sah, »Kontaktpersonen« in derselben Art und Weise zu bearbeiten wie mutmaßliche Agenten. Daher übersandte das BfV den Gesamtbestand der aus den »Rosenholz«-Materialien zu den »Kontaktpersonen« erhobenen Daten ab November 1993 in mehreren Teillieferungen ohne Vorauswertung an den GBA. Insgesamt handelte es sich um Daten zu 376 »Kontaktpersonen«.

Die Arbeitsabläufe bei der Identifizierung von Personen, die in oben genannten Materialien als mutmaßliche Agenten eingestuft waren, gestaltete sich im Wesentlichen wie folgt: Die Identifizierung eines mutmaßlichen Agenten konnte nur durch Verknüpfung der in den oben näher beschriebenen drei Teilen der »Rosenholz«-Materialien enthaltenen Informationen erfolgen. Ausgangspunkt waren grundsätzlich die zu seiner Person vermerkten fragmentarischen Angaben (ohne Klarnamen) in dem Statistikbogen. Als Bindeglied zu Teil II und Teil III der »Rosenholz«-Materialien fungierte in jedem einzelnen Fall die Vorgangsnummer, die bei allen drei Teilen identisch sein musste. Über diese Nummer wurden aus der Personenkartei zunächst alle Personen aus dem Gesamtbestand dieser Kartei herausgesucht, die zum jeweiligen Vorgang erfasst waren. Durch einen Vergleich der in dem Statistikbogen relativ allgemein gehaltenen Personenangaben zum Agenten mit den »harten Daten« der Personenkartei konnte in vielen Fällen der Kreis der Verdachtspersonen einge-

---

15 Vgl. Müller-Enbergs, Helmut: Inoffizielle Mitarbeiter des Ministeriums für Staatssicherheit. Teil 2: Anleitungen für die Arbeit mit Agenten, Kundschaftern und Spionen in der Bundesrepublik Deutschland. Berlin 1998, S. 352-388 u. 471-829.

grenzt werden; in Einzelfällen blieb sogar nur eine Person übrig, auf die die Angaben in dem Statistikbogen zutrafen. Abschließend wurde anhand der Angaben in der Vorgangskartei mit der passenden Registriernummer die Plausibilität zwischen den Angaben im Statistikbogen, den biographischen Daten der aus der »Personenkarte« herausgefilterten Verdachtsperson und dem Vorgangsverlauf einschließlich der beteiligten Führungsstelle beziehungsweise den beteiligten Führungsoffizieren geprüft. Zusätzlich wurden vom BfV eventuell bereits vorliegende Erkenntnisse und aus anderen MfS-Dateien vorliegende Informationen zu derselben Vorgangsnummer für die Plausibilitätsprüfung und zur Vervollständigung herangezogen. Vom BfV wurden lediglich noch ergänzende Wohnsitzklärungen durchgeführt; von weiteren Ermittlungen wurde in Abstimmung mit dem GBA unter anderem wegen möglicher unerwünschter Außenwirkungen Abstand genommen. Durch die Zusammenführung und Auswertung aller drei Teile der »Rosenholz«-Materialien, konnten die meisten der in diesen Unterlagen erfassten Agenten identifiziert werden.

Bei dieser Auswertungstätigkeit wurde das BfV von zahlreichen LfV unterstützt, die zum Teil über einen längeren Zeitraum Mitarbeiter abgeordnet hatten. Soweit einzelne Fälle die Zuständigkeit von BND und MAD berührten, wurden sie von diesen Behörden unter Berücksichtigung der dort eventuell vorliegenden Erkenntnisse aufbereitet und sodann gemeinsam mit dem BfV an den GBA abgegeben. Zu der Auswertungstätigkeit des BfV im Komplex »Rosenholz« gehörte auch die Fertigung eines Behördengutachtens für den GBA gemäß § 256 StPO, in dem Aufbau, Inhalt und die nachrichtendienstliche Bedeutung der »Rosenholz«-Unterlagen sowie die Auswertungstätigkeit des BfV eingehend erklärt werden. Ferner stellte das BfV im Bedarfsfall auch einen sachverständigen Zeugen für die Erläuterung dieses Gutachtens in der Hauptverhandlung zur Verfügung. Im Januar 1995 war die Auswertung der »Rosenholz«-Materialien für das BfV abgeschlossen.

4   Statistische Angaben

Die vom BfV vorausgewerteten »Rosenholz«-Fälle bieten unter mehreren Gesichtspunkten Möglichkeiten für eine statistische Bewertung. Als Grundlage dienen die auf dem Statistikbogen enthaltenen Angaben zu IM-Kategorie, Zielobjekten, Ursprung des Vorgangs sowie die Werbungsgrundlage. Die statistische Übersicht der an den GBA aus der Aktion »Rosenholz« abgegebenen Verdachtsfälle, sortiert nach IM-Kategorien (ohne KP), zeigt auf, dass die HV A für die Beschaffung von sach- und personenbezogenen Informationen vorzugsweise »Quellen im Objekt« (O-Quellen) einsetzte, das heißt Agenten, die in einem Objekt – in der Regel die Arbeitsstelle – installiert waren und von dort Informationen lieferten (vgl. Tabelle 1).

Tabelle 1
An den GBA übergebene »Rosenholz«-Fälle

O-Quellen	449
A-Quellen	134
Residenten	32
Werber	275
Sicherungs-IM	121
Sonstige IM (Perspektiv-IM, Führungs-IM etc.)	542
Σ	1 553

Eine weitere wichtige Kategorie waren die »Werber«, die zwar vorzugsweise Zielpersonen für eine nachrichtendienstliche Tätigkeit anbahnen sollten, gleichzeitig aber auch im Rahmen dieser Tätigkeit Sachinformationen beschafften. Drittstärkste Gruppe waren die »Abschöpfquellen« (A-Quellen), die vor allem mit der Gewinnung von Informationen durch Abschöpfung von anderen Personen befasst waren, die über ein für die HV A interessantes Wissen verfügten. Die zahlenmäßig stärkste Gruppe der sonstigen IM kann für statistische Aussagen nicht herangezogen werden, da die Bedeutung der darunter subsumierten IM-Kategorien für die HV A nicht für statistische Aussagen bewertet werden kann. So handelt es sich bei den dort beispielhaft aufgeführten »Perspektiv-IM« um Agenten, deren Einsatzgebiet aus Sicht der HV A noch nicht festgelegt war, wie bei Studenten oder Berufsanfängern, die (noch) nicht über nachrichtendienstlich interessante Zugangsmöglichkeiten verfügten und daher nicht zwingend (wertige) Informationen liefern sollten. Vielmehr stand aus Sicht der HV A für diesen Personenkreis die eigentliche nachrichtendienstliche Perspektive noch vor ihnen. Die in dieser Gruppe ebenfalls aufgeführten »Führungs-IM« leiteten von ihrer Aufgabenstellung her andere Agenten bei ihrer nachrichtendienstlichen Tätigkeit – ähnlich wie Residenten – an und fungierten somit als Bindeglied zwischen Agent und Führungsstelle. Sie lieferten jedoch in der Regel selbst keine Informationen. Bei den in dieser Statistik ebenfalls aufgeführten »Sicherungs-IM« handelte es sich meist um Personen, die andere Agenten absicherten, jedoch selbst (meist) keine nachrichtendienstlichen Informationen beschafften. In dieser Kategorie wurde von der HV A häufig der Ehegatte eines Agenten erfasst, der etwa durch als Urlaubsreisen getarnte gemeinsame Treffreisen nach Ostberlin oder in die DDR eine nach außen plausible Legende für den Agenten lieferte und so seine nachrichtendienstliche Tätigkeit absicherte.

Die Aufschlüsselung der Aufklärungsschwerpunkte der HV A, basierend auf den in den Statistikbögen erfassten Zielobjekten für »O-Quelle« ergibt folgendes Bild: Wirtschaft 40,8 Prozent, Politik, Parteien, Verbände 19,2 Prozent, Staats- und Verwaltungsapparat 18,2 Prozent, Militär 7,6 Prozent, Sicherheitsbehörden 5,1 Prozent sowie Sonstiges (mehrere Ziele) 9,1 Prozent. Vergleicht man diese Angaben mit den vor der »politischen Wende« bekannt gewordenen Aufklärungsschwerpunkten, ergibt sich, dass der Zielbereich Wirtschaft als der Aufklärungsschwerpunkt erfasst ist. Dies kann durch die seit Mitte der achtziger Jahre kontinuierlich gewachsene Ausspähungstätigkeit des Sektors Wissenschaft und Technik der HV A begründet sein. Außerdem konnte die HV A durch die seit Anfang der achtziger Jahre zunehmende wirtschaftliche Zusammenarbeit zwischen der Bundesrepublik Deutschland und der DDR nachrichtendienstlich verpflichtete Reisekader in das Bundesgebiet entsenden, sodass sie bei der Ausspähung von für die DDR-Wirtschaft relevanten Informationen insgesamt ein größeres Wirkungspotenzial entfalten konnte.

Der Versuch einer Bewertung des durch die DDR-Spionage erzielten Gewinns bzw. Schadens für die Bundesrepublik müsste diese absoluten Zahlen jedoch relativieren. Demnach dürfte die politische und die militärische Spionage eindeutig im Vordergrund stehen. Das scheinbare Übergewicht der Wirtschaftsspionage hat seinen Ursprung in dem hohen Anteil der nachrichtendienstlichen Beschaffung von Gütern, die den Embargobestimmungen des COCOM unterlagen, wie Mikrochips oder PC, deren Transfer in den Ostblock jedoch keinen entscheidenden Schaden für den Westen bewirkte.

Die territorialen Schwerpunkte der nachrichtendienstlichen Aufklärungstätigkeit der HV A waren die Bundesländer Nordrhein-Westfalen, Berlin und Bayern. Dies war aus Sicht der HV A auch folgerichtig, da Nordrhein-Westfalen Sitz des Parlaments, der Bundesregierung sowie zahlreicher oberster Bundesbehörden und der Parteizentralen der großen deutschen Parteien war. Als industrielle und wirtschaftliche Hochleistungsregionen standen dieses Bundesland und Bayern auch im Blickfeld der Wirtschaftsspionage. Die damalige »Frontstadt« Westberlin als zweiter territorialer Aufklärungsschwerpunkt der HV A stand wegen des Sitzes der drei Westmächte sowie wegen der vergleichsweise starken Präsenz von Bundesbehörden im besonderen Blickfeld der für die Aufklärung des Staats- und Parteiapparats der Bundesrepublik Deutschland sowie der für die Aufklärung der Alliierten zuständig gewesenen Organisationseinheiten der HV A.

5 Statistische Ergebnisse der Ermittlungsverfahren

Mit Stand vom Dezember 1998 waren besagte 1 553 Verdachtsfälle an den GBA abgegeben worden, in deren Folge 66 Personen zu Haftstrafen von mehr als 2 Jahren verurteilt worden sind (vgl. Tabelle 2).

Tabelle 2
»Rosenholz«-Verfahren

Verurteilungen aufgeschlüsselt nach Strafmaß:	Anzahl
Freiheitsstrafe 2 Jahre und mehr	66
Freiheitsstrafe 1 Jahr bis zu 2 Jahren (zur Bewährung)	85
Freiheitsstrafe bis zu einem Jahr (zur Bewährung)	34
Geldstrafe	4
Freispruch	1
Anklage erhoben	23
Anklage nicht zugelassen	1
Eingeleitete Prüfverfahren des GBA	37
Noch nicht abgeschlossene Ermittlungsverfahren	78
Einleitung eines Ermittlungsverfahrens nicht bekannt	74
Σ	403

Bis Dezember 1998 wurde dem BfV von den Strafverfolgungsbehörden Angaben über die Einstellung von Ermittlungsverfahren aus dem Komplex »Rosenholz« mitgeteilt (vgl. Tabelle 3).

Tabelle 3
Eingestellte Ermittlungsverfahren des GBA

nach § 153a StPO Einstellung wegen geringer Schuld gegen Zahlung einer Geldbuße	245
nach § 153 Abs. 1 StPO Einstellung wegen geringer Schuld ohne Zahlung einer Geldbuße	135
nach § 154 StPO Einstellung wegen Verurteilung aufgrund eines schwerer wiegenden Delikts	4
nach § 205 StPO Aufenthaltsort unbekannt	5
nach § 206a StPO nicht behebbares Verfahrenshindernis	1
nach § 152 Abs. 2 StPO keine Einleitung eines Ermittlungsverfahrens wegen fehlenden Anfangsverdachts	5
nach § 170 Abs. 2 StPO kein hinreichender Tatverdacht für eine Anklageerhebung	755
Σ	1 150

6   Gesamtbewertung der Aktion »Rosenholz«

Das Ziel des BfV bei der Vorauswertung und Bearbeitung der »Rosenholz«-Fälle war in erster Linie, das »Kapitel« MfS im Hinblick auf das auch künftig durch fremde Nachrichtendienste gegen die Bundesrepublik einsetzbare HVA-Spionagepotenzial möglichst wirkungsvoll zu beenden, das heißt, diesen Personenkreis zu enttarnen und zu neutralisieren. Beide Ziele wurden aus der Sicht des BfV erreicht. Insgesamt ist davon auszugehen, dass nahezu das gesamte, zum Zeitpunkt der »politischen Wende« aktiv gewesene Agentennetz der HV A aufgedeckt werden konnte. Gegenwärtig gehen das BfV und der GBA davon aus, dass in den »Rosenholz«-Materialien lediglich noch 55 Fälle enthalten sind, die aufgrund bestehender Lücken bei einzelnen Buchstabensequenzen in der Personenkartei der HV A sowie wegen fehlender Eintragungen in der Personen- und Vorgangskartei der HV A nicht identifiziert werden konnten. Diese Zahl ergibt sich auch daraus, dass in den Statistikbögen einige Agenten erfasst sind, die erst 1988 geworben wurden und daher nicht in der Personen- und Vorgangskartei der HV A aus dem Jahr 1987 enthalten sein können. Aus den Statistikbögen ist jedoch erkennbar, dass es sich bei den »Unbekannt«-Fällen um »kleinere Fälle«, das heißt um Fälle mit geringer Bedeutung handelt.

Betrachtet man dagegen die Ergebnisse der Ermittlungsverfahren der Justiz, erscheint zwar die Zahl der Verurteilungen im Vergleich zu der Zahl der Einstellungen relativ gering. Es ist jedoch falsch, daraus den Schluss zu ziehen, dass dieses Ergebnis den Aufwand der von den Verfassungsschutz- und Strafverfolgungsbehörden geleisteten Tätigkeit nicht gerechtfertigt hätte. Bei 66 Verurteilungen wurde immerhin ein Strafmaß von zwei Jahren und mehr verhängt. Im Übrigen lag einer Reihe von Urteilen auch eine veränderte Rechtsauffassung der Gerichte zugrunde, da viele Verurteilungen erst einige Jahre nach Auflösung der HV A erfolgten und die Gerichte größtenteils von einem geringeren Schaden für die Bundesrepublik Deutschland durch die geheimdienstliche Agententätigkeit des Verurteilten ausgingen. Im Vergleich zu den vor 1989 erfolgten Verurteilungen schlug sich diese veränderte Rechtsauffassung in einem zum Teil erheblich niedrigeren Strafmaß nieder. Bei der relativ hohen Zahl von Einstellungen mangels hinreichenden Tatverdachts (755 Fälle) ist zu berücksichtigen, dass diese Ermittlungsverfahren vielfach aus Mangel an Beweisen eingestellt werden mussten.

Eine erhebliche Anzahl von Ermittlungsverfahren war bereits vor dem Beschluss des BVerfG vom 15. Mai 1995 anhängig. Dies hatte zur Folge, dass viele Führungsoffiziere, von deren Zeugenaussage das Ergebnis des Ermittlungsverfahrens zumeist abhängig war, sich wegen der Gefahr eigener strafrechtlicher Verfolgung auf ein nahezu uneingeschränktes Aussageverweigerungsrecht berufen konnten und dies in vielen Fällen aufgrund ihres »Ehrenkodexes« (»Schutz der Quelle«) und ihrer ideologischen Grundeinstellung auch taten. Sofern dem mutmaßlichen Agenten nicht durch sonstige Beweismittel eine geheimdienstliche Agententätigkeit nachgewiesen werden konnte, mussten diese Ermittlungsverfahren nach dem im Rechtsstaat geltenden Prinzip der Unschuldsvermutung eingestellt werden.

Schließlich ist nach Auffassung des BfV anzumerken, dass nach Abschluss der vollständigen Übermittlung der »Rosenholz«-Materialien an die BStU keine neuen, geschweige denn spektakulären Enttarnungen von HVA-Agenten erwartet werden, wenngleich doch auch vereinzelt Ausnahmen durch eventuell noch mögliche Identifizierungen bislang unbekannt gebliebener Agenten in den »Rosenholz«-Materialien denkbar erscheinen können.

Auch mehr als elf Jahre nach Auflösung des MfS ist das BfV noch mit »Restarbeiten« im Zusammenhang mit der Aufarbeitung der nachrichtendienstlichen Tätigkeit des MfS befasst, wenngleich die systematische Aufarbeitung bereits seit einiger Zeit abgeschlossen werden konnte. Die Darstellung von Themen mit MfS-Bezug hat zwar in den Medien in jüngerer Zeit nachgelassen. Gleichwohl wird dieses Thema in periodischen Abständen immer wieder aufgegriffen. Solche Veröffentlichungen erscheinen beispielsweise aufgrund von systematischen Recherchen in den für die Presse zugänglichen SIRA-Unterlagen der BStU. Soweit herausgehobene Personen des öffentlichen Lebens Gegenstand dieser Berichterstattung waren, werden von der Bundesregierung sowie aus dem politisch-parlamentarischen Raum regelmäßig Stellungnahmen und Bewertungen dieser Berichte vom BfV erwartet. Als jüngste Beispiele seien Veröffentlichungen im Focus über die angebliche geheimdienstliche Agententätigkeit des ehemaligen Ministerpräsidenten Björn Engholm[16] sowie die Berichterstattung über eine angebliche MfS-Verstrickung des ehemaligen Bundestagsabgeordneten Leo Wagner[17] genannt. Auch in einigen Ermittlungsverfahren des GBA wegen Landesverrats, die aus der Auswertung der SIRA-Unterlagen resultieren, wurde das BfV noch vereinzelt um gutachterliche Stellungnahmen zu bestimmten nachrichtendienstlichen Aspekten gebeten. Außerdem nimmt das BfV an der vom Bundesministerium des Innern eingerichteten »Arbeitsgruppe Rosenholz« teil, die sich mit aktuellen Fragen im Zusammenhang mit der Rückführung der »Rosenholz«-Materialien aus den USA an die BStU befasst. Obgleich das BfV aufgrund einer Entscheidung der Bundesregierung nicht eigenständig an der Auswertung dieser

---

16 Björn Engholm (»Erdmann«); Reg.-Nr. XV 128/71; Kategorie: KP; Vorgangsart: IMA; 3.2.1971 für die Abteilung XV der Bezirksverwaltung Schwerin des MfS, 23.1.1978 für die Abteilung II der HV A erfasst; Führungsoffizier: 3.2.1971 Jürgen Hader, 20.12.1971 Bernd Michels, 23.1.1978 Walter Weichert, 28.11.1983 bis Auflösung Rudolf Mnich; BStU, SIRA TDB 21, ZV 8245047; Statistikbogen der HV A; BStU, AU.
Vgl. Hufelschulte, Josef; Reimann, Michael: Deckname »Beethoven«. In: Focus 8(2000)49, S. 30–32; dies.: Hecht alias Beethoven. In: Focus 8(2000)50, S. 40–42; dies.; Gruber, Peter: Krach um Tippfehler. In: Focus 8(2000)52, S. 40 f.; Hufelschulte, Josef: Deckname »Erdmann«. In: Focus 9(2001)15, S. 36–39.

17 Leo Wagner (»Löwe«); Reg.-Nr. XV 6985/75; Vorgangsart: IMA; 29.12.1975 bis Auflösung für die Abteilung X der HV A erfasst; Vorgangsführer (laut »Garzau-Liste«): 29.12.1975–17.10.1983 Horst Kopp, 18.10.1983 bis Auflösung Peter Ludwig; BStU, SIRA TDB 21, ZV 8245118.

Unterlagen mitarbeitet, wird sein Sachverstand von den dort vertretenen Behörden nach wie vor in Anspruch genommen.

C   Schlussbemerkung

Nachdem nun die Aufarbeitung der Tätigkeit der ehemaligen DDR-Nachrichtendienste für das BfV fast vollständig abgeschlossen ist, sind einige abschließende Bemerkungen notwendig: Dauer, Umfang und Intensität der insbesondere von der HV A entfalteten nachrichtendienstlichen Aktivitäten gegen die Bundesrepublik Deutschland konnten von den Verfassungsschutzbehörden erst durch die historisch einmalige Situation der Auflösung und Aufarbeitung dieser Nachrichtendienste - insbesondere durch die Aktion »Rosenholz« - einigermaßen realistisch erkannt werden. Die HV A selbst hat dazu durch ihre Entscheidung, die »Rosenholz«-Unterlagen nicht zu vernichten, mit beigetragen. Nicht unerwähnt bleiben dürfen ferner die nahezu umfassende und zielgerichtete Fernmeldeaufklärung der HA III des MfS in der Bundesrepublik Deutschland sowie die nicht geringe Anzahl von Agenten, die zum Teil jahrelang unerkannt für das MfS in Schlüsselpositionen im politischen und wirtschaftlichen Bereich nachrichtendienstlich tätig waren. Leider war die Zahl der Selbstanbieter unter ihnen sehr hoch. So gesehen stellten die Ergebnisse der Abwehrmaßnahmen der Verfassungsschutzbehörden vor der »politischen Wende« die »Spitze des Eisbergs« dar, während nunmehr die tatsächliche Dimension des »Eisbergs« ans Licht kam. Daraus den Schluss zu ziehen, die Verfassungsschutzbehörden hätten der nachrichtendienstlichen Tätigkeit des MfS nichts oder nur wenig entgegenzusetzen gehabt, erscheint jedoch nicht gerechtfertigt. Zum einen liegt es in der Natur der Sache, dass die Spionageabwehr auf die nachrichtendienstliche Tätigkeit eines fremden Aufklärungsdienstes (nur) reagieren kann, dieser also das »Gesetz des Handelns« bestimmt, sodass die Spionageabwehr auch bei systematisch konzipierten Abwehrmaßnahmen immer erst »einen Schritt später« handeln kann. Zum anderen bestand zwischen dem MfS und den Verfassungsschutzbehörden keine »Waffengleichheit«.

Trotz dieses Ungleichgewichts lässt sich dennoch die Feststellung treffen, dass auch die nahezu fünfzig Jahre währende Spionagetätigkeit des MfS im politischen, wirtschaftlichen und militärischen Bereich auch nicht annähernd zu einer Destabilisierung der Bundesrepublik Deutschland und seiner NATO-Partner geführt hat. Der Verfassungsschutz hat seinen Beitrag geleistet, dies zu verhindern.

Anhang
Der Spionageabwehr bekannt gewordene Werbungen und Werbungsversuche

Jahr	Werbungen/Werbungsversuche					Verurtei-lungen we-gen DDR-Spionage
	Gesamt	DDR-Bürger	Tätige	Untätige	Ablehnung bei An-sprache	
1964	860	166	386	253	221	StGB a. F.
1965	645	114	269	175	201	StGB a. F.
1966	582	124	264	143	175	StGB a. F.
1967	529	106	233	177	117	StGB a. F.
1968	539	79	217	158	164	StGB a. F.
1969	466	55	130	106	230	StGB a. F.
1970	608	77	143	155	310	27
1971	765	63	137	122	506	42
1972	509	82	122	116	271	42
1973	482	107	136	91	255	27
1974	470	110	91	107	272	24
1975	909	136	62	345	502	23
1976	684	201	163	63	458	31
1977	478	103	73	64	341	39
1978	576	109	80	74	422	30
1979	660	138	137	48	475	28
1980	643	163	112	59	472	34
1981	565	160	85	65	415	27
1982	601	181	106	72	425	27
1983	486	138	79	33	374	25
1984	407	169	82	58	267	18
1985	478	220	89	76	313	14
1986	587	282	84	87	416	15
1987	541	301	95	76	370	17
1988	393	209	55	65	273	13
1989	365	235	58	91	216	7
Σ	14 828	3 828	3 488	2 879	8 461	510

Der Spionageabwehr bekannt gewordene Aufträge von Nachrichtendiensten der ehemaligen DDR

Jahr	Aufträge von Nachrichtendiensten der ehemaligen DDR								
	Gesamt	Kategorie			Bereich				
		aus-geführt	nicht aus-geführt	unzu-ortbar	Politik	Militär	Wirt-schaft	Gegen-spio-nage	Sons-tige
1964	2 785	1 464	1 228	93	371	1 032	150	65	1 167
1965	2 327	1 376	886	65	266	650	81	35	1 295
1966	1 762	890	768	104	331	561	79	40	751
1967	2 000	1 121	775	104	316	719	112	47	806
1968	1 266	783	k. A.	k. A.	307	499	109	13	338
1969	890	415	k. A.	k. A.	194	306	134	7	249
1970	1 003	461	k. A.	k. A.	260	295	118	10	320
1971	978	481	k. A.	k. A.	225	365	92	10	286
1972	818	414	380	24	215	267	89	18	229
1973	918	540	357	21	278	293	69	16	262
1974	1 721	1 357	337	27	352	411	62	14	882
1975	1 352	904	425	23	454	286	237	19	356
1976	2 513	1 681	796	36	888	566	503	11	545
1977	2 958	2 050	874	34	1 364	542	523	39	490
1978	3 029	2 074	948	7	765	1 214	557	11	482
1979	2 546	1 725	799	22	680	558	698	72	538
1980	2 718	1 794	849	75	970	608	483	24	633
1981	1 757	1 035	694	28	545	385	402	21	404
1982	1 429	696	625	8	421	245	266	23	374
1983	794	391	318	85	303	190	130	23	148
1984	868	463	380	25	229	311	80	31	217
1985	1 176	758	374	44	396	276	152	52	300
1986	644	258	363	23	172	130	93	31	218
1987	842	416	407	19	260	139	114	16	313
1988	568	202	358	8	167	144	56	11	190
1989	671	327	325	19	170	170	45	8	278
Σ	40 233	24 076	[13 366]	[894]	10 899	11 162	5 434	667	12 071

Stephan Konopatzky

Möglichkeiten und Grenzen der SIRA-Datenbanken

Die Beispiele Günter Guillaume und Werner Stiller

Mit der im Dezember 1998 gelungenen Rekonstruktion größerer zusammenhängender Datenmengen des elektronischen Systems der Informations-Recherche der HV A (SIRA) ergeben sich für die Forschungen über den Spionageapparat der DDR grundlegend neue Möglichkeiten. Mit den bislang rekonstruierten Daten verbessert sich die Quellenlage zur HV A erheblich, denn die Überlieferung der Spionageabteilung des MfS bestand nur aus einer relativ kleinen, zumeist von HVA-Offizieren gezielt zusammengestellten Materialsammlung, die im Sommer 1990 als offizieller Nachlass der HV A erhalten blieb.[1] Dabei handelt es sich um einige zusammenfassende Erkenntnisse der HV A über die politische, wirtschaftliche und militärische Entwicklung der Bundesrepublik. Hauptsächlich beinhalten sie eine recht umfangreiche Sammlung von HVA-Erkenntnissen über gegnerische Nachrichtendienste, einschließlich Struktur und Stellenbesetzungen. Bei der Erhellung des Spionagealltags oder der Klärung konkreter Fragen der knapp vierzig Jahre währenden HVA-Spionage helfen diese Unterlagen nur bedingt. Etwas bessere Erkenntnisse ergeben sich aus den Unterlagen der Abteilungen XV der Bezirksverwaltungen des Ministeriums für Staatssicherheit (MfS), die als bezirkliche Filialen der HV A fungierten. Dort blieben die Vernichtungsaktionen erfreulicherweise unvollkommen, sodass die überlieferten Unterlagen teilweise Einblicke in die konkreten Arbeitsabläufe und die Vorgangsarbeit bis hin zur Identifizierung von einzelnen Quellen gestatten. Trotzdem erlauben auch diese Überlieferungen für Historiker lediglich eine Schlüssellochperspektive. Nicht anders liegt der Fall beim sonstigen Archivgut des MfS, bei den Unterlagen der HV A, die im Zuge der dienstlichen Verflechtung in den Ablagen des MfS verblieben waren. Sie werden im Archiv der BStU in einer Ersatzdokumentation nachgewiesen.[2]

Im Unterschied zu diesen Quellen stammen die rekonstruierten elektronischen Daten aus zentralen Stellen der HV A. Sie reflektieren die Informationsflüsse der Spionage in ihrer Gesamtheit über einen langen Zeitraum. Dadurch füllen sie weitestgehend die für die historische Forschung aufgrund der oben beschriebenen mangelhaften Quellenlage bestehende Lücke.

---

1   Eichner, Klaus; Dobbert, Andreas: Headquarters Germany. Berlin 1997, S. 276 f.
2   Knabe, Hubertus: West-Arbeit des MfS. Die Zusammenarbeit von »Aufklärung« und »Abwehr«. Berlin 1999, S. 50 f.

SIRA

Die Beschaffung eines Großrechners vom Typ »Siemens S 4004« im Jahr 1969 durch die HV A gab den Startschuss für die systematische EDV-Anwendung im MfS. Das MfS verfügte zu dieser Zeit bereits über einen modernen Großrechner,[3] der ab 1969 unter anderem für das »Eindringen in das postalische Verbindungssystem imperialistischer Geheimdienste«[4] genutzt wurde. Zwei weitere Rechner auf Lochkartenbasis[5] wurden von der Arbeitsgruppe zur Sicherung des Reiseverkehrs (ASR) des MfS für die Erfassung von Einreisen westdeutscher Bürger nach Ostberlin genutzt. Die HV A baute ab dem Jahr 1973 für die Auswertung der von den operativen Diensteinheiten beschafften Informationen das »System der Informations-Recherche der HV A« (SIRA) auf. Aber schon zuvor hatten die geheimdienstlichen Auswerter in Ostberlin offensichtlich Daten elektronisch verarbeitet. So waren 1973 bereits einige tausend Informationen der Vorjahre auf Lochstreifen gespeichert,[6] sie wurden in das neue System übernommen. Auch ein Schreiben von Markus Wolf vom Februar 1969 deutet darauf hin, dass die HV A bereits schon zu diesem Zeitpunkt über einen Rechner der Firma Siemens verfügte, in dem »geheime Zielinformationen« gespeichert waren.[7] Als Datenbanksoftware wurde die ebenfalls von Siemens entwickelte »Großspeicher-Orientierte-Listen-Eingabe-Methode« (GOLEM) genutzt.

SIRA bezeichnet den Datenfond der »Informationsauswertenden Diensteinheiten« (IADE) der HV A. Die ersten Nutzer waren die Abteilung V des Sektors Wissenschaft und Technik (SWT), sodann die Abteilung VII als zentrale Auswertungs- und Informationsabteilung der HV A und die für »Regimefragen« zuständige Abteilung VI. Später kam noch die für Gegenspionage zuständige Abteilung IX dazu. Diese verschiedenen Teilsysteme (Datenpools) erhielten MfS-interne Projektnummern und Tarnbezeichnungen.[8] Grundprinzip der Arbeit mit SIRA war es, die von den operativen Diensteinheiten bei den IADE eingehenden Materialien (»Ursprungs-informationen«) zu analysieren und auszuwerten sowie die in diesem Prozess ent-

---

3   Serie GE 100 des französischen Herstellers General Electric Bull; vgl. Vorlage über Aufbau und Funktion der elektronischen Datenverarbeitung als Dokumentationszentrum im integrierten Informationsverarbeitungssystem des Ministeriums für Staatssicherheit; BStU, ZA, Abt. XIII 585, S. 42-45.

4   Ebenda, S. 42-44.

5   Vom Typ Gamma 10 des französischen Herstellers Bull; vgl. ebenda.

6   Teil II des Teilprojekts »Informationsrecherche interner Informationen der Abteilung VII« der Hauptverwaltung A; BStU, ZA, ZAIG 25598, S. 6-8.

7   Markus Wolf bittet »zur Sicherung des Datenverarbeitungsprogramms im MfS gegen Ausspähung« um die Überprüfung der »Entschlüsselbarkeit« eines Speicherauszugs aus einer Siemens S 4004-Anlage, die mit dem Programm GOLEM betrieben wird. Vgl. Markus Wolf: Schreiben an Generalmajor Scholz; BStU, ZA, Abt. XI 57, S. 2.

8   SWT: 3111 (»WTI«); HVA VII: 3112 (»INTERN VII«); HV A VI: 3113 (»REGIME«); HV A IX: 3114 (»DORA«). Vgl. Poolnummern SIRA; BStU, ZA, Abt. XIII 354, S. 3.

standene »Rechercheinformation« (anfangs: »Zielinformation«, schließlich: »Information«) in das EDV-System einzuspeichern. Die Ursprungsinformation wurde nicht eingespeichert, sondern verblieb im Archiv oder in der Ablage der IADE. Mit SIRA konnten Dokumente, Informationen oder Berichte, die in den IADE vorhanden und für die EDV aufbereitet worden waren, sicher und schnell wiedergefunden werden. Verantwortlich für die technischen Aspekte der Datenverarbeitung in der HV A war die Arbeitsgruppe EDV, die bis 1988 von Oberst Horst Beckert geleitet wurde. Ab 1988 war die neu geschaffene Abteilung XX unter Oberst Peter Feuchtenberger für diese Aufgaben zuständig.

1986 wurde damit begonnen, die vorhandenen SIRA-Datenbanken in ein neu aufzubauendes »EDV-Gesamtsystem der HV A« zu überführen. Sie wurden nun zu Teildatenbanken des neuen Gesamtsystems. So entstanden die neuen Teildatenbanken 11, 12, 13 und 14.[9] Das System basierte auf dem von den Ostblockstaaten gemeinsam entwickelten »Einheitlichen System Elektronischer Rechentechnik« (ESER), welches weitestgehend kompatibel zu IBM-Großrechnersystemen war. Als gemeinsame Software für die neuen Datenbanken diente das »System für Massendaten« (SFM), welches von Robotron entwickelt und von der zentralen Rechenstation des MfS, der Abteilung XIII, und der HV A für die eigenen Belange modifiziert worden war. Da bei der Überführung der Daten in das neue System umfangreiche Änderungen in der Datenstruktur notwendig wurden, mussten die SIRA/GOLEM-Datenbestände technisch aufwändig konvertiert werden. Die Konvertierung dauerte bis 1989 an. Konvertierungstests wurden in dieser Phase auch mit Echtdaten ausgeführt, was nicht folgenlos blieb: Diesem Fakt verdanken wir heute einen großen Teil der überlieferten Daten. So ist der Datenbestand der Teildatenbank 12 in Form einer Sicherungskopie aus der Datenkonvertierung komplett erhalten geblieben. Im Gegensatz zu den Datenträgern aus dem Echtsystem, welche zum allergrößten Teil gelöscht bzw. überschrieben wurden, sind die Datenträger aus dem Testbetrieb unversehrt geblieben.

Für das neue »EDV-Gesamtsystem der HV A« war der Aufbau neuer bzw. die Integration anderer, bereits existierender Datenbestände vorgesehen. Das betraf zunächst das Datensystem der Vorgangsregistratur des Stabs der HV A: Es bildete die Grundlage der Teildatenbank 21 des neuen Gesamtsystems. Auch für diese Datenübernahme wurden Konvertierungstests mit Echtdaten vorgenommen. Die Abteilung XVIII der HV A begann mit dem Aufbau der Teildatenbank 159. Noch 1989/90 war der Aufbau weiterer Teildatenbanken vorgesehen.

---

9   In die Teildatenbank 15 sollten Informationen der Abteilung XVIII der HV A (zuständig für die Vorbereitung von Sabotage und die Aufklärung von Zivilschutz) eingespeichert werden.

Teildatenbank 11

In der Teildatenbank 11 verarbeitete die Abteilung V der HV A die für ihren Sektor Wissenschaft und Technik ausgewerteten Eingangsinformationen. Dabei handelte es sich um »Informationen über wissenschaftlich-technische und militärische Forschungsergebnisse, verfahrenstechnische und technologische Erkenntnisse aus Objekten des Operationsgebietes sowie die in diesem Zusammenhang beschafften Muster«.[10] Mit Stand vom Mai 2002 konnten bei der BStU bisher circa 89 000 Datensätze der Jahre 1971 und 1980 bis 1989 aus dieser Datenbank rekonstruiert werden. Neuerdings konnten auch Datensätze mit so genannten Beauftragungsinformationen rekonstruiert werden, durch die sich Aufträge zur Beschaffung von westlichem Know-how für den Sektor Wissenschaft und Technik der HV A nachweisen lassen.

Teildatenbank 12

In der zentralen IADE der HV A, der Auswertung und Information der Abteilung VII, gingen »Informationen zu außenpolitischen, innenpolitischen, wirtschaftspolitischen, militärpolitischen und militärischen Problemen bzw. Vorgängen des Operationsgebietes« ein.[11] In dieser Teildatenbank sind circa 160 000 Eingangsinformationen nachgewiesen, welche in den Jahren zwischen 1969 und 1987 von den Quellen der verschiedenen operativ tätigen Abteilungen der HV A beschafft wurden. Für diesen Zeitraum sind die einstigen Originaldatenmengen praktisch vollständig überliefert. Inzwischen konnte festgestellt werden, dass sich in den Eingangsinformationen der Jahre 1969 und 1970 circa 2 600 Informationen befinden, deren Entstehungsdatum zwischen 1955 und 1968 liegt. Es ist also davon auszugehen, dass mit Einführung der EDV 1973 bzw. mit der bereits zuvor erfolgten Erfassung auf Lochstreifen auch bestimmte Altbestände aus dem Archiv der Auswertungsabteilung in die Datenbank aufgenommen wurden. Für die Jahre 1988 und 1989 konnten bisher nur circa 3 000 Datensätze rekonstruiert werden, die Datenmenge im Echtsystem der HV A für diesen Zeitraum dürfte bedeutend größer gewesen sein.

Nachgewiesen sind in der Teildatenbank 12 einige tausend Informationen, die von den Geheimdiensten befreundeter Staaten an die HV A weitergeleitet wurden, sowie rund 1 000 Informationen, die von anderen Diensteinheiten des MfS zur Auswertung an die Abteilung VII der HV A weitergereicht worden waren. Daneben enthält diese Teildatenbank noch circa 20 000 Nachweise über von der Abteilung

---

10 Dienstanweisung 1/88 der HV A: Über die Aufbereitung und Übergabe von operativ beschafften Informationen durch die operativen Diensteinheiten der HV A und die Abteilungen XV/BV an die informationsauswertenden Diensteinheiten der Hauptverwaltung A und deren Auswertung; BStU, ASt Frankfurt/O., Bdl. 2386.
11 Ebenda.

VII aufbereitete »Ausgangsinformationen«. Sie dienten vor allem der aktuellen Information von Partei und Regierung über die gewonnenen Erkenntnisse und präsentierten nach »außen« die eigentlichen Arbeitsergebnisse der HV A. Diese aufbereiteten Ausgangsinformationen, die in verschiedene Kategorien eingeteilt waren, liegen teilweise im Archiv der Behörde vor.[12] Bei der Weitergabe der Ausgangsinformationen wurden von der HV A keine Angaben zur Art der Informationsbeschaffung oder zu den Quellen gemacht. Trotzdem ließ sich ein Rückschluss auf die Quelle bzw. deren Platzierung im »Operationsgebiet« nicht vollkommen vermeiden. Die Ausgangsinformationen waren deshalb als »Streng geheim« eingestuft und erhielten auch noch einen entsprechenden Vermerk: »Diese Information darf im Interesse der Sicherheit der Quellen nicht publizistisch ausgewertet werden«.[13] Durch die Möglichkeiten von SIRA ist nun bei einem großen Teil der Ausgangsinformationen diese Konspiration durchbrochen – zum Nachweis einer Ausgangsinformation in SIRA gehört nämlich auch die Angabe der Materialien (Eingangsinformationen), die zur Erarbeitung herangezogen wurden. Diese Eingangsinformationen enthalten wiederum die Angaben darüber, welche Quellen (Registriernummer, Deckname und zuständige Diensteinheit) die Informationen für die HV A beschafft haben – so lassen sich die Informationsflüsse der HVA-Spionage zum großen Teil exakt rekonstruieren. Bei Informationen aus den achtziger Jahren ist SIRA außerdem zu entnehmen, ob diese an befreundete Geheimdienste weitergeleitet wurden: Allein der KGB erhielt ab 1980 rund 52 000 Informationen von der HV A.[14]

Teildatenbank 13

Mit Stand Mai 2002 stehen auch erstmals einige Datensätze aus der Teildatenbank 13 für die Recherche zur Verfügung. Auch diese jetzt rekonstruierten Datensätze stellen nur einen Bruchteil der damals im Echtsystem der HV A gespeicherten Datenmenge dar.[15] Sie beinhalten den Nachweis von Informationen, die vor allem von der Abteilung VI der HV A, aber auch anderen Diensteinheiten der HV A sowie verbündeten Geheimdiensten im Zusammenhang mit der Aufklärung der »Regimeverhältnisse im Operationsgebiet« beschafft wurden. So wurden beispielsweise Anmeldungsmodalitäten, Datenverarbeitungssysteme in Meldeämtern und ähnlichen »aufgeklärt«. Die Dienstanweisung 1/88 der HV A nennt folgende Aufgaben: »In-

---

12 Wichtigste Kategorien waren: Einzelinformation (EI), Wirtschaftspolitische Übersicht (WPÜ), Militärpolitische Übersicht (MPÜ), Außenpolitische Übersicht (APÜ) und Operative Einzelinformation (OEI).

13 Einzelinformationen der HV A; BStU, ZA, HV A 32.

14 Die Teildatenbank 12 enthält einen Vermerk über die Weitergabe an den KGB bei 2 558 Ausgangsinformationen und 49 606 Eingangsinformationen.

15 Es sind bislang erst 1 117 Informationen rekonstruiert worden. Ursprünglich dürften zwischen 30 000 und 70 000 Informationen vorgelegen haben.

formationen zum Rechts- und Verwaltungsregime, zur Sicherung des grenzüberschreitenden Reiseverkehrs und des allgemeinen Aufenthalts- und Bewegungsregimes sowie zum personenbezogenen Ausweis- und Dokumentenregime unter besonderer Beachtung der EDV-Anwendung und des Datenverbundes des Operationsgebietes«.[16]

Teildatenbank 14

In der Teildatenbank 14 sind die Informationen der Abteilung IX/C der HV A verzeichnet, die für Gegenspionage und Auswertung zuständig war. Gemäß der Dienstanweisung 1/88 waren dort Informationen über die »Tätigkeit, Erkenntnisse, Objekte, Personal und Agenten feindlicher Spionage- und Abwehrorgane, über die geheimdienstliche Nutzung anderer Einrichtungen und Organisationen sowie zu geheimdienstlichen Angriffen gegen die DDR und die sozialistische Staatengemeinschaft, einschließlich Informationen, die zum Schutz und der Sicherung der operativen Arbeit im und nach dem Operationsgebiet dienen«, zu verzeichnen.[17] Inhaltlich handelt es sich hier also um Nachweise von Erkenntnissen der HV A zur Tätigkeit »gegnerischer« Nachrichtendienste. Das schließt auch Personeninformationen über erkannte und vermutete Mitarbeiter westlicher Geheimdienste ein. Mit Stand vom Mai 2002 sind aus dieser Datenbank lediglich 1 000 Datensätze aus den Jahren 1988 und 1989 rekonstruiert. Der Aufbau entspricht dem der bereits genannten Teildatenbanken.

Teildatenbank 21

Die Teildatenbank 21 unterscheidet sich grundsätzlich von den anderen Teildatenbanken, sie gehörte formal auch nicht zum SIRA-System, welches ja Arbeitsergebnisse der Spionage verwaltete. Obwohl die Teildatenbank 21 aus technischer Sicht nach der Umstellung auf Robotrontechnik Teil desselben EDV-Systems war wie die SIRA-Datenbanken, gehörte sie zur so genannten Zentralen Objekt- und Personendatenbank (ZOPA) der HV A. ZOPA sollte die zentralen Vorgangs-, Personen- und Objektkarteien der HV A ersetzen; inwieweit neben der Vorgangskartei schon weitere Daten erfasst wurden, ist derzeit nicht bekannt. Die Teildatenbank 21 wurde vom Referat 7 (R) des Stabs der HV A geführt und enthält 62 959 Datensätze, die jeweils den Vorgangskarteikarten F 22 entsprechen.[18] Dabei beinhaltet jeder Datensatz den

---

16 Dienstanweisung 1/88 (Anm. 10).
17 Ebenda.
18 Die Bezeichnung F 22 stammt von den durchnummerierten und vorgedruckten Formblättern des MfS. Bei diesem Formblatt handelt es sich um eine Karteikarte, die neben der zentral vergebenen, eindeutigen Registriernummer Angaben zur zuständigen Diensteinheit, zu Mitarbeiter und Art des

Nachweis eines von der HV A angelegten und registrierten Vorgangs. Die Vorgangsarten, die hier nachgewiesen sind, entsprechen den in der Aktenordnung 1/84 der HV A definierten Aktenkategorien.[19] Registrierte Vorgänge bzw. Akten waren bei der HV A vor allem IM-Vorgänge, Operative Personenkontrollen, Objektvorgänge (Operationsgebiet), Sicherungsvorgänge und einige besondere Vorgangsarten wie Residenturakten.

Ein Vorgang ist immer mit seiner Registriernummer und in der Regel auch mit seinem Decknamen aufgeführt; die wirklichen Personalien sind nicht in dieser Datenbank enthalten. Entsprechend dieser Aktenordnung existierten für inoffizielle Mitarbeiter (IM) die beiden Aktenkategorien IM-Akte A (IMA) und IM-Akte B (IMB). Diese Akten dienten für die Aufnahme der Materialien, die bei der Zusammenarbeit zwischen der HV A und ihren inoffiziellen Mitarbeitern entstanden. Welche von den in der Richtlinie 2/79[20] definierten IM-Kategorien der HV A[21] konkret hinter jeder Vorgangsart steht, lässt sich allein aus dieser Vorgangsregistrierung nicht erkennen. Eine gewisse Differenzierung ist aber insoweit möglich, als in den IM-Akten B nur solche Materialien abgelegt wurden, die bei der Zusammenarbeit mit IM zur Sicherung des Verbindungswesens entstanden, also Unterlagen zu IM, die die HV A durch die Bereitstellung von konspirativen Wohnungen, Deckadressen, Decktelefonen oder bei der konspirativen Schleusung von Materialien über die Staatsgrenze (Grenz-IM) unterstützten, aber keine eigene Informationsbeschaffung vornahmen.

Die damals auf den Originalkarteikarten F 22 vermerkten Angaben über das Anlegen von Aktenbänden, die Änderung von Decknamen oder der Vorgangsart sind in der rekonstruierten Teildatenbank 21 nur zu einem geringen Teil erhalten geblieben, sodass sich leider manche dieser Angaben zur Vorgeschichte eines Vorgangs nicht mehr erkennen lassen.

Christel und Günter Guillaume

Die Spionage des MfS bzw. der HV A ist inzwischen mit vielen Namen verbunden, doch keine stehen so exemplarisch für die geheimdienstliche Unterwanderung der Bundesrepublik wie die von Günter und Christel Guillaume. Die Festnahme des als

---

Vorgangs enthält. Personenangaben waren zu einer »erfassten« Person nicht auf dieser, sondern auf der Karteikarte F 16 verzeichnet.

19 Aktenordnung 1/84; vgl. Müller-Enbergs, Helmut: Inoffizielle Mitarbeiter des Ministeriums für Staatssicherheit. Teil 2: Anleitungen für die Arbeit mit Agenten, Kundschaftern und Spionen in der Bundesrepublik Deutschland. Berlin 1998, S. 830-857.

20 Richtlinie 2/79; vgl. ebenda, S. 471-513.

21 Die HV A unterschied ihre inoffiziellen Mitarbeiter nach verschiedenen Kategorien. Die wichtigsten waren Quellen, IM für besondere Aufgaben, Residenten, Führungs-IM, Werber, Instrukteure und Kuriere. Vgl. ebenda.

Übersiedlungs-IM in die Bundesrepublik eingeschleusten Ehepaars Guillaume am 24. April 1974 erschütterte die politische Landschaft der Bundesrepublik in einer Dimension, wie es keine Spionageaffäre zuvor oder danach vermocht hat. Der Rücktritt Willy Brandts als Bundeskanzler am 6. Mai 1974 markiert diese Zäsur für immer in den Geschichtsbüchern.

Die Recherchen in den Datenbanken der HV A ermöglichen den Blick auf das damalige Geschehen aus einer vollkommen neuen Perspektive. Erstmals ergibt sich die Möglichkeit, die ehemals hoch geheimen Register der HV A nach diesem historischen Fall zu befragen. In der trockenen Sprache der geheimdienstlichen Informationsauswerter, gepresst in die Masken einer elektronischen Datenbank, ergibt sich ein Bild, das die historische Dimension dieser Episode des Kalten Kriegs kaum erahnen lässt. Registrier- und Informationsnummern, Bewertungsnoten und Kurztitel holen auch die imposanteste Spionagegeschichte aus der Atmosphäre einer verklärten Agentenromantik zurück in die grauen Amtsstuben des DDR-Geheimdienstes.

Der vorletzte Leiter der HV A, Markus Wolf, nennt für die Agenten Günter und Christel Guillaume die Decknamen »Hansen«[22] bzw. »Heinze«[23]. Diese beiden Decknamen bilden den Einstieg in die Datenrecherche innerhalb der Teildatenbank 21, die unerlässlich ist, da sinnvolle Recherchen nach HVA-Quellen in den anderen Teildatenbanken ausschließlich mithilfe der Registriernummern möglich sind. Im Ergebnis dieser Recherche können die Registriernummern XV/19142/60 für »Hansen« und XV/11694/60 für »Heinze« ermittelt werden. In der Teildatenbank 21 sind zu diesen Registriernummern folgende Informationen gespeichert: »Hansen« wurde am 9. September 1954 und »Heinze« am 30. Oktober 1958 von der HV A erfasst; also die Zusammenarbeit der Guillaumes mit der HV A ist formal an diesen Tagen aktenkundig geworden. Entgegen landläufig vertretener Ansicht ist nicht der SPD-Experte der HV A, Paul Laufer, als verantwortlicher Offizier (Führungsoffizier) verzeichnet,[24] sondern der spätere Oberstleutnant und Leiter der HVA-Fotostelle Erich Boldt. Aus seiner Kaderakte wird ersichtlich, dass es sich bei ihm zunächst um einen einfachen operativen Mitarbeiter der Abteilung II der HV A handelte, dem Paul Laufer und später Kurt Gailat vorgesetzt waren.[25] Mehrere Beurteilungen Boldts waren durch sie unterzeichnet worden. In einer heißt es, er sei »besonders auf dem Gebiet der Technik tätig. In diesem Zusammenhang bildete er besonders GM [Geheime Mitarbeiter] und Übersiedlungskandidaten aus.«[26] Günter und Christel Guil-

---

22 Günter Guillaume (»Hansen«); Reg.-Nr. XV/19142/60; Vorgangsart: IMA; 9.9.1954–1.6.1985 für die Abteilung II der HV A erfasst; Führungsoffizier: 9.9.1954 Erich Boldt, 26.9.1962 Lothar Ruderich, 1.2.1966–1.6.1985 Walter Weichert; BStU, SIRA TDB 21, ZV 8259394.

23 Christel Guillaume (»Heinze«); Reg.-Nr. XV 11694/60; Vorgangsart: IMA; 30.10.1958–1.6.1985 für die Abteilung II der HV A erfasst; Führungsoffizier: 30.10.1958 Erich Boldt, 26.9.1962 Lothar Ruderich, 1.2.1966–1.6.1985 Walter Weichert; BStU, SIRA TDB 21, ZV 8209795.

24 Wolf, Markus: Spionagechef im geheimen Krieg. München 1997, S. 495.

25 Kaderakte Erich Boldt; BStU, ZA, KS II 235/80.

26 Ebenda.

laume dürften also zu diesen von ihm ausgebildeten Übersiedlungskandidaten gehört haben. Weitere Führungsoffiziere »Hansens« und »Heinzes« waren Hauptmann Lothar Ruderich,[27] der ebenfalls Gailat und Laufer unterstellt und später bei der Abteilung VI der HV A tätig war, und schließlich Oberstleutnant Walter Weichert, der spätere stellvertretende Referatsleiter der Abteilung II der HV A, die sich auf die Ausforschung der SPD spezialisiert hatte.

Die Recherche in der Teildatenbank 12 mithilfe der Registriernummer ergibt für »Hansen« 45 Einträge. Über die Hälfte (24) sind Eingangsinformationen, aus denen ersichtlich wird, dass von Guillaume Berichte und Dokumente geliefert wurden. 21 Einträge betreffen Ausgangsinformationen, das heißt, von Günter Guillaume beschaffte Informationen waren Grundlage für Ausarbeitungen der HV A, die an die Parteiführung weitergereicht wurden. Es ist wahrscheinlich, dass Günter Guillaume mehr Informationen an die HV A geliefert hat, doch erfolgte die elektronische Erfassung erst ab 1969. Später nachgetragene, vor 1969 eingegangene Informationen sind nicht mit der Registriernummer verzeichnet worden. Gleichwohl lassen sich einige dieser Einträge, die keine Quellenangabe enthalten, ihrem Inhalt nach höchstwahrscheinlich den Guillaumes zuordnen: so ein 19-seitiger Bericht über die SPD-Bezirksparteitage Hessen-Süd vom 28. April 1962[28] oder eine 22-seitige »Biographie« des Staatssekretärs Wilhelm Birkelbach vom 25. März 1970.[29] Während des Prozesses wurde Wilhelm Birkelbach, bei dem Christel Guillaume Büroleiterin war, zu acht Dokumenten befragt,[30] die möglicherweise seiner Sekretärin in den sechziger Jahren zugänglich gewesen waren. Günter Guillaume lässt in seinem Buch offen, ob ein Teil dieser Dokumente tatsächlich nach Ostberlin geliefert wurde. Drei dieser acht Dokumente passen zu den Vorhaltungen im Prozess, so unter anderem Materialien über die NATO-Stabsübung Fallex 64[31] und Ergebnisse der NATO-Stabsübung Fallex 66, zu Strukturen der Teilverbände der »Armeegruppe Nord«[32] und zu den nationalen Codewörtern in der Bundeswehr.[33]

Die erste Eingangsinformation, die nachweislich von der Quelle »Hansen« beschafft wurde, stammte vom 30. Juli 1969. Die Teildatenbank 12 verzeichnet den

---

27 Kaderakte Lothar Ruderich; BStU, ZA, KS II 471/80.

28 SPD-Bezirksparteitage Hessen Süd 1962 und 1963, Akte 2521, 28.4.1962; BStU, SIRA TDB 12, SE 6904326. Die Originaltitel in der Teildatenbank 12 enthalten keine Umlaute und einige Schreibfehler, die stillschweigend korrigiert wurden.

29 Biographische Angaben, 25.3.1970; BStU, SIRA TDB 12, SE 7002019.

30 Guillaume, Günter: Die Aussage. Berlin 1988, S. 96.

31 Die weitere Auswertung der NATO-Stabsübung Fallex 64 durch Bonner Ministerien, 11.2.1965; BStU, SIRA TDB 12, SE 6905099.

32 Ergebnisse und Schlussfolgerungen aus der NATO-Kommandostabsübung Fallex 66 auf dem Gebiet der TV [Teilverbände] im Bereich der NATO-Armeegruppe Nord, 22.3.1967; BStU, SIRA TDB 12, SE 6905535.

33 Die Verwendung, Verwaltung und Zuteilung von nationalen Codewörtern in der Bundeswehr, 28.12.1967; BStU, SIRA TDB 12, SE 6905490.

Eingang eines neunseitigen Berichts über Bundesverkehrsminister Georg Leber.[34] Die letzte Information »Hansens« datiert vom 8. April 1974, also zwei Wochen vor seiner Verhaftung. Der dreiseitige Bericht befasst sich mit Beratungen der SPD-Spitze am 30./31. März 1974 in Münstereifel.[35] Auf Basis solcher präziser Angaben lassen sich diverse Behauptungen überprüfen. So etwa die von Markus Wolf, wonach die Guillaumes ihre Tätigkeit im Sommer 1973 eingestellt hätten, nachdem sie Observationsmaßnahmen festgestellt hätten. Diese Vorsichtsmaßnahme, heißt es bei Wolf, habe bis Herbst 1974 angehalten.[36] Mit dem SIRA-Eintrag wird Wolf widerlegt. Eine andere Darstellung Wolfs lässt sich eher bestätigen: Die während des gemeinsamen Norwegen-Urlaubs mit Bundeskanzler Willy Brandt durch »Hansen« und »Heinze« kopierten Dokumente seien nie bei der HV A angekommen,[37] da sie von der Kurierin Anita Rausch in den Rhein geworfen worden seien.[38] Tatsächlich findet sich in der Teildatenbank 12 für den fraglichen Zeitraum kein entsprechender Informationseingang, auch kein Brief des amerikanischen Präsidenten Richard Nixon an Brandt.[39]

»Hansen« informierte vor allem über SPD-interne Vorgänge (23 Informationen), es folgen Fragen der Regierungspolitik (12) und mit einigem Abstand Gewerkschaftsfragen (9). Alle Informationen sind ausschließlich unter der Registriernummer von »Hansen«, also Günter Guillaume erfasst. Die Registrierung von Christel Guillaume findet sich nicht als Quellenangabe wieder, obwohl sie, gerade in den ersten Jahren, den besseren Zugang zu relevanten Unterlagen hatte. Möglicherweise wurden die Informationen der Guillaumes ab 1969 grundsätzlich unter der Vorgangsnummer von »Hansen« subsumiert.

Die Bedeutung Günter Guillaumes erschließt sich nicht nur aus seinen Informationszugängen, sondern auch an der Wertigkeit der Informationen für die HV A, die seitens der Auswerter benotet wurden. 19 Informationen »Hansens« liegen mit einer

34 Zur Person des Bundesverkehrsministers Georg Leber und dessen Einschätzung einiger innerparteilicher Fragen der SPD, 30.7.1969; BStU, SIRA TDB 12, SE 6901100.

35 Die Beratung der SPD-Spitzengremien am 30. und 31.3.1974 in Münstereifel, 8.4.1974; BStU, SIRA TDB 12, SE 7402532.

36 Wolf: Spionagechef (Anm. 24), S. 278 f.

37 Im Juli 1973 begleiteten die Guillaumes Willy Brandt während seines Urlaubs im norwegischen Hamar, wo sie Zugriff auf viele Regierungsdokumente erhielten, die an Brandts Urlaubsort weitergeleitet wurden.

38 Wolf: Spionagechef (Anm. 24), S. 273.

39 In dem Brief, dessen Wortlaut als Fernschreiben nach Norwegen übermittelt wurde, bittet Nixon Brandt um Einflussnahme auf die französische Seite zur Unterzeichnung der Atlantischen Charta. Die Weitergabe des Fernschreibens (bzw. einer Kopie) wurde Guillaume in seinem Prozess vorgehalten. In seinen Memoiren bestätigt er die Weitergabe nach Ostberlin. Wolf dagegen behauptet, die Kopien seien nie in Ostberlin angelangt. Vgl. Wolf: Spionagechef (Anm. 24), S. 269–274; Guillaume: Aussage (Anm. 30), S. 332–336.

Bewertung vor:[40] 14 hatten einen »mittleren Wert« (III), fünf galten als »wertvoll« (II). Sie befassten sich mit möglichen Verhandlungen der Bundesrepublik mit der DDR,[41] Bankangelegenheiten zwischen beiden deutschen Staaten,[42] Differenzen zwischen dem DGB und einer amerikanischen Gewerkschaft[43] oder der Situation innerhalb der SPD.[44] Auch die Beschaffung des Entwurfs einer Parteitagsrede Willy Brandts war sicherlich für die HV A ein interessanter Informationseingang.[45] Dieser Eindruck relativiert sich jedoch durch den Umstand, dass dieser Entwurf offensichtlich erst nach Veröffentlichung dieser Rede zur HV A gelangt war.

Die Teildatenbank 12 weist »Hansen« zwar als eine Quelle aus, die einige Spitzeninformationen beschafft hat; für die HVA war das jedoch nichts Besonderes. Trotz hervorragender Platzierung als einer der Kanzlerreferenten vermochte »Hansen« nur wenige wertvolle Informationen zu bringen.

War es wirklich so? Könnte es nicht sein, dass Informationen der »Topquelle ›Hansen‹« angesichts ihrer Bedeutung nicht in das System SIRA eingespeist wurden? Auch wenn dies im Einzelfall vorgekommen sein mag, sprechen mehrere Argumente dagegen: Auch nach der Einstellung »Hansens« in das Bundeskanzleramt werden seine Informationen an die zentrale Auswertung der HV A weitergereicht und in SIRA eingespeist. Da sich darunter – wie bereits aufgezeigt – Spitzeninformationen befinden, ist eine Sonderbehandlung nicht zu erkennen. Denn warum sollten weitere Informationen »Hansens« nicht verzeichnet sein? Als wahrscheinlich ist anzunehmen, dass die HV A ihn anfangs zurückhaltend arbeiten ließ, also besonders vorsichtig operierte, um eine Gefährdung der Quelle so gering wie möglich zu halten. Dies galt sicherlich besonders nach dem Aufrücken Guillaumes in die unmittelbare Umgebung Willy Brandts. Die Dinge liefen sozusagen erst langsam an. Als Beleg dafür mag gelten, dass die Anzahl der von »Hansen« beschafften Informationen erst ab 1973 deutlich zunimmt. Der Vollständigkeit halber sei an dieser Stelle vermerkt, dass eine Reihe von Fragen auch durch SIRA nicht beantwortet werden kann; etwa die, ob »Hansen« die bundesdeutsche Politik beeinflusst hat – SIRA gibt die Über-

---

40 Das Benotungssystem reichte von I (sehr wertvoll) bis V (ohne Wert). Vgl. Müller-Enbergs: Inoffizielle Mitarbeiter. Teil 2 (Anm. 19), S. 172–175. Für rund 117 000 Informationen in der Teildatenbank 12 liegen die Benotungen vor, von denen lediglich 2 700 die Note I und 22 000 die Note II erhalten haben.

41 Die Vorbereitungen der möglichen Verhandlungen zwischen der Bundesrepublik und der DDR, 2.3.1970; BStU, SIRA TDB 12, SE 7001157.

42 38 »Fragen der Regulierung von Bankangelegenheiten zwischen der DDR und der BRD«, 8.6.1971; BStU, SIRA TDB 12, SE 7006021.

43 Differenzen zwischen dem DGB und der amerikanischen Gewerkschaft AFL CIO in Vorbereitung der Reise von Brandt in die USA Mitte Juni 1971, 8.6.1971; BStU, SIRA TDB 12, SE 7101666.

44 Situation in der SPD-Baracke in Bonn nach den Beschlüssen der Spitzengremien v. 26.2.1971, 26.3.1971; BStU, SIRA TDB 12, SE 7101972.

45 Entwurf v. 6.4.1973 der Parteitagsrede von Willy Brandt in Hannover, 19.4.1973; BStU, SIRA TDB 12, SE 7301202.

sicht über beschaffte Informationen, aber nicht über die Anweisungen, die eine Quelle in der Gegenrichtung aus Ostberlin erhalten hat.

Für den Zeitraum von 1970 bis 1973, in dem »Hansen« nur spärlich informierte, findet sich in der Teildatenbank 12 eine große Zahl von Berichten und Dokumenten aus den Bereichen SPD, Bundesregierung und Gewerkschaften, die durch andere Quellen der HV A beschafft wurden. Einer beachtlichen Anzahl dieser Materialien wurde von der HV A eine weitaus höhere Brisanz als den von »Hansen« beschafften beigemessen. Fünf Beispiele:

1. Allein die wohl emsigste Quelle der HV A im Bereich der SPD, der unter dem Decknamen »Max« registrierte Chef der Bonner SPD, Rudolf Maerker,[46] lieferte zwischen 1969 und April 1974 162 Berichte nach Ostberlin, von denen 25 die Note II, einer die sehr seltene Note I erhielt. So informierte er über Äußerungen führender SPD-Funktionäre zur Politik der SPD,[47] über Reisen von Helmut Schmidt, Klaus Schütz, Hans-Jürgen Wischnewski und anderen,[48] ein Gespräch Willy Brandts mit führenden Unternehmern,[49] den Zwischenstand der Koalitionsverhandlungen zwischen SPD und FPD,[50] Einstellungen von Parteivorstandsmitgliedern zur Regierungserklärung vom 28. Oktober 1969,[51] die Kontroverse zwischen Helmut Schmidt und Herbert Wehner[52] und etliche andere Fragen.[53] Bis zu seinem Tod im Jahre 1987 sind für »Max« über 1 700 Informationseingänge verzeichnet.

---

46 Rudolf Maerker (»Max«); Reg.-Nr. XV/1628/68; Vorgangsart: IMA; 18.10.1968 bis Auflösung für die Abteilung II der HV A erfasst; Führungsoffizier: 18.10.1968 Gerhard Mehlhase, 26.8.1969 Harry Brade, 10.1.1976 Wolfgang Gemeinhardt, 5.7.1977 Peter Hausstein, 5.2.1981 Bernd Langerwisch, 4.11.1986 bis Auflösung Dirk Thomas; BStU, SIRA TDB 21, ZV 8207117.

47 Äußerungen führender SPD-Funktionäre zur Politik der SPD, 8.7.1969; BStU, SIRA TDB 12, SE 6900809.

48 Reisen sozialdemokratischer Funktionäre [Helmut] Schmidt, [Klaus] Schütz, [Hans-Jürgen] Wischnewski, 14.7.1969; BStU, SIRA TDB 12, SE 6901102.

49 Ein Gespräch Willy Brandts mit führenden Unternehmern, 3.9.1969; BStU, SIRA TDB 12, SE 6901181.

50 Die Sitzung der SPD-Fraktion am 14.10.1969 und der Stand der Koalitionsverhandlungen zwischen der SPD und FDP v. 15.10.1969, 17.10.1969; BStU, SIRA TDB 12, SE 6901777.

51 Die Haltung führender Kreise des SPD-Parteivorstandes zu einigen Fragen der Regierungserklärung v. 28.10.1969, 10.11.1969; BStU, SIRA TDB 12, SE 6901800.

52 Kontroverse H[elmut] Schmidt – H[erbert] Wehner, 12.2.1970; BStU, SIRA TDB 12, SE 7002472.

53 Interne Reaktionen in der SPD und in der CDU/CSU zur Frage der Aufnahme von Verhandlungen zwischen beiden deutschen Staaten, 2.2.1970; BStU, SIRA TDB 12, SE 7001436; Gespräch zwischen Vertretern des SPD-Präsidiums und des Bundes der Vertriebenen am 26.11.1970 in Bonn, 11.12.1970; ebenda, SE 7005593; Äußerungen führender Politiker der SPD zur Ostpolitik der Bundesregierung und zu den Verhandlungen zwischen der Regierung der DDR und dem Senat von WB [Westberlin], 20.4.1971; ebenda, SE 7101026; Äußerungen eines führenden Bonner SPD-Politikers zur UNO-Rede-Konzeption von Bundeskanzler Brandt, 3.9.1973; ebenda, SE 7302557; Zur Zusammenkunft der Ministerpräsidenten der Länder am 20.9.1973 mit Bundeskanzler Brandt, 9.10.1973; ebenda, SE 7303621.

2. Ein ähnliches Kaliber war die Quelle »Karstaedt«[54] der Abteilung X der HV A. Sie berichtete unter anderem über die bisherigen Reaktionen auf den deutschlandpolitischen Teil der Regierungserklärung Brandts durch das Bundeskanzleramt,[55] »Äußerungen Walter Scheels zum Inhalt des zurückgezogenen ersten Entwurfs des Berichts zur Lage der Nation«,[56] das Gespräch der Außenminister der drei Westmächte und der Bundesrepublik am 3. Dezember 1969 in Brüssel zur Deutschland- und Ostpolitik[57] oder beispielsweise über eine vertrauliche Wertung der Moskauer Gesprächsrunde durch Außenminister Walter Scheel am 11. Februar 1970.[58] Interessant dürften für die HV A auch die Vorgeschichte der Reise Egon Bahrs nach Moskau[59] oder die Positionen des Bonner Außenministeriums zu Modellen einer vertraglichen Regelung zwischen der Bundesrepublik und der DDR gewesen sein.[60]

3. Die Quelle »Steiger«[61] der Abteilung II/4 der HV A, offensichtlich der 1972 verhaftete Mitarbeiter des DGB-Bundesvorstands Wilhelm Gronau, beschaffte unter anderem Informationen über die Kontaktaufnahme des DGB zu den polnischen und anderen Gewerkschaften der sozialistischen Staaten,[62] Bewertungen des Ergebnisses der Landtagswahlen in Nordrhein-Westfalen, Niedersachsen und im Saarland am 14. Juni 1970 durch führende SPD-Funktionäre[63] und Absichten des Kuratoriums Unteilbares Deutschland.[64]

---

54 »Karstaedt«; Reg.-Nr. XV/6004/60; Vorgangsart: IMA; 12.5.1960 für die Abteilung VII, 24.8.1963 für die Abteilung X der HV A erfasst; Führungsoffizier: 12.5.1960 Rolf Wagenbreth, 24.8.1963 bis Auflösung Gerhard Schubert; BStU, SIRA TDB 21, ZV 8239648.

55 Die Einschätzung der bisherigen Reaktion auf den deutschlandpolitischen Teil der Regierungserklärung Brandts durch das Bundeskanzleramt, 26.11.1969; BStU, SIRA TDB 12, SE 6902017.

56 Äußerungen [Walter] Scheels zum Inhalt des zurückgezogenen 1. Entwurfs des Berichts zur Lage der Nation, 16.1.1970; BStU, SIRA TDB 12, SE 7000592.

57 Das Gespräch der Außenminister der drei Westmächte und der Bundesrepublik am 3.12.1969 in Brüssel zur Deutschland- und Ostpolitik, 20.12.1969; BStU, SIRA TDB 12, SE 7000688.

58 Vertrauliche Einschätzung der Moskauer Gesprächsrunde durch Scheel am 11.2.1970, 14.2.1970; BStU, SIRA TDB 12, SE 7001035.

59 Vorgeschichte [der Egon-]Bahr-Reise nach Moskau, 2.2.1970; BStU, SIRA TDB 12, SE 7001037.

60 Inhaltliche Wiedergabe einer Ausarbeitung des Bonner AA [Auswärtigen Amtes] zum Thema Voraussetzungen und Modelle einer vertraglichen Regelung zwischen BRD und DDR, 24.11.1970; BStU, SIRA TDB 12, SE 7006025.

61 Wilhelm Gronau (»Steiger«); Reg.-Nr. XV/11825/60; Vorgangsart: IMA; 25.4.1956-15.6.1984 für die Abteilung II der HV A erfasst; Führungsoffizier: 25.4.1956 Herbert Bräunig, 29.7.1965 Fritz Karp, 13.9.1972 Hartmut Kretschel, 7.8.1978-15.6.1984 Ewald Bürge; BStU, SIRA TDB 21, ZV 8209667.

62 Die Kontaktaufnahme des DGB zu den polnischen und anderen Gewerkschaften der Sozialistischen Staaten, 17.2.1970; BStU, SIRA TDB 12, SE 7000895.

63 Einschätzungen des Wahlergebnisses der SPD bei den Landtagswahlen am 14.6.1970 durch führende SPD-Funktionäre, 24.6.1970; BStU, SIRA TDB 12, SE 7003928.

64 Absichten des KUD zur Förderung öffentlicher Diskussionen zwischen westdeutschen Spitzenpolitikern über die Ost- und Deutschlandpolitik, 10.9.1970; BStU, SIRA TDB 12, SE 7006065.

4. Die Quelle »Bob« der Abteilung II/4 der HV A[65] beschaffte beispielsweise das 79-seitige Protokoll der Parteiratstagung der SPD am 17. März 1973.[66]
5. Die Quelle »Frank«[67] der Abteilung X der HV A vermochte ein achtseitiges Dokument aus dem SPD-Parteivorstand über das Gespräch des SPD-Fraktionsvorsitzenden Herbert Wehner mit Erich Honecker zu übermitteln.[68]

Diese fünf Beispiele verdeutlichen, dass »Hansen« trotz seiner außerordentlichen Position – informatorisch gesehen – lediglich eine mittelmäßige Quelle war. Und selbst nach seiner Verhaftung am 24. April 1974 war die HV A erstaunlich gut unterrichtet über die Vorgänge in Sachen Guillaume. Bis 1977 finden sich in der Teildatenbank 12 insgesamt 27 diesbezügliche Einträge: Bereits fünf Tage nach der Inhaftierung konnte die Quelle »Zucker«[69] über die beim Bundesministerium des Innern eingeleiteten Sicherheitsüberprüfungen im Zusammenhang mit der Festnahme im Bundeskanzleramt berichten.[70]

Am 3. Mai 1974 erarbeitete die Auswertungsabteilung der HV A eine fünfseitige Ausgangsinformation für die SED-Parteiführung mit dem Titel: »Erste interne Reaktionen auf die Verhaftung des Mitarbeiters im Bonner Kanzleramt Guillaume«.[71] Für die Erstellung dieser Information werden die Berichte von sieben Quellen verschiedener Diensteinheiten der HV A herangezogen. Weitere Ausgangsinformationen folgen am 20. und 22.5.1974. Sie basieren auf den von insgesamt 18 HVA-Quellen beschafften Informationen.

Letztlich ist noch die Beschaffung des 121 Seiten umfassenden »Berichts der Kommission vorbeugender Geheimschutz über die Prüfung von Sicherheitsfragen

---

65 »Bob«; Reg.-Nr. XV/1471/65; Vorgangsart: IMA; 26.6.1965 für die Abteilung XV der Bezirksverwaltung Schwerin des MfS, 24.2.1972 bis Auflösung für die Abteilung II der HV A erfasst; Führungsoffizier: 26.6.1965 Jos Schmelter, 11.8.1966 Willi Roebke, 24.2.1972 Johannes Gensel, 26.1.1981 Axel Zimmermann, 4.12.1984 bis Auflösung Stefan Ulrich; BStU, SIRA TDB 21, ZV 8237496.

66 Parteiratstagung der SPD am 17.3.1973, 28.3.1973; BStU, SIRA TDB 12, SE 7301200.

67 »Frank«; Reg.-Nr. XV/188/66; Vorgangsart: IMA; 14.1.1966 für die Abteilung VII der HV A, 15.5.1971 bis Auflösung für die Abteilung X der HV A erfasst; Führungsoffizier: 14.1.1966 bis Auflösung Horst Kopp; BStU, SIRA TDB 21, ZV 8207805.

68 Aus dem Parteivorstand der SPD – Wehner über sein Gespräch mit Honecker, 25.7.1973; BStU, SIRA TDB 12, SE 7302322.

69 »Zucker«; Reg.-Nr. XV/1835/69; Vorgangsart: IMA; 14.10.1969-6.5.1986 für die Abteilung I der HV A erfasst; Führungsoffizier: 14.10.1969-6.5.1986 Wolfram Knötig; BStU, SIRA TDB 21, ZV 8243652.

70 Sicherheitsüberprüfungen im BMI [Bundesministerium des Innern] im Zusammenhang mit der Festnahme im BKA [Bundeskriminalamt], 29.4.1974; BStU, SIRA TDB 12, SE 7400999.

71 Erste interne Reaktionen auf die Verhaftung des Mitarbeiters im Bonner Kanzleramt, Guillaume, 3.5.1974; BStU, SIRA TDB 12, SA 7401302.

im Zusammenhang mit dem Fall Guillaume«[72] durch die Quelle »Hanna« am 2. Januar 1975 erwähnt.[73]

Werner Stiller

Am 18. Januar 1979 setzte sich der Offizier der HV A Werner Stiller nach Westberlin ab, nachdem er bereits zuvor Kontakt zum Bundesnachrichtendienst aufgenommen hatte. Der Oberleutnant und Diplomphysiker Stiller war seit 1972 in der Abteilung XIII des für Industriespionage zuständigen Sektors Wissenschaft und Technik der HV A beschäftigt. Die Abteilung XIII befasste sich mit der »Aufklärung« der Grundlagenforschung. Stiller, der dem Referat 1 angehörte, war vor allem für die Spionage auf dem Gebiet der Kernforschung zuständig. Bei seiner Flucht gelang es ihm, umfangreiche geheime Unterlagen der HV A mit nach Westberlin zu nehmen. Bereits wenige Stunden später setzte in mehreren westeuropäischen Ländern eine Verhaftungswelle ein. Etwa 15 DDR-Agenten konnten allein in der Bundesrepublik am 19. Januar 1979 verhaftet werden.

Die Recherchemöglichkeiten im Fall Werner Stiller sind zurzeit noch durch den Umstand beschränkt, dass sämtliche bisher rekonstruierte Datensätze in dieser Datenbank erst nach der Flucht Stillers entstanden sind.[74] Die Rekonstruktion weiterer, umfangreicher Daten aus diesem Bereich ist absehbar, sodass zukünftig genauere Aussagen zur Informationsbeschaffung des Sektors Wissenschaft und Technik der HV A ab 1969 gemacht werden können. Trotzdem ergeben sich aus den bereits verfügbaren Daten einige recht interessante Erkenntnisse zum »Fall« Werner Stiller.

Von Bedeutung ist wieder die Recherche in der Teildatenbank 21, der zentralen Vorgangsregistratur der HV A. Mithilfe dieser Recherche lässt sich ein exaktes Bild über die von Stiller geführten Vorgänge erstellen. Um die Bedeutung der Flucht Stillers für die HV A und die westlichen Geheimdienste besser einschätzen zu können, ist die Zahl der von ihm geführten Vorgänge ein durchaus interessantes Indiz. Die Suche nach dem zuständigen Mitarbeiter (Führungsoffizier) Werner Stiller ergibt insgesamt 71 Vorgänge, für die der spätere Überläufer in der Zeit zwischen 1972 und Januar 1979 verantwortlich war. Da Stiller nur sieben Jahre im Dienst der HV A stand, ist dies eine durchaus beachtliche Größe. Eine Analyse dieser Vorgänge zeigt: 36 Vorgänge wurden von Stiller selbst angelegt – also Quellen von ihm selbst ange-

---

72 Über einen WD [westdeutschen] Bericht im Zusammenhang mit der Tätigkeit der CIA in der BRD, 18.3.1975; BStU, SIRA TDB 12, SE 7500782.

73 »Hanna«; Reg.-Nr. XV/2143/73; Vorgangsart: IMA; 10.9.1973 bis Auflösung für die Abteilung VI der HV A erfasst; Führungsoffizier: 10.9.1973 Dietmar Burkhardt, 7.8.1985 Siegfried Mietzsch, 22.11.1985 Dieter Grahmann, 3.11.1986 bis Auflösung Eckhardt Steinfurth; BStU, SIRA TDB 21, ZV 8251031.

74 Einige Datensätze liegen auch für das Jahr 1971 vor. Doch zu diesem Zeitpunkt war Werner Stiller noch nicht bei der HV A beschäftigt. Er begann seine Tätigkeit am 9. Mai 1972.

worber, und 35 Vorgänge übernahm er im Laufe seiner Dienstzeit von anderen Offizieren der HV A.

Zu den Vorgangsarten der von Werner Stiller registrierten Akten ergibt sich Folgendes:

– 53 IM-Vorgänge, ohne dass eine Unterscheidung zwischen Ost- und West-IM möglich ist;
– 15 Vorgänge für IM zur »Sicherung des Verbindungswesens« (Deckadressen, Decktelefone, Inhaber konspirativer Wohnungen usw.);
– 1 Vorgang für die von Stiller genutzte konspirative Wohnung;
– 1 Vorgang, der im Zusammenhang mit der Zentralen Bearbeitung eines Objekts im »Operationsgebiet« angelegt wurde (»Objektvorgang«);
– 1 Vorgang, der im Zusammenhang mit der Führung eines Offiziers im besonderen Einsatz (»OibE«) angelegt wurde.

Zum Zeitpunkt seiner Flucht am 18. Januar 1979 waren 59 seiner Vorgänge aktiv. 51 Vorgänge wurden bis 1984 eingestellt und archiviert - acht blieben offen, darunter der Vorgang des Offiziers im besonderen Einsatz (OibE) »Reinhard«.[75] Laut Stiller handelt es sich bei ihm um den damaligen Sekretär der Physikalischen Gesellschaft der DDR.[76] Auch die Akte des Atomspions Reiner Fülle, alias »Klaus«,[77] der sich auf abenteuerliche Weise seiner Festnahme entziehen und in die DDR flüchten konnte, später aber wieder freiwillig in die Bundesrepublik zurückkehrte, wurde nach Stillers Flucht von der HV A weiter geführt.

Vergleicht man die Daten der Teildatenbank 21 mit den Angaben, die Werner Stiller in seinem 1986 erschienenen Buch »Im Zentrum der Spionage« gemacht hat, so beeindruckt die Genauigkeit seiner Aussagen zu den von ihm geführten Quellen. Es lassen sich mithilfe von Stillers Buch mindestens 28 seiner Vorgänge in der Teildatenbank 21 direkt identifizieren. Bei diesen Vorgängen lässt sich also die Registriernummer der HV A zu den von Stiller genannten Personen bzw. Objekten ermitteln. Auch andere Vorgänge, in die er während seiner Tätigkeit Einblick erhielt und in seinem Buch offen legte, finden sich exakt in der Datenbank der HV A wieder.

---

75 »Reinhard«; Reg.-Nr. XV 153/72; Vorgangsart: OibE; 15.3.1972 für die Abteilung XIII, 24.4.1986 bis Auflösung für die Abteilung V der HV A erfasst; Führungsoffizier: 15.3.1972 Horst Kießig, 21.4.1975 Werner Heinze, 6.9.1977 Werner Stiller, 13.9.1977 Peter Bertag, 8.2.1982 Karl-Heinz Klinger, 24.4.1986 Rolf Sips, 29.12.1986 bis Auflösung Peter Bertag; BStU, SIRA TDB 21, ZV 8234731.

76 Stiller, Werner: Im Zentrum der Spionage. Mainz 1986, S. 85, 94 u. 280.

77 Reiner Fülle (»Klaus«); Reg.-Nr. XVII/205/66; Vorgangsart: IMA; 15.12.1967–18.8.1982 für die Abteilung XIII der HV A erfasst; Führungsoffizier: 15.12.1967 Heinz Friedrich, 30.4.1971 Horst Kießig, 21.4.1975 Werner Heinze, 6.9.1977 Werner Stiller, 1.8.1979 Jürgen Preuß, 23.1.1980 Horst Kießig, 22.12.1981–18.8.1982 Helmut Fischer; BStU, SIRA TDB 21, ZV 8257244.

Zu nennen wären an dieser Stelle beispielhaft Angaben, die Stiller zur so genannten Residentur »Hartmann« macht,[78] eines 1969 durch den Doppelagenten »Alois« aufgeflogenen Spionagerings des Sektors Wissenschaft und Technik der HV A.[79] Stiller beschreibt in seinem Buch sehr genau das Geflecht und die Geschichte dieser Residentur der HV A.[80] Hier lassen sich die Vorgänge von mindestens sieben der beteiligten IM der HV A in der Teildatenbank 21 identifizieren - eine wichtige Voraussetzung für weitere Recherchen, denn ohne Registriernummern fallen gesicherte Aussagen schwer: Beispielsweise wurde allein der Deckname »Peter« bei der HV A 282 mal vergeben.[81]

Für Stiller waren die Auswerter der Abteilung V, die die Teildatenbank 11 (SWT) führten, die Adressaten der beschafften Informationen, doch ist diese bislang noch nicht hinreichend rekonstruiert. Allerdings bietet die Teildatenbank 12 ebenfalls einigen Aufschluss über die Informationen von Stillers Agenten. Denn alle Diensteinheiten der HV A waren angehalten, Informationen von grundlegender wirtschaftlicher, politischer oder militärischer Bedeutung an die zentrale Auswertung der HV A, die Abteilung VII, zu übergeben.[82]

Besonders für die wichtigste Quelle Werner Stillers, Reiner Fülle - den Spion in der Gesellschaft für die Wiederaufbereitung von Kernbrennstoffen in Karlsruhe -, finden sich insgesamt 27 Einträge in der Teildatenbank 12. Dazu kommen noch sieben Ausgangsinformationen der HV A, für deren Erarbeitung auch die von »Klaus« beschafften Berichte und Dokumente als Grundlage dienten. Zwischen 1970 und 1977 beträgt der Umfang der von ihm für Ostberlin beschafften, bei der Auswertung der Abteilung VII der HV A eingereichten Dokumente rund 2 300 Blatt. Dabei handelte es sich ausschließlich um Originaldokumente aus der Wiederaufbereitungsanlage und dem Kernforschungszentrum Karlsruhe. Darunter befinden sich Materialien von besonderer Sicherheitsrelevanz, wie zu Notstandsplänen[83] und über

---

78 »Hartmann«; Reg.-Nr. XV 12997/60; Vorgangsart: IMA; 1.6.1957 für die Abteilung XV der Bezirksverwaltung Gera des MfS, 11.4.1978 für die Abteilung V, 1.6.1972-19.10.1988 für die Abteilung XIII der HV A erfasst; Führungsoffizier: 1.6.1957 Georg Walter, 12.12.1961 Eduard Drahokoupil, 9.1.1962 Reinhard Linke, 11.4.1968 Manfred Werdin, 15.10.1969 Günter Heinrich, 1.6.1972 Christian Streubel, 10.10.1980 Rainer Grünert, 30.8.1988-19.10.1988 Axel Hüther; BStU, SIRA TDB 21, ZV 8259949.

79 »Alois«; Reg.-Nr. XV 4233/60; Vorgangsart: IMA; 15.8.1959 für die Abteilung V, 1.6.1972-5.5.1978 für die Abteilung XIII der HV A erfasst; Führungsoffizier: 15.8.1959 Siegfried Senkel, 24.7.1963 Reinhard Linke, 15.8.1968 Manfred Werdin, 15.10.1969 Günter Heinrich, 1.6.1972-5.5.1978 Christian Streubel; BStU, SIRA TDB 21, ZV 8218227.

80 Stiller: Spionage (Anm. 76), S. 85-93.

81 Auswertung der SIRA-Teildatenbank 21.

82 Dienstanweisung 1/88 der HV A (Anm. 10).

83 Anleitung zur Vorbereitung von Notstandsplänen für kerntechnische Anlagen, 4.1.1971; BStU, SIRA TDB 12, SE 7100487.

Spaltmaterialkontrolle[84] und Sicherheitsregelungen im Kernforschungszentrum Karlsruhe.[85]

Einige Einträge finden sich in dieser Teildatenbank für Stillers Quelle »Hauser«[86], seinen Spion im Siemens-Kabelwerk München, sowie zur Quelle »Fellow«, einen Professor an der Universität Göttingen,[87] und »Sturm«, die bei IBM in München beschäftigt war.[88] Bei all diesen Quellen ist davon auszugehen, dass sich nach Rekonstruktion der Teildatenbank exakt das beschaffte Material bestimmen lässt. Ein Blick in die von Werner Stiller nach seiner Flucht in die Bundesrepublik verbrachten Unterlagen, die unterdessen an die Behörde zurückgereicht worden sind, bestätigt, wie zutreffend die Einträge in SIRA erfolgt sind. So verzeichnet Stiller in seinem handschriftlich gefertigten Jahresbericht 1977 insgesamt zehn Informationsübergaben an die Abteilung VII der HV A[89] – all diese Übergaben finden sich in der Teildatenbank wieder.

Interessante Einblicke ergeben sich auch zur »Wiener Residentur« der HV A. Sie war eine wichtige Technologie-Beschaffungslinie des Sektors Wissenschaft und Technik und wurde von den HVA-Offizieren Horst Müller und Peter Bertag geführt. Obwohl Stiller nicht direkt an der Führung der Residentur beteiligt war, konnte er, nachdem Peter Bertag in sein Referat versetzt wurde und mit ihm das Zimmer teilte, einiges darüber in Erfahrung bringen.[90] In seinem Buch berichtet er in diesem Zusammenhang von den Quellen »Prokurist«,[91] Rudolf Sacher (»Sander«)[92] und »Pro-

---

84 Regelung für die Spaltmaterialkontrolle in der WAK [Wiederaufbereitungsanlage Karlsruhe], 4.1.1971; BStU, SIRA TDB 12, SE 7100488.

85 Allgemeine Sicherheitsregelung des Kernforschungszentrums Karlsruhe, 29.8.1977; BStU, SIRA TDB 12, SE 7705744.

86 »Hauser«; Reg.-Nr. XVIII/2425/71; Vorgangsart: IMA; 5.2.1976-16.6.1983 für die Abteilung XIII der HV A erfasst; Führungsoffizier: 5.2.1976 Werner Stiller, 29.5.1979 Eckhard Frenz, 19.8.1980 Horst Kießig, 22.12.1981-16.6.1983 Helmut Fischer; BStU, SIRA TDB 21, ZV 8206177.

87 »Fellow«; Reg.-Nr. XV/3631/74; Vorgangsart: IMA; 5.12.1974-3.2.1982 für die Abteilung XIII der HV A erfasst; Führungsoffizier: 5.12.1974-3.2.1982 Werner Stiller; BStU, SIRA TDB 21, ZV 8234086.

88 »Sturm«; Reg.-Nr. XV/4981/60; Vorgangsart: IMA; 9.10.1959 für die Abteilung V, 10.8.1973-28.1.1982 für die Abteilung XIII der HV A erfasst; Führungsoffizier: 9.10.1959 Manfred Terber, 5.10.1960 Helmut Reichmuth, 12.6.1970 Günter Heinrich, 9.2.1971 Axel Hüther, 10.8.1973 Christian Streubel, 27.2.1975 Werner Stiller, 24.6.1980-28.1.1982 Horst Kießig; BStU, SIRA TDB 21, ZV 8239802.

89 Mitarbeiter 103 [Werner Stiller]: Jahresbericht Informationsbeschaffung 1977; BStU, HV A 583, S. 174.

90 Stiller: Spionage (Anm. 76), S. 251 f.

91 »Prokurist« bzw. »Richter«; Reg.-Nr. XV/2042/66; Vorgangsart: IMA; 6.7.1966 für die Abteilung V, 18.7.1973-2.12.1982 für die Abteilung XIII der HV A erfasst; Führungsoffizier: 6.7.1966 Horst Müller, 18.7.1973-2.12.1982 Peter Bertag; BStU, SIRA TDB 21, ZV 8207631.

92 »Sander« bzw. »Wendel«; Reg.-Nr. XV/291/70; Vorgangsart: IMA; 14.5.1970 für die Abteilung V, 26.6.1973 bis Auflösung für die Abteilung XIII der HV A erfasst; Führungsoffizier: 14.5.1970 Horst Müller, 26.6.1973 Peter Bertag, 26.2.1982 Karl-Heinz Klinger, 27.12.1985 bis Auflösung Manfred Roßbeintner; BStU, SIRA TDB 21, ZV 8235731.

kop«.[93] Die Aussagen Stillers führten in Österreich zu umfangreichen Ermittlungen, vor allem gegen den bekannten Kommunisten und Teilhaber an diversen Firmen Rudolf Wein, den Atomphysiker Rudolf Sacher und den kürzlich in der Haft verstorbenen legendären Inhaber des Wiener »Clubs 45« Udo Proksch, dessen Geschichte sogar den Stoff für einen Spielfilm bot und der Jahre später im Zusammenhang mit dem so genannten Fall »Lucona« zu lebenslanger Haft verurteilt wurde. Alle drei waren den Ermittlungsbehörden schon lange bekannt, unter anderem wegen fragwürdiger Embargogeschäfte mit dem Ostblock.[94]

Aus den Dateien der HV A wird auch offenbar, dass selbst nach dem Übertritt Stillers und den Ermittlungen in Österreich gegen die »Wiener Residentur« die Arbeit mit ihr nicht eingestellt wurde. So beschaffte die Quelle »Sander« (jetzt »Wendel«) auch noch 1981 Spitzeninformationen aus dem Bereich der Elektronikindustrie, wie etwa einen Forschungsbericht zu Grundlagenproblemen der Mikrochipproduktion.[95] Dieser 1 585-seitige Bericht erhielt die Bestnote I (»sehr wertvoll«) mit Sonderprädikat, wenn es heißt: Das »Material ist von hoher strategischer Bedeutung, es unterstützt maßgeblich die Erzeugnis-[...] und Verfahrensentwicklung, es erspart Recherchekapazität und führt zu einem hohen volkswirtschaftlichen Nutzen. [...] Weitere interne Informationen zum Thema sind von Interesse.«[96] 1981 liefert die Quelle »Wendel« zwei weitere, ebenfalls mit Bestnote bewertete Dokumente aus dem Bereich der Entwicklung integrierter Schaltkreise.[97]

Auch »Prokurist« (jetzt »Richter«) beschaffte in den folgenden Jahren noch einige Informationen für die HV A. In der Teildatenbank 12 ist bis 1985 der Eingang von sechs Informationen vermerkt, wobei fünf davon erst nach Stillers Flucht eingegangen sind: Der letzte Eintrag dieser Quelle datiert vom 23. April 1985 und enthält deprimierenderweise den 14-seitigen Bericht über die »Technologietransfer-Kontrolle in Österreich«.[98]

Die Quellen »Tschech«[99], »König«[100] und »Huber«[101] schließlich, die trotz der Hinweise von Stiller seinerzeit nicht ermittelt werden konnten, berichteten ebenfalls noch bis weit in die achtziger Jahre nach Ostberlin.

---

93 »Prokop«; Reg.-Nr. XV 4027/76; Vorgangsart: IMA; 28.10.1976-23.12.1981 für die Abteilung XIII der HV A erfasst; Führungsoffizier: 28.10.1976 Peter Bertag, 21.7.1977-23.12.1981 Eckhard Frenz; BStU, SIRA TDB 21, ZV 8204497.

94 Pretterebner, Hans: Der Fall Lucona. Wien, 1987, S. 105-161, hier 141.

95 Vergleichende Untersuchungen zum Ionenimplantationsverfahren mit Projektmasken, 15.01.1981; BStU, SIRA TDB 11, SE 8140198.

96 Ebenda.

97 Untersuchungen zur 5-Mikrometer-Gittermaskentechnologie, 15.1.1981; BStU, SIRA TDB 11, SE 8140199; Anforderungen an Halbleiterschaltkreise unter Berücksichtigung von Ionenprojektionsverfahren, 15.1.1981; BStU, SIRA TDB 11, SE 8140200.

98 Technologie-Kontrolle in Österreich, 23.4.1985; BStU, SIRA TDB 12, SE 8503044.

99 »Tschech« bzw. »Engler Huster«; Reg.-Nr. XV/15805/60; Vorgangsart: IMA; 3.4.1956 für die Abteilung XV der Bezirksverwaltung Potsdam des MfS, 13.4.1961 für die Abteilung V, 22.10.1976 bis Auflösung für die Abteilung XIII der HV A erfasst; Führungsoffizier: 3.4.1956 Horst Klugow, 13.4.1961

Fazit

Die Darstellung der Fälle Guillaume und Stiller zeigt beispielhaft, dass sich mithilfe der HVA-Datenbanken nicht nur allgemeine Aussagen über Art und Umfang der Spionagetätigkeit der HV A treffen, sondern zahlreiche Fakten überprüfen lassen. Da sämtliche Informationen in einer elektronischen Datenbank verfügbar sind, ergeben sich Möglichkeiten für die Recherche, die sonst kaum zu realisieren wären. Nach der endgültigen Fertigstellung der Datenrekonstruktion entsteht ein Beziehungsgeflecht von mehreren hunderttausend Datensätzen, aus dem sich Erkenntnisse zur Arbeit der HVA-Spionage in einer Fülle ableiten lassen wie wohl aus kaum einer anderen archivalischen Quelle in diesem Bereich. Das gilt umso mehr durch den Umstand, dass nur relativ wenige Unterlagen der HV A erhalten geblieben sind. Aber auch die zentrale, langjährige Informationserfassung, wie sie sich in den SIRA-Datenbanken niederschlägt, macht dieses System als ergänzendes Instrument für die Zeitgeschichtsforschung so wertvoll. In der Praxis wird zwar die Arbeit mit SIRA durch die Verwendung wechselnder Deskriptoren, verschiedener Schreibweisen von Registriernummern und Ähnlichem erschwert, weshalb der Umgang mit diesen Erkenntnissen für Nutzer nicht einfach sein wird und eine sorgfältige Auseinandersetzung mit dieser speziellen Materie erfordert. Ein gravierender Mangel des SIRA-Systems ist, dass alle Quellen ausschließlich legendiert (Registriernummer und Deckname), aber nicht mit ihren Klarnamen verzeichnet sind. Dieses Defizit wird sich langfristig durch die verfilmte Personenkartei (»Rosenholz«) kompensieren lassen. Gleichwohl wird manches dennoch verborgen bleiben: die Geschichte und Motive eines Spionagevorganges. Die wenigen operativen Akten der HV A, besonders der Abteilung XV der MfS-Bezirksverwaltung Leipzig, erlauben jedoch einen guten Einblick in den Spionagealltag.

Der letzte Leiter der HV A, Werner Großmann, äußerte über SIRA: »Was tatsächlich gefunden wurde, weiß ich nicht. Wenn es die so genannten SIRA-Dateien sind, dann handelt es sich hier um die elektronisch erfassten Arbeitsergebnisse unserer Kundschafter und Quellen im Ausland.«[102] Mit vielfältigen Recherchemethoden lassen sich im Archiv der Bundesbeauftragten, in der Sekundärliteratur und durch

---

Manfred Süß, 22.4.1964 Werner Zeisler, 12.1.1970 Ralf Kops, 22.10.1976 Wilfried Grohmann, 22.11.1985 Klaus Hoffmann, 23.9.1988 bis Auflösung Christian Starke; BStU, SIRA TDB 21, ZV 8217184.

100 »König« bzw. »Baron«; Reg.-Nr. XV/3633/74; Vorgangsart: IMA; 5.12.1974 bis Auflösung für die Abteilung XIII der HV A erfasst; Führungsoffizier: 5.12.1974 Wilfried Grohmann, 22.11.1985 Thomas Karstedt, 1.8.1987 bis Auflösung Jörg Schillinger; BStU, SIRA TDB 21, ZV 8234088.

101 »Huber«; Reg.-Nr. XV/1063/62; Vorgangsart: IMA; 1.4.1962 für die Abteilung V, 2.5.1977–15.7.1982 für die Abteilung XIII der HV A erfasst; Führungsoffizier: 1.4.1962 Gerhard Schaaf, 12.4.1962 Günter Häring, 4.10.1963 Horst Müller, 7.4.1965 Günter Häring, 2.5.1977–15.7.1982 Klaus Hoffmann; BStU, SIRA TDB 21, ZV 8253283.

102 Großmann, Werner: Interview. In: Freitag v. 5.2.1999.

Interviews darüber hinausgehende Angaben finden, mit deren Hilfe die Daten aus SIRA - wie an den Fällen Stiller und Guillaume beschrieben - präzisiert werden können. Der oftmals unterstellte Fakt, die SIRA-Datenbanken enthielten lediglich kurze Titelangaben der beschafften Informationen, nicht aber die Dokumente selbst, ist unzutreffend. Tatsächlich stellen die an das SED-Politbüro herausgegebenen »Ausgangsinformationen« eine nützliche Kompensation dar, da mit ihrer Hilfe - im unterschiedlichen Grade - auf die Quellen geschlossen werden kann.

Rainer O. M. Engberding

SIRA und »Rosenholz« aus Sicht der polizeilichen Spionagebekämpfung

Die Wende hat insgesamt – und dazu zähle ich die Öffnung der Mauer und die Verfügbarkeit der Stasi-Unterlagen einschließlich SIRA und »Rosenholz« – die Arbeit der polizeilichen Spionagebekämpfung derart verändert, dass wir jetzt Mühe haben, in ein ruhiges Fahrwasser und zu Methoden zurückzufinden, die ohne solche komfortablen Erkenntnisse auskommen. Das Bundeskriminalamt (BKA) befasst sich mit der Spionagebekämpfung zum einen als Ermittlungsbehörde im Rahmen von Aufträgen des Generalbundesanwalts (GBA) in Ermittlungsverfahren (EV) wegen Landesverrats oder geheimdienstlicher Agententätigkeit, zum anderen als Zentralstelle für die Länderpolizeien in deren Ermittlungszuständigkeit.

Meine persönlichen Erfahrungen in der Spionagebekämpfung reichen über zwanzig Jahre zurück und teilen sich in die zwei Hälften vor und nach der Wende. In der gesamten Vergangenheit war das Ministerium für Staatssicherheit (MfS) unser »Hauptarbeitgeber«, wobei wir uns nie sicher sein konnten, welche der vielen Diensteinheiten des MfS oder sogar des Ministeriums für Nationale Verteidigung den Agenten steuerte, während wir es zur Zeit neben den russischen Diensten zunehmend mit den Geheimdiensten des Nahen und Mittleren Ostens zu tun haben. Die großen Unterschiede der beiden Epochen der Spionagebekämpfung liegen in der Verdachtsgewinnung und der Beweisführung.

Spionage ist ein Delikt, das – so will es bereits der Straftatbestand – im Geheimen stattfindet. Das bedeutet, dass sie nicht entdeckt und in der Regel nicht bestraft werden kann. Entdeckt werden nur die Operationen, die aus irgendeinem Grunde aufgefallen sind. Es sind also die fehlerhaften, möglicherweise schlecht geführten Operationen, die der Strafverfolgung zugeführt werden, nicht die erfolgreichen und gut geführten Agentenfälle. Der Erfolg der Spionagebekämpfung besteht demnach darin, die kleinsten Fehler des Gegners im Einzelfall zu nutzen oder in eine breit angelegte Verdachtsgewinnungsmaßnahme umzusetzen. Solche Suchoperationen sind von den Abwehrbehörden – insbesondere dem Verfassungsschutz – in geradezu genialer Weise entwickelt und umgesetzt worden – teilweise aber auch rechtzeitig von Maulwürfen des MfS verraten und somit vereitelt worden. An der Entwicklung von Suchoperationen hat sich auch das Bundeskriminalamt beteiligt, weil sich hier aus der systematischen Auswertung von Ermittlungsverfahren ein enormes Wissen über die vom Gegner angewandten Methoden von der Anwerbetaktik über das Führungs- und Verbindungswesen bis hin zur eingesetzten nachrichtendienstlichen Technik angesammelt hatte. Die so erzielten Abwehrerfolge, die zu der Festnahme einzelner Ingenieure in der Rüstungsindustrie, Sekretärinnen in Ministervorzimmern und gar eines Referenten des Bundeskanzlers führten, wurden in der Öffentlichkeit hoch aufgehängt, waren aber nur die Spitze des nicht abzuschätzenden Eisbergs. Der Fall Günter Guillaume[1] wurde von der Öffentlichkeit immer als der größte Verratsfall angesehen. Ich bin dankbar, dass Stephan Konopatzky diese Vorstellung ein wenig relativiert hat.[2] Wir können dem nur vorbehaltlos zustimmen. Mein Vorgänger als Referatsleiter hat einmal gesagt: »Der Guillaume durfte allenfalls den Kaffee bei den Besprechungen servieren, an denen Wienand[3] teilgenommen hat.«

Ich glaube, niemand in der alten Bundesrepublik war sich des tatsächlichen Ausmaßes der Spionage durch das MfS wirklich bewusst. Über die Jahre der Ausspähungstätigkeit des MfS verteilt – wenn Kuriere und Werber, die zeitweise in der Bundesrepublik operiert haben, mitgezählt werden – werden wir es wohl mit circa 20 000 inoffiziellen Mitarbeitern in der Bundesrepublik zu tun gehabt haben. Diese Zahl ist umstritten und beruht auf Schätzungen, die mit vielen Unwägbarkeiten behaftet sind. Eine verlässliche Größenordnung wird von der Abteilung Bildung und Forschung der BStU zu erarbeiten sein,[4] gleichwohl ist dies eine Größenordnung, die auf übereinstimmenden Schätzungen aller hiermit befassten Behörden beruht. Die Auswertung von »Rosenholz« erlaubt nur eine Teilaussage, nämlich den Bestand der von der HV A und den Abteilungen XV geführten Quellen in der Bundesrepublik zu einem bestimmten Zeitpunkt, nämlich 1988. Die Gesamtzahl der Verurteilungen wegen Spionage für die DDR im Zeitraum der deutschen Teilung schätze ich auf 750 Fälle.[5] Das käme einer Verurteilungsquote unter 4 Prozent gleich, und wahrscheinlich ist auch diese Zahl zu hoch gegriffen, weil viele Verurteilte gar keine West-IM im strengen Sinne, sondern reisende Kuriere und Instrukteure waren.

Die Vorstellungen, die wir damals von der Tätigkeit der HV A und anderen Diensteinheiten des MfS hatten, waren zwar bruchstückhaft, aber in diesen Teilen überraschend genau. Lediglich in zwei Dingen haben wir geirrt, und weil ich dies mehrfach in Schriften und Vorträgen verbreitet habe, möchte ich es bei dieser Gelegenheit gerne richtig stellen:

Zum einen musste ich Abschied nehmen von dem Grundsatz »einmal Agent – immer Agent«. Die Vermutung, dass das MfS niemanden aus seinen Diensten lässt, der sich einmal mit ihm eingelassen hat, war falsch. Mir sind zahlreiche Fälle bekannt, in denen eine nachrichtendienstliche Verbindung auf Wunsch der Quelle

---

1   Günter Guillaume (»Hansen«); Reg.-Nr. XV 19142/60; Vorgangsart: IMA; 9.9.1954-1.6.1985 für die Abteilung II der HV A erfasst; Führungsoffizier: 9.9.1954 Erich Boldt, 26.9.1962 Lothar Ruderich, 1.2.1966-1.6.1985 Walter Weichert; BStU, ZA, SIRA TDB 21, ZV 8259394.

2   Konopatzky, Stephan: Möglichkeiten und Grenzen der SIRA-Datenbank; vgl. ausführlicher den Beitrag von Stephan Konopatzky in diesem Band.

3   Karl Wienand (»Streit«); Reg.-Nr. XV 1741/60; Vorgangsart: IMA; 10.6.1959 für die Abteilung II, 25.3.1971 bis Auflösung für die Abteilung I der HV A erfasst; Führungsoffizier: 10.6.1959 Gerhard Mehlhase, 11.5.1966 Kurt Gailat, 25.3.1971 bis Auflösung Rolf Wiesel; BStU, ZA, SIRA TDB 21, ZV 8261767.

4   Vgl. ausführlicher den Beitrag von Helmut Müller-Enbergs in diesem Band.

5   In den Jahren von 1971 bis 1990 fanden 556 Verurteilungen statt, von denen etwa 400 Agenten im Auftrag eines DDR-Dienstes gehandelt haben.

abgebrochen wurde. Wenn guter Zuspruch nicht fruchtete, so wurde der IM tatsächlich aus der Operation entlassen, ohne dass ihm – abgesehen von einer Schweigeverpflichtung – Repressalien angedroht wurden. Damit korrespondiert die Feststellung, dass Erpressungen weder zu Anwerbungen von Agenten noch zur Aufrechterhaltung der Agententätigkeit genutzt wurden. Zu Erpressungen zähle ich natürlich nicht den Wegfall von Vergünstigungen wie Reiseerleichterung, Befreiung vom Zwangsumtausch usw. Auch die Alternative, bei Beendigung der Agententätigkeit den Partner zu verlieren, dürfte in den so genannten Romeofällen nicht als Erpressung anzusehen sein. Bei Vernehmungen ehemaliger Führungsoffiziere ist deutlich geworden, dass ein Aufklärungsdienst schlecht beraten ist, seine Agenten durch Drohung zur Spionagetätigkeit zu bewegen. Sie würden keine eigene Initiative entwickeln, und die gelieferten Informationen sind grundsätzlich in Zweifel zu ziehen und ohne Bestätigung wertlos.

Andererseits möchte ich die Vorstellung korrigieren, dass das nachrichtendienstliche Geschäft, das grundsätzlich auf die Informationsbeschaffung ausgerichtet ist, ohne Anwendung von Gewalt auskommt. Erst nach der Wende und durch den Einblick in die von der Bundesbeauftragten verwalteten Stasi-Unterlagen wurden uns die Augen geöffnet über die Unterstützung des deutschen und internationalen Terrorismus durch das MfS, die Einrichtung von Ausbildungslagern der Arbeitsgruppe des Ministers für Sonderfragen (AGM/S)[6] für staatliche Killerkommandos bis hin zu den Entführungsaufträgen der Hauptabteilung VIII des MfS[7]. Die HV A mag sich dabei nicht vornehm zurücklehnen, denn auch sie gehörte zu den Ausbildungsteilnehmern der AGM/S und zu den Auftraggebern der Hauptabteilung VIII. Ich möchte auch an die Hinrichtung des Werner Teske erinnern, eines Führungsoffiziers des Sektors Wissenschaft und Technik, der mit dem Gedanken gespielt hatte, in den Westen überzulaufen, tatsächlich aber niemals einen Kontakt zu einem westlichen Dienst gehabt hat. Mit diesen Aspekten hatte sich die polizeiliche Spionagebekämpfung vor der Wende nicht zu befassen. Man war damit beschäftigt, mit kreativer Hartnäckigkeit, die man auch gerne Filigrankriminalistik nannte, die wenigen Spione zu fassen, die sich die Blöße eines Fehlers gaben.

Wie sich die Wende und die deutsche Vereinigung auf die Arbeit der Spionagebekämpfung ausgewirkt hat, lässt sich deutlich an der Zahl der jährlich vom Generalbundesanwalt eingeleiteten Ermittlungsverfahren ablesen, wobei bis 1995 auch Verfahren gegen Führungsoffiziere eingeleitet worden sind (vgl. Tabelle 1).

---

6   Vgl. ausführlicher den Beitrag von Thomas Auerbach in diesem Band.
7   Erinnert sei an die Ermittlungsverfahren gegen die Gruppe »Rennfahrer« und »Karate«.

Tabelle 1
Ermittlungsverfahren des Generalbundesanwaltes

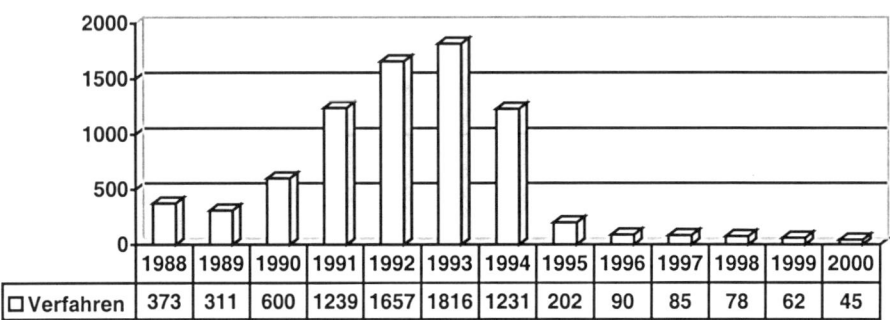

	1988	1989	1990	1991	1992	1993	1994	1995	1996	1997	1998	1999	2000
☐ Verfahren	373	311	600	1239	1657	1816	1231	202	90	85	78	62	45

Diese Statistik macht deutlich, dass die Enttarnungen 1990 angestiegen sind, 1993 einen Höhepunkt erreicht haben und nach 1994 deutlich abgefallen sind. Wenn man in Betracht zieht, dass die ersten »Rosenholz«-Unterlagen im Juli 1993 an die Ermittlungsbehörden gegangen sind, so muss es offenbar andere Erkenntnisquellen gegeben haben, die schon vorher zur Einleitung so vieler Verfahren geführt haben. Ingesamt unterscheide ich drei Wellen von Erkenntnissen, die hierfür ursächlich waren:

Die erste Welle der Ermittlungsverfahren beruhte auf Angaben ehemaliger hauptamtlicher Mitarbeiter der DDR-Dienste. Es handelte sich zum Teil um Personen, die unmittelbaren Einblick in Operationen des MfS oder des militärischen Dienstes hatten – Werner Großmann bezeichnet sie noch immer voller Hass als Verräter –, oder um solche, die nur mittelbare Ermittlungsansätze liefern konnten. Darunter waren Hilfskräfte, Betreuer konspirativer Objekte, Auswerter, Fahrer usw. Sie gaben ihr Wissen gegenüber dem Verfassungsschutz oder den Strafverfolgungsbehörden aus den unterschiedlichsten Motiven preis. Teilweise erhofften sie sich eine Zukunft unter der Obhut der westlichen Dienste, andere handelten aus der Überzeugung, einem Unrechtsstaat gedient zu haben. Sicherlich war in einigen Fällen auch Geld im Spiel. So kam es zu den Festnahmen im eigenen Abwehrbereich, sowohl bei der Polizei als auch bei den Nachrichtendiensten. Das waren Fälle, die uns Ermittlern besonders weh taten. Nicht weil die Einschläge immer näher kamen, sondern weil uns bewusst wurde, dass durch den Verrat in den eigenen Reihen in den letzten zehn Jahren eine effektive Spionagebekämpfung gar nicht möglich gewesen war.

Die zweite Welle, die unter dem Aspekt der Arbeitsbelastung über uns hereinbrach, waren die »Rosenholz«-Unterlagen, die aus gutem Grund an letzter Stelle zu nennen sind, da die betreffenden Daten erst jetzt und in kleinen Portionen auf die

Behörde der Bundesbeauftragten zutröpfeln. Der Strafverfolgung standen diese Unterlagen – soweit sie für die Strafverfolgung notwendig waren – bereits seit Mitte 1993 zur Verfügung. Den technischen Ablauf muss man sich so vorstellen, dass das Bundesamt für Verfassungsschutz (BfV) die von dem befreundeten Dienst zur Verfügung gestellten Unterlagen ausgewertet und gegebenenfalls mit eigenen Erkenntnissen angereichert hat. Meistens ergab sich daraus bereits mit unterschiedlicher Wahrscheinlichkeit die Identität des Agenten. Jeden Einzelfall hat das BfV dem Generalbundesanwalt zur Entscheidung über die Einleitung eines Ermittlungsverfahrens vorgelegt. Der GBA wiederum beauftragte dann das BKA bzw. ein Landeskriminalamt (LKA) mit den polizeilichen Ermittlungen. Es verging kaum ein Tag, an dem nicht ein oder mehrere Ermittlungsaufträge auf meinem Schreibtisch landeten, und es war nicht immer einfach zu entscheiden, welcher Fall zuerst anzugehen ist. Der Öffentlichkeit ist die Existenz der »Rosenholz«-Unterlagen nicht erst mit dem Prozess gegen Therese Marie Squillacote[8] und andere 1998 in den USA bekannt geworden – hiermit wurde lediglich die Diskussion um die Rückführung der Unterlagen ausgelöst, auf die ich gleich noch eingehen möchte –, sondern bereits Ende 1993 durch eine Veröffentlichung des Focus, die auf Indiskretion aus Behördenkreisen beruhte.[9]

Über die Herkunft der »Rosenholz«-Unterlagen und die Inhalte ihrer einzelnen Bestandteile ist ausführlich informiert worden.[10] Ich möchte mich daher darauf beschränken, welche Schlussfolgerungen wir für die Strafverfolgung ziehen konnten und welche Fragen offen blieben. Aus der Zusammenschau der Statistikbögen mit der F 16 konnte man die Identität der unterschiedlichen Arten von inoffiziellen Mitarbeitern der HV A erkennen. Nicht immer unmittelbar, zuweilen waren ergänzende Ermittlungen erforderlich. Darüber hinaus enthielt der Statistikbogen Registriernummer, Deckname und steuernde Diensteinheit, er gab Aufschluss über Zeitpunkt Umstände und Motivation der Anwerbung, das Führungs- und Verbindungswesen, berufliche Tätigkeit und Ausspähungsziel sowie die Lebensumstände und Vermögensverhältnisse des IM. In Zusammenschau mit den damals schon vorhandenen Teilen der F 22, die wir »Garzau-Liste« nannten, wussten wir, welche Führungsoffiziere mit der Operation betraut waren und wann welche Aktenbände – und damit auch wie viele – angelegt wurden. Die früher so mühsam und bruchstückhaft – wenn überhaupt – zu enttarnenden Spionagefälle lagen wie auf einem Präsentierteller vor uns; fast könnte man sie an die Gerichte weiterleiten mit der Bitte um angemessene Bestrafung. Dennoch waren die »Rosenholz«-Unterlagen erst der Ausgangspunkt der polizeilichen Ermittlungen. Es kam in erster Linie darauf an, die

---

8   Therese Marie Squillacote (»Schwan«); Reg.-Nr. 2207/73; Vorgangsart: IMA; 1.10.1973 bis Auflösung
     für die Abteilung XI der HV A erfasst; Führungsoffizier: 1.10.1973 bis Auflösung Lothar Ziemer;
     BStU, ZA, SIRA TDB 21, ZV 8255550.
9   Hufelschulte, Josef; Miller, Peter: Hohngelächter beim CIA. In: Focus 1(1993)48, S. 34–38.
10   Vgl. ausführlicher den Beitrag von Dirk Dörrenberg in diesem Band.

nachrichtendienstlich beschafften Informationen durch strafprozessrechtlich sauber erhobene Fakten zu bestätigen. Erst durch eine Vielzahl von Fällen, in denen die »Rosenholz«-Daten durch andere Beweise bestätigt wurden, konnten die juristisch gebotenen Zweifel an der Karteiführung des MfS gemindert werden. Die Beschuldigten wurden mit dem Ausgangsverdacht konfrontiert und haben in den meisten Fällen den Tatvorwurf im Grunde eingeräumt, wenn sie auch versuchten - oft ist es ihnen auch gelungen - das Ausmaß der Tat hinsichtlich Dauer der Tätigkeit, nachrichtendienstliches Entgelt, Verratsumfang und Vorsatz bzw. Motivation herunterzuspielen. Als Beweismittel standen uns neben den »Rosenholz«-Unterlagen und den Einlassungen der Beschuldigten die Ergebnisse von Durchsuchungen, zum Beispiel Auswertung von Reisepapieren und aufgefundenen dienstlichen Unterlagen - teilweise auch nachrichtendienstlichen Hilfsmitteln -, Zeugenaussagen nicht zuletzt der Führungsoffiziere, Instrukteure, Kuriere und Auswerter, zur Verfügung, Beweismittel, die vor der Wende nicht erhebbar waren. Nicht alle durch »Rosenholz« bezeichneten Fällen waren uns damals unbekannt. Es waren mehrere bereits abgeurteilte Agentenfälle darunter, die jetzt ihre dokumentarische Bestätigung erfuhren; aber auch Fälle, die bislang gegen Unbekannt geführt wurden, konnten mithilfe von »Rosenholz« gelöst werden. Aus den Angaben ehemaliger Hauptamtlicher des MfS wussten wir von der Existenz einer hochwertigen Quelle in der deutschen NATO-Vertretung in Brüssel, kannten den Decknamen und Teile des brisanten Verratsmaterials, konnten aber erst mithilfe der F 16 die Objektquelle »Topas«[11] identifizieren. Als abschließende Bewertung zum Hinweisaufkommen aus »Rosenholz« möchte ich feststellen, dass diese Unterlagen zusammen mit den zuvor erfolgten Angaben ehemaliger MfS-Mitarbeiter zur umfassenden strafrechtlichen Aufarbeitung der HV A und der Abteilungen XV der Bezirksverwaltungen des MfS geführt haben.

Die 1998 entstandene Diskussion um die Überführung der »Rosenholz«-Unterlagen in den Bestand der Bundesbeauftragten für die Stasi-Unterlagen hat die Gemüter offenbar in Wallung gebracht. Zur Frage des grundsätzlichen Herausgabeanspruchs - ob geheim eingestuft oder nicht - möchte ich mich nicht äußern. Allerdings haben die hierbei vorgetragenen Argumente doch zu einigem Kopfschütteln Anlass gegeben. Zugespitzt haben sich diese Torheiten in einer Report-Sendung des Bayerischen Rundfunks am 4. September 2000. Die Ankündigung, am 3. Oktober 2000 würde »die endgültige Verjährung des Landesverrats zu DDR-Zeiten« eintreten, ist schlicht falsch. Auch hier gilt der Grundsatz: Ein Blick ins Gesetz erleichtert die Rechtsfindung. Die geheimdienstliche Agententätigkeit (§ 99 StGB) war schon seit fünf Jahren verjährt, und der als Landesverrat bezeichnete Verrat von Staatsgeheimnissen (§ 94 StGB) ist noch zwanzig Jahre nach der Tat verfolgbar. Die unterschwel-

---

11 Rainer Rupp (»Topas«); Reg.-Nr. XV 333/69; Kategorie: Resident; Vorgangsart: IMA; 8.5.1969 bis Auflösung für die Abteilung XII der HV A erfasst; Führungsoffizier: 8.5.1969 Dieter Kutta, 12.11.1974 Karl Renner, 23.4.1979 bis Auflösung Karl Rehbaum; BStU, ZA, SIRA TDB 21, ZV 8243845.

lige Behauptung, manche noch nicht enttarnten Politiker wollten sich durch Verzögerung der »Rosenholz«-Überführung über die Verjährungshürde retten, entbehrte damit jeder Grundlage.

Damit kommen wir zu den noch nicht enttarnten Politikern. In derselben Report-Sendung stellte Dr. Hubertus Knabe die Behauptung auf, dass zahlreiche IM, die von den Diensteinheiten der Abteilung II der HV A geführt worden sind, die schwerpunktmäßig für bestimmte Parteien zuständig waren, noch nicht enttarnt wurden. Ich habe mir die Mühe gemacht, jedem einzelnen Fall nachzugehen und bin zu dem Ergebnis gekommen, dass sie enttarnt sind (vgl. Tabelle 2).

Tabelle 2
Enttarnte und unenttarnte Quellen

Partei	Anzahl der Quellen	nach Dr. Knabe davon enttarnt	Rechercheergebnis davon tatsächlich enttarnt
CDU	5	1	5
FDP	5	0	5
SPD	14	9	14
Grüne	5	2	5
Σ	29	12	29

Die von uns enttarnten Agenten des MfS sind freilich nicht alle namentlich der Öffentlichkeit preisgegeben worden. Dies verbietet sich aus rechtlichen Gründen. Auch wenn nicht in allen Fällen die Ermittlungen mit der strafrechtlichen Gewissheit eines Urteils abgeschlossen werden konnten, so können sie dennoch als enttarnt gelten. Aus Tabelle 3 wird ersichtlich, welchen Abschluss diese 29 Fälle zum Zeitpunkt meiner Recherche gefunden haben.

Tabelle 3
Folgen für die enttarnten Quellen

Anzahl	Stand	Grund
2	anhängig	Landesverrat
6	verurteilt	Geheimdienstliche Agententätigkeit
4	eingestellt	§ 153a StPO
1	eingestellt	§ 153b StPO
4	eingestellt	§ 170 II StPO (Verjährung)
5	eingestellt	§ 206a StPO (verstorben)
7	damals unbekannt	

Der im Raume stehende Vorwurf, der US-Geheimdienst habe dem Verfassungsschutz und den Strafverfolgungsbehörden wesentliche MfS-Operationen vorenthalten, ist nicht haltbar. Dass die Amerikaner lediglich die Operationen mit Bezug zur Bundesrepublik freigegeben haben, ist verständlich und wird auch in der gegenwärtigen »Rosenholz«-Übergabe beibehalten. Unter diesem Vorbehalt kann man – von einzelnen mittlerweile ausgeräumten Irrtümern abgesehen – von einer vollständigen Übergabe der Informationen bereits 1993 sprechen. Die Spionageabwehrbehörden der Bundesrepublik hatten schon damals eine geeignete Kontrollmöglichkeit durch Vergleich der »Rosenholz«-Erkenntnisse mit den Angaben der Führungsoffiziere, die für bestimmte Diensteinheiten ebenfalls als vollständig anzusehen waren. Insofern sind die Fachdienststellen der Bundesanwaltschaft, des Verfassungsschutzes und des Bundeskriminalamts übereinstimmend der Ansicht, dass die Überlassung der CD-ROM keine spektakulären Enttarnungen mehr bringen wird. Der Verdacht, die CIA wolle frühere MfS-Agenten gegen das vereinigte Deutschland einsetzen, ist bösartig und trifft ausgerechnet den befreundeten Dienst, dem wir die Beschaffung von »Rosenholz« zu verdanken haben.

Der dritte große Schub an relevanten Erkenntnissen, der auf die deutsche Strafverfolgung zukam, war die Entschlüsselung der SIRA-Datenbanken des MfS. Mit dieser Information wurden wir zur Jahreswende 1998/99 konfrontiert – zu einem Zeitpunkt, als wir die strafrechtliche Aufarbeitung der MfS-Spionage schon abgeschlossen glaubten. Selbstverständlich mussten sich die Ermittlungen auch mit diesen Informationen befassen, denn sie stellten das I-Tüpfelchen für alle eingeleiteten und abgeschlossenen Verfahren dar. Wenn ich noch einmal an den Informationsgehalt von »Rosenholz« erinnern darf, so fehlte uns damals nur eine wichtige Erkenntnis: Was hat der einzelne Agent verraten? Das lag jetzt sauber aufgelistet mit Eingangsdatum und Bewertung vor uns. Allerdings kam die Erkenntnis zu spät, da die nachrichtendienstliche Agententätigkeit seit mindestens vier Jahren verjährt war. Unverjährt hingegen waren die Straftaten des Landesverrats, die die Mitteilung eines Staatsgeheimnisses voraussetzen. Darunter versteht man Informationen, die zum Schutze der äußeren Sicherheit der Bundesrepublik vor einer fremden Macht geheim zu halten sind (§ 93 StGB). Im Auftrag der Bundesanwaltschaft haben wir uns an die Arbeit gemacht, über 100 000 einzelne Datensätze anzusehen und eine vorläufige Einschätzung dahingehend abzugeben, ob die Bedeutungsschwelle eines Staatsgeheimnisses erreicht ist. Dabei blieben außer Betracht alle Agenten, die bereits abgeurteilt waren (Strafklageverbrauch), und alle Verratsfälle, die länger als zwanzig Jahre zurücklagen (Verjährung des Landesverrats). Verfolgbar waren eigentlich nur die Fälle, die wegen geringer Schuld gegen Zahlung einer Geldbuße eingestellt worden waren. Die betreffenden Personen hatten insofern Pech: Wären sie damals abgeurteilt worden – in der Regel zu zwei Jahren mit Bewährung –

so könnten sie jetzt wegen Landesverrats nicht mehr belangt werden. Die Ausbeute hingegen war im Verhältnis zum Arbeitsaufwand recht mager, was man schon der eingangs gezeigten Verfahrensstatistik entnehmen kann. Immerhin sind 25 Ermittlungsverfahren wegen Verdachts des Landesverrats eingeleitet worden und drei Angeklagte bislang verurteilt worden. Einer der bekanntesten Fälle ist sicherlich der IM »Dorn«[12], dessen ursprüngliches Verfahren wegen geringer Schuld eingestellt worden war und dem durch SIRA der Verrat von 151 Dokumenten, darunter etlichen Staatsgeheimnissen, nachgewiesen werden konnte. Andere stehen in der Hitliste der Verratsmenge noch viel höher, zum Beispiel »Topas« mit 1 018 Dokumenten, »Fichtel«[13] mit 1 496 und »Jack«[14] mit 1 808 verratenen Informationen. Die Verfolgbarkeit gerade der inoffiziellen Mitarbeiter mit hohen Verratszahlen scheiterte oftmals nicht nur an der Verjährung der geheimdienstlichen Agententätigkeit, sondern auch an der Qualifizierung der einzelnen Verratsinhalte als Staatsgeheimnis. Die Aufgabe der Ermittler bestand darin, anhand der SIRA-Angaben das jeweilige Dokument zweifelsfrei zu identifizieren und im Original bei dem Urheber zu beschaffen, was nicht immer möglich war. Der nächste Schritt war die Beurteilung der Geheimhaltungsbedürftigkeit durch einen Sachverständigen, wobei es meines Erachtens nicht immer gelang, sich in die Zeit der jeweiligen Tat zurückzuversetzen. Was aus heutiger Sicht belanglos ist, konnte damals hochbrisant sein.

Bereits durch Werner Stiller bekamen wir eine Ahnung von der SIRA-Erfassung des MfS. Neben seinem persönlichen Wissen brachte uns Stiller auch Unterlagen, die er im letzten Augenblick hatte »mitgehen lassen«, darunter die Parteibeitragsliste, die er als Parteisekretär zu führen hatte - auch Agenten mussten brav ihren Beitrag entrichten -, und die so genannte Materialbegleitliste, die das Verratsmaterial der Quellen des Sektors Wissenschaft und Technik an die auswertende Diensteinheit, die Abteilung VII der HV A, begleitete. Sie bezeichnete circa 500 Dokumente mit Titel, Seitenzahl, Einschätzung der Quelle, Einschätzung der Information, Deckname der Quelle, Führungsoffizier und Diensteinheit.

12 Henning Nase (»Dorn«); Reg.-Nr. XV 281/70; Vorgangsart: IMA; 14.5.1970 bis Auflösung für die Abteilung II der HV A erfasst; Führungsoffizier: 14.5.1970 Erich Gehrke, 17.10.1974 Ludwig Kießling, 20.1.1977 Erich Gehrke, 11.1.1984 bis Auflösung Ludwig Kießling; BStU, ZA, SIRA TDB 21, ZV 8335716.

13 Hans-Adolf Kanter (»Fichtel«); Reg.-Nr. XV 18243/60; Vorgangsart: IMA; 22.4.1952 bis Auflösung für die Abteilung I der HV A erfasst; Führungsoffizier: 22.4.1952 Siegfried Wagner, 9.8.1974 Rudolf Fohri, 21.1.1985 bis Auflösung Rainer Grellmann; BStU, ZA, SIRA TDB 21, ZV 8259510.

14 James Michael Clark (»Jack«); Reg.-Nr. XV 2001/73; Vorgangsart: IMA; 20.7.1973 bis Auflösung für die Abteilung XV der HV A erfasst; Führungsoffizier: 20.7.1973 Heinz Errich, 10.9.1974 Werner Teske, 18.11.1980 bis Auflösung Hartmut König; BStU, ZA, SIRA TDB 21, ZV 8205479.

Sie können aus meinen Ausführungen entnehmen, dass diese dritte Welle der Erkenntnisse für die strafverfolgende Spionagebekämpfung um einige Jahre zu spät kam. Gleichwohl habe ich in der ständigen Zusammenarbeit mit der Behörde der Bundesbeauftragten die Gewissheit gewonnen, dass die verschiedenen Teildatenbanken des SIRA-Bestandes ein verlässliches Instrument der Erforschung des Staatssicherheitsdienstes der DDR sind.

Ich halte diese Arbeit für einen wertvollen Beitrag zum Prozess der Vereinigung Deutschlands. Was für die Bundesbeauftragte die Erforschung der Westarbeit des MfS ist, ist für uns die Verfolgung von Straftaten. »Schwamm drüber« darf es nicht geben.

Roger Engelmann

Zur »Westarbeit« der Staatssicherheit in den fünfziger Jahren

Die besondere Situation der noch frischen deutschen Teilung bedingte den besonderen Charakter des »Geheimdienstkrieges« im Deutschland der fünfziger Jahre. Die gemeinsame Sprache und Kultur, unzählige familiäre Bindungen sowie die offene Grenze in Berlin boten besonders günstige »operative« Bedingungen für die so genannte Westarbeit des Ministeriums für Staatssicherheit (MfS) der DDR und anderer konspirativer Apparate aus dem kommunistischen Machtbereich. Dabei war die geheimdienstlich-geheimpolizeiliche Tätigkeit der DDR in Westdeutschland und Westberlin von der Radikalität der Ost-West-Auseinandersetzung in dieser harten Phase des Kalten Krieges bestimmt, der vor allem vom Osten, in geringerer Ausprägung auch vom Westen, mit einer ausgesprochenen Skrupellosigkeit bei der Wahl der geheimdienstlichen Mittel geführt wurde. Diese Skrupellosigkeit stand bei der Staatssicherheit im Einklang mit den Traditionen der sowjetischen Geheimpolizei, deren Kreatur sie war.

Anfänge unter sowjetischer Anleitung

Die Staatssicherheit besaß bis 1958 keine operative Autonomie, sondern wurde von einem engen Netz sowjetischer Berater angeleitet und kontrolliert.[1] Es liegt auf der Hand und ist durch zahllose Hinweise in den Quellen belegt, dass der Einfluss des Beraterapparats gerade im Bereich der »Westarbeit« bestimmend war. Aus einem Bericht des damaligen MGB-Bevollmächtigten in Berlin, Generalmajor Michail K. Kawerznew, von Februar 1952 geht hervor, dass es sich bei der geheimdienstlichen »Westarbeit« bis dahin um eine Domäne der Sowjets gehandelt hatte. Es heißt hier:

> »Es muss darauf hingewiesen werden, dass das deutsche Personal bisher nicht mit Agenten betraut wird und nicht mit den Akten über die Ausforschung von Residenturen der anderen Seite und von anderen feindlichen Einrichtungen. Diese Akten wurden ihnen weggenommen und von unseren eigenen Leuten bearbeitet.«[2]

---

1   Vgl. Engelmann, Roger: Diener zweier Herren. Das Verhältnis der Staatssicherheit zur SED und den sowjetischen Beratern 1950–1959. In: Suckut, Siegfried; Süß, Walter (Hg.): Staatspartei und Staatssicherheit. Zum Verhältnis von SED und MfS. Berlin 1997, S. 51–72.

2   Generalmajor Kawerznew an den Chef des MGB Ignatiew v. 29.2.1952, auszugsweise dokumentiert bei: Kondraschew, Sergei A.: Stärken und Schwächen der sowjetischen Nachrichtendienste, insbesondere in bezug auf Deutschland in der Nachkriegszeit. In: Krieger, Wolfgang; Weber, Jürgen (Hg.):

Kawerznew sah das zu diesem Zeitpunkt schon als Missstand an, weil man den Deutschen auf diese Weise »die Initiative und das Interesse an der Arbeit genommen« habe. Die Sowjets beschlossen daher zur Jahreswende 1951/52, »den deutschen Organen (unter unserer Kontrolle) mehr Unabhängigkeit zu geben«.[3] Eine Folge war die Gründung der für »alle operative Agenturarbeit nach Westdeutschland« zuständigen Abteilungen II in der Zentrale und den Länderverwaltungen des MfS.[4] Schon einige Monate zuvor, im August 1951, war unter der Leitung des Staatssekretärs im DDR-Außenministerium Anton Ackermann der Außenpolitische Nachrichtendienst unter der Tarnbezeichnung »Institut für wirtschaftswissenschaftliche Forschung« gebildet worden, der ebenfalls vollständig unter sowjetischer Kontrolle stand.[5]

Die »operativen« Erfolge der Staatssicherheit auf dem Gebiet der »Westarbeit« hielten sich anfänglich in Grenzen. So schrieb der damalige Staatssekretär Erich Mielke im Juni 1952 an die Leiter der Länderverwaltungen des MfS: »Trotz intensiver Arbeit, wobei beachtliche Einzelerfolge erzielt wurden, ist es bisher nicht gelungen, in die imperialistischen Spionageorganisationen einzudringen.«[6] Dies änderte sich aber schon bald grundlegend. Anfang 1953 verfügte das MfS sogar bereits über Agenten in den Filialen der »Organisation Gehlen«; es sei hier auf die Fälle von Hans-Joachim Geyer und Gerhard Prather verwiesen, die 1953 bzw. 1954 abgezogen und als angebliche »Überläufer« in aufwändigen Propagandainszenierungen präsentiert wurden.[7]

Der Fall Geyer ist spektakulär, aber nicht untypisch für das nachrichtendienstliche Geschäft in dieser Zeit. Er war im Dezember 1952 als Kurier der Organisation Gehlen bei einem Einsatz in Dresden von der Spionageabwehr des MfS festgenommen, nach wenigen Vernehmungen »umgedreht« (im Jargon der Staatssicherheit »überworben«) und nach Westberlin zurückgeschickt worden. Dort stieg er wenig später zum stellvertretenden Leiter seiner Filiale auf und funktionierte perfekt im Sinne seiner neuen Auftraggeber. Er lieferte der Staatssicherheit unzählige hochkarätige interne Informationen, zumeist als Ablichtung von Originalmaterialien. Die Zufriedenheit der Staatssicherheit mit seiner Leistung war so groß, dass er schon knapp zehn Monaten nach seiner »Überwerbung« als »Anerkennung« die damals astronomische Summe von 10 000 DM zugesprochen bekam. Nach weiteren zwei Monaten wurde er dann im Zusammenhang mit der Aktion »Feuerwerk«, einer Verhaftungswelle, die in erster Linie V-Leute der Organisation Gehlen betraf, zurück-

---

Spionage für den Frieden? Nachrichtendienste in Deutschland während des Kalten Krieges. München 1997, S. 145-153, hier 152.

3   Ebenda.

4   Befehl 67/51 Zaissers v. 11.12.1951; BStU, ZA, BdL-Dok. 39.

5   Vgl. Wolf, Markus: Spionagechef im geheimen Krieg. Erinnerungen. München 1997, S. 59 f.

6   Rundschreiben Mielkes an die Länderverwaltungen v. 6.6.1952; BStU, ZA, BdL-Dok. DSt 2649.

7   Vgl. Fricke, Karl Wilhelm; Engelmann, Roger: »Konzentrierte Schläge«. Staatssicherheitsaktionen und politische Prozesse in der DDR 1953-1956. Berlin 1998, S. 42-47 u. 51.

gezogen und propagandistisch weiterverwendet.[8] Das war typisch für die Phase nach dem Juni-Aufstand, in der die Staatssicherheit schnelle Erfolge vorweisen und diese agitatorisch ausnutzen musste. Die Bedeutung des Propagandaelements in der deutsch-deutschen politischen Auseinandersetzung war in dieser Phase enorm. Neun Monate später, im August 1954, musste Markus Wolf propagandistischen Erfordernissen widerwillig eine hochrangige Quelle opfern. Der noch von der Parteiaufklärung übernommene Bundestagsabgeordnete der CDU Karlfranz Schmidt-Wittmack wurde ohne operative Notwendigkeit in die DDR abgezogen und in einer kurzfristigen Kampagne gegen die Europäische Verteidigungsgemeinschaft »verbrannt«.[9]

»Konzentrierte Schläge« als Reaktion auf den Aufstand vom 17. Juni 1953

Nach den Ereignissen des 17. Juni 1953, die bei der Politbürokratie der SED einen tiefsitzenden Schock hinterlassen hatten, war es zu einschneidenden personellen, organisatorischen und konzeptionellen Veränderungen im DDR-Geheimdienst gekommen. Das Ministerium für Staatssicherheit unter Wilhelm Zaisser hatte aus der Sicht von Walter Ulbricht in diesen Tagen auf der ganzen Linie versagt. Unter anderem warf die SED-Führung Zaisser vor, er habe operative Erkenntnisse aus der Westarbeit zu zögerlich in Verhaftungen umgesetzt und damit der Unterminierung der DDR durch die westlichen Feindzentralen Vorschub geleistet.[10]

Mit Zaissers Sturz wurde das MfS zu einem Staatssekretariat für Staatssicherheit (SfS) im Ministerium des Innern herabgestuft und der Außenpolitische Nachrichtendienst unter Markus Wolf aus dem Ministerium für Auswärtige Angelegenheiten herausgelöst und in das SfS eingegliedert. Außerdem schuf man unter der direkten Verantwortung des neuen Staatssicherheitschefs Ernst Wollweber die Abteilung z. b. V., die für »aktive Maßnahmen« auf westlichem Territorium, also auch für »nasse« Operationen wie Entführungen und Anschläge zuständig war. Geleitet wurde sie von Joseph Gutsche, einem alten Kader des M-Apparates der KPD, der in den dreißiger und vierziger Jahren im Dienste der Sowjets heikle Geheimdienst- und Partisanenaktionen durchgeführt hatte.[11] Auf das Konto dieser Abteilung ging unter anderem ein

---

8   Ebenda, S. 44-46.
9   Wolf: Spionagechef (Anm. 5), S. 98-101.
10   Besonders deutlich im Schlusswort Ulbrichts auf dem 15. Plenum des ZK am 26.7.1953; SAPMO-BA, DY 30, IV 2/1/120, Bl. 173 f.
11   1930 Emigration in die UdSSR, Mitglied der KPdSU(B); 1931-1942 Regimentskommissar in der Roten Armee, Einsatz für Sonderaufgaben in China und anderen Ländern; 1942 Eintritt in die US-Marine, später wieder in die Rote Armee, mit Sohn Rudolf Einsätze im Bereich der 1. und 2. Minsker Partisanenbrigade und als Aufklärer in der Ukraine.

missglücktes Attentat gegen den saarländischen Ministerpräsidenten Hoffmann im Jahre 1955.[12]

Als Antwort der Staatssicherheit auf die Ereignisse des 17. Juni wurde im Herbst 1953 mit direkter Beteiligung von Walter Ulbricht und Hermann Matern sowie des Bevollmächtigten des sowjetischen Sicherheitsorgans in Ostberlin, Jewgeni Pitowranow, und seines Stellvertreters Iwan Fadejkin eine neue Offensivstrategie der »konzentrierten Schläge« formuliert, die auf zentral gesteuerte Massenverhaftungen von »Feinden und Agenten« (einschließlich Entführungen aus Westberlin und Westdeutschland), eine intensive propagandistische Flankierung dieser Repressionswellen sowie intensivere nachrichtendienstliche Anstrengungen im Westen hinauslief. Den Leitern seiner Diensteinheiten erläuterte Wollweber dies am 11. November 1953 folgendermaßen:

> »Um das Ziel, die Vernichtung feindlicher Organisationen zu erreichen, damit unseren Staat, die Bevölkerung und die betrieblichen Einrichtungen zu sichern, ist in erster Linie notwendig, die Aufklärungsarbeit zu verstärken, um über die Zentren feindlicher Tätigkeit durch unsere G[eheimen] I[nformatoren] und G[eheimen] M[itarbeiter] jederzeit unterrichtet zu sein über die Absichten und Pläne der Feinde. Die schwierigste und wichtigste Aufgabe, die wir haben, ist die Aufklärungsarbeit in den Zentralen des Feindes, und alle Möglichkeiten müssen ausgenutzt und mitgeteilt werden.«[13]

Unter dem Begriff »Feindzentralen« subsumierte die Staatssicherheit neben den westlichen Geheimdiensten die Ostbüros der westdeutschen Parteien, den »Untersuchungsausschuss Freiheitlicher Juristen«, die »Kampfgruppe gegen Unmenschlichkeit« und ähnliche Einrichtungen, aber etwa auch den Westberliner Rundfunksender RIAS und das Ministerium für gesamtdeutsche Fragen unter Jakob Kaiser. Durch die Einschleusung von Agenten und die so genannte »Überwerbung« von Mitarbeitern dieser Organisationen und Institutionen, vereinzelt auch durch Einbrüche in ihre Räumlichkeiten, gewann die Staatssicherheit Informationen, mit denen sie deren Kontaktleute in der DDR identifizieren konnte. In mehreren Wellen kam es in den Jahren 1953 bis 1955 zur Verhaftung Hunderter DDR-Bürger, denen Verbindungen zu westlichen Stellen vorgeworfen wurden. Gleichzeitig verschleppte die Staatssicherheit zahlreiche exponierte Gegner des SED-Regimes und Geheimdienstmitarbeiter sowie SED-Renegaten und fahnenflüchtige Angehörige der bewaffneten Organe aus dem Westen in ihren Machtbereich, wo sie hohe Zuchthausstrafen, in einigen Fällen sogar das Todesurteil erwartete.

---

12 IM-Vorgang »Wenig«; BStU, ZA, AIM 1844/70.
13 Referat von Wollweber auf der zentralen Dienstkonferenz am 11./12.11.1953, S. 11; BStU, ZA, BdL-Dok. 6111.

Entführungen aus Westberlin gab es auch schon vor 1953. Erinnert sei hier beispielsweise an Walter Linse, der als Mitarbeiter des Untersuchungsausschusses Freiheitlicher Juristen (UFJ) tätig war. Die Staatssicherheit verschleppte ihn im Juli 1952 in den Ostsektor. Später wurde er von einem sowjetischen Militärtribunal zum Tode verurteilt.[14]

In den Jahren 1953 bis 1955 waren die Entführungen dann integraler Bestandteil der Großaktionen der Staatssicherheit. Sie trafen ganz unterschiedliche Personengruppen. Im Zusammenhang mit der Großaktion »Blitz« etwa wurden im Winter 1954/55 der Mitarbeiter der »Organisation Gehlen« Wilhelm van Ackern, der Publizist Karl Wilhelm Fricke sowie zwei abtrünnige kleine SED-Funktionäre (Paul Behm und E. Ch.) entführt.[15] In den MfS-Akten überlieferte Planungen zeigen, dass in diesem Zusammenhang noch weit mehr Verschleppungen, vor allem von leitenden Mitarbeitern der Ostbüros der westdeutschen Parteien, der Kampfgruppe gegen Unmenschlichkeit und des Untersuchungsausschusses Freiheitlicher Juristen geplant waren, aber aus den unterschiedlichsten Gründen nicht realisiert wurden. Auch zu einigen publizistisch tätigen »Renegaten« wie Wolfgang Leonhard und Carola Stern liegen detaillierte Entführungspläne vor, die nicht umgesetzt werden konnten.[16] Der letzte im engeren Sinn politisch motivierte Entführungsfall, der des Gewerkschaftsjournalisten Heinz Brandt im Juni 1961, löste internationale Empörung aus.[17]

Nach dem Mauerbau kam es, nicht zuletzt wegen der größeren logistischen Schwierigkeiten, nur noch vereinzelt zu Verschleppungen, die nunmehr hauptsächlich »republikflüchtige« ehemalige hauptamtliche Mitarbeiter des MfS betrafen. Unter den insgesamt auf mehrere Hundert geschätzten Entführungsopfern der Staatssicherheit befanden sich zahlreiche ehemalige Mitarbeiter des MfS.[18]

---

14 Fricke, Karl Wilhelm: Entführungsopfer posthum rehabilitiert. Das Schicksal des Rechtsanwalts Walter Linse. In: Deutschland Archiv 29(1996)6, S. 713-717.

15 Fricke; Engelmann (Hg.): »Konzentrierte Schläge« (Anm. 7), S. 54 f., 141 f., 204-209 u. 214-217.

16 Ebenda, S. 54.

17 Brandt, Heinz: Ein Traum, der nicht entführbar ist. Mein Weg zwischen Ost und West. München 1967.

18 In Übersichten der Hauptabteilung Kader und Schulung wurden 108 ehemalige Mitarbeiter, die bis 1961 in den Westen geflohen waren, als »zurück« geführt; die meisten dürften mit Gewalt »zurückgeholt« worden sein; Gieseke, Jens: Die hauptamtlichen Mitarbeiter der Staatssicherheit. Personalstruktur und Lebenswelt 1950-1989/90. Berlin 1998, S. 81.

Umorientierung im Sommer 1955: Intensivierung der »Westarbeit«

Nach der Unterzeichnung der Pariser Verträge im Oktober 1954 und der Billigung des Beitritts der Bundesrepublik zur NATO durch die französische Nationalversammlung im Dezember desselben Jahres, ergab sich für die Sowjetunion in Mitteleuropa eine politisch-militärisch ungünstige Situation. Vor diesem Hintergrund kam es im Frühjahr 1955 auf sowjetische Initiative zu einer neuen Weichenstellung, die auf eine massive Stärkung der »Westarbeit« der Staatssicherheit hinauslief.[19]

Im März 1955 fand in Moskau eine Beratung der Staatssicherheitsdienste der Sowjetunion, Polens, der Tschechoslowakei und der DDR statt, die schon zu ersten Veränderungen führte. In einer Leiterbesprechung am 22. März 1955 gab Wollweber neue Aufgabenschwerpunkte bekannt. Es komme nunmehr vor allem auf die »Beschaffung von Informationen aus den politischen Zentren der feindlichen Länder« an. Besonders wichtig seien »die dokumentarischen Beweise über Geheimverträge zu den offiziellen Verträgen«, die »Mobilisierungs- und Einsatzpläne des Gegners«, die »Stärke der gegnerischen Stützpunkte«, die »Verteilung der gegnerischen Kräfte« und die »Technik und Ausrüstung des Gegners«.[20] Man müsse die »Gegensätze im feindlichen Lager« ausnützen, was bedeute, dass man sich nicht auf »Erkundung« beschränken dürfe, sondern »aktive Maßnahmen zur Vertiefung der Gegensätze« ergreifen müsse, »um die feindliche Aktionskraft nach außen zu schwächen«. Konkret nannte Wollweber die Gegensätze zwischen »feindlichen Parteien, Gruppen und Personen« und bei der Ausbeutung von Rohstoffquellen, Märkten und Kapitalinvestitionen. Es müssten Pläne aufgestellt werden zur »aktiven Durchkreuzung der feindlichen Absichten«, zur »Beeinflussung der öffentlichen Meinung« und »zur Unterstützung von Parteien, Gruppen und Personen, die Elemente des Widerstandes gegen die feindliche Politik bilden«.[21] Als konkrete organisatorische Konsequenz wurde die Schaffung der bis dahin noch nicht existierenden Aufklärungsabteilungen XV in den Bezirksverwaltungen, die Aktivierung der »besonderen Arbeit« der SfS-Verwaltung Groß-Berlin in Westberlin und die Ausweitung der Aufklärungsaufgaben der Abwehrlinien beschlossen.[22]

Die Genfer Gipfelkonferenz im Juli 1955, auf der es trotz der festgefahrenen Situation in der deutschen Frage zu Entspannungssignalen kam, führte zur Präzisierung dieser Orientierung. Die Kriegsgefahr galt nunmehr als abgeschwächt, aber immer noch vorhanden. Außerdem betrachtete man die Differenzierungen im westlichen Lager als vertieft, womit eine weitere Umschichtung der Kapazitäten der

---

19 Vgl. Zubok, Vladislav: Der sowjetische Geheimdienst in Deutschland und die Berlinkrise 1958-1961. In: Krieger; Weber (Hg.): Spionage für den Frieden? (Anm. 2), S. 121-143, hier 125 f.

20 Protokoll der Dienstbesprechung v. 22.3.1955; BStU, ZA, SdM 1921, Bl. 104-111, hier 104.

21 Ebenda, Bl. 104 f.

22 Ebenda, Bl. 105.

Staatssicherheit zugunsten der Aufklärung und »aktiver Maßnahmen« im Westen begründet wurde.

In einem Grundsatzreferat vor den Leitern der Diensteinheiten am 5. August 1955 verkündete Wollweber die neue Linie. Aufgrund der Entwicklung der Wehrtechnik, speziell der Kernwaffen und der Langstreckenbomber als Trägerwaffen, die auch das Territorium der USA bedrohten,[23] sei eine Lage entstanden, in der sich auch kapitalistische Kreise vor einer militärischen Auseinandersetzung fürchteten. Dies müsse man ausnützen. Zwar bleibe die Tatsache »der Unvermeidlichkeit des Krieges im Zeitalter des Imperialismus [...] bestehen«, aber die »Friedensfront« sei stärker geworden.[24] Man müsse auf einen Abbau des Kalten Krieges und die Normalisierung des Ost-West-Verhältnisses hinwirken. Bei einem künftigen Krieg sei das Überraschungsmoment entscheidend. Daher sei eine erhebliche Intensivierung der Aufklärungsarbeit notwendig, die nicht allein durch die Vergrößerung der Hauptabteilung XV (der späteren HV A) erreicht werden könne, sondern vor allem auch durch die Ausnutzung der Aufklärungspotenziale der Abwehrlinien.[25] Wollweber machte keinen Hehl daraus, dass diese Schwerpunktverlagerung – zumindest teilweise – auf Kosten der inneren Überwachung gehen musste.[26]

Bei Ulbricht und dem im ZK-Apparat für Sicherheitsfragen zuständigen Abteilungsleiter Gustav Röbelen[27] stieß diese Orientierung nicht auf ungeteilte Freude. Doch in der gegebenen Situation musste sich die SED-Führung mit den Vorgaben der Brudermacht abfinden. Erst anderthalb Jahre später, als die polnischen und ungarischen Ereignisse des Sommers und Herbstes 1956 die mangelnde Stabilität des kommunistischen Systems in den Satellitenstaaten der Sowjetunion offengelegt hatten, trat eine Kehrtwende ein, die Ulbricht die Möglichkeit eröffnete, in der Staatssicherheitspolitik seinen eigenen Prioritäten wieder Geltung zu verschaffen. Im Juli 1957, als Ernst Wollweber de facto schon entmachtet war, thematisierte der Bericht des Politbüros auf dem 32. ZK-Plenum diesen wunden Punkt im Sinne Ulbrichts:

---

23 Referat des Staatssekretärs Wollweber auf der Dienstbesprechung am 5.8.1955; BStU, ZA, SdM 1921, Bl. 48.
24 Ebenda, Bl. 47.
25 Ebenda, Bl. 54–56.
26 Ebenda, Bl. 57 f.
27 Wollweber schreibt hierzu: »Ich hatte die ganze Zeit mit der Schwierigkeit zu tun, dass er [Ulbricht] immer etwas Unheilvolles sah, das uns bevorsteht.[...] Die Sicherheitsabteilung des ZK unter Leitung von Gustav Röbelen verbreitete ausgesprochene Panikstimmung, von der er nicht unbeeinflusst war.« Wollweber, Ernst: Aus Erinnerungen. Ein Porträt Walter Ulbrichts, dokumentiert von Otto, Wilfriede. In: Beiträge zur Geschichte der Arbeiterbewegung 32(1990), S. 350–378, hier 361 f.

»Die vom Genossen Wollweber gegebene einseitige Orientierung: ›Das Gesicht dem Westen zu‹, führte zu einer groben Vernachlässigung der Bekämpfung feindlicher Agenturen im Gebiet der Deutschen Demokratischen Republik. Der größte Teil der Dienststellen und Mitarbeiter des Ministeriums für Staatssicherheit sah seine Aufgabe darin, irgendwie in Westberlin und Westdeutschland ›verankert‹ zu sein. Das führte nicht nur zu unkontrollierbaren Verbindungen nach Westen, sondern schwächte auch die Verantwortung der Kreis- und Bezirksdienststellen der Organe der Staatssicherheit für die Sicherheit in ihrem Gebiet ab.«[28]

Neue Ausrichtung unter Erich Mielke: »Einheit von Abwehr und Aufklärung«

Unter der Ägide von Erich Mielke, dem im Oktober 1957 zum Staatssicherheitsminister erhobenen bisherigen »ewigen Zweiten«, wurde das MfS wieder stärker auf die innere Überwachung ausgerichtet. Allerdings hinterließ die ausgeprägte Westorientierung der Jahre 1955/56 in der Struktur und Funktionsweise der Staatssicherheit tiefe Spuren. In dieser Zeit war die forcierte Erweiterung der »Aufklärung« erfolgt, die im Frühjahr 1955 mit der Schaffung der Abteilungen XV der Bezirksverwaltungen begann und im Frühjahr 1956 mit dem Ausbau der Hauptabteilung XV zur Hauptverwaltung A abgeschlossen wurde. Laut einem Leitungsbeschluss von 1955 dürfte der Bereich innerhalb kürzester Zeit um mindestens 100 hauptamtliche Mitarbeiter, das heißt um etwa 25 Prozent, gewachsen sein. Auch wechselten im Zuge dieser Entwicklung hochrangige Kader der Abwehrlinien in den Bereich von Markus Wolf. So wurde der Leiter der Verwaltung Groß-Berlin, Hans Fruck, zum 1. stellvertretenden Leiter der HV A und der Leiter der Hauptabteilung IX (zuständig für strafrechtliche Untersuchungen), Alfred Scholz, zum Chef der für die Westalliierten und die Militäraufklärung zuständigen Hauptabteilung II in der HV A berufen.[29] Schon im Juli 1955 war die für Sonderaktionen im Westen zuständige Abteilung z. b. V. als Abteilung III in den Aufklärungsbereich integriert worden. Durch die Aufgabenerweiterung der »Aufklärung« in Richtung »aktive Maßnahmen« und den massiven Zufluss bewährter Kader aus den geheimpolizeilichen Bereichen in die HV A erfuhr

---

28 Protokoll des 32. Plenums des ZK v. 10.–12.7.1957; SAPMO-BA, DY 30, IV 2/1/177, Bl. 13–53, hier 43 f.

29 Vgl. Protokoll der Kollegiumssitzung des MfS am 15.2.1956, einschließlich Vorlage zur Besetzung wichtiger leitender Funktionen in der HA XV; BStU, ZA, SdM 1551, Bl. 13–24; Protokoll der Sitzung der Sicherheitskommission des Politbüros am 20.4.1956; BA-MA DVW 1/39551.

das tschekistische Prinzip der »Einheit von Abwehr und Aufklärung« im MfS eine Stärkung.[30]

Mit der Berufung Erich Mielkes zum Staatssicherheitsminister wurden 1957 die Gewichte zwar wieder zugunsten geheimpolizeilicher Aktivitäten im eigenen Land umverteilt; das hinderte das MfS jedoch nicht daran, später auch die Aktivitäten im Westen wieder kontinuierlich auszubauen. Die Steigerung der Mitarbeiterzahlen in der 1958 481 Mann starken HV A (ohne Abteilungen XV der Bezirksverwaltungen) entsprach in der Folgezeit in etwa der des Ministeriums insgesamt. Im Jahr 1961 waren es 524, zehn Jahre später schon 1 019, zum Schluss 3 819, zu denen noch circa 1 000 Mitarbeiter der Abteilungen XV der Bezirksverwaltungen addiert werden müssen.[31] Das ist in Relation zur Gesamtzahl der hauptamtlichen Mitarbeiter (zuletzt insgesamt 91 000) nicht viel. Es ist jedoch in Rechnung zu stellen, dass auch die Diensteinheiten der »Abwehr«, vor allem die Hauptabteilungen II (Spionageabwehr) und V (Staatsapparat, Untergrund), in nicht unerheblichem Umfang »Westarbeit« betrieben.

Der aus dem Jahre 1959 stammende Entwurf einer Richtlinie für die Arbeit mit inoffiziellen Mitarbeitern im Westen nennt vier Haupttätigkeitsfelder der Westarbeit:

1. »Allseitige Aufklärung der Pläne und Absichten des Gegners gegen die DDR und gegen das sozialistische Lager. [...]«
2. »Aufdeckung der militärpolitischen Lage, der strategischen Pläne und Absichten der NATO-Mächte, ihres Potenzials, der neuesten Erkenntnisse auf dem Gebiet der militärischen Forschung und Technik zur Verhinderung von Überraschungsangriffen auf die DDR und das sozialistische Lager.«
3. »Rechtzeitige und umfassende Informierung von Partei und Regierung über die außen- und innenpolitischen Pläne der Bonner Regierung und der wichtigsten NATO-Mächte auf dem Gebiet Deutschlands, über die politische Situation in den wichtigsten Parteien, Institutionen und Organisationen Westdeutschlands zur Unterstützung des nationalen Kampfes gegen die Herrschaft der klerikal-faschistischen und militaristischen Kräfte in Westdeutschland [...]; Unterstützung dieses Kampfes durch eigene aktive Maßnahmen [...].«

---

30 Ausführlicher Fricke, Karl Wilhelm: Ordinäre Abwehr – elitäre Aufklärung? Zur Rolle der Hauptverwaltung A im Ministerium für Staatssicherheit. In: Aus Politik und Zeitgeschichte B 50/97, S. 17–26.

31 Gieseke, Jens: Die hauptamtlichen Mitarbeiter des Ministeriums für Staatssicherheit (MfS-Handbuch, Teil IV/1). Hg. BStU. Berlin 1995, S. 39 und Einlegeblatt; Müller-Enbergs, Helmut (Hg.): Inoffizielle Mitarbeiter des Ministeriums für Staatssicherheit. Teil 2: Anleitungen für die Arbeit mit Agenten, Kundschaftern und Spionen in der Bundesrepublik Deutschland. Berlin 1998, S. 38. Die Diskrepanzen zwischen den Zahlen von Gieseke und Müller-Enbergs ergeben sich dadurch, dass Ersterer die »Offiziere im besonderen Einsatz« und »Hauptamtlichen Inoffiziellen Mitarbeiter« einrechnet (dieser Zählweise folgt auch der Verfasser) und Letzterer nicht.

4. »Aufdeckung der wirtschaftspolitischen Lage in Westdeutschland und Westberlin, Erkundung der Pläne und Absichten der westdeutschen und an Deutschland interessierten ausländischen Konzerne [...].«[32]

Wenn man von dem überproportionalen Ausbau der Wirtschafts- und Technologiespionage in späteren Jahren absieht, die sowohl von der HV A als auch von dem für die »Sicherung der Volkswirtschaft« zuständigen Abwehrbereich auf der Linie XVIII betrieben wurde, änderte sich an diesem Aufgabenprofil bis zum Ende des MfS nichts Grundsätzliches. Trotz Verfestigung der deutschen Teilung und zunehmender politischer Entspannung blieb für die politisch und ökonomisch labile DDR die besondere Bedeutung geheimdienstlicher Aktivitäten im Westen bestehen. Denn »Westarbeit« der Staatssicherheit war nie nur gewöhnliche Spionage, sondern immer auch in das so genannte »Operationsgebiet« verlängerte SED-Herrschaftssicherung.

---

32 Müller-Enbergs: Inoffizielle Mitarbeiter. Teil 2 (Anm. 31), S. 291.

Bernd Stöver

Konterrevolution versus Befreiung

Das Wechselspiel von amerikanischer *Liberation Policy* und MfS-Aktivitäten in den fünfziger Jahren

1   Die Liberation Policy

Während die allgemeinen Grundlagen der Befreiungsidee in den traditionellen politischen Paradigmen der Vereinigten Staaten zu suchen sind, ist die Entstehung einer *Rollback-/Liberation*-Idee als politische Strategie im Kalten Krieg untrennbar mit der hektischen Suche nach einem wirkungsvollen Konzept gegen den nach dem Zweiten Weltkrieg wieder als aggressiv verstandenen Kommunismus verbunden.[1] Die von George F. Kennan für die Truman-Administration entwickelte *Containment Policy* verstand sich als mehrheitsfähige Offensivstrategie und suchte gezielt den Konsens mit den Republikanern. Früh adaptierte die Eindämmungspolitik weitere Teilkonzepte wie etwa die sowohl im Westen als auch im Osten zum gleichen Zeitpunkt kursierende »Magnettheorie«. Erst vor dem Hintergrund der für die Republikaner günstigen Mehrheitsverhältnisse im US-Kongress und angesichts der 1948 anstehenden Präsidentschaftswahlen entwickelte der zum außenpolitischen Sprecher der Republikaner und schließlich zum Außenministerkandidaten der Partei aufgestiegene John Foster Dulles ab 1947 ein Konzept, das sich durch mehr »Aktivität« auszeichnen sollte. Es unterstrich jedoch die konzeptionelle Nähe der beiden Ideen von Anfang an, dass Dulles als Berater des demokratischen Außenministers James F. Byrnes bereits an der Entwicklung der *Containment Policy* beteiligt gewesen war.

Die *Liberation Policy* unterstellte der Eindämmungspolitik, sie sei ausschließlich passiv und reagiere nur auf die jeweils aktuellen Expansionen Moskaus. Eine auf »Befreiung« ausgerichtete Politik hingegen sollte »den Kommunismus« durch offene und verdeckte Maßnahmen aktiv und präventiv auch in seinem eigenen Herrschaftsgebiet angreifen und schwächen, um ihm die Möglichkeit zur Ausdehnung seines Machtbereiches zu nehmen. Ein durch innere Probleme in Anspruch genommenes System, so konstatierte Dulles, sei überdies gezwungen, die Kontrolle über einzelne Satellitenstaaten wieder aufzugeben. Zum dritten sei die Befreiungspolitik, anders als die *Containment Policy* in der Lage, die Sowjetunion selbst in ihrem Bestand zu gefährden.

Jenseits solcher Rhetorik übernahm das *Rollback*-Konzept allerdings von Anfang an die offensiven Elemente der *Containment Policy*. Auch zu deren Selbstverständ-

---

1   Ausführlicher zum Thema Stöver, Bernd: Die Befreiung vom Kommunismus. Amerikanische Liberation Policy im Kalten Krieg 1947-1991. Köln u. a. 2002.

nis gehörte, bereits vorhandene kommunistische Einflüsse außerhalb des eigentlichen »Ostblocks« wieder *zurückzudrängen* und diese Länder, etwa durch finanzielle oder militärische Unterstützung, politisch stabil zu halten. Dies war ab 1947 insbesondere in Griechenland und in Italien geschehen. Den Offensivcharakter der Eindämmungspolitik hat Averell Harriman, der in der Truman-Administration unter anderem als Sonderbeauftragter für die Auslandshilfe tätig war, immer wieder herausgestellt.[2] Nicht zuletzt bezeichnete Truman in seinen 1955 vorgelegten Memoiren die *Containment*-Politik als Offensivstrategie.[3]

Im Rückblick gesehen, bieten *Containment*- und *Rollback*-Strategie so das Bild zweier zwar zunächst in Konkurrenz entstehender Konzepte, welche aber außerhalb der zumeist tagespolitisch motivierten Debatten bis 1954 sogar offiziell zu einer integrativen Doppelstrategie verschmolzen. Ausdruck dieses Prozesses war nicht nur die tendenziell sich immer weiter annähernde Rhetorik von Demokraten und Republikanern oder die mangelnde Unterscheidbarkeit in der Praxis. Wesentlich wichtiger war die ab dem Amtsantritt von US-Präsident Dwight D. Eisenhower 1953 vollzogene lautlose Übernahme von seit Jahren bestehenden Institutionen der *Containment Policy*. Radio Free Europe (RFE) und Radio Liberation (RL) waren als halboffizielle Einrichtungen, die in den gesamten europäischen Raum bis weit in die UdSSR ausstrahlten, bereits 1949/50 entstanden. Erster Leiter der Dachgesellschaft von RFE wurde bezeichnenderweise ein radikaler Befürworter der Befreiungsidee: Charles Douglas (»C. D.«) Jackson. Er erklärte der New York Times 1951, die Aufgabe von RFE sei nicht mehr oder weniger, als »to create conditions of turmoil in the countries our broadcasts reach«.[4]

Lange Zeit war zudem kaum bekannt, dass namentlich George F. Kennan, der sich seit den blutig niedergeschlagenen Aufständen in Polen und Ungarn 1956 immer schärfer gegen »Befreiungspolitiker« wandte, selbst maßgeblich an der Vorbereitung von Umsturzversuchen im kommunistischen Machtbereich beteiligt war. Kennan war – noch bevor er als Chef der Policy Planning Staff (PPS) 1949 zurücktrat – unter anderem an der Vorbereitung des Putsches in Albanien beteiligt.[5] Auf Kennan ging auch die Berufung des ersten Chefs der Abteilung für Verdeckte Operationen, des Office of Policy Coordination (OPC) im September 1948 zurück.[6] Dessen Lei-

---

2   Vgl. Manuskript der Fernsehsendung »Pick the Winner« v. 12.8.1952, CBS-Television, S. 13. In: Seeley J. Mudd Library, Princeton, USA (MLP), John Foster Dulles-Papers (JFD-P), Selected Correspondence (SC), Box 63, Folder: Re Republican Presidential Campaign.

3   Truman, Harry S.: Memoirs, Vol. I: Years of Decisions. New York 1955, S. 552.

4   » ... die Bedingungen für einen Aufruhr in den Ländern zu schaffen, die unsere Sendungen erreichen.« Zit. nach: Kovrig, Bennett: The Myth of Liberation: East Central Europe in U.S. Diplomacy and Politics since 1941. Baltimore 1973, S. 94.

5   Memorandum PPS, 1.4.1949. In: Foreign Relations of the United States (FRUS) 1949, Vol. V, Eastern Europe, Soviet Union. Washington 1976, S. 10–13.

6   Vgl. Hersh, Burton: The Old Boys, The American Elite and the Origins of the CIA. New York 1992, S. 5.

ter, Frank Wisner, galt gleichfalls als unbedingter Befürworter der Befreiungsidee. Entsprechend war die Einstellung der übrigen Mitarbeiter des OPC.

Über die Praxis der *Liberation Policy* war lange Zeit ebenfalls wenig bekannt. Einerseits rückte vieles im Propagandagetöse des Kalten Krieges in den Bereich des Unglaubwürdigen. Andererseits unterlagen viele Aktionen einer strengen Geheimhaltung. Bekannt wurde manches erst, nachdem die Unternehmen scheiterten und Beteiligte aussagten. Grundsätzlich ist davon auszugehen, dass man sich auf amerikanischer Seite spätestens seit 1949 dafür entschieden hatte, *alle* Möglichkeiten zur Destabilisierung des Gegners zu nutzen mit Ausnahme des direkten militärischen Konflikts.

Die zentrale Vorstellung für die Praxis war die Auffassung, dass es einen kontinuierlichen Gegensatz zwischen Herrschaft und Bevölkerung in den sowjetischen Systemen gebe, der nicht lösbar sei. Für die Truman-Zeit wurde dies im Strategiepapier 68 des National Security Council (NSC) aus dem Jahr 1950 besonders deutlich,[7] für die Eisenhower-Administration im NSC-Papier 158 vom 29. Juni 1953.[8] Speziell für die DDR war diese Idee in einem Bericht für den Hochkommissar John McCloy Ende 1950 empfohlen worden, dem so genannten Carroll-Speier-Report.[9] Radiosendungen und Flugblätter galten in allen Strategiepapieren als die erfolgversprechendsten Medien »to foster the seeds of destruction within the Soviet system [...]«.[10] Dies blieb auch und in gewissem Umfang erst recht nach dem Mauerbau so. Eine bauliche Abgrenzung erschien angesichts der »Transistor-Revolution« eher als Anachronismus. »The West undoubtely has both the capability and the professional skills to conduct radio propaganda behind the Iron Curtain on the scale necessary to sustain a formidable revolutionary resistance movement. Present conditions are particularly favorable«, schrieb der Experte für elektronische Kriegsführung, Edmond Taylor, einen Monat nach dem 13. August 1961.[11]

---

7   NSC 68 ist abgedruckt in: Etzold, Thomas H. u. a. (Hg.): Containment: Documents on American Policy and Strategy, 1945–1950. New York 1978, S. 385–442.

8   Als vollständig freigegebene Fassung abgedruckt bei Ostermann, Christian: Implementing »Roll-Back«: NSC 158. In: The Society for Historians of American Foreign Relations Newsletter. September 1996, S. 1-7.

9   Vgl. Carroll, Wallace; Speier, Hans: Psychological Warfare in Germany. A Report to the United States High Commissioner for Germany and the Department of State, 1.12.1950, S. 2. In: National Archives Washington D. C., USA (NAW), RG 466, Berlin Element, Eastern Affairs Division, Security-Segregated General Rec., 1948-52, Pepco, Box: 3, Folder: US Western Strategy Tactics, Policy, 1949-53. Folgendes Zitat ebenda, S. 5.

10 » ... um die Saat der Zerstörung innerhalb des sowjetischen Systems zu fördern«, so die Formulierung in NSC 68; vgl. Etzold: Containment (Anm. 7), S. 401.

11 »Zweifellos verfügt der Westen sowohl über das Potenzial als auch die fachlichen Fähigkeiten, um hinter dem Eisernen Vorhang Radiopropaganda in dem Umfang durchzuführen, der erforderlich ist, um eine bedrohliche revolutionäre Widerstandsbewegung zu unterstützen. Die gegenwärtigen Bedingungen sind besonders günstig«; Taylor, Edmond: Political Warfare: A Sword We Must Unsheathe. In: The Reporter v. 14.9.1961.

Die Vorstellung vom Gegensatz zwischen Bevölkerung und Regierung bestimmte auch die Praxis der wenigen tatsächlich durchgeführten und jeweils im Anfangsstadium gescheiterten Umsturzversuche. In Europa fanden sie in Albanien und Jugoslawien statt, wo jeweils mithilfe von Emigranten ein Bürgerkrieg ausgelöst werden sollte. In der Sowjetunion wurde bis weit in die fünfziger Jahre versucht, antikommunistische Zellen, zum Teil mithilfe der noch von deutschen Truppen zurückgelassenen »Schläfer« einzurichten. Auch hier spielte die Instrumentalisierung des Nationalismus eine besondere Rolle, insbesondere bei Operationen in der Ukraine. Gerade an diesen Aktionen wird aber auch erkennbar, mit welchem hohen Risiko die *Liberation Policy* geführt wurde. Im Jahr 1956 brachte die Entstalinisierungskampagne noch einmal einen Schub für den Aufbau geheimer Gruppen, wie der zuständige Chef des Stabes der Counterspionage/Counterintelligence-Division, James Angleton, später mitteilte.[12]

Zunehmender Enthusiasmus über die Chancen der *Covert Actions* habe sich seit Anfang der fünfziger Jahre ausgebreitet, schrieb der ehemalige stellvertretende CIA-Missionschef auf Taiwan, Ray Cline, in seinen 1976 erschienenen Erinnerungen.[13] Bis in die siebziger Jahre, als man in Laos das Fiasko erlebte, sei diese Begeisterung »for covert action of all kinds« ungebrochen geblieben.[14] Es war tatsächlich bemerkenswert, wie unbeeindruckt die einmal begonnene Praxis der Befreiung von Katastrophen misslungener Aufstände, aber auch den zunehmenden öffentlichen Distanzierungen zur Befreiungspolitik in den fünfziger Jahren blieb. Der für die US-Gegenspionage zuständige James Angleton vermerkte ebenfalls zwanzig Jahre nach dem blutig niedergeschlagenen Ungarnaufstand, man sei immer der festen Überzeugung geblieben, dass alles im Einklang mit der nach wie vor gültigen Befreiungspolitik stehe. Die verfolgte Strategie »was in harmony with a concept«, so Angleton, »frequently articulated when John Foster Dulles was Secretary of State, that the United States had a duty to ›roll back‹ Communist forces that had seized control in Eastern Europe in the wake of World War II«.[15] In Budapest kam es im Oktober 1956 zum ersten Einsatz von im Westen ausgebildeten Emigranteneinheiten in einer osteuropäischen Revolution. Am 23. Oktober 1956 wurden Gruppen nach Budapest entsandt, um dort die Aufständischen zu unterstützen und zu organisieren.[16] Dies

---

12 Binder, D.: '56 East Europe Plan of C.I.A. is Described. In: New York Times v. 30.11.1976.
13 Cline, Ray S.: Secrets, Spies and Scholars. Blueprint of the Essential CIA. Washington 1976, S. 131, 133 u. 179.
14 Ebenda, S. 131.
15 »Die verfolgte Strategie befand sich in Einklang mit einem Konzept, das ständig im Gespräch war, als John Foster Dulles Außenminister war. Demnach waren die USA verpflichtet, die kommunistischen Kräfte zurückzudrängen, die im Gefolge des Zweiten Weltkrieges die Kontrolle über Osteuropa erlangt hatten«; Binder: '56 East Europe Plan (Anm. 12), S. 13.
16 Ambrose, Stephen. E.: Ike's Spies: Eisenhower and the Espionage Establishment. Garden City 1981, S. 238; Corson, William R.: The Armies of Ignorance. The Rise of the American Intelligence Empire. New York 1977, S. 369.

geschah, soweit erkennbar, ohne Wissen des amerikanischen Präsidenten und war damit eine der vielen eigenmächtigen, »selbstlaufenden« Aktionen der CIA, die sich allerdings dabei durch die zahlreichen offiziellen Bekenntnisse zur Befreiungspolitik grundsätzlich gedeckt fühlte.

Insbesondere die *Covert Activities* machen deutlich, mit welchem hohen Risiko und welcher Hoffnung die Offensive gegen den Osten geführt wurde. Insgesamt jedoch waren sie natürlich nur ein geringer Ausschnitt der gesamten Praxis. Radiosendungen und Flugblattabwürfe nahmen den weitaus größten Anteil ein. Wertet man deren Inhalte aus, waren sie in Teilen tatsächlich offensiv, in der Mehrzahl vermittelten sie jedoch nur indirekt das Gefühl, der Westen sei an der Freiheit der Bevölkerung in den kommunistisch beherrschten Staaten interessiert und würde auf irgendeine Weise helfen. Es spricht für sich, dass die Aufständischen während des 17. Juni 1953 mit ihren Forderungen beim US-Sender RIAS erschienen und ganz selbstverständlich die Hilfe vor allem der Amerikaner erwarteten.

Intern wurde, wie man heute aus den neu freigegebenen amerikanischen Quellen weiß, die Erhebung in der DDR als ein Erfolg gewertet, an dem nicht zuletzt die vielen halboffiziellen oder privaten Befreiungsorganisationen beteiligt waren. Es wurde allerdings auch nach den Juni-Ereignissen 1953 niemals prinzipiell die Frage geklärt, wie man denn auf weitere Aufstände reagieren könne. Was existierte, war allein die bereits von der Truman-Administration festgelegte Devise, »that we ought no plan to give massive military support to friendly uprisings because of the risk of precipitating a general war«.[17] Es bedurfte erst der blutigen ungarischen Revolution 1956 und der jetzt allgemein akzeptierten Erkenntnis, dass Aufstände hinter dem Eisernen Vorhang nicht wirkungsvoll vom Westen unterstützt werden konnten, ohne ernsthafte militärische Verwicklungen auszulösen, um die Befreiungsidee für das hochgerüstete Ostmitteleuropa ab 1961 auf Eis zu legen.

Der Schwerpunkt der aktiv betriebenen Befreiungspolitik verschob sich damit in die Dritte Welt, wo sich Kuba und Südostasien als erste Einsatzgebiete abzeichneten. Bereits der gescheiterte amerikanische Invasionsversuch auf Kuba 1961 zeigte alle Merkmale klassischer *Roll-Back*-Strategie. Auch das einschlägige amerikanische *Counterinsurgency*-Programm während des Vietnam-Krieges, das unter Eisenhowers Nachfolger J. F. Kennedy zum zentralen Schlagwort wurde, wies zahlreiche Berührungspunkte mit der *Liberation Policy* auf. *Counterinsurgency* (frei übersetzt mit dem Begriff »Konterrevolution«) setzte auf ein ganzes Bündel von militärischen, politischen, ökonomischen, sozialen und psychologischen Maßnahmen, um den kommunistischen Einfluss in Südostasien zurückzudrängen. Auch Kennedys Nachfolger, Lyndon B. Johnson, bekannte sich in den sechziger Jahren wiederholt aus-

---

17 » ... dass wir wegen der Gefahr, in einen allgemeinen Krieg gestürzt zu werden, nicht über einen Plan verfügen sollten, uns genehme Aufstände massiv militärisch zu unterstützen.«; Putnam an Gray, 1.11.1951. In: Truman Library, Independence, USA (TLI), Harry S. Truman-Papers (HST-P), PSB, Box 15, Folder: 091.7 H.R. 6368a Bill.

drücklich zum Konzept der Befreiung in der Dritten Welt.[18] Es war allerdings unübersehbar, dass die *Liberation Policy* schon 1961 auch in der Dritten Welt an ihre Grenzen stieß. Den großen (Atom-)Krieg wollten die USA weder zur Befreiung Kubas noch zur Befreiung Vietnams riskieren.

Über die Befreiung Ostmitteleuropas war offiziell seit 1961 nichts oder nur noch wenig zu hören. Die Entspannungspolitik stand im Vordergrund, und sie machte zum Beispiel bei der Begrenzung von Atomwaffen am Ende der sechziger Jahre tatsächlich Fortschritte. Parallel dazu wurde das Interesse an der offensiven *Roll-Back*-Idee im Westen allerdings wieder umso größer, je mehr es schien, als wirke sich die *Detente* zum Nachteil des Westens und insbesondere der USA aus. Die im rechten und rechtskonservativen Lager verwurzelte Anti-Entspannungs-Bewegung artikulierte sich zunächst außerhalb der US-Regierungspolitik. Intensiv beteiligt waren dabei die zahlreichen alten und neuen Befreiungsorganisationen, die als *Pressure Groups* in Washington erfolgreich Stimmung gegen die Entspannungspolitik machen konnten. Auch die westdeutschen Vertriebenenverbände gehörten zum Teil dazu. Sie versuchten vor allem die Ostpolitik der sozialliberalen Koalition zu torpedieren, da sie diese für eine endgültige »Preisgabe« der »Ostgebiete« verantwortlich machten. Mitte der siebziger Jahre waren die Entspannungskritiker und Befürworter der Befreiungsidee eindeutig auf dem Vormarsch. Mit deren Kandidaten, Ronald Reagan, wurde 1981 ein erklärter Verfechter der Befreiungsidee US-Präsident. Seine Politik nahm jetzt auch wieder verstärkt Ostmitteleuropa ins Visier.[19] Inwieweit die außenpolitische Offensive allerdings tatsächlich in dem Ausmaß für den Zusammenbruch der Sowjetunion und ihrer Verbündeten und das Ende des Kalten Krieges 1991 verantwortlich war, wie etwa die US-Regierung unter seinem Nachfolger George Bush es annahm, ist in der Forschung umstritten geblieben. Dort geht man eher davon aus, dass sie den Druck auf Moskau zwar erhöhte, die ausschlaggebende Rolle aber der Ausnahmepolitiker Michail Gorbatschow spielte. Er wusste, dass die Sowjetunion Reformen benötigte, um zukunftsfähig zu sein. Vor allem aber setzte er sie fort, als sich die unbeabsichtigten Folgen zeigten. Gleichzeitig drängte er darauf, dass die anderen Ostblockstaaten dem Beispiel der UdSSR folgten. Der Westen hingegen musste lediglich über seinen Schatten springen und Gorbatschow als ehrlichen Verhandlungspartner anerkennen. Insofern wurde der Kalte Krieg wohl eher nicht durch Offensivstrategien beendet, sondern durch das vorsichtige Aufeinanderzugehen der Blöcke, den Wandel der gegenseitigen Perzeption – letztendlich durch die Fortsetzung der Entspannungspolitik.

---

18 Vgl. Stöver: Befreiung (Anm. 1), S. 847 f.

19 Vgl. Schweizer, Peter: Victory. The Reagan Administration's Secret Strategy That Hastened the Collapse of the Soviet Union. New York 1994.

2 Die Wahrnehmung der Befreiungspolitik in Ostmitteleuropa

Vor dem Hintergrund der Mechanismen des Kalten Krieges war die rasche Rezeption des Befreiungskonzepts auf beiden Seiten des Eisernen Vorhangs zwangsläufig. Jene, die sie als Versprechen verstanden, vom Kommunismus befreit zu werden, hofften auf das Engagement des Westens. Dies zeigte sich 1953 in der DDR ebenso deutlich wie 1956 in Ungarn. Auch die antikommunistische Emigration aus den verschiedenen sowjetisch kontrollierten Staaten und die deutschen Vertriebenenorganisationen bekannten sich während des Kalten Krieges ausdrücklich zur Befreiungspolitik. Sie stemmten sich daher massiv gegen jede Art von Entspannungspolitik, die ihren Interessen entgegenzulaufen schien. Bis weit in die achtziger Jahre war eine aktive Lobby-Arbeit bei entsprechenden US-Politikern Normalität.

Es ließen sich an dieser Stelle Dutzende von Organisationen im Westen nennen, die sich seit den späten vierziger Jahren auf die *Liberation Policy* beriefen. Als bedeutende radikale Vertreter sind zum Beispiel die Berliner Kampfgruppe gegen Unmenschlichkeit (KgU), der exilrussische NTS (Narodno Trudowoi Sojus/Völkischer Arbeiterbund) oder der Antibolschewistische Block der Nationen (ABN) mit seinen Wurzeln in der Organisation Ukrainischer Nationalisten (OUN) zu nennen. Aber auch bei den Ostbüros der westdeutschen Parteien war vor allem in den fünfziger Jahren eine »Befreiungsmentalität« nachweisbar. Einige Gruppen, wie der 1952 ins Leben gerufene Zentralverband der Nachkriegsemigranten aus der UdSSR (Tsentralnoe Obedinenie Poslevoennykh Emigrantov iz SSR, TsOPE), waren trotz anders lautender Legende keine selbstständigen Gründungen, sondern wurden vom amerikanischen OPC geschaffen, um Personen zu sammeln, die im Sinne der Befreiungsidee zu verwenden waren. Die Einsatzgebiete der Gruppen waren unterschiedlich: Die KgU arbeitete ausschließlich in der DDR, während der russische NTS darüber hinaus tätig wurde.

Von den Regierungen im sowjetisch kontrollierten Ostmitteleuropa wurde die Konzeption und vor allem die Praxis von Beginn an als ernsthafte Bedrohung verstanden. Dabei sind die Satellitenstaaten nicht singulär zu betrachten, auch nicht die DDR. Einerseits organisierten sie ihre Maßnahmen häufig in Absprache oder sogar Kooperation mit den Sowjets oder Regierungen anderer Satellitenstaaten. Andererseits fügten sich für die jeweilige Staatssicherheit alle feindlichen Operationen, unabhängig in welchem Land des Ostblocks sie stattfanden, in das kollektive Bedrohungsszenario. Selbstverständlich spielte es daher für das Ministerium für Staatssicherheit (MfS) eine Rolle, wenn in befreundeten Staaten Aktionen stattfanden, die man der *Liberation Policy* zuordnen konnte.

Unter »Befreiungspolitik« oder als Vorbereitung zum Umsturz verbuchte man in Ostberlin angebliche oder tatsächliche Spionagefälle, aufgedeckte Geheimdienstoperationen, Sabotage, aber auch zum Beispiel wirtschaftliche Maßnahmen, etwa das Einfrieren ostdeutscher Guthaben in den USA 1952 oder die Lebensmittelhilfe des

Westens nach dem Aufstand vom 17. Juni 1953. Zu diesem Zeitpunkt war DDR-Bürgern offeriert worden, Pakete an Ausgabestellen in Westberlin abzuholen, was auch massenhaft geschehen war. In einem Anfang 1954 angefertigten internen Bericht der Abteilung USA/Kanada des DDR-Ministeriums für Auswärtige Angelegenheiten (MfAA) hieß es zur Frage, inwieweit der eigene Staat durch die USA bedroht sei:

> »Das Verhältnis der DDR gegenüber den Vereinigten Staaten wird in erster Linie bestimmt von der Politik der USA gegenüber unserer Republik. Seitens der Regierung der USA wird immer wieder versucht, die DDR zu diffamieren und die bestehende demokratische Ordnung zu beseitigen. Das Augenmerk der Organe der DDR ist deshalb vor allem auf die Abwehr der volksfeindlichen und undemokratischen Machenschaften der USA gerichtet. Eine der wichtigsten Aufgabe[n] bestand u. a. darin, die von den USA-Dienststellen geleitete und gelenkte Spionage, Diversions- und Hetztätigkeit zu unterbinden und zu entlarven. Darüber hinaus galt es aber auch, den offiziellen Maßnahmen der USA-Regierung entgegenzutreten.«[20]

Gleichzeitig verstärkten die hektischen offiziellen Reaktionen im kommunistischen Machtbereich und die ständigen Warnungen vor dem »Tag X« generell die Vorstellung in der Bevölkerung, dass der Westen tatsächlich eine »Befreiung« anstrebe. Offensichtlich ist, dass von allen osteuropäischen Regierungen die »provokatorischen« Maßnahmen *in toto* als »Sturmreifschießen« ihrer Staaten vor der »Befreiung durch den Westen« betrachtet wurden. Sie entwickelten dabei einen bemerkenswerten Grad von Verfolgungswahn, wobei sukzessive auch angeblich bereits »unterwanderte Bruderstaaten« wie Polen zumindest zeitweilig in den Rahmen der »Feindarbeit« aufgenommen wurden.

In der Gegenpropaganda spielte neben zahlreichen »Weißbüchern« und einschlägigen Veröffentlichungen der »West-Spezialisten«[21] vor allem die kontinuierliche Berichterstattung in den Medien die Hauptrolle. Die Prawda, das Neue Deutschland und viele andere Periodika präsentierten zu jeder sich bietenden Gelegenheit Zitate aus Westdeutschland und den USA, die den Willen zur »Befreiung des Ostens« auf der Basis traditioneller »Ostraumpolitik« unterstreichen sollten.[22] Dabei konnte man früh auf entsprechende Artikel aus dem Westen zurückgreifen: So präsentierte das 1951 vorgelegte ungarische »Weißbuch« unter anderem einen Artikel der Schweizer

---

20 Das Verhältnis der DDR zu den Vereinigten Staaten, Entwurf, 18.2.1954, S. 1. In: Auswärtiges Amt-Politisches Archiv (AA-PA), Ministerium für Auswärtige Angelegenheiten (MfAA), A 1968, Fiche 1.
21 Vgl. z. B. Mader, Julius: Gangster in Aktion. Aufbau und Verbrechen des amerikanischen Geheimdienstes. 2. Aufl., Berlin (Ost) 1961.
22 Vgl. dazu insgesamt auch Meiners, Jochen: Zur nationalen Politik der SED im Spiegel ihres Zentralorgans Neues Deutschland 1946 bis 1952. Frankfurt/M. 1987.

Tageszeitung Die Tat, in dem 1949 unter der Überschrift »The Exposure of the American ›Operation X‹« über die Offensivpläne des Westens referiert worden war.[23]

John Foster Dulles stand in den fünfziger Jahren, spätestens seit seiner 1949 in New York gehaltenen Rede »The Pursuit of Liberty« im Zentrum der Angriffe. Der Wechsel von Truman zu Eisenhower 1952/53 war in der Wahrnehmung des sowjetischen Machtbereichs allerdings lediglich als Verschärfung der bisherigen Politik betrachtet worden. Der Kurs des neuen Präsidenten Eisenhower, vermerkte das DDR-Außenministerium 1953, sei nur eine »Fortsetzung des aggressiven Kurses«, wie ihn bereits Truman geführt habe. Allerdings verlange Eisenhower nun jedoch ernsthaft »die ›Befreiung‹ der ›versklavten‹ volksdemokratischen Staaten, d. h. die Zerschlagung des sozialistischen Aufbaus«, was man als den »offene[n] Ausdruck der Weltherrschaftsansprüche der amerikanischen Imperialisten, die in ihrer Abenteuerlichkeit die hitlerfaschistische Politik bei weitem noch in den Schatten stellt«, betrachten müsse.[24] Über ähnliche Analysen berichteten die amerikanischen Beobachter aus den anderen Satellitenstaaten. Die von »Eisenhower/Dulles« verkündete »liberation of East Europe«, meldete der US-Repräsentant in Budapest etwa zum gleichen Zeitpunkt, sei in der Gegenpropaganda das Negativbild schlechthin.[25] Sie werde in der ungarischen Regierungspropaganda mit der Rückkehr der Großgrundbesitzer gleichgesetzt.[26] Notwendigerweise gerieten mit Dulles die von ihm besonders geförderten osteuropäischen Emigrantenorganisationen als »faschistische Gruppen« in das Visier der Gegenpropaganda.[27] Aber auch die westdeutschen Vertriebenenverbände bildeten ein kontinuierliches Ziel.[28]

---

23 Documents On The Hostile Activity of the United States Government Against The Hungarian People's Republic, S. 135. Entsprechend: Boldizsár, Ivan: Gegen das Ungarische Volk. Budapest 1952, S. 7.

24 Die Rede Eisenhowers - ein durchsichtiger Ablenkungsversuch gegenüber den friedliebenden Völkern, 22.4.1953, S. 3 u. 15. In: AA-PA, MfAA, A 1967, Fiche 1. Dazu auch [Vermerk Büro Staatssekretär MfAA] Die Entwicklung der Beziehungen der Deutschen Demokratischen Republik zu den amerikanischen Staaten im Jahre 1955, 23.1.1956. In: AA-PA, MfAA, A 17591, Fiche 1.

25 US-Gesandtschaft Budapest an State Department, 20.2.1953. In: NAW, RG 59, DF, 764.00(W)/2-2053.

26 US-Gesandtschaft Budapest an Secretary of State (Dulles), 20.5.1953; NAW, RG 59, DF, 764.00/5-2053. Entsprechend die fortlaufenden Meldungen an das US-Außenministerium. Vgl. für die übrigen Satellitenstaaten die Aufstellung osteuropäischer Stellungnahmen. In: NAW, RG 59, MLF, Lot 61 D 2, Box 40, Folder: C-710.1 US; auch Scherstjanoi, Elke: Die sowjetische Deutschlandpolitik nach Stalins Tod 1953. Neue Dokumente aus dem Archiv des Moskauer Außenministeriums. In: Vierteljahrshefte für Zeitgeschichte 46(1998)3, S. 497-549, hier 506.

27 Als Beispiel für die Angriffe auf die »faschistischen« osteuropäischen Befreiungsorganisationen und ihre Abhängigkeit von der Bundesrepublik und den USA vgl. die vom AA gesammelten Manuskripte von Radio Warschau. In: AA-PA, Abt. 3/Mappe 687; auch Zycie Warszawy v. 24.10.1952; AA-PA, Abt. 2/Mappe 1909.

28 Vgl. z. B. »Die Emigrantenverräter haben sich mit den sudetendeutschen Revisionisten über die Liquidierung der Tschechoslowakei geeinigt«. In: Rude Pravo v. 18.4.1951 (Übersetzung); AA-PA, Abt. 3/Mappe 662.

Während in der DDR der amerikanische Sender RIAS im Mittelpunkt der Angriffe stand, waren es für die übrigen Satellitenstaaten Radio Freies Europa, Radio Liberation und zum Teil auch die Voice of America (VOA). Das »Schwarzbuch« des »National Committee for a Free Europe«, der Dachorganisation des Senders RFE, verzeichnete allein in den sechs Monaten nach dem Juni-Aufstand in der DDR 1953, neben Hunderten von allgemeinen Angriffen auf den Sender, 69 gezielte Attacken auf Emigranten, die mit RFE offiziell verbunden waren (Mikolajczyk, Raczynski, Baginski, Korbonski, Zenkl) und 26 auf Emigranten, die informell mit dem Sender zusammenarbeiteten (Anders, Zaleski, Bor, Gawlina, Kwapinski, Bielecki, Doboszynski, Hrabyk, Rydz-Smigly, Sosnkowski).[29] Typisch waren auch hier die umfassenden Anschuldigungen.

Wie minutiös die Staaten hinter dem Eisernen Vorhang die Entwicklung der Befreiungspolitik verfolgten, ist nicht zuletzt daraus zu ersehen, dass die von George Kennan in den fünfziger Jahren geäußerte scharfe Kritik an Dulles und der *Liberation Policy* relativ schnell Eingang in die Stellungnahmen fand. Aus einsichtigen Gründen wurde er, obwohl er zunächst maßgeblich für den Ausbau der Verdeckten Operationen im Kalten Krieg verantwortlich gezeichnet hatte, zum wichtigsten politischen Gegenspieler des US-Außenministers, vor allem aber zum Kronzeugen für die »Befreiungspläne« des Westens stilisiert. Die Argumentation war klar: Wenn selbst in den USA und anderen westlichen Staaten Kritik an der Gefährlichkeit der *Liberation Policy* geäußert wurde, dann bestätigte dies glänzend die eigene Einschätzung. Insbesondere die weltweit gehörten Vorträge Kennans im britischen Sender BBC ab 1957 wurden schließlich als Beleg für die wachsende Empörung über die westliche Offensivpolitik gegenüber dem Ostblock gewertet.[30] Tatsächlich distanzierte sich ja gerade auch der Eisenhower-Nachfolger John F. Kennedy im Präsidentschaftswahlkampf 1960 in seiner außenpolitischen Grundsatzrede vor dem US-Senat von der bisherigen Politik, die auch er ausdrücklich als Politik der Befreiung bezeichnete. Das Misstrauen der Regierungen hinter dem Eisernen Vorhang minderte das nicht, denn Kennedy sprach in derselben Rede – und ausgerechnet mit Blick auf das im Osten als Unsicherheitsfaktor besonders beobachtete Polen – davon, nun

> »langsam und vorsichtig auf Pläne hinzuarbeiten, die sich dazu eignen könnten, unzufriedene Länder hinter dem Eisernen Vorhang zu ermutigen, die Keime der Freiheit [...] wachsen zu lassen. Wir müssen ihre wirtschaftliche und ideologische Abhängigkeit von Sowjetrussland mindern helfen. Schon gibt es in Polen Gelegenheiten zu größerer amerikanischer Initiative: Hilfeleistungen, Handelsbeziehungen, Tou-

---

29 The Black Book, Vol. IV (July–Dec. 1953), Communist Attacks on the NCFE and the Emigration. In: Eisenhower Library, Abilene, USA (ELA), C. D. Jackson-Papers (CDJ-P), Box 65, Folder: Time Inc. File-NCFE »Black Book«. Liste: S. II f.

30 Vgl. Informationen über die Vorträge Kennans im britischen Rundfunk, 27.1.1958, S. 1. In: AA-PA, MfAA, A 17799, Fiche 1.

rismus, Informationsdienste, Studenten- und Lehreraustausch und die Heranziehung amerikanischen Kapitals und amerikanischer Technik zur Hebung des Lebensstandards des polnischen Volkes. Auch bei anderen unterdrückten Völkern können wir engere Beziehungen zu uns anbahnen, wenn wir als das Volk, das für sie die einzige große Hoffnung auf Befreiung bedeutet, uns ihnen gegenüber nicht verschlossen zeigen, sondern ein schöpferisches Interesse für sie bekunden.«[31]

Als das Ende der Befreiungsidee konnte man das in der Tat nur schwer verstehen. Kennedys Kurs als Präsident, vor allem der Invasionsversuch auf Kuba und die Verstärkung der militärischen Präsenz in Südostasien, zeigte in der Interpretation der Ostblockstaaten zudem die außenpolitische Kontinuität. Besonderes Misstrauen entwickelte man am Beginn der sechziger Jahre gegenüber der als schleichende Konterrevolution und »Erosion des Sozialismus« verstandenen »Strategy of Peace« Kennedys. Als deren westdeutsches Pendant galt das durch den damaligen Presseamtschef des Berliner Senats, Egon Bahr, 1963 in Tutzing vorgestellte Konzept »Wandel durch Annäherung«. Der in Kooperation zwischen den Militärinstituten der UdSSR, Polens und der DDR entstandene und erst 1988 vorgelegte »militärhistorische Abriss« über die NATO-Staaten und ihre Strategie ist ein Beispiel für diese bis zum Ende des Ostblocks anhaltende umfassende Bedrohungsperzeption.[32]

Dass die Gefahr in allen ostmitteleuropäischen Staaten hinter dem Eisernen Vorhang als gravierend eingeschätzt wurde, ist nicht zuletzt aus dem Versuch abzuleiten, durch technische Maßnahmen die eigene Bevölkerung vom Empfang westlicher Programme, nicht nur der Befreiungssender, fernzuhalten. Bereits Ende der vierziger Jahre versuchte man, über die Überwachung des Verkaufs von Radiogeräten bzw. -röhren und sonstigen Ersatzteilen, Kontrolle über die Hörer zu erhalten.[33] 1950 veranstaltete die tschechoslowakische Regierung sogar einen offiziellen »Radiotag«, an welchem die Hörer unter Drohungen ermahnt wurden, ihren Konsum von Westprogrammen einzustellen.[34] Von besonderer Bedeutung waren die Störsender. Insgesamt existierten nach zeitgenössischen Erhebungen bereits Ende 1952 zwischen 1 000 und 1 500 dieser Einrichtungen allein auf sowjetischem Territorium.[35] Es war

---

31 Senatsrede Kennedys, 14.6.1960. In: Schoenthal, Klaus (Hg.): Der neue Kurs. Amerikas Außenpolitik unter Kennedy 1961-1963. München 1964, S. 18-27, hier 24.

32 NATO-Staaten und militärische Konflikte. Militärhistorischer Abriss. Berlin (Ost) 1988, S. 81 ff.

33 Vgl. U. S. Advisory Commission on Information, Semi-Annual Report to the Congress, March 1949, S. 90. In: NAW, RG 306, Records of the U.S. Advisory Commission on Information, Box 1, Folder: Reports.

34 VOA Handbook: A Summary of Available Data on VOA Effectivness. Arranged by Major Areas and by Countries, Report No. A-75, 1.8.1950, o. S. In: NAW, RG 59, Lot 53 D 126/Lot 53 D 196, Box 96, Folder: o. Bez.

35 Vgl. Business Research Staff General Motors: Report on Radio Free Europe, 15.12.1952, S. 9. In: ELA, CDJ-P, Box 54, Folder: FEC.

somit auch als Zeichen leichter Entspannung zu verbuchen, dass 1964 etwa die ungarischen Störsender für Westprogramme abgeschaltet wurden.[36]

Die hektischen Reaktionen auf die *Liberation Policy* wirkten indessen wahrscheinlich eher kontraproduktiv auf das eigentliche Ziel, eine reale Gefahr aus dem Westen zu zeichnen. Dies zeigten sowohl »Befreiungsfeiern« in der DDR während des Aufstandes 1953[37] als auch interne Stimmungsberichte zur »Volksmeinung« aus anderen Satellitenstaaten[38]. Deutlich war das tief verwurzelte Misstrauen gegen die eigene Bevölkerung von Beginn an gewesen, es wuchs aber nach den Aufständen von 1953. Nach dem 17. Juni führte das MfS eine neue Kategorie in seinen Berichten ein, die den bezeichnenden Titel trug: »Informationen, die auf die Vorbereitung eines neuen ›Tag X‹ hinweisen.«[39] Wie den für immer mehr Menschen verlockenden Verheißungen des Westens wirksam entgegengetreten werden konnte, war nicht zuletzt auch Thema zahlreicher MfS-Studien. Gerade die Themen der Abschlussarbeiten der MfS-eigenen »Juristischen Hochschule« in Potsdam zeigen, dass die Verhinderung der »Befreiung der DDR« durch Maßnahmen des Westens ein zentrales Thema bis zum Untergang blieb.[40]

Gleichzeitig machte die teilweise panische Reaktion osteuropäischer Regierungen, wie sie bei Großaktionen etwa des »National Committee Free Europe« zu beobachten war, aber die Wirkungen der praktischen Befreiungspolitik für den Westen unberechenbar. So hatte die amerikanische »Operation Prospero«, die ab dem 13. Juli 1953 Millionen von Flugblättern über der Tschechoslowakei ablud und ganz außerordentliche Akzeptanz in der Bevölkerung fand, dort zur Folge gehabt, dass die Prager Führung begann, unverhältnismäßig hart zu reagieren. Die Prager Regierung setzte Militär ein, um die Flugschriften wieder aus dem Verkehr zu ziehen. Die tschechoslowakische Luftwaffe schoss Ballons ab,[41] und am Boden bemühten sich Polizei und Militär, die bereits verstreuten Flugblätter wieder einzusammeln. Die US-Botschaft in Prag berichtete sogar von systematischen Polizeirazzien, in denen Passanten gezwungen wurden, ihre Taschen zu leeren.[42] Die heftige Reaktion ist nur vor dem Hintergrund zu verstehen, dass man die Wirkung fürchtete, war doch be-

---

36 Vgl. Abshire, David M.: International Broadcasting: A New Dimension of Western Diplomacy. Beverley Hills 1973, S. 69.
37 Vgl. Mitter, Armin; Wolle, Stefan: Untergang auf Raten. Unbekannte Kapitel aus der DDR-Geschichte. München 1995, S. 73.
38 Zum Beispiel Polen vgl. Malkiewicz, Andrzej u. a.: Das polnische Echo auf den Juni-Aufstand in der DDR im Jahre 1953. In: Kleßmann, Christoph u. a. (Hg.): 1953 - Krisenjahr des Kalten Krieges in Europa. Köln u. a. 1999, S. 181-197.
39 BStU, ZA, AS 63/55, Bl. 432.
40 Vgl. Förster, Günter: Bibliographie der Diplomarbeiten und Abschlußarbeiten an der Hochschule des MfS. Hg. BStU. Berlin 1998.
41 Vgl. Michie, Allan A.: Voices through the Iron Curtain: The Radio Free Europe Story. New York 1963, S. 139 f. Dazu auch die Depesche der US-Botschaft Wien v. 28.9.1953, S. 2. In: NAW, RG 59, DF, 749.00/9-2853.
42 Depesche der US-Botschaft Prag v. 21.7.1953, S. 1. In: NAW, RG 59, DF, 749.00/7-2153.

reits 1951 eine Welle von Hamsterkäufen ausgelöst worden, als RFE und Flugblätter über eine bevorstehende Währungsreform berichtet hatten. Das regierungsamtliche Blatt Rude Pravo versuchte dann auch am 18. Juli 1953 in einem Leitartikel, den Misserfolg der »Operation Prospero« zu belegen. Man wies darauf hin, dass alle [!] Flugblätter abgeliefert worden seien, weil die Bevölkerung mit »Kriegstreibern« aus dem Westen nichts zu tun haben wolle.[43] Entsprechendes wurde auch am selben Tag über Radio Prag verbreitet.[44] Tatsächlich jedoch waren die teils außergewöhnlichen amerikanischen Flugblätter, zum Beispiel nachgebildete Geldscheine (die »Hungerkrone«)[45], nicht selten und trotz des Risikos mit nach Hause genommen worden. Wie groß die Gefahr sein konnte, ist daraus erkennbar, dass einige Rotarmisten, die in der DDR NTS-Flugblätter mitnahmen, zum Tod verurteilt wurden.

Dramatisch waren auch die Folgen der »Psychologischen Kriegsführung« in Ungarn 1955: »Operation Focus«, eine der größten amerikanischen Flugblattaktionen in Ungarn wurde abgebrochen, weil sie sich für die zentrale Zielsetzung, die Schwächung oder Beseitigung der kommunistischen Regierungen, kontraproduktiv entwickelt hatte.[46] Zuvor hatte sich in Ungarn Dramatisches abgespielt: Am 18. April 1955 wurde ausgerechnet der Reformer Imre Nagy abgesetzt. Auf Drängen der Sowjets zwang man ihn, seine Ämter niederzulegen und wieder dem Altstalinisten Mátyás Rákosi das Amt des Staatschefs zu übergeben. Damit war nicht nur der Reformkurs in Ungarn gestoppt, sondern Rákosi gelang es sogar, Nagy als »Kollaborateur« und »Mann des Westens« darzustellen. Ungewollt trug er auf diese Weise allerdings zum Aufstand 1956 bei.

Es spricht für die Ernsthaftigkeit und den Glauben an ihren Erfolg, dass trotz dieser Zeichen die Befreiungspolitik für Europa zumindest in den fünfziger Jahren fast bruchlos fortgesetzt wurde. Was man von den Protesten in den Satellitenstaaten hielt, machte ein Bericht der amerikanischen Legation in Budapest sichtbar. Sie riet 1954 dazu, die anhaltenden Beschwerden und sonstigen Reaktionen der Regierungen in Osteuropa als das zu verstehen, was sie offensichtlich seien: »a ›sign of weakness of (the) regime‹«.[47] Ähnlich hatte sich ein Papier des US-Hochkommissariats in Deutschland nach dem 17. Juni 1953 geäußert.

---

43 Vgl. ebenda, S. 2.
44 Mitschnitt der Sendung als Telegramm in: ELA, CDJ-R, Box 2, Folder: Balloons.
45 Abbildung bei Stöver: Befreiung (Anm. 1), S. 448 f.
46 Zu den Einzelheiten Hacker, Jens: Der Ostblock. Entstehung, Entwicklung und Struktur 1939-1980. Baden-Baden 1983, S. 549.
47 US-Legation, Budapest, an Department of State, Washington, 12.11.1954, o. S. [6]. In: NAW, RG 59, DF, 511.64/11-1254.

3 »Wechselspiele«: Das Beispiel DDR

Wenn es etwas wie ein Wechselspiel zwischen westlicher Befreiungspolitik auf der einen und offiziellen Reaktionen auf der anderen Seite gegeben hat, so am ehesten in den Jahren bis zum Mauerbau 1961, obwohl selbstverständlich auch in den Jahren danach eine Wechselwirkung zwischen westlicher Einflussnahme und Restriktionen im Osten vorhanden war. Grundsätzlich kann allerdings davon ausgegangen werden, dass es niemals ein starres Schema von Aktion und Reaktion gegeben hat. Stattdessen gab es in den fünfziger Jahren ein permanentes Einwirken beider Seiten, das keinerlei weiteren Anstoß mehr brauchte. Dennoch sind in einigen Bereichen begrenzte direkte »Wechselspiele« zu erkennen.

Für die DDR war der Aufstand vom 17. Juni 1953 das wohl traumatischste Ereignis, welches die SED und das MfS bis zum Untergang 1989 beschäftigte. Mittlerweile weiß man gut über die Einzelheiten des Aufstandes Bescheid. Es braucht hier nicht betont zu werden, dass von einer Auslösung des Aufstandes durch den Westen keinesfalls gesprochen werden kann. Das Beharren der SED auf der Beibehaltung überhöhter Arbeitsnormen wird gemeinhin als der unmittelbare Anlass des Aufstandes betrachtet. Verschiedentlich hatten sich die Streikenden ausdrücklich gegen die Verdrehung der Tatsachen in der offiziellen Propaganda ausgesprochen und sich »energisch dagegen verwahrt, dass ihr Streikentschluss auf den Einfluss westlicher Provokateure und Agenten zurückzuführen sei«.[48]

Nichtsdestoweniger waren nachweislich nicht nur der RIAS, sondern insbesondere auch einige der halboffiziellen und privaten Befreiungsorganisationen daran beteiligt, den Aufstand zu intensivieren. Das für die UdSSR zuständige Radio Liberation sendete während des Aufstandes am 17. Juni 1953 an sowjetische Soldaten in der DDR. Allerdings ist nicht nachweisbar, dass jene Rotarmisten, die später wegen Befehlsverweigerung hingerichtet wurden, den Aufrufen des Senders gefolgt waren. Durchgängig waren alle privaten, parteigebundenen, semi-offiziellen und amtlichen antikommunistischen Organisationen in irgendeiner Weise am Aufstand beteiligt. Dabei unterschied sich der Involvierungsgrad ebenso wie die Intensität und Radikalität der Aufrufe. Es spricht aber für sich, dass selbst Flugblätter des Ostbüros der SPD noch während des Aufstandes von ihren Vertrauensleuten in der DDR nachgedruckt und an Demonstranten verteilt wurden. Sie forderten beispielsweise in Dresden den Rücktritt der DDR-Regierung.[49] Zum Teil waren SPD-Ostbüro-Mitarbeiter auch als Streikführer aufgetreten.[50] Allerdings war man auch im SPD-Ostbüro, wie

---

48 Wengst, Udo: Der Aufstand am 17. Juni 1953 in der DDR. Aus den Stimmungsberichten der Kreis- und Bezirksverbände der Ost-CDU im Juni und Juli 1953. In: Vierteljahrshefte für Zeitgeschichte 41(1993)2, S. 277–321, hier 288.

49 Vgl. Bouvier, Beatrix: Ausgeschaltet! Sozialdemokraten in der Sowjetischen Besatzungszone und in der DDR 1945–1953. Bonn 1996, S. 295 ff.

50 Dazu die Erinnerungen von Berger, Siegfried: »Ich nehme das Urteil nicht an« – Ein Berliner Streikführer des 17. Juni vor dem Sowjetischen Militärtribunal. Berlin 1998, S. 14 ff.

eigentlich bei allen Beteiligten, vom Zeitpunkt, Umfang und von der Heftigkeit des Aufstandes überrascht.[51] Möglicherweise erklären sich daraus auch die intensiven Bemühungen, die Ergebnisse dieses bisher beispiellosen Ereignisses zu sichern und die erreichte Unzufriedenheit durch auflagenstarke Flugblattaktionen weiter anzuheizen. Dies war bei allen Befreiungsorganisationen zu beobachten.

Der Vollständigkeit halber sei erwähnt, dass während des Aufstandes in Ungarn Ähnliches passierte. Was durch ein erhalten gebliebenes Abhörprotokoll zweifelsfrei belegbar ist, sind Hilfszusagen radikaler Befreiungsorganisationen und hier insbesondere des NTS. Von ihm bzw. dem »Ungarischen Verband ehemaliger Soldaten«, dem wohl die NTS-Sendeanlage zur Verfügung gestellt worden war, stammte ein Aufruf, der wahrscheinlich über seinen mobilen Sender aus Bayern ausgestrahlt wurde. Dem Inhalt dieser Meldung nach zu urteilen, versuchte der »Ungarische Verband ehemaliger Soldaten« hier den Eindruck zu erwecken, dass sowohl militärische Einheiten als auch materielle Unterstützung an der ungarisch-österreichischen Grenze bereitstünden. In der Tat ist nachzuweisen, dass die Aufständischen in Ungarn auch deswegen so lange der militärischen Übermacht der Sowjets standhielten, weil sie davon ausgingen, dass irgendwann Hilfe aus dem Westen ankommen werde.

Aus der traumatischen Niederlage des MfS und der SED am 17. Juni entwickelte sich seitdem tatsächlich eine Art Wechselspiel mit der *Liberation Policy*, indem nach dem Aufstand 1953 und dann wieder nach den Aufständen in Ungarn und Polen 1956 eine Intensivierung der Arbeit gegen die Befreiungsorganisationen außen, aber auch gegen »Diversion« im Innern stattfand. Das Trauma der DDR-Staatsführung wurde nun erst recht der »Tag X«.[52] In den weiteren Jahren ging es nun aber auch darum, weitere »Beweise« zu präsentieren. Sukzessive wuchs die Bedrohung von außen in den fünfziger Jahren zu einem Legitimationsmuster für staatliche Maßnahmen jeglicher Art und wurde auf diese Weise schließlich sogar unverzichtbar, um die auffällige ökonomische Rückständigkeit des Landes zu erklären.

In diesem Zusammenhang ordnen sich die zahlreichen Artikel zu Agenten, Abwerbungen, Sabotage oder »Blitzkriegs«-Vorbereitungen ein, die in den fünfziger Jahren an der Tagesordnung waren. Besonders gern wurden entsprechende Artikel westlicher Periodika verwendet. Dies fand allerdings in kleinerem Rahmen auch bereits vor dem Aufstand statt. Als 1950 das US-Magazin Newsweek einen kurz danach vom Spiegel nachgedruckten Artikel über Planungen zu einem militärischen Angriff auf die DDR veröffentlichte, fand die Karte mit den Angriffskeilen der westlichen Armeen bis in die achtziger Jahre hinein Eingang in die Schulbücher der DDR. Den Nachweis, ob es sich hier nicht vielmehr um eines der üblichen Planspiele für militärische Manöver handelte, blieb man allerdings schuldig.[53]

---

51 Vgl. Bouvier: Ausgeschaltet (Anm. 49), S. 300.

52 Gieseke, Jens: Mielke-Konzern. Die Geschichte der Stasi 1945–1990. Stuttgart, München 2001, S. 58 ff.

53 Vgl. Geschichte, Lehrbuch für Klasse 10. Berlin (Ost) 1985, S. 161.

Deutlicher zeigte sich das »Wechselspiel« oder vielmehr die Wahrnehmung der *Liberation Policy* erst, als der nach dem 17. Juni in Ungnade gefallene MfS-Chef Wilhelm Zaisser durch Ernst Wollweber ersetzt worden war. Wollweber setzte einerseits auf Angriffe gegen den »inneren« und »äußeren Feind«, wobei beides das gezielte Vorgehen gegen westliche Befreiungsgruppen einschloss. Andererseits setzte Wollweber auf verstärkte Öffentlichkeitsarbeit – ein Hinweis darauf, dass aus SED-Sicht das »falsche Bewusstsein« gegenüber der Befreiungsidee in der DDR markant war. Noch im Januar 1954, als Wollweber vor Angehörigen eines Bremsenwerks in Ostberlin über die Bedrohung durch die Befreiungspolitik sprach, war sichtbar, dass Arbeiter ganz und gar nicht davon überzeugt waren, dass eine Gefahr aus dem Westen drohe. Sie zeigten stattdessen, wie der Bericht deutlich machte, eine »versöhnlerische Haltung«. Man wisse, hieß es weiter, dass der überwiegende Teil der Belegschaft sogar an den Demonstrationen während des 17. Juni und an der darauf folgenden amerikanisch-westdeutschen »Paketaktion« teilgenommen habe. Von der gewünschten Ablehnung des Westens und der Befreiungspolitik waren diese Arbeiter so weit entfernt, dass die Staatssicherheit den Auftritt Wollwebers durch »Kampfgruppen« und »geeignete Belegschaftsangehörige« absichern ließ.[54]

Dass die Öffentlichkeitsarbeit ein Teil des »Wechselspiels« war, zeigte sich besonders deutlich in den intensiven Kampagnen der SED anlässlich der Ankunft prominenter westlicher Überläufer. Die bekannteste nach dem Juni-Aufstand 1953 war sicherlich jene, die anlässlich der Ankunft des bundesrepublikanischen Verfassungsschutzpräsidenten Otto John im Juli 1954 durchgeführt wurde. Angesichts der zentralen Bedeutung, Beweise für den Plan des Westens vorzulegen, die DDR zu erobern – zu befreien –, kann man insbesondere den Umgang mit John auch als Maßnahme des MfS verstehen, einen glaubwürdigen Gewährsmann für die angenommenen Eroberungspläne des Westens zu rekrutieren.[55] John jedenfalls, der dann auch einige Zeit freiwillig blieb, erwies sich durch seine Position und sein Insiderwissen als ein exzellenter Zeuge, der zumindest am Anfang seines »Asyls« erhebliche Außenwirkung hatte. Er wies wunschgemäß auf die angeblich realen Gefahren eines militärischen Befreiungsversuchs aus dem Westen hin und unterstrich ausdrücklich die Verbindung von »Renazifizierung« und »Remilitarisierung« mit der amerikanischen Befreiungspolitik.[56] Die Amerikaner glaubten, so John, »sie könnten früher oder später durch einen neuen Kreuzzug gegen den Osten den Kommunismus noch einmal aus der Welt auskehren oder wegfegen und bereiten den Krieg vor«.[57]

---

54 Vermerk zum VEB Bremsenwerk Berlin, o. D.; zit. nach: Fricke, Karl Wilhelm; Engelmann, Roger: »Konzentrierte Schläge«. Staatssicherheitsaktionen und politische Prozesse in der DDR 1953-1956. Berlin 1998, S. 104.

55 Vgl. Stöver, Bernd: Der Fall Otto John. Neue Dokumente zu den Aussagen des deutschen Geheimdienstchefs gegenüber MfS und KGB. In: Vierteljahrshefte für Zeitgeschichte 47(1999)1, S. 103-136.

56 Pressekonferenzprotokoll abgedruckt in: John, Otto: Ich wählte Deutschland. Hg. Ausschuss für Deutsche Einheit. O. O., o. J. [Berlin (Ost) 1954], S. 3-28.

57 Ebenda, S. 7 f.

Wie stark die Befreiungspolitik zum unverzichtbaren Legitimationsmuster der DDR geworden war, zeigte sich im Vorfeld des 13. August 1961. Die Bezeichnung der Mauer als »antifaschistischer Schutzwall« gegen westliche Aggression fußte natürlich auf der Interpretation der *Liberation Policy*. Jene »Blitzkriegs-Pläne«, die im Februar 1960 im Neuen Deutschland durch Mielke präsentiert wurden, aber bereits 1959 durch drei Bundeswehrüberläufer in die DDR gebracht worden waren, wurden erst dann präsentiert, als sie politisch nutzbringend eingesetzt werden konnten. Monatelang vorbereitet, fand die Pressekonferenz im Juli 1960 statt. Die angeschlossene »Agitationskampagne« lief sogar bis in das Jahr 1962 und bot weitere Argumentationshilfen für den Mauerbau; sie setzte sich bis zur filmischen Umsetzung des Themas fort. Zu den Titeln gehörten insbesondere die DEFA-Produktionen »Der Traum des Hauptmann Loy« von 1961, »Geheimarchiv an der Elbe« von 1962 und »Preludio 11« von 1964. Der erfolgreichste DEFA-Film über die vermeintlichen Kriegspläne des Westens entstand 1963 mit »For Eyes Only«.

Bereits Mielke hatte 1960 im Neuen Deutschland vom letzten Beweis gesprochen, dass »nicht nur ein atomarer Schlag gegen die DDR geführt werden soll, sondern auch die strategisch wichtigen Objekte in der ČSR, in Polen und in den westlichen Teilen der Sowjetunion überraschend vernichtet werden« sollten.[58] Der Kronzeuge der Pressekonferenz im Juli 1960 war der in die DDR übergetretene Bundeswehrmajor Bruno Winzer, der eine detaillierte Beschreibung des angeblich unmittelbar bevorstehenden Befreiungskrieges lieferte. Auch Winzer betonte, dass die Frage der Oder-Neiße-Grenze parallel »gelöst« werden solle. Er hatte zudem eine ganze Reihe von Argumenten parat, die nicht nur die Durchführbarkeit des Befreiungskrieges, sondern auch dessen angebliche Parallelen zum Zweiten Weltkrieg betrafen. Der Plan sei »auf den ersten Blick sehr plausibel und selbst für den militärischen Laien verlockend«.[59] Darüber hinaus würden auch die »Tatsachen bestätigen, dass dieser NATO-Plan seit einiger Zeit Gestalt erhält«. Die Bundeswehr konzentriere sich im Süden der Bundesrepublik, und man baue Pipelines zur Versorgung der schnellen Verbände. Dies sei der »Kreuzzugsplan der NATO bzw. der Bundeswehr«. Wunschgemäß konnte Winzer unter anderem auch die Ernennung des westdeutschen Generals Speidel zum NATO-Oberkommandierenden und die Verstärkung der »Psychologischen Kriegsführung« in seinen Vortrag einbauen.[60] Kern sei im Augenblick, so hatte er zusammengefasst, eine »5. Kolonne« in der DDR einzurichten, um »die Bevölkerung der DDR von ihrer Regierung zu trennen, einen zweiten 17. Juni vorzubereiten, der dann der Bundeswehr das christliche Recht gibt, zur ›Befreiung‹ in die DDR einzumarschieren«. In Bonn, so Winzer, äußere man in Besprechungen,

---

58 Neues Deutschland v. 7.2.1960, S. 1.

59 Erklärung des Majors der Bundeswehr, Bruno Winzer, auf der Internationalen Pressekonferenz am 8.7.1960 in Berlin; BStU, ZA, ZAIG 10590, Bl. 25-43, hier 30. Folgende Wiedergaben ebenda, Bl. 30 f.

60 Vgl. ebenda, Bl. 34 u. 36 ff.

»dass man ›am 17. Juni und beim Ungarn-Aufstand große Chancen verpasst habe‹«. Adenauer betreibe »amerikanische Politik, die [Verteidigungsminister] Strauß mit seinen Mitteln durchzusetzen gedenkt«.[61] Wenige Jahre später legte Winzer im Ostberliner »Verlag der Nation« seinen »autobiographischen Bericht« unter dem Titel »Soldat in drei Armeen« vor, in dem er noch einmal ausführlich dieselben Argumente ausbreitete.[62]

Veranstaltet wurde auch diese Pressekonferenz, wie in solchen Fällen üblich und bewährt, vom »Ausschuss für deutsche Einheit«. Eingeladen waren neben Vertretern der internationalen Presse die Vertreter aller DDR-Tageszeitungen, der Deutsche Fernsehfunk, der Deutschlandsender, die Vertreter der offiziellen ostdeutschen Presseagentur ADN sowie die Presseattachés der bei der DDR akkreditierten Regierungen. Die Konferenz am 8. Juli 1960 war für die DDR-Führung ein voller Erfolg, wie die Auswertung des MfS dann zeigte. »Die Fragen unserer Journalisten wurden entsprechend der Vorbereitung beantwortet«, hieß es dort. Auch die anwesenden Kollegen aus den Ostblockstaaten hätten wunschgemäß, wie der Vertreter einer Budapester Zeitung, Fragen nach der »untergründige[n] Vorbereitung der Blitzkriegspläne in Ungarn durch Emigrantenorganisationen in Westdeutschland« gestellt.[63] Selbst die Journalisten aus dem Westen fielen nicht durch besonders kritische Nachfragen auf.

Ein wesentlich weiterer Teil des »Wechselspiels« war die Verfolgung angeblicher oder tatsächlicher Regimegegner. Insbesondere nach dem Aufstand vom 17. Juni 1953 wurde viel Mühe darauf verwandt, Kontakte mit dem Westen zu beweisen oder zumindest zu konstruieren. Tatsächlich gelangen dem MfS zwischen Ende 1953 und Ende 1954 drei erfolgreiche »konzentrierte Schläge« gegen Mitarbeiter von Befreiungsorganisationen und westliche Geheimdienste. Die bekannten Operationen mit den Namen »Feuerwerk«, »Pfeil« und »Blitz« waren Teile des neuen offensiven Einsatzkonzeptes des MfS, das der frisch eingesetzte Minister für Staatssicherheit, Ernst Wollweber, unter dem Eindruck des 17. Juni 1953 vorantrieb. Operativ gesehen waren sie nebst der nachfolgenden Prozesse ein voller Erfolg. Mithilfe von »Feuerwerk« konnten 100 Personen der Organisation Gehlen inhaftiert werden.[64] Einige Pannen geschahen dennoch: So bestritt in dem am 18. Dezember 1953 eröffneten Prozess der Kronzeuge aus der Organisation Gehlen, Wolfgang Paul Höher, trotz entsprechender »Vorbereitung« durch die Staatssicherheit, die vom Gericht unterstellte Planung des 17. Juni. Das hinderte allerdings nicht daran, das Urteil auf die übliche Weise zu begründen: Ausdrücklich wurde »festgestellt, dass die Organisation Gehlen Vorbereitungen zur Durchführung eines neuen Tages X in der Deutschen Demokratischen Republik für das Frühjahr 1954 getroffen« habe.[65] Bei der Aktion

---

61 Ebenda, Bl. 39.
62 Vgl. Winzer, Bruno: Soldat in drei Armeen. Autobiographischer Bericht. 9. Aufl., Berlin (Ost) 1976, insb. S. 7 ff.
63 BStU, ZA, ZAIG 10590, Bl. 14 f.
64 Vgl. Fricke; Engelmann: »Konzentrierte Schläge« (Anm. 54), S. 44.
65 Urteilsbegründung gegen W. Haase, 21.12.1953; ebenda, S. 284. Zitat: S. 295.

»Pfeil«, die 277 Personen aus der Organisation Gehlen, 176 aus den amerikanischen Diensten und 94 aus dem französischen Nachrichtendienst »ausschalten« konnte, verlief der Weg ähnlich. Ausdrücklich wurde das dabei beschlagnahmte Material wiederum der Vorbereitung des »Tages X« zugeordnet.[66] Die Aktion »Blitz« im November 1954 richtete sich dann nochmalig gegen die »amerikanischen Spionagezentralen« und mit den Amerikanern zusammenarbeitenden Organisationen, vor allem die KgU, den Untersuchungsausschuss Freiheitlicher Juristen (UFJ), die Vereinigung Politischer Ostflüchtlinge (VPO) und die Ostbüros. Bezeichnenderweise sollten in diesem Fall ausdrücklich »Kollaborateure des Westens« in der DDR mit erfasst werden, insbesondere die »SED-Opposition«.[67] Ziel war die Entführung von Mitarbeitern und Residenten der »Feindzentralen« im Westen sowie die Unterwanderung und Liquidierung der in der DDR befindlichen Agentengruppen.[68] Als Entführungsopfer waren unter anderem vorgesehen: der stellvertretende Leiter des CDU-Ostbüros in Westberlin, Erich Pleschinger, der Chef der Außenstelle des FDP-Ostbüros, Paul Willert, die Journalisten Karl Wilhelm Fricke und Carola Stern - Letztere hatte sich mit ihren Artikeln zur DDR »nach der Befreiung« besonders unbeliebt gemacht - sowie diverse Mitarbeiter der KgU, des SPD-Ostbüros und des UFJ.[69] Auch der RIAS stand als »amerikanischer Sender« und als Beteiligter am 17. Juni auf der Liste der Zielobjekte. Die Entführungen wurden nur zum Teil realisiert, jedoch konnte man allein in Berlin und Potsdam 203 Personen festnehmen.[70] Der Prozess gegen die bei »Blitz« Festgenommenen gestaltete sich nach dem bewährten Muster, wobei auch hier wiederum der »Beweis« des bevorstehenden »Befreiungskrieges« im Mittelpunkt stand. Die Einzelprozesse gegen die Entführten setzten sich noch im folgenden Jahr fort, ebenso wie die Verfahren gegen den RIAS und die KgU. Anfang 1955 stand der RIAS sogar im Fokus einer eigenen Großaktion (»Enten«). Speziell ihm wurde aktive Militär-, Wirtschafts- und politische Spionage sowie die Organisation von »Sabotage, Diversions- und Terrorakten« vorgeworfen, die »der unmittelbaren Kriegsvorbereitung gegen die Deutsche Demokratische Republik, gegen die Sowjetunion und gegen die Länder der Volksdemokratien« dienen sollten.[71]

Entführungen und Mordanschläge als Teil des »Wechselspieles« betrafen in der Regel besonders verhasste Personen.[72] Auch die mit ungleich größeren Machtmitteln versehene UdSSR griff zu solchen Mitteln, um sich unliebsamer Personen im Aus-

66 Vgl. Protokoll der Sitzung des Kollegiums des Staatssekretariats für Staatssicherheit, 9.8.1954; ebenda, S. 299 f.
67 Plan zur Operation »Blitz«, o. D.; BStU, ZA, AS 171/56, Bl. 68-88, hier 68. Teilweise abgedruckt bei Fricke; Engelmann: »Konzentrierte Schläge« (Anm. 54), S. 320 ff.
68 Plan zur Operation »Blitz«, o. D.; BStU, ZA, AS 171/56, Bl. 68-88, hier 69.
69 Vollständige Liste ebenda, Bl. 70-78.
70 Vgl. Fricke; Engelmann: »Konzentrierte Schläge« (Anm. 54), S. 57.
71 Operativplan zur Aktion »Enten«, 10.2.1955, abgedruckt bei Fricke; Engelmann: »Konzentrierte Schläge« (Anm. 54), S. 317-319, hier 317. Folgende Wiedergabe ebenda.
72 Vgl. ebenda, S. 139 ff.

land zu entledigen – zweifellos ein Zeichen, wie bedroht die Sowjetunion und ihre ostmitteleuropäischen Verbündeten sich tatsächlich fühlten. Besonders gut dokumentiert sind mittlerweile einige jener Entführungsfälle, die bereits in den fünfziger Jahren für erhebliches Aufsehen sorgten und in denen das MfS die Rolle eines Zuarbeiters für den sowjetischen Geheimdienst spielte. Zu nennen ist der Fall Walter Linse, der als Leiter der Abteilung Wirtschaft des UFJ im Juli 1952 in Berlin-Lichterfelde zusammengeschlagen, in ein Auto gezerrt und nach Ostberlin gebracht wurde. Den Sowjets übergeben, erschoss man ihn nach einem Geheimprozess wegen »Spionage« für die USA und die Bundesrepublik am 15. Dezember 1953.[73]

Neben Einzelpersonen wurden die Repräsentanten der am meisten verhassten Befreiungsorganisationen nachdrücklich verfolgt. Man weiß mittlerweile, dass dazu Vertreter der in München ansässigen »Union für den Kampf um die Befreiung der Völker Russlands« (SBONR) gehörten,[74] vor allem aber der NTS. Bezeichnenderweise wurde auch Linse 1953 in der Sowjetunion über diese Befreiungsorganisation befragt.[75] Den NTS verfolgten der sowjetische Geheimdienst und auch das MfS mit außergewöhnlicher Hartnäckigkeit.[76] Man begann bereits 1947 mit Versuchen der Unterwanderung und einzelnen Entführungen.[77] Im Sommer 1950 versuchte man vergeblich, die Frau des Chefs der »Geschlossenen Abteilung« des NTS, Georgi Okolowitsch, zu entführen. Nachdem dies jetzt und wahrscheinlich bereits in den Jahren zuvor fehlgeschlagen war, kam es im April 1954 zu der aufsehenerregenden Entführung von Alexander Truschnowitsch aus Westberlin. Der Verschleppte war prominenter Leiter der Westberliner Dependance des NTS, Vorsitzender des Westberliner NTS/KgU-Ablegers »Freibund für deutsch-russische Freundschaft«[78] und Mitglied des NTS-Rates. Eingesetzt wurde dazu der MfS/KGB-Agent Heinz Glaeske (bzw. Gläske, Deckname »Hegel« bzw. »Hegl«). Truschnowitsch starb aller Wahrscheinlichkeit nach auf dem Weg in ein geheimes Straflager.[79]

---

73 Vgl. Mampel, Siegfried: Entführungsfall Dr. Walter Linse – Menschenraub und Justizmord als Mittel des Staatsterrors. Berlin 1999.

74 Vgl. Andrew, Christopher; Mitrochin, Wassili: Das Schwarzbuch des KGB. Moskaus Kampf gegen den Westen. Berlin 1999, S. 216.

75 Vgl. Mampel: Entführungsfall (Anm. 73), S. 60.

76 Vgl. Tumanow, Oleg: Geständnisse eines KGB-Agenten. Berlin 1993, S. 11.

77 Folgende Wiedergaben nach [NTS]: NTS, Bund Russischer Solidaristen. Frankfurt/M. 1979, S. 59 ff.

78 Vgl. Bericht Abt. IV, Ref. 2 zu Bericht GM »Hegl«, 15.7.1953; BStU, ZA, AGI 3585/68, Bd. II (»Arbeitsvorgang«), Bl. 74-76.

79 Mitteilung des KGB-Agenten Oleg Tumanow; vgl. Tumanow: Geständnisse (Anm. 76), S. 177. Zur Identifizierung von »Hegel« vgl. BStU, ZA, AGI 3585/68, Bd. I (Personalakte »P«), Bl. 9; vgl. auch Gordiewsky, Oleg; Andrew, Christopher: KGB. Die Geschichte seiner Auslandsoperationen von Lenin bis Gorbatschow. München 1990, S. 554 f.; Gehlen, Reinhard: Der Dienst. Erinnerungen 1942-1971. Stuttgart 1971, S. 181. Berichte zur Entführung, u. a. in dem vom NTS 1954 hg. Band »Dokumente zur Entführung von Dr. Alexander Truschnowitsch«; Bundesarchiv Koblenz (BAK), B 137, Mappe 1019.

Der Fall, der monatelang die westdeutsche und internationale Presse beschäftigte, war in vielerlei Hinsicht typisch.[80] Bis zum Oktober 1992 war er zudem ein nicht endgültig geklärtes Ereignis. Auch Truschnowitschs Verschwinden war von den ostdeutschen Medien als »Überlaufen« oder »Flucht« bezeichnet worden, zumal eine solche »Erklärung« auch abgegeben worden war.[81] Erst am 5. Oktober 1992 bestätigte der Auslandsnachrichtendienst der Russischen Föderation, SWR (Slushba Wneschnei Raswedki), offiziell, dass der Berliner NTS-Leiter vom sowjetischen Geheimdienst entführt und schließlich getötet worden sei.[82]

Der Fall Truschnowitsch war auch deswegen typisch, weil hier wiederum ein betont unauffälliger Agent gegen einen besonders verhassten »Befreiungspolitiker« eingesetzt wurde. Heinz Glaeske, damals 41 Jahre alt, war ein in Westberlin lebender selbstständiger Architekt, Mitglied der FDP und des »Bundes der ehemaligen Kriegsgefangenen«.[83] Gleichzeitig war er Vorsitzender des »Verbandes der Heimkehrer« in Berlin-Wilmersdorf. Alles dies waren in der sowjetischen und ostdeutschen Lesart »reaktionäre« Gruppen. Nach Informationen der KgU war Glaeske jedoch bereits während seiner Gefangenschaft in der UdSSR Antifa-Schüler gewesen und – wie ein späterer MfS-Bericht bestätigte – bereits im Januar 1949 der SED beigetreten.[84] Glaeske war mit dieser Biographie 1951 vom stellvertretenden Residenten der Organisation Gehlen in Berlin zur Mitarbeit geworben worden und hatte seitdem als Doppelagent gearbeitet. Zunächst hatte er Nachrichten aus der BBC, dem britischen Geheimdienst und dem NTS beschafft.[85] An Truschnowitsch war Glaeske über ein »Hilfskomitee für rechtgläubige Flüchtlinge« 1953 herangetreten und hatte Informa-

80 Sammlung von Zeitungsberichten und RIAS-Meldungen zur Entführung von Truschnowitsch durch Glaeske in zwei umfänglichen Ordnern und zwei Mappen; BStU, ZA, AIM 3585/68 (ohne Bandnummer). Durch das Fehlen einer Nummerierung kommt es zu Doppelungen in der Blattangabe.

81 Warum ich mit der Vergangenheit gebrochen habe (Erklärung des vor kurzem in die DDR gekommenen leitenden Angehörigen des NTS A. R. Truschnowitsch), o. D.; BStU, ZA, AIM 3585/68 (blaue Einschlagmappe ohne Bandnummer, Anm. 80), Bl. 31-33. Dort auch die redigierten Vorentwürfe, die eindeutig die Handschrift des MfS tragen. Ebenda auch die russische Version, Bl. 40-45. Zur Reaktion des MfS vgl. ebenda, Bl. 28-30.

82 Vgl. Bailey, George; Kondraschow, Sergej A.; Murphy, David E.: Die unsichtbare Front. Der Krieg der Geheimdienste im geteilten Berlin. Berlin 1997, S. 531 f., Anm. 22.

83 Vgl. Aussage Glaeskes, o. D. [April 1954?]; BStU, ZA, AIM 3585/68 (blaue Einschlagmappe ohne Bandnummer, Anm. 81), Bl. 14-21. Folgende Wiedergaben ebenda; vgl. auch Mitteilung des Ministeriums des Innern, o. D.; ebenda, Bl. 97 f.

84 Vgl. Bericht Hauptabteilung II/2, 23.10.1954; BStU, ZA, AGI 3585/68, Bd. II (Personalakte »P«, Beiakte), Bl. 7 f. Folgende Wiedergabe ebenda.

85 Kopie des KgU-Berichts im Bestand des MfS; BStU, ZA, AIM 3585/68 (blaue Einschlagmappe ohne Bandnummer, Anm. 81), Bl. 146-148, hier 147. Dazu auch der MfS-Personalfragebogen zu Glaeske, der von April bis Juni 1948 die Gebietsschule von Leningrad und von Juli 1948 bis Januar 1949 die Zentralschule von Ogra als Ausbildungsstätten vermerkt; BStU, ZA, AGI 3585/68, Bd. I (Personalakte »P«), Bl. 9.

tionen über sowjetische und sonstige »Ostflüchtlinge« angeboten. Truschnowitsch hatte später auch in einem Gespräch mit Glaeske betont, dass die US-Stellen von ihm insbesondere solches Material forderten. Nach der Operation 1954 wurde Glaeske, wie in solchen Fällen üblich, aus Westberlin zurückgezogen. Später zeichnete ihn das KGB mit dem »Roten Stern« aus.[86]

Entführungen und Bedrohungen reichten den Ostgeheimdiensten gegenüber dem NTS nicht: Es ist von mehreren Seiten belegt, dass Anfang 1954 vom sowjetischen Geheimdienst beschlossen wurde, Georgi Okolowitsch als Leiter der konspirativen Arbeit des NTS in Frankfurt am Main zu ermorden.[87] Offenbar war dies als der Beginn einer ganzen Attentatserie auf besonders verhasste Emigrantenführer gedacht. Beauftragt wurde damit der MGB-Agent Nikolai Chochlow, der Okolowitsch mittels eines vergifteten Geschosses töten sollte. Chochlow warnte jedoch sein Opfer und offenbarte sich schließlich sogar der CIA. Am 20. April 1954 gab er eine Aufsehen erregende Pressekonferenz – wenn man so will, auch dies wiederum ein Teil des »Wechselspiels« – in der er sowohl den Plan als auch die Mordwaffe der Öffentlichkeit vorstellte. Der gescheiterte Attentäter wurde danach selbst Opfer eines KGB-Mordanschlags, bei dem ihm im September 1957 während der alljährlichen *Possev*-Konferenz des NTS-Hausverlages »Possev« radioaktives Thallium in den Kaffee geschüttet wurde.[88] Chochlow überlebte allerdings und siedelte schließlich in die USA über. Im Oktober desselben Jahres gelang der Mordanschlag des KGB auf den NTS-Ideologen Lew Rebet. Täter war in diesem Fall Bogdan Staschinski, der 1959 auch für die Liquidierung von Stepan Bandera, den Führer der bei den Sowjets mindestens ebenso verhassten OUN, verantwortlich zeichnete.[89]

Seit der Öffnung der MfS-Akten weiß man genauer, welche entscheidende Rolle solche »Verdeckten Operationen« auch auf östlicher Seite spielten. Einer jener MfS-Mitarbeiter, die kontinuierlich in den fünfziger Jahren dafür eingesetzt wurden, war der 1927 geborene Hans Wax. Über seine umfangreiche Tätigkeit, die sich ebenfalls vor allem auch gegen den NTS richtete, liegt trotz einer äußerst reichen Überlieferung in den MfS-Akten bisher keine Untersuchung vor.[90] Wax hatte eine Ausbildung in der Hitler-Jugend erhalten, war Mitglied der Waffen-SS gewesen und in »Sondereinsätzen« bei Kriegsende verwendet worden.[91] In den Jahren 1946/47 hatte

---

86 Vgl. Andrew; Mitrochin: Schwarzbuch (Anm. 74), S. 454.

87 Folgende Wiedergaben nach Gordiewsky: KGB, S. 554 f.; Tumanow: Geständnisse (Anm. 76), S. 176 ff.

88 Dazu auch NTS, Bund Russischer Solidaristen (Anm. 77), S. 60 f. Zur Verwendung radioaktiver Stoffe, Gifte etc. auch Auerbach, Thomas: Einsatzkommandos an der unsichtbaren Front. Terror und Sabotagevorbereitungen des MfS gegen die Bundesrepublik Deutschland. Berlin 1999, S. 42 ff.

89 Vgl. Andrew; Mitrochin: Schwarzbuch (Anm. 74), S. 454.

90 Knappe Darstellung bei Kohl, Christiane: Donner, Blitz und Teddy. In: Der Spiegel (1996)10, S. 52-68.

91 Vgl. Auskunftsbericht über Hans Wax, 11.6.1958; BStU, ZA, AIM 11599/85, Bd. I/1, Bl. 20-23, hier 20.

er für die US-Armee in Bayern als Automechaniker gearbeitet. Zwischen 1948 und 1951 war er wegen verschiedener Diebstähle inhaftiert gewesen.[92] Von 1951 bis 1961 lebte er dann in Westberlin, wieder als Automechaniker und -händler. Hier warb man ihn wahrscheinlich 1954 als inoffiziellen Mitarbeiter des MfS für »Sonderaufgaben im Operationsgebiet«, also in der Bundesrepublik, an. Das Datum der Verpflichtung ist jedoch nicht sicher. Ein 1958 entstandener MfS-Auskunftsbericht vermerkte, Wax sei erst im August 1955 angeworben worden[93] und seit dem 1. November 1955 als »Geheimer Mitarbeiter« (GM) »Donner« tätig geworden. Die ihm gestellten »komplizierten Sonderaufgaben«, hieß es im Schlussbericht des MfS nach dem Tod von Wax 1984, konnte er »mit operativer Wendigkeit, Mut, Draufgängertum und gutem Einschätzungsvermögen« erfüllen.[94] Wegen Gefährdung der Konspiration wurde er im Juli 1961 schließlich durch das MfS in die DDR (Berlin-Biesdorf) übergesiedelt, wo ihm das Ministerium sogar einen eigenen Kfz-Betrieb einrichtete.

»Donner« war außer an Entführungen unter anderem an zwei besonders erfolgreichen Einsätzen der MfS-Hauptabteilung II (Spionageabwehr) in den fünfziger Jahren in Westdeutschland beteiligt: Zum einen an der »Aktion Schlag« genannten Unterwanderung und Ausspähung der Zentrale der amerikanischen Military Intelligence Division (MID) in Würzburg 1956, die später die Grundlage für den DEFA-Film »For Eyes Only« wurde. Zum anderen ging die Sprengung des NTS-Senders im hessischen Sprendlingen auf sein Konto. Der Angriff auf die NTS-Niederlassung bei Frankfurt gehörte wiederum zu einer ganzen Serie von Bombenanschlägen auf diese besonders hartnäckig verfolgte Befreiungsorganisation zwischen 1958 und 1963. Der Angriff in Sprendlingen fand im Juni 1958 statt. Nach Mitteilung der Gruppe lebten dort »die Familien von NTS-Mitgliedern«, und es waren »einige technische Einrichtungen untergebracht [...]«.[95] Laut dem dazugehörigen »Auskunftsbericht« der Staatssicherheit handelte es sich um den zentralen NTS-Stützpunkt in der Offenburger Straße 31, den die Gruppe seit Dezember 1956 auch als Garage für die Kraftfahrzeuge des Senders »Freies Russland« benutzte und der zudem mit einem Sendemast

---

92 Schlussbericht HA III, 9.7.1985; BStU, ZA, AIM 11599/85, Bd. I/1, Bl. 480. Wax beharrte bis zu seinem Tod auf der Meinung, seine Verhaftungen seien immer Folge seiner kontinuierlichen Arbeit für die KPD gewesen; vgl. Abschrift eines Gesprächs mit Wax, 16.8.1984; BStU, ZA, AIM 11599/85, Bd. II/24, Bl. 115-124, hier 116.

93 Vgl. Auskunftsbericht über Hans Wax, 11.6.1958; BStU, ZA, AIM 11599/85, Bd. I/1, Bl. 20-23, hier 21.

94 Ebenda, Bl. 482. Folgende Wiedergabe ebenda. »Donners« Lebenslauf blieb eigenwillig und selbst durch die hervorragenden Kontakte zum MfS nicht vor strafrechtlicher Verfolgung in der DDR geschützt. Ab 1975 erhielt er zwar einen »Ehrensold« für seine »Westarbeits«-Verdienste von 2 000 Mark. Allerdings verbüßte er von 1973 bis 1975 auch eine fast dreijährige Freiheitsstrafe wegen »Geheimnisverrats und Betrugs zum Nachteil sozialistischen Eigentums«; vgl. ebenda. Es handelte sich dabei u. a. um die illegale Einfuhr von Fahrzeugen aus dem Westen. Vgl. Ergänzung Auskunftsbericht v. 17.4.1971; BStU, ZA, AIM 11599/85, Bd. I/2, Bl. 121 ff.

95 Vgl. NTS, Bund Russischer Solidaristen (Anm. 77), S. 62.

ausgestattet war.[96] Über diese Station waren allem Anschein nach auch die einschlägigen Sendungen während des Aufstandes in der DDR 1953 und während des Aufstandes in Ungarn ausgestrahlt worden. Warum gerade Mitte 1958 dieses Ziel ausgewählt wurde, lässt sich anhand der Berichte nicht mehr rekonstruieren. Allerdings ist zu vermuten, dass sich unter anderem die polnische und sowjetische Staatssicherheit seit den Aufständen 1956 das Ziel gesetzt hatten, die besonders radikale Station ein für allemal zu beseitigen. Nach Wax war es »so gewesen, dass polnische Genossen, auch sowjetische Genossen an dieser Sache arbeiteten, aber nicht zum Erfolg kamen, und ich hatte immer den Eindruck, dass, wenn mehrere Sachen gescheitert sind, ich herangezogen wurde über den Genossen Kiefel, um diese Aktion durchzuführen«.[97] Gesprengt werden sollten die Garage einschließlich des Sendemastes und der dazugehörigen Sendeeinrichtungen, was zunächst an technischen Problemen scheiterte, aber schließlich gelang.[98] Wax erhielt dafür auf Vorschlag seines Vorgesetzten Josef Kiefel von der HA II »für die vom 23.6.-27.6.1958 mit Erfolg durchgeführte Aktion ›Sender‹« 15 000 Mark ausgehändigt.[99] Wahrscheinlich war die Sprengung am 26. Juni 1958 erfolgt.[100] Weitere Sprengstoffanschläge sollen auf den NTS-Verlag »Possev« in Frankfurt am Main im Juli 1961 und im Juni 1963 wiederum auf den Sender »Freies Russland« stattgefunden haben.[101] Für 1962 verzeichnen die MfS-Unterlagen einen weiteren, offensichtlich wiederum von »Donner« vorbereiteten Sprengstoffanschlag auf das Verlagshaus.[102] In den siebziger Jahren fand ein weiterer misslungener Versuch statt, durch einen Bombenanschlag den Hausverlag des NTS endgültig zu zerstören.[103]

Nach NTS-Angaben gab es darüber hinaus eine ganze Reihe von zusätzlichen Maßnahmen, die eines immer wieder belegen: In der Wahrnehmung des Ostens blieb der NTS eine reale Gefährdung. Dies zeigen auch rund 200 diplomatische Proteste gegen die Gruppe zwischen 1954 und 1960.[104] Ein besonders beeindru-

---

96 Auskunftsbericht über den Stützpunkt des NTS in Sprendlingen, o. D.; BStU, ZA, AIM 11599/85, Bd. II/2, Bl. 48-51, hier 48; dazu auch Labrenz-Weiß, Hanna: Die Hauptabteilung II: Spionageabwehr (MfS-Handbuch, Teil III/7). Hg. BStU. Berlin 1998, S. 37.
97 Abschrift eines Gesprächs mit Wax, 16.8.1984; BStU, ZA, AIM 11599/85, Bd. II/24, Bl. 115-124, hier 119. Josef Kiefel war zwischen 1953 und 1960 Leiter der HA II (Spionageabwehr). Vgl. dazu auch den »Plan für die Durchführung der Aktion ›Sender‹«; ebenda, Bl. 57 f.
98 BStU, ZA, AIM 11599/85, Bd. II/2, Bl. 62-69, hier 62 ff.
99 Schreiben Kiefel (HA II) an Bruno Beater (1. Stellvertreter des Ministers für Staatssicherheit), o. D.; BStU, ZA, AIM 11599/85, Bd. II/2, Bl. 83.
100 Vgl. Kohl: Donner (Anm. 90), S. 60, sowie Abschrift eines Gesprächs mit Wax, 16.8.1984; BStU, ZA, AIM 11599/85, Bd. II/24, Bl. 115-124, hier 119.
101 Vgl. NTS, Bund Russischer Solidaristen (Anm. 77), S. 62 f.
102 Vgl. BStU, ZA, AIM 11599/85, Bd. II/2, Bl. 231 ff.
103 Vgl. NTS, Bund Russischer Solidaristen (Anm. 77), S. 63.
104 Vgl. ebenda, S. 66.

ckender Beleg für die angenommene Bedrohung war darüber hinaus die Aufstellung einer speziellen Anti-NTS-Einheit, die in der Selbstdarstellung der Gruppe erwähnt wird, aber in anderen Quellen nicht nachweisbar ist. Es soll sich dabei um eine in Leningrad gegründete Spezialeinheit gehandelt haben, die die Indoktrination sowjetischer Soldaten der Baltischen Flotte durch den NTS verhindern sollte.[105] Nach anderen Angaben der Gruppe war sie »für den Kampf gegen das Eindringen des NTS in das Milieu der Seeleute bei der Ostsee-Reederei« aufgestellt worden.[106] In der Tat finden sich in den Berichten des bundesdeutschen Verfassungsschutzes Hinweise darauf, dass die sowjetische Marine gegen den NTS vorging.[107] Noch Anfang der achtziger Jahre gab es massive Proteste aus der Sowjetunion speziell gegen den NTS, wobei die Gruppe als zentrales Beispiel für eine seit Jahrzehnten unverändert gebliebene Praxis der »Befreiungspolitik« diente.[108]

Mindestens ebenso Aufsehen erregend wie die »Aktion Sender« gegen den NTS war einer der größten Erfolge des MfS in der »West-Arbeit« gegen »Befreiungsorganisationen«: die »Aktion Schlag« genannte Unterwanderung der Zentrale der amerikanischen Military Intelligence Division in Würzburg.[109] In gewisser Weise war auch sie eine Geschichte, die nur vor dem Hintergrund der Perzeption der *Liberation Policy* verständlich ist. Der Geheime Informant des MfS Horst Hesse war Anfang der fünfziger Jahre wohl eher zufällig von der US-Dienststelle in Würzburg angeworben worden.[110] Hesse war zudem ausgerechnet in der Abteilung für Agentenwerbung untergekommen und schließlich sogar zum Stellvertreter des Chefs für Sicherheitsfragen aufgestiegen. Mithilfe von Wax konnte Hesse am 20. Mai 1956 tatsächlich die Agentendateien entwenden und in die DDR bringen.[111]

---

105 So die englischsprachige Ausgabe der NTS-Selbstdarstellung: NTS, Introduction to a Russian Freedom Party. Frankfurt/M. 1979, S. 54.

106 So die deutschsprachige Ausgabe der Selbstdarstellung: NTS, Bund Russischer Solidaristen (Anm. 77), S. 62.

107 Am 31.12.1956 wurden zwei NTS-Mitarbeiter, die im Hamburger Hafen von dem unter griechischer Flagge fahrenden Frachter »Hollandia« Propagandamaterial auf das sowjetische Motorschiff »Kutoj« geworfen hatten, »durch zehn Sowjets verprügelt«. Vgl. Schreiben Bundesamt für Verfassungsschutz an Auswärtiges Amt u. Bundesministerium für gesamtdeutsche Fragen, 11.1.1957; BAK, B 137, Mappe 1018.

108 Vgl. Informationsmaterial für die Öffentlichkeitsarbeit, Abteilung Agitation, 5/1982, S. 11-13, hier 13. Ursprünglich erschienen im Sputnik H. 5/1979, S. 38, sowie H. 7/1982; BStU, ZA, AGM 142, o. Pag.

109 Vgl. Labrenz-Weiß: Hauptabteilung II (Anm. 96), S. 37.

110 Zum Lebenslauf von Hesse vgl. Barth, Bernd-Rainer u. a. (Hg.): Wer war wer in der DDR. Ein biographisches Handbuch. Frankfurt/M. 1996, S. 303 f. Zur Vorgeschichte der Aktion »Schlag«, die unter anderem die gezielte Anwerbung von Hesse durch das MfS beinhaltete, vgl. BStU, ZA, AIM 5707/57, Bl. 45 ff.

111 Vgl. Labrenz-Weiß: Hauptabteilung II (Anm. 96), S. 37. Die Aussagen von Hesse zum Fall Würzburg in: BStU, ZA, AIM 5707/57, Bde. 1 u. 3-5. Nach der von Wax gegenüber dem MfS 1984 zu Protokoll gegebenen Version war »in Würzburg die Aktion von mir geleitet und durchgeführt« worden (Abschrift der Kassette, 16.8.1984; BStU, ZA, AIM 11599/85, Bd. II/24, Bl. 115-124, hier 119),

Wer auch immer für die Aktion letztendlich verantwortlich war – Hesse oder Wax – der Erfolg war unbestreitbar. Nicht nur der amerikanische Geheimdienst war nachhaltig gedemütigt. Aus der erbeuteten Agentendatei ergaben sich unter anderem die Namen von 140 Personen, die in der DDR für den Westen tätig waren oder zumindest dessen dringend verdächtigt wurden. Die Staatssicherheit verhaftete sie unmittelbar danach.[112] Hesse selbst wurde durch ein US-Gericht in Abwesenheit zum Tode verurteilt – auch dies wiederum ein Teil des »Wechselspiels«. In der DDR dagegen galt er als Held: Noch 1956 wurde Hesse zum Leutnant der Bereitschaftspolizei im Brigadestab Karl-Marx-Stadt ernannt, 1957 von der dortigen MfS-Abteilung für Spionageabwehr eingestellt. Seine Geschichte in Würzburg wurde, außer zu einer Vorlage für einen DEFA-Film, zum Inhalt für mehrere Propaganda- und Lehrfilme des MfS.[113] Hier galt Hesse als Pendant zu Richard Sorge, jenem legendären Spion, der seit 1933 in Japan ein sowjetisches Agentennetz aufgebaut hatte und 1941 Stalin über den bevorstehenden deutschen Angriff und die Nichtbeteiligung der Japaner informierte.

Später, in den sechziger Jahren, versuchte das KGB in ähnlicher Weise die Unterwanderung der Münchener Emigrantenszene und ein Eindringen in den jetzt »Radio Liberty« genannten Befreiungssender für die Staaten der UdSSR.[114] Auch hier wurde gleichzeitig versucht, den immer noch aktiven NTS mit zu erfassen. Dem sowjetischen Agenten Oleg Tumanow gelang es sogar, zwanzig Jahre (1966–1986) unerkannt in der Station zu arbeiten und Material an das KGB zu liefern, bevor er sich 1986 in die Sowjetunion absetzte.

---

und der spätere »Star« der »Westarbeit«, Horst Hesse, spielte eine eher klägliche Rolle: »Ich würde heute«, so Wax im Tonbandmitschnitt, »wenn es nach dem Genossen Hesse ging, immer noch stehen in Würzburg und auf das Signal warten, dass die Aktion durchgeführt werden kann. Und hier auf meinen Diensteid [...] sage ich, einzig und allein das Gelingen der Aktion Würzburg ist ein Erfolg vom Genossen Beater [1. Stellv. des Min. f. Staatssicherheit] und vom Genossen Kiefel [HA II]. [...] Als ich wieder kam von Berlin [...], kam abermals das Signal nicht, irgendwas war wieder vorgefallen [...] und so ging es immer weiter und immer fort. [...] Der Genosse Hesse [war] mehr oder weniger mit seinen Nerven fertig. [...] Als die Zeit ran war und ich merkte, dass das Signal nicht kam, gab ich meinem Kraftfahrer den Auftrag, das Fahrzeug in Marsch zu setzen. [...] Ich sag[t]e, wir [...] nehmen heute die Panzerschränke mit und du [Hesse] kommst mit [...].« Da die Panzerschränke nicht in den gestohlenen Ford passten, wurden sie nach dem Bericht von Wax auf dessen Veranlassung aufgebrochen und nur die Papiere mit in die DDR genommen. Die Panzerschränke selbst blieben liegen. Auch den »Grenzdurchbruch«, der in der propagandistischen Verarbeitung immer in den Mittelpunkt gestellt wurde und dann auch eine wichtige Rolle im Film »For Eyes Only« spielte, hatte es nach Wax nicht gegeben; BStU, ZA, AIM 11599/85, Bd. II/24, Bl. 152-156, hier 152 f. Der Version von Wax widerspricht, dass Otto Grotewohl persönlich von einem »überlieferte[n] Panzerschrank« sprach; Mader: Gangster (Anm. 21), S. 224.

112 Vgl. z. B. den »Schlussbericht«, 11.5.1957; BStU, ZA, AS 484/62, Bl. 296 ff., bes. 304 ff.

113 Vgl. u. a. »Kühler Kopf, heißes Herz, saubere Hände« (MfS-Propagandafilm, o. J. [etwa 1967]); BStU, ZA, MfS-Agit/Fi/88.

114 Tumanow: Geständnisse (Anm. 76), S. 11.

Die Absperrung des Ostblocks, deren Endpunkt der Mauerbau 1961 bildete, war die offizielle Reaktion einerseits auf die beständige Einflussnahme des Westens. Wichtiger war andererseits die Abschottung der eigenen, *noch* »unzuverlässigen« Bevölkerung. Aus Sicht der Behörden zeigte sich dann tatsächlich eine deutlich entspannende Wirkung. Selbst die feindlichen Rundfunkaktivitäten wurden zunächst offensichtlich als schwächer wahrgenommen. »Durch den mit den Maßnahmen vom 13.8.1961 eingetretenen fühlbaren Nachrichtenmangel ist zu verzeichnen«, hieß es im Material »für die politisch-operative Schulung« von MfS-Mitarbeitern 1965, »dass die Rundfunksender sich in ihrer Hetztätigkeit immer stärker auf offizielle Materialien stützen müssen und mehr Sendereihen in Erscheinung treten, die kommentierenden, darlegenden Charakter tragen und sich ›grundsätzlich‹ mit dem Kommunismus auseinandersetzen«.[115]

Die DDR-Führung blieb jedoch bis 1989 in dem festen Glauben, es drohe eine Zerstörung ihres Staates von außen, die durch verschiedene gezielte zersetzende Maßnahmen vorbereitet werde. Die Akten des ZK der SED oder auch die MfS-Unterlagen sind auch in den folgenden Jahren gefüllt mit Hinweisen auf eine Vorbereitung des »Tages X«[116]. Die Befreiungspolitik wurde daher nicht nur eine Legitimation für den Mauerbau, sondern auch für die Verschärfung von weiteren Sicherungsmaßnahmen im Innern. Selbst die Entspannungspolitik, speziell der ab 1963 von Westberlin ausgehende »Wandel durch Annäherung«, war höchst verdächtig. Tatsächlich konnte die DDR keine »positive« Entgegnung auf den Westen und seine Magnetwirkung entwickeln. Während die eigene Bevölkerung sich nach dem Mauerbau in einer Gesellschaft einrichtete, die eine soziale Absicherung – wenn auch auf niedrigem Niveau – garantierte, blieb das Vergleichsobjekt Bundesrepublik zumindest virtuell ständig präsent. Es waren, wie die Psychologische Kriegsführung der USA vorausgesagt hatte, insbesondere die elektronischen Medien, die trotz der Mauer kontinuierlich zeigten, wie weit man im Wettbewerb der Systeme hinter den eigenen Ansprüchen zurückblieb. Dass dies eine gewollte »Diversions«-Strategie des Westens war, erschien der DDR-Führung logisch. Insofern verharrte auch ihre Propaganda auf den traditionellen Feindbildern, erst recht als die konservative Wende in den USA am Beginn der achtziger Jahre ebenfalls die Befreiungspolitik der fünfziger Jahre neu belebte. Es ist ein interessantes Phänomen, dass nicht nur das MfS nach dem Mauerbau immer weiter seine Kapazitäten ausbaute und interne Studien zur Befreiungspolitik vorlegte. Bis weit in die achtziger Jahre produzierte auch der

---

115 Katalog über die wichtigsten Zentren der politisch-ideologischen Diversion. Ausgearbeitet: Arbeitsgruppe des Instituts Spezialausbildung II der Juristischen Hochschule Potsdam. Potsdam 1965; BStU, ZA, JHS 23017, Bl. 1-494, hier 112.
116 Vgl. z. B. SAPMO-BA, DY 30/IV A 2/12, Mappe 135.

DDR-Buchmarkt kontinuierlich weitere Titel zur *Liberation Policy*: 1981, als in den USA Ronald Reagan seine Präsidentschaft antrat, erschien der Titel »Befehdet seit dem ersten Tag« und erlebte mehrere Auflagen.[117] Wie stark namentlich die DDR-Führung bis zuletzt in den Bahnen der fünfziger Jahre dachte, ist an vielen Äußerungen abzulesen. Mielkes Satz vom August 1989: »Ist es so, dass morgen der 17. Juni ausbricht?«[118], macht deutlich, dass man an eine Wiederholung der »Konterrevolution« von 1953 glaubte. Ironischerweise kamen dann allerdings die entscheidenden Veränderungen, die 1989 zum Ende der DDR und 1991 zum Untergang des gesamten Ostblocks führten, nicht etwa aus dem Westen, sondern aus der Sowjetunion.

---

117 Heinrich, Eberhard; Ullrich, Klaus: Befehdet seit dem ersten Tag. Über drei Jahrzehnte Attentate gegen die DDR. 4. Aufl., Berlin (Ost) 1984.
118 Mitter; Wolle: Untergang (Anm. 37), S. 500.

Philipp-Christian Wachs

Eine Kampagne als sinnstiftendes Gemeinschaftswerk des Ostblocks – Der Fall Theodor Oberländer

Anfang Mai 1960 zierten Hunderttausende von steckbriefartigen Plakaten die öffentlichen Räume der ganzen DDR. Unter der Überschrift »Mörder gesucht« blickte der Betrachter in das rundliche Gesicht eines schmallippigen Unsympathen mit hängenden Mundwinkeln und kaltem, energischem Blick. Im östlichen Teil Deutschlands wurde landesweit gefahndet – ausgerechnet nach einem Minister. Keinem aus Ostberlin, sondern einem aus Bonn. Es handelte sich um Theodor Oberländer, Vertriebenenminister Konrad Adenauers, interessenpolitisches Schwergewicht in dessen zweitem Kabinett. In den fünfziger Jahren die politische Stimme von bis zu einem Viertel der bundesdeutschen Bevölkerung. Im Dritten Reich oft in der ersten Reihe, in der Bundesrepublik ein Mann der ersten Stunde.

Von Albert Norden bis zu Hilde Benjamin, von Walter Ulbricht bis zu Erich Mielke, von Friedrich Wolff bis zu Helene Weigel gab es eigentlich niemand in der DDR-Nomenklatur, der *nicht* gegen Oberländer ins Feld zog. Sie alle arbeiteten seit dem Sommer 1959 an der ersten DDR-Großkampagne im Kalten Krieg. Die »Oberländer-Schlacht«, wie Lew Besymenski es nannte,[1] war ein sinnstiftendes Gemeinschaftswerk Osteuropas. Initiiert vom sowjetischen Geheimdienst KGB in Moskau, federführend koordiniert vom SED-Politbüro in Ostberlin, das dabei antrat, in großem Stil die Mechanismen des instrumentalisierten Antifaschismus und seine eingeübten Rituale zu erproben. Am Ende stand am 20. April 1960 ein Bonner Minister *in absentia* vor einem Ostberliner Gericht; ein Novum nach 1945.

Albert Norden als geistiger Vater der DDR-Propaganda hatte leichtes Spiel, denn die eklatanten Versäumnisse Bonns im Umgang mit der eigenen Vergangenheit mussten von den Propagandisten der SED nicht erfunden, sondern nur aufgesammelt werden. Konrad Adenauer charakterisierte seinen Vertriebenenminister einmal mit den Worten: »Tüchtig, kenntnisreich und – rücksichtslos.«[2] Das war wenig schmeichelhaft, aber durchaus präzise. Tüchtig war Theodor Oberländer, als oberster Anwalt der Vertriebenen. Als Herrscher über die Mittel und Institutionen des Lastenausgleichs war die Last seiner siebenjährigen Arbeit von 1953 bis 1960 bemer-

---

1   Vgl. die Vorlage des KGB v. 10.3.1960 und den Beschluss des Präsidiums des ZK der KPdSU v. 19.3.1960, Nr. P 271/6; SAPMO-BA DY 30 IV 2/2028/51; Aktennotiz Nordens v. 6.1.1960 und Brief Nordens an den sowjetischen Botschafter Perwuchin v. 22.3.1960; ebenda; Schreiben Besymenskis an Norden v. 12.10.1960; ebenda.

2   Adenauer zu Heuss am 12.5.1954; vgl. Adenauer, Konrad: Adenauer – Heuss. Unter vier Augen. Gespräche aus den Gründerjahren 1949–1959. Bearb. v. Hans Peter Mensing. Berlin 1997, S. 135.

kenswert. Er war der Vater des »zweiten deutschen Wirtschaftswunders«, der wirtschaftlichen Eingliederung der Vertriebenen.

Tüchtig war Oberländer, Jahrgang 1905, auch schon in früheren Zeiten. Er gehörte einer Generation an, die während des Ersten Weltkrieges aufgewachsen war, ihre politisch prägenden Erfahrungen aber erst in den Wirren der Nachkriegsjahre gemacht hatte. Das Leben des thüringischen Protestanten Oberländer war seit frühester Jugend gekennzeichnet von einem antibürgerlich-bündischen Gestus und der Hinwendung nach Osten. Für Weimar hatte er wenig übrig. Schon den jungen Oberländer zeichnete ein außerordentliches taktisches Geschick aus, verbunden mit dem Ehrgeiz, an exponierter Stelle das Zeitgeschehen mitzugestalten. Als 18-Jähriger war er im Jahre 1923 in München, als Hitler auf die Feldherrnhalle marschierte. Zwei Promotionen und eine Weltreise später folgte er seinem Drang nach Osten und ging 1931 nach Königsberg.

Ohne sichtbare Reibungsverluste schloss Oberländer in die akademischen Reihen des Nationalsozialismus auf und wurde einer ihrer profiliertesten Köpfe. Der agile Doppeldoktor wurde im Sommer 1933 mit 28 Jahren per Sondererlaubnis habilitiert und trat an seinem Geburtstag der NSDAP bei - Vorsorge eines Ehrgeizigen mit wachem Sinn für das Opportune. Schon bald saß er als Spinne im Netz der politischen, wissenschaftlichen und militärischen »Grenzlandarbeit«. Er vereinte auf diesem Feld ein Bündel an Kompetenzen und Ressourcen, an Macht und Mitteln in seiner Hand, das seinesgleichen suchte. Er wollte die Nachwuchselite im Wartestand mit den Funktionären der NSDAP zusammenführen. Oberländer selbst verlor 1937 durch eine Intrige des ostpreußischen Gauleiters Erich Koch alle seine Ämter.[3] Er taugte in den Augen Kochs und anderer NS-Extremisten in Partei und SS einfach nicht als ein Vordenker der Vernichtung. Die Radikalisierung der NS-Außenpolitik und ihrer ostpolitischen Ideen spülte seit 1936 eine neue Forschungs- und Funktionselite an die Schalthebel der Macht. Diese nachwachsenden Aufsteiger waren sehr viel bedenkenloser bereit, den Weg hin zu Planungswahn und industriellem Massenmord unter der Ägide der SS zu gehen.

Doch Oberländer war zeitlebens ein guter »Netzwerker«, ausgestattet mit der Fähigkeit, Karriereknicks stets weich aufzufangen. In den Reihen der deutschen Abwehr unter Admiral Wilhelm Canaris fand der Osteuropakenner Zuflucht. Am Vorabend des Zweiten Weltkriegs lehnten es Canaris und Oberländer ab, Osteuropa und die Sowjetunion unterschiedslos als einen Schmelztiegel von Minderwertigen anzusehen. Sie wollten Moskau von innen schlagen und setzten darauf, den nichtrussischen Völkerschaften als Eroberer besondere Beachtung zu schenken, um sie auf die Seite der Deutschen zu ziehen. Für Canaris konzipierte Oberländer 1940 in diesem Geist die deutsch-ukrainische Freiwilligeneinheit »Nachtigall« und 1941/42 den deutsch-kaukasischen Sonderverband »Bergmann«. Oberländers positive Füh-

---

3   Vgl. dazu Wachs, Philipp-Christian: Der Fall Oberländer (1905-1998). Ein Lehrstück deutscher Geschichte. Frankfurt/M. 2000, S. 38-50.

rungserfahrungen, verknüpft mit seiner Kritik an der Härte und Konzeptionslosigkeit deutscher Besatzungspolitik im Osten, führten im Oktober 1943 auf direkte Weisung des Reichsführers-SS, Heinrich Himmler, zu seiner Ablösung als Kommandeur; Lagerhaft und SS-Bestrafung ließen sich durch einflussreiche Kontakte knapp vermeiden.[4] Und die näherrückende Ostfront machte Oberländer bald vom drangsalierten Paria zum gesuchten Experten. Im März 1945 trat Oberländer als Verbindungsoffizier in den Stab der Wlassow-Armee ein und geriet wenig später in amerikanische Gefangenschaft.

Kenntnisreich, das zweite Attribut Adenauers, war Oberländer vor allem in seiner abgrundtiefen und aggressiven Abneigung gegen die Sowjetunion. Für ihn stand der Feind links und in Moskau, verkörpert durch Josef Stalin und den Kommunismus. Gegen diesen Feind kämpfte Oberländer voller Überzeugung unter wechselnden Herren. Als Ostforscher und Offizier war sein Ziel im Krieg gewesen, Moskau von innen zu schlagen, einen Kampf, den er nur an seinem letzten Kriegstag gewann: Tausende Überlebende der Wlassow-Armee, die die Amerikaner nicht an Stalin auslieferten, verdanken ihr Leben dem Verhandlungsgeschick Oberländers. Nicht nur General Wlassow, auch die Amerikaner wollten auf Oberländers Sachverstand keinesfalls verzichten. Nur wenige Tage nach dem Ende des Krieges war der Rat eines versierten Ostexperten wie Oberländer schon wieder gefragt: Die US Army und ihr militärischer Geheimdienst »Counter Intelligence Corps« (CIC) schufen dem Kriegsgefangenen schnell geeignete Arbeitsmöglichkeiten für »special investigations in the US interest«, in deren Rahmen er für das Hauptquartier der US Army in Frankfurt Geheimdienstinformationen in mehreren slawischen Sprachen auswertete und daraus Analysen zu den verschiedensten osteuropäischen Problemen erstellte. Seine Entnazifizierung glich einer »Pragmatischen Sanktion«, und schon im Herbst 1945 beriet der Ostexperte den CIC in sowjetischen und Osteuropafragen.[5]

Wenige Jahre später stand er als Bundesminister mit der gleichen Energie bedingungslos an der Seite Konrad Adenauers. Als erprobter Grenzlandkämpfer sah Oberländer sein Ministerium als Kampfplatz an der innerdeutschen Front des Kalten Krieges, wie er gegenüber John McCloy mehrfach betonte. Für ihn war Deutschland das abendländische Bollwerk, das es gegen Moskau zu halten galte. Der Spiegel spottete, Oberländer sehe sich als »antibolschewistischen Stöpsel«, ohne den sich die

---

4   Tagebucheintrag Oberländers v. 30.10., 5. und 6.11.1943; Brief Oberländers an den Wehrmachtsbevollmächtigten für Böhmen und Mähren in Prag v. 5.11.1943. BStU, ZA, ZUV 28 (Oberländer), Bd. 6, Bl. 238-241; Erlass des Wehrmachtsbevollmächtigten beim Reichsprotektor und Befehlshaber im Wehrkreis Böhmen und Mähren an Oberländer v. 9.10.1943 (Privatarchiv Oberländer). Auch in den Reihen der Offiziere des »kaukasischen Experiments« setzte man sich für Oberländer ein, vor allem der General der Osttruppen Ernst Köstring und sein Adjutant Hans v. Herwarth begehrten gegen Oberländers Entlassung auf, allerdings ohne Erfolg.

5   Ein Großteil dieser Papiere ist bis heute aus Gründen der nationalen Sicherheit der USA gesperrt. Ausführliche Darstellung mit genauen amerikanischen Quellenangaben bei Wachs: Oberländer (Anm. 3), S. 317-347.

rote Springflut in das europäische Becken ergießen würde.[6] Adenauer erkannte und nutzte die Vision, die Oberländer mit seinem Amt verband. Für den Pragmatiker aus Köln konnten umstrittene NS-Karrieren wie die Oberländers auf den Willen zur weitgefassten Pardonierung rechnen, wenn die Leistung in der Tagespolitik stimmte: »Wenn man kein sauberes Wasser hat, schüttet man das trübe nicht weg!«

Rücksichtslosigkeit, Adenauers dritter Punkt, war ein Charakterzug, der in Oberländers Leben eine Schlüsselrolle spielte. Der vierschrötige, humorlose Mann betrieb seine Karriere mit einer Zielstrebigkeit, die Mitstreitern und Widersachern erst in dem Moment klar wurde, als Oberländer sie bereits überflügelt hatte. Im Dritten Reich hatte er so zunächst seinen Aufstieg begünstigt und später, verbunden mit Dreistigkeit und taktischer Geschmeidigkeit, Leben und Karriere gerettet. Nach dem Krieg begleiteten Intrigen und taktische Allianzen seinen kometenhaften zweiten Aufstieg. Seine Mitgliedschaften in diversen Parteien, von der FDP über den »Bund der Heimatvertriebenen und Entrechteten« (BHE) bis schließlich zur CDU, handhabte Oberländer als politischer Wandervogel äußerst flexibel. Er benutzte sie als Wetterschutz seines Aufstiegs, als Transmissionsriemen seiner persönlichen Interessen. Taktisches Gespür und gute Witterung führten ihn bald in die Reihen des BHE, der am schnellsten wachsenden politischen Gruppierung der Nachkriegszeit. Er brauchte nur knapp drei Jahre, um von einem namenlosen Zuhörer in einer BHE-Versammlung zu einem BHE-Minister der Bundesrepublik Deutschland zu werden. Ungeachtet seiner taktischen Fähigkeiten war es nur eine Frage der Zeit, bis er durch Weggefährten und politische Gegner von allen Seiten ein Bündel alter Rechnungen präsentiert bekommen würde. Im Sommer 1959 war es so weit: Der allseits umstrittene Oberländer geriet ins Fadenkreuz Albert Nordens.

Die Zielanalyse Ostberlins erweist sich auch aus heutiger Sicht als perfekt, Oberländer war nachgerade ein Wunschkandidat für jedwede Form der Propaganda. Er war amtierender Minister. Sein Lebenslauf war mehr als umstritten und bot eine Fülle von Stationen, bei denen durch (selektives) Wühlen in der Vergangenheit schnell eine heftige Diskussion auszulösen war, die sich rapide verselbstständigen und an zerstörerischer Kraft gewinnen konnte. Theodor Oberländer, der einstige Nachwuchsstar der deutschen Ostforschung, eignete sich als Zielscheibe besser, als Hans Globke oder Heinrich Lübke es je tun konnten. In der »Oberländer-Schlacht« sollte ein langjähriger, erprobter politischer Feind nunmehr mit vereinten Kräften ausgeschaltet werden. Nikita Chruschtschow selbst gab den Startschuss. Am 3. Juli 1959 sagte er in Mauthausen, der Ort mahne daran, dass in der westdeutschen Regierung Erznazis wie Oberländer säßen. Am 3. August folgte eine Strafanzeige der Vereinigung der Verfolgten des Naziregimes (VVN) gegen Oberländer »wegen 310 000fachen Mordes an Juden, Polen und Kommunisten«. Die östliche Urheberschaft der Anzeige ließ sich nicht ganz verleugnen: Ihr Text entsprach fast wörtlich

---

6   »Der Stöpsel«. In: Der Spiegel 14(1960)5.

dem Text zweier Artikel über Oberländer, die wenige Tage vorher in Moskau und in Prag auf Deutsch erschienen waren.[7]

Aufhänger dafür waren Verbrechen in der ersten Juliwoche 1941 beim deutschen Einmarsch in Lemberg. Die Rote Armee, ukrainische Milizen, die SS und Teile der Wehrmacht richteten hier nacheinander in sieben Tagen ein entsetzliches Massaker an. Oberländer und dem Bataillon »Nachtigall« wurde eine maßgebliche Beteiligung an diesen Morden angelastet. Die Opfer waren etliche tausend Juden, Ukrainische Nationalisten und 38 bekannte polnische Professoren und Exilpolitiker. Vor allem diese sieben Lemberger Tage bildeten den propagandistischen Rohstoff, aus dem die Kampagne geformt wurde. Daneben wurde Oberländer vorgeworfen, an der Spitze seines Sonderverbandes »Bergmann« im Kaukasus etliche Morde begangen zu haben. Oberländer reagierte auf diese Attacken auf die gewohnt hemdsärmelige Art, dabei keinesfalls souverän, sondern ausgesprochen nervös. Er ließ das Druckhaus der kommunistischen Zeitung Die Tat in Fulda besetzen, eine Bonner Pressekonferenz mit mehr als hundert Journalisten geriet ihm zum Desaster.[8] Er bot Adenauer seinen Rücktritt an, doch die Bundesregierung saß schon im Herbst 1959 längst in einer Zwickmühle. Sein Rücktritt würde die Angriffe des Ostens auf andere umstrittene Köpfe im Bonner Regierungslager, wie Hans Globke, Heinrich Lübke oder Gerhard Schröder, verlagern; sein Verbleib warf die Frage nach dem außenpolitischen Schaden auf.

An diesem Punkt setzte Albert Norden mit sowjetischer Hilfe an, um Oberländer durch einen Schauprozess in Ostberlin, vor dem Obersten Gericht der DDR, aus dem Amt zu treiben. Norden nominierte eine Kommission unter Führung von Hilde Benjamin, um den Prozess vorzubereiten. Juristischerseits gehörten ihr der Rechtsanwalt Friedrich Karl Kaul,[9] der zukünftige Generalstaatsanwalt der DDR, Josef Streit, Staatsanwalt Werner Funk sowie Gustav Jahn, Vizepräsident des Obersten Gerichts der DDR, an. Ihnen standen mit Arne Rehahn und Adolf Deter, dem Sekretär des »Ausschusses für Deutsche Einheit«, zwei erfahrene Propagandisten zur Seite. Der Generalstaatsanwalt der DDR erhielt den Auftrag, mögliche Zeugen in

7   Deutsche Fassung der Rede Chruschtschows v. 3.7.1960 in Mauthausen; SAPMO-BA, DY 30 IV 2/2028/78; Anzeige des Präsidiums der VVN gegen Oberländer v. 31. Juli 1959 und Brief des Justizministeriums Baden-Württemberg an den Nordrhein-Westfälischen Justizminister v. 7. August 1959 in den Akten des LG Bonn – 8 Js 393/60 – ./. Oberländer, außerdem die in Moskau erscheinende, auch in deutscher Sprache gedruckte Novoje Vremja (Neue Zeit) Nr. 35 v. August 1959 sowie die Prager Zeitung Aufbau und Frieden v. 9.7.1959, ebenfalls in deutscher Sprache.

8   Vgl. das unkorrigierte Manuskript der Pressekonferenz v. 30.9.1959, erstellt durch das Presse- und Informationsamt der Bundesregierung (Archiv des Autors).

9   Zu Kaul vgl. die Biographie von Rosskopf, Annette: Friedrich Karl Kaul: Anwalt im geteilten Deutschland (1906–1981). Berlin u. a. 2002.

ganz Osteuropa und Israel zu ermitteln. Das Zentralkomitee der KPdSU hatte bereits beschlossen, geeignete Zeugen zur Verfügung zu stellen.[10]

Zufrieden schrieb Norden am 11. März in seiner Vorlage für das Politbüro:

> »Unsere politische Kampagne gegen den Bonner Minister Oberländer hat inzwischen ein weltweites politisches Echo gefunden [...] [aus dem hervorgeht], dass unsere Enthüllungen beträchtlich dazu beigetragen haben, das Bonner System zu diskreditieren und die Wesensgleichheit seiner Politik mit der des Hitlerfaschismus zu dokumentieren und zu beweisen. [...] In Westdeutschland hat unsere Oberländer-Kampagne zur weiteren Differenzierung der politischen Kräfte geführt und Unsicherheit und Auseinandersetzungen bis in die Reihen der CDU/CSU-Fraktion erzeugt. [...] Der [Oberländer-]Prozess soll dazu dienen, [...] die Rolle der DDR als Wahrer der nationalen Interessen, als deutscher Friedensstaat und Verfechter der Ziele der Anti-Hitler-Koalition zu unterstreichen.«

Das Politbüro gab am 15. März 1960 grünes Licht für den Oberländer-Prozess. Ablauf und Urteil standen bis ins Detail bereits fest, fünf Verhandlungstage und zwei Tage für Plädoyers und Urteilsverkündung waren vorgesehen. Norden betonte gegenüber der Planungsgruppe, das Material müsse genau auf die einzelnen Tage aufgegliedert werden, damit eine politische Steigerung während des Prozesses garantiert sei und für jeden Tag wirksame publizistische Zeugenaussagen bzw. Fakten zur Verfügung stünden.[11]

Doch die Prozessvorbereitung führte Norden auch den unangenehmen Umstand vor Augen, dass man *beiderseits* des Eisernen Vorhangs dem Erbe des Dritten Reiches nicht entkam. Ausgerechnet Günter Gaus bemerkte rückblickend Anfang 2001 gegenüber Gregor Gysi, das Angenehme der DDR sei gewesen, dass sie keine Globkes gehabt habe, bis er gemerkt hätte, sie seien nur besser versteckt gewesen.[12] Deshalb musste vor Prozessbeginn ein kompromittiertes Mitglied gehen: Dr. Kurt Schumann, der Vorsitzende des Obersten Gerichts der DDR. Seine NSDAP-Mitgliedschaft und seine Tätigkeit als Kriegsgerichtsrat der Wehrmacht hatten seine vorbildliche Antifaschistenkarriere bisher in keiner Weise behindert: Mitglied des Nationalkomitees Freies Deutschland (NKFD) seit 1943, Mitgründer der National-

---

10 Vgl. die Vorlage des KGB v. 10.3.1960 und den Beschluss des Präsidiums des ZK der KPdSU v. 19.3.1960, Nr. P 271/6; SAPMO-BA, DY 30 IV 2/2028/51; Aktennotiz Nordens v. 6.1.1960 und Brief Nordens an den sowjetischen Botschafter Perwuchin v. 22.3.1960 und Schreiben Besymenskis an Norden v. 12.10.1960; ebenda.

11 Vgl. Vorlage Nordens für das Politbüro v. 11.3.1960; SAPMO-BA, DY 30 IV 2/2028 Nr. 5; die Festlegungen zum Prozess gegen Oberländer v. 26.3.1960; SAPMO-BA, DY 30 IV 2/2028 Nr. 81; die Grobdisposition für den Verlauf der Hauptverhandlung gegen Oberländer v. 4.4.1960; BStU, ZA, ZUV 28, Bd. 2, Bl. 58-60.

12 »Besser versteckt«. In: Frankfurter Allgemeine Zeitung v. 9.4.2001.

Demokratischen Partei Deutschlands (NDPD), acht Wochen nach Gründung der DDR Präsident ihres Obersten Gerichts. Nach einem Hinweis der »Times« auf seine Vorgeschichte entließ das Politbüro Schumann am 16. Februar 1960 mit sofortiger Wirkung.

»Alle Vorbereitungen des Prozesses gegen Oberländer laufen auf Hochtouren«, schrieb Norden am 12. April 1960 zufrieden an Ulbricht, »wir geben alle zwei Tage neue Meldungen heraus, um die Spannung aufrechtzuerhalten. [...] Von den angeforderten siebzehn Zeugen haben uns die sowjetischen Genossen neun fest zugesagt, die am 16. April hier eintreffen. Drei Tage vorher wird der stellvertretende Generalstaatsanwalt der Sowjetunion kommen, um die Einzelheiten zu besprechen. Weitere Zeugen aus Israel, Polen usw. haben ihr Erscheinen zugesagt.«[13]

Die Schlüsselposition von Oberländers Pflichtverteidigung wurde mit Dr. Friedrich Wolff und Dr. Gerhard Rinck aus Erfurt - scheinbar - krisensicher besetzt. Das Drehbuch des Prozesses regelte für jeden Tag in drei Spalten (»Akteur - Sachverhaltsfeststellung - Beweismittel«) den Ablauf. Zeitlich wie inhaltlich war nichts dem Zufall überlassen. Selbst die Einwände der Verteidigung und ihre Widerlegung durch das Gericht waren im Voraus programmiert. Als plastisches Beispiel war für den ersten Prozesstag vormittags, als vorletzter Punkt vor der Mittagspause, vorgesehen, noch vor der Verlesung der Anklageschrift die Frage der Zuständigkeit des Gerichts ausführlich zu behandeln - eine der Schlüsselfragen, die die Kommission zur Vorbereitung des Oberländer-Prozesses schon seit Monaten diskutiert hatte. Um dieses Problem nun publikumswirksam zu lösen, sah das Drehbuch für die Rechtsanwälte Wolff und Rinck nach dem Vortrag der Anklage einen Einwand der Verteidigung vor. Wegen der örtlichen Zuständigkeit, des Geltungsbereichs des DDR-Rechts und der Immunität Oberländers sollte die Rolle des Gerichts angezweifelt werden. Der Staatsanwalt, so das Drehbuch, würde hierzu eine Erklärung abgeben, ebenso das Gericht, das dazu noch einen Beschluss fassen würde, der Einwand sei »nicht stichhaltig«.[14]

Lohnt es sich nun überhaupt, einen Prozess zu beschreiben, bei dem scheinbar nichts dem Zufall überlassen wird? Vielleicht doch - wie der genauere Blick auf einige der Akteure zeigt. Im Folgenden seien drei Experten, zwei Zeugen, ein Phantom und ein Zuhörer herausgegriffen.

Als juristische Experten hatte Norden zunächst Professor Herbert Kroeger, Rektor der »Deutschen Akademie für Staat und Recht ›Walter Ulbricht‹« vorgesehen. Er

---

13 Vgl. den Brief Nordens an Ulbricht v. 12.4.1960 und die Festlegungen zum Prozess gegen Oberländer v. 5.4.1960 nach der Politbürositzung; SAPMO-BA, DY 30 IV 2/2028 Nr. 2 u. 21.

14 Vgl. das Drehbuch zum Oberländer-Prozess, o. D. (wahrscheinlich 10.4.1960); BStU, ZA, ZUV 28, Bd. 2, Bl. 65-74; Kopie des Entwurfs für den Einwand; ebenda, Bl. 75-83.

sollte die örtliche und inhaltliche Zuständigkeit des Gerichts begründen und die Immunität des Regierungsmitglieds Oberländer widerlegen. Der Prodekan der juristischen Fakultät der Humboldt-Universität, Professor Peter Alfons Steiniger, erhielt den Auftrag, ein Gutachten zu erarbeiten zur Frage, wie sich aus dem Potsdamer Abkommen die Pflicht der DDR ableite, Oberländer als Kriegsverbrecher vor Gericht zu stellen. Da Steiniger SED-Mitglied war, sollte Professor Gerhardt Reintanz, Hallenser Völkerrechtler und CDU-Mitglied, das Gutachten unter seinem Namen vortragen. Steinigers Handschrift ergab sich allerdings aus den Fußnoten: dort zitierte er sich meist selbst.[15] Dr. Felix-Heinrich Gentzen, ein Fachmann in Sachen Ostforschung, sammelte am Leipziger »Institut für die Geschichte der Erforschung der Volksdemokratien« schon seit langem Material gegen Oberländer. Er sollte dessen Rolle in den dreißiger Jahren bewerten. Am Vorabend des Prozesses wurde ihm noch ein weiterer Mitstreiter als »sachverständiger Zeuge« zugeteilt, der über Oberländers Aktivitäten der dreißiger Jahre und die Kontinuitätslinien in die Zeit nach 1945 aussagen sollte: Dr. Eberhard Wolfgramm. Für Norden war die Zusammensetzung dieser Expertenriege schlechthin genial, denn ihre Lebensläufe trieben sie alle dazu, durch ihren Auftritt vor dem Gericht ihre Loyalität zu Ulbrichts Staat zu beweisen. Das ehemalige NSDAP- und SA-Mitglied Herbert Kroeger war einst SS-Unterscharführer im Reichssicherheitshauptamt (RSHA) gewesen, bevor er NKFD-Mitglied wurde und 1955–1956 die westdeutsche KPD im Verbotsprozess vor dem Bundesverfassungsgericht in Karlsruhe gemeinsam mit Kaul vertrat. Bei Gentzen, einem anerkannten Ostforscher, lag der Fall anders. Er hatte 1957 eine strenge Rüge wegen »beharrlich destruktiver Diskussionen« nach der Niederschlagung des Aufstandes in Ungarn erhalten. Außerdem sah die SED die sozialistische Erziehung seiner Kinder nicht gesichert, da Gentzens Frau kirchlich sehr engagiert war. Er erhielt deshalb vor dem Prozess einen Fingerzeig, seine Gesinnung stehe auf dem Prüfstand. Eberhard Wolfgramms Wege hatten sich bereits mehrfach mit denen Oberländers gekreuzt. Er hatte in den dreißiger Jahren mit dessen ostpolitischen Ideen sympathisiert und in den gleichen Kreisen Königsbergs verkehrt. Im Krieg hatte er Karriere als NSDAP-Gauhauptstellenleiter im tschechischen Reichenberg gemacht. Nach dem Krieg zunächst in der Bundesrepublik, ging er im Jahre 1956 in die DDR und wurde wissenschaftlicher Mitarbeiter an der Karl-Marx-Universität in Leipzig. Er verschwieg erfolgreich seine Karriere im Dritten Reich. Erst im Frühjahr 1960 brachte das Ministerium für Staatssicherheit (MfS) diese Dinge ans Licht. Für die Dauer eines Jahres wurde Wolfgramm deshalb von seinem Posten entbunden und erhielt die Gelegenheit, »sein Verhältnis zum Hitlerfaschismus in der Zeit von

---

15 Vgl. das Gutachten in der Strafsache gegen Theodor Oberländer, o. D.; BStU, ZA, ASt Ia 107/60, Bd. 7, Bl. 268. Das Gutachten trägt, anders als die anderen im Prozess, auch keinen Autorennamen.

1938 bis 1945 klarzustellen«. Sein Auftritt im Oberländer-Prozess war eine erste Bewährungsprobe.[16]

Bei den drei Hauptbelastungszeugen, die seitens des KGB für den Prozess beigesteuert wurden, handelte es sich genau genommen um zwei Zeugen und ein mutmaßliches Phantom. Seit dem Herbst 1959 hatte der KGB umfangreiches Material vorbereitet und in der Ukraine und im Kaukasus über 50 potenzielle Zeugen aufgespürt. Am 24. Februar und 19. März 1960 beschloss das Präsidium des Zentralkomitees der KPdSU, die vielversprechendsten zehn Zeugen auf einer Pressekonferenz in Moskau am 5. April zu präsentieren. Darunter waren die georgischen Leutnants Kerrar Aleskerov und Schalwa Okropiridse sowie ein kaukasischer Volksdeutscher mit Namen Alexander Hammerschmidt. Die beiden Georgier hatten als Offiziere in Oberländers Verbänden gedient, der KGB hatte sie in sowjetischen Gefängnissen ermittelt. Okropiridse verbüßte seit 1949 eine Strafe von 25 Jahren verschärfter Lagerhaft. Er wurde für die Pressekonferenz und den DDR-Prozess am 21. März begnadigt und freigelassen.[17]

Der Zeuge Aleskerov war seinerzeit in der 3. Kompanie des Sonderverbandes »Bergmann« landeskundlicher Berater des deutschen Kompaniechefs gewesen. Beide schilderten zunächst auf der Moskauer Pressekonferenz die vermeintlichen Morde, Plünderungen und Ausschreitungen Oberländers im Kaukasus. Er habe eine Vielzahl von Kaukasiern durch Folter und lebensunwürdige Umstände zum Dienst in seiner Einheit gepresst und den Hungertod zahlreicher anderer in Kauf genommen. Auf dem Rückzug habe Oberländer etliche Morde unter der Zivilbevölkerung befohlen, öffentliche Einrichtungen gesprengt, geplündert und zahllose mitgeführte Kriegsgefangene erschossen. Der sowjetische Botschafter Perwuchin hatte Norden das Erscheinen dieser wichtigsten Hauptbelastungszeugen im Oberländer-Prozess zwar zugesagt; allerdings musste es erst dem Minister für Staatssicherheit Erich Mielke auffallen, dass die Anklageschrift ihre Aussagen vom 5. April nicht berücksichtigt hatte – in der Tat eine peinliche Panne. Zwei der drei Hauptbelastungszeugen waren in der Anklageschrift nicht aufgeführt, denn die Protokolle waren erst eingetroffen, als Staatsanwalt Funk sein Werk bereits fertiggestellt hatte. Das Gericht beschloss, die beiden Zeugen quasi nebenbei in das Verfahren einzuschleusen.[18]

Der dritte Zeuge, Alexander Hammerschmidt, berichtete, er habe Oberländer 1942 im Kaukasus erlebt und sei dabei gewesen, als Oberländer Ende Oktober oder Anfang November 1942 nach einem Trinkgelage 15 Insassen einer Gefängniszelle

---

16 Vgl. den Bericht der Hauptabteilung XX/AG 1, Oberst Kienberg, an die Hauptabteilung IX/10, Oberstleutnant Stolze, v. 18.10.1965; BStU, ZA, ZUV 28, Bd. 3, Bl. 16-19; vgl. auch Kowalczuk, Ilko-Sascha: Legitimation eines neuen Staates. Parteiarbeit an der historischen Front. Berlin 1997, S. 294.

17 Vgl. den Erlass des Präsidiums des Obersten Sowjets der UdSSR Nr. 135/14 v. 21.3.1960; Archiv des Autors.

18 Vgl. den Vermerk Nordens zur Anklageschrift gegen Oberländer v. 12.4.1960; BStU, ZA, ZUV 28, Bd. 2, Bl. 5, sowie die Anklageschrift; BStU, ZUV 28, Bd. 2, Bl. 56-58.

eigenhändig gefoltert, die Frauen unter ihnen vergewaltigt und anschließend erschossen habe. Bereits auf der Pressekonferenz verweigerte Hammerschmidt auch hartnäckigen Nachfragern Auskünfte über seine Person und hatte damit in etlichen Zeitungsartikeln Aufsehen erregt. Mehr als sein Geburtsjahr 1918, seinen kaukasischen Geburtsort und vage Angaben über seine Kriegsverwendung waren ihm nicht zu entlocken.[19] Das Ostberliner Gericht hatte Hammerschmidt als einen der Höhepunkte vorgesehen. Die Konsularabteilung der sowjetischen Botschaft hatte sein Kommen jedoch verhindert, indem sie ihn am 21. April 1960 einfach krank meldete. So wurde sein Sprechzettel der Pressekonferenz erneut verlesen und ins Protokoll aufgenommen. Anders als andere Akteure der Oberländer-Kampagne, ist Hammerschmidt nie wieder aufgetaucht.[20]

Der vermeintliche Kronzeuge Hammerschmidt ist bis heute ein Mysterium. Heftet man sich an seine Spuren, stößt man auf interessante Details. In den Akten der Berliner Wehrmachtsauskunftsstelle (WAST) findet sich ein Mann gleichen Namens mit geringfügig anderen Lebensdaten. Über ihn ist aktenkundig, dass er als sowjetischer Hilfswilliger im Jahre 1941 dem Stab der Panzergruppe Kleist angehört hatte und dort seit Ende 1941 nicht mehr geführt wurde.[21] Die Taten, die er Oberländer vorwarf, finden sich dagegen in verblüffender Übereinstimmung an ganz anderer Stelle. Die SS-Einsatzgruppe D mit ihrem Einsatzkommando 12 meldete für den fraglichen Zeitraum im Herbst 1942 regelmäßige »Tätigkeit« im Gefängnis von Pjatigorsk, eine Umschreibung für Erschießungen. Hier finden sich einmal 15 Partisanen und eine Funkerin, einmal elf Partisanen, darunter etliche Frauen. Im Gefängnis von Armavir, nordwestlich von Pjatigorsk, entdeckte die Geheime Feldpolizei 13 vom sowjetischen NKWD hinterlassene Tote, darunter eine weibliche, schrecklich misshandelte Leiche. Der Verdacht liegt auf der Hand, dass all diese Vorfälle auf Oberländer umgedeutet sein könnten, um sie ihm, gleich den Morden von Lemberg, in die Schuhe zu schieben. Nach dem Untergang der DDR wertete die Kölner Staatsanwaltschaft die Unterlagen des Schauprozesses noch einmal aus und kam 1998 zu dem gleichen Ergebnis.[22] Der Zeuge Alexander Hammerschmidt ist auf östlicher

---

19 Bericht der Pressekonferenz v. 5.4.1960; BStU, ZA, ZUV 28, Bd. 2a, Bl. 5–52, Antworten Hammerschmidts Bl. 49 f. Nach der Pressekonferenz war und blieb Hammerschmidt allerdings verschwunden. Vgl. auch »Moskau lässt Zeugen gegen Oberländer aufmarschieren«. In: Frankfurter Allgemeine Zeitung v. 6.4.1960.

20 Beide Aussagen basierten auf einer mehrstündigen Vernehmung Hammerschmidts durch die Moskauer Staatsanwaltschaft am 14.1.1960; BStU, ZA, ASt Ia 107/60, Bd. 7, Bl. 54–64. Für seine Krankmeldung vgl. »Stenographische Niederschrift Hauptverhandlung gegen Theodor Oberländer vor dem Obersten Gericht der Deutschen Demokratischen Republik«; BStU, ZA, ZUV 28, Bd. 2, Bl. 460. Zahlreiche Gerichte haben nach 1960 in vielen Oberländer-Prozessen immer wieder versucht, Hammerschmidt als Zeugen zu gewinnen, bislang ohne Erfolg.

21 Vgl. den Bescheid der WAST an den Autor v. 23.1.1997.

22 LG Bonn - 130 Js 1/96 - ./. Oberländer, Einstellungsverfügung v. 8.5.1998; Gespräch mit dem ermittelnden Staatsanwalt Dederichs am 11.12.1998.

Seite in keinem der zahlreichen Verfahren gegen Oberländer je wieder aufgetaucht. Er erscheint nachgerade als Phantom, konstruiert aus Teilen eines realen Lebenslaufes. Vielleicht wusste es Erich Mielke am besten, wie manches in der DDR. Die MfS-Hauptabteilung IX/11 überprüfte bis 1986 immer wieder hundertfach alle Beteiligten in den Oberländer-Verfahren - Richter, Anwälte, Zeugen - und kämmte die eigenen Akten durch, um neues Material zu gewinnen. Einen Antrag, die Identität des Hauptbelastungszeugen Alexander Hammerschmidt zu überprüfen, findet sich kein einziges Mal.

Vielleicht ahnt man nach diesen Beispielen, wie sehr der Oberländer-Prozess an sechs Verhandlungstagen die Groteske scheinbar objektiver Wahrheitsfindung exakt durchspielte. Die Deutsche Akademie für Staat und Recht pries das juristische Grundgerüst als »Russischpreußisch-marxistische Rechtssynthese«[23], ein ebenso nichtssagender wie lächerlicher Begriff. Die Auftritte der Zeugen waren vielfach widersprüchlich, meist aber tragisch. Ein Vergleich zwischen dem gekürzten, offiziellen Verhandlungsprotokoll und der stenographischen Mitschrift macht deutlich, wie sehr der Prozessverlauf trotz eines akribischen Drehbuchs zuweilen einer skurrilen Sammlung von Pleiten, Pannen und Propaganda glich. Maßgeblichen Anteil daran hatte Oberländers Pflichtanwalt Friedrich Wolff. Bereits in seiner Verteidigungsdisposition hatte Wolff seine Zweifel an der Glaubwürdigkeit der meisten Zeugen niedergelegt. Gerade die Passagen, die im offiziellen Protokoll gestrichen wurden, enthalten seine Kreuzverhöre der Zeugen, seine Verlesungen auch entlastender Dokumente. Seine Einlassungen gegenüber dem Gericht machen einen Großteil der gestrichenen Protokollpassagen aus. Außerdem wurden die zahlreichen Widersprüche, in die sich die Zeugen auch ungefragt verwickelten, kurzerhand gestrichen. In der Rückschau bietet der Verlauf der Verhandlung für den Betrachter erstaunlichen Unterhaltungswert. Für diese Inszenierung fühlt man sich an die Vermutung Jochen Staadts erinnert, vielleicht sei die DDR das größte deutsche Sprechtheater seit Brecht gewesen.[24]

Das Urteil vom 29. April 1960 war kaum überraschend: lebenslanges Zuchthaus. Am 1. Mai wurde der eingangs erwähnte Steckbrief geklebt und Oberländer zur Fahndung ausgeschrieben. In der Bundesrepublik kursierten Agenturmeldungen, Oberländer solle durch das MfS entführt werden. Doch die Greiftrupps des MfS hätten allenfalls einen Pensionär erwischt. Adenauer hatte, aus innenpolitischen Gründen, Oberländers Rücktritt zum 3. Mai 1960 bereits erzwungen.

An diesem Tag fand eine seltsame, siebenjährige Allianz ihr Ende, die hier noch einmal genauer betrachtet werden soll. Konrad Adenauer und Theodor Oberländer schienen auf den ersten Blick ein seltsames, fast widernatürliches Gespann. Gegensätzlicher konnten zwei Charaktere kaum sein. Adenauer war den Genüssen des

---

23 Vgl. Bernhardt, Ulrich: Die Deutsche Akademie für Staats- und Rechtswissenschaften »Walter Ulbricht« 1948-1971. Frankfurt/M. 1997, S. 89.

24 »Die virtuelle DDR«. In: Frankfurter Allgemeine Zeitung v. 2.9.1997.

bürgerlichen Lebens und überhaupt westlicher Lebensart zugewandt. Seine politische Welt als auch seine außenpolitischen Vorstellungen waren geprägt von dem Hintergrund der Landschaft, aus der er stammte – sie wurzelten in Köln, im Rheinland. Westeuropa bildete seit seiner Jugend den geistigen Rahmen, Paris und Brüssel lagen nahe und waren dem Herzen ungleich näher als Berlin, von Warschau oder Prag ganz zu schweigen. Auch seine zwölf Jahre als preußischer Staatsratspräsident hatten ihn innerlich für Preußen nie erwärmen können. Nahezu alle deutschen Fehler und Gebrechen der jüngsten Geschichte waren für ihn in Preußen beheimatet: Zentralismus und Militarismus ebenso wie Nationalismus, Materialismus und Marxismus, auch wenn er dankbar bekannte, sein Vater habe ihm als preußischer Beamter Tugenden wie Fleiß, Pflichttreue, Pünktlichkeit, Redlichkeit und Unbestechlichkeit und Ehrgeiz vermittelt. All diese Dinge wird man wohl ohne Schwierigkeiten dem preußischen Wertekanon zuordnen. Doch das focht Adenauers innere Abneigung nicht an. Seine für die Nachkriegszeit überlieferten Worte, er habe sich in Berlin immer wie in einer heidnischen Stadt gefühlt, passen nahtlos zu seinen aus den zwanziger Jahren stammenden Anmerkungen, bei Braunschweig beginne für ihn die asiatische Steppe, bei Magdeburg ziehe er im Zug die Fenster zu, und wenn er die Elbe überquere, spucke er jedesmal aus dem Fenster.[25] Bereits am 5. Oktober 1945 hatte Adenauer gegenüber dem News Chronicle und der Associated Press eingeräumt, »der von Russland besetzte Teil Deutschlands sei für eine nicht zu schätzende Zeit verloren«.[26] Seine Orientierung für die Gestalt und die Rolle in einem Nachkriegseuropa konnte deshalb kaum verwundern: eine westeuropäische Einigung unter Einschluss Westdeutschlands war für ihn die Vision, ja das Gebot der Stunde. Der rheinische Katholik Adenauer dachte Deutschland und Europa vom Kölner Dom aus.

Kaum jemand konnte gegensätzlicher in Temperament und Lebensart sein als Theodor Oberländer. So wie Adenauer im Westen verwurzelt war, orientierte sich die Gedanken- und Gefühlswelt der protestantischen Seele des Professors Theodor Oberländer stets nach Osten. Das Leben des thüringisch-ostpreußisch geprägten Protestanten Oberländer war seit frühester Jugend von einem antibürgerlich-bündischen Gestus und der Hinwendung nach Osten gekennzeichnet. Zahlreiche evangelische Pastoren im familiären Stammbaum, auf die er oft und ungefragt hinwies, passten gut zu seiner strengen und asketischen, fast kargen protestantischen Lebensführung, für die er unter Weggefährten sowohl bewundert als auch verspottet wurde.

Die Machtergreifung der Nationalsozialisten verdeutlichte, wie die beiderseitige Prägung Adenauers und Oberländers in zwei Lebensläufe mündete, die im Dritten Reich fast diametral verliefen. Der preußische Staatsratspräsident Adenauer wider-

---

25 Vgl. Köhler, Henning: Adenauer. Eine politische Biographie. Frankfurt/M. 1994, S. 23–51; Baring, Arnulf: Es lebe die Republik, es lebe Deutschland. Stationen demokratischer Erneuerung 1949–1999. Stuttgart 1999, S. 38 f.

26 Zit. nach: Baring: Es lebe die Republik, es lebe Deutschland (Anm. 25), S. 45.

setzte sich nicht nur am 6. Februar 1933 der vorzeitigen Auflösung des preußischen Landtages; als Kölner Oberbürgermeister war er auch nicht bereit, dem im Februar 1933 zu einer Wahlkampfrede aus Berlin angereisten Hitler in irgendeiner Form zu huldigen. Am 19. Februar 1933 ließ er Hakenkreuzfahnen von der Deutzer Brücke entfernen, einen Tag später verweigerte er Hitler den Handschlag. Kurze Zeit später verlor er seine Ämter. Während Adenauer zunächst für ein Jahr Schutz vor der neuen Zeit im Kloster Maria Laach fand, sah Oberländer in den gleichen Wochen in der Machtergreifung der Nationalsozialisten die einmalige Chance, sein außerordentliches taktisches Geschick, verbunden mit dem Ehrgeiz, an exponierter Stelle das Zeitgeschehen mitzugestalten, zur Geltung zu bringen. Er ergriff sie mit beiden Händen.

Auf den Trümmerbergen von 1945 unterstreichen die bisherigen Lebenswege die Gegensätzlichkeit der Charaktere Adenauers und Oberländers: Der katholische Adenauer hatte das Dritte Reich als eine zwölfjährige Phase der Drangsalierung mit mehreren Gefängnisaufenthalten erlebt und in seinem inneren Rhöndorfer Exil mit Mühe und Not überstanden. Für Oberländer war die gleiche Zeit, allen konzeptionellen Vorbehalten und Reibereien mit orthodoxen Nationalsozialisten zum Trotz, eine Zeit des erfolgreichen Aufstiegs und der verschlungenen Karriere auf der Seite von Adenauers Gegnern gewesen. Doch beide Nachkriegskarrieren nahmen einen ähnlich unverhofften, steil ansteigenden Verlauf. Beide erstanden, jeder auf seine Weise, als Phönix aus der Asche aus den Trümmern Nachkriegsdeutschlands. Im Anfang war Adenauer: Mit dieser prägnanten Formel Arnulf Barings lässt sich der Umstand beschreiben, dass der neue, westdeutsche Staat, der seit 1948 im Entstehen begriffen war, ein rheinisches Machtzentrum mit einem rheinischen Bundeskanzler Konrad Adenauer besaß, der dies bestens vorbereitet hatte. Ähnlich zielstrebig verhielt sich Oberländer: Die Amerikaner nahmen den versierten Ostexperten in die Dienste ihres militärischen Geheimdienstes CIC, die Entnazifizierung war demnach nur eine Formsache.[27] So konnte Oberländer schon bald meisterhaft das Wellenspiel der politischen Landschaft für seine persönlichen Ambitionen nutzen. Ein schwindelerregend kurzer Marsch trug ihn durch die Institutionen innerhalb von Wochen in die Reihen der bayerischen Staatsregierung. Doch erst als Oberländer 1953 als Bundesminister für Vertriebene vereidigt wurde, war er am Ziel seines Ehrgeizes.

In Bonn traf er nun auf Konrad Adenauer. Der war im Jahre 1949 mit nüchternem Wirklichkeitssinn aufgebrochen, das neue, im labilen *status nascendi* befindliche westliche Deutschland möglichst schnell auf eine stabile Grundlage zu stellen. Dies stand und fiel mit der Art und Weise, die NS-Vergangenheit eines ganzen Volkes zu behandeln. Hier entwickelte Adenauer eine Art des pragmatischen Vorgehens, für das Michael Wolffsohn den Begriff *Geschichtspolitik* und Norbert Frei den

---

27 Vgl. dazu Wachs: Oberländer (Anm. 3), S. 317-331.

Begriff *Vergangenheitspolitik* geprägt haben.[28] Diese Politik bestand aus Elementen der Amnestie, der Abgrenzung und der Integration. Umstrittene NS-Karrieren wie die Oberländers konnten auf Adenauers Willen zur weitgefassten Pardonierung rechnen. Was zählte, war ihre Leistung in der Tagespolitik. Auf diese Weise würde, in der politischen Klasse ebenso wie im deutschen Volk, über kurz oder lang vom Heer der Gestrigen nur ein Häuflein der Ewiggestrigen übrig bleiben. Diese Maxime im Kopf, nahm Adenauer Lebensläufe wie den Oberländers mit einer Mischung aus Augenmaß und gesundem Pragmatismus in den Blick. Die Mischung erlaubte es ihm 1959, die Vita Oberländers mit ihren Ambivalenzen und Widersprüchen im Dritten Reich nach kurzem Nachdenken auf eine prägnante Formel zu bringen: »Er war einer von den Anständigeren – nicht von den Anständigen.«[29]

Für Adenauer trat dies hinter seine Erfolge in der Tagespolitik zurück. Der seit 1953 als Vertriebenenminister amtierende Oberländer, seine Person wie seine Gedankenwelt, sprach einen zentralen Aspekt im Weltbild vieler Vertriebener an; Adenauer nutzte ihn als Klammer der Integration. Weite Teile der Vertriebenen machten den Kommunismus allein für ihr Schicksal verantwortlich. Der vorausgegangene Nationalsozialismus mit seinen Verbrechen, der die Vertreibung überhaupt erst ausgelöst hatte, trat dahinter vollkommen zurück. Ganz im Geiste der alten Volkstumspolitik spielte in vielen Köpfen ein wiederhergestelltes Deutsches Reich eine hegemoniale, ordnende Rolle in einem europäischen Kräfte- und Mächtesystem. Adenauers Vergangenheitspolitik konnte dieses Gedankengut durch Repräsentanten wie Oberländer in seinem Kabinett kanalisieren und nutzen, um das Fundament der Bundesrepublik zu festigen.

Deshalb war Theodor Oberländer für Adenauer ein wichtiges Element in seiner Politik. Aufgrund seiner NS-Vergangenheit genoss Oberländer auch an den Rändern des Vertriebenenspektrums Autorität. Was ihn in Adenauers Augen zusätzlich begünstigte, war dessen äußerst wirkungsvolles Engagement für eine postnationale Zukunft. Adenauer benötigte einen umtriebigen Manager der Vertriebenenfragen genauso wie einen Feuerwehrmann auf dem schwierigen, emotionsgeladenen Feld der Heimatsehnsüchte von zwölf Millionen Menschen, denn zu sehr hing der noch keineswegs gesicherte Bestand der jungen Bonner Demokratie daran. Oberländer schien dafür die Idealbesetzung. Mit einer im Dritten Reich bewährten Mischung aus Tatkraft und Anpassungsfähigkeit widmete er sich einem Feld, von dem man annehmen darf, dass es Adenauer innerlich fern lag. Oberländer wurde so zwar zum interessenpolitischen Schwergewicht, aber ohne Adenauer selbst Konkurrenz zu

---

28 Vgl. dazu Frei, Norbert: Vergangenheitspolitik. Die Anfänge der Bundesrepublik und die NS-Vergangenheit. München 1996; Wolffsohn, Michael: Ewige Schuld? 40 Jahre deutsch-jüdisch-israelische Beziehungen. 5. Aufl., München 1993, S. 29-36.

29 Vgl. Adenauer, Konrad: Teegespräche 1959-1961. Bearb. von Hans Jürgen Küsters. Berlin (West) 1988, S. 201.

machen. Schicksale wie das des Staatssekretärs im Bundeskanzleramt Otto Lenz blieben Oberländer dadurch erspart.

Dahinter konnte deshalb zurücktreten, wie wenig der defensive Antikommunismus Adenauers gegenüber dem Osten mit der abgrundtiefen und aggressiven Abneigung Oberländers gegen den Kommunismus vereinbar schien. Für Theodor Oberländer war sein Beruf Berufung, denn er sah sich in einer nahtlosen Kontinuität seiner Erfahrungen aus der Vorkriegs- und Kriegszeit. Seit er denken konnte, lebte er in einem fast statischen Freund-Feind-Schema – auch dies ein elementarer Charakterzug. In diesem Schema stand der Feind für ihn stets an der gleichen Stelle: links und in Moskau, seit seinen Studientagen verkörpert durch Josef Stalin und den Kommunismus. Gegen diesen Feind hatte Oberländer voller Überzeugung seit 1932 unter wechselnden Fahnen gekämpft: als Ostforscher und Offizier unter der schwarz-weiss-roten Fahne des deutschen Reichs, als Ostexperte unter dem US-Sternenbanner, als Bundesminister unter dem bundesrepublikanischen Schwarz-Rot-Gold. Mit der gleichen Energie, die ihn schon bei den deutschen Hegemonialplänen für östliche Weiten ausgezeichnet hatte, stand er nun bedingungslos an der Seite Konrad Adenauers.

Darüber hinaus gab es Gemeinsamkeiten, die Adenauer und Oberländer verbanden. Für Adenauer war weniger die konkrete militärische Bedrohung eine Quelle der Angst; zu Zeiten des Kalten Krieges war sie ohnehin ein latenter Dauerzustand. Doch Unterwanderung und Fünfte Kolonne, das waren für ihn Schreckenswörter, und die daraus erwachsende unbestimmte, nicht zu erkennende Gefahr für die junge Bundesrepublik ängstigte ihn. Seine Reaktion darauf hieß Politik der Stärke, denn nur so ließen sich die Sowjets in seinen Augen beeindrucken. Genau hier trafen sich die beiden. Mit einem beträchtlichen Maß an politischer Schlitzohrigkeit, die Adenauer eigen war, machte sich der eine Taktiker die Stärke und das Feindbild des anderen zunutze. Für Adenauer war Oberländer der richtige Mann am richtigen Platz, um die junge Bonner Republik wirtschaftlich und sozial zu stabilisieren. Die Vertriebenen als Parias des zerstörten Restdeutschlands, sozial deklassiert und vielfach als Eindringlinge verachtet, bildeten in den Anfangsjahren der Bundesrepublik eine mehr als zwölf Millionen Menschen starke amorphe Masse. Sie konnte, ungewollt, ohne weiteres zur leichten Beute des Radikalismus, zu Sprengstoff in Stalins Händen werden, indem sie Verelendung, Chaos und Umsturzgedanken in die sich gerade erst verwurzelnde Bonner Republik trug.

Adenauer erkannte die Vision, die Oberländer mit dem Amt verband und die zur Triebfeder seines zuweilen rücksichtslosen und taktisch gekonnt inszenierten zweiten Aufstiegs geworden war. Seine Arbeit für die Vertriebenen bedeutete für ihn Innen- und Außenpolitik zugleich. Der erprobte Grenzlandkämpfer Oberländer sah in seinem Ministerium einen Kampfplatz an der innerdeutschen Front des Kalten Krieges. Für ihn war es ein vitales Interesse der Bundesrepublik, die Vertriebenen möglichst schnell von einer Interessen- zu einer Erlebnisgemeinschaft werden zu lassen, die das Bewusstsein ihrer kulturellen Identität pflegte, gleichzeitig aber baldigst zu einem stabilen und produktiven Baustein der deutschen Nachkriegsdemokratie wurde. Auf politischer Ebene appellierte der eine Taktiker hier an die Fähigkeit des anderen: Oberländer spielte zum Nutzen der Bundesrepublik Deutschland ein doppeltes Spiel und beschwor öffentlich in markigen Sonntagsreden das Recht auf Heimat. Hinter den Kulissen aber war er dem Bundeskanzler eine loyale Stütze und mobilisierte zuverlässig die BHE-Reihen im Bundestag für die Wiederbewaffnung und die Westverträge Adenauers, obgleich er damit die Bundesrepublik dauerhaft im Westen verankerte und dabei, zumindest in den Augen der allermeisten Vertriebenen, die deutsche Teilung erst zementierte. Nur dies jedoch bot Oberländer die Gewähr, die Vertriebenen möglichst schnell vom Notstands- zum Wohlstandsbürger werden zu lassen.

Dafür spaltete er 1955 auch die Partei, die ihn an die Spitze katapultiert hatte, löste die eigene Karriere vom Schicksal des BHE und brachte sein Amt rechtzeitig aus der Konkursmasse der Partei in Sicherheit, bevor der BHE schon bald in der politischen Bedeutungslosigkeit versank. Oberländer wollte auf neuem Weg zum alten Ziel gelangen, nun unter der Ägide Adenauers, der wohlwollend die Hand über ihn gehalten hatte und es auch weiterhin tat. Oberländer wusste das, und er revanchierte sich durch absolute Loyalität. Bereits im Februar 1955 erklärte er selbstgewiss: »Fest steht aber, dass ich so lange auf diesem Sessel hier [dem des Vertriebenenministers] bleibe, wie der Bundeskanzler Adenauer heißt«[30], und er wusste, warum. Bei der Bundestagswahl im Jahre 1957 arrangierte die CDU einen sicheren Wahlkreis in Hildesheim für ihren Überläufer, und im dritten Kabinett Adenauer genoss Oberländer nunmehr Bestandsschutz. »Aus politischen Erwägungen«, so Adenauer zu dem damaligen Bundespräsidenten Theodor Heuss, sei es notwendig, das Vertriebenenministerium noch beizubehalten, obwohl der Kanzler seinen Nutzen inzwischen für zweifelhaft hielt.[31]

Die im Sommer 1959 gestartete Kampagne Osteuropas spielte seinen innenpolitischen Gegnern, auch und gerade in den Reihen der CDU, in die Hände. Im Januar 1960 warf Gerd Bucerius, Mitglied der CDU-Bundestagsfraktion, im Nebenberuf Herausgeber der Hamburger Wochenzeitung Die Zeit und dabei ein langjähriger Kritiker Oberländers, öffentlich den ersten Stein. In einem langen Zeit-Artikel vom 29. Januar 1960 fragte Bucerius »Was ist mit den Nazis in Bonn?« und mahnte den Rücktritt Oberländers an, um Schaden von seinem Amt und der Bundesrepublik abzuwenden.[32] Dies brachte ihm noch am gleichen Tag eine scharfe Rüge Adenauers ein. Auf einer Tagung des CDU-Parteivorstandes in Bonn erklärte der Bundeskanzler, den kommunistischen Versuchen, einzelne Politiker aus dem Bundeskabinett

---

30 »Zitate«. In: Der Spiegel 9(1955)6.
31 Vgl. Adenauer: Adenauer – Heuss (Anm. 2), S. 248.
32 »Was ist mit den Nazis in Bonn?«. In: Die Zeit v. 29.1.1960; Tagebucheintrag Oberländers v. 28.1.1960.

»herauszuschießen«, dürfe in keinem Falle nachgegeben werden. Am Ende einer stundenlangen Debatte sprach Adenauer dem abwesenden Oberländer sein volles Vertrauen aus. Bis dahin war Adenauer öffentlich stets für Oberländer in die Bresche gesprungen und hatte deutlich gemacht, er wolle an Oberländer festhalten.

Nun machte aber auch der Generalsekretär der CDU, Dr. Heinrich Krone, seine massiven Bedenken zur Person Oberländers gegenüber Adenauer geltend. Gleichzeitig hatte Oberländer selbst darum gebeten, der Ehrenrat der CDU möge die Vorwürfe untersuchen. Erneut wurde deshalb am 9. Februar 1960 auf einer Fraktionssitzung der CDU/CSU über Oberländers Zukunft beraten. Die Meinungen der sieben anwesenden Christdemokraten zum Thema Oberländer gingen dabei weit auseinander: Professor Dr. Franz Böhm und Dr. Ferdinand Friedensburg, beide prominente Kritiker Oberländers, warfen beunruhigt die Frage auf, wie ein Mann wie Oberländer, »dessen Vergangenheit feststehe«, eine leitende Funktion im Bundeskabinett innehaben könne. Es sei zu fragen, ob Oberländer »an leitender Stelle dazu beigetragen habe, das deutsche Volk ins Unglück zu stürzen«.[33]

Dem widersprachen die CDU-Vorstandsmitglieder Werner Dollinger und Josef Stecker energisch: Stecker bezeichnete es als »grobe Illoyalität«, dass Bucerius für seine Kritik an Oberländer den Weg über die Öffentlichkeit gewählt habe, ohne die Partei zu informieren. Stecker setzte hinzu, man solle »15 Jahre nach Kriegsende nicht mit einer neuen Entnazifizierung beginnen«. Auch müsse man sich fragen, warum die Vorwürfe erst jetzt auftauchten, wenn sie schon so lange bekannt seien. Schließlich übertrug die Fraktion den Fall Oberländer am 9. Februar 1960 dem Ehrenrat der CDU unter dem Vorsitz des Bankiers Robert Pferdmenges, einem alten Adenauer-Vertrauten. »Immer wieder Oberländer«, notierte Krone abends entnervt in sein Tagebuch. »Er sollte gehen. Doch nicht, weil die Kommunisten ihn angreifen. Würde der Osten dann nicht einen anderen aufs Korn nehmen? Das macht die Sache schwierig.«[34]

Am 15. Februar 1960 kam das Thema auf der Fraktionssitzung der CDU/CSU noch einmal zur Sprache. Krone berichtete zum Fall Oberländer und betonte, die Aufgabe des Ehrenrates im Falle Oberländer könne lediglich sein, dessen Ehre wiederherzustellen. Die Entscheidung über dessen Verbleiben im Amt sei letztlich eine politische, die der Kanzler und der Bundespräsident entscheiden müssten.[35] Doch Adenauer zögerte. Er scheute das Odium, seinen ihm stets loyalen Vertriebenenminister den Angriffen aus dem Osten preiszugeben. Schon am gleichen Nachmittag sprang er ein weiteres Mal öffentlich für Oberländer in die Bresche, als er in der Aula der Kölner Universität vor Studenten sprach. »Ich weigere mich«, so Adenauer, »einem Mann den Kopf abzuschlagen, weil die SED es will. [...] Es mag sein, dass

33 Vgl. Krone, Heinrich: Tagebücher. Erster Band 1945–1961. Düsseldorf 1995, Eintrag v. 29.1.1960; Protokoll der Sitzung der CDU/CSU Fraktion Nr. 15 v. 9.2.1960 (Archiv des Autors).
34 Vgl. Krone: Tagebücher (Anm. 33), Eintrag v. 9.2.1960.
35 Ebenda, Eintrag v. 15.2.1960.

Minister Oberländer braun gewesen ist, wenn Sie wollen, sogar tiefbraun. Aber er hat nie etwas getan, was unehrenhaft, ein Vergehen oder Verbrechen gewesen wäre.« Man solle um Oberländer einstweilen »nicht so viel Spektakel machen«.[36]

Doch der Damm innerparteilicher Kritik war längst gebrochen, und zu den politischen Attacken gesellte sich nun auch die charakterliche Kritik. In der CDU wurden Zweifel laut, ob Oberländer nach 1949 je ein überzeugter Demokrat hat werden können, nachdem er von seinem 13. bis zu seinem 28. Lebensjahr nur die Weimarer Republik erlebt und bekämpft hatte. Wie kein anderer fasste Professor Franz Böhm als Sprachrohr der innerparteilichen Kritik dieses persönliche Defizit in Worte. In einer 21-seitigen Abhandlung schrieb er im März 1960 an Heinrich Krone, Oberländer sei »niemals ein Gegner des Nationalsozialismus und niemals ein Freund der Demokratie« gewesen und habe sich der »Methoden, die während des Dritten Reiches im Kampf zwischen den kleinen und den großen Matadoren üblich waren, ohne jede Skrupel bedient«, daran habe sich bis heute auch nichts geändert. »Er beherrscht die ganze Skala von unterwürfiger Anbiederung bis zur massiven Pression. Sein Verständnis für Fairness, Rechtlichkeit, Wahrhaftigkeit, Offenheit und menschliche Rücksichtnahme ist nur unvollkommen entwickelt; es spricht sehr viel dafür, dass er diese Tugenden auch theoretisch für unangebracht hält.« Zu verdanken habe man diese »schwere Anormalität, dass ein Mann wie Oberländer dem Bundeskabinett angehört«, nur einem: Konrad Adenauer mit seiner »verschmitzten Eiertanzmethode und Verhüllungsstrategie«.[37]

Der loyale Oberländer brachte den Bundeskanzler mehr und mehr in Bedrängnis. Schon längst war aus dem interessenpolitischen Schwergewicht Oberländer eine schwere innen- und außenpolitische Belastung geworden. Musste die Bonner Regierung ohnehin schon im Zusammenhang mit den Ost-West-Verhandlungen in einer sich abzeichnenden Entspannungsphase seit Sommer 1959 einen politischen Gesichtsverlust hinnehmen, so litt ihr moralisches Ansehen durch die höchstwahrscheinlich vom MfS inspirierten und gesteuerten Synagogenschmierereien zu Weihnachten 1959 weiter erheblich.[38] Adenauer und die Bundesregierung sahen sich durch die politische Gesamtkonstellation gerade außenpolitisch immer stärker in die Defensive gedrängt. So dräute die politische Klasse in Bonn abseits aller taktischen Überlegungen die beinahe täglich aufgeworfene Frage, welche außenpolitische Hypothek der Fall Oberländer im Verhältnis zu Polen und im Hinblick auf die Reputation Bonns bei den Alliierten bedeutete, unabhängig davon, wie loyal und über die

---

36 Brief Adenauers an Oberländer v. 1.12.1960. Darin schildert er seine Rede detailliert und bezieht sich auf die Mitschriften seines Stabes (Nachlass Oberländer); »Prüfung im Fall Oberländer verzögert«. In: Die Welt v. 16.2.1960.

37 Vgl. den Brief Böhms an Krone, o. D. (wahrscheinlich im Februar 1960); Bundesarchiv Koblenz, B 136 Nr. 3810.

38 Mertens, Lothar: »Westdeutscher« Antisemitismus? MfS-Dokumente über eine Geheimaktion in der Bundesrepublik Deutschland. In: Deutschland Archiv 27(1994)12, S. 1271-1273.

Jahre äußerst nützlich Oberländer für Adenauer gewesen war. Für die innerparteilichen Kritiker des Ministers war Oberländer ungeachtet der SED-Angriffe ein Bauernopfer, das stellvertretend für die Gründungsmängel einer Bundesrepublik, die in der politischen Klasse mancherlei kompetente Fachkräfte ungeprüft übernommen hatte, erbracht werden musste.

Indes hatte die Bundesregierung im Frühjahr 1960 den Zeitpunkt längst verpasst, den Fall Oberländer gesichtswahrend zu lösen. Trat Oberländer zurück, stellte sich die Frage, wen der Osten als Nächsten aufs Korn nehmen würde. Blieb er im Amt, stellte sich die Frage nach dem außenpolitischen Schaden. Die Bundesregierung saß in einer Zwickmühle, in der sie sich selbst matt gesetzt hatte. Auf hartnäckiges Drängen Heinrich Krones war Adenauer am 26. Februar 1960 schließlich bereit, mit Oberländer über seinen Rücktritt zu sprechen, und einen Tag später fiel Krone ein Stein vom Herzen: Oberländer trete zurück, nur das Datum sei noch offen.[39] Über die Modalitäten war man sich bald einig. Sein Abgang von der politischen Bühne sollte in kleinen verträglichen Schritten vor sich gehen. Als Erstes sollte Oberländer in einem Brief Adenauer um Urlaub bitten, bis die Vorwürfe gegen ihn geklärt seien. Anschließend sollte er, ebenfalls schriftlich, Adenauer mitteilen, er trete zurück, sobald die Ermittlungen der Bonner Staatsanwaltschaft gegen ihn abgeschlossen seien, einerlei, wie sie ausgingen.[40] Zu diesem Zeitpunkt kam der Ostblock wieder ins Spiel und inszenierte den bereits skizzierten Prozess.

Doch letztlich war und blieb der Fall Oberländer bis zuletzt ein innenpolitisches Bonner Problem, denn der Ostberliner Schauprozess war kaum ein wirksamer, hinreichender Anlass für Oberländers Rücktritt. Die CDU hatte sich in dem Bemühen, für Oberländer einen Mehrstufenplan zum gesichtswahrenden Abgang zu erarbeiten, selbst blockiert. Nun ging die Initiative an die SPD als parlamentarische Opposition über. Ihr Fraktionsvorsitzender Fritz Erler hatte den Spaltpilz erkannt, der sich über den Fall Oberländer in der CDU implantieren ließ. Jedoch wollte Erler eine reflexartige Solidarisierung der Union mit Oberländer vermeiden für den Fall, dass die SPD einen parlamentarischen Frontalangriff vortrug. Vielmehr sollte, gab er als Strategie aus, die CDU »zum Nachdenken gezwungen« werden.[41] Er setzte auf Verhandlungen mit der CDU hinter den Kulissen und auf den außenpolitischen Druck, unter dem

---

39 Vgl. Krone: Tagebücher (Anm. 33), Eintrag v. 27.2.1960; Tagebucheintrag Oberländers vom gleichen Tag. Auffällig und merkwürdig ist allerdings, dass Oberländer in seinem Tagebuch nur »Aussprache mit dem Bundeskanzler« vermerkt, zumal er in den turbulenten Monaten bei solchen Besprechungen stets den Zweck und Inhalt mit ein bis zwei Stichworten in seinem Tagebuch festgehalten hat. Es scheint, Adenauer hat sich möglicherweise nicht deutlich genug ausgedrückt, oder Oberländer hat ihn nicht verstehen wollen. Bei allen späteren Besprechungen bis zu seiner Demission hat Oberländer »Aufforderung zum Rücktritt« u. ä. in seinem Tagebuch präzise festgehalten.

40 Vgl. Krone: Tagebücher (Anm. 33), Eintrag v. 9.3.1960. Laut Tagebucheintrag Oberländers vom gleichen Tag hatte Krone ihn morgens in einem einstündigen Gespräch noch einmal eindringlich zum Rücktritt aufgefordert.

41 Vgl. Soell, Hartmut: Fritz Erler – Eine politische Biographie. Band II, Bonn 1976, S. 718 f.

Adenauer stand. Eine Reise in die USA stand unmittelbar bevor, bei der er auch ein Gespräch mit Israels Staatspräsident David Ben Gurion führen würde. Auf diesen Punkt machte Erler Außenminister Heinrich von Brentano am 5. April noch einmal ausdrücklich aufmerksam und hatte am gleichen Tag im Bundestag die Bemerkung fallen lassen, auch die SPD wolle keine Neuauflage der Entnazifizierung, aber nicht jeder Antibolschewist sei gleichzeitig auch ein guter Demokrat.[42]

Nunmehr war der Punkt gekommen, an dem Adenauer mit Rücksicht auf die Interessen des Landes eine taktische Entscheidung fällen musste. Spätestens seit dem Frühjahr 1960 war Oberländer zu einem Opportunisten ohne Sinn für das Opportune geworden. Er verweigerte bis Ende April 1960 hartnäckig seinen Rücktritt mit dem Hinweis auf die östlichen Angriffe und hatte sich durch sein Taktieren in den Medien längst den Spitznamen eines »Chessman von Bonn« eingehandelt.[43] Hinter den Kulissen verhandelte die CDU mit stillschweigender Billigung Adenauers in wochenlangen, stürmischen Diskussionen mit der SPD und erreichte schließlich ein Junktim. Die SPD sicherte, ausgerechnet, das Passieren des Vertriebenenhaushalts im Bundestag zu, wenn Oberländer bis zum 5. Mai 1960 zurücktrete. Adenauer wollte den Fall Oberländer bis zum CDU-Parteitag am 27. April 1960 in Karlsruhe bereinigt haben, koste es, was es wolle. Heinrich Krone reiste Oberländer nun in seinen Urlaub hinterher, um mit ihm erneut zu verhandeln. Die Vereinbarung mit der SPD, obgleich öffentlich geleugnet, sollte unter allen Umständen eingehalten werden, ohne Oberländer darüber zu informieren. Krone sollte Oberländer auch vor Augen führen, der Bundeskanzler könne ihn, als »ultima ratio«, auch von sich aus als Minister entlassen. Oberländer selbst schrieb einen Rechtfertigungsbrief an Adenauer mit dem Tenor, nachdem der Bundeskanzler ihn offenkundig habe fallen lassen, müsse dessen Verhalten wie ein Eingeständnis seiner Schuld wirken. Da der Weg zu Adenauer für Oberländer in den letzten Tagen versperrt gewesen sei, könne er nicht so ohne weiteres zurücktreten.[44]

Doch Adenauer wollte einfach, wie er Oberländer gegenüber auch zugab, keinen Ärger mehr. Der eine Taktiker musste nun seine Rolle beim Rauswurf des anderen in einigermaßen günstigem Licht erscheinen lassen. Am Dienstag, dem 26. April 1960, trafen sich Oberländer und Adenauer im Beisein Heinrich Krones im Karlsruher Rathaus im Amtszimmer des Karlsruher Bürgermeisters. Oberländer warf dem Bundeskanzler vor, im September 1959 hätte er ohne Schwierigkeiten zurücktreten können, aber Adenauer selbst habe dies abgelehnt. Seit sechs Monaten sei er nun mit Schmutz beworfen worden wie niemand in der Bundesrepublik, und er könne die Absprache der CDU mit der SPD nicht nachvollziehen - seine Partei habe ein Gefecht verloren. Der Kanzler habe ihn fast bis zuletzt darin bestärkt, seinen Stuhl nicht zu räumen. Wenn sich diese Meinung geändert habe und er glaube, der Osten

---

42   Ebenda, S. 720.
43   »Hörensagen«. In: Der Spiegel 14(1960)18.
44   Vgl. den Brief Oberländers an Adenauer v. 25.4.1960 (Archiv des Autors).

und die SPD hätten ihn untragbar gemacht, sei er, Oberländer, sofort bereit, sein Amt zur Verfügung zu stellen. Er müsse nun aber auf einem Bundestagsausschuss zu seinem Fall bestehen, um den Schaden für seine Person, die Partei und die Bundesrepublik zu begrenzen.

Adenauer beruhigte Oberländer zunächst einmal. Er sei für die Gipfelkonferenz im Mai in Paris keine Belastung, und auch in den USA habe niemand nach ihm gefragt. Das Problem sei vielmehr innenpolitischer Natur. Der SPD sei nun einmal ein Versprechen gegeben, und trotz ihres Wortbruches wolle man nun keinen weiteren Ärger mehr.[45] Adenauer versicherte, die CDU werde eine Untersuchungskommission zu seinem Falle einsetzen und dies unter allen Umständen durchfechten, um Oberländers Rehabilitierung zu beschleunigen. Es war bereits vier Uhr, als Oberländer schließlich nachgab. Krone war die Erleichterung anzumerken, mit der er in sein Tagebuch schrieb: »Kein Fall Oberländer mehr!«[46] Adenauer zog sich den Umständen entsprechend so elegant wie möglich aus der Affäre. Wie geschickt Adenauer dabei war, ergibt sich nicht nur aus dem Protokoll der Besprechung, sondern auch aus der Ehrfurcht, mit der Oberländer von Adenauer bis zu seinem Tode sprach. Denn Oberländer hatte am 3. Mai 1960 nicht nur sein Amt verloren. Er hatte einen Krieg verloren, den er seit frühester Studienzeit geführt hatte. Seine Gegner in Moskau, Warschau und Ostberlin hatten gesiegt.

War dies nun das Ende des Falles Oberländer? Keineswegs. Wechselseitige Feindschaften erledigen sich nicht durch Zeitablauf. Für Oberländer und Ostberlin war der Kampf 1960 noch lange nicht zu Ende. Als Privatier wider Willen führte Oberländer seinen persönlichen Kalten Krieg auf juristischer und publizistischer Ebene fort. Jeden Kritiker überzog er mit einem Gerichtsverfahren, 113 mal stritt er bis zu seinem Tode für seine Rehabilitierung. Auch für Kaul, Norden, Mielke und die DDR-Generalstaatsanwaltschaft blieb Oberländer ein vollwertiger Gegner, dessen Rehabilitierung unter allen Umständen verhindert werden musste. Ostberlins Hebel dafür war Oberländers unverdrossene Prozessfreude. Das MfS mit der Hauptabteilung IX/11 schaltete sich ein und verfügte mithilfe des 1965 gegründeten »Dokumentationszentrums« über eine Methode, mal mehr, mal weniger authentische Dokumente interessierten Nutzern, ob Journalisten, Anwälten oder Historikern, zuzuspielen. Die Grenzen zwischen Wissenschaft, Medien, Jurisprudenz und geheimdienstlicher Arbeit verwischten sich auf diese Weise nach außen fast vollkommen. So bot sich die einmalige Möglichkeit, in der deutsch-deutschen Verfolgung von vermeintlichen Kriegsverbrechern die Schlagkraft der DDR-Institutionen zu bündeln

---

45 Ebenda.
46 Vgl. Krone: Tagebücher (Anm. 33), Eintrag v. 28.4.1960. Krone schrieb: »Kein Fall Oberländer mehr. Das war jetzt in Ordnung. Oberländer sah es ein. Wir tun alles, um Oberländer in seinem Kampfe gegen die Anschuldigungen aus dem Osten zu helfen. Doch Minister konnte er nicht bleiben. Ich hatte ihm das schon vor Monaten gesagt. Es war nicht leicht, mit ihm einig zu werden. Ich begreife und würdige durchaus, dass er seinen Namen wiederhergestellt wissen will.«

und den mittlerweile erschlossenen Fundus an Originaldokumenten nach politischem Ermessen optimal einzusetzen. Das politisch-operative Interesse des MfS konnte sich stets hinter dem lauteren, scheinbar objektiven und dazu plakativen Interesse verbergen, dem hehren Ziel der Vergangenheitsbewältigung zu dienen.

Störfeuer, gerade von östlicher Seite, war dabei höchst unerwünscht. So hatten Historiker und Staatsanwälte der polnischen »Hauptkommission zur Untersuchung von NS-Verbrechen« bereits 1965 die Aussagen der Zeugen im Oberländer-Prozess überprüft. Eine 76-seitige Studie führte nicht nur zu dem vernichtenden Urteil, sie seien in allen wesentlichen Punkten falsch. Die Polen kamen sogar zu dem Ergebnis, die SS und ukrainische Milizen seien für die Morde in Lemberg verantwortlich, aber Oberländers Bataillon »Nachtigall« sei dagegen nicht beteiligt gewesen. Mielkes MfS sorgte durch eine Intervention bei der polnischen Geheimpolizei dafür, dass dieses Ermittlungsergebnis in einem Panzerschrank verschwand.[47]

Oberländers Gegner und Kritiker wurden bis weit in die achtziger Jahre mit gefälschten Dokumenten, Geldmitteln und juristischer Hilfe aus Ostberlin unterstützt. Prominentester Nutznießer war ein einstiger Zuhörer im Prozess, der bisher noch nicht erwähnt wurde: der Publizist Bernt Engelmann. In mehreren Büchern und Prozessen bereitete er mit Ostberliner Hilfe das zweifelhafte Material des Prozesses noch einmal und mit großem Erfolg auf. Vor dem Bundesgerichtshof und dem Oberlandesgericht München musste sich Oberländer 1986 im Prozess gegen Engelmann bescheinigen lassen, die Richter hätten keine Anhaltspunkte dafür gehabt, dass das Ostberliner Verfahren nicht fair geführt und nicht auf die Erforschung der materiellen Wahrheit ausgerichtet worden sei. Es war der einzige von 113 Prozessen, den Oberländer letztinstanzlich verlor. Das Münchner Urteil billigte Engelmann zu, im Prozess von 1960 quasi blind und taub gewesen zu sein.[48] 26 Jahre nach Oberländers Rücktritt hatten die Ostberliner Regisseure der Kampagne einen späten Sieg errungen. Das DDR-Urteil als Ganzes besaß nun seit 1986 das juristische Gütesiegel des Oberlandesgerichts in München. Mit einem triumphierenden Vermerk schloss die MfS-Hauptabteilung IX/11 Ende 1986 den Zentralen Untersuchungsvorgang ZUV 28 Oberländer.[49] Ein besonders fragwürdiger Fall von Wandel durch Anbiederung.

Dieser Erfolg verdeckte die Dürftigkeit der Ostberliner Vorwürfe bis zuletzt. Erst 1990 konnte Oberländer seine juristische Rehabilitierung betreiben. Der beste Experte in eigener Sache war, immer noch, Friedrich Wolff. Er betrieb neben der Ver-

---

47 Vgl. die »Analyse der Beweismaterialien in der Angelegenheit Theodor Oberländer«, o. D.; BStU, ZA, ZUV 28, Bd. 3, Bl. 148-225; für die Intervention vgl. die »Information der HA IX/11« v. 29.5.1975; BStU, ZA, ZUV 28, Bd. 3, Bl. 238 f.

48 OLG München - 9 O 7002/81 - Oberländer ./. Engelmann, Urteil v. 31.1.1986, S. 6; BGH - VI ZR 214/83 -, Oberländer ./. Engelmann, Urteil v. 9. Juli 1985 mit den Gründen S. 9 ff.; vgl. auch »Wie gültig kann ein DDR-Urteil sein?«. In: Süddeutsche Zeitung v. 5.4.1986.

49 Vgl. Aktenvermerk der HA IX/11 v. 22.10.1985; BStU, ZA, ZUV 28, Bd. 5, Bl. 206.

teidigung Erich Honeckers eben auch die Rehabilitation Theodor Oberländers. Er erwirkte 1993, dass das Urteil von 1960 kassiert wurde, welches die Münchner Richter 1986 in den Rang der Rechtsstaatlichkeit erhoben hatten. 1995 griff die »Zentrale Stelle der Landesjustizverwaltungen zur Aufklärung nationalsozialistischer Verbrechen« in Ludwigsburg die Akten des Oberländer-Prozesses noch einmal auf und ermittelte erneut gegen Oberländer. Das Ergebnis, die juristische Rehabilitation eines gesamtdeutschen Gerichts durch Freispruch wegen mangelnden Tatverdachts, sollte Oberländer nicht mehr erleben. Mit Verfügung vom 8. Mai 1998 stellte die Kölner Staatsanwaltschaft die Ermittlungen wegen vermeintlicher Kriegsverbrechen in Lemberg und im Kaukasus gegen ihn ein - eine Woche nach seinem Tode. Das Stigma des »Mörders von Lemberg« nahm er mit ins Grab. Am 4. Mai 1998 starb Theodor Oberländer, Hitlers Ostlandritter und Adenauers Bundesminister, Träger des Großen Bundesverdienstkreuzes mit Stern und Schulterband und einer lebenslangen DDR-Haftstrafe, Mitinitiator des zweiten deutschen Wirtschaftswunders und Kronjuwel im antifaschistischen Mythenschatz der DDR. Ein deutscher Fall.

Joachim Zöller
DDR-Militärspionage

Akteure, Ziele und Wirkungen

Militärspionage umfasst die Aufklärung des militärpolitischen und -strategischen Bereichs, Absichten und militärische Einsatzplanungen, Rüstungsplanungen und Entwicklungen, Fragen der personellen, materiellen Ausstattung von Streitkräften, ihrer Fähigkeiten, bis hin zur Motivation ihrer Soldaten. Für diese Ziele braucht man Agenten unterschiedlichster Qualität auf verschiedenen Ebenen.

Militärspionage war während des Kalten Krieges nicht die Sache eines einzelnen Landes gewesen, sondern ist im Verbund der Warschauer-Pakt-Staaten unter eindeutiger Führung der Sowjetunion zu sehen. Für die Abwehr waren daher nicht nur die Aufklärungsaktivitäten der DDR-Nachrichtendienste, sondern wegen der Aufgabenverteilung im Falle eines Krieges auch die der tschechoslowakischen, der polnischen und der sowjetischen Dienste von Bedeutung.

Die Militärspionage hatte im Staatsapparat der ehemaligen DDR immer einen besonderen Stellenwert, da ihre Ergebnisse im Kalten Krieg von existentieller Bedeutung waren. Eine Funktion der Militärspionage war auch, mit den vermeintlichen Aufklärungsergebnissen das Feindbild der »aggressiven« NATO und der »imperialistischen« Bundesrepublik zu untermauern. Vermeintliche Aufklärungsergebnisse deshalb, weil die echten Ergebnisse teilweise vorsätzlich verfälscht oder bewusst ignoriert wurden.

Verwaltung Aufklärung

Die politische und militärische Führung, insbesondere auch die Führung des Ministeriums für Nationale Verteidigung (MfNV) und des Ministeriums für Staatssicherheit (MfS), wussten aufgrund der dokumentarisch vorliegenden Aufklärungsergebnisse um den defensiven Charakter der NATO-Strategie. Eine Offenlegung hätte aber den »Klassenfeind« verharmlost. Wegen ihrer Bedeutung war die Militärspionage nicht nur ein Generalauftrag des militärischen Dienstes, sondern auch des MfS. Dies wird noch zu verdeutlichen sein.

Mit dem 19. Juli 1952 bestätigte der damalige Minister des Innern der DDR, Willi Stoph, die von General Karl Linke handschriftlich verfasste und unterzeichnete zehnseitige Direktive der »Verwaltung für allgemeine Fragen« bei der Kasernierten Volkspartei. Im I. Kapitel dieser Direktive werden die Hauptaufgaben der Verwaltung dargestellt:

»1. Die Aufklärung militärischer und wirtschaftspolitischer Pläne
des anglo-amerikanischen Blocks gegen die Deutsche Demokratische Republik, gegen die Sowjetunion und gegen die Länder
der Volksdemokratien;
2. Aufklärung der Pläne und praktischen Maßnahmen zur Organisierung der westdeutschen Armee und deren Eingliederung und
Verwendung im System des aggressiven Nordatlantikpaktes, sowie die Aufklärung der Fragen, die verbunden sind mit Stand-
ortverteilung, Ausrüstung, Versorgung, Ausbildung usw.;
3. Aufklärung der Vorbereitung der Pläne und praktischen Maßnahmen des anglo-amerikanischen Blocks und der Bonner Regierung, Westdeutschland zum Aufmarschgebiet für den vorzu-
bereitenden Krieg zu machen;
4. Aufklärung und Auswertung aller Neuerungen der Kriegstechnik
und Kriegswissenschaft, ihre Anwendung sowie die Ausarbeitung
in dieser Hinsicht auf dem Gebiet von Westdeutschland.«[1]

Mit dieser Direktive war nicht nur die Vorgängerorganisation des Bereichs Aufklärung der Nationalen Volksarmee (NVA), des Militärischen Nachrichtendienstes der
DDR, institutionalisiert, sondern es wurden auch die Aufgaben und Ziele der Militärspionage der DDR erstmals konkret beschrieben.

Nach Umbenennung der Kasernierten Volkspolizei in die NVA wurde die »Verwaltung für allgemeine Fragen« zum »Bereich Aufklärung« des MfNV zugewiesen,
die auch als »Verwaltung Aufklärung« (VA) bezeichnet wurde. Die VA war formal
betrachtet ein eigenständiger Nachrichtendienst. Faktisch stand sie jedoch spätestens
seit Anfang der achtziger Jahre über die Abteilung »Äußere Abwehr« der Hauptabteilung I des MfS und über inoffizielle Mitarbeiter (IM) des MfS in allen Gehalts-
gruppen unter permanenter, umfassender Kontrolle des MfS.

Die VA wurde häufig umgegliedert und umbenannt, seit dem 5. Februar 1990
bezeichnete sie sich als »Informationszentrum« (IZ). Es wurde am 3. Oktober 1990
nach Personalreduzierungen mit einem verbleibenden Nachkommando von der
Bundeswehr übernommen und am 13. Dezember 1990 aufgelöst.

Erste Hinweise auf die Existenz eines militärischen Nachrichtendienstes kamen
von einer in die Bundesrepublik übergelaufenen Haushaltsgehilfin Karl Linkes. Die
Existenz wurde durch den Überläufer Siegfried Dombrowski im Jahre 1958 bestätigt.
Auch durch den 1979 übergelaufenen Leutnant der Hauptverwaltung A (HV A),
Werner Stiller, wurden entsprechende Hinweise gegeben. Gleichwohl wurde noch
Ende der siebziger Jahre diskutiert, ob die VA durch das MfS vereinnahmt worden

---

1 Direktive der Verwaltung für allgemeine Fragen, 19.7.1952; vgl. Göpel, Helmut: Aufklärung. In:
Naumann, Klaus (Hg.): NVA. Anspruch und Wirklichkeit nach ausgewählten Dokumenten. Berlin
1993, S. 221-239, hier 224.

sei. Wegen der häufigen Umgliederungen und Umbenennungen wird nur auf die letzte Bezeichnung, also auf die VA, Bezug genommen.

Die aufklärenden Diensteinheiten waren in der 2. und 3. Verwaltung zusammengefasst, die durch Operative Außenstellen unterstützt wurden. Die 2. Verwaltung war zuständig für die Strategische Aufklärung, die 3. Verwaltung für die Agenturaufklärung. In der Gesamtheit wurden die Aufklärungsmaßnahmen mit dem Oberbegriff »Strategische Agenturaufklärung« (SAA) bezeichnet. Gegenstand dieser SAA war die militärpolitische, militärische, militärtechnische und militärökonomische Lage der NATO und anderer kapitalistischer Staaten, deren Kräftegruppierungen und Entwicklungstendenzen.

Die 2. Verwaltung

Die 2. Verwaltung sollte grundsätzlich die Auslandsaufklärung von »offiziellen Positionen« aus betreiben. Von hier aus wurde der Militärattaché-Dienst gesteuert, einschließlich von so genannten Legalisten. Diese Legalisten waren Aufklärungsoffiziere, die in Auslandsvertretungen der DDR getarnt bzw. legalisiert für die Beschaffung von Aufklärungsangaben und Personenhinweisen zuständig waren. In den einzelnen Ländern waren zwischen zwei bis vier Legalisten eingesetzt, die dem Militärattaché zuarbeiteten.

Bei der Informationsbeschaffung bediente man sich in der Regel offener Quellen. Vonseiten der Militärattachés wurde der oftmals durch General Alfred Krause mündlich gestellten Forderung – nach Einsatz von Agenturischen Mitarbeitern (AM) bzw. agenturisch tätig zu werden – keine Beachtung geschenkt, da man sich mehr als Diplomaten denn als Nachrichtenoffiziere verstand. Man wollte damit möglichen politischen Verwicklungen im Einsatzland vorbeugen.

Die 2. Verwaltung bearbeitete mit drei ihrer Abteilungen länderbezogen 1.) Amerika, den Nahen und Mittleren Osten, Afrika und Fernost, 2.) Westeuropa und NATO sowie 3.) die Warschauer-Pakt-Staaten. In der Abteilung 7 wurden die Legalisten ausgebildet sowie die Ehefrauen der Militärattachés auf deren Einsätze vorbereitet und die Beschaffungsaufträge für die Militärattachés erarbeitet.

Eine Besonderheit der 2. Verwaltung bildete die Abteilung 8. Diese Abteilung wurde 1990 mit der Umgliederung der VA in das IZ der 3. Verwaltung unterstellt, der sie bereits bis 1982/83 – damals noch 1. Verwaltung – zugeordnet war. Im Gegensatz zu den anderen Abteilungen in der 2. Verwaltung betrieb die Abteilung 8 neben der Aufklärung aus »offizieller Position« auch die Informationsbeschaffung mit nachrichtendienstlichen Mitteln und Methoden. Sie war zuständig für die Aufklärung in Zentraleuropa, Frankreich, Belgien, den Niederlanden und Dänemark.

Die bekannteste Quelle aus dieser Abteilung dürfte die Quelle »Cherry« gewesen sein. Sie war Angestellter im Funkfernschreibdienst des Auswärtigen Amtes und vom Sommer 1987 bis zu ihrer Festnahme am 3. April 1990 bei der Ständigen Vertretung

der Bundesrepublik Deutschland bei der NATO in Brüssel tätig. Hier hat »Cherry«
1987 und 1988 unter anderem die Defizite der Luftverteidigung im Mittelabschnitt
der Bundesrepublik verraten. Er hat auch die Einschätzung der NATO, dass der
Warschauer Pakt zehn Tage Zeit habe, um an die Kanalküste vorzudringen, bevor
US-Verstärkung eintreffen würde, weitergegeben.

Die 3. Verwaltung

Die 3. Verwaltung, die in den Jahren von 1984 bis 1988 als 1. Verwaltung firmierte,
sowie die bereits erwähnte Abteilung 8 der 2. Verwaltung waren jene Strukturelemente der VA, die die Aufklärung »von illegaler Position« aus betrieben, also
unter Einsatz verdeckter nachrichtendienstlicher Mittel und Methoden. Im juristischen Sinne handelte es sich bei dieser »Agenturischen Aufklärung« um Spionage.

Die Hauptaufgaben der 3. Verwaltung bestanden in allen Fragen, die auf einen
Einsatz der NATO bzw. möglichen Vorbereitungen eines Angriffs hindeuten konnten sowie darin, in die obersten politischen und militärischen Zentren einzudringen,
zu denen auch die Führungsorgane und Stäbe der Streitkräfte gehörten. Ziel war
freilich, militärische Überraschungen auszuschließen. Die 3. Verwaltung hatte somit
den »rechtzeitigen, ununterbrochenen und zuverlässigen« Fluss der »notwendigen
Aufklärungsangaben« sicherzustellen. Schwerpunkte waren dabei die Nichtzulassung
einer militärischen Überraschung sowie rechtzeitiges Melden der für die Landesverteidigung der DDR erforderlichen Aufklärungsangaben über die NATO.

Aus diesen Aufgaben ergab sich zwangsläufig auch die Struktur der 3. Verwaltung, die sich bis 1988 an einer Aufteilung der Bundesrepublik in drei Aufklärungs-
streifen orientierte. Dieses Prinzip wurde danach aufgegeben, da man sich mit der
neuen Struktur daran orientieren wolle, dass die beiden Stäbe der NATO –
CENTAG und NORTHAG – auf dem Bundesgebiet stationiert waren.

Arbeitsschwerpunkte der sieben Abteilungen der 3. Verwaltung waren die Legalisierung von »Spezialkadern« (SK), das Eindringen in das Bundesministerium der
Verteidigung und zentrale Dienststellen der Bundeswehr, in die Rüstungsindustrie
(hier vor allem das Bundesamt für Wehrtechnik und Beschaffung, Westberlin, mit
den dort stationierten alliierten Streitkräften) und in CENTAG und NORTHAG.

Die Informationsbeschaffung erfolgte aus diesen Abteilungen heraus durch die
Nutzung von »Spezialkadern«, wie die in das »Operationsgebiet« eingeschleusten
»Illegalen« bezeichnet wurden. Als exemplarisches Beispiel ist die Quelle »Vehn«
anzuführen. Sie arbeitete bis April 1990 im Rechenzentrum der Bundeswehr in Bad
Neuenahr und hat alle Informationen bezüglich logistischer Planungsvorhaben des
Heeres sowie alle Informationen, die ihr im Rechner-Verbund zur Logistik zugäng-
lich waren, verraten. Zu den SK ist allgemein festzustellen, dass sie gut ausgewählte
Legenden hatten. Auch sind die Schleusungsvarianten und die Abdeckungen der SK
hervorzuheben, die jedoch selten militärbezogen zum Einsatz gekommen sind.

Neben den SK wurden die so genannten Agenturischen Mitarbeiter eingesetzt. Von den rund zehn wertigen Spitzenquellen ist insbesondere die Quelle »Weißkopf« hervorzuheben. Sie war bis März 1990 als stellvertretender Leiter der Zentraldruckerei des Luftwaffenamtes in Köln-Wahn und verriet unter anderem den Alarmplan der Bundeswehr, wie er für die Luftwaffe im Jahre 1988 ausgegeben wurde. Ähnlich »gute« Platzierungen erreichten folgende AM:

- Die Quelle »Tresor« bzw. »Sammler«: Sie war im Amt für Studien und Übungen der Bundeswehr tätig und beschaffte in den Jahren von 1970 bis März 1990 WINTEX/CIMEX-Unterlagen, Konfliktanalyse-Operationsplanungen der NATO sowie Unterlagen über Konferenzen, Planungen und Übungen der NATO.
- Die Quelle »Esche«: Sie war Baudirektor der Abteilung Rüstung im Bundesministerium der Verteidigung. Sie verriet in den Jahren von 1966 bis 1990 Planungen hinsichtlich Waffen und Munition, WINTEX/CIMEX-Übungen und Erkenntnisse des BND über die Warschauer Pakt-Staaten.
- Die Quellen »Asriel« und »Aurikel«: Der Versicherungsangestellte »Asriel« führte im Planungsstab des Bundesministeriums der Verteidigung die Quelle »Aurikel«. In den Jahren von 1969 bis 1989 wurden Ministervorlagen, die Streitkräfteplanung der Bundeswehr bzw. NATO, Dokumente über Abrüstungsverhandlungen und Analysen zur militärischen Bedrohungssituation der Bundesrepublik verraten.
- Die Quelle »Harry«: Der Oberleutnant der Bundeswehr beschaffte für die VA in den Jahren von 1967 bis 1990 Unterlagen zur WINTEX 1979, Auszüge aus dem »General Defense Plan«, Mobilmachungshinweise, Übungsplanungen und die Alarmangelegenheiten ACTIVE EDGE.
- Die Quelle »Drache«: Der Regierungsinspektor im Kreiswehrersatzamt Detmold gab zwischen 1973 und 1990 Informationen über Alarmübungen und Übungsunterlagen an die VA weiter.
- Die Quelle »Wurich«: Der Oberleutnant der Reserve war zwischen 1969 und 1990 für die VA tätig und verriet Übungsunterlagen, WINTEX/CIMEX/REFORGER, Mobilmachungsmaßnahmen und spähte US-Pershing-Einheiten aus.

Bemerkenswert bei allen Spitzenquellen der VA ist, dass diese bereits vor 1982/83 angeworben wurden und bis zur Wende effektiv arbeiteten. Unter Leitung des Generals Alfred Krause konnte die VA allerdings keine neuen wertigen Quellen mehr gewinnen. Im engsten Mitarbeiterkreis soll diese missliche Lage Krause zu der Forderung veranlasst haben: »Dann bringt mir eben den Generalinspekteur der Bundeswehr als Quelle«, wie sich ein hoher Offizier der VA 1991 erinnerte.

Im Jahre 1989 verfügte die VA nach Angaben von General a. D. Alfred Krause über 138 Quellen, von denen - wie bereits ausgeführt - lediglich zehn als Spitzenquellen anzusehen sind; alle anderen hatten eine deutlich geringere Bedeutung. In der Gesamtschau verfügte die VA über sehr gute Informationen zur strategischen Planung und zu den Absichten der Bundeswehr und der NATO und insbesondere zu den Fähigkeiten der NATO.

Hauptverwaltung A

Aus der 3. Verwaltung heraus wurde eng mit der HV A des MfS zusammengearbeitet. Absprachegemäß war die HV A zuständig für die militärstrategische und die VA für die militärtaktische Aufklärung. In der nachrichtendienstlichen Praxis hatte diese Abgrenzung jedoch keine Bedeutung. Nach Aussagen des ehemaligen Leiters der militärischen Auswertung der HV A verstand sich der Vorläufer der HV A, der »Außenpolitische Nachrichtendienst«, vor »allem und in erster Linie als hochrangiger Beschaffungsapparat von Spionageinformationen für die Sowjets. [...] Militärische Informationen waren von sowjetischer Seite besonders erwünscht.«[2] Diese Bewertung deckt sich mit Erkenntnissen, die aus Gesprächen mit ehemaligen Angehörigen der HV A gewonnen wurden.

Wenn sich aus den ersten Beschreibungen des Spionageprofils aus dem Jahre 1951 für die spätere HV A eigentlich nur eine klassisch politische Aufklärungsrichtung ableiten lässt,[3] betrieb der politische Nachrichtendienst der DDR doch von Anbeginn militärische Aufklärung. Im Laufe der Zeit fand dies auch seinen Niederschlag in den Weisungen und Richtlinien. So wurden im ersten Grundsatzdokument der HV A aus dem Jahre 1959 die »allseitige Aufklärung der Pläne und Absichten des Gegners gegen die DDR und gegen das sozialistische Lager«, die »Aufdeckung der militärpolitischen Lage, der strategischen Pläne und Absichten der NATO-Mächte«, Erkenntnis »über die außen- und innenpolitischen Pläne der Bonner Regierung und der wichtigsten NATO-Mächte auf dem Gebiet Deutschlands« sowie die »Aufdeckung der wirtschaftspolitischen Lage in Westdeutschland« und die »Einholung wichtiger neuer wissenschaftlich-technischer Forschungen und Entwicklungen« als Hauptaufgaben genannt.[4] Damit waren hinsichtlich der Militärspionage der HV A die Aufgaben vorgegeben.

Wesentlich dezidierter wurde die Militärspionage in der MfS-Richtlinie 2/79 für die Arbeit mit inoffiziellen Mitarbeitern im Operationsgebiet dargestellt. In dieser Richtlinie werden alle Diensteinheiten des MfS angewiesen, im Sinne der gemeinsa-

---

2   Busch, Heinz: Die Militärspionage der DDR-Staatssicherheit. In: Europäische Sicherheit 42(1993)12, S. 617–621, hier 618.

3   O Sosdanii Predstawitelstwa Kollegii Pri Wneschnepolititschesko Raswedke GDR, 19.7.1951; vgl. Bailey, George; Kondraschow, Sergej A.; Murphy, David E.: Die unsichtbare Front. Der Krieg der Geheimdienste im geteilten Berlin. Berlin 1997, S. 181.

4   IM-Richtlinie »1/59«. In: Müller-Enbergs, Helmut (Hg.): Inoffizielle Mitarbeiter des Ministeriums für Staatssicherheit. Teil 2: Anleitungen für die Arbeit mit Agenten, Kundschaftern und Spionen in der Bundesrepublik Deutschland. Berlin 1998, S. 290–340, hier 291.

men Verantwortung für die Erfüllung der Schwerpunktaufgaben des MfS Sorge zu tragen.[5]

In vorderster Linie war die HV A mit ihren Abteilungen IV (Militärische Aufklärung), IX (Geheimdienste bzw. äußere Gegenspionage), Sektor Wissenschaft und Technik (SWT) sowie den Abteilungen XV der Bezirksverwaltungen mit der Militärspionage befasst. Im Rahmen der Militärspionage müssen aber auch drei Hauptabteilungen des MfS angeführt werden: Hauptabteilung I (Abwehrarbeit in NVA und Grenztruppen), II (Spionageabwehr) und III (Funkaufklärung). In der Summe muss der Eindruck entstehen, dass das gesamte MfS sehr stark mit Militärspionage befasst war.

Zu den Spitzenquellen der HV A bzw. des MfS sind zu zählen:

— Quelle »Topas«[6]: Der Regierungsdirektor war seit 1977 im NATO-Hauptquartier in Brüssel tätig und verriet in den Jahren von 1968 bis 1990 NATO-Grundlagendokumente, Langzeitplanungen, Führungsstrukturen, Beschlüsse des NATO-Rates sowie beinahe jedes Schriftstück von Bedeutung.

— Quelle »Rödel«[7]: Der Bürosachbearbeiter war Verwalter von Verschlusssachen der Abteilung Rüstung im Bundesministerium der Verteidigung. In den Jahren von 1968 bis 1990 gab er weit über 1 000 Dokumente weiter, darunter Rüstungs- und Strategieplanungen der Luftwaffe, Materialien der Industrie-Anlagen-Betriebsgesellschaft mbH (IABG) und Messerschmidt-Bölkow-Blohm (MBB).

— Quelle »Rose«[8]: Die Fremdsprachenassistentin bei der deutschen Militärvertretung beim Military Commitee der NATO war seit 1961 über eine so genannte Romeo-Verbindung für das MfS tätig. Sie verriet Finanzen und Angaben zur Infrastruktur aus diesem NATO-Bereich.

— Quelle »Hildrun«[9]: Der Inspizient Sanitätswesen beim Bundesministerium der Verteidigung verriet seit 1966 bakteriologische und chemische Mediziner-

5   IM-Richtlinie 2/79; ebenda, S. 471–513, hier 474.

6   Rainer Rupp (»Topas«); Reg.-Nr. XV 333/69; Kategorie: Resident; Vorgangsart: IMA; 8.5.1969 bis Auflösung für die Abteilung XII der HV A erfasst; Führungsoffizier: 8.5.1969 Dieter Kutta, 12.11.1974 Karl Renner, 23.4.1979 bis Auflösung Karl Rehbaum; BStU, ZA, SIRA TDB 21, ZV 8243845.

7   Wolf-Heinrich Prellwitz (»Rödel«); Reg.-Nr. XV 482/68; Vorgangsart: IMA; 24.5.1968 bis Auflösung für die Abteilung XV der Bezirksverwaltung Karl-Marx-Stadt erfasst; Führungsoffizier: 24.5.1968 bis Auflösung Klaus Lange; BStU, ZA, SIRA TDB 21, ZV 8236373.

8   Margarete Lubig (»Rose«); Reg.-Nr. XV 190/63; Vorgangsart: IMA; 25.11.1963 für die Abteilung XV der Bezirksverwaltung Karl-Marx-Stadt, 6.11.1967 für die Abteilung III, 23.4.1979 bis Auflösung für die Abteilung XII der HV A erfasst; Führungsoffizier: 25.11.1963 Gotthold Schramm, 6.11.1967 Karl Renner, 23.4.1979 Karl Rehbaum, 4.2.1983 bis Auflösung Gerhard Sand; BStU, ZA, SIRA TDB 21, ZV 8253070.

9   »Hildrun«; Reg.-Nr. XV 3009/66; Vorgangsart: IMA; 15.11.1966 bis Auflösung für die Abteilung IV der HV A erfasst; Führungsoffizier: 15.11.1966 Armin Jungheinrich, 4.9.1968 Hans Ungewitter,

kenntnisse und gab umfangreiche Dokumente der NATO und des Bundesministeriums der Verteidigung.

- Quelle »Frank«[10]: Der Betriebsarzt der Wehrwissenschaftlichen Dienststelle
Munster verriet in den Jahren von 1969 bis 1990 geheime NATO-Dokumente
und wissenschaftliche Studien.

- Quellen »Charlie«[11] und »Nana«[12]: Sie dürften zu den gravierendsten Verrats-
fällen zu zählen sein. Aus dem Bundesministerium der Verteidigung heraus
verrieten sie, geführt von einem eigens hierzu übergesiedelten Residenten-
ehepaar zwischen 1960 und 1976: Einschätzungen der gegnerischen Kräfte; erwartete Kriegsformen und Warnzeiten, wie sie den Szenarien der militärstrategischen Konzeption (NATO/Bundeswehr) zugrunde lagen; die Beurteilung des Einsatzwertes der Truppen; die NATO-Bewertung von Verbänden;
den Zeitbedarf für Mobilmachung und Aufmarsch; die Auswirkungen von
Mängeln, Schwächen, Rückständen und anderen Problemen im Bereich Personal und Material.

15.2.1977 Kurt Schröder, 11.10.1983 bis Auflösung Hugo Murk; BStU, ZA, SIRA TDB 21, ZV
8256917.

10 »Frank«; Reg.-Nr. XV 4141/70; Vorgangsart: IMA; 30.12.1970 für die Abteilung III, 15.9.1975 bis
Auflösung für die Abteilung XII der HV A erfasst; Führungsoffizier: 30.12.1970 Roland Traudt,
15.9.1975 Alfred Paul, 4.7.1978 Dieter Menzel, 12.1.1981 bis Auflösung Ronald Zirnstein; BStU, ZA,
SIRA TDB 21, ZV 8243206.

11 »Charlie«; Reg.-Nr. XV 21/74; Vorgangsart: IMA; 29.1.1974 bis Auflösung für die Abteilung IV der
HV A erfasst; Führungsoffizier: 29.1.1974 Hans Ungewitter, 3.10.1978 Wolfgang Stendert,
14.1.1981–16.5.1988 Peter Schmökel; BStU, ZA, SIRA TDB 21, ZV 8241903.
»Charlie«; Reg.-Nr. XV 1552/89; Vorgangsart: GMS; 21.2.1989 bis Auflösung für die Abteilung XIX
der HV A erfasst; Führungsoffizier: 21.2.1989 Peter Schmökel, 15.3.1989 bis Auflösung Wolfgang
Rausch; BStU, ZA, SIRA TDB 21, ZV 8925040.

12 »Nana«; Reg.-Nr. XV 2194/66; Vorgangsart: IMA; 20.8.1966 bis Auflösung für die Abteilung IV der
HV A erfasst; Führungsoffizier: 20.8.1966 Hans Ungewitter, 3.10.1978 Wolfgang Stendert,
14.1.1981–16.9.1988 Peter Schmökel; BStU, ZA, SIRA TDB 21, ZV 8257123.
»Nana«; Reg.-Nr. XV 717/89; Vorgangsart: GMS; 12.1.1989 bis Auflösung für die Abteilung XIX der
HV A erfasst; Führungsoffizier: 12.1.1989 Peter Schmökel, 13.1.1989 Armin Jungheinrich, 21.2.1989
bis Auflösung Dieter Ehnert; BStU, ZA, SIRA TDB 21, ZV 8910015.

Wirkungen

Die VA war bis 1982 tatsächlich ein eigenständiger militärischer Nachrichtendienst mit »gut« platzierten Quellen im »Operationsgebiet« und in der NATO. Auch wenn unter Führung von General Alfred Krause keine neuen wertigen Quellen geworben werden konnten, lieferten die vorhandenen Spitzenquellen der VA bis 1990 aus den sensibelsten Bereichen Informationen. Erschwert wurde die Arbeit der VA durch das MfS, das seit 1982 mit verschiedensten Mitteln die Arbeit kontrollierte. Das reichte von der Infiltration durch die Hauptabteilung I, die einen Leiter der 3. Verwaltung als IM führte, bis hin zum angeordneten Datenabgleich der personenbezogenen Karteikarten (F 16).

Durch die militärische Aufklärungstätigkeit der VA und des MfS ist es der DDR gelungen, ein umfassendes Bild über die militärpolitische, militärstrategische, militärische und militärtechnische Lage der Bundesrepublik, der NATO und deren anderen Mitgliedsstaaten zu erhalten. Diese Erkenntnisse sind auch direkt an die Sowjetunion weitergeleitet worden.

Das Bundesministerium der Verteidigung kam anhand von Militärunterlagen der Nationalen Volksarmee zu dem Ergebnis, dass die politischen Führungsgremien der Sowjetunion und der Warschauer Pakt-Staaten über das Potenzial und die Absichten der NATO vorsätzlich getäuscht worden sind. Entgegen des nachrichtendienstlich erworbenen Wissens wurden Militärpotenzial und Absichten stark übertrieben: »In der DDR und auch innerhalb der NVA wurden alle Informationen über Streitkräfte und Operationsplanungen der NATO verschwiegen und unterdrückt, die die defensive Ausrichtung des Bündnisses augenfällig machen mussten oder die eigenen Offensivplanungen hätten infrage stellen können. Darüber hinaus wurden überall dort Kräfte und Planungen der NATO bewusst dargestellt, wo sie dem ideologisch begründeten aggressiven Feindbild und der offensiven Militärdoktrin dienlich gemacht werden oder die eigenen Planungen begründen konnten.«[13] Die Vorstellung einer offensiven Haltung der NATO hat sich allein aus den den Diensten zugänglichen Erkenntnissen aus geheimen und offenen Quellen nicht rechtfertigen lassen.

Zu diesem gezielt gefälschten Bedrohungsbild kommt auch eine Untersuchung von Oberstleutnant Helmut Göpel. Seinen Ausführungen nach waren der Generalität der NVA und dem Minister diese Ungereimtheit bekannt. Er hält es für möglich, dass selbst der Nationale Verteidigungsrat der DDR vom jeweiligen Verteidigungsminister nicht zutreffend informiert wurde, was sich aus den überlieferten, dort gehaltenen Vorträgen ergäbe.[14] Dies entspricht auch den Erkenntnissen des MAD.

---

13 Bundesministerium der Verteidigung: Militärpolitische Planungen des Warschauer Paktes in Zentraleuropa (Studie). Bonn 1992.
14 Göpel: Aufklärung (Anm. 1), S. 237.

Inwieweit wäre die NATO bei einer militärischen Auseinandersetzung mit den Warschauer Pakt-Staaten durch die von den DDR-Nachrichtendiensten beschafften Informationen geschwächt gewesen? Diese Frage lässt sich natürlich nicht mit Gewissheit beantworten, da die Aufklärungsergebnisse der Sowjetunion und der Warschauer Pakt-Staaten nicht bekannt sind. Immerhin kannten sie die General Defence Plans und wussten von der mangelhaften logistischen Durchhaltefähigkeit. Gleichwohl muss davon ausgegangen werden, dass der Warschauer Pakt trotz seiner umfassenden Kenntnisse über die Fähigkeiten und Absichten der NATO keine wesentlichen Veränderungen der militärischen Planungen vorgenommen hat.

Die Operationsplanung des Warschauer Paktes sah unter sowjetischer Führung einen Angriff mit insgesamt fünf so genannten Fronten gegen die NATO-Streitkräfte im Bereich Nord- und Zentraleuropa vor, wobei eine Front der Führungsgruppe der Heeresgruppe der NATO entsprach. Die Landstreitkräfte dieser fünf Fronten umfassten die sowjetischen Streitkräfte in der DDR, Polen und der ČSSR, die NVA, die tschechoslowakische und polnische Volksarmee sowie sowjetische Streitkräfte aus Weißrussland und der Ukraine. Dazu gehörten ferner die baltische Flotte in der Sowjetunion, die polnische Seekriegsflotte und die Volksmarine der DDR und umfangreiche Luftstreitkräfte.

Der Verteidigungsminister der DDR hat, wie aus einer NVA-Unterlage zu ersehen ist, im Rahmen der Übung »Sojus 83« die operative Aufgabenstellung für die strategischen Gruppierungen aus Truppen und Flottenkräften der Streitkräfte der UdSSR, der VR Polen, der DDR und der ČSSR so formuliert:

> »Die Hauptziele der ersten strategischen Operation mit den Truppen von vier Fronten durch den Vorstoß zu den Grenzen Frankreichs am 13. und 15. Tag zu erreichen und dabei
> – die Territorien Dänemarks, der BRD, der Niederlande und Belgiens einzunehmen und
> – den Austritt dieser westeuropäischen Staaten aus dem Krieg zu erzwingen,
> – die strategische Operation durch das Einführen von zwei weiteren Fronten in die Tiefe Frankreichs zu entwickeln, die strategischen Reserven auf seinem Territorium zu zerschlagen, am 30. und 35. Tag die Biskaya und die Grenze Spaniens zu erreichen und mit der Herausführung Frankreichs aus dem Krieg die Endziele der 1. strategischen Operation zu erreichen.«[15]

Insgesamt wurde aus der Auswertung der überlieferten Dokumente ersichtlich, wie sehr die Offensive das operative und strategische Denken des Warschauer Paktes

15 Bundesministerium der Verteidigung: Militärpolitische Planungen (Anm. 13), S. 2.

und der NVA beherrscht hat. Diese offensive Linie bestand bis zum Ende der achtziger Jahre, unbeschadet des zwischenzeitlich in der Sowjetunion eingetretenen Wandels. Vor diesem Hintergrund ist der Nutzen der Militärspionage für den Warschauer Pakt und ihrer Auswirkungen auf dessen Planungen nicht abschließend zu beurteilen. Eine erkennbare Reaktion auf die gewonnenen Erkenntnisse ist jedenfalls aus den vorhandenen Unterlagen nicht abzuleiten.

Bodo Wegmann

Die Aufklärung der Nationalen Volksarmee

Wir haben uns daran gewöhnt, die Abkürzung »Stasi« gemeinhin als Synonym für das Ministerium für Staatssicherheit (MfS) der DDR zu nehmen, einschließlich seiner Hauptverwaltung A (HV A) und der anderen Organisationseinheiten, die west- und auslandsorientiert gearbeitet haben. Aber »Stasi« kürzt nur das Wort Staatssicherheit ab, also staatliche Sicherheit. Und die umfasst *alle* Maßnahmen, die ein Staat zur Herstellung und Wahrung seiner Sicherheit ergreift. Bezogen auf die DDR nahm deren Ministerium für Staatssicherheit nur einen Teil der Aufgaben wahr, die allgemein die staatliche Sicherheit konstituieren.

Zu den Elementen der Sicherheit eines Staates gehört auch seine militärische Sicherheit. Sie wird überwiegend von seinen Streitkräften gewährleistet. Dafür müssen die Streitkräfte in der Lage sein, auf potenzielle gegnerische Kräfte und Handlungen reagieren zu können. Dafür wiederum bedarf es eines detaillierten Bildes und tiefer Kenntnisse über eben jene möglichen gegnerischen Kräfte, Handlungsoptionen und Räume. Diese Informationen zu beschaffen, auszuwerten und zu verteilen, das ist die Aufgabe der militärischen Aufklärung. Darin besteht ihr Beitrag zur staatlichen, zur Staats-Sicherheit überall auf der Welt. Alle Streitkräfte, gleich ob antike oder moderne, brauchen ihre Aufklärung zur Feststellung der Lage, um angemessen und effektiv handeln zu können. Das heißt, wenn ein Staat eigene Streitkräfte aufbaut, dann müssen und werden Organe für die militärische Aufklärung dazugehören. In der DDR war das nicht anders.

Bildung der Militäraufklärung

In Abstimmung mit der Sowjetunion machte die SED-Führung 1952 den Beschluss über die Bildung nationaler Streitkräfte in der DDR bekannt. In diesem Zusammenhang wurde auch eine eigene nachrichtendienstliche Militäraufklärung aufgebaut. Ihr Vorbild war die Glawnoje Raswediwatelnoje Uprawlenije (GRU), die Hauptverwaltung Aufklärung der Roten Armee. Die GRU verfügte bereits über 30 Jahre Erfahrungen und hatte insbesondere während des Zweiten Weltkrieges späterhin weltberühmte Quellen geführt wie Richard Sorge, Richard Rösner, Klaus Fuchs oder Ruth Werner. Anlässlich des 70. Jahrestages 1991 feierte die GRU fünf ihrer bedeutendsten Mitarbeiter. Zu Ehren kamen – sogar auf Briefmarken – Kim Philby, Rudolf Abel und Stanislaw A. Waupschassow. Letzterer war einer der Protektoren des ersten Chefs der DDR-Militäraufklärung, Karl Linke. Sie kannten sich von Partisaneneinsätzen während des Zweiten Weltkrieges. In seinen Memoiren hob Waupschassow insbesondere zwei deutsche Mitkämpfer hervor, Vater Karl und dessen Sohn Heinz Linke.[1]

Karl Linke engagierte sich seit seinem 15. Lebensjahr politisch, 1919 trat er der Kommunistischen Partei bei. Zehn Jahre später wurde er wegen verbotener Parteiarbeit erstmals verurteilt und emigrierte – mit Frau und Sohn Heinz – in die Sowjetunion. Seit 1941 kämpften Vater und Sohn in Waupschassows Partisaneneinheiten gegen die deutsche Wehrmacht. 1949 kehrte die Familie Linke zurück nach Deutschland, Heinz war im Krieg gefallen. Linke war zunächst bei sowjetischen Dienststellen in Ostberlin tätig, dann in der Staatlichen Plankommission. Mit dem Beschluss zum Aufbau der Militäraufklärung der DDR griff die GRU auf den ihr vertrauten ehemaligen Partisanen Linke zurück.[2]

Zusammen mit ihm und einer Hand voll weiterer Deutscher mit vergleichbarer Vergangenheit wurde ein Konzept für die Aufstellung der militärischen Aufklärung erarbeitet. Im Juli 1952 wurde es Willi Stoph vorgelegt, dem damals für die Streitkräfte zuständigen Minister des Innern und somit Vorgesetzten Linkes. Am 19. Juli 1952 unterzeichnete Willi Stoph den Befehl zur Gründung der *Verwaltung für allgemeine Fragen*.[3] Das war die erste Bezeichnung des militärischen Aufklärungsorgans und des zugleich dritten geheimen staatlichen Nachrichtendienstes der DDR: 1950 war bereits das Ministerium für Staatssicherheit gebildet worden, 1951 der Außenpolitische Nachrichtendienst und 1952 nun die Verwaltung für Allgemeine Fragen. Ihr erster Chef wurde Karl Linke, der Minister Willi Stoph unmittelbar unterstellt war.

Die Verwaltung bezog ihren ersten Dienstsitz in Pankow, nahe dem »Regierungsstädtchen« in der Neuen Schönholzer Straße. Sie nahm ihre Arbeit mit nur knapp 50 Mitarbeitern auf. Stoph hatte für den Aufbau der Verwaltung Linke 697 000 Mark bewilligt. Nur zwei Monate nach Arbeitsbeginn hatte die Verwaltung ihren ersten großen Erfolg. Im September 1952 werteten die Offiziere des Informationsdienstes mehr als eine Tonne Originaldokumente aus, die einer der ersten Agenturischen Mitarbeiter (AM) aus Westberlin mithilfe eines kleinen Lastwagens beschafft hatte: Sie stammten aus der Alliierten Kommandantur.[4]

Die politische und militärische Führung der DDR und SED stellte der Verwaltung Linkes drei Hauptaufgaben: Aufklärung der westdeutschen Streitkräfte, der

---

1   Waupschassow, Stansilaw A.: Vierzig Jahre in der sowjetischen Aufklärung. Moskau 1987, S. 278. Sofern nicht anders angegeben, beruhen die Angaben auf Gesprächen mit ehemaligen Angehörigen der DDR-Militäraufklärung, die gesondert publiziert werden. Wegmann, Bodo: Das zentrale Organisationselement der militärischen Aufklärung der Streitkräfte der Deutschen Demokratischen Republik (DDR). Dokumentation seiner Entwicklung, Anatomie und Funktionsweise mit vergleichender Analyse. Berlin (Ms.) erscheint 2003.

2   Kabus, Andreas: Auftrag Windrose. Der militärische Geheimdienst der DDR. Berlin 1993, S. 56–59.

3   Direktive der Verwaltung für allgemeine Fragen, 19.7.1952; vgl. Göpel, Helmut: Aufklärung. In: Naumann, Klaus (Hg.): NVA. Anspruch und Wirklichkeit nach ausgewählten Dokumenten. Berlin 1993. S. 221–239, hier 224.

4   Kabus: Windrose (Anm. 2), S. 112 f.

Streitkräfte, die auf westdeutschem Territorium handelten, und perspektivisch Aufklärung der NATO-Streitkräfte in Nord- und Westeuropa. Das schloss die militärische Sicherheitspolitik und Rüstung der Zielstaaten ein.

Diese Generalforderung von 1952 bildete in den folgenden 38 Jahren das Aufgaben- und Handlungsprimat der Aufklärung der Kasernierten Volkspolizei (KVP) bzw. Nationalen Volksarmee (NVA, seit 1956). Ihre Prioritäten wurden im Laufe der Jahre kaum verändert, aber natürlich erweitert und anlassbezogen formuliert.

Mittel, Methoden und Kräfte

Zur Erfüllung dieser Aufgaben sollte die Aufklärung alle Mittel und Methoden einsetzen, Human Intelligence (Humint) ebenso wie Technical (Tecint) und Open Source Intelligence (Osint). So hatte es Stoph befohlen, und dieser Befehl galt inhaltlich bis 1990.[5] Die Humint der NVA-Aufklärung basierte vor allem auf folgenden Netzelementen: Agenturische Mitarbeiter, Illegale, Hilfsnetzelemente und Legalpositionen. Agenturische Mitarbeiter – die Terminologie entstammte der sowjetischen Militäraufklärung – waren Personen westlicher Staaten, die für eine nachrichtendienstliche Zusammenarbeit gewonnen worden waren. Das reichte vom Binnenschiffer, der Brücken fotografierte, bis zu Spitzenquellen in Schlüsselpositionen von NATO, Bundesministerium der Verteidigung (BMVg) und Bundeswehr.

Das zweite Humint-Element waren Illegale. Dabei handelte es sich um DDR-Bürger, die mit einer angenommenen Identität ausgestattet wurden. Damit wurden sie vorsichtig in ihr Einsatzland im Westen geschleust. Der Prozess von der Werbung bis zum Abschluss der Legalisierung im westlichen Operationsstaat dauerte mehrere Jahre.

Drittens gab es Hilfsnetzelemente (HNE). Das waren Personen, mit denen die Verbindung zu AM und Illegalen geführt wurde. HNE stellten beispielsweise ihre Anschrift als Deckadresse oder ihr Telefon zur Verfügung oder wurden als reisende Instrukteure und Kuriere eingesetzt.

Hinzu kamen viertens Aufklärer in legalen Deckungspositionen. Das waren vor allem die Militärattachés und ihre operativen Gehilfen. Sie waren seit 1974 Teil der NVA-Aufklärung. Neben diesen Elementen der Humint gehörten Technical und Electronical Intelligence zu den Mitteln und Methoden, mit denen die Aufklärung der DDR-Streitkräfte Informationen beschaffte. Sie stützte sich dabei vor allem auf die allseits bekannten und eingesetzten modi operandi der Funk- und funktechnischen Aufklärung.

---

5 Bundesarchiv-Militärarchiv DVH 3/2370, o. Pag., zit. nach: Richter, Walter: Der Militärische Nachrichtendienst der Nationalen Volksarmee der DDR und seine Kontrolle durch das Ministerium für Staatssicherheit. Frankfurt/M. 2002, S. 395.

Die dritte Basis der Beschaffung bildeten schließlich die Kräfte für Operativ-Taktische Aufklärung (OTAkl) in den Einheiten und Verbänden der NVA. Sie reichten vom Soldaten mit Fernglas in einer B-Stellung im Harz bis zu Spezial-Aufklärungs-Einheiten für Operationen in der Tiefe des gegnerischen Raumes.

Die Traditionsmedaillen der NVA-Aufklärung zeigen alle diese eingesetzten Beschaffungselemente menschlicher und technischer Quellen. Der dort eingravierte Kopf steht für AM und Illegale, Tecint wird durch einen Satelliten und eine große Antenne symbolisiert, die Operativ-Taktische Aufklärung durch Schiffs- und Flugkörper. Entsprechend der Generalaufgabe weisen alle diese Symbole natürlich gen Westen. Die Kontinuität der Aufgaben sowie der eingesetzten Mittel und Methoden reflektiert sich in den Strukturen der Verwaltung für Allgemeine Fragen von 1952 bis zuletzt zum Bereich Aufklärung (BA).

Entwicklungsgeschichte

Aus den knapp 50 Männern und Frauen von 1952 waren Mitte der achtziger Jahre etwa eintausend Offiziere, Soldaten und Zivilbeschäftigte des BA geworden. Unter Linke entwickelte sich die Aufklärung rasch zu einem erfolgreichen Organ. Schon in den ersten beiden Jahren konnten mehr als 50 AM geworben werden. 17 Aufklärungsberichte legte Linke bis zum Jahresende 1952 Minister Stoph vor, und bis 1956 entstand eine mehrbändige, detaillierte Ausarbeitung über die Aufstellung der Bundeswehr. Sie trug den bemerkenswerten Titel »Der Aufbau der Wehrmacht in Deutschland«.

Auch die GRU bescheinigte Linke erfolgreiche Arbeit. Im Frühling 1957 war er mit einer kleinen Gruppe seiner leitenden Kader in Moskau, wo zusammen mit der Führung der sowjetischen Aufklärung die Arbeit der ersten fünf Jahre ausgewertet wurde: Vor allem im Berichtswesen erschienen Verbesserungen nötig, allerdings auch im Bereich der Sicherung der Verwaltung vor der gegnerischen Aufklärung. Das war die Aufgabe der Militärabwehr, die, anders als in der Bundesrepublik, nicht dem Ministerium für Nationale Verteidigung, sondern dem MfS oblag – in Karlshorst wohnten NVA-General Linke und Minister Wollweber fast Tür an Tür.

Doch dessen Staatssicherheit hatte keine Kenntnis davon, dass die Haushälterin der Linkes, »Martha«, eine Quelle des amerikanischen Geheimdienstes war. Am 29. Juni 1957 setzte sie sich nach Westberlin ab, nahm sensible Papiere aus Linkes Schreibtisch mit und hinterließ Abhörtechnik im Haus. Damit wollte die CIA prüfen, wie Linke auf einen Brief reagieren würde, den »Martha« ebenfalls hinterlassen hatte: Er enthielt das Werbungsangebot, in den Westen überzulaufen, einige tausend Mark waren beigelegt.[6] Diese Offerte verkannte Linkes Charakter und politisches Bewusstsein. Ein Mann mit seiner Biographie wäre freiwillig wohl nie in den Westen

---

6 Kabus: Windrose (Anm. 2), S. 68 f.

gegangen. Stattdessen informierte er seinen Minister und die Staatssicherheit – und es folgte seine umgehende Absetzung und Degradierung.[7]

Für die Verwaltung für Koordinierung (VfK), wie die Militäraufklärung unterdessen bezeichnet wurde, begann eine turbulente Zeit. Aus Sicherheitsgründen musste das Zentrum in die Regattastraße nach Grünau umziehen. Neuer Chef wurde kurzfristig Erich Ripperger, Linkes langjähriger Stellvertreter. Ripperger war eine Interimslösung, bis Stoph einen Parteisoldaten der SED an die Spitze der Verwaltung setzen konnte: Willi Sägebrecht.

Sägebrecht ging hochmotiviert an die Aufgabe. Er war ein Mann mit Erfahrungen im Aufbau und der Führung von Parteiapparaten und gehörte seit 1954 der Militäraufklärung an. Die Einsatzfähigkeit des Organs sollte so schnell wie möglich wiederhergestellt werden. Und immerhin Ende des Jahres 1957 konnte er seinem Minister melden, dass die VfK über 300 operative Dokumente beschafft hatte.[8]

Die Verwaltung schien sich gerade von dem schweren Schlag zu erholen, den ihr »Martha« versetzt hatte, als 14 Monate später der Stellvertreter des Chefs der Verwaltung für Organisation, Siegfried Dombrowski, in den Westen floh. Er nahm einige tausend Mark operativer Mittel und zahlreiche Dokumente mit. Aufgrund seiner Funktion kannte er keine Quellen. Aber er war vertraut mit Strukturen, Objekten, Kadern und umfassenden Interna.[9] Erst »Martha«, nun Dombrowski – Minister Stoph geriet in der SED-Führung unter Beschuss. Seine Aufklärung sollte aufklären, nicht aufgeklärt werden, hieß es. Sägebrecht konnte sich nicht halten. Die Partei verlangte nach einem kompetenten und zuverlässigen Chef für die Militäraufklärung. Die Wahl fiel schließlich auf den 40-jährigen Arthur Franke, bis dahin Politchef der Luftstreitkräfte.[10]

Franke war seit über 20 Jahren politisch aktiv, hatte im spanischen Bürgerkrieg gekämpft und im KZ gesessen. Nach 1945 hatte er die KPD/SED-Parteileitung in Groß-Berlin mit aufgebaut, trat 1949 in die Streitkräfte ein. Er war Parteisoldat und Militär, als er 1959 zum vierten Chef der Militäraufklärung ernannt wurde, die zu dieser Zeit als 12. Verwaltung bezeichnet wurde.

Zusammen mit seinem neuen Kaderchef professionalisierte Franke behutsam die 12. Verwaltung. Der Geist der alten Partisanen wich der Professionalität ausgebildeter und sorgsam ausgewählter, junger Offiziere. Hatten sich Linke, Ripperger und Sägebrecht Einmischungsversuchen durch das MfS noch weitgehend erwehren können, so vermochte sich Stoph gegenüber Minister Erich Mielke und dessen Leiter für militärische Abwehr, Karl Kleinjung, nur noch bedingt zu widersetzen. Stoph

---

7   Froh, Klaus; Wenzke, Rüdiger: Die Generale und Admirale der NVA. Ein biographisches Handbuch. Berlin 2000, S. 135 f.
8   Verwaltung für Koordinierung: Jahresbericht 1957, o. D.; Archiv des Verfassers.
9   Kabus: Windrose (Anm. 2), S. 86–88.
10 Froh; Wenzke: Generale (Anm. 7), S. 94.

und Franke mussten die Einsetzung des von der Staatssicherheit umversetzten Majors Eberhard Lehmann als Stellvertreter des Chefs der Verwaltung hinnehmen.[11]

Unter Franke wurde zunächst vor allem die Beschaffung ausgebaut, insbesondere die Arbeit mit den Illegalen, und es kam zu drei besonderen Erweiterungen der Verwaltung. Die erste war 1964 die Zusammenlegung seiner 12. Verwaltung mit der von Oberst Wolfgang Seidel geleiteten Truppenaufklärung. Damit kamen die offen geführte Operativ-Taktische Aufklärung und der geheime militärische Nachrichtendienst unter eine einheitliche Führung. Aus der 12. Verwaltung wurde die Verwaltung Aufklärung (VA).

Zehn Jahre später, 1974, kamen die Militärattachés der NVA zur VA. Deren Abteilung für Strategische Aufklärung, die spätere 2. Verwaltung, wurde im Zuge dieser Aufnahme umorganisiert: Die ihr unterstellte Abteilung 5 führte die Militärattaché-Apparate in außereuropäischen Staaten, die Abteilung 6 jene in Westeuropa und die Selbstständige Unterabteilung 20 die in den Staaten des Warschauer Vertrags. Die dritte Besonderheit der Ära Franke war der Bau eines neuen Zentrums. Im Jahre 1971 bezog die VA ihr neues Hauptquartier, eine Kasernenanlage an der Oberspreestraße. Auf einem Areal von knapp zehn Hektar waren moderne Funktionsgebäude gebaut worden. Die Technik im Innern entsprach dem neuesten Stand. Dem Umfeld der Kaserne war nicht bekannt, dass dort die Militäraufklärung residierte, zumal am Eingang lediglich auf ein »Mathematisch-Physikalisches Institut der NVA« verwiesen wurde.[12]

Franke wurde 1975 in den Ruhestand versetzt. Als Chef Aufklärung folgte ihm der 45-jährige Oberst Theo Gregori. Er war ein erfahrener Berufsoffizier, der die sowjetische Generalstabs-Akademie absolviert hatte und das Vertrauen des Verteidigungsministers Heinz Hoffmann genoss. Aus früheren Verwendungen verfügte Gregori über Erfahrungen in der Führung konspirativer Aufgaben, weshalb er den von Franke übernommenen und eingespielten Apparat zunächst kaum veränderte.

In diesen Jahren galt der Informationsbedarf der VA vor allem dem KSZE-Prozess und den SALT-II- bzw. START-Verhandlungen und den zeitgleich intensivierten Aufrüstungen beider Blöcke. Es waren militär-nachrichtendienstlich wichtige Jahre: Mit dem NATO-Doppelbeschluss im Jahre 1979 begannen die Operationen der Roten Armee in Afghanistan, 1980 begann der erste Golfkrieg, und es entwickelte sich gleichsam im Hinterhof der DDR eine besondere Lage, als 1981 in Polen das Kriegsrecht verhängt wurde. Angesichts dieser geopolitischen Situation wuchsen die Ansprüche an die VA, die Gregori und seinen Stellvertreter für Information zwangen, das Anforderungsprofil zu erhöhen und eine massive Qualifizierung der Informationsarbeit einzufordern. Der Chef Aufklärung erließ eine neue »Melde- und Informationsordnung«, der Hauptstab der NVA erhielt täglich Aufklärungs-Meldungen über Lageveränderungen der NATO und zu außereuropäischen Konflik-

11 Kabus: Windrose (Anm. 2), S. 42.
12 Ebenda, S. 18.

ten. Aus der Ausbildungsstätte der Aufklärung in Klietz, »Waldschule« genannt, wurde das Militärwissenschaftliche Institut (MWI), das den Status einer der Militärakademie Friedrich Engels angeschlossenen Fakultät erhielt.

Im Herbst 1982 wurde General Gregori von seiner Funktion abgelöst, was seine Ursache nicht in der Arbeit der Aufklärung hatte. Im September 1982 trat der 52-jährige Generalmajor Alfred Krause die Nachfolge an. Krause konnte auf eine über 30-jährige Armeelaufbahn zurückblicken, darunter auf den Besuch der sowjetischen Generalstabs-Akademie, seine Tätigkeit als Stabschef im Militärbezirk III und zuletzt als Chef der Verwaltung Inspektion des MfNV.[13] Noch heute gilt er bei Vorgesetzten wie Unterstellten als ein »Truppier par excellence«. Mit der Operativ-Taktischen Aufklärung, der Funk-, See- und Grenzaufklärung war er vertraut, weitaus mehr als mit der Aufklärung durch Agenturische Mitarbeiter und Illegale – nunmehr »Spezialkader« genannt. Für ihn war sie bis zuletzt ein »Sorgenkind«.[14]

Die achtziger Jahre waren wie zuvor durch die Aufrüstung der Blöcke geprägt. US-Präsident Ronald Reagan forcierte das SDI-Programm, ein koreanischer Jumbo-Jet wurde im sowjetischen Luftraum abgeschossen, Nicaragua und El Salvador waren Schauplätze von »Stellvertreterkriegen«, US-Kampfflugzeuge starteten in Westeuropa und bombardierten Libyen, und im Nahen Osten schließlich stand zu befürchten, dass lokale zu Regionalkonflikten umzuschlagen drohten. Die sowjetische Führung unter Michail Gorbatschow leitete den Perestroika-Prozess ein, an dessen Ende auch der konfliktreiche Zerfall des Sowjetimperiums stand.

Vor diesem Hintergrund wurde von der Militäraufklärung weiterhin gefordert, die Führung der Streitkräfte zeitnah und detailliert über Lageveränderungen zu informieren, wozu es eines flexibleren und technisch moderneren Beschaffungsapparates bedurfte. Mehr noch wurde von der Auswertung erwartet, die eingehenden Informationen qualifizierter in klare prägnante und aktuelle Meldungen umzusetzen.

Struktur der Militäraufklärung

Um diese Anforderungen zu erfüllen, veränderte General Krause die Strukturen der Aufklärung. Aus der Verwaltung wurde 1983 der Bereich Aufklärung (BA), der aus fünf Verwaltungen bestand (vgl. Grafik S. 223).

Die vollständig gedeckt operierende Humint, die Aufklärung aus illegalen Positionen, führte die erste Verwaltung durch. Ihre Aufgabe war es, Agenturische Mitarbeiter und Illegale zu gewinnen, auszubilden und zu führen. Die Aufklärung aus militärdiplomatischen Legalpositionen heraus oblag der 2. Verwaltung. Hier waren die Militärattachés, ihre Gehilfen und die so genannten Legalisten angebunden, während die 3. Verwaltung für die Anleitung der Aufklärungskräfte in den Teilstreit-

---

13 Froh; Wenzke: Generale (Anm. 7), S. 127.
14 Mitteilung von Alfred Krause.

kräften der NVA zuständig war. Hier liefen die Erkenntnisse der Aufklärungsschiffe in der Ostsee ebenso zusammen wie die der flugzeuggestützten Aufklärung des Luftaufklärungszentrums. Die Verwaltung OTAkl leitete auch das mehr als 1 000 Mann starke Funkaufklärungsregiment 2 (FuAR-2) an, das für die Funk- und funktechnische Aufklärung zuständig war. Die stationären und mobilen Kräfte des FuAR-2 konnten den grenznahen Polizeifunk ebenso erfassen wie globale satellitengestützte Telekommunikation. Die Sicherstellung – vergleichbar den Rückwärtigen Diensten der NVA – bildete die 4. Verwaltung des BA.

Spitzenquellen der Aufklärung saßen in wichtigen Positionen der NATO und der Bundeswehr. Die Agenturischen Mitarbeiter, Marschaufklärer, Objektbeobachter, Spezialkader, Vertrauenspersonen und anderen Kräfte des BA hatten in dieser Zeit mehr als 1 700 Aufklärungsobjekte unter Kontrolle zu halten. Etwa 350 davon waren als »sehr wichtig« eingestuft. Rund 1 200 der Zielobjekte sollten durch die Agenturische Aufklärung bearbeitet werden. Für über 1 000 Objekte waren Funk- und funktechnische Aufklärung zuständig. Auf die Grenzaufklärung entfielen 92 und auf die Aufklärung der Volksmarine 30 Objekte.

Im Informationsdienst fand die Auswertung aller zu den Aufklärungsobjekten eingehenden Angaben statt. Sie wurden bewertet und ausgewertet, verarbeitet und schließlich zu Informationsdokumenten zusammengefasst und verteilt. Wie bei allen Nachrichtendiensten stammte das Gros der Informationen aus allgemein zugänglichen (»offenen«) Quellen, war Osint-Material. Der Informationsdienst des BA wertete monatlich bis zu 1 000 Zeitschriften und fast 100 Fachbücher aus, täglich über 100 Zeitungen, mehr als zwölf Stunden Beiträge im bundesdeutschen Fernseh- und Hörfunk. Insgesamt wurden jährlich um die 500 Informationsdokumente an die politische und militärische Führung der DDR übergeben.

Chef-Informator war über einen Zeitraum von über 30 Jahren Alexander Karin,[15] was bei der Militäraufklärung nicht ungewöhnlich war. Mit personeller Kontinuität sollte Kompetenz sichergestellt werden. Unter Karin war auch die Kartei entstanden, die in den fünfziger und sechziger Jahren das Gedächtnis der Aufklärung bildete. Sie umfasste mehrere Teilkarteien zu verschiedenen Aufklärungsobjekten. Anfang der sechziger Jahre betrug der Gesamtbestand 80 000 Karteikarten. Später hielt die elektronische Datenverarbeitung ihren Einzug in die Verwaltung. Als sie 1990 ihre Rechner abschaltete, waren darin etwa eine halbe Million Datensätze über ausländische Streitkräfte, Rüstungstechnik, Sicherheitspolitik, politische und militärische Funktionsträger usw. gespeichert. Die Daten galten als äußerst präzise. Als Berater der letzten Regierung der DDR wurde Egon Bahr über die Militäraufklärung unterrichtet, der diesbezüglich später äußerte: »Die westliche Verteidigung barg keine Geheimnisse für den Osten.«[16]

---

15 Froh; Wenzke: Generale (Anm. 7), S. 121.
16 dpa: Markus Wolf bei Egon-Bahr-Lesung im Willy-Brandt-Haus, 5.11.1996.

Grafik
Organisationsstruktur des Bereichs Aufklärung

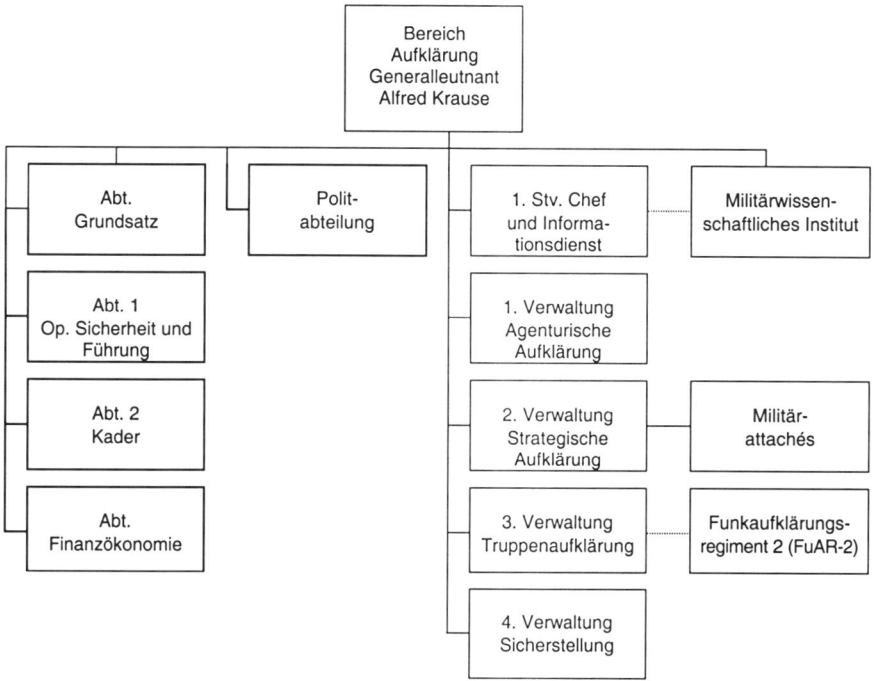

Einstellung der Arbeit

Die politische Entwicklung des Jahres 1989 hatte die DDR verändert und vor der NVA und ihrer Aufklärung nicht halt gemacht. Unter dem neuen Verteidigungsminister, Admiral Theodor Hoffmann, wurde 1990 aus dem Bereich Aufklärung das Informationszentrum. Es sollte keine Beschaffung mit Humint-Quellen mehr führen und die Arbeit mit Agenturischen Mitarbeitern, Illegalen und Hilfsnetzelementen einstellen. Entsprechend dem Befehl 1206/90 des Verteidigungsministers Hoffmann vom 16. März 1990 wurde das Quellennetz abgeschaltet.[17] Die Abschaltungen erfolgten in jedem Fall individuell. Einen Generalcode zum Abtauchen gab es nicht. Nach 38 Jahren endete damit die Arbeit der Aufklärung der Streitkräfte der DDR 1990.

---

17 Kabus: Windrose (Anm. 2), S. 182–185.

Thomas Auerbach

Sabotage- und Terrorstrategien des MfS gegen die Bundesrepublik

»Man muss solche jungen Tschekisten heraussuchen, herausfinden und erziehen, dass man ihnen sagt, du gehst dorthin, den erschießt du dort im Feindesland. Da muss er hingehen und selbst wenn sie ihn kriegen, dann steht er vor dem Richter und sagt: ›Jawohl, den hab ich im Auftrag meiner proletarischen Ehre erledigt!‹ So muss es sein! [...] Der Auftrag, der gegeben wird, wird durchgeführt und selbst, wenn man dabei kaputt geht.«[1]

Zu dieser Äußerung ließ sich Minister Erich Mielke 1979 vor Mitarbeitern der Bezirksverwaltung Cottbus hinreißen. Treffender kann man die Aufgabe der Einsatzgruppen des Ministeriums für Staatssicherheit (MfS) in der Bundesrepublik wohl kaum formulieren. Einmal in Marsch gesetzt, hätten sie dort im Ernstfall eine unabsehbare Spur von Blut und Zerstörung hinterlassen. Sabotage, Terror, Entführungen, Geiselnahme und Mord sollten die Methoden sein. Dabei hatten die Kämpfer das eigene Leben nicht zu schonen. Selbst ihre Vernichtung durch feindliche Kräfte war von vornherein eingeplant. Die Einsatzgruppen waren so in doppelter Beziehung regelrechte Todeskommandos. Dies galt nicht nur für ihre Verwendung in Spannungsperioden und militärischen Auseinandersetzungen, sondern auch in Friedenszeiten. Bemerkenswert ist, dass die aggressiven Pläne des MfS gegen die Bundesrepublik bis 1989 Bestand hatten. Daran haben weder die Entspannungspolitik noch die neue Militärdoktrin des Warschauer Paktes ab Mitte der achtziger Jahre etwas geändert.

Der KGB hatte in den sechziger Jahren einen »spezifischen Dienst« aufgestellt, der besonders in Spannungssituationen und im Verteidigungszustand, aber auch in Friedenszeiten gegen Zielobjekte und Personen der wirtschaftlichen, militärischen und politischen Infrastruktur westlicher Länder mit Terrorhandlungen mannigfacher Art vorgehen sollte.[2] Auch das MfS trainierte zu diesem Zweck ab Anfang der sechziger Jahre in geheimen Ausbildungsbasen »spezifische Einsatzgruppen« für die »Spezialkampfführung im Operationsgebiet«.[3] Mit »Operationsgebiet« war im MfS-

---

1   Erich Mielke: Rede auf der Delegiertenkonferenz der SED-Grundorganisation der Bezirksverwaltung Cottbus 1979; BStU, ASt Frankfurt/O., Tonbandsignatur C Tb/G/081.

2   Alfred Scholz: Bericht über die Ergebnisse der Konsultationen, die mit Vertretern des Komitees für Staatssicherheit der UdSSR zu Fragen der Arbeit der Linie IV des MfS geführt wurden v. 16.12.1969; BStU, HA XXII 521/20, Bl. 5 ff.

3   AGM »S«: Die Einsatz- und Kampfgrundsätze tschekistischer Einsatzkader bei der Durchführung offensiver tschekistischer Kampfmaßnahmen im Operationsgebiet v. 9.1.1974. Hierbei handelt es sich um einen relativ selbstständigen Teil des Handbuches der AGM »S« zur Durchführung spezifi-

Jargon die Bundesrepublik Deutschland gemeint. Verantwortlich für diese Aktivitäten zeichnete eine Diensteinheit, die unter wechselnden Namen zwischen 1964 und 1988 im Anleitungsbereich der Arbeitsgruppe des Ministers (AGM) existierte: 1964 bis 1974 Abteilung IV/2, 1974 bis 1978 Abteilung IV/S, 1978 bis 1988 Arbeitsgruppe des Ministers/Sonderfragen (AGM/S), 1988 bis 1989 Abteilung XXIII.[4]

Das MfS bildete nicht nur Einsatzgruppen für den Untergrundkampf gegen die Bundesrepublik aus, sondern es unterhielt zu diesem Zweck auch ein spezielles Netz von inoffiziellen Mitarbeitern (IM), die neben den Spionen der Hauptverwaltung A (HV A) und anderer Diensteinheiten im Bundesgebiet agierten. Geführt wurden diese, häufig auch als Sprengspezialisten und Einzelkämpfer ausgebildeten Agenten von der Abteilung IV (1964 bis 1974 Abteilung IV/1) im Anleitungsbereich der AGM. Ihre Hauptaufgabe war die Aufklärung der vorgesehenen Zielobjekte und -personen. Das Netz umfasste vor Übergabe an die HV A im Jahre 1987 genau 373 inoffizielle Mitarbeiter (IM).[5]

1 Ganz Deutschland sollte eine große DDR werden

Während die Vertreter beider deutscher Staaten die Abkommen aushandelten, die in den Grundlagenvertrag von 1972 mündeten, intensivierte das MfS seine Aktivitäten zur verdeckten Kriegsführung gegen die Bundesrepublik. Die friedliche Koexistenz war für verantwortliche Vertreter der MfS-Generalität lediglich eine besondere Form des Klassenkampfes. In dieser Situation gelte es, so stellte beispielsweise der stellvertretende Minister Alfred Scholz 1972 fest, die Einsatzgruppen auf Handlungen in der Anfangsperiode eines Krieges gegen die Bundesrepublik vorzubereiten. Derartige »Handlungen« sollten nach seinen Worten unter anderem Zerstörung von Zielobjekten der Infrastruktur und individueller Terror sein.[6] Eine mögliche Deutung für diese Haltung wäre, dass offensichtlich für die MfS-Strategen von der äußeren Entspannung eine besondere Bedrohung für das SED-Regime ausging. Nicht anders lässt sich auch die Verschärfung der Stasi-Repressionen im Inneren der DDR während der siebziger Jahre erklären. Hinzu kommt, dass Partei- und MfS-Kader wie

---

scher Qualifizierungsmaßnahmen für die Vorbereitung von Einsatzkadern des MfS auf Handlungen unter verschiedenartigen Einsatz- und Kampfbedingungen v. 9.1.1974 (künftig: Handbuch der AGM »S«); BStU, HA XXII 5565/13.

4   Da die Diensteinheit ab 1974 zusätzlich auch Aufgaben der militärisch-operativen Terrorabwehr erfüllte, wurde sie 1989 mit der Abteilung XXII (politisch-operative Terrorabwehr) zur Hauptabteilung XXII zusammengeschlossen. Vgl. dazu auch Wunschik, Tobias: Hauptabteilung XXII (MfS-Handbuch, Teil III/16). Hg. BStU. Berlin 1995.

5   Abteilung IV: Liste der IM der Abteilung zur Übergabe an die HVA/XVIII v. 30.3.1987; BStU, ZA, Abteilung XII 950, Bl. 1–13.

6   Siegfried Zieger: Gedankenbeiträge zur Chronik der AGM/S von 1982; BStU, ZA, HA XXII 658/2, Bl. 67 f.

Scholz aufgrund ihrer Biographie einer genuin stalinistischen Denkart anhingen. In deren Machtlogik war es nach dem Motto »wer wen« trotz öffentlicher Friedensbeteuerungen selbstverständlich, im Geheimen aggressive Planungen zum letztendlichen Sieg über den »Gegner« fortzuführen.

Unter der Leitung des langjährigen Chefs der AGM/S Heinz Stöcker entstand 1973 ein Grundlagenwerk für die zukünftige Tätigkeit der Einsatzgruppen. Das umfangreiche Kompendium umfasste 3 790 Seiten und führte den umständlichen Titel »Handbuch zur Durchführung spezifischer Qualifizierungsmaßnahmen für die Vorbereitung von Einsatzkadern des MfS auf Handlungen unter verschiedenartigen Einsatz- und Kampfbedingungen«.[7] Die Autoren arbeiteten die Erfahrungen ihres Spezialgebietes aus den letzten zehn Jahren in das Handbuch ein. Es stellte ausführlich und detailliert Ziele, Taktik, Methoden und Mittel des Diversionskampfes gegen die »imperialistische BRD« dar. Damit bildete das Handbuch die Grundlage für alle späteren Planungen und Ausbildungsunterlagen der AGM/S. Bemerkenswert sind die Aussagen, die die Verfasser hier nicht nur über die Taktik, sondern auch über die strategischen Ziele des MfS-Untergrundkampfes gegen die »imperialistische BRD« machten. Ihre Überlegungen hatten folgenden Ausgangspunkt:

> »Der Grundwiderspruch des Kapitalismus, der sich auch im Stadium des staatsmonopolistischen Kapitalismus in unverminderter Schärfe entwickelt, alle Bereiche des gesellschaftlichen Lebens weiter durchdringt und durch den Hauptwiderspruch der Epoche noch vertieft wird, erzeugt ständig immer neue gesellschaftliche Kräfte, die in irgendeiner Weise, aus den unterschiedlichsten Gründen und mit äußerst differenzierten Zielen, offen oder mehr oder minder versteckt gegen das imperialistische Herrschaftssystem auftreten.«[8]

Jene »patriotischen Kräfte«, so heißt es dort weiter, beförderten im zunehmenden Klassenkampf die Labilität des Kapitalismus bis zu einer revolutionären Situation. Die konsequenteste patriotische und revolutionäre Klasse sei die der Arbeiter. Aber auch Mitglieder anderer Klassen und Schichten verfolgten »wahrhaft patriotische Ziele«, die in Einklang mit den Interessen der Arbeiterklasse stünden. Dieses Potenzial gedachte das MfS für seine Zwecke zu nutzen, um in der Bundesrepublik eine Krisensituation herbeizuführen:

---

7 Das Handbuch der AGM »S« ist (nach derzeitigem Erkenntnis- und Erschließungsstand) nur fragmentarisch, verteilt auf verschiedene Signaturen überliefert. Die Einordnung und Datierung des Dokuments erfolgte anhand der »Nachweisführung der von der Abteilung gefertigten Dokumente zur Lehr- und Dienstorganisation im Arbeitsgebiet ›S‹ der Arbeitsgruppe des Ministers« von 1974; BStU, ZA, HAXXII 5670/8, Bl. 8.

8 Handbuch der AGM »S«: Die Arbeit mit operativen Stützpunkten und das Zusammenwirken mit patriotischen Kräften im Operationsgebiet bei der Durchführung offensiver tschekistischer Kampfmaßnahmen v. 9.1.1974; BStU, ZA, HA XXII 5565/15, Bl. 15.

»Diese Aufgabenstellung setzt eine solche Lage voraus, die als Vorstufe einer revolutionären Situation bezeichnet werden kann. Sie unterscheidet sich von den im Kapitalismus üblichen Arbeiterkämpfen dadurch, dass von den patriotischen Kräften, die durch den bewussten Teil der Arbeiterklasse geführt werden, die Forderung nach Veränderung der herrschenden Verhältnisse konsequent revolutionär erhoben und die Bereitschaft zu Massenaktionen nachdrücklich unter Beweis gestellt wird.«[9]

Gleichzeitig sollte »eine Unterwanderung der patriotischen Bewegung durch links- oder rechtsradikale Kräfte verhindert« und »die Führung der patriotischen Kräfte durch die kommunistische Partei, den fortschrittlichsten Teil der Arbeiterklasse, gesichert werden«.[10]

Die Einsatzgruppen des MfS hatten die Aufgabe, sich in solche Bewegungen einzuordnen und die militärische Führung des revolutionären Kampfes zu übernehmen: »Es geht darum, alle operativen Möglichkeiten und Potenzen für den Sieg in der Klassenauseinandersetzung mit dem Feind einzusetzen, den bewaffneten Kampf zu organisieren, die Kämpfer zu schulen und zu führen.«[11] Man kann sich darüber streiten, ob dieses Szenario nicht bereits 1973 einem Wunschdenken entsprang. Realistischerweise stellte sich das MfS so auch lediglich eine mögliche Form des Untergrundkampfes vor. In den Planungen der siebziger und achtziger Jahre spielte die militärisch-operative Variante eine größere Rolle: Um einer Okkupation von außen den Weg zu bereiten, sollten die MfS-Einsatzgruppen durch Diversionshandlungen die Infrastruktur lahmlegen sowie Desorganisation und Panik auslösen. Unabhängig von der jeweiligen Vorgehensweise war das Endziel stets gleich: die Errichtung einer kommunistischen Diktatur im »Operationsgebiet« – ganz Deutschland sollte eine große DDR werden.

Als Schild und Schwert der Partei war dem MfS die Aufgabe zugedacht, in den eroberten Gebieten ein Unterdrückungssystem nach dem Vorbild des SED-Regimes zu etablieren. Wie ein Dokument aus der MfS-Bezirksverwaltung Berlin belegt, ging man 1985 sogar so weit, für den Fall einer militärischen Eroberung die konkrete Struktur samt personeller Besetzung einer zweiten Bezirksverwaltung mit zwölf Kreisdienststellen für Westberlin zu planen. Als deren Hauptaufgaben bestimmte der damalige MfS-Chef der Bezirksverwaltung Berlin, Wolfgang Schwanitz, unter anderem:

»Festnahme, Isolation bzw. Internierung der feindlichen Kräfte auf der Grundlage der vorhandenen Dokumente, Zuführung in die festgelegten Zuführungspunkte, Sicherung der Erstvernehmung bedeutender

---

9 Ebenda, Bl. 20.
10 Ebenda, Bl. 21.
11 Ebenda, Bl. 22.

Personen und zweckgerichtete Auswertung der gewonnenen Informationen, Entfaltung eines wirksamen Fahndungssystems, um untergetauchte Feindkräfte aufzuspüren und unschädlich zu machen. Schwerpunkte sind Geheimdienstmitarbeiter, Leitungskräfte der bekannten Feindorganisationen, leitende Polizeikräfte, Spitzenpolitiker, PID[12]-Mitarbeiter aus den Medien, Spitzenbeamte aus Schwerpunktbereichen des Staatsapparates und Geheimnisträger aus Wirtschaft, Wissenschaft und Technik. [...] Unterstützung beim Aufbau demokratischer Organe zur Aufrechterhaltung der öffentlichen Sicherheit und Ordnung, notwendige Kontrolle und Einflussnahme auf personelle Besetzung, besonders der Führungskräfte. Schutz progressiver Kräfte vor terroristischen Anschlägen und feindlichen Verleumdungen.«[13]

Wohlgemerkt, eine solche Horrorvision der deutschen Wiedervereinigung sollte »auf der Grundlage der vorhandenen Dokumente« geschehen. Dies bedeutete, dass die Verhaftungslisten mit den Namen der »Zielpersonen« im Operationsgebiet »ständig tagfertig aufbereitet« in den Panzerschränken der zuständigen MfS-Dienststellen für den »Tag X« bereitlagen.

2 Vorbilder: KGB und Vietcong

Die Bemühungen des MfS ordneten sich in ein globales Konzept zur gewaltsamen Durchsetzung sowjetischer Interessen gegenüber dem Westen ein. Am 16. Dezember 1969 verfasste AGM-Chef Scholz für Mielke einen Bericht über die Ergebnisse einer Konsultation mit dem KGB in Moskau. Dessen Inhalt war so brisant, dass wichtige Passagen vom Verfasser handschriftlich in den maschinengeschriebenen Text eingefügt wurden, um die ganze Wahrheit selbst vor den MfS-Schreibkräften geheim zu halten. Von seinen sowjetischen Gesprächspartnern war Scholz Folgendes mitgeteilt worden: Mit der Verwaltung W besaß das KGB einen »spezifischen Dienst« mit der Aufgabe, »im Kriegsfall [im feindlichen Hinterland] Widerstandsbewegungen (auch Partisanenkampf) zu entfachen oder zu unterstützen bzw. physische Aktionen durchzuführen«.[14] Eine weitere Aufgabe war die Anwendung »aktiver Maßnahmen« auch in Friedenszeiten:

»dann jedoch unter der jeweiligen nationalen Flagge oder aus dritter Hand, bei konsequenter Verschleierung der eigenen Beteiligung. In

---

12 PID: Politisch-ideologische Diversion.

13 Wolfgang Schwanitz: Linienspezifische Aufgaben der BV Berlin v. 5.8.1985; BStU, ASt Berlin, A 1011/2, Bl. 1 f.

14 Alfred Scholz: Bericht über die Ergebnisse der Konsultationen, die mit Vertretern des Komitees für Staatssicherheit der UdSSR zu Fragen der Arbeit der Linie IV des MfS geführt wurden v. 16.12.1969; BStU, ZA, HA XXII 521/20, Bl. 7.

diesem Falle werden grundsätzlich nur materielle Mittel und Ausrüstungen des Gegners angewandt, die jeder Überprüfung nach ihrer Herkunft standhalten. [...] Als aktive Maßnahmen werden im Wesentlichen angesehen: Diversion, Entführungen, Liquidierungen, Beschaffung technischer Exponate besonderer Art des Gegners auf spezifische Weise, Unterstützung nationaler Erhebungen und Partisanenbewegungen, Hilfe und Unterstützung bei entsprechenden Aufständen (bei konsequenter Verschleierung der Beteiligung oder wenn, wie bei Aufständen auf nationaler Ebene, die ›Hand‹ nicht bekannt werden soll), die Bereitstellung von ›Freiwilligen‹ zur Unterstützung des antiimperialistischen Kampfes.«[15]

Mithilfe und unter Anleitung der Hauptverwaltung I des KGB hatte die Verwaltung W die »Regimeverhältnisse« in den voraussichtlichen Operationsgebieten zu studieren und Angriffsobjekte als auch -territorien aufzuklären sowie zu dokumentieren. Ihr oblag die Führung und Ausbildung von IM in den Operationsgebieten ebenso wie die Ausbildung von Einsatzkräften auf dem eigenen Territorium. Dazu hatte die Verwaltung W die nötigen Waffen, Geräte und Mittel bereitzustellen. Schließlich zählte zu den Aufgaben ein »ständiges Studium entsprechender Konfliktgebiete in anderen Ländern, um zu helfen, dort die Interessen der eigenen Partei- und Staatsführung durchzusetzen«.[16] Die »Zielobjekte« des spezifischen Dienstes im Konfliktfall waren unter anderem neuralgische Punkte des Verkehrswesens, der Kommunikationssysteme, der wirtschaftlichen und militärischen Infrastruktur im gegnerischen Hinterland. Die Vorgehensweise des spezifischen Dienstes war:

»Erfassung, Bearbeitung und lückenlose Aufklärung von Einzelpersonen aus den genannten Objektbereichen, die in einer besonderen Situation durch aktive Maßnahmen beizubringen sind, weil von ihnen angenommen wird, dass sie über umfangreiches Wissen verfügen, das für die eigene Planung von hervorragender Bedeutung ist. [...] Grundsätzlich wurde darauf hingewiesen, dass die Objektbearbeitung streng auf neuralgische Punkte gerichtet sein sollte, um physische Aktionen mit geringem Aufwand und hohem Nutzeffekt durchführen zu können, Desorganisation und Panik zu erreichen und Führungseinrichtungen und Einzelpersonen der Führung rechtzeitig auszuschalten.«[17]

Im weiteren Verlauf der Gespräche in Moskau erfuhr Scholz Einzelheiten über Organisation und Tätigkeit des IM-Netzes der Verwaltung W im Ausland, Ausbildung

---

15   Ebenda, Bl. 8 ff.
16   Ebenda, Bl. 11.
17   Ebenda, Bl. 13.

von Einsatzkräften im eigenen Land, Strategie und Taktik der geplanten Einsätze, Kampfmittel und Bewaffnung.

Als am 30. April 1975 Vietcong-Truppen in die südvietnamesische Hauptstadt Saigon einmarschierten, verfolgte Stöckers Diensteinheit die dortige Entwicklung mit Aufmerksamkeit. Ein solches Szenario war ja auch das Ziel ihrer Tätigkeit: Während noch die letzten Mitglieder der »Bonner Regierung« mit amerikanischen Hubschraubern ins Exil fliehen, besetzten tschekistische Einsatzgruppen unterstützt von »patriotischen Kräften des Operationsgebietes« als Vorhut der siegreichen Nationalen Volksarmee die strategisch wichtigen Punkte der Bundeshauptstadt. Um dieses Ziel zu erreichen, galt es, die Erfahrungen der vietnamesischen Genossen schleunigst auszuwerten. So verfasste Stöcker im Februar 1976 eine »Vorlage zur intensiven, linienspezifischen Auswertung von Kampferfahrungen spezifischer Einsatzkräfte« der Demokratischen Republik Vietnam (DRV) und der Republik Südvietnam (RSV).[18] In dieser Vorlage heißt es eingangs: »Der vorgelegte Fragenkomplex zu spezifischen Einsatz- und Kampfmaßnahmen vor, während und nach der Kampfperiode zur Befreiung der RSV und der derzeitigen Phase zur Aufrechterhaltung der Macht und der staatlichen Sicherheit soll dazu dienen, für unsere spezifische Linie bedeutsame und im Grunde prinzipielle Erfahrungswerte zu erlangen.«[19] Besonders interessierten die MfS-Diversionsspezialisten dabei natürlich Erkenntnisse, die sich für den Kampf gegen die Bundesrepublik verwerten ließen:

> »Insbesondere wertvoll sind Erfahrungen des Kampfes in relativ dicht besiedelten Gebieten, Städten und Industriezentren, vor allem bei den Angriffen gegen Objekte, Einrichtungen, Personen und Personengruppen des politisch-administrativen, des ökonomischen und des militärischen Bereiches. [...] Ein solcher Einblick schafft für die weitere Ausgestaltung unserer spezifischen Linie die zur Zeit wohl günstigsten Voraussetzungen und gewährleistet eine tiefgründige Analyse und Nutzung von Einsatzgrundsätzen, Bewaffnung und Ausrüstung für eigene Kampfmaßnahmen gegen unseren potenziellen Hauptfeind auf dem Territorium der BRD.«[20]

Mit Stöckers Vorlage, die fünf detaillierte Fragenkomplexe an die vietnamesischen Sicherheitsorgane enthielt, bereiteten sich die deutschen Tschekisten auf einen Arbeitsbesuch in Vietnam vor, um die Situation vor Ort zu studieren. In einem Bericht vom Sommer 1976 wurden die Ergebnisse der Reise dokumentiert: »Die Erkenntnisse aus den verschiedenen Zeitabschnitten des Kampfes gegen den Feind durch die Organe der Staatssicherheit der DRV sind als prinzipiell wertvoll für unse-

---

18 Heinz Stöcker: Vorlage zur intensiven, linienspezifischen Auswertung von Kampferfahrungen spezifischer Einsatzkräfte der DRV und RSV in Vietnam v. 11.2.1976; BStU, ZA, AGM 498, Bl. 1-19.
19 Ebenda, Bl. 2.
20 Ebenda.

re eigenen spezifischen Vorbereitungs- und Planungsmaßnahmen zur Arbeit nach und im Operationsgebiet, insbesondere in komplizierten Lagebedingungen, zu werten.«[21] Neben anderem interessierten sich die MfS-Spezialisten besonders für Erfahrungen der vietnamesischen Genossen bei der »Kampfführung mit speziellem politischen Charakter« wie beispielsweise die »Liquidierung von Personen, die im Polizeiapparat und dem Verwaltungsapparat tätig waren« sowie für die »Einnahme von administrativen Objekten und die Erbeutung von Dokumenten«.[22]

3 Mordkommandos

An der Wiege der Diensteinheit AGM/S standen gewissermaßen als Geburtshelfer die »sowjetischen Freunde«. Unter deren Anleitung schritten die »Kämpfer an der unsichtbaren Front« bereits 1963/64 gegen die russische Emigrantenorganisation NTS (Narodno Trudowoi Sojus: Volksarbeitsbund) zur Tat: »In engster Zusammenarbeit mit den sowjetischen Tschekisten wurden Kampfmittel zur aktiven Bekämpfung der Feinde im Operationsgebiet bereitgestellt und angewendet, zum Beispiel: Durchführung aktiver Maßnahmen gegen einen NTS-Sender, Maßnahmen gegen zwei NTS-Druckereien.«[23] Diese russische Emigrantenorganisation hatte ihren Sitz in Frankfurt am Main und versuchte, unter anderem mit Propagandaflugblättern, auf die in der DDR stationierten sowjetischen Truppen einzuwirken. Ein ähnlich offenherziges Bekenntnis zu Anschlägen in der Bundesrepublik wurde im späteren Schriftgut der AGM/S peinlichst vermieden. Es lag in der Natur der Sache, dass man später brisante Einsatzbefehle aus naheliegenden Geheimhaltungsgründen kaum schriftlich erteilte und, so vorhanden, 1989/90 vordringlich vernichtete.

Auch in den achtziger Jahren bildeten die Einsatzgruppen der AGM/S die Speerspitze der aggressiven MfS-Planungen. In einem Dokument vom 15. April 1981 legte der AGM/S-Chef Stöcker erneut die »Hauptaufgaben der Einsatzgruppen im Operationsgebiet« fest. Einleitend vermerkte er in Anlehnung an den grundlegenden Mielke-Befehl 107/64, es hätten »Einsatzgruppen des MfS jederzeit bereit zu sein, um unter allen Bedingungen der Lage – unter relativ normalen, friedlichen Bedingungen als auch im Falle bewaffneter Auseinandersetzungen – aktive Aktionen gegen den Feind und sein Hinterland erfolgreich durchführen zu können«.[24] Bemerkenswert sind die Ausführungen Stöckers über die Verwendung der Einsatzgruppen als Mordkommandos bereits in Friedenszeiten:

---

21 Abteilung IV/S: Einschätzung der Erkenntnisse aus dem Studium der Kampferfahrungen der Organe der Staatssicherheit der DRV v. 29.7.1976; BStU, ZA, AGM 498, Bl. 21.

22 Ebenda, Bl. 27.

23 AGM/S: Zuarbeit zur Chronik der Diensteinheit v. 4.5.1982; BStU, ZA, HA XXII 658/2, Bl. 7.

24 AGM/S: Einsatzgrundsätze und Hauptaufgaben der Einsatzgruppen im Operationsgebiet v. 15.4.1981; BStU, ZA, HA XXII 1600/1, Bl. 3.

»Durchführung befohlener spezifischer Einzelaufgaben; Liquidierung oder Beibringung von Verrätern; Liquidierung bzw. Ausschaltung führender Personen von Terrororganisationen, deren Tätigkeit gegen die staatliche Sicherheit der DDR gerichtet ist.«[25]

Der Begriff »Liquidierung« bedeutete in den Unterlagen der AGM/S Mord, da er per definitionem ausdrücklich etwa vom Vernichten oder Ausschalten unterschieden wurde. Im Handbuch der AGM »S« war eindeutig festgelegt, was in Bezug auf die Tätigkeit der Einsatzgruppen im Operationsgebiet unter dem Begriff zu verstehen sei: »Das Liquidieren beinhaltet die physische Vernichtung von Einzelpersonen und Personengruppen. Erreichbar durch: das Erschießen, Erstechen, Verbrennen, Zersprengen, Strangulieren, Erschlagen, Vergiften, Ersticken.«[26] In diesem Sinne führte ein Oberstleutnant der AGM/S in einem Dokument von 1982, verfasst als Grundlage für Lehrgespräche und Seminare zur Diversantenschulung, aus:

»Verunsicherung von führenden Personen in Zentren der politisch-ideologischen Diversion durch Störung bzw. Behinderung ihres Arbeitsablaufes sowie Beschädigung oder Lahmlegung von Einrichtungen, Technik, Akten oder Unterlagen dieser Zentren (z. B. durch zielgerichtete Liquidierung, Geiselnahme oder Entführung von Personen, [...] Durchführung von Sprengstoff- oder Brandanschlägen gegen die Zentren dieser Einrichtungen, wie beispielsweise der Sprengstoffanschlag gegen den Sender Radio Free Europe in München im Februar 1981). [...] Speziell in dieser Periode [unter friedlichen Verhältnissen] sollten tschekistische Einzelkämpfer und Einsatzgruppen in verstärktem Maße die Szene der Terror- und Gewaltverbrechen nutzen, um mit dieser Tarnung und Abdeckung ihre Kampfaufgaben vorzubereiten und durchzuführen. Aus diesem Grunde möchte ich darauf verweisen, alle zugänglichen Informationen über die Terrorszene in den imperialistischen Staaten, die zur Anwendung kommenden Mittel, Methoden und Taktiken genau zu verfolgen, sie zu studieren und zu analysieren, um sie selbst anwenden zu können. In diese Betrachtungen sollten auch die Erscheinungsformen und Begehensweisen der Welle der Gewaltverbrechen und der allgemeinen Kriminalität mit einbezogen werden.«[27]

---

25 Ebenda, Bl. 12.

26 Handbuch der AGM »S«: Die Einsatz- und Kampfgrundsätze tschekistischer Einsatzkader bei der Durchführung offensiver tschekistischer Kampfmaßnahmen im Operationsgebiet v. 9.1.1974; BStU, ZA, HA XXII 5565/13, Bl. 18.

27 Gerhard Jonscher: Die Aufgaben tschekistischer Einsatzgruppen im Operationsgebiet v. März 1982; BStU, ZA, HA XXII 521/17, Bl. 16 f.

An anderer Stelle des Dokumentes heißt es:

>»Es kommt also immer darauf an, durch wirkungsvolle Tarnung, Täu-
schung und Verschleierung vom Wirksamwerden tschekistischer Einzelkämpfer und Einsatzgruppen abzulenken und den Verdacht auf re-
gimefeindliche und extremistische Kräfte des Operationsgebietes zu
richten. Beim Einsatz und der Anwendung spezifischer tschekistischer
Mittel ist immer zu gewährleisten, dass eine Identifizierung als tsche-
kistisches Einsatzmittel nicht mehr oder nur sehr schwer möglich ist
und [sie] am Aktionsort oder im Raum der Handlungen nicht durch
Verlust oder Unachtsamkeit zurückgelassen werden.«[28]

In einer AGM/S-Ausbildungsanleitung aus dem Jahre 1974 wurde unter dem Titel
»Der konspirative Hinterhalt gegen Einzelpersonen, Personengruppen und Fahrzeuge«[29] ausgeführt, wie derartige Anschläge praktisch durchzuführen seien. Der
Hinterhalt solle unter Anwendung von Täuschung, List, Findigkeit und möglichst
unter Volltarnung (zum Beispiel in Uniformen des Gegners) arrangiert werden, heißt
es in der Ausbildungsanleitung weiter. Je nach der Zielstellung unterscheide man
fünf verschiedene Arten des Hinterhaltes: den Vernichtungshinterhalt, den Beutehinterhalt, den Sicherungshinterhalt, den Störhinterhalt und den Hinterhalt im Rahmen
des psychologischen Kampfes.[30] Beispielsweise heißt es:

>»Der Vernichtungshinterhalt wird mit dem Ziel der Liquidierung von
Personen bzw. der Zerstörung des jeweiligen Objektes geführt. Die
anzuwendenden Mittel und Methoden können sich erstrecken von
der Anwendung des tödlichen Nahkampfes, den Schusswaffen, über
die ›Herbeiführung eines Unfalls‹ bis zum Einsatz von Sprengkampfmitteln. Rezepte gibt es keine. Der Charakter des Objektes, die eigenen Möglichkeiten sowie Ort, Zeit und Bedingungen sind die be-
stimmenden Faktoren für die Wahl der jeweiligen Mittel und Methoden.«[31]

Im Gegensatz dazu sollte der »Beutehinterhalt« der Gefangennahme von Personen
(etwa als Geiseln) und dem Raub von Sachen dienen. Der »Störhinterhalt« zielte auf
die Behinderung »feindlicher« Pläne und Absichten. Als Beispiele dafür wurden in
der Ausbildungsanleitung die planmäßige Versorgung eines Objektes oder die
Durchführung einer Tagung oder Konferenz genannt, welche zum einen durch
Angriffe auf Lieferfahrzeuge, zum anderen durch Anschläge gegen einzelne anreisen-

---

28 Ebenda, Bl. 9.
29 Abteilung IV/S: Der konspirative Hinterhalt gegen Einzelpersonen, Personengruppen und Fahrzeuge
    von 1974; BStU, ZA, HA XXII 5708/1, Bl. 151-221.
30 Ebenda, Bl. 167.
31 Ebenda, Bl. 168.

de Tagungsteilnehmer wirksam gestört werden könnten. Mit besonderer Arglist sollte beim »konspirativen Hinterhalt im Rahmen des psychologischen Kampfes« vorgegangen werden. Hier wollte man wahllos unbeteiligte Zivilisten überfallen und ermorden. Durch diesen Terror sollte unter der Bevölkerung der Bundesrepublik Verunsicherung, Schrecken und Panik ausgelöst werden.

Den Einsatzgruppen stand ein beträchtliches Arsenal an »operativ-technischen« Mitteln für den Untergrundkampf zur Verfügung. Fast 30 Jahre lang arbeiteten Spezialisten der AGM/S in geheimen Labors und Werkstätten an der Entwicklung, Modifikation und Herstellung von Diversions- und Terrorkampfmitteln. Die Produktpalette reichte von Sprengstoffen, Zündern, Mitteln zur chemischen Werkstoffzerstörung und Brandsätzen über Gifte und Narkotika bis hin zu funkferngesteuerten Sprengfahrzeugen, Sprengtextilien, Aerosolen und Reizgasen. Die AGM/S-Spezialisten befassten sich mit dem Einsatz von radioaktiven Isotopen und der Anwendung von Kernminen.[32] Zum Gebrauch der Einsatzgruppen verfügte die Diensteinheit über Waffen, Ausrüstung und Uniformen westlicher Armeen sowie zivile Einrichtungen wie Post und Bundesbahn.[33]

4   Vernichtungsingenieure

Die Diversionsspezialisten der AGM/S wurden in konspirativen Ausbildungslagern in der DDR für ihren Einsatz trainiert. Die Hauptausbildungsbasis befand sich in Wartin bei Angermünde. Die praktischen Übungen im Brandlegen und Sprengen erfolgten dort auf den »Ausbildungsplätzen Kampfmittel«. An den hier nachgebauten Zielobjekten wie Eisenbahngleisen, Hochspannungsleitungen, Telefon- und Wasserleitungen demonstrierten die Tschekisten ihre mannigfachen Fähigkeiten im Zerstören. Da dieses Zerstörungswerk nicht blindwütig erfolgen, sondern sich aus Gründen der Effektivität gegen neuralgische Punkte der Zielobjekte richten sollte, bildete man die Einsatzkader zu regelrechten Vernichtungsingenieuren aus. Ihnen wurden umfangreiche Kenntnisse über technische Details, Aufbau, Funktion und Wirkungsweise der geplanten Angriffsziele in der Bundesrepublik vermittelt. Anhand einer Ausbildungsanleitung von 1980 schulte man die MfS-Diversanten beispielsweise in der »Aufklärung und Bekämpfung neuralgischer Punkte des Wassertransportsystems«.[34] Zu diesem Zweck wurden zunächst umfangreiche Kenntnisse über die Binnenwasserstraßen der Bundesrepublik am Beispiel der Rheinschifffahrt vermittelt. Dabei lag der Schwerpunkt auf möglichen Zielobjekten wie Schleusen, Schiffs-

---

32 Dienstbereich 2 der AGM/S: Vorläufige Aufgabenstellung des Dienstbereiches v. 11.4.1984; BStU, ZA, HA XXII 5670/4, Bl. 38.

33 Dienstbereich 2 der AGM/S: Jahresplan 1982 v. 19.1.1982; BStU, ZA, HA XXII 5836, Bl. 195.

34 AGM/S: Die Aufklärung und Bekämpfung neuralgischer Punkte des Wassertransportsystems und von Hafenanlagen v. 23.6.1980; BStU, ZA, HA XXII 5650/6, Bl. 1 ff.

hebewerken, Vorhäfen und Leiteinrichtungen. Grundlage für den Lehrstoff waren Spionageergebnisse von Agenten der Abteilung IV und der HV A. So wurden die Kursanten über die Störung eines Hafenbetriebes ganz konkret am Beispiel des geplanten Diversionsobjektes Hamburger Hafenbahn unterrichtet. In einer detaillierten Beschreibung heißt es:

> »Das Gleisnetz der Hamburger Hafenbahn umfasst circa 554 km Streckenlänge, 2 450 Weichen und 250 Signale. [...] Vom Hafenbahnhof Hamburg Kai rechts werden die Bezirksbahnhöfe Hübenerkai, Versmannstraße und Kirchenpauerstraße bedient. Vom Hafenbahnhof Hamburg Süd die Bezirksbahnhöfe Überseezentrum, Amerikastraße, Australienstraße, Afrikastraße, Kamerunweg, Nehlstraße und Buchheisterstraße.«[35]

Nachdem die Autoren der Ausbildungsanleitung solcherart Aufbau und Betrieb der Anlage beschrieben hatten, empfahlen sie unter der Überschrift »Angriff auf die Hafenbahn« folgende Vorgehensweise: »Angriffspunkte bilden: Gleiskörper, Stellwerke, Signalanlagen, Weichen, Waggonbelade- und Waggonentladestellen. Bekämpfungsmöglichkeiten: Anwendung von Sprengkampfmitteln gegen alle Angriffspunkte, Anwendung von mechanischer Gewalt gegen Leiteinrichtungen, Desorganisation bei der Waggonzusammenstellung.«[36]

Bei den Unterlagen der AGM/S fanden sich zwei von der Abteilung IV erstellte Listen, die allein für das Jahr 1981 insgesamt 346 »zu bearbeitende Zielobjekte« der zivilen und militärischen Infrastruktur der Bundesrepublik benannten.[37] Jahrzehntelang hat das MfS mithilfe willfähriger inoffizieller Mitarbeiter der Abteilung IV die Infrastruktur der Bundesrepublik ausgespäht, um sie im Ernstfall lahmzulegen. Den IM war diese Zielstellung ihrer Aufklärungstätigkeit größtenteils bekannt. In den Listen mit 346 Zielobjekten von 1981 wurden acht Atomkraftwerke und kerntechnische Anlagen aufgelistet. Es waren dies die Kernkraftwerke Neckarwestheim, Stade, Würgassen, Biblis, Phillipsburg und Gundremmingen sowie die Kernforschungsanlage Jülich des Landes Nordrhein-Westfalen und das Kernforschungszentrum Karlsruhe. Selbst wenn ein Angriff auf derartige Ziele mit konventionellen Diversionsmitteln geführt wird und sich unter Vermeidung eines Supergaus »lediglich« gegen neuralgische Punkte, wie etwa Starkstromableitungen oder eine Schaltzentrale richtet, bleibt ein unkalkulierbares Risiko. Nicht nur moralisch, sondern auch strategisch außerordentlich fragwürdig scheint deshalb schon die Planung derartiger Vorhaben. Die IM der Abteilung IV lieferten dafür durch ihre Späherdienste die Grundlagen.

---

35 Ebenda, Bl. 29 f.
36 Ebenda, Bl. 39.
37 Abteilung IV der AGM: Listen mit bedeutenden Zielobjekten, die entsprechend der Linie der Diensteinheit und der operativen Möglichkeiten planmäßig in der Perspektive analytisch zu bearbeiten sind v. 6.1.1981 und v. 20.1.1981; BStU, ZA, HA XXII 5684/3, Bl. 3–99.

Sie waren keine erpressten oder gekauften Agenten, sondern überzeugte Kommunisten und somit Feinde der Demokratie. Es ist anzunehmen, dass auch Überzeugungstäter genug Phantasie hatten, um sich vorzustellen, was bei einem Diversionsangriff auf Kernkraftwerke oder etwa auch auf Talsperren und Chemiebetriebe passieren konnte.

5 Tschekistische Entwicklungshilfe

Hauptaufgabe der Diensteinheit im Rahmen der internationalen Beziehungen des MfS war die Ausbildung von ausländischen Kadern so genannter Befreiungsorganisationen. Ab 1971 begann die Vorbereitung der Lehroffiziere an den geheimen Ausbildungsbasen für die Schulung ausländischer Kader. Die Offiziere trainierten besondere pädagogische Verhaltensweisen gegenüber Ausländern, studierten »Milieu- und Regimefragen« der Zielländer und versuchten, die Lehrthemen der jeweils besonderen Situation dieser Staaten anzupassen.[38] Auch lernten die Ausbilder Fremdsprachen wie Englisch, Französisch, Arabisch, Spanisch und Portugiesisch.[39] Anhand der überlieferten Unterlagen lässt sich eine regelmäßige Schulung ausländischer Kader jedoch erst ab Anfang der achtziger Jahre nachweisen. Sie wurden im Sinne der AGM/S-Spezifik als Einsatzgruppenführer, Einzelkämpfer, Kampfschwimmer, Sprengtaucher, Spezialisten für Terrorkampfmittel, Objektsicherungskräfte und Personenschützer ausgebildet.

Ausweislich der bisher aufgefundenen Unterlagen wurden zwischen 1980 und 1989 Mitglieder folgender Organisationen ausgebildet: African National Congress (ANC) Südafrika, Zimbabwe African People's Union (ZAPU) Simbabwe, drei verschiedene Fraktionen der Palestine Liberation Organization (PLO): Patriotische Palästinensische Befreiungsbewegung (PLO-El-Fatah/Sicherheit), Gruppe Habbash (PLO-PLFP), Gruppe Hawatmeh (PLO-DLFP), Ministerium für Sicherheit der Volksrepublik Moçambique, Departemento für Staatssicherheit Nicaragua, Kommunistische Partei Kolumbiens, South West Africa People's Organization (SWAPO) Namibia, Komitee für Staatssicherheit der Volksdemokratischen Republik Jemen, Ministerium für Sicherheit der Volksrepublik Kongo, Kommunistische Partei von Honduras, Kommunistische Partei und Sozialistische Partei Chiles, Sicherheitsorgane von Äthiopien. Insgesamt waren im Rahmen von »Solidaritätsaufgaben« zwischen 1970 und 1989 in 164 Lehrgängen 1 895 Personen aus 15 Staaten ausgebildet worden.[40] Dazu kommt eine bisher unbekannte Anzahl von Kämpfern, die die AGM/S

---

38 Dienstbereich 1 der AGM/S: Punkt 4 der Zuarbeit zur Chronik der Diensteinheit (Hauptergebnisse der Erfüllung der Jahresaufgaben) von 1982; BStU, ZA, HA XXII 658/2, Bl. 10.

39 Arbeitsgruppe 5 der AGM/S: Bericht zur Kaderarbeit v. 31.10.1980, 18 S., hier S. 13; BStU, ZA, HA XXII, Bdl. 1412 (unerschlossenes Material).

40 Vgl. Wunschik, Tobias: Hauptabteilung XXII (Anm. 4), S. 27.

vor Ort in Ländern wie Jemen oder Syrien schulte und trainierte. In einer Analyse zur Ausbildung von Mitgliedern ausländischer »Befreiungsorganisationen« und Sicherheitsdienste findet sich 1989 die Feststellung, dass in der zurückliegenden Zeit jährlich durchschnittlich 120 Kursanten die Lehrgänge absolvierten. Weiter heißt es dort: »Die bisher durchgeführte Ausbildung fand große Resonanz und hohe Wertschätzung bei den Führungen der Partner und Funktionäre der Abteilung Internationale Verbindungen des ZK (dazu liegt ein Schreiben des Leiters der Abteilung Internationale Verbindungen des ZK der SED an den Genossen Minister vom März 1989 in der HV A vor).[41]« Die einschlägigen Aktivitäten blieben jedoch nicht ohne Probleme für das MfS. Offensichtlich waren im Ausland trotz aller Konspiration Informationen über den Charakter der Schulungen durchgesickert:

> »Die Hervorhebung bzw. das weltweite Streben, Konflikte friedlich zu lösen und die Ausbildung von Gruppenführern für den ANC auf militärischem Gebiet (in der Größenordnung [von] bis zu 40 Kadern im Durchschnitt) im Gästehaus Teterow stehen im Widerspruch und werden der DDR seit Jahren außenpolitisch angelastet. Da diese Ausbildung selbst von Führungskadern des ANC als unaktuell und uneffektiv eingeschätzt wird, ist ein neues Herangehen erforderlich.«[42]

Statt nun die Einmischung in die inneren Angelegenheiten anderer Staaten aufzugeben, ordnete die Abteilung Internationale Verbindungen des ZK der SED im genannten Schreiben an, die Ausbildung von Gruppenführern »für den illegalen bewaffneten Kampf« fortzusetzen. Es sollte lediglich noch geheimer geschehen: »Durch konsequente Durchsetzung der Prinzipien und Regeln der Konspiration und Geheimhaltung sowie die Arbeit mit Legenden sind die operative Sicherheit der Kader während ihres Aufenthaltes in der DDR zu garantieren und Voraussetzungen für den illegalen Einsatz im vorgesehenen Einsatzland zu schaffen.«[43]

Festzuhalten bleibt, dass die Haltung des MfS zum internationalen Terrorismus zwiespältig war. Westliche Terrorgruppen, beispielsweise die Rote-Armee-Fraktion (RAF), wurden öffentlich verurteilt, streng observiert, aber heimlich durch Gewährenlassen unterstützt, weil sie den gemeinsamen Feind angriffen. Terroristische Aktivitäten von Partnerorganisationen wie der PLO galten als »nationaler Befreiungskampf« und waren somit gerechtfertigt.

---

41 HA XXII: Durchführung spezifischer Lehrgänge im Rahmen der Solidaritätsaufgaben des MfS von 1989; BStU, ZA, Arbeitsbereich Neiber 007, Bl. 317.
42 Ebenda, Bl. 318.
43 Ebenda, Bl. 319.

6   Resümee

Bis Ende März 1985 hatte die AGM/S bereits rund 3 500 MfS-Mitarbeiter als Spezialisten zum Terrorkampf gegen die Bundesrepublik ausgebildet.[44] Das Agentennetz der Abteilung IV zur Ausspähung der Zielobjekte und -personen bestand 1987 aus 373 IM. Eine enge Zusammenarbeit der Arbeitsgruppe für Sonderaufgaben (AGS) der Abteilung IV bestand ab 1981 auch mit der bewaffneten illegalen Untergrundorganisation der DKP. Dies waren die so genannten patriotischen Kräfte, deren man sich als »Partner des Zusammenwirkens« zur Zerschlagung der Bundesrepublik bedienen wollte. Die mehrere hundert Personen umfassende Organisation firmierte unter dem Decknamen »Gruppe Ralf Forster«.[45] Sie wurde durch die SED (Abteilung Verkehr des ZK der SED) logistisch, finanziell, durch Waffenlieferungen und durch militärische Ausbildung der Untergrundkämpfer in der DDR unterstützt. Das MfS realisierte diese Aufgaben und sicherte die Organisation geheimdienstlich ab.[46] Zur Tätigkeit der »Gruppe Ralf Forster« besteht weiterer Forschungsbedarf. Der Umfang und die Intensität der über Jahrzehnte betriebenen konspirativen Aktivitäten machen deutlich, dass es sich dabei keineswegs um Sandkastenspiele handelte. Die Bedrohung war real.

---

44   AGM/S: Übersicht über den spezifisch ausgebildeten und derzeitig verfügbaren Kräftebestand im MfS v. 22.3.1985; BStU, ZA, HA XXII 5670/5, Bl. 29.

45   Abteilung IV/AGS: Zusammengefasste Schlussfolgerungen zur Absicherung der konspirativen Gruppe »Ralf Forster« von 1984; BStU, ZA, HA II 28479, Bl. 24 ff. (rekonstruiertes vorvernichtetes Material).

46   Ebenda, Bl. 13.

Heinz Busch

Die NATO in der Sicht der Auswertung der HV A

Wie jeder moderne Geheimdienst verfügte auch die HV A (gleichermaßen als dritte Säule des Apparats neben dem starken agenturischen Beschaffungsbereich und einer gut ausgelegten allgemeinen und speziellen Logistik) über eine analytische Komponente der Struktur, die »Auswertung und Information«. Dabei handelte es sich nicht nur um *ein* Strukturelement, sondern um mehrere, die eine so bezeichnete Funktion ausübten.

An erster Stelle ist hier die Abteilung VII zu nennen, zuständig für die Auswertung der nachrichtendienstlichen Arbeitsergebnisse, genauer der beschafften Spionagematerialien und -daten auf den Gebieten Politik, Wirtschaft und Militär für die Führung der SED, die Regierung, die Streitkräfteführung und die Bündnisspitze. Funktionell ging es hier darum, vorrangig auf der Basis interner, aktueller, geheimer und sachbezogener Dokumente aus dem Operationsgebiet, ihrer Beurteilung und Einschätzung, die DDR-Führung (und die sowjetische Führung nahezu uneingeschränkt, die der anderen Verbündeten spärlicher) möglichst aktuell und zuverlässig über die Pläne und Absichten und über die Dynamik der Potenziale des politischen Gegners in den internationalen Beziehungen ins Bild zu setzen.

Eine andere Art und Form der Auswertung betrieb die Gegenspionage, die Abteilung IX. Dort ging es in erster Linie darum, durch einen systematischen Prozess der Analyse, Synthese, des Vergleichs, der Verdichtung etc. aktive oder auch ruhende Potenzen und auch Absichten gegnerischer Nachrichtendienste in der DDR und in verbündeten Staaten festzustellen, um auf diese Weise Vorläufe für Gegenoperationen zu schaffen und Schwächen im eigenen Sicherheitssystem, auch im eigenen Dienst, zu erkennen.

Der Sektor Wissenschaft und Technik unterhielt eine eigene Auswertungsabteilung, deren Funktion vorrangig administrativer Natur war und sich hauptsächlich mit der Steuerung der Informationsflüsse an die Nutzer und deren Beschaffungswünsche an die Beschaffungsorgane beschäftigte.

Auswertung im Sinne der Aufarbeitung beschaffter Daten und Dokumente zu Regimefragen (operative Beschaffungslage) für die Nutzer, vorwiegend für die Beschaffungsorgane und die Leitung der Hauptverwaltung sowie für ausgewählte Abwehrbereiche, betrieb die Abteilung VI der HV A.

Die NATO stand gemäß ihrer Bedeutung und ihrer Aktionsfelder im Blickfeld aller mit der Auswertung befassten Referate der Abteilung VII, konzentriert jedoch der Referate 2 (allgemeine Politik der NATO und der Europäischen Gemeinschaft, Abrüstung und Rüstungskontrolle) und 4 (Militärpolitik, Streitkräfte und Rüstung, ab 1985 zu einem Stellvertreterbereich aus drei Referaten angewachsen mit den zusätzlichen Schwerpunkten Früherkennung und Warnung, Zivilverteidigung und Gegnererkenntnisse über die eigene Militärpolitik und Streitkräfte). Daten der technischen Aufklärung, die bekanntlich nicht zur Struktur der HV A gehörte, wurden nur spärlich verwendet, Nachrichten von Organen des Zusammenwirkens und aus dem Aufkommen Verbündeter kaum, Erkenntnisse aus dem Studium offizieller oder auch halboffizieller Materialien (z. B. solcher der Parlamentarischen Versammlung der NATO) selbstverständlich als Hintergrundwissen. Mit der Leitung des Informationsapparats des militärischen Nachrichtendienstes fand ein regelmäßiger Austausch von Schlussfolgerungen zur militärischen und militärpolitischen Lage statt.

Im Unterschied zu den Analyseorganen des militärischen Nachrichtendienstes, der stark an politische und militärdoktrinäre Vorgaben gebunden war, wie sie von der eigenen Militärführung und von der Leitung der Hauptverwaltung Aufklärung (GRU) des sowjetischen Generalstabs festgelegt wurden und primär auf die (beschränkten) Erfordernisse der NVA ausgerichtet waren, waren die mit der Einschätzung des militärischen Gegners befassten Auswertungsorgane der HV A nicht in dieser Weise gebunden; die Leitung der Hauptverwaltung erwartete eine möglichst nüchterne, unvoreingenommene und von subjektiver Sicht weitgehend freie Einschätzung der Absichten, Pläne und der Dynamik des Potenzials der NATO auf der Grundlage der gewonnenen, vorwiegend auf dokumentarischer Basis fußenden Erkenntnisse unter gehöriger Einbeziehung der mit dem militärischen Faktor korrespondierenden Entwicklungen zum Beispiel in Politik, Wirtschaft, Forschung und Technologie und ohne räumliche Einschränkung. Spekulationen waren nicht erlaubt; ideologisch bedingte Tabus galten nicht. Das trifft für die Zeit bis zum Abtritt Wolfs vollauf zu, und auch danach griff die neue Leitung der HV A im militärischen Bereich weder behindernd noch korrigierend ein. Die Basis für eine vollwertige Beurteilungsarbeit über den Gegner, insbesondere unter den aus den zugewiesenen Hauptaufgaben resultierenden Aspekten, war zu jeder Zeit gegeben.

Zur Illustration sei das Langzeitprogramm der NATO (Long Term Defense Program), verabschiedet von der NATO-Führung im Mai 1978, angeführt. Es lag noch im gleichen Jahr und nahezu vollständig vor. Die regelmäßig beschafften Dokumente des Streitkräfte- und Rüstungsplanungszyklus der NATO erlaubten es in den Folgejahren, exakt und bis auf die letzte Position den Verlauf der Ausführung der Planungen und die absehbaren Perspektiven oder, anders ausgedrückt, die konkreten Formen der Umsetzung der durch die NATO-Staaten eingegangenen Verpflichtung, die militärischen Aufwendungen jährlich um effektiv 3 Prozent zu erhöhen, einzuschätzen. Die aus dem Bereich der Streitkräfte und darüber hinaus der Gesamtverteidigung der Bundesrepublik Deutschland beschafften Dokumente gestatteten eine detaillierte Einschätzung über diesen zugewiesenen Schwerpunktbereich der DDR-Aufklärung. Von nicht zu unterschätzender Bedeutung für das Verstehen der Motive der politischen und militärischen Entscheidungen der NATO – sofern man sie denn verstehen wollte – waren die gewonnenen und an die nationale und die Bündnisführung vermittelten Informationen zum Erkenntnisstand der NATO über den Warschauer Pakt und seine Führungsmacht. Auch im Zusammenhang mit den strategischen Nuklearkräften der führenden NATO-Staaten wurden Informationen erlangt, die eine solide Beurteilung dieses Faktors im strategischen Dispositiv der Gegenseite erlaubten. Analoges gilt für den Ausbau der militärischen Infrastruktur und die Zivilverteidigung. Ausgesprochen ungenügend waren die Schwerpunkte »Operationsplanung der NATO für den europäischen Kriegsschauplatz« und »Nukleare Zielplanung« abgedeckt.

Auf das Bild der NATO, das in der beschriebenen Weise ständig zu erarbeiten und zu aktualisieren war, will ich für die Zeit ab den späten siebziger Jahren vorrangig unter dem militärischen Aspekt näher eingehen. Es äußert sich – komprimiert und verallgemeinernd wiedergegeben und nicht alle Schwerpunkte würdigend – in den folgenden (hier im Präsens gehaltenen) Hauptaussagen:

1. Das militärische Hauptbündnis der westlichen Welt lässt sich in seiner politischen Strategie nach wie vor von der Zweieinheit von Entspannung und militärischer Abschreckung leiten; es ist jedoch zunehmend entschlossen, auf so empfundene Schritte der Gegenseite zur Erzielung militärischer Überlegenheit mit adäquaten, wenn auch oft nicht spiegelgleichen Maßnahmen zu reagieren. Zugleich vervollkommnet es seine politischen Instrumentarien und verschärft die nichtmilitärischen Formen der Auseinandersetzung mit dem Warschauer Pakt und seiner Politik und Ideologie, um, fußend auf einer sichernden militärischen Komponente, eine weitere Ausbreitung des staatlichen Sozialismus einzudämmen und die eigenen geopolitischen Positionen zu verteidigen. Damit verbundene Bestrebungen zur Veränderung der Bündnisgrundlagen, so unter anderem eine räumliche Ausdehnung des Bündnisgebiets, bedürfen der besonderen Aufmerksamkeit. Elemente einer offensiven, nichtmilitärischen Bekämpfung des realen Sozialismus, verbunden mit Gedanken des älteren Roll-Back-Konzepts, nehmen einen größeren Raum in der amerikanischen Gesamtpolitik ein und werden vom NATO-Bündnis weitgehend mitgetragen. Das Krisensteuerungsinstrumentarium wird beständig ergänzt, in seiner Wirksamkeit gesteigert und bei Übungen erprobt. Die regelmäßigen Übungen der militärpolitischen und strategischen Ebene des NATO-Bündnisses, zum Teil unter Beteiligung der meisten Regierungen der europäischen NATO-Staaten, belegen eine wachsende Führungsfähigkeit und eine ernst zu nehmende kontinuierliche Leistungssteigerung aller an einer Verteidigung beteiligten staatlichen Komponenten der NATO und ihrer Mitgliedstaaten.

2. Sowohl die strategischen Nuklearstreitkräfte der USA, die mit ihnen verzahnten strategischen Nuklearpotenziale Großbritanniens und Frankreichs, das militärische Potenzial der NATO – die konventionellen Streitkräfte, die in ihnen integrierten nuklearen Komponenten – und die nichtmilitärische Verteidigung werden modernisiert, in einer bestimmten Relation zu östlichen Aufrüstungsmaßnahmen verstärkt, Schwächen planmäßig ausgeräumt und die Flexibilität, Mobilität und Reaktionsfähigkeit erhöht. Dabei ist seit Anfang der achtziger Jahre für den europäischen

Schauplatz nicht zu übersehen, dass den militärischen Bemühungen der NATO das mittelfristige Ziel zugrunde liegen könnte, Kriegsführungsfähigkeit zu erwerben. Diese, besondere Aufmerksamkeit beanspruchende Tendenz steht in einer direkten Kongruenz mit Maßnahmen der USA im geostrategischen Rahmen: Modernisierung des nuklearstrategischen Potenzials, auch Effizienz- und Schutzsteigerung seiner Führungs- und Aufklärungselemente, SDI, 600-Schiffeflotte mit 15 Trägerkampfgruppen und verbesserten Feuer- und Führungsmitteln, tiefgreifende Schritte zur Steigerung der Effizienz der strategischen Führung im Kriege und der amerikanischen Zivilverteidigung, Schaffung eines weltweiten militärstrategischen Verbunds, zunächst in Form amerikanischer Kräfte eines Forward Based Systems und generell Steigerung der Fähigkeiten zu Interventionen in allen Teilen der Erde.

3. Zugleich wachsen die Fähigkeiten der Sparten der Aufklärung ausgewählter NATO-Staaten und ihre Möglichkeiten zur Blockierung von Aufklärungsaktivitäten des Warschauer Pakts, insbesondere im Hinblick auf eine mögliche Spannungssituation und die Anfangsphase eines militärischen Konflikts. Die USA sind dazu übergegangen, unter Aufgabe von früher streng geübten Geheimhaltungstabus die aus ihrer Sicht unübersehbare Überrüstung des Warschauer Pakts, insbesondere der Sowjetunion, für die internationale Öffentlichkeit wirksam darzustellen (symptomatisch dafür die seit Herbst 1981 regelmäßig in mehreren Sprachen herausgegebene Edition des amerikanischen Verteidigungsministeriums »Soviet Military Power«).

4. Trotz weiter bestehender Schwachstellen in der NATO-Gruppierung Europa, insbesondere in der materiellen Vorratshaltung und im Bereitschaftsgrad einiger assignierter nationaler Streitkräftekontingente, erfüllt das westliche Bündnis insgesamt gesehen seine 1978 übernommenen Verpflichtungen zur jährlich realen Steigerung der militärischen Aufwendungen von 3 Prozent und konzentriert diese Mittel räumlich besonders auf den europäischen Mittelabschnitt und positionell auf Erhöhung der Gefechtsbereitschaft und Standfestigkeit, der Flexibilität und einer schnellen Verstärkungsfähigkeit für die zentraleuropäische Region. Es ist für den Fall eines Krieges in Europa von einem rechtzeitigen, mit der NATO im Detail abgestimmten Eintritt der französischen Streitkräfte in den Krieg und ihrer koordinierten Mitwirkung an den Operationen der NATO-Streitkräfte auszugehen. Das nukleare Potenzial kürzerer Reichweite wurde durch Abzug älterer nuklearer Sprengmittel, durch Dezentralisation und Vervollkommnung der Zuführungsmechanismen zu den Trägermitteln sowie durch Modernisierungsmaßnahmen bei den Verschussmitteln in seiner Wirksamkeit beträchtlich modernisiert. Die eindeutig als Reaktion auf die sowjetische SS-20-Rüstung und die damit einhergegangenen falschen Versicherungen der sowjetischen Führung auf Initiative des deutschen Bundeskanzlers eingeleiteten Maßnahmen zur Gegenstationierung von Mittelstreckenraketen in Europa werden unter allen Umständen realisiert. Die besonderen Eigenarten beider in Aussicht genommenen Waffensysteme – PERSHING II und eine für die Modernisierung der westdeutschen PERSHING-Kräfte vorgesehene reichweitengekürzte Version dieses

Systems (1b) und das bodengestützte, wenn auch noch mit bestimmten technischen Mängeln behaftete Marschflugkörpersystem »TOMAHAWK« (BGM – 109G) – werden die Fähigkeiten der NATO zur Führung militärisch unabwendbarer präziser Erstschläge gegen Punkt- und Flächenziele, auch solche gehärteter Art, bis in die strategische Tiefe des Aufmarschraums der Truppen des Warschauer Vertrags unter Einschluss von Objekten der strategischen Führung signifikant erhöhen. Das offensive Element gewinnt in den operativ-strategischen und operativ-taktischen Konzepten der NATO-Streitkräfte größeren Raum als bisher (Air-Land-Battle-Konzept, Bekämpfung nachfolgender Kräfte, Decapitation u. a.), die zeitgleiche Einwirkungstiefe der Waffensysteme auf die gesamte gegenüberstehende Streitkräftegruppierung des Warschauer Paktes nimmt zu. Im Kriegsbild der NATO hat sich ein Wandel insbesondere um den Offensivbegriff vollzogen. Ein Niederringen des Gegners muss nicht notwendigerweise mit der Besetzung seines Territoriums verbunden sein; eine strategisch bedachte Zerstörung der Lebensnerven der Feindstaaten könnte ausreichend sein, um Voraussetzungen für die Veränderung des politischen Systems zu schaffen, ohne sich die Lasten einer Okkupationsarmee aufzuerlegen. An der Entschlossenheit der NATO, entsprechend dem militärstrategischen Konzept von 1968 und den im Verlaufe der Zeit daran vorgenommenen Präzisierungen konditioniert auch Nuklearwaffen im Kriege einzusetzen, besteht kein Zweifel.

5. Die NATO-Streitkräfte steigern schrittweise von Jahr zu Jahr ihre Fähigkeit, die in den USA doppelstationierten Kräfte schneller und dazu starke Verstärkungskontingente der Luft- und Landstreitkräfte aus Übersee im Luft- und Schiffstransport nach Europa zu verlegen, die Heereskontingente hier mit voraus eingelagertem technischen Gerät und Bewaffnung auszustatten und in operativer Nähe zu den Grenzen der DDR und der ČSSR zu konzentrieren. Der Grad der Führungsbereitschaft ist während der großen strategischen Übungen des westlichen Bündnisses außerordentlich hoch; die Fähigkeiten zu einer schnellen Überleitung der Übungsorganisation in eine reale Kriegsbereitschaft sind insbesondere für die Herbstzeit ernst zu nehmen, wenn gleichzeitig größere Truppengruppierungen zwar zu Übungszwecken, aber real auf dem europäischen Schauplatz entfaltet sind.

Die wachsende Reaktionsfähigkeit der Schnellen Eingreifkräfte des Obersten NATO-Befehlshabers Europa (SACEUR) an den Flanken unter stärkerer Beteiligung westdeutscher Kontingente, verbunden mit einer Abmilderung der früheren Abstinenzposition der norwegischen Regierung, bedarf besonderer Aufmerksamkeit der Aufklärungskräfte des eigenen Bündnisses.

6. Nach wie vor erfordern die in Forschung, Entwicklung und Erzeugung westlicher Staaten ablaufenden Prozesse zur Erzielung militärisch relevanter wissenschaftlich-technischer Durchbrüche und Neuerungen angemessene Bemühungen der eigenen Aufklärung zur frühzeitigen Ausspähung solcher Aktivitäten.

7. Die zwischen NATO-Partnern bestehenden Widersprüche (Griechenland-Türkei, Sonderpositionen Norwegens und teilweise Dänemarks, Differenzen wegen un-

gerechter Lastenverteilung, formeller Verbleib Frankreichs außerhalb der militärischen Organisation des Bündnisses, eigenständige militärische Entschlüsse der Briten u. a.) können zwar partiell politisch-diplomatisch zu nutzen versucht werden, eine spürbare Schwächung der militärischen Schlagkraft der Bündnisstreitkräfte wird sich daraus in einer Krise und in einem Krieg nicht ergeben. Im Übrigen gab es innerhalb des Dienstes auch in der Frage der Bewertung der Friedensbewegung im Zusammenhang mit der INF-Stationierung Differenzen.

8. Der Stand der Kenntnisse und Erkenntnisse der NATO über die Grundtendenzen der Militärpolitik und die Entwicklung der Streitkräfte und Rüstungen im Warschauer Pakt, auch in der Sowjetunion, sprechen für eine wirksame, bündnisweit organisierte Aufklärung. Die einschneidenden Veränderungen im militärischen Dispositiv und in der Militärdoktrin und -strategie der UdSSR und ihrer Verbündeten in der zweiten Hälfte der achtziger Jahre werden zwar von der NATO erfasst, zurückhaltend und eher zögernd ist man jedoch bei einer weitreichenden schlussfolgernden Beurteilung.

Generell haben die für die Beurteilung des militärischen Faktors bestimmten Stellen des politischen Nachrichtendienstes der DDR auf der Grundlage ungewöhnlich umfangreicher, stets frischer und geheimer Daten (im historischen als auch im akuten Vergleich) und konzentriert auf die vorgegebenen räumlichen und sachlichen Schwerpunkte der politischen und militärischen Führung des Landes und des Warschauer Paktes (genauer des Hauptverbündeten) kontinuierlich ein ungeschminktes, weitgehend realistisches und fundiertes Bild zur Lage, zu den Absichten und den Potenzen der NATO und ihrer Mitgliedstaaten für die politische Entscheidungsfindung und die militärische Entschlussfassung bereitgestellt. Auch im kritischen Rückblick aus der heutigen Sicht ist diese Tatsache nochmals zu bekräftigen.

Die veränderte Doktrin und die Aufklärung

Die Arbeit am Problem der Früherkennung führte auch zu weiterreichenden Überlegungen, ob denn auch die Organisation des Warschauer Vertrages, also das östliche Bündnissystem, nicht gut beraten wäre, ein Krisensteuerungsinstrumentarium ähnlich dem von der NATO nun schon mit Erfolg jahrzehntelang praktizierten crisis management einzuführen. Die gesamte Dokumentation des crisis management der NATO lag in der HV A auf stets aktuellem Stand vor und wurde den Entscheidungsträgern in zweckdienlich abgefassten Informationen immer wieder nahe gebracht. Für eine Initiative in der genannten Richtung votierten schließlich auch leitende Mitarbeiter des Außenministeriums der DDR, nachdem sich sowjetische Kollegen zum Teil schon halböffentlich ähnlich geäußert hatten. Das alles aber traf bei Honecker, Krenz, Axen, Hermann, Keßler und anderen von Amts wegen zuständigen Leuten auf Unverständnis. Zu solchen weitreichenden Gedanken gehörte auch das Problem, das mit der Gefahr einer zufälligen Auslösung eines Krieges im

Zusammenhang stand, verbunden mit Überlegungen, in das eigene Frühwarnsystem Sicherungen gegen solch einen immer möglichen Fall menschlichen, organisatorischen oder technischen Defekts einzubauen. Die Schatten der heraufziehenden großen politischen Krise aber ließen solche Probleme bei den zuständigen Entscheidungsträgern in den Hintergrund treten; bestenfalls wurde argumentiert, Moskau werde schon wissen, was da zu tun ist.

In der praktischen Arbeit der auf militärischem Gebiet operierenden Strukturelemente der HV A gab es bis zum Ende der DDR keine Umorientierungen, obwohl es nach den fatalen Entschlüssen des sowjetischen Verteidigungsrates von 1981 eine zweite, nun 1987 der ersten nahezu diametral entgegengesetzte Veränderung in der sowjetischen Militärdoktrin gegeben hatte, von Gorbatschow und seiner Mannschaft initiiert, verwunderlicherweise von den sowjetischen Militärs schließlich akzeptiert und von den Führungsgremien des Warschauer Paktes gebilligt. Diese Veränderung beinhaltete eine radikale Abkehr von der bisher offensiv orientierten Militärdoktrin hin zu einer auf die strategische Defensive ausgerichteten und einem Streitkräfteumfang nach dem Kriterium der ausreichenden Hinlänglichkeit.

Dass eine solche Doktrin für die Sowjetunion militärisch wenig Sinn machen konnte und dass die Konsequenzen einer solchen Doktrin für den Fall eines Krieges mit der NATO das Aufgeben der DDR bedeuten würde, war unsere Überzeugung.[1] Im Verlaufe des Jahres 1987 beschäftigten sich die Bündnisorgane (Tagung des Politischen Beratenden Ausschusses des Warschauer Paktes im Mai in Berlin) und anschließend die nationalen militärpolitischen Führungsorgane, in der DDR also der Nationale Verteidigungsrat, mit den praktischen Konsequenzen dieser, wie zu erläutern versucht wurde, politisch bedingten, tief einschneidenden militärdoktrinären Veränderungen. Über den Verlauf der Debatte im NVR wurde nichts bekannt; dass nur ein sehr kleiner Teil der dort anwesenden Funktionäre den Sinn und die Tragweite der für sie anstehenden Entscheidungen begriffen hatte, kann man heute begründet vermuten. Was das MfS angeht, so wurden die auf der Grundlage von Mielkes Weisung 1/67 durchgeführten Mobilmachungs-, Planungs- und Vorbereitungsmaßnahmen im Großen und Ganzen mit gehörigem Ernst betrieben. Zwei Momente aber waren es besonders, die für manchen Angehörigen des MfS, auch für so manchen leitenden General und Stabsoffizier, immer öfter zur Frage nach dem Sinn dieser Vorkehrungen führten. Das war einmal die offenkundige Sinnlosigkeit eines Krieges, unter welchen politischen Vorzeichen er auch immer geführt werden und in welcher Form (nuklear, »nur« konventionell) er auf deutschem Boden auch ausgetragen wird; die in den Übungen der Führungsorgane, so im Rahmen der NVR-Serie »Meilenstein«, in Übungen der Be-

---

1 Diese Sicht, so möchte der Autor möglichen Einwänden vorbeugen, ergab sich aus der damals gegebenen Gesamtsituation; sie wird hier so unumwunden dargelegt, um die Dilemmata deutlich zu machen, in denen sich die DDR-Organe in jener Zeit befanden. Die Einsicht, dass es Gorbatschow war, der durch seinen sicherheitspolitischen Kurs mit hoher Wahrscheinlichkeit die Menschheit vor einem globalen Vernichtungskrieg bewahrt hat, reifte erst später.

zirkseinsatzleitungen und in MfS-internen Lehrveranstaltungen simulierten Handlungen der Staatssicherheitsorgane nach einem Atomschlag wurden von alten Soldaten und von jüngeren Mitarbeitern, die sich einen Blick für Realitäten bewahrt hatten, als illusionär gewertet mit vielen daraus resultierenden »defätistischen« Folgen. Zum anderen waren es die nur halbherzig und oftmals in irrealen Formen betriebenen Maßnahmen der militärischen Ausbildung in den Diensteinheiten, die die Frage nach dem Sinn stellen ließen. Als Mielke Ende der siebziger Jahre den Repräsentanten einer »revolutionären« Bewegung die Lieferung einer signifikanten Zahl von Handfeuerwaffen und Munition zusagte, stellte sich heraus, dass Vorräte in diesem Umfang nicht vorhanden sind. Daraufhin mussten sämtliche Leiter in der Zentrale des Ministeriums, in der HV A bis hinunter zu den Referatsleitern, ihre Maschinenpistolen abgeben, und die eisernen Munitionsbestände wurden angerissen, um die »Kampfgenossen« aus der Dritten Welt zu beschenken. Die Ignoranten in der Mobilmachungs-Arbeitsgruppe des Ministers, die Letzterem diese Lösung nahe gelegt hatten, verstanden nicht, welche demoralisierende Wirkung ein solcher Schritt im Inneren des Apparats haben musste. Oder – die persönlichen Pkw der Mitarbeiter der Hauptverwaltung waren als Fortbewegungsmittel von den Sammelpunkten zu den geplanten Konzentrierungsräumen im Falle einer Mobilmachung geplant, und bei jedem Alarm hatten sie sich mit diesen Vehikeln in die Dienststellen zu begeben. Dass die gleichen Kraftwagen oder doch der brauchbare Teil davon von den Wehrersatzorganen für eine Mobilmachungsgestellung geplant waren, wurde ignoriert. Die Bewegungsstraßen und -zeiten für den Fall einer allgemeinen Mobilmachung waren in Berlin so geplant, dass sich die illustren Kolonnen von Teilen der HV A notwendigerweise mit Kolonnen der Sowjetarmee aus Karlshorst und Biesdorf kreuzen mussten. Noch eine Illustration – als die Leitung der Hauptverwaltung A in den achtziger Jahren im Rahmen der Übung zu Themen eines Nuklearkrieges erstmals den in Gosen auf dem Gelände der HVA-Schule getarnt angelegten unterirdischen Führungsbunker beziehen sollte, wurde den übrigen Kräften der Zentrale, die ebenfalls die Lage mitspielten, bedeutet, dass die Plätze im atomsicheren Bunker nicht ausreichend seien und dass sie unter Anwendung der üblichen Schutzmittel und Geländedeckungen ihren Dienst in überirdischen Liegenschaften auszuführen haben. Hinzu kam, dass diese sowie vorhergehende Übungen dilettantisch angelegt waren, das selbstverständliche System von Schiedsrichtern und Einlagen von Führung und Planungsorgan nicht verstanden wurde (die Übenden erarbeiteten sich selbst ihre »Einlagen«) und das Ganze unglaubhaft und gekünstelt, nicht ernst gemeint oder, je nachdem, gefahrdrohend auf die Betroffenen wirkte. Das alles ließ immer öfter die Frage nach dem Sinn stellen.

Noch zersetzender wirkte es, als zu Beginn des Jahres 1988 die aus der Umstellung der Militärdoktrin des Bündnisses resultierenden Veränderungen bekannt wurden. Leitende Mitarbeiter der HV A, auch solche aus den »militärischen« Teilen, waren von der Arbeitsgruppe des Ministers hinzugezogen worden, um bei der Umsetzung der vom Nationalen Verteidigungsrat verfügten Veränderungen behilflich zu sein, die sich für das MfS aus der veränderten Militärdoktrin ergaben. Dabei ging es zunächst um die Vorbereitung einer entsprechenden Erklärung Mielkes vor Führungspersonal oder, wie man im MfS sagte, vor leitenden Kadern. Ein Infragestellen der Vorgaben der höheren Führungsinstanz lag außerhalb jeder Betrachtung. Der Autor dieser Zeilen aber machte auf einer der Besprechungen zu dieser Thematik auf die unauflösbare Widersprüchlichkeit aufmerksam, die sich aus den von Mielke vorformulierten Orientierungen etwa der Art: »Wir werden niemals einen Krieg beginnen, aber in einem uns aufgezwungenen auch keinen Zentimeter eigenen Bodens preisgeben« und der Gewissheit ergab, dass strategische Defensive des Warschauer Paktes für die DDR das Aufgeben des größten Teils des eigenen Staatsgebiets in der ersten Kriegsphase zur Folge haben wird. Mielke hatte die dem Problem innewohnende Brisanz sehr wohl verstanden, und er sagte seinen Adlaten zu, sich streng an den vorbereiteten Text zu halten, wenn er vor den Leitern spricht, um keine unerwünschten Fragen zu provozieren oder gar Zweifel an der Richtigkeit des neuen Kurses aufkommen zu lassen. Genau das aber war ihm, wie vorgreifend festgestellt werden darf, nicht möglich; entgegen der Logik des Referats (und der Doktrin) ließ er sich auf sehr persönlich gefärbte Kommentare, Abschweifungen und Zwischenbemerkungen ein, die das Dilemma erst richtig offenbar werden ließen. Am 26. Februar 1988 wurde die »Dienstbesprechung zur Mobilmachungsarbeit im MfS« abgehalten. Mielke referierte mehr als vier Stunden lang; eine Diskussion oder Aussprache fand nicht statt; schulmeisterhaft wies der Referent die Teilnehmer der Besprechung an, dass sich jeder ausführliche Notizen zu machen habe. Wie immer zeichnete sich die Rede durch einen schwer erträglichen Duktus aus, wurde dadurch nicht besser, dass er mal laut, mal leise sprach, mal eilte und stolperte, mal betonte und hervorhob, dann wieder beschwor und wenig später wieder im kategorischen Imperativ anwies oder auch unterschwellig drohte. Hinzu trat das störende Streben nach absoluter und formaler Vollständigkeit von Ausdrücken und Formeln, nach unbedingter Richtigkeit, vor allem politischer und ideologischer Korrektheit des Ausdrucks. Das alles kannte man von ihm, und ohne ein vorbereitetes Konspekt hatte er schon jahrzehntelang nicht mehr, wenn denn überhaupt je, öffentlich geredet. Dieses aber war von jahrelang geübten Stückeschreibern in Form und Stil gebracht worden, obwohl sie zur lebendigen Sprache und zu einem guten Stil kein gesundes Verhältnis hatten, sie von der einst formulierten Vorgabe geprägt waren, es sei ihres Amtes, den von Fachleuten vorbereiteten substanziellen Text dem Stil des Genossen Ministers anzupassen. Vielleicht war das auch so ... Es war jedenfalls für Geist und Hintern eine Tortur, wenn man gehalten war zu folgen.

Doch zur Sache.

Zunächst war auffallend, dass Mielke zu den tatsächlichen Veränderungen in Militärdoktrin und Militärstrategie, die ja die Veränderungen in der Mobilmachungsvorbereitung bedingten, sehr wenig sagte und auch das nur in Andeutungen, Halbgedanken oder, wie schon gesagt, in emotional gefärbten Randbemerkungen außerhalb des vorbereiteten Textes.

Sodann war bemerkenswert, mit welchen Kunstgriffen er versuchte, den unüberhörbaren Widerspruch zwischen den »Beschlüssen der Parteiführung«, denen er doch stets uneingeschränkt gefolgt war, und seinen persönlichen ernsten Vorbehalten zu übertünchen; es war immer wieder spürbar, welche inneren Gewissenskämpfe er mit sich austrug. Etwas abgestanden mutete seine mit derben Begriffen gewürzte Charakterisierung des nach wie vor aggressiven Imperialismus unter Hervorhebung einer besonderen Gefährlichkeit der revanchistischen und aggressiven Kreise der BRD an. Diesen Gedanken verband er mit der Forderung nach höchster Wachsamkeit, um jegliche Überraschungen, besonders auf militärischem Gebiet, aber auch im Inneren (etwa in dieser verbalen Abstufung) auszuschalten.

Die generellen Ideen zur Notwendigkeit und zu Konsequenzen einer grundlegenden Veränderung der Mobilmachungsplanungen und der entsprechenden Vorbereitungsmaßnahmen besagten in etwa (auch wenn er die Gedanken nicht immer mit der notwendigen Deutlichkeit zu Ende führte und dem Leser offenkundige Widersprüche nicht in jedem Fall ausdrücklich kommentiert werden müssen):

— die politische Seite der neuen Militärdoktrin beinhalte friedliche Koexistenz, politische Regelung internationaler Probleme und Sicherheitsgewährleistung nach dem Gleichheitsgrundsatz; ein starker Sozialismus bleibe aber der entscheidende Faktor im Friedenskampf; daraus ergeben sich - in der Diktion Mielkes so vordergründig relativiert - »bestimmte« Veränderungen in der Vorbereitungsorganisation der Landesverteidigung und eine »gewisse« Neubewertung des Kriegsbildes.
Hauptanliegen bleibe die Aggressionsverhinderung; falls das aber nicht gelingt, bleibe der Auftrag unverändert bestehen, einen gegnerischen Angriff im Grenzgebiet abzuwehren und dem Aggressor eine vernichtende Abfuhr zu erteilen - und dann, 10 Minuten später - das Territorium der DDR würde sicherlich von Anfang an zum Frontgebiet ... »wir hätten auch damit zu rechnen, ... dass zumindest Teile des Territoriums der DDR vom Gegner besetzt werden können« ...;

— die Maßnahmen müssten nicht nur auf einen Verteidigungszustand ausgerichtet werden, sondern auch auf Spannungsperioden (die in der bisherigen Planung nur als Vorstufe zu einem Krieg betrachtet wurden);

— die Hauptbestandteile der Planung blieben erhalten: das Alarmierungs- und Benachrichtigungssystem in Verbindung mit den differenzierten Stufen der Einsatz- bzw. Gefechtsbereitschaft, das System präventiver Maßnahmen gegen potente Gegner oder vom MfS so qualifizierte im Inneren der DDR, personelle und materielle Ergänzung und Sicherstellung, medizinische und andere Arten der Sicherstellung, das Führungs- und Fernmeldesystem des MfS.

Darauf folgten Überlegungen und Weisungen zu einschneidenden Veränderungen in den entsprechenden Planungen der Staatssicherheit und zur Einschränkung von Kräften, Mitteln und Einrichtungen, die zu analysieren ein gesondertes Kapitel erfordern, den Rahmen dieses Beitrages aber sprengen würden. Die HV A wurde, das allerdings bedarf hier der Hervorhebung, in Mielkes Ausführungen kaum erwähnt, Konsequenzen veränderter Mobilmachungsplanung für sie sind von ihm nicht einmal angedeutet worden. Nur so viel im Sinne des hier bemühten Gedankens – die Wirkung der Ministerausführungen und dazu die unüberhör- und unübersehbare politische Panik, die den Halbgott ergriffen hatte, war derart demoralisierend, dass ich sie zu den Faktoren rechne, die im Spätherbst, anderthalb Jahre später, zu dem von niemand erwarteten, Gott sei Dank, passiven Verhalten der Staatssicherheit gegenüber dem aufbegehrenden Volk geführt haben. (Dass gerade auch diese einschneidende Veränderung in der Doktrin zu einer gleichen Haltung bei der Generalität der NVA beigetragen hat, steht außer Zweifel.)

Als wäre nichts geschehen, setzten der Nachrichtendienst der DDR-Staatssicherheit und in seinem Verbund die militärisch aufklärenden Strukturelemente ihre Aktivitäten fort, auch noch über das Jahresende 1989 hinaus, als man dem neuen Ministerpräsidenten Modrow melden konnte, welche interne Einschätzung die NATO-Führung zur Lage in der DDR vorgenommen hat.

Ein Gericht im vereinten Deutschland schlussfolgerte aus einer Zeugenantwort des Inhalts, die Lagezentren von Armee und Staatssicherheit haben zu keiner Zeit Signale erhalten, die substanziell auf eine akute Angriffsabsicht der NATO gegen den Warschauer Pakt bzw. die DDR hingedeutet hätten, damit sei bewiesen, dass die NATO solche Vorbereitungen auch gar nicht getroffen hat. Das war Scholastik im reinen Sinne des Begriffs oder vielleicht für unbedarfte Zuhörer geformte Logik. Ein Offizier des NATO-Lagezentrums hätte ebenfalls eine entsprechende Antwort, auf Absichten des Warschauer Paktes bezogen, gegeben. Hätte es solche Signale gegeben, gäbe es heute kaum mehr Lebende in unseren Breiten, die darüber debattieren könnten.

Die militärischen und militärpolitischen Handlungen der NATO waren stets so angelegt, dass der Osten an einer Bereitschaft des westlichen Bündnisses, sein militärisches Potenzial, falls erforderlich, zur Verteidigung seiner Grundpositionen einzusetzen, niemals zweifeln konnte; die NATO tat vor allem seit den siebziger Jahren vieles, um die Schlagkraft ihres militärischen Potenzials spürbar zu erhöhen, zu stärken, zu modernisieren. Dementsprechend war die Aufklärung des Warschauer Paktes organisiert und ausgerichtet, dementsprechend informierte sie die militärpolitische und politische Spitzenführung auch deutlich über die Aspekte »angemessene militärische Stärke« und »Augenmaß in der militärischen Disposition«. Im Übrigen ging die Aufklärung im Osten grundsätzlich nicht anders an das Problem heran als ihre Gegenspieler auf der anderen Seite – stets die gegebenen Potenzen und Ressourcen kalkulierend.

Kristie Macrakis
Führt effektive Spionage zu Erfolgen in Wissenschaft und Technik?

Das Ministerium für Staatssicherheit (MfS), die »Stasi«, wurde oft als einer der effektivsten und gefürchtetsten Nachrichtendienste und Geheimpolizeien der Welt beschrieben. Selbst Kritiker und Gegner aus dem Westen müssen die Qualität und den Erfolg seiner Arbeit anerkennen. Insbesondere wurde die effektive Spionagearbeit der MfS-Auslandsabteilung, der Hauptverwaltung Aufklärung (HV A), die über viele Jahre hinweg von Markus Wolf geleitet wurde, hervorgehoben. Während des Kalten Krieges infiltrierte die HV A Schlüsselbereiche der bundesdeutschen Gesellschaft und Politik, des Militärs und der Wirtschaft.

Viel Aufmerksamkeit wurde den Fällen aus dem politischen und geheimdienstlichen Bereich gewidmet, allen voran dem DDR-Spion Günter Guillaume, der auf den damaligen Bundeskanzler Willy Brandt angesetzt war. Später standen Spionagefälle wie die von Klaus Kuron und Gabriele Gast im Mittelpunkt des Interesses, die als Mitarbeiter des Bundesamtes für Verfassungsschutz (BfV) bzw. des Bundesnachrichtendienstes (BND) für die HV A spionierten und erst nach dem Fall der Mauer 1989 enttarnt wurden. Wenig Beachtung fanden in der Öffentlichkeit und in der Forschung hingegen die wissenschaftlich-technische, die militärische und die Industriespionage der MfS-Auslandsabteilung, die vornehmlich, aber nicht ausschließlich im Zuständigkeitsbereich des »Sektors Wissenschaft und Technik« (SWT) der HV A lagen.[1] Dies ist bedauernswert, da Spionage gegen militärische, industrielle und wirtschaftliche Ziele während des Kalten Krieges zu den wichtigsten Aufgabenbereichen der Nachrichtendienste eines jeden Landes zählten. Und in der Gegenwart ist ihre Bedeutung nicht geringer geworden.

Das Ziel dieses Aufsatzes ist es, die Frage zu klären, ob effektive Spionage zu guten Ergebnissen und Erfolgen in Wissenschaft und Technik führt. Können Geheimnisse in Produkte verwandelt werden? Ein wichtiger Ansatz des vorliegenden Beitrages besteht deshalb darin, die Qualität und Art wissenschaftlich-technischer und militärischer Spionage zu untersuchen und sie in Bezug zu allgemeinen Spionagemethoden und Techniken zu setzen und dabei die Abteilungen zu bewerten, die sich

---

1 Es ist nicht Ziel dieses Aufsatzes, die Gründe für das Desinteresse an der Wirtschaftsspionage zu erforschen. Man kann annehmen, dass dieser Bereich als politisch weniger bedeutsam gilt und auch weniger faszinierend erscheint, als es womöglich die hoch angesiedelten politischen Spionagefälle sind. Auch stellt sich die Frage, inwieweit die Verstrickung westdeutscher Firmen in diesem Bereich verschleiert werden soll. Der Handel mit Russland ist möglicherweise noch immer von zentraler Bedeutung für Deutschland. So mutet dieses Desinteresse seltsam an, gerade wenn man bedenkt, dass der bekannte MfS-Überläufer Werner Stiller für die wissenschaftlich-technische Spionage gearbeitet hat.

mit der Sammlung und Bewertung der Informationen befassten. Daran anschließend sollen einige repräsentative Agentenfälle untersucht werden. Und am Beispiel der Computerindustrie in der DDR soll überprüft werden, inwiefern der geheime Technologietransfer wissenschaftlich-technische Erfolge ermöglichte. Die These dieses Aufsatzes lautet, dass selbst bei effektivster Informationsbeschaffung und -auswertung der Erfolg wissenschaftlich-technischer Spionage letztlich immer davon abhängt, ob es gelingt, die beschafften Informationen gewinnbringend in das wissenschaftlich-technische System des Empfängerlandes zu integrieren.

Was ist effektive Spionage im Allgemeinen?

Spionage wird gewöhnlich mit den Tätigkeitsbereichen Informationssammlung, Analysieren, Gegenspionage und »covert action« (im Ostblock nannte man das »aktive Maßnahmen«) definiert.[2] Während die USA und andere westliche Länder in bemerkenswertem Umfang auch technische Methoden für das Sammeln von Informationen einsetzten, stützte sich das MfS vornehmlich auf Agenten, auf die inoffiziellen Mitarbeiter. Selbst wenn teilweise und mit großem Aufwand funkelektronische Aufklärung betrieben wurde, wofür die MfS-Hauptabteilung III zuständig war, so blieb die Platzierung und Nutzung eines Agenten in einer Schlüsselposition dennoch die wesentliche Methode für die Sammlung von Informationen, insbesondere in Wissenschaft und Technik.

Weitgehende Einigkeit besteht in der Fachwelt und in der Literatur darüber, dass der erste Schritt zu einer effektiven Spionage in der Platzierung oder Anwerbung eines Agenten in einer wichtigen Einrichtung liegt. Mit diesem Schritt ist stets die Hoffnung verbunden, dass der Agent Material liefern wird, das dem Empfängerstaat nützlich ist. In der Welt der Wissenschaft und der Technik sind derart zusammengetragene Informationen besonders nützlich, wenn sie für ein ganz bestimmtes Projekt verwendet werden können. Aber wenn ein Agent beispielsweise bei IBM platziert wird, so sind auch allgemeine Geschäftsinformationen sowie Informationen über aktuelle Entwicklungen hilfreich.

Ein weiteres Element erfolgreicher Spionage liegt darin, die eigenen Methoden und Quellen vor der anderen Seite geheim zu halten. Wird ein Agent von der Gegenseite festgenommen, so besteht der Schaden nicht nur darin, dass er die eigenen Methoden und Quellen verraten kann, sondern auch darin, dass in dem betroffenen Bereich bzw. der ausspionierten Institution die Informationsgewinnung zumindest vorübergehend behindert ist. Auch ein aussagebereiter Überläufer bedeutet immer einen schweren Schlag für eine nachrichtendienstliche Operation.

---

2   Vgl. z. B. Shulsky, Abram N.; Schmitt, Gary J.: Silent Warfare: Understanding the World of Intelligence. Washington, DC 1993.

Die meisten Geheimdienste bevorzugen es, eher zu viel als zu wenig Informationen zu sammeln. Doch Beispiele aus der Geschichte zeigen, dass zu viel Information schädlich sein kann. Beispielsweise fängt die US-amerikanische Behörde für Nationale Sicherheit (NSA) Millionen von E-mail-Nachrichten, Faxen, Telefongesprächen und andere Kommunikation weltweit durch Echelon und andere Methoden ab. Doch Beispiele aus der Geschichte zeigen, dass zu viel Informatin schädlich sein kann: Im Vorfeld der sowjetischen Invasion in der Tschechoslowakei 1968 ebenso wie vor den terroristischen Angriffen auf das World-Trade-Center am 11. September 2001 lagen den US-Behörden Indizien für das kommende Ereignis vor. Doch angesichts der überbordenden Informationsfülle gelang es nicht, diese Hinweise rechtzeitig und zutreffend zu deuten. »Die Suche nach Bedeutung und Mustern in einem Berg von Material« ist eine Herausforderung für die Analysten.[3]

Die wissenschaftlich-technische Spionage des Ostblocks unterschied sich von derjenigen des Westens darin, dass ihr erstes Ziel die Erlangung von wissenschaftlich-technischer und militärischer Information aus dem Westen und ihr Transfer in den Osten war, um die schwache Wirtschaft zu stärken. Wie der SWT hingegen wirtschaftliche Entwicklungen und Trends im Westen analysierte, ist weniger bekannt.

Häufig bieten Nachrichtendienste einiges an Rhetorik oder Propaganda auf und sprechen von den erhabenen Zielen ihrer Arbeit. Oft dient das jedoch dazu, die eigenen Aktivitäten zu rechtfertigen, den Beschäftigten Aufgaben zu übertragen oder Agenten zu rekrutieren. CIA, KGB und MfS hatten alle vorgeblich patriotische Gründe für ihre Aktivitäten während des Kalten Krieges: Frieden und Freiheit in der Welt zu sichern, im Westen unter der Fahne der Demokratie, im Osten unter der Fahne des Sozialismus. Die Gründung der CIA wurde darüber hinaus mit der Notwendigkeit begründet, »Überraschungsangriffe« auf die USA, wie 1941 auf Pearl Harbor, in Zukunft zu verhindern. Ähnlich argumentierte man auch beim MfS: Die hauptamtlichen Mitarbeiter wurden in vielen Dokumenten darauf hingewiesen, wie wichtig es sei, an geeignete Unterlagen zu gelangen, mit deren Hilfe »Überraschungsangriffe« des Feindes verhindert werden könnten. Beispielsweise lautete eine typische Formulierung zur »Gewinnung operativ bedeutsamer Informationen durch die Diensteinheiten der Aufklärung des MfS«:

> »Im Mittelpunkt der Tätigkeit der Diensteinheiten der Aufklärung des MfS steht die Gewinnung von Informationen über die geheimen Pläne, Absichten, Agenturen, Mittel und Methoden des Feindes.
> Durch die rechtzeitige und zuverlässige Aufklärung der Pläne und Machenschaften des Imperialismus und anderer reaktionärer Kräfte gilt es, *jegliche Überraschung auf politischem, militärischem, wirt-*

---

3   U.S. House of Representatives, Select Committee to Study U.S. Intelligence Operations. Washington, DC 1975, S. 147; zit. in: Codevilla, Angelo: Informing Statecraft. Intelligence for a New Century. New York 1992, S. 6.

schaftlichem und wissenschaftlich-technischem Gebiet auszuschließen,
zur Zerschlagung feindlicher Angriffe und Kräfte beizutragen, *die
Friedenspolitik der sozialistischen Staaten zu unterstützen* und die
Macht und den Einfluss des Sozialismus allseitig zu stärken.«[4] (Hervorhebungen – K. M.)

Der letztendliche Erfolg dieser Spionage-Anstrengungen sollte, so könnte man argumentieren, darin bestanden haben, das erhabene Ziel der Sicherung von Frieden und Freiheit zu erreichen. Die gegenseitige Spionage vermittelte wohl tatsächlich beiden Seiten einen gewissen Einblick in das Kriegspotenzial der jeweils anderen Seite. Doch das Ende des Kalten Krieges beruhte nicht auf Spionageerfolgen oder -misserfolgen. Die Sowjetunion mag den Spionagekrieg gewonnen haben, den Kalten Krieg hat sie jedoch verloren. Vor diesem Hintergrund sei darauf hingewiesen, dass sich der Begriff »effektive Spionage« in diesem Aufsatz auf die nachrichtendienstlichen Elemente bezieht, also auf das Sammeln und Analysieren von Informationen und auf die eingesetzten Methoden zur Erreichung dieser Ziele, etwa die Anwerbung von Agenten.

Die wissenschaftlich-technische Spionage des MfS

Der Sektor Wissenschaft und Technik galt als eine der erfolgreichsten Abteilungen der HV A. Das lag teilweise daran, dass der SWT seine Leistungen vergleichsweise einfach beziffern konnte, indem er den Umfang der durch Spionage erreichten Einsparungen im Bereich Forschung und Entwicklung auflistete. Der SWT verfügte 1989 über rund 400 hauptamtliche Mitarbeiter und somit über 10 Prozent des gesamten hauptamtlichen Personalbestandes der HV A. Obwohl er also relativ klein war, bestand er aus drei operativen Unterabteilungen, den Abteilungen XIII, XIV und XV der HV A, und einer eigenen Auswertungseinheit, der Abteilung V. Somit befassten sich immerhin vier der 15 HVA-Abteilungen einzig und allein mit wissenschaftlich-technischen Informationen. Darüber hinaus sammelten aber auch andere HVA-Abteilungen wissenschaftlich-technische Informationen und leiteten sie der Auswertungsabteilung des SWT zu. Hierzu zählte unter anderem die Abteilung IV, die verantwortlich für militärische Informationen im Allgemeinen war. Folgt man David Childs und Richard Poppelwell, so entfielen 16 Prozent des gesamten Informationsaufkommens der HV A über die Bundesrepublik auf Informationen wirt-

---

4   5. Kommentar zur Richtlinie 2/79 des Ministers. Die Gewinnung operativ bedeutsamer Informationen durch die Diensteinheiten der Aufklärung des MfS; BStU, ASt Gera, BV Gera, Abteilung XV, 367/7, S. 3 (Blattzählung des Originals, nicht der BStU-Paginierung); abgedruckt in: Müller-Enbergs, Helmut (Hg.): Inoffizielle Mitarbeiter des Ministeriums für Staatssicherheit. Teil 2: Anleitungen für die Arbeit mit Agenten, Kundschaftern und Spionen in der Bundesrepublik Deutschland. Berlin 1998, S. 687–726, hier 687.

schaftlicher Art und 30 Prozent auf Informationen militärischer Art; ein großes Stück dieses Kuchens ist dem Informationsaufkommen des SWT zuzuordnen.[5]

Nach 1989 zeigten sich die bundesdeutschen Nachrichtendienste ebenso wie andere Interessierte überrascht über den großen Personalbestand des MfS und verglichen ihn mit dem geringen Umfang ihrer eigenen Institutionen.[6] Zwar verfügte die HV A nur über 4 000 hauptamtliche Mitarbeiter, doch arbeiteten annähernd 87 000 weitere in den übrigen Abteilungen des MfS. Es ist schwierig, verlässliche Vergleichszahlen für die Bundesrepublik zu finden. Der bundesdeutsche Auslandsgeheimdienst, der Bundesnachrichtendienst (BND), der mehr oder weniger das Pendant zur HV A war, scheint 1989 etwa 7 000 Mitarbeiter beschäftigt zu haben.[7] Das hieße, die HV A war etwas mehr als halb so groß, allerdings in einem Land mit nur rund einem Viertel der Bevölkerung.[8]

Bei einer solchen Gegenüberstellung müssten zudem noch weitere Faktoren berücksichtigt werden. Beispielsweise war die HV A bzw. der SWT nicht die einzige Diensteinheit innerhalb des MfS, die im Westen wissenschaftlich-technische Spionage betrieb. So betätigte sich in diesem Feld vor allem auch die MfS-Hauptabteilung XVIII, die eigentlich für die Sicherung der Volkswirtschaft innerhalb der DDR verantwortlich war. Die Hauptabteilung XVIII führte Ende der achtziger Jahre etwa 15 Bundesbürger als Agenten im Westen.[9] Die Abteilung XVIII/8, zuständig unter anderem für Computertechnik, Mikroelektronik und Hochtechnologie, arbeitete eng mit dem SWT zusammen. In der Hauptabteilung XVIII war einer der interessan-

---

5　Zu den Ausmaßen des SWT vgl. Macrakis, Kristie: Espionage and Technology Transfer in the Quest for Scientific-Technical Prowess. In: dies.; Hoffmann, Dieter (Hg.): Science under Socialism. East Germany in Comparative Perspective. Cambridge 1999, S. 82-121, insb. 90 u. 94. Eine ältere, deutsche Fassung dieses Aufsatzes unter dem Titel »Das Ringen um wissenschaftlich-technischen Höchststand. Spionage und Technologietransfer in der DDR« ist erschienen in: Hoffmann, Dieter; Macrakis, Kristie (Hg.): Naturwissenschaft und Technik in der DDR. Berlin 1997, S. 59-88. Zur Aufteilung des »Informationskuchens« vgl. Childs, David; Poppelwell, Richard: The Stasi. The East German Intelligence and Security Service. London, Hampshire 1996, S. 165. Der Anteil der Sicherheitsorgane belief sich demnach auf 22 Prozent, derjenige der Parteien, Vereine, Verbände, Medien und Kirchen auf 16 Prozent und der Anteil der Verwaltung ebenfalls auf 16 Prozent.

6　Vgl. die Diskussion mit einem früheren BND-Mitarbeiter auf der BStU-Tagung »Stasi im Westen« vom 14.-16.11.2001 im Harnack-Haus in Berlin. Siehe auch den Beitrag von Ullrich Wössner in diesem Band.

7　Schmidt-Eenboom, Erich: Schnüffler ohne Nase. Der BND - die unheimliche Macht im Staate. Düsseldorf 1993, S. 74.

8　1989 lebten in der Bundesrepublik Deutschland 62,1 Millionen Menschen, in der DDR 16,6 Millionen.

9　Hinsichtlich der »Westarbeit« fällt bei der Hauptabteilung XVIII neben den vergleichsweise wenigen Bundesbürgern, die als IM arbeiteten, der Einsatz von Reisekadern ins Gewicht. 1985 führte diese Hauptabteilung XVIII (ohne die Linie XVIII in den Bezirksverwaltungen) über 900 DDR-IM, die zugleich als Reisekader ins westliche Ausland fahren konnten. Vgl. Haendcke-Hoppe-Arndt, Maria: Die Hauptabteilung XVIII: Volkswirtschaft (MfS-Handbuch, Teil III/10). Hg. BStU. Berlin 1997, S. 110.

testen Agenten des MfS angebunden: IM »Gorbatschow«, ein Bundesbürger, der bei AEG und Telefunken arbeitete.[10]

Schließlich beschafften auch Alexander Schalck-Golodkowski, Staatssekretär für Außenhandel und Offizier im besonderen Einsatz (OibE) des MfS, und der von ihm geleitete Bereich »Kommerzielle Koordinierung« (KoKo) auf illegalen Wegen westliche Technologie. Für diesen Zweck gründete Schalck-Golodkowski Scheinunternehmen und Geldwaschanlagen. Besonders eng arbeitete er mit dem Ministerium für Elektrotechnik und Elektronik und mit dem Computerreferat des SWT zusammen, vor allem mit dessen spezieller Embargobeschaffungsabteilung und den speziellen Beschaffungsorganen (SBO). Entscheidend ist, dass alle drei Einrichtungen zum geheimen Technologietransfer vom Westen in den Osten beitrugen.

Dieser Aufsatz konzentriert sich jedoch, entsprechend dem Wunsch der Herausgeber des vorliegenden Bandes, im Wesentlichen auf den SWT. Dies ist eine besondere Herausforderung, da die meisten Dokumente der HV A nach dem Fall der Mauer entweder vernichtet oder an andere Nachrichtendienste übergeben wurden. So gelangte ein Teil der Agentenkartei der HV A 1993 in die Hände der bundesdeutschen Behörden und wurde unter dem Namen »Rosenholz-Papiere« bekannt.[11] Fünf Jahre später gelang es dem Archiv der BStU, die SIRA-Datenbank (SIRA: System der Informations-Recherche der HV A) zu entschlüsseln.[12] Dadurch ist es theoretisch möglich geworden, die Klarnamen der Agenten (»Rosenholz«) mit den Decknamen und Angaben über die beschafften Informationen (in SIRA aufgelistet) zusammenzufügen. Leider wurden die »Rosenholz«-Dateien vornehmlich Sicherheitsbeamten zur Verfügung gestellt und nicht Forschern (mit Ausnahme der BStU). Somit basieren die Recherchen für diesen Aufsatz auf einem nur beschränkten Zugang zu dem SWT- und SIRA-Material. Dadurch wurden die Möglichkeiten eingeschränkt, zu Verallgemeinerungen zu gelangen und Schlussfolgerungen zu ziehen, die zum SWT als Ganzem eigentlich gezogen werden sollten.[13] Trotzdem ist die SIRA-Datenbank für eine Studie dieser Art sehr nützlich, denn sie stellt eine Auflistung des von den Agenten gelieferten Materials zur Verfügung, dessen Bewertung und der Institutionen, denen das Material geliefert wurde. Zusätzlich zu den nur

---

10 Hans Rehder (»Gorbatschow«); Reg.-Nr. XV 9735/60; Kategorie: IMF/IMB; 1958–1984 für die Hauptabteilung III bzw. XVIII des MfS erfasst; Führungsoffizier: Erich Pape, Alfred Kleine, Erich Lehmann; vgl. BStU, ZA, AIM 6731/85, Bd. I/1, Bl. 5; Macrakis, Kristie: The Case of Agent Gorbachev. In: American Scientist 88(2000), S. 534–542.

11 Zu »Rosenholz« vgl. ausführlicher die Beiträge von Dirk Dörrenberg und Joachim Lampe in diesem Band.

12 Zu SIRA vgl. ausführlicher den Beitrag von Stephan Konopatzky in diesem Band.

13 Ich habe alle den SWT betreffenden Daten angefordert, möglichst auf CD. Daraufhin wurde ich von der Behörde der Bundesbeauftragten zu einem Gespräch über mein Forschungsprojekt eingeladen und gebeten, mich einzuschränken. Im Ergebnis habe ich meine Materialanforderung auf einige repräsentative, mir bekannte Fälle aus jeder Abteilung und auf einige Themen, die ich in meiner Forschung untersuchte, reduziert.

teilweise erhaltenen Unterlagen und Hinweisen zum SWT in sich überschneidenden Akten in den Archiven der BStU, lassen sich auch gerichtliche Zeugnisse mit ihrem biographischen Charakter und ihrer Bewertung des hervorgerufenen Schadens als Quellen verwenden, die zudem einiges über die menschlichen Charaktere aussagen. Als – anekdotische – Belege dienen auch Interviews mit Führungsoffizieren, Überläufern und Agenten. Die erforderliche Beweislage ist also bruchstückhaft, aber ausreichend, um die aufgestellten Thesen zu illustrieren.

Der Sektor Wissenschaft und Technik (SWT)

Der SWT war hinsichtlich der Sammlung und Bewertung von Informationen eine gut organisierte und effektive Diensteinheit. Manchmal wird er fälschlicherweise als der für Wirtschaftsspionage verantwortliche Bereich dargestellt.[14] Doch tatsächlich umfasste die Tätigkeit des SWT die wissenschaftlich-technische, wirtschaftliche und militärische Spionage und Informationsgewinnung. Seine Aufgabenstellung lautete: »Erlangung und Analysierung des wissenschaftlich-technischen Potenzials des Feindes.«[15] Ein früherer hauptamtlicher SWT-Mitarbeiter drückte dies direkter aus: »Aus Scheiße Gold machen.«[16]

Die Hälfte der SWT-Aktivitäten beruhte auf Aufgabenstellungen, die als Antwort auf die wirtschaftlichen Schwerpunkte der DDR-Regierung entwickelt wurden. Deshalb kann man in manchen Fällen eine einschneidende Veränderung in der Ausrichtung des SWT erkennen, sobald die Interessen der Regierung sich geändert hatten. Beispielsweise war in den fünfziger Jahren die chemische Industrie stark und bedeutsam, und sie erhielt 1958 durch das so genannte »Chemieprogramm« Auftrieb. Das führte zu wichtigen Informationsbeschaffungen in Bereichen der chemischen Industrie wie Polyurethane und Nylon. Daran lässt sich die Bedeutung des SWT ablesen. In den sechziger Jahren begann die Computerindustrie eine dominierende Rolle zu spielen, was in dem »Mikroelektronikprogramm« von 1977 gipfelte, und nun kann man in der Computerindustrie eine steigende Informationsgewinnung und zunehmende Agentenanwerbungen beobachten. Bis zum Übertritt des HVA-Offiziers Werner Stiller in den Westen im Jahre 1979 bestand auch ein mehr oder weniger beständiges Interesse an Nuklearphysik.

Da ein großer Teil der SWT-Aktivitäten darin bestand, Know-how aus dem Westen zu beschaffen und zu sammeln und in den Osten zu transferieren, ergibt es Sinn

---

14   So z. B. in dem Kapitel »Die geheimdienstlichen Krücken der sozialistischen Wirtschaft. Wirtschaftsspionage und der Sektor Wissenschaft und Technik (SWT)« in dem Buch von Siebenmorgen, Peter: »Staatssicherheit« der DDR. Der Westen im Fadenkreuz der Stasi. Bonn 1993, S. 182–200; ähnlich auch in Knabe, Hubertus: Die unterwanderte Republik. Stasi im Westen. Berlin 1999, darin das Kapitel »Wirtschaftsspionage – Die Stasi als kriminelle Vereinigung«, S. 412–439.

15   Macrakis: Das Ringen um wissenschaftlich-technischen Höchststand (Anm. 5), S. 82.

16   Interview der Verfasserin mit einem früheren Aufklärungsoffizier.

zu untersuchen, wie und wo dieses Wissen gesammelt wurde. Das wichtigste »Operationsgebiet« der DDR-Spionage war die Bundesrepublik; es erstreckte sich aber auch auf Teile von Westeuropa, und gelegentlich arbeiteten auch in den USA Agenten für das MfS (wie Squillacote und Hall), doch im Wesentlichen wurden die USA durch den KGB abgedeckt. Der SWT entwickelte so genannte »Objektstudien« von Firmen im Westen, um ihr Potenzial zu bewerten und drang in mindestens 150 Objekte im Westen ein.[17] Zu diesen Objekten zählten Firmen, Forschungsinstitute, Universitäten und andere. Darunter befanden sich führende westdeutsche Firmen wie Siemens, IBM, Krupp, das Karlsruher Kernforschungszentrum, DEC, Texas Instruments, AEG Telefunken und MBB. Aber auch kleinere Firmen wurden infiltriert, wie beispielsweise Eurosil.

Die Auswertung der SIRA-Dateien führt unter anderem zu der auffallenden Erkenntnis, dass der SWT eine außerordentliche Menge an Dokumenten von Siemens-Firmen in der Bundesrepublik beschafft hatte. In den achtziger Jahren führte der SWT mindestens 85 Quellen, die Unterlagen von Siemens lieferten. Ganz offensichtlich handelte es sich hierbei nicht nur um Quellen im Objekt, die einzig und allein Material von Siemens lieferten, sondern auch um Agenten in anderen Objekten, die Zugang zu Siemens-Material hatten. Die Quellen unterschieden sich auch darin, wie viel Material sie beschafften. Doch offenbar verfügte der SWT über etwa acht äußerst ergiebige Quellen bei Siemens, die eine wesentliche Menge an Material lieferten.[18] Dieses Ergebnis war überraschend, da es bislang so schien, als ob IBM sehr

---

17   Verschiedene Objektstudien stehen noch aus, z. B. zu Rheinmetall; vgl. BStU, HV A 457. Diese Akte beinhaltet auch Hinweise auf operativ interessante Personen und Registriernummern von Mitarbeitern der Firma Rheinmetall, welche für das MfS erfasst sind. Eigenartigerweise habe ich bei einer Recherche in der SIRA-Datenbank zu der Firma Rheinmetall keine Ergebnisse erhalten.

18   Zu den wichtigen Quellen gehörten offensichtlich:
»Alfred«; Reg.-Nr. XIV 14/69; Vorgangsart: IMA; 8.9.1970 bis Auflösung für die Abteilung XV der BV Karl-Marx-Stadt erfasst, Vorgangsart: IMA; Führungsoffizier: 8.9.1970 Fritz Heinecke, 9.9.1970 Gerald Neumann, 13.10.1972 Claus-Detlef Roemer, 11.5.1973 Jürgen Kanis, 16.3.1982 Wolfgang Kühn, 19.12.1988 bis Auflösung Matthias Müller; BStU, SIRA TDB 21, ZV 8236015. Vgl. Müller-Enbergs: Inoffizielle Mitarbeiter. Teil 2 (Anm. 4), S. 237.
»Friese«; Reg.-Nr. XV 2101/74; Vorgangsart: IMA; 9.2.1988 bis Auflösung für die Abteilung XV der Bezirksverwaltung Berlin des MfS erfasst; Führungsoffizier: 10.7.1974 Dieter Richter, 7.4.1976 bis Auflösung Siegfried Ackermann; BStU, SIRA TDB 21, ZV 8250887.
»Günter«; Reg.-Nr. XV 4319/60; Kategorie: O-Quelle; Vorgangsart: IMA; 24.8.1959 für die Abteilung XV der Bezirksverwaltung Suhl des MfS, 27.11.1962 für die Abteilung V, 13.9.1972 bis Auflösung für die Abteilung XIV der HV A erfasst; Führungsoffizier: 24.8.1959 Dieter Gladitz, 13.9.1972 bis Auflösung Helmut Reichmuth; BStU, SIRA TDB 21, ZV 8254750. Vgl. Müller-Enbergs: Inoffizielle Mitarbeiter. Teil 2 (Anm. 4), S. 237.
»Gustav«; Reg.-Nr. XV 3200/60; Kategorie: O-Quelle; Vorgangsart: IMA; 10.7.1957 für die Abteilung V, 21.3.1974 bis Auflösung für die Abteilung XIV der HV A erfasst; Führungsoffizier: 10.7.1957 Gottfried Preusche, 21.3.1974 Bernd Kindler, 9.7.1981 bis Auflösung Bernd Tetzlaff; BStU, SIRA TDB 21, ZV 8246281. Vgl. Müller-Enbergs: Inoffizielle Mitarbeiter. Teil 2 (Anm. 4), S. 237.

viel tiefer infiltriert gewesen wäre als Siemens. Im Rahmen des Forschungsantrages zu IBM tauchten bis zu 20 Quellen auf, die Material von IBM lieferten (wobei offen bleiben muss, ob es nicht noch mehr Quellen gab), auch wenn hiervon nur neun SWT-Quellen waren und nur zwei oder drei Objektquellen gewesen zu sein scheinen, die wesentliches oder interessantes Material geliefert haben.[19] Abgesehen von den angeworbenen Agenten in den verschiedensten Einrichtungen, verkauften manche bundesdeutschen Firmen Güter, die einem Embargo unterlagen, über das MfS bzw. Schalck-Golodkowski in die DDR. Die Firma Leybold war bereit und darauf ausgerichtet, die COCOM-Bestimmungen zu umgehen und das westliche Wirtschaftsembargo zu brechen.[20] Bei Siemens war man weniger gewillt, das Embargo offen und rechtswidrig zu umgehen, doch hatte das MfS dort möglicherweise die größte Anzahl an Agenten platziert oder angeworben.

Angeblich hatte das MfS Tausende von Agenten im Westen. Angesichts der verfügbaren Beweise ist es aber sehr schwierig, die genaue Anzahl der SWT- oder Wissenschafts- und Technikagenten in der Bundesrepublik und im Westen insgesamt zu

---

»Heiner«; Reg.-Nr. XV 456/79; Vorgangsart: IMA; 21.6.1979 bis Auflösung für die Abteilung XV der HV A erfasst; Führungsoffizier: 21.6.1979 bis Auflösung Peter Großmann; BStU, SIRA TDB 21, ZV 8213884.

»Peter Kunze«; Reg.-Nr. XII 85/86; Kategorie: O-Quelle; Vorgangsart: IMA; 29.1.1968 bis Auflösung für die Abteilung XV der Bezirksverwaltung Dresden des MfS erfasst; Führungsoffizier: 10.5.1973 Herbert Zelesky, 12.7.1973 Manfred Roßbeintner, 17.9.1976 Rolf Preusche, 9.2.1982 bis Auflösung Heinz-Jürgen Kusche; BStU, SIRA TDB 21, ZV 8236579.

»Rode«; Reg.-Nr. XV 12401/60; Kategorie: O-Quelle; Vorgangsart: IMA; 7.8.1956 für die Abteilung XV der Bezirksverwaltung Gera des MfS, 27.11.1962 für die Abteilung V, 2.7.1972 bis Auflösung für die Abteilung XIV der HV A erfasst; Führungsoffizier: 7.8.1956 Eduard Drahokoupil, 2.10.1965 Dieter Gladitz, 25.1.1968 Wolfgang Rohrkrämer, 6.11.1969 Dieter Gladitz, 2.7.1972 Günter Krauße, 15.10.1973 Heinz Vater, 10.10.1977 bis Auflösung Helmut Findeisen; BStU, SIRA TDB 21, ZV 8209552. Vgl. Müller-Enbergs: Inoffizielle Mitarbeiter. Teil 2 (Anm. 4), S. 237.

»Schneider«; Reg.-Nr. XV 3074/78; Kategorie: O-Quelle; Vorgangsart: IMA; 25.10.1978 bis Auflösung für die Abteilung IV der HV A erfasst; Führungsoffizier: 25.10.1978 bis Auflösung Roland Schiemann; BStU, SIRA TDB 21, ZV 8214327. Vgl. Müller-Enbergs: Inoffizielle Mitarbeiter. Teil 2 (Anm. 4), S. 212.

19 SIRA-Recherche zu Siemens und IBM. Zwei wichtige IBM-Quellen der Abteilung XIV des SWT waren:
Wilhelm Paproth (»Birke«); Reg.-Nr. XV 841/83; Kategorie: O-Quelle; Vorgangsart: IMA; 17.5.1983 bis Auflösung für die Abteilung XIV der HV A erfasst; Führungsoffizier: 17.5.1983 bis Auflösung Manfred Fröbel; BStU, SIRA TDB 21, ZV 8222961. Vgl. Müller-Enbergs: Inoffizielle Mitarbeiter. Teil 2 (Anm. 4), S. 237.
Lutz Rodig (»Verkäufer«, »Stein«); Reg.-Nr. XII 1416/85; Kategorie: O-Quelle; Vorgangsart: IMA; 27.6.1985 für die Abteilung XV der Bezirksverwaltung Dresden, 13.11.1985 bis Auflösung für die Abteilung XIV der HV A erfasst; Führungsoffizier: 27.6.1985 Eberhard Hübner, 13.11.1985 Rainer Hertel, 29.7.1986 bis Auflösung Manfred Fröbel; BStU, SIRA TDB 21, ZV 8220648. Vgl. Müller-Enbergs: Inoffizielle Mitarbeiter. Teil 2 (Anm. 4), S. 237.

20 Vgl. z. B. ein knapp 200 Blatt umfassendes Konvolut mit Unterlagen über die Geschäftsbeziehungen der Firma Leybold in die DDR 1984-1986; BStU, ZA, HA XVIII, 11871.

bestimmen. Nach 1989 gab es mindestens 274 strafrechtliche Ermittlungen gegen SWT-Agenten. Und wenn man von der Anzahl der Führungsoffiziere ausgeht und versucht abzuschätzen, wie viele Agenten sie jeweils führten, dann muss die Zahl der SWT-Agenten höher ausfallen, möglicherweise um die 500.[21] Jeder Führungsoffizier hatte auch eine Reihe DDR-Agenten, die in der DDR und manchmal auch im Westen aktiv waren. Entsprechend den SIRA-Zahlen bekam die SWT-Auswertungseinheit, die Abteilung V, Informationen von etwa 1 000 Quellen. Nicht alle wurden jedoch von den operativen Abteilungen des SWT angeleitet; bei einigen handelte es sich um Quellen aus anderen Bereichen und Abteilungen, die in ihrem »Zuständigkeitsbereich« zufällig auf für den SWT interessante Informationen gestoßen waren.

Wie groß auch immer die Anzahl der Agenten gewesen sein mag, die Menge der gesammelten Informationen war auf jeden Fall unglaublich hoch. Überliefert sind entsprechende Belege in Form der SIRA-Daten und zwar über die Menge und die Art der Informationen, die von den Agenten im Westen gesammelt wurden. Die SWT-Agenten beschafften vor allem wissenschaftliche Pläne, Entwürfe, Firmeninformationen und Ähnliches und manchmal sogar Prototypen bzw. Muster von Produkten.

Zusätzlich zu den Informationen, die an die allgemeine HVA-Auswertungsabteilung VII übermittelt wurden, finden sich auch Informationen in einer eigenen SIRA-Datenbank des SWT. Leider sind lediglich Teile dieser Datenbank erhalten, sodass nur die Informationslieferungen aus den Jahren 1981, 1987 und 1988 dokumentiert sind. Nach Angaben der BStU sind in diesen drei Jahren für die SWT-Auswertungseinheit, die HVA-Abteilung V, etwa 20 000 Informationseingänge erfasst.[22] SWT-Informationen wurden aber auch in die allgemeine SIRA-Datenbank der HVA-Auswertungsabteilung VII eingegeben, wobei hier der Zeitraum von 1969 bis 1989 überliefert ist. Von den insgesamt 180 000 Informationen aus diesen Jahren kamen 10 659 von den SWT-Abteilungen, das sind 5,57 Prozent.[23]

---

21 Helmut Müller-Enbergs hat 334 West-IM und Kontaktpersonen des SWT ermittelt, einschließlich O-Quellen (Objekt-Quellen), A-Quellen (Abschöpfquellen), Kuriere, Residenten, KW-Inhaber usw. Vgl. Müller-Enbergs: Inoffizielle Mitarbeiter. Teil 2 (Anm. 4), S. 233–242 u. 960 f. In diesen Zahlen sind die IM der Abteilungen XV der MfS-Bezirksverwaltungen, die in dieselbe Richtung wie die IM des SWT eingesetzt wurden, noch nicht berücksichtigt. Meinen SIRA-Recherchen zufolge wurden aber auch dort eine ganze Reihe von Quellen geführt. Müller-Enbergs gibt allein die Zahl der O-Quellen der Abteilungen XV, deren Spionageschwerpunkt im Bereich Wirtschaft lag, mit 69 an. Vgl. ebenda, S. 198.

22 Als der vorliegende Aufsatz bereits für den Druck vorbereitet wurde, konnte das Archiv der BStU neue SIRA-Datensätze rekonstruieren. Waren in der SIRA-Teildatenbank 11 bislang rund 20 000 Eingangsinformationen für den SWT erfasst, so werden der Forschung künftig 78 291 Eingangsinformationen aus den Jahren 1970, 1971, 1978 sowie 1980–1989 zur Verfügung stehen. Mit der Rekonstruktion weiterer Daten ist zu rechnen.

23 Trotz meiner Bitte, alle SWT-Daten auf CD zu bekommen, erhielt ich lediglich eine Auswahl von Fällen in Papierform, womit eine allgemeine Auswertung zum SWT in SIRA erschwert wurde. Die genaue Aufschlüsselung des Informationsaufkommens auf die einzelnen Abteilungen des SWT ist

Eine Technologietransferschaltstelle: die Auswertungsabteilung

Die Auswertungsabteilung des SWT war eine der wichtigsten Abteilungen für die Weitergabe von wissenschaftlichen und technischen Informationen aus den operativen Einheiten an Wissenschaftler und Industrie. Hier wurde die Materialsammlung koordiniert und bewertet und wurden die Quellen anonymisiert (im MfS-Sprachgebrauch: »neutralisiert«). Schon Mitte der fünfziger Jahre tauchte die Auswertungseinheit als eine Schaltstelle des Technologietransfers zwischen der DDR-Industrie auf der einen und dem MfS auf der anderen Seite auf. Organisation und Verantwortlichkeiten der Auswertungsabteilung blieben während der gesamten Zeit der DDR mehr oder weniger gleich und entsprachen Erich Mielkes Zielen, als er 1956 die Schaffung einer Arbeitsgruppe für wissenschaftlich-technische Auswertung anwies.[24]

Anders als bei der traditionellen Spionage des Westens vor und während des Kalten Krieges war die Auswertung des Materials beim MfS zentral organisiert, und der Bedarf der Industrie wurde von der MfS-Auswertungseinheit gebündelt.

Mit 184 Mitarbeitern war die Auswertungsabteilung eine der größten Abteilungen des SWT. Unter ihnen befanden sich viele Wissenschaftler und Informatiker. Zusätzlich zu der Bewertung des Spionagematerials hatten sie die Aufgabe, engen Kontakt mit den verschiedenen Wissenschafts-, Technik- und Industrieministerien zu unterhalten. Sie handelten auch wie Wissenschaftler, da sie an Konferenzen teilnahmen und sich bei der Forschungsliteratur auf dem aktuellen Stand hielten. Die Ministerien dienten als Mittler zwischen dem MfS und Wissenschaftlern und Ingenieuren, und das MfS hatte Mitarbeiter in den Ministerien. In den frühen Jahren gab die Industrie »konkrete Tipps«, welches Material gesammelt werden sollte. In den achtziger Jahren existierten hingegen konkrete Anträge oder Wunschlisten für das MfS. Auch das MfS benötigte seinerseits Experten in den verschiedensten Bereichen, und so stand ihm aus den Reihen der Wissenschaftler und Ingenieure ein zuverlässiger Stamm von Auswertern zur Verfügung. Diesen Personen wurde oft nicht gesagt, dass sie gestohlenes oder geheim erlangtes Material auswerteten, sofern sie nicht IM waren.

Nachdem die Mitarbeiter der Auswertungsabteilung das Material bekommen hatten, mussten sie der operativen Diensteinheit, die das Material beschafft hatte, eine Einschätzung seines Wertes geben. Jedes Dokument wurde benotet, wobei die Skala von der Bestnote I bis hinab zur Note V reichte. Die Noten wurden im Laufe der Jahre mit unterschiedlichen Begrifflichkeiten erläutert. So konnte eine Note damit beschrieben werden, wie viel an Forschungs- und Entwicklungskosten durch

---

wie folgt: Abteilung XIII: 1 405; Abteilung XIV: 1 337; Abteilung XV: 7 293; Abteilung V: 624 – zusammen: 10 659.

24 Zu weiteren Einzelheiten vgl. Macrakis: Das Ringen um wissenschaftlich-technischen Höchststand (Anm. 5), S. 70–72, sowie dies.: Espionage and Technology Transfer (Anm. 5), S. 98–101.

eine Information eingespart wurde. Oder eine Note wurde beispielsweise einfach dem Begriff »wertvoll« oder »sehr wertvoll« zugeordnet.

Die Agenten des Technologietransfers

Die meisten SWT-Agenten, die den Sicherheitsbeamten und der Öffentlichkeit schon vor 1989 bekannt waren, waren im Ergebnis von Werner Stillers Übertritt im Jahre 1979 enttarnt worden. Er benannte sechs seiner West-Agenten, und seine weiteren Hinweise führten zu 17 Festnahmen. Da Stillers Agenten in der HVA-Abteilung XIII, Referat 1, geführt wurden, wusste man bis 1989 über diese Abteilung am meisten. Nach 1989 wuchs auch die Kenntnis über die Abteilungen XIV und XV wesentlich. Nach dem Fall der Mauer offenbarte sich ein wichtiger HVA-Offizier, Frank W., den Mitarbeitern der bundesdeutschen Spionageabwehr in Köln, dem Bundesamt für Verfassungsschutz. Dieser hatte für die HVA-Abteilung XV/3 gearbeitet, und viele seiner Agenten wurden nach 1989 verurteilt. Daher existieren Zeugenaussagen von den Gerichtsverhandlungen. Auch andere MfS-Mitarbeiter gaben den bundesdeutschen Sicherheitsbeamten Hinweise. Im Folgenden sollen hier kurz einige Fälle aus der HVA-Abteilung XIII vorgestellt und ihre Bedeutung für Wissenschaft und Technik in der DDR bewertet sowie auf ihre Wirkung hingewiesen werden, soweit sie überhaupt fassbar ist. Danach soll ausführlicher auf Beispiele aus den beiden anderen SWT-Abteilungen – XIV und XV – eingegangen werden, um so ein vollständiges Bild zu präsentieren.

Stillers wichtigste Agenten waren Gerhard Arnold und Rainer Fülle, da sie in Schlüsselpositionen bzw. -objekten saßen und wertvolle wissenschaftlich-technische Informationen beschafften. Stiller bezeichnete Arnold, der bei IBM Stuttgart arbeitete, als den »Vater der Informatik« in der DDR. Dem Jahresplan der Abteilung XIII von 1978 zufolge waren die Unterlagen des IM »Sturm« über Software und Datenbanksysteme »von hoher volkswirtschaftlicher und auch militärischer Bedeutung.«[25] In der Tat beschaffte er wichtige interne IBM-Informationen, die erfolgreich in DDR-Militärcomputer integriert wurden. Fülle, auch der »Glatteisspion« genannt, weil er seiner Verhaftung in der Bundesrepublik dadurch knapp entkommen war, dass einer seiner Verfolger auf eisglattem Boden stürzte, arbeitete in einem für das MfS bedeutsamen Objekt, dem Kernforschungszentrum in Karlsruhe. Die Leitung der Abteilung XIII betonte die Wichtigkeit des von IM »Klaus« beschafften Materials: »Er liefert wichtige Unterlagen [...] zu kerntechnischen und technologischen Problemen. Durch seine inoffizielle Tätigkeit sind indirekt Aussagen zu den Bestrebungen der BRD, eigene Kernwaffen zu produzieren, möglich.«[26]

---

25 BStU, ZA, HVA 402: Jahresplan 1978 des SWT/Abteilung XIII v. 6.12.1977, Bl. 4.
26 Ebenda. Zu Stillers West-IM gehörten:

Die Enttarnung der so genannten »Wiener Residentur« war eine der wichtigsten Enthüllungen im Zusammenhang mit Stillers Übertritt. Stillers Kollege Peter Bertag hatte in Wien im Bereich der Mikroelektronik eine Gruppe von etwa zehn Agenten geleitet. Sie schmuggelten nicht nur Computer über Österreich in die DDR, sondern unterhielten auch Scheinfirmen in der Schweiz. Ein Großteil des derart beschafften Materials stammte aus den USA.[27]

Gerhard M. (Digitale Vermittlungstechnik)

Ein interessanter Fall wegen des Widerspruchs zwischen der Qualität des Agenten und der schlechten Integration der beschafften Informationen in das Wissenschaftssystem der DDR ist Gerhard M.[28] M. war einer von vielen DDR-Bürgern, die vom

---

Gerhard Arnold (»Sturm«); SV 4981/60; Vorgangsart: IMA; 9.10.1959 für die Abteilung V, 10.8.1973 für die Abteilung XIII der HV A erfasst; Führungsoffizier: 9.10.1959 Manfred Terber, 5.10.1960 Helmut Reichmuth, 12.6.1970 Günter Heinrich, 9.2.1971 Axel Hüther, 10.8.1973 Christian Streubel, 27.2.1975 Werner Stiller, 24.6.1980 bis Auflösung Horst Kießig; BStU, TDB 21, ZV 8239802.

Rolf Dobbertin (»Sperber«); Reg.-Nr. XV 2168/60; Vorgangsart: IMA; 2.7.1959 für die Abteilung V, 12.7.1973 für die Abteilung XIII, 1.8.1986 für die Arbeitsgruppe Operative Betreuung, 1.7.1987 für die Abteilung XIX der HV A erfasst; Führungsoffizier: 2.7.1959 Axel Hüther, 8.2.1965 Gerhard Becker, 2.3.1968 Werner Hengst, 9.2.1971 Axel Hüther, 12.7.1973 Werner Stiller, 29.5.1979 Eckhard Frenz, 8.12.1980 Horst Kießig, 22.12.1981 bis Auflösung Helmut Fischer; BStU, SIRA TDB 21, ZV 8254947.

Karl Hauffe (»Fellow«); Reg.-Nr. XV 3631/74; Vorgangsart: IMA; 5.12.1974–3.2.1982 für die Abteilung XIII der HV A erfasst; Führungsoffizier: 5.12.1974–3.2.1982 Werner Stiller; BStU, TDB 21, ZV 8234086.

Reiner Fülle (»Klaus«); Reg.-Nr. XVII 205/66; Vorgangsart: IMA; 15.12.1967–18.8.1982 für die Abteilung XIII der HV A erfasst; Führungsoffizier: 15.12.1967 Heinz Friedrich, 30.4.1971 Horst Kießig, 21.4.1975 Werner Heinze, 6.9.1977 Werner Stiller, 1.8.1979 Jürgen Preuß, 23.1.1980 Horst Kießig, 22.12.1981–18.8.1982 Helmut Fischer; BStU, SIRA TDB 21, ZV 8257244.

Günther Senger (»Hauser«); Reg.-Nr. XVIII 2425/71; Vorgangsart: IMA; 1971 für die Hauptabteilung I des MfS, 5.2.1976–16.6.1983 für die Abteilung XIII der HV A erfasst; Führungsoffizier: 5.2.1976 Werner Stiller, 29.5.1979 Eckhard Frenz, 19.8.1980 Horst Kießig, 22.12.1981–16.6.1983 Helmut Fischer; BStU, SIRA TDB 21, ZV 8206177.

A. Gutschmidt (»Gabi«); Reg.-Nr. XV 3008/76; Vorgangsart: IMA; 2.9.1976–23.12.1981 für die Abteilung XIII der HV A erfasst; Führungsoffizier: 2.9.1976–23.12.1981 Werner Stiller; BStU, SIRA TDB 21, ZV 8250226.

Zu den hier genannten IM vgl. auch BStU, ZA, HVA 402, Bl. 4 f.

27 Weitere Einzelheiten zur Wiener Residentur sowie ein Diagramm in: Macrakis: Espionage and Technology Transfer (Anm. 5), S. 101–104, sowie in: Stiller, Werner: Im Zentrum der Spionage. Mainz 1986, S. 251–255 u. 318 f.

28 Gerhard M. (»Otto«); Reg.-Nr. XV 18655/60; Kategorie: O-Quelle; Vorgangsart: IMA; 4.11.1955 für die Abteilung V, 1.2.1975 bis Auflösung für die Abteilung XIV der HV A erfasst; Führungsoffizier: 4.11.1955 Karl-Heinz Köhler, 18.10.1965 Rolf Kreinberger, 28.5.1969 Günther Vogel, 1.2.1975 Joachim Demmler, 24.1.1979 bis Auflösung Wolfgang Hofmann; BStU, SIRA TDB 21, ZV 8238805. Vgl. Müller-Enbergs: Inoffizielle Mitarbeiter. Teil 2 (Anm. 4), S. 237.

MfS in den fünfziger Jahren als IM in die Bundesrepublik übergesiedelt wurden. Man kann ihn als klassisches Beispiel für eine gute operative Arbeit eines Geheimdienstes ansehen, als ein Kunstwerk der HV A.

M. empfand der DDR gegenüber Dankbarkeit, weil sie ihm eine qualifizierte Ausbildung ermöglicht hatte, obwohl er aus einer Arbeiterfamilie stammte und das Abitur nicht innerhalb des normalen Zeitraums absolvierte. Er hielt die DDR für den besseren deutschen Staat und diente ihr patriotisch mit einer über 30 Jahre andauernden Spionagetätigkeit. Vor seiner Übersiedlung in den Westen wies ihn das MfS in die Nutzung der Spionagetechnik (Empfang des Agentenfunks, Spionagekameras usw.) ein. Er legendierte seine Übersiedlung als Flucht aus der DDR und sicherte sich 1956 eine Position in der Elektronikabteilung von Standard Electric Lorenz (SEL). Im Wesentlichen arbeitete er im Elektronikbereich und später im Bereich der Digitalvermittlungstechnik.

Entsprechend den Zeugenaussagen, die 1993 vor Gericht getätigt wurden, versorgte er während seiner Jahre bei SEL die Abteilung XIV im SWT mit Informationen über alles und jeden. Doch erst ab den achtziger Jahren begann das gesammelte und weitergegebene wissenschaftliche Material für die DDR wesentliche Bedeutung zu erlangen. Möglicherweise hat das von ihm beschaffte Material über die Digitalvermittlungstechnik die DDR überhaupt erst dazu inspiriert, ein entsprechendes Programm aufzulegen – eben wegen der durch ihn eröffneten Möglichkeiten. So heißt es in einer ZAIG-Analyse vom 19. Mai 1989:

>»Mit der Zurverfügungstellung von Originalentwicklungsdokumentationen eines den Welthöchststand bestimmenden digitalen Vermittlungssystems aus dem NSW (verkörpert praktisch ein Forschungs- und Entwicklungspotenzial von etwa 8 000 bis 10 000 Mannjahren und einen Entwicklungsaufwand von rund 1 Mrd. DM) durch das MfS konnten wesentliche Voraussetzungen zur Überleitung dieses digitalen Vermittlungssystems in die Produktion geschaffen und bisher betriebene Parallelentwicklungen beendet werden.«[29]

Gerhard M. lieferte Material über die Hardware des S12-Digitalvermittlungssystems. Während der sechziger Jahre arbeitete er hauptsächlich über elektronische Vermittlungssysteme. 1975/76 begann die Firma ITT, ein Digitalvermittlungssystem zu entwickeln, das schließlich zu dem einheitlichen System 12 führte, welches auch SEL und Gerhard M. nutzten.[30] Dadurch war dies auch ein Fall eines indirekten Technologietransfers aus den USA.

Wie sehr viele Technologiefelder in der DDR war auch das dortige Telefonsystem veraltet, obwohl ein effektives Telefonsystem gerade der MfS-internen Sicher-

---

29   BStU, ZA, ZAIG 3770, Bl. 2.
30   Oberlandesgericht (OLG) Stuttgart, Urteil gegen Gerhard M. v. 11.5.1993 – 3 StE 18/92.

heitstätigkeit genutzt hätte. Die Telefontechnologie stammte überwiegend aus den fünfziger und sechziger Jahren, einige Ausrüstungen sogar noch aus den zwanziger und dreißiger Jahren. In den achtziger Jahren wuchs der Wunsch zur Modernisierung und zur Einführung der Digitalvermittlungstechnik, anstatt weiterhin die antiquierte elektronische Vermittlungstechnik zu verwenden. Daher wurde ein staatliches Programm ausgearbeitet und auf dem wissenschaftsfreundlichen XI. Parteitag von 1986 verkündet, auf dem auch Mikroelektronik eine bedeutende Rolle spielte. Das MfS reagierte auf die Parteivorgabe mit einem Programm mit dem Codenamen 021.

Im MfS-Beschaffungs- und Auswertungssystem bestand für Institute und Mitarbeiter in staatlichen Programmen die Möglichkeit, Unterstützung durch das MfS anzufordern, indem sie bei ihrem fachlich zuständigen Ministerium ein entsprechendes Formular ausfüllten. Das MfS leitete diese Bedarfsanmeldungen der passenden Abteilung zu, die dann einen Agenten beauftragte, das Material zu beschaffen, soweit das möglich war. Das Institut für Nachrichtentechnik (INT), der hauptsächliche Empfänger des Materials von M., stellte solche Anforderungen. Der SWT schätzte das für ein spezielles Programm gesammelte Material sehr hoch ein, da es direkten und unmittelbaren Nutzen brachte. Daher überrascht es nicht, dass das Material von M. Bestnoten erhielt. Insbesondere 1987, in dem Jahr nach Verkündigung des staatlichen Programms, kam seinem Material große Bedeutung zu. So erhielten von 62 Informationen 41 die Note »1«, 15 Informationen eine »2« und sechs Informationen eine »3«.[31] Im Vergleich mit anderen SIRA-Fällen war dies ein ungewöhnlich erfolgreiches Jahr. Bei dem gelieferten Material handelte es sich zumeist um Hardware für das System 12. Exemplarisch sei hier eine typische Formulierung zitiert, wie sie bei der Bewertung eines Schaltkreises für digitale Vermittlungstechnik verwendet wurde, den M. 1987 beschafft hatte und der die Note »1« bekam. Seine Wichtigkeit wurde folgendermaßen beurteilt:

> »Die Information ist ein sehr wertvolles Material und von höchster Bedeutung für die Erzeugnisentwicklung. Sie unterstützt im hohen Maße die Bauelemente-Entwicklung. Information entspricht der AST 5200.84.00061, die damit teilrealisiert ist.«[32]

So schien der Spionagevorgang in diesem Fall optimal zu funktionieren – abgesehen von einem größeren Punkt: Die Früchte der Spionage wurden nie in Produktion umgewandelt. Das war ein ständiges und wesentliches Problem. Bis zu ihrem Kollaps 1989 war es der DDR nicht gelungen, ein modernes Digitalvermittlungssystem zu entwickeln – was dann nach 1989 einer der Gründe war, weshalb im Falle des M. ein relativ mildes Urteil erging.[33]

---

31 Feststellbar sind die Benotungen nur für die Jahre 1981, 1987 und 1988, aus denen SIRA-Daten überliefert sind.
32 Schaltkreis für digitale Vermittlungstechnik, 22.10.1987; BStU, SIRA TDB 11, SE 8801201.
33 OLG Stuttgart, Urteil gegen Gerhard M. v. 11.5.1993 - 3 StE 18/92.

Peter K. (Mikroelektronik)

Die westliche Computerindustrie entwickelte sich zum Hauptinteressenschwerpunkt des SWT, nachdem 1977 das Mikroelektronikprogramm beschlossen wurde. Mit diesem Programm strebte die SED an, die DDR zum Computer-Selbstversorger zu machen und eine eigene Computerindustrie zu entwickeln. MfS und KoKo fanden problemlos westliche Unternehmer und Wissenschaftler, die bereit waren, embargogeschützte Ausrüstung in den Osten zu schmuggeln oder Betriebsgeheimnisse dorthin weiterzugeben. Letzteres war ein einfacher Weg, sich ein Zusatzeinkommen zu verdienen; manche redeten sich auch ein, damit der Einheit Deutschlands zu dienen.

Bald nach dem Beginn des Mikroelektronikprogramms wurde das MfS auf Peter K., Ingenieur und Abteilungsleiter der Chip-Fertigung bei Texas Instruments in Bayern, aufmerksam und warb ihn während einer Geschäftsreise nach Erfurt an. Wenig später traf er sich in Ostberlin nicht nur mit seinem Führungsoffizier, sondern auch mit dessen Referatsleiter von der HVA-Abteilung XIV, zunächst im Hotel Stadt Berlin am Alexanderplatz, später in konspirativen Wohnungen. K. wurde als »Topquelle« betrachtet und deswegen auch vom Abteilungsleiter persönlich kontrolliert.

Wie üblich stellten sich die MfS-Mitarbeiter zunächst als Wirtschaftsvertreter eines entsprechenden DDR-Ministeriums vor. Obwohl K. schnell begriffen haben muss, dass es sich bei seinen Geschäftspartnern um Angehörige des MfS handelte, verkaufte er weiter Betriebsgeheimnisse aus dem Bereich der Chip-Herstellung – elf lange Jahre, von 1978 bis 1989. Er führte auch Hans-Joachim B., der in der Softwareabteilung von Eurosil arbeitete, dem MfS zu.[34] Seine primäre Motivation war offensichtlich finanzieller Art, außerdem konnte er seine neue Freundin in Erfurt besuchen. Während seiner Spionagetätigkeit verdiente er auf leichte Weise etwa eine halbe Million Mark, die er in den Erwerb von Immobilien investierte. Er scheint einer der besser bezahlten MfS-Agenten gewesen zu sein. Den SIRA-Daten zufolge lieferte er in den Jahren 1980, 1981 und 1988 im Wesentlichen Informationen über Low Power Schottky-Schaltkreise. Diese Informationen wurden hauptsächlich dem

---

34 Peter K. (»Schulze«); Reg.-Nr. XV 28/79; Kategorie: O-Quelle; Vorgangsart: IMA; 10.1.1979 bis Auflösung für die Abteilung XIV der HV A erfasst; Führungsoffizier: 10.1.1979 Wolfgang Kliemand, 26.3.1984 Klaus Zimmermann, 28.11.1988 bis Auflösung Frank Große; BStU, SIRA TDB 21, ZV 8213734. Vgl. Müller-Enbergs: Inoffizielle Mitarbeiter. Teil 2 (Anm. 4), S. 237.
Hans-Joachim B. (»Schmidt«); Reg.-Nr. XV 372/80; Kategorie: O-Quelle; Vorgangsart: IMA; 2.5.1980 bis Auflösung für die Abteilung XIV der HV A erfasst; Führungsoffizier: 2.5.1980 Wolfgang Kliemand, 26.3.1984 Klaus Zimmermann, 28.11.1988 bis Auflösung Frank Große; BStU, SIRA TDB 21, ZV 8213544; vgl. auch Bayerisches Oberstes Landesgericht (BayObLG), Urteil gegen Peter Kurt K. und Hans-Joachim B. v. 30.11.1993 – 3 St 14/93 a, b. Vgl. Müller-Enbergs: Inoffizielle Mitarbeiter. Teil 2 (Anm. 4), S. 237.

Kombinat in Erfurt weitergegeben, das an Halbleitern und an der Chipherstellung arbeitete.[35]

Dieter F. (Rüstungstechnologie)

Ein anderer Fall, diesmal aus der Abteilung XV, die primär für die Erlangung von militärischer Technologie verantwortlich war, aber auch für Banken und Wirtschaft, ist von Interesse, weil der Agent Rüstungstechnologie beschaffte, die an die Sowjetunion weitergegeben wurde. Insgesamt war die DDR für die Sowjetunion eine wichtige Stütze beim Aufbau ihrer Rüstungstechnologie.

Diesem wichtigen SWT-Bereich wurde nur wenig Aufmerksamkeit geschenkt, obwohl das Beobachten und Sammeln militärischer Informationen und Technologien beinahe die Hälfte der SWT-Spionageanstrengungen ausmachte.

Dieter F. war ein Westdeutscher, der die Tradition des Spionierens von seinen Eltern übernommen hatte. In den siebziger Jahren war er politisch in der linken Szene aktiv. Sein Vater erklärte ihm jedoch, dass es andere Wege gebe, um politische Ziele zu erreichen. Kurz nachdem er sein Abitur beendet hatte, starb der Vater, und der junge Dieter F. nahm Kontakt zu den »Freunden« seines Vaters in Ostberlin auf, die ihm ihre MfS-Zugehörigkeit offenbarten. Zwei MfS-Offiziere, Manfred und Christian, ermutigten ihn, seine Vorliebe für Human- und Sozialwissenschaften auf die Naturwissenschaften zu verlagern. Sie schlugen ihm vor, Maschinenbau an der Technischen Universität (TU) Berlin zu studieren und nach dem ersten Semester auf Luft- und Raumfahrttechnik zu wechseln.

Beeindruckend ist an diesem Fall, wie leicht und erfolgreich ihn die Führungsoffiziere beeinflussen konnten. 1976 begann er sein Studium an der TU Berlin. Da er mit den technischen Inhalten seines Studienfachs oft Schwierigkeiten hatte, erlangte er sein Diplom erst 1984. Danach fand er eine Arbeitsstelle bei Messerschmidt-Bölkow-Blohm (MBB) in Ottobrunn bei München, wo er bereits ein Praktikum absolviert hatte.

Bei MBB arbeitete F. vor allem an dem Harm-Projekt und an dem Kampfflugzeug »Tornado«. Was er dem MfS im Einzelnen lieferte, ist in ausführlichen Belegen dokumentiert, beispielsweise in der SIRA-Datenbank und in Zeugenaussagen vor Gericht, ergänzt um zahlreiche Nachweise, die seine Führungsoffiziere bereitstellten. F. galt als Topagent. Da die DDR das Material aber nicht nutzen konnte, gab das MfS das meiste davon an den KGB weiter. Dort erachtete man es für so wertvoll, dass man ihn oft mit einer Sonderprämie dafür honorieren wollte.[36]

---

35 BStU, SIRA, passim.
36 BayOblG, Urteil gegen Wolf-Dieter F., Kerstin F., Kurt T., Uwe Bodo A. v. 12.3.1992 – 3 St 9/91 a-d, S. 11. Dieter F. (»Petermann«); Reg.-Nr. XV 245/73; Kategorie: O-Quelle; Vorgangsart: IMA; 22.3.1973 bis Auflösung für die Abteilung XV der HV A erfasst; Führungsoffizier: 22.3.1973 Christi-

Das MfS führte in der renommierten Rüstungsfirma MBB eine ganze Reihe von Agenten, darunter Manfred Rotsch, den so genannten Tornadospion, der auch für den KGB gearbeitet zu haben scheint. Rotsch wurde 1984 gefasst. Er lieferte sehr wertvolle Informationen und verursachte mehr Schaden als Dieter F., da er eine Position als stellvertretender Hauptabteilungsleiter bekleidete und für das MfS sowie offenbar für den KGB bereits seit Mitte der fünfziger Jahre spionierte. Rotsch war damals als einer von Millionen fliehender DDR-Bürger unauffällig in den Westen gelangt.[37] Der Ingenieur Frank Musalik war ein anderer wichtiger Agent, der erst nach 1989 enttarnt wurde. Er arbeitete 24 Jahre lang für das MfS und lieferte Informationen über den Starfighter, den Phantom und ein MBB-Hubschrauber-Projekt.[38]

MBB zählte zu den wichtigen Spionagezielen, in die das MfS erfolgreich eingedrungen war – letztlich jedoch für den KGB. Die SIRA-Daten zeigen, dass das MfS 19 Quellen aus unterschiedlichen Abteilungen führte, die über Zugänge zu MBB-Material verfügten und dies dem MfS während der achtziger Jahre lieferten.[39] Aber nur einige von ihnen waren tatsächlich Objektquellen in der Firma MBB.

Rüstungstechnologie versus Wissenschaft und Technik im zivilen Sektor

Die Informationsgewinnung über militärische Strategien und Rüstungstechnologien war für den SWT und die HV A von sehr viel größerer Bedeutung, als man das bisher angenommen oder ans Licht gebracht hat.[40] Doch mithilfe der neuen SIRA-

---

an Haugk, 12.11.1975 Kurt Thiemann, 1.2.1979 Karl-Heinz Nacke, 16.6.1980 Wolfgang Gailat, 12.12.1985 bis Auflösung Frank Weigelt; BStU, SIRA TDB 21, ZV 8251146.

37 Emde, Heiner: Spionage und Abwehr in der Bundesrepublik Deutschland von 1979 bis heute. Bergisch-Gladbach 1986, S. 169–177; darin wird Rotsch als KGB-Agent bezeichnet. Vgl. dagegen Engberding, Rainer O. M.: Technik und Methoden der Wirtschaftsspionage. In: Bundesverband der Deutschen Industrie, Ausschuss für Sicherheitsfragen (Hg.): Wirtschafts- und Betriebsspionage: Vortragsveranstaltung des BDI-Ausschusses für Sicherheitsfragen am 2. September 1993. Köln 1994, S. 35–53, insb. 38, wonach Rotsch seit 1954, als er unter seinem bürgerlichen Namen in die Bundesrepublik eingeschleust wurde, für das MfS, zuletzt für die Abteilung XV/3 des SWT der HV A, spionierte.

38 Frank Musalik (»Neuhaus«); Reg.-Nr. XV 2606/65; Kategorie: O-Quelle; Vorgangsart: IMA; 14.9.1965 für die Abteilung XV der Bezirksverwaltung Gera des MfS, 14.12.1965 für die Abteilung V, 5.1.1971 bis Auflösung für die Abtelung XV der HV A erfasst; Führungsoffizier: 14.9.1965 Alfred Baerwolf, 14.12.1965 Heinz Makarinus, 5.1.1971 Karl-Heinz Nacke, 4.4.1985 bis Auflösung Frank Weigelt; BStU, SIRA TDB 21, ZV 8244349. Vgl. Müller-Enbergs: Inoffizielle Mitarbeiter. Teil 2 (Anm. 4), S. 240, sowie Engberding, Rainer O. M.: Spionageziel Wirtschaft. Düsseldorf 1993, S. 88, dort als »Franz M.« bezeichnet.

39 So das Ergebnis einer SIRA-Recherche nach Einträgen zu »MBB«. Von diesen 19 Quellen wurden acht von Abteilungen der SWT-Zentrale geführt, fünf von Außenstellen und vier von anderen HVA-Abteilungen.

40 Vgl. Anm. 14 u. 15.

Dokumentation lässt sich nunmehr quantitativ die Wichtigkeit militärischer Themen besser bestimmen. Beispielsweise zählt der hauptsächliche, verfügbare Teil der SIRA-Datenbank für die Jahre 1969 bis 1989, mit Informationen aus der allgemeinen HVA-Auswertungsabteilung VII, 7 293 Informationen aus der SWT-Abteilung XV auf, die im Wesentlichen für die militärischen Themen verantwortlich war.[41] Überliefert sind auch Richtlinien von Erich Mielke und Markus Wolf, in denen sie die Bedeutung der Militärtechnologie hervorheben, und in denen sie sogar im Detail den Technologietyp benennen, nach dem zu suchen ist.[42]

In mehreren allgemeinen HVA-Richtlinien über Schwerpunkte der Informationsgewinnung beschreiben die ersten zwei von neun Punkten, wie wichtig es sei, Militärpläne und Vorhaben aus den USA, der NATO, der Bundesrepublik Deutschland und der Volksrepublik China zu erhalten. Zusätzlich zählen sie den Informationsbedarf hinsichtlich Rüstungsforschung und Rüstungsproduktion in den USA und anderen NATO-Ländern auf, insbesondere was »die Entwicklung und Produktion neuer strategischer Waffen und Waffensysteme« betrifft.[43] Einen Wendepunkt in der MfS-Strategie scheint es 1969 als Nachwirkung des Prager Frühlings gegeben zu haben und erneut 1984, als Erich Mielke befahl, in verstärktem Maße Rüstungstechnik zu beschaffen sowie neue Strukturen herzustellen.

Noch wichtiger ist aber, dass einige aussagekräftige Belege erhalten geblieben sind, wonach Militärspionage einerseits und wissenschaftlich-technische und Wirtschaftsspionage andererseits etwa gleichwertig waren, was ihre Bedeutung und die für sie aufgewendeten Bemühungen betrifft. Heinrich Weiberg, bis 1972 Leiter des SWT, betonte in der ersten Hälfte seines Halbjahresberichts für 1971 die Erfolge bei den »strategischen Fragen« und in der zweiten Hälfte die Erfolge hinsichtlich »wissenschaftlich-technischer und wirtschaftlicher Ergebnisse«. Wie üblich reichte das MfS den größten Teil der militärischen Spionageergebnisse an die »Freunde« – die Sowjetunion – und manchmal auch an die Nationale Volksarmee (NVA) der DDR weiter.[44]

Weibergs Bericht enthält 16 Punkte, die militärische Aspekte betreffen. Demnach verfügte der SWT über Informationen, die den Nachfolger des »Starfighters«, einschließlich des »Phantoms«, sowie Einschätzungen des »Feindes« über die Waffen-

---

41   Information der Behörde der BStU auf der Grundlage der SIRA-Auswertung.

42   Vgl. u. a.: MfS, Der Minister: Befehl 23/69 über die Koordinierung der Maßnahmen zur Beschaffung von Mustern wichtiger Militärtechnik; Bildung einer nichtstrukturellen Koordinierungsgruppe »Militärtechnik« in der HV A v. 14.7.1969; BStU, ZA, BdL/Dok 1351. Dieser Befehl wurde 1984 von Mielke ersetzt durch: Befehl 9/84 über die Koordinierung der Aufgaben und Maßnahmen zur Beschaffung von Informationen und Mustern neuester Militärtechnik aus nichtsozialistischen Staaten v. 13.4.1984; BStU, ZA, BdL/Dok 8020.

43   5. Kommentar zur Richtlinie 2/79 (wie Anm. 4), S. 3.

44   Hauptverwaltung A, SWT - Leiter: Kurzbericht über wichtige Arbeitsergebnisse der wissenschaftlich-technischen Aufklärung im 1. Halbjahr 1971, 12.8.1971, unterschrieben von Heinrich Weiberg; BStU, Sekretariat des Ministers (SdM), 355.

systeme des Warschauer Paktes dokumentierten. Ferner besaß er Dokumentationen über das Kommunikationssystem in der NATO und Informationen über die wichtigsten bundesdeutschen Datenverarbeitungsfirmen. Andere wichtige Punkte bezogen sich auf die Arbeiten am Reaktortyp »Schneller Brüter« und auf die Plutoniumproduktion des »westdeutschen Imperialismus«.[45]

Einige Geheimnisse aus den 14 Abschnitten, die die wissenschaftlich-technische und wirtschaftliche Spionage betreffen, beziehen sich überraschenderweise auf Themen, die man im Westen eigentlich mit normaler Unternehmenspraxis oder aber mit der traditionellen Form der Wirtschaftsspionage assoziiert. So berichtete Weiberg, dass der DDR-Außenhandel bei der Anschaffung einer Atomkraftanlage 15 Millionen Mark sparte (unklar ist, ob DDR- oder Westmark), weil man anhand der Spionageerkenntnisse die Weltmarktpreise habe vergleichen können. Außerdem nutzte der Ministerrat die vom MfS beschafften Dokumente, um über die Preise für Erdgas- und Erdöltransporte durch Pipelines zu verhandeln.[46]

Andere Abschnitte beziehen sich auf den Bereich, der der Schwerpunkt der SWT-Tätigkeit gewesen zu sein scheint: die Erlangung von wissenschaftlich-technischen Plänen, Entwürfen, Dokumentationen und Mustern aus dem Westen, um sie Wissenschaftlern und der Industrie in der DDR nutzbar zu machen. Diese Bereiche passten theoretisch in den Wissenschafts- und Technologieplan für die DDR-Wirtschaft. Fünf Abschnitte des Berichts lassen erkennen, dass es schon damals ein starkes Interesse an Bauelementen für die Computerindustrie, wie Festkörperschaltkreise, sowie allgemein an elektrischen Geräten für die Datenverarbeitung gegeben hat. Ein interessanter Punkt, der nach Verabschiedung des Mikroelektronikprogramms von 1977 sogar noch an Bedeutung gewann, war die angestrebte Beschaffung eines Ionen-Implanters. Überraschend ist das frühe Interesse des MfS an diesem Gegenstand, der ein »reeller«, aber nicht »realisierter« Weg zur Herstellung von Computerteilen zu sein schien. Der illegale Einkauf, den Schalck-Golodkowski später für die DDR tätigte, erwies sich als kostspielig. Andere Schwerpunkte bildeten Dokumentationen über Polyester, Polyurethane und den »schnellen Brüter«.[47]

Der Wert des Beschafften wurde oft mit den durch die Spionage eingesparten Forschungs- und Entwicklungskosten beziffert. Demnach schienen die Ministerien für Chemie, Elektrotechnik und Elektronik und Maschinenbau in einem halben Jahr in zusammen 57 Objekten insgesamt 26 333 000 DDR-Mark gespart zu haben (wobei nicht gesagt wurde, wie viel für diese Einsparungen zunächst investiert werden musste - möglicherweise auch noch in westlichen Währungen). Das Ministerium für Chemie hatte bei einer Anzahl von 35 zwar die meisten Objekte, aber das

---

45 Ebenda, S. 1-4 (Seitenzählung des Originals).
46 Ebenda, S. 8.
47 Ebenda, S. 4-9, zum Implanter S. 6.

Ministerium für Elektrotechnik und Elektronik sparte mit nur 17 Objekten bereits 14 861 000 DDR-Mark ein.[48]

Weibergs Bericht stellt offensichtlich eine Erfolgsbilanz dar und listet zugleich die Tätigkeitsfelder des SWT auf. Für heutige Historiker wäre es optimal, eine vollständige Serie der SWT-Berichte für die gesamte DDR-Zeit zur Verfügung zu haben. Allerdings gibt es diese nicht. Doch der hier zitierte Bericht zeigt einen Querschnitt, anhand dessen die Art der SWT-Tätigkeit für weite Bereiche ermessen werden kann. Andere Belege bestätigen diese Eindrücke; an manchen Stellen birgt der Bericht Überraschungen und ergänzt vorhandene Erkenntnisse.

Die Beschaffung von Militärtechnologie durch das MfS half der Sowjetunion sehr. Sie verfügte aber auch in allen ihren osteuropäischen Satellitenstaaten über Informationslieferanten. In den USA wuchs die Sorge über die Beschaffung westlicher Rüstungstechnologien durch die Sowjetunion in den achtziger Jahren, sodass dagegen aktive Maßnahmen ergriffen wurden. Ein »white paper« nannte einige hundert Beispiele von »sowjetischer Militärausrüstung und Waffen, die von westlichen Technologien und Produkten profitieren«, einschließlich Panzer, Wurfraketentechnik, Kommunikationswesen, Radar und Mikroelektronik.[49]

Eine 1-Megabitchip-Illusion, aber »Erfolg« mit Klonen

Eine frühe »Erfolgsgeschichte«, zu der das MfS zu einem großen Teil beigetragen hatte, war das Klonen des IBM 360. Eine streng geheime Arbeitsgruppe begann 1968 in Moskau die Arbeit an diesem Projekt. Sie erfuhr Unterstützung durch das Robotron-Computerzentrum in Dresden. Indem die Sowjets illegal beschaffte IBM-Maschinen auseinander bauten und dann rekonstruierten, konnten sie 1972 ihre eigene Version, den Ryad-1, auf den Markt bringen. Der KGB hatte offensichtlich seit den fünfziger Jahren bis in die späten siebziger Jahre eine Top-Quelle mit dem Decknamen »Alvar« im Hauptsitz von IBM Europa in Paris.[50] Auch die DDR integrierte High-Tech-Spionage in ihre eigene Computerindustrie. Bis 1970 hatte sie mindestens ein Dutzend Computer beschafft, auseinander genommen und nachgebaut, und ab 1973 stellte Robotron 80 bis 100 Computer jährlich her.[51]

---

48 Ebenda, S. 8.

49 Vgl. z. B. Soviet Acquisition of Militarily Significant Western Technology, White Paper. Government Documents. Transfer of United States High Technology to the Soviet Union and Soviet Bloc Nations. Report to Senate, No. 97-664. Gedruckt am 15. November 1982.

50 Vgl. Andrew, Christopher; Mitrochin, Wassili: Das Schwarzbuch des KGB. Moskaus Kampf gegen den Westen. Berlin 1999, S. 268 f.

51 Zu weiteren Einzelheiten des komplexen Systems der Beschaffung von Computertechnologie aus dem Westen vgl. Macrakis: Espionage and Technology Transfer (Anm. 5), S. 85-90; ähnlich auch dies.: Das Ringen um wissenschaftlich-technischen Höchststand (Anm. 5), S. 63-70; ferner dies.: Agent Gorbachev (Anm. 10), S. 541. Zu Informationen der HA XVIII des MfS über IBM siehe BStU, ZA, HA XVIII, 13336.

Der DEC 32-bit-Prozessor

Eine andere, zweideutige Erfolgsgeschichte betrifft das Klonen des VAX 11/780, eines 32-bit-Prozessors der US-amerikanischen Firma Digital Equipment Corporation (DEC) in den achtziger Jahren. Mitte der achtziger Jahre hatte das Ministerium für Elektrotechnik und Elektronik angesichts des Arbeitskräftemangels zunehmend die Notwendigkeit erkannt, die Arbeitskapazitäten auf anderen Wegen zu vergrößern. Darüber hinaus glaubte man zu spüren, dass die Wirtschaft ohne Unterstützung durch die Informatik kollabieren würde. Einer der Wege, dieses Problem in den Griff zu bekommen, war die Einführung von CAD/CAM (Computer Assisted Design/Computer Assisted Manufacture applications) in Firmen und Unternehmen. Nun hatte Robotron zwar schon einen 16-bit-Computerprozessor hergestellt, der aber für die Nutzung von CAD/CAM-Anwendungen nicht leistungsfähig genug war. Deshalb beauftragte das Ministerium für Elektrotechnik und Elektronik Robotron, den DEC VAX 11/780, ein leistungsfähigeres 32-bit-Gerät, zu kopieren. Den DEC VAX 11/780 in die DDR zu importieren, um ihn hier nachzubauen, war verzwickt, da er einem strengen Embargo unterlag. Doch mit dieser Anweisung kam auch reichliche Unterstützung von der Partei, dem Staatssekretär des Außenhandels Alexander Schalck-Golodkowski, der illegal die VAX-Rechner importierte, und vom MfS. Das Projekt erhielt den Decknamen »0023« und sollte der DDR in diesem Bereich zu einem gewissen Maß an Autarkie verhelfen und die Abhängigkeit von Importen aus dem Westen verringern.[52]

Trotz staatlicher Initiative und Unterstützung hielten die Wissenschaftler bei Robotron diesen Weg für falsch, da der Nachbau bis zum Zeitpunkt seiner Fertigstellung zehn Jahre hinter dem dann aktuellen Stand der Computertechnik zurückhinken würde. Doch trotz aller Anfangsprobleme begannen die Robotron-Ingenieure schnell mit dem Klonen des embargogeschützten VAX. Als Grundlage dienten ihnen zwei VAX 11/780-Geräte, die Schalck-Golodkowski für Robotron hatte besorgen lassen. 1987 konnte der Rechner in die Produktion gegeben werden. Der SWT besaß mit »Dora« und »Zelter« in den achtziger Jahren mindestens zwei Quellen bei DEC. Unklar ist, in welchem Maße sie beide direkt zu diesem Projekt beitrugen. »Dora« war 1978 angeworben worden und beschaffte 1980 und 1981 Informationen über das 16-bit-Gerät PDP 11/44. »Zelter«, angeworben 1986, lieferte 1988 Material zum VAX-Rechner 11/780.[53] Auch die Hauptabteilung XVIII des MfS führte wichtige

52 Positionspapiere des Leiters der HA XVIII, Generalmajor Kleine, Januar und April 1986; BStU, ZA, HA XVIII, 10207, Bl. 2–7. Interview der Verfasserin mit Karl Nendel, 1999. Macrakis: Espionage and Technology Transfer (Anm. 5), S. 110–118; ähnlich auch dies.: Das Ringen um wissenschaftlich-technischen Höchststand (Anm. 5), S. 78–86.
53 Peter D. (»Dora«); Reg.-Nr. 129/78; Kategorie: O-Quelle; Vorgangsart: IMA; 1975 für das MfS, 6.2.1978 bis Auflösung für die Abteilung XIV der HV A erfasst; Führungsoffizier: 6.2.1978 bis Auflösung Hubert Zwick; BStU, SIRA TDB 21, ZV 82229212.

Quellen für das VAX-Projekt wie IM »Saale« (Gerhardt Ronneberger), IM »Messing« (Dietrich Kupfer) und IM »Leo« (Siegfried Stöckert).[54]

Um die erfolgreiche Fertigstellung des K 1840 von Robotron – der DEC-Kopie – zu feiern, zeigte die DDR-Nachrichtensendung Aktuelle Kamera einen Besuch des ZK-Sekretärs für Wirtschaft, Günter Mittag, bei Robotron im Jahre 1987. Einem MfS-Bericht zufolge durfte das Fernsehteam zwar in einem Sicherheitsbereich filmen, doch wurde ihm nicht erlaubt, die DEC-Computer aufzunehmen, die dort installiert waren. Obwohl die zahlreichen DEC-Geräte in der DDR unter Umgehung der Embargo-Bestimmungen illegal aus dem Westen beschafft worden waren, hieß es offiziell stets, sie seien aus der Sowjetunion importiert worden.

Über den K 1840 berichtete auch das Neue Deutschland, und die Robotron-Belegschaft wurde für die Erbringung einer »wissenschaftlich-technischen Spitzenleistung« honoriert. Wissenschaftler, Ingenieure und Außenhandelsmitarbeiter erhielten für ihre »außergewöhnlichen Leistungen« außerdem hohe staatliche Auszeichnungen wie das Banner der Arbeit. Der staatliche Nationalpreis sollte von Erich Honecker in einer Zeremonie überreicht werden. Schalck-Golodkowski schlug zudem Erich Mielke vor, sechs MfS-Mitarbeiter und Agenten (»die Kämpfer an der unsichtbaren Front«) mit militärischen Auszeichnungen zu belohnen. Vorgeschlagen wurden vier Mitarbeiter der Hauptabteilung XVIII und zwei aus dem SWT: Klaus Rösener (HVA-Abteilung V) und Horst Müller (Leiter der HVA-Abteilung XV)[55].

Ein wissenschaftliches System auf der Grundlage gestohlener und geklonter Technologie kann jedoch niemals führend werden, insbesondere nicht in einem sich so rasch entwickelnden Bereich wie der Computertechnologie. Das Gefühl, sich nur im Schlepptau des Westens zu bewegen, plagte die DDR-Führung daher permanent und insbesondere nach 1981, als in den USA die Reagan-Regierung die »Operation

---

Fritz H. (»Zelter«); Reg.-Nr. XV 450/86; Kategorie: O-Quelle; Vorgangsart: IMA; 12.9.1986 bis Auflösung für die Abteilung XV der HV A erfasst; Führungsoffizier: 12.9.1986 bis Auflösung Peter Großmann; BStU, ZA, SIRA TDB 21, ZV 8220416. Vgl. Müller-Enbergs: Inoffizielle Mitarbeiter. Teil 2 (Anm. 4), S. 239.

54 Gerhardt Ronneberger (»Saale«); Reg.-Nr. XV 666/65; Kategorie: IMS; 1965 bis Auflösung für die Hauptabteilung XVIII/8 des MfS erfasst; Führungsoffizier: Artur Wenzel, Gerhard Gesang, Hans-Uwe Pilgram; BStU, ZA, AIM 10823/91 und TA 436/85. Vgl. auch die Autobiographie von Gerhardt Ronneberger: Deckname »Saale«. High-Tech-Schmuggler unter Schalck-Golodkowski. Berlin 1999.
Dietrich Kupfer (»Messing«); Reg.-Nr. XV 2647/65; Kategorie: 1958 IMK; 1965 IME/IMS; 1958 für die Hauptabteilung VIII, 1965 bis Auflösung für die Hauptabteilung XVIII/8 des MfS erfasst; Führungsoffizier: Gerd Hartmann, Gerhard Gesang; BStU, ZA, A 484/85 und AIM 17716/91.
Siegfried Stöckert (»Leo«); Reg.-Nr. XV 2128/75; Kategorie: IMS; 1975 für die Hauptabteilung XVIII/7, 1983 bis Auflösung für die AG Bereich Kommerzielle Koordinierung des MfS erfasst; Führungsoffizier: Klaus Köhler, Wolfgang Habenicht; BStU, ZA, AIM 7862/91.

55 Zur Berichterstattung der Aktuellen Kamera vgl. Schreiben der HA XVIII/8 an Alfred Kleine v. 11.5.1987; BStU, ZA, HA XVIII, 9553, Bl. 1. Brief Schalck-Golodkowskis an Mielke v. 14.8.1987; BStU, ZA, HA XVIII, 5807, Bl. 2 f.

Exodus« startete, um den Abfluss embargogeschützter Computertechnologien in den Ostblock einzudämmen. Die unrealistische Zielmarke, den Westen einzuholen, sowie das westliche Embargo waren die Gründe für eines der größten Fiaskos in der Geschichte der Wissenschaftsspionage der DDR.[56]

Ein illusionäres Ziel, das sich Mitte der achtziger Jahre in das Bestreben der DDR einordnete, den Großteil des Mikroelektronik-Bedarfs im eigenen Land herzustellen, mutierte fast zur Obsession: Die DDR wollte ihren Weltklassestatus im Computerbereich demonstrieren, indem sie den 1-Megabitchip entwickelte.[57]

Als die DDR 1990 kollabierte, hatte sie inzwischen 14 Milliarden Mark in die Mikroelektronik investiert. Trotzdem hatte sie ihr Ziel nicht einmal annähernd erreicht, den 1-Megabitchip zu produzieren. Dies beruhte zum Teil auf einer Überschätzung der eigenen Möglichkeiten, auf verstärkter Wachsamkeit des Westens und auf unzureichender Kooperationsbereitschaft seitens der Sowjetunion. Mehr als die Hälfte der Ausrüstung, die für die Produktion des 256-Kilobitchips benötigt wurde – es war der größte, der es über das Stadium der Planung hinaus schaffte – musste trotz des westlichen Embargos importiert werden. Obwohl es der DDR gelang, das Embargo zu umgehen, waren die illegal eingeführten Waren teurer und kamen wesentlich verspätet.

Doch die DDR behielt ihr Ziel im Auge. Im März 1986 kam es zu einer Übereinkunft mit der japanischen Firma Toshiba: Einer Bitte Toshibas entsprechend, wurde aber kein Vertrag unterschrieben. Dieser Übereinkunft zufolge sollte Toshiba eine komplette Originalfestplatte für einen 64-Kilobitchip beschaffen sowie einen kompletten Entwurf für einen 256-Kilobitchip entwickeln, der von Toshibas schon weithin bekanntem Entwurf abzuweichen hatte. Doch aus einer Vielzahl von Gründen zog sich Toshiba aus dem Abkommen wieder zurück. Die DDR bekam ihr Geld wieder, hatte aber bereits Kopien der Festplatte und der Pläne angefertigt.[58]

Bis 1989 hatte die DDR gerade einmal 90 000 256-Kilobitchips hergestellt, das kleinere Österreich aber beispielsweise schon 50 Millionen. Die DDR hatte bis dahin auch noch nicht einen einzigen 1-Megabitchip produziert, während Japan das schon seit 1986 tat. Als Public Relations-Gag präsentierte Erich Honecker 1989 dem sowjetischen Staats- und Parteichef Michail Gorbatschow das erste »Muster« eines in der DDR entwickelten 1-Megabitchips. Das war jedoch ein Schwindel: Der Chip war im Westen besorgt worden.[59]

56 Macrakis: Agent Gorbachev (Anm. 10), S. 541; dies.: Espionage and Technology Transfer (Anm. 5), S. 111 f. u. 115; dies.: Das Ringen um wissenschaftlich-technischen Höchststand (Anm. 5), S. 79 u. 83.

57 Ebenda.

58 Macrakis: Espionage and Technology Transfer (Anm. 5), S. 115 f.; dies.: Das Ringen um wissenschaftlich-technischen Höchststand (Anm. 5), S. 82-84.

59 Neue Beweise aus SIRA aus den Jahren 1981, 1987 und 1988 belegen, dass der SWT den 1-Megabitchip aus verschiedenen Quellen beschafft hat.

Die erhalten gebliebenen Dokumente und Belege der HV A zeigen sehr gut, wie das Beschaffungssystem in Bezug auf den 1-Megabitchip funktionierte. Am 27. November 1986 beantragte Professor Dr. Dr. h. c. Wolfgang Biermann die »Bereitstellung von Dokumenten und Mustern zum 1 MdRAM« als Teil des Entwicklungsvorhabens und staatlichen Programms »Höchstintegration« – so der Codename für das 1-Megabitprojekt. Sein Antrag bekam die Nummer 51.87.00086, wobei die Ziffer 51 für den VEB Carl-Zeiss-Jena stand, die 87 für das Jahr der geplanten Realisierung und die 86 für die Nummer des Antrages. Die SIRA-Datenbank zeigt, dass zahlreiche Einzelinformationen dazu beitrugen, diesen Antrag »teilweise zu realisieren«. Am 3. September 1988 beschaffte die SWT-Quelle »Joker« der HVA-Abteilung XV die Technologie für den 1-Megabitchip. Am 27. Mai 1988 lieferte der IM »Zelter«, ebenfalls in der Abteilung XV geführt, logistische Technologien und Informationen über die Produktion von hochintegrierten Schaltkreisen, am 22. Juni 1988 unter anderem einen Wafer für 1 MBYTE RAM. Robotron beantragte ebenfalls Informationen über den 1-Megabitchip und erhielt Material.[60]

Schlussbetrachtung: Die Verwandlung von Geheimnissen in Produkte

Wissenschaft kann auch durch Spionage erfolgreich sein. Die Geschichte kennt zahlreiche Beispiele, in denen es großen Ländern ebenso wie kleinen gelungen ist, ausländische Technologien zu kopieren und zu verbessern. Im 18. Jahrhundert spionierte Frankreich im Zusammenhang mit seinem Textiltechnologie-Import in großem Stil England aus.[61] Im 19. Jahrhundert beschaffte der US-Amerikaner Francis Cabot Lowell Stellmacher-Webstühle aus England und unterstützte damit den Start der industriellen Revolution in Amerika.[62] In unserer Zeit war Japan sehr erfolgreich darin, Geheimnisse in Produkte umzuwandeln und dadurch bei elektronischen Gütern westliche Länder einzuholen und zu überholen.[63] Es scheint ein Muster zu sein, dass solche Nationen, die das Bedürfnis empfinden, andere Nationen einzuholen, am umfangreichsten Wirtschaftsspionage betreiben.

Der berüchtigtste und erfolgreichste Fall von Technologieerwerb durch Spionage im 20. Jahrhundert gelang der kommunistischen Spionage: Die Sowjetunion verschaffte sich die hochgeheimen Pläne für die amerikanische Atombombe und ko-

---

60   Zu Biermanns Antrag vgl. die entsprechende Antragserfassung seitens der HV A; BStU, ZA, HVA 679, Bl. 169 f., sowie SIRA, Teildatenbank 11.

61   Vgl. hierzu die detailreiche Studie von Harris, J. R.: Industrial Espionage and Technology Transfer. Britain and France in the Eighteenth Century. Aldershot 1998.

62   Fialka, John: War by Other Means. Economic Espionage in America. New York 1997; darin auch ein Kapitel zur japanischen Spionage.

63   Vgl. beispielsweise Hansen, James H.: Japanese Intelligence – the Competitive Edge. Washington, DC 1996.

pierte sie einige Jahre später erfolgreich. Dieses Ereignis markierte den Beginn eines Stils militärischer Wirtschaftsspionage, der der Sowjetunion und anderen Ostblockstaaten, insbesondere der DDR, als Vorlage diente.

Gab es einen Klaus Fuchs oder einen Theodore Hall der wissenschaftlich-technischen Spionage der DDR oder gar einen Agentenring? Gab es ein Projekt von gleicher Bedeutung wie die Atombombe? Fuchs galt als einer derjenigen Spione, die die Welt veränderten.[64] In vielerlei Hinsicht haben er und sein Agentenring dies getan. Mit der Atombombe begann die Ära der atomaren Kriegsbedrohung, die den Kalten Krieg charakterisierte. Die Bombe trug dazu bei, die Sowjetunion in eine Weltmachtstellung zu katapultieren. Hätte die Sowjetunion von den amerikanischen Bomben nichts gewusst und die Pläne nicht bekommen, so hätte die Welt in der zweiten Hälfte des 20. Jahrhunderts in der Tat anders ausgesehen. Man sagt, der Krieg beschleunige technologische Entwicklungen, und dies scheint auch bei der sowjetischen Atombombe der Fall gewesen zu sein. Die Sowjetunion hätte möglicherweise auch so ihre eigene Atombombe bauen können, doch die Spionage beschleunigte die Entwicklung und erlaubte es ihr, dies einige Jahre früher zu tun.[65]

Das einzige Projekt, das dem der Atombombe hinsichtlich seiner Bedeutung und der getätigten Investitionen nahe kommt, war das Streben der Sowjetunion und der DDR, eine eigene Computerindustrie aufzubauen. Interessanterweise erreichte aber selbst die Sowjetunion auf diesem Gebiet nicht mehr den Erfolg, den sie beim Bau der eigenen Atombombe bzw. Fuchs und andere beim Spionieren hatten.

Die Gründe hierfür sind vielschichtig. Zunächst ist zu bedenken, dass sich Art und Zweck der Spionage veränderten. Fuchs und andere, wie Theodore Hall, hatten die Sowjets nicht nur mit geheimen Atomplänen und Entwürfen beliefert, die es ihnen erlaubten, die Implosionsvorrichtung zu kopieren, sondern Hall hatte sie vor allem auch erst davor gewarnt, dass die Amerikaner überhaupt an der Bombe arbeiteten. Das MfS wäre erfreut gewesen, wenn »Klaus« und »Gärtner« ihnen aus Karlsruhe berichten könnten, dass die Bundesrepublik eigene Atomwaffen hätte bauen können. Fuchs und Hall gehörten zu einer aussterbenden Art von Agenten, die aus starken ideologischen Überzeugungen spionierten. Die Motive für das Spionieren veränderten sich während des Kalten Krieges, aber die Motivation zur Betriebsspionage bestand häufig vor allem darin, dass es sich um einen einfachen Weg handelte, zusätzliches Geld zu verdienen; bei den IM aus der Bundesrepublik, die in den hier beschriebenen Bereichen eingesetzt waren, war dies das Hauptmotiv.

---

64 Eine heroische Version der Spionagegeschichte liefert Gannon, James: Stealing Secrets, Telling Lies. How Spies and Codebreakers Helped Shape the Twentieth Century. Washington, DC 2001; darin das Kapitel zu Fuchs unter dem Titel: »The Spy of the Century«.

65 Vgl. Holloway, David: Stalin and the Bomb. New Haven 1994, geschrieben vor der Freigabe der Venona-Transkripte, die Halls Rolle beim Ausspionieren der Atombombe enthüllten. Zu Halls Rolle, wie sie sich nach Auswertung der Venona-Transkripte darstellt, vgl. Haynes, John Earl; Klehr, Harvey: Venona. Decoding Soviet espionage in America. New Haven, London 1999, S. 314-317.

Zweitens waren die Volkswirtschaften der Sowjetunion und der DDR schwach und technologisch bis zu einem gewissen Grad rückständig. Deswegen bereitete es ihnen Schwierigkeiten, die enormen Datenmengen, die im Westen gesammelt wurden, in ihre eigenen wissenschaftlichen Systeme zu integrieren. In der Tat lautete die Devise der DDR, in der technologischen Entwicklung »den Westen einzuholen und zu überholen«. Doch in Wirklichkeit konnte das MfS kaum dabei helfen, die technologische Rückständigkeit zu verringern. Immerhin scheint die Sowjetunion mit Erfolg viel von der amerikanischen Raketentechnologie, die KGB und GRU in den USA beschafften, in ihr eigenes Waffenarsenal übernommen zu haben. Da die DDR für Militärtechnologie keine Verwendung hatte, gab sie entsprechende Spionageergebnisse in einem beachtlichen Umfang an die Sowjetunion weiter. Schwerpunkte bildeten dabei Panzer und Kampfflugzeuge wie der »Leopard« und der »Tornado«. Diese von Bundesbürgern beschafften militärischen Geheimnisse, gegen den Westen eingesetzt, hätten das Mächtegleichgewicht verändern und den Kalten Krieg in einen heißen verwandeln können.

Wie der vorliegende Aufsatz ausführlich zeigt, war der SWT als Hauptbeschaffungsorgan der HV A gut organisiert, nahm eine effektive Auswertung des beschafften Materials vor und reichte es an Wissenschaftler und Institutionen in der DDR weiter. Den Erfolg maß man an den eingesparten Forschungs- und Entwicklungskosten und nicht daran, ob die Geheimnisse auch erfolgreich in das Wissenschaftssystem integriert werden konnten. Ebenso handelte es sich bei der Anwerbung und Leitung von Agenten wie Gerhard M., Peter K. und Dieter F. um eine gute nachrichtendienstliche Leistung.

Die Operationsbedingungen im geteilten Deutschland erleichterten der DDR das Spionagegeschäft. Doch die Schwäche des Systems beginnt sich an Fällen wie Gerhard M. zu zeigen. Seine Anwerbung und Platzierung bei SEL ist ein klassisches Stück HVA-Spionage aus ihren goldenen Zeiten in den fünfziger Jahren, als man in dem großen DDR-Flüchtlingsstrom ohne Probleme auch Agenten unauffällig in den Westen übersiedeln konnte.[66] Gerhard M. war etwa 30 Jahre lang Objektquelle, doch sein Material erlangte erst in den achtziger Jahren eine Bedeutung, als die DDR beschloss, ihr veraltetes Telefonsystem zu modernisieren. Der Antrieb zur Entwicklung eines neuen Telefonsystems beruhte auf der Verfügbarkeit entsprechender Informationen. Dennoch gelang es der DDR nicht, eine eigene digitale Telefonvermittlungstechnik zu schaffen. Andererseits hatte die DDR großen Erfolg bei der Nutzung von westlichem Know-how beim Aufbau einer eigenen Polyurethanfirma in Schwarzheide in den siebziger Jahren. Wie bei der Digitalvermittlung hatte das MfS auch in diesem Fall eine Quelle im Westen, die die Pläne zur Entwicklung und Herstellung von Polyurethan beschaffte, und die Industrie produzierte entsprechend

---

66 In dieser Hinsicht ist sein Fall dem des bekannten Atomspions Harold Gottfried (Deckname: »Helmut Gärtner«) ähnlich; vgl. Macrakis: Das Ringen um wissenschaftlich-technischen Höchststand (Anm. 5), S. 75 f., sowie dies.: Espionage and Technology Transfer (Anm. 5), S. 108 f.

dieser Vorlagen. Es verwundert nicht, dass Plastik in der DDR ein technisches Arte-
fakt wurde; von Stühlen bis zum Personenkraftwagen »Trabant« dominierte es die
Landschaft. Selbst Walter Ulbricht erhielt ein Plastiksofa vom MfS, um den Erfolg
zu feiern.[67]

Der Fall Peter K. zeigt, wie das Mikroelektronikprogramm das MfS dazu bewog,
den Schwerpunkt bei der Agentensuche in diesem Bereich auf Bundesbürger zu
setzen. Es spricht alles dafür, dass dieses hoch finanzierte und unterstützte Mikroelektronikprogramm einer der Gründe für den Kollaps der DDR-Wirtschaft war.
Man kann hier eine Überschätzung der eigenen Fähigkeiten und Möglichkeiten in
der DDR beobachten, kombiniert mit einem – aus westlicher Sicht – erfolgreichen
Embargo, mit Täuschungsmanövern und einem fordernden Partner in der Sowjetunion. Nachdem die USA erkannt hatten, dass die Sowjetunion und die DDR ihre
Technologie illegal beschafften, manipulierten sie die von den Ostblockstaaten
besorgten Geräte vor ihrer Ausfuhr in diese Länder derart, dass sie dort nicht funktionierten![68] Peter K. war nur einer von vielen Bundesbürgern, den das MfS zur
Spionage verleitete. Interessanterweise hatten Firmen wie Leybold keine Probleme
damit, embargogeschützte Güter in den Osten zu verkaufen. Anders als Peter K.
bekamen die dafür Verantwortlichen keine Gefängnisstrafen. Aus der »Computersto-
ry« war ein Kampf um Technologien zwischen Ost und West geworden, den der
Westen gewann.

Auch der Fall von Dieter F. zeugt von operativ hervorragender Agentenführung
und Manipulation. Obwohl Dieter F. sich für unbegabt für den Ingenieurberuf hielt,
wurde er in diese Richtung gelenkt und bekam eine Stelle in dem bedeutenden Rüs-
tungsunternehmen MBB. Die Sowjets waren von dem dort beschafften Material
begeistert und konnten es für ihr Waffenarsenal gut nutzen. In diesem Sinne half das
MfS der Sowjetunion mehr als der DDR.

Die DDR-Spionagegeschichte handelt nicht von heroischen Agenten, die westliche Geheimnisse entwendeten, die dann wie bei modernen Alchimisten von Staub
zu Gold verwandelt worden wären. Stattdessen bargen die enormen Erfolge bei der

---

67 Offiziere, Überläufer und selbst Markus Wolf [siehe Macrakis: Espionage and Technology Transfer –
Anm. 5 –, S. 85] erzählten mir die Polyurethan-Geschichte, aber ich muss jetzt von Agenten konkrete Beweise bekommen, die diese Behauptung stützen. Ich habe den Begriff Polyurethan in das SIRA-
System eingeben lassen, aber daraufhin lediglich einige Blätter aus den achtziger Jahren erhalten, in
denen die Quellen nicht auftauchen. Es ist ein Nachteil, dass von der SWT-Teildatenbank 11 nur
Daten von drei Jahrgängen aus den achtziger Jahren überliefert sind. Mein Antrag auf Recherche in
der Teildatenbank 12 ergab nichts. Weiberg verweist in seinem Halbjahresbericht von 1971, S. 7, auf
die Polyurethan-Entwicklung (Anm. 44).

68 Gus W. Weiss, der führende Kopf dieses Täuschungsmanövers, beschreibt die Art und Weise, wie
das in der UdSSR funktionierte. Vgl. Weiss, Gus W.: Duping the Soviets. The Farewell Dossier. In:
Studies in Intelligence 39(1996)5, S. 121-126, sowie im Internet auf der Seite http://www.cia.gov/
csi/studies/96unclass/farewell.htm. Er berichtete mir, dass mit der DDR genauso verfahren wurde.
Das erscheint glaubhaft, denn in zahlreichen MfS-Akten wird tatsächlich beklagt, dass die Geräte
nicht funktionierten.

Informationsgewinnung bereits die Ursachen des Misserfolgs. Wie anhand der SIRA-Daten jetzt gezeigt werden kann, war die Menge des beschafften Materials überwältigend. Mitte der achtziger Jahre umfasste allein eine Zusammenstellung des SWT-Leiters über die »Informations*schwerpunkte* zum Komplex Wirtschaftsaufklärung« (Hervorhebung – K. M.) 16 voll beschriebene Seiten.[69] Doch selbst die Informationsbeschaffung zu einem spezifischen Projekt gewährleistete nicht den Erfolg.

Paradoxerweise schwächte letztlich jedes Dokument, das erfolgreich aus dem Westen geschmuggelt wurde, echte wissenschaftliche Innovation im Osten und verstärkte die Abhängigkeit vom Westen.

---

69 Schreiben des Leiters des SWT, Horst Vogel, an den Leiter der ZAIG, Werner Irmler, 7.11.1985, zum Komplex »Wirtschaftsaufklärung« samt Anhang; BStU, ZA, ZAIG 14484, Bl. 1-10.

Reinhard Buthmann
Die Organisationsstruktur zur Beschaffung westlicher Technologien im Bereich der Mikroelektronik

1 Vorbemerkungen

Unser wissenschaftliches Suchen nach den Ursachen für den Zusammenbruch der DDR im Jahre 1989 gelangt immer wieder zu der Frage einer angemessenen Interpretation ihrer Wissenschafts- und Technologiepolitik. Es war die SED selbst, die das Schicksal ihrer »historischen Mission« zuletzt mit der Entwicklung der Schlüsseltechnologie Mikroelektronik verknüpfte. Sie setzte wie blind alles auf eine Karte. Auf der anderen Seite waren es die USA, die dem Ostblock den technologischen Kampf ansagten sowie Hochrüstung und Embargo forcierten. Die von vielen Wissenschaftlern und Politikern behauptete Wertneutralität von Wissenschaft und Technik zeigte einmal mehr ihren »illusionären Charakter«. Von unausweichlichen Konsequenzen des wissenschaftlich-technischen Fortschritts, der alle wesentlichen Probleme der Gesellschaft radikalisiere, sprach beizeiten Carl Friedrich von Weizsäcker.[1] Ein Ergebnis ist bereits historisch: Das sozialistische Gesellschaftsmodell sowjetischer Prägung erwies sich als nicht lebensfähig.

Die Wissenschafts- und Technologiekultur der DDR litt in hohem Maße unter Fremdeingriffen. Den Steuerungsimpulsen der dominant zentralverwaltungswirtschaftlich organisierten Volkswirtschaft ausgesetzt, fehlten ihr insbesondere marktwirtschaftlicher Wettbewerb und Autonomie. Die politischen Entscheidungsträger bestimmten die industriellen Prioritäten und setzten für die Mikroelektronik selbst das in den Ostblockwirtschaften auf kostenminimale Produktionsverfahren abzielende Allokationsproblem außer Kraft. Auch die in der einschlägigen Literatur häufig behauptete positive Funktion der Beschaffung[2] stellte für die Mikroelektroniktechnologie einen Fremdeingriff dar. Sie entsprach weder den eigenen technologischen, wirtschaftlichen und gesellschaftlichen Rahmenbedingungen, noch konnte sie frei auf dem westlichen Markt agieren. Unter den Systembedingungen der DDR führte dies verbunden mit dem chronisch knappen Humankapital und extremen Sicherheitsstandards zu einer hohen wirtschaftlichen Ineffizienz. Die Entwicklung der Mikroelektroniktechnologie in Dresden belegt dies nachdrücklich. Eine Geschichte, die um 1960 hoffnungsvoll begann, 1974 tragisch kulminierte und 1988/89

---

1   Weizsäcker, Carl Friedrich von: Der Garten des Menschlichen. München 1977, S. 58 f.
2   Vgl. Klenke, Olaf: Globalisierung, Mikroelektronik und das Scheitern der DDR-Wirtschaft. In: Deutschland Archiv 35(2002)3, S. 421–428.

verlogen endete.[3] Unter marktwirtschaftlichen Gesetzen änderte sich dies nach 1989 schlagartig. Das Dresdener amerikanische Halbleiterunternehmen AMD gilt heute – auch international – als erstklassig.[4]

Infolge des verstärkten Engagements der DDR auf dem Gebiet der Mikroelektronik seit dem so genannten Mikroelektronikplenum des ZK der SED im Juni 1977 wuchs analog die Bedeutung des Technologietransfers. Die Gründe für diese volkswirtschaftlich bedeutsame Fixierung waren mannigfacher Natur, nicht zuletzt aber zeichneten militärpolitische und wirtschaftliche Verpflichtungen gegenüber der Sowjetunion hierfür verantwortlich. Mitte der achtziger Jahre apostrophierte die SED ihr Mikroelektronikprogramm gar als Schlacht um die Elektronik. Auffällig ist, dass sie zu dieser Zeit begann, eine Anti-SDI-Debatte zu inszenieren. Tatsächlich bildeten die Embargoverschärfung über das COCOM-Institut[5] des Westens, das SDI-Programm der USA und eigene militärische Großvorhaben einen gemeinsamen Hintergrund hierfür. Auch die handelspolitischen Spannungen zwischen Westeuropa und Japan einerseits und den USA andererseits haben hier ihren Ort. In Westeuropa war die Rede von der Behinderung des Handels und des freien Technologieaustausches. Breit war der europäische Unmut, denn vom Gesamtumsatz der OECD-Länder mit dem RGW betrug der amerikanische Anteil lediglich 5 Prozent.

Der Beitrag beschäftigt sich ausschließlich mit Fragen des illegalen Technologietransfers für die Mikroelektronik und Rechentechnik. Im Mittelpunkt steht dabei die Organisationsgenese der Beschaffung von 1986 bis 1989. Aspekte der klassischen Wirtschaftsspionage werden nur am Rande berücksichtigt. Der Beitrag enthält ferner einen historischen Rückblick, erwähnt herausragende Akteure, gibt Hinweise zu Kosten und Provisionen und erörtert Fragen zur Logistik und Effizienz.

---

3   Buthmann, Reinhard: »Vergesst mir die Wissenschaft nicht!«. Die bürgerliche naturwissenschaftlich-technische Intelligenz der DDR an der Nahtstelle des Machtwechsels von Ulbricht zu Honecker. In: hochschule ost. Leipziger Beiträge zu Hochschule + Wissenschaft 11(2002)2, S. 125-149.

4   Finsterbusch, Stephan: In Dresden wird an einem kleinen Stück großer Zukunft gearbeitet. In: Frankfurter Allgemeine Zeitung v. 8.11.2000, S. 49; Drews, Jens: Vorsprung durch Erfahrung. In: ebenda v. 22.5.2001, S. B7. Bis in die siebziger Jahre AMD (Arbeitsstelle für Molekularelektronik Dresden), dann ZMD (Zentrum für Mikroelektronik Dresden), heute AMD (Advanced Micro Devices Inc.).

5   COCOM (Coordinating Commitee for East-West Trade Policy – for Multilateral Export Controls –, dt.: Koordinierungskomitee für den Ost-West-Handel). COCOM wurde am 22.11.1949 in Paris gegründet und nahm seine Arbeit zum 1.1.1950 auf. Die Arbeit basierte auf drei Hauptrichtungen (Ausarbeitung der Verbotslisten, Konsultationen zur Aktualisierung der Listen, Tagungen über die Effizienz der Handelsbeschränkungen) und drei Gebieten (Waffen, Kernenergieanlagen, Industrieanlagen).

2   Historischer Rückblick

Eingebettet in die »Ausnutzung aller bestehenden Möglichkeiten« einer Verbindungsaufnahme zur westdeutschen Wirtschaft und das »Eindringen« in ihre Institutionen geriet die Beschaffung um 1955 zur hoheitlichen Aufgabe des MfS.[6] Ihre politische Rechtfertigung seitens der DDR fand diese Praxis in den Restriktionen des alliierten Rechts in Fragen des Güterverkehrs zwischen beiden deutschen Staaten und der Devisenerwirtschaftung.[7] Im DDR-Selbstverständnis fand demzufolge das Attribut »illegal« keinen Platz; das Embargo wurde als völkerrechtswidrig betrachtet.[8] Die von Hauptmann Paul Bilke geleitete Arbeitsgruppe »Wissenschaftlich-technische Auswertung« (WTA) – unter der Administration des stellvertretenden Ministers für Staatssicherheit, Generalmajor Otto Last – wies bereits 1956 alle Merkmale einer illegalen Wissenschafts- und Technologietransferinstitution auf, wenngleich das Gros der Tätigkeiten dem Bereich klassischer Wirtschaftsspionage zuzuordnen war. Nachdem sie am 1. September 1962 per Befehl Mielkes aufgelöst worden war, übernahm die Abteilung V der HV A ihre Aufgaben; Bilke wurde Stellvertreter dieser Abteilung. Die wichtigste Änderung im Beschaffungs- und Auswertungsregime bestand darin, dass der Bereich unter Administration der HV A gestellt wurde. Die von diversen Diensteinheiten des MfS gesammelten wissenschaftlich-technischen Materialien mussten zum Zweck der Auswertung der Abteilung V des Sektors Wissenschaft und Technik (SWT) der HV A übergeben werden.[9]

Obgleich die Beschaffungsaktivitäten der operativen Diensteinheiten des MfS nun integraler Bestandteil der Arbeit des SWT waren,[10] bedeutet dies nicht, dass sie und andere Stellen gegenüber dem SWT ausschließlich reaktiv arbeiteten. Die Beschaffung war und blieb von einer recht diffusen Arbeitsteilung geprägt. Die Aktivitäten waren in den fünfziger und sechziger Jahren eher operativer und zufälliger denn systematischer Natur. Der konspirative Charakter hielt sich noch in Grenzen.

---

6   Dienstanweisung 3/55 v. 12.1.1955, S. 1-4; BStU, ZA, BdL/Dok 3106 (DSt 100938).

7   Insbesondere das Militärregierungsgesetz (MRG) Nr. 53 v. 19.9.1949. Vgl. Deutscher Bundestag (Hg.): Beschlussempfehlung und Bericht des 1. Untersuchungsausschusses nach Artikel 44 des Grundgesetzes v. 27.5.1994, BT-Drs. 12/7600. Abschlussbericht. Bonn 1994, S. 82 f. u. 87 f.; Ronneberger, Gerhardt: Deckname »Saale«. High-Tech-Schmuggler unter Schalck-Golodkowski. Berlin 1999, S. 45-52. Auch die Bildung Gemischter Gesellschaften war untersagt. HA XVIII/8, IMB »Rolf I« an Oberst Wenzel, v. 30.3.1987: Bericht über eine Zusammenkunft am 26.2.1987 in Wiesbaden bei der Fa. Caramant, gegeben am 18.3.1987; BStU, ASt Gera, AIM 10795/91, Bd. 17, Bl. 31-35, hier 33-35.

8   Vgl. Ronneberger: Deckname »Saale« (Anm. 7), S. 49.

9   Befehl 539/62 v. 1.9.1962, S. 1 f.; BStU, ZA, BdL/Dok 777 (DSt 100367).

10   Zu Geschichte, Struktur und Personalbestand des SWT Macrakis, Kristie: Spionage und Technologietransfer in der DDR. In: Hoffmann, Dieter; Macrakis, Kristie (Hg.): Naturwissenschaft und Technik in der DDR. Berlin 1997, S. 67-69; Buthmann, Reinhard: Hochtechnologien und Staatssicherheit. Die strukturelle Verankerung des MfS in Wissenschaft und Forschung der DDR. Berlin 2000, S. 256-288.

Die so genannten Hosentaschenimporte hatten Hochkonjunktur. Eine 1965 durchgeführte Dienstreise zweier Personen, die maßgeblich, wenngleich auf sehr verschiedene Weise, DDR-Technologiegeschichte schrieben, zu einem Prokuristen einer in Diensten eines amerikanischen Konzerns agierenden Frankfurter Firma, mag als Tendenzwende gelten.[11] Beide, Wolfram Zahn[12] und ein führender Mikroelektroniker der DDR,[13] sprachen den Prokuristen anlässlich der Leipziger Herbstmesse 1965 mit der Bitte an, ihnen Labortechnik zur beschleunigten Entwicklung der eigenen Festkörperschaltkreistechnik zu liefern. Gab der Prokurist in Leipzig noch zu erkennen, eine Liefermöglichkeit zu sehen, erschien ihm dies in Frankfurt/Main plötzlich ausgeschlossen. Die DDR müsse »offiziell in Erscheinung treten und dokumentieren, dass sie der Endverbraucher einer solchen Technologie sei«.[14] Auch ein »fingierter Lizenzerwerb« schied aus.[15] Die Folge war, dass die für die Volkswirtschaft zuständige Hauptabteilung XVIII des MfS einen Auftraggeber finden musste, der gegenüber der Frankfurter Firma als Zwischenhändler fungieren konnte. Da diese Risikoträger teuer waren, orientierte das MfS auf »eigene Mittelsmänner oder Auftraggeber«. Um den westdeutschen Zoll »völlig« auszuschalten, sollte die Lieferung über die Schweiz, Österreich, Schweden oder Jugoslawien erfolgen.[16]

Alles in allem steckte der Aufbau einer effektiven Lieferlinie erst in den Anfängen. Erschwerend kam hinzu, dass die führenden Mikroelektroniker in Dresden-Klotzsche als bürgerliche Wissenschaftler dem MfS suspekt waren und somit ein illegaler Technologietransfer großen Stils kaum infrage kam. Nicht zuletzt dürfte aus diesem Grunde ein maßgeblicher Wissenschaftler des Hauses von einem Minister als »ein objektives Hindernis für die Entwicklung der Mikroelektronik in der DDR« bezeichnet worden sein.[17] Ihm durfte aus Sicht des MfS ein solcher Transfer unter keinen Umständen bekannt werden. Erst 1967 war es offenbar gelungen, »zwei ent-

---

11 HA XVIII/2/3, Tonbandbericht von IM »Rolf« an Bäßler v. 4.1.1966, gegeben am 29.12.1965; BStU, ZA, AIM 1370/87, Bd. 1, Bl. 35-39, hier 35.

12 Wolfram Zahn (»Rolf«), Reg.-Nr. XV 3952/65, XV 985/87; Kategorie: IMF/IMB; 1965-1987 für die Hauptabteilung XVIII/8 des MfS erfasst; Führungsoffizier: Artur Wenzel; BStU, ZA, AIM 1370/87 u. AIM 12334/91. Ausführlicher zu Zahn siehe S. 294. Zur »Rolf«-Dynastie vgl. auch Siegfried Hülss alias »Rolf I« (ehemals »Kran«, »Linde«); BStU, ZA, AIM 10795/91 und TA 139/76; vgl. S. 312. Manfred Gericke (»Rolf«); Reg.-Nr. XIV 235/65; Kategorie: IMB; 17.3.1965 für die Abteilung XVIII der Bezirksverwaltung Karl-Marx-Stadt des MfS, 27.6.1979 bis Auflösung für die Hauptabteilung XVIII/8 des MfS erfasst; Führungsoffizier: 17.3.1965 Gerd Mrowetz, 27.6.1979 Artur Wenzel, 17.10.1980 bis Auflösung Gerd Hartmann; BStU, ASt Chemnitz 235/65, AIM 10819/91 und A 78/87.

13 Buthmann: »Vergesst mir die Wissenschaft nicht!« (Anm. 3).

14 Bericht über eine Dienstreise von Wolfram Zahn; BStU, ZA, AIM 1370/87, Bd. 1, Bl. 13-24, hier 13 f.

15 HA XVIII/2/3 v. 9.2.1966, Bericht über eine Dienstreise; ebenda, Bl. 25-34, hier 25.

16 Ebenda, Bl. 27.

17 Information v. 2.7.1968; BStU, ASt Dresden, AOP 2554/76, Bd. 6, Bl. 71.

scheidende Vorstandsmitglieder einer renommierten, in Westeuropa gut angesehenen kapitalkräftigen, im Hinblick auf Ostgeschäfte absolut unverdächtigen Konzerngruppe« als Geschäftspartner zu gewinnen. Der Hauptsitz dieser in Südafrika ansässigen Firma begünstigte die »Verschleierung durch die eingeweihten Vorstandsmitglieder«. Das MfS war sich darüber im Klaren, dass ein »großer Teil des Aufpreises zur Absicherung der Geschäfte« gezahlt werden musste. Zu den Kostenfaktoren zählten die Gründung von fingierten Zwischengesellschaften, das Chartern von Flugzeugen sowie Schmiergelder an Mittelsmänner bei Zoll und Spedition. Die Maxime ihrer Kosten-Sicherheits-Abwägung lief unter dem Motto: so geringe Kosten wie möglich, aber nicht auf Kosten der Sicherheit.[18]

Insgesamt zeigen die eingesehenen Quellen, dass das beschaffungstechnische Standardrepertoire der achtziger Jahre gut zwei Jahrzehnte vorher ausgebildet wurde. Zwar war das beschaffungstechnische Geschehen in weiten Teilen von Zufälligkeit und Spontaneität geprägt, doch bedeutete dies nicht, dass der Technologietransfer pauschal mit Ineffizienz gleichgesetzt werden kann. Für dieses Urteil steht paradigmatisch Hans Rehder alias IM »Gorbatschow«[19], der neben konkreten Aufträgen alles lieferte, was für die DDR irgendwie brauchbar schien.[20] Rehder, der in führenden Konzernen der Elektrotechnik und Elektronik der Bundesrepublik wie Telefunken und AEG als Spezialist für Elektronik und Regelungstechnik beschäftigt war, arbeitete äußerst effektiv.[21] Allein 1968 entfielen circa 70 Prozent aller von der Linie XVIII des MfS beschafften Unterlagen und Materialien auf sein Konto.[22] Auf dem Gebiet der Elektronik waren dies vor allem Unterlagen und Bauelemente zur Planar- und Festkörperschaltkreistechnik, Silizium-Epitaxial-Dioden, integrierte Schaltungen, Leistungs- und Schalttransistoren sowie Messautomaten für HF-Transistormessungen. Für die Datenverarbeitung beschaffte er digitale Steuerungen, Datenübertragungstechnik, Software sowie Fernschreibtechnik, darüber hinaus Unterlagen zur Automatisierung von Walzwerken, Verkehrsverteilern, Netzwerktechnik und Licht-

---

18 HA XVIII/2/3 v. 16.5.1967: »Einschätzung der Effektivität und der Zuverlässigkeit der Linie ›Baier/Stupnicki-Montan-Castell-Afonda-Otavi‹«; BStU, ZA, AIM 1370/87, Bd. 1, Bl. 251–259, hier 257–259.

19 Hans Rehder (»Gorbatschow«); Reg.-Nr. XV 9735/60; Kategorie: IMF/IMB; 8.1.1958–1984 für die Hauptabteilung III bzw. XVIII des MfS erfasst; Führungsoffizier: 8.1.1958 Erich Pape, 24.1.1965 Günther Müller, 12.6.1974 Erich Lehmann; BStU, ZA, AIM 6731/85, Bd. I/1, Bl. 5.

20 Buthmann: Hochtechnologien (Anm. 10), S. 267 f.; Macrakis, Kristie: »The Case of Agent Gorbachev«. In: American Scientist 88(2000), S. 534–542.

21 HA XVIII/2, Major Müller, v. 29.5.1967: »Einschätzung der Arbeit des GM ›Gorbatschow‹«; BStU, ZA, HA XVIII 6660, Bl. 45–57, hier 45.

22 HA XVIII/2 v. 7.1.1969: »Einschätzung der wissenschaftlich-technischen Dokumentationen, die an den Verbindungsoffizier der befreundeten Dienststelle zur Auswertung übergeben wurden«; ebenda, Bl. 86–90, hier 86.

signalanlagen für den Straßenverkehr.[23] Die Firma Majunke sollte ihn aber in den achtziger Jahren in jeder Hinsicht übertreffen.[24]

Tabelle 1
Bilanz des IM »Gorbatschow« von 1965 bis 1968[25]

	Anzahl der Unterlagen	davon an die UdSSR
1965	254	100
1966	139	63
1967	151	40 (geschätzt)
1968	202	50
Gesamt	746	ca. 253

Das Gros der Beschaffungsaktivitäten der Linie XVIII zu Rehders Zeit lag auf den Gebieten der Datenverarbeitung, Automatisierungstechnik und Halbleitertechnik. Wegen der unsteten Wirtschaftspolitik der DDR[26] gingen mit der »im Wesentlichen abgeschlossenen« Aufgabenstellung zum Informationsbedarf für die EDV-Entwicklung die illegalen Beschaffungsaktivitäten ab 1970 für knapp ein Jahrzehnt erheblich zurück.[27]

---

23 Die Aufzählung gibt nur einen kleinen Einblick in das breite Beschaffungsspektrum; vgl. Einschätzung v. 16.5.1967; BStU, ZA, AIM 1370/87, Bd. 1, Bl. 251–259, hier 257–259.

24 Hinweise zu Hans-Joachim Majunke in: Deutscher Bundestag (Hg.): Beschlussempfehlung und Bericht des 1. Untersuchungsausschusses (Anm. 7), S. 254, 256 f. u. 264 f. Siehe auch Ronneberger: Deckname »Saale« (Anm. 7), S. 228–248 u. 302–308.

25 HA XVIII/2 v. 7.1.1969: »Einschätzung der wissenschaftlich-technischen Dokumentationen, die an den Verbindungsoffizier der befreundeten Dienststelle zur Auswertung übergeben wurden«; BStU, ZA, HA XVIII 6660, Bl. 86–90, hier 86; Tb. bei Buthmann: Hochtechnologien (Anm. 10), S. 268.

26 Vgl. Barkleit, Gerhard: Mikroelektronik in der DDR. SED, Staatsapparat und Staatssicherheit im Wettstreit der Systeme. HAI an der TU Dresden, Berichte und Studien, Nr. 29. Dresden 2000, S. 17 f.

27 HA XVIII/8 v. 3.1.1973: »Einschätzung der durch die Linie XVIII im Jahre 1972 beschafften wissenschaftlich-technischen Informationen«; BStU, ZA, HA XVIII 13337, Bl. 95–99, hier 95.

Tabelle 2
Beschaffungsergebnisse von 1968 bis 1972 mit Angaben zur Werteinschätzung[28]

Diensteinheiten/Wertkategorie	1968	1969	1970	1971	1972
HA XVIII/2	389	259	164	237	168
HA XVIII/4	-	1	12	-	-
HA XVIII/5	-	10	14	-	-
HA XVIII/6	9	110	55	24	4
HA XVIII/8	entfällt	24	178	56	13
BV Potsdam, Abt. XVIII	7	8	46	27	3
BV Leipzig, Abt. XVIII	3	71	102	51	1
BV Erfurt, Abt. XVIII	3	9	5	20	19
BV Karl-Marx-Stadt, Abt. XVIII	-	-	6	8	-
BV Cottbus, Abt. XVIII	-	3	8	17	14
BV Suhl, Abt. XVIII	-	-	2	18	-
BV Dresden, Abt. XVIII	-	-	7	-	3
Verwaltung Groß-Berlin	-	57	241	16	-
Gesamt nach Wertkategorie	411	555	856	478	227
- davon Wertkategorie I	?	12	23	7	1
- davon Wertkategorie II	?	119	216	76	29
- davon Wertkategorie III	?	356	467	343	168
- davon Wertkategorie IV	?	64	110	46	24
- davon Wertkategorie »nicht anerkannt«	?	4	40	6	5

Erst zum Ende der siebziger Jahre erhielt die Beschaffung elektronischer Güter wieder staatlich geförderten Auftrieb. In erster Linie waren nun teure und großvolumige »Technologische Spezialausrüstungen«, so genannte TSA gefragt. An der Beschaffung solcher Ausrüstungen waren maßgeblich das Direktorat Anlagenimport des VEB Kombinat Mikroelektronik und der Handelsbereich 4 beteiligt.[29] Was diese und andere elektronische Bauelemente und Geräte betrifft, waren bis 1981 die Versuche zur Beschaffung nicht besonders erfolgreich. Die Bemühungen etwa, Geräte des Typs

---

28 Einzelblatt im Konvolut zur Beschaffung; ebenda, Bl. 14 und 105. Tb. bei Buthmann: Hochtechnologien (Anm. 10), S. 271. Es bedeuten Kategorie I: sehr wertvolles Material mit großem und direktem Nutzen, Kategorie II: im Komplex sehr wertvolles Material, Kategorie III: brauchbares Material, Kategorie IV: zum Teil noch brauchbar.

29 Zum Handelsbereich 4 vgl. ausführlich Buthmann: Hochtechnologien (Anm. 10), S. 284-287; siehe auch unten, S. 286 u. 295, sowie das Organigramm auf S. 300; vgl. ferner Ronneberger: Deckname »Saale« (Anm. 7), S. 142-289.

CA 3000 der US-Firma Cobild zu beschaffen, schlugen 1979 fehl.[30] Der groß angelegte halboffizielle Versuch, über Firmen wie Toshiba und Sharp zum Erfolg zu kommen, gelang nur partiell. Neben Betriebsbesichtigungen liefen aber bereits technische Gespräche sowie Verhandlungen über Möglichkeiten der Lieferung von Ausrüstungen, Lizenznahmen und Kooperationen. Doch eine Reise des Direktors des Anlagenimportes Dietrich Kupfer[31] zu japanischen Firmen im Februar 1981 war in der Hauptsache zunächst »nicht zufriedenstellend«. Dies traf speziell auf das Herzstück der Halbleitertechnologie, die Elektronenstrahl-Lithographie, zu. Toshiba zeigte sich aufgrund der COCOM-Bestimmungen in dieser Frage unzugänglich.[32] Insgesamt aber entwickelten sich die Beziehungen zu Toshiba unter dem Management Ronnebergers erfolgversprechend.[33] Mithilfe des Konzepts der Aufschachtelung von Verträgen gelang es, einzelne sehr brisante Embargopositionen aus dem vertraglichen Gesamtvolumen mit Toshiba herauszunehmen und diese an andere Partner wie die japanische Firma O. A. Machinery zu vergeben. Doch sowohl die Toshiba-Affäre 1987 als auch die Prometron-Affäre 1989 ließen einen kompletten Erfolg nicht zu.[34]

Die Liefermöglichkeiten entwickelten sich überaus dynamisch. Das MfS registrierte im Rahmen der Sicherung des Handelsbereiches 4 etwa 80 Lieferanten. 1982 lieferte allein ein Viertel dieser Firmen etwa 1 000 (800 bis 1 200) Einzelpositionen nur für das Kombinat Mikroelektronik Erfurt. Zu diesem Zeitpunkt waren in dem Mechanismus des illegalen Technologietransfers vor allem das Direktorat Anlagenimport, der Handelsbereich 4 (offiziell als SGD-Bereich[35] »Technologische Spezialausrüstungen im AHB Elektronik«), eine Gruppe innerhalb der Importabteilung des AHB Carl Zeiss Jena unter Kontrolle und Anleitung durch die HV A, Abteilung

30   HA XVIII/8/3, IM »Carl«, v. 16.2.1981: »Zu Embargo-Objekten des Planes 1981«; BStU, ZA, HA
       XVIII 10159, Bl. 1 f.
31   Dietrich Kupfer (»Messing«); Reg.-Nr. XV 2647/65; Kategorie: 1958 IMK, 1965 IME/IMS; 1958 für
       die Hauptabteilung VIII, 7.7.1965 bis Auflösung für die Hauptabteilung XVIII/8 des MfS erfasst;
       Führungsoffizier: 7.7.1969 Günter Bäßler, 16.10.1969 Gerd Hartmann, 9.3.1987 bis Auflösung Gerhard Gesang; BStU, ZA, A 484/85 und AIM 17716/91. Kupfer war stellvertretender Leiter des Handelsbereiches 4.
32   VEB Kombinat Mikroelektronik, Direktorat Anlagenimport v. 23.2.1981: »Fachlicher Sofortbericht
       über die durchgeführte Dienstreise nach Japan in der Zeit 6.2.1981 [bis] 19.2.1981«; BStU, ZA, HA
       XVIII 13361, Bl. 70-78, hier 71.
33   Gerhardt Ronneberger (»Saale«); Reg.-Nr. XV 666/65; Kategorie: IMS; 8.2.1965 bis Auflösung für die
       Hauptabteilung XVIII/8 des MfS erfasst; Führungsoffizier: 8.2.1965 Artur Wenzel, 9.4.1984 Gerhard
       Gesang, 24.3.1987 bis Auflösung Hans-Uwe Pilgram; BStU, ZA, AIM 10823/91 und TA 436/85.
       Ronneberger war Leiter des Handelsbereiches 4.
34   Zur Toshiba-Affäre siehe unten. Zur Prometron-Affäre Ronneberger: Deckname »Saale« (Anm. 7),
       S. 184-190.
35   SGD: Stellvertreter des Generaldirektors, hier des AHB Elektronik Export-Import.

XIV, sowie Organe der HV A, OTS und Armeeaufklärung eingebunden.[36] Allmählich aber wuchs die Gewissheit, dass der illegale Technologietransfer aufgrund der USA-Politik, die auf eine Verschärfung der COCOM-Bestimmungen und Kontrollmaßnahmen, Sperrung von Bankkrediten sowie Strafverfahren gegen Lieferanten hinauslief, sich zunehmend schwieriger gestalten würde. Große Unsicherheit herrschte, als am 4. März 1982 Gerhardt Ronneberger, einer der Topbeschaffer, in der Bundesrepublik verhaftet wurde.[37] Ronneberger war zu dieser Zeit in der Position des Stellvertreters des Generaldirektors des AHB Elektronik Export-Import Leiter des Handelsbereiches 4. Der ihm in faktischer Hinsicht übergeordnete Wolfram Zahn alias IM »Rolf«[38] referierte gegenüber dem Leiter der Abteilung 8 der HA XVIII, Oberstleutnant Wenzel, am 28. Juni 1982 die sich abzeichnende neue Situation in der Beschaffung von Militärtechnik und Mikroelektronik. Er forderte eine »noch straffere stabsmäßige Leitung des gesamten Prozesses unter sorgfältiger Beachtung aller Erfordernisse der Sicherheit und Geheimhaltung«. Das Risiko, aufgedeckt zu werden, müsse erheblich reduziert werden. Im Westen dürften »ab sofort keine inhaltlichen Verhandlungen für die Lieferung von E[mbargo]-Waren mehr stattfinden. Auch dürfen keinerlei Papiere [...], die Hinweise auf E[mbargo]-Waren geben, in schriftlicher Form beim Lieferanten vorliegen.«[39]

1986 war das MfS in den Besitz eines zwei Jahre alten CIA-Papiers gelangt, das unter anderem die Situation der Embargoüberwachung seitens der Bundesrepublik beschreibt.[40] In einem Begleitschreiben des HVA-Obersten Harry Schütt an den Leiter der Hauptabteilung XVIII Generalmajor Alfred Kleine heißt es, dass nach dieser Studie im Wesentlichen auf zwei Reaktionskomplexe des Westens geachtet werden müsse. Demnach sei künftig mit einer Exportkontrolle »bereits im Vorfeld des Genehmigungsverfahrens« sowie mit einer »direkten physischen Kontrolle« der infrage kommenden Waren – vornehmlich über Verbleibs- und Stichprobenkontrolle – zu rechnen. Ferner seien flankierende Maßnahmen über eine »gezielte Öffentlichkeitsarbeit« zu Methoden der Technologiebeschaffung geplant.[41] Tatsächlich geschah dies dann auch. Das CIA-Dokument zeigt sich im Gegensatz zur quantitativen Seite in qualitativer Hinsicht präzise informiert. Die Präsenz östlicher Geheim-

---

36 HA XVIII/8 v. 13.3.1982: »Erkenntnisse und Schlussfolgerungen aus Feindaktivitäten gegen strategische Importe des Bereiches Elektrotechnik/Elektronik«; BStU, ZA, HA XVIII 9438, Bl. 1-5, hier 1 f.

37 Ronneberger: Deckname »Saale« (Anm. 7), S. 18-72; vgl. auch unten, S. 292 u. Anm. 151.

38 Wolfram Zahn (»Rolf«); 10.11.1965 bis Auflösung für die Hauptabteilung XVIII/8 des MfS erfasst; Führungsoffizier: 10.11.1965 Günter Bäßler, 2.10.1967 Artur Wenzel, 24.11.1988 Jens-Uwe Nilius; BStU, ZA, AIM 1370/87 und AIM 12334/91.

39 HA XVIII/8, IMB »Rolf« an Oberstleutnant Wenzel, v. 28.6.1982: »Einschätzung der Situation bei der Beschaffung von E-Waren«, gegeben am 28.6.1982; BStU, ZA, HA XVIII 10159, Bl. 8-10, hier 8.

40 CIA-Studie v. Mai 1984: »Die Bundesrepublik Deutschland als Ziel des Ostblocks für den Erwerb von High Technology«; BStU, ZA, HA XVIII 11985, Bl. 3-41.

41 Schreiben des Leiters der Abt. IX der HV A, Oberst Schütt, an den Leiter der HA XVIII, Generalmajor Alfred Kleine zur CIA-Studie v. Mai 1984; BStU, ZA, HA XVIII 11985, Bl. 1 f., hier 2.

dienste bei solchen »Transfermanövern [sei] immer gegenwärtig, insbesondere, wenn es um die Beschaffung von Dokumentationen oder Exemplaren hochentwickelter Technologien« ginge.[42] Unter der Generalfeststellung, wonach die Technologiegüter »durch eine Mischung aus illegalem Handel und nachrichtendienstlichen Operationen erworben« würden,[43] können nach Durchsicht der MfS-Akten folgende Aspekte des CIA-Dossiers als verifiziert gelten:

— Das »Hauptziel und -instrument der Täuschungsmanöver« bildeten »kleine privatwirtschaftliche Unternehmen [...] inklusive Mischfirmen«.[44]

— Die mangelhafte staatliche Kontrolle habe es den »erfahrenen Technologiekäufern relativ leicht gemacht, die COCOM-Kontrollen zu umgehen, indem sie entweder erst gar keine Exportlizenz beantragten oder sich mit falschen Dokumenten um eine Lizenz bemühten«.[45]

— Vielfach hätten sich »ostdeutsche, tschechoslowakische und sowjetische Geheimdienstagenten mit Sitz außerhalb der Bundesrepublik [...] als Firmenrepräsentanten getarnt«. Diese arrangierten die »Zwischenhändler für den Versand von Waren« und sorgten für die »Zahlungen durch Strohmänner«.[46]

Folgende so genannte Umlenkungsmethoden wurden genannt:

— die »illegale Einfuhr vorher neutralisierter Waren« unter Ausschluss der Zollkontrolle;

— die »Neutralisierung und Änderung des Transportweges von Gütern, die in bundesdeutschen Zollverschlussgebieten lagern und Transitgüter von ausländischen Ursprungsorten sind«;

— die »Bestechung bundesdeutscher Firmen«, damit diese die Güter in die Schweiz verbringen;

— die »falsche Etikettierung von Lieferungen zur Umgehung von Ausfuhrgenehmigungen« und die »Nennung falscher Bestimmungsziele«.[47]

Die interessierte Öffentlichkeit im Westen und Regierungskreise der Bundesrepublik[48] waren über den Fakt der illegalen Beschaffung durch die DDR grundsätzlich informiert. Zutreffend wusste die österreichische Wochenpresse 1985 zu berichten, dass der »illegale Elektronikhandel über ein internationales Netz von Firmen und Tarnadressen, Mittelsmännern und Briefkasten-Unternehmen« laufe und »ein sattes Geschäft« bilde. In Bezug auf den heißbegehrten VAX 11/780-Rechner war zu lesen, dass die Computer »sorgsam in neutrale Kisten umgepackt und als ›Klimaanlagen‹, ›Büromöbel‹ oder ›Beleuchtungskörper mit Zubehör‹ deklariert« worden waren. Dass

---

42 CIA-Studie (Anm. 40), Bl. 36.
43 Ebenda, Bl. 5.
44 Ebenda, Bl. 6.
45 Ebenda, Bl. 18 f.
46 Ebenda, Bl. 25.
47 Ebenda, Bl. 32.
48 Bundestagsdrucksache 9/1907 von 1989, zit. in: Ronneberger: Deckname »Saale« (Anm. 7), S. 49.

dieses Geschäft letztlich aufflog, war nicht Verdienst des Helmstedter Zolls, sondern der Zivilcourage eines kalifornischen Managers geschuldet. Im Ergebnis seines Hinweises luden »Agenten in einer Nacht-und-Nebel-Aktion die Kisten« um und füllten sie mit Sand.[49] 1985 prophezeite die westdeutsche »Wirtschaftswoche«, dass es außerhalb jeden Zweifels stehe, »dass sich die illegalen Spionage- und Beschaffungsaktionen [des Ostens] künftig massiv verstärken werden«. Den Grund sah das Blatt in dem forcierten Druck der USA, den legalen Technologietransfer immer mehr einzuschränken.[50] Tatsächlich verschärften die USA die COCOM-Bestimmungen, setzten zahlreiche Restriktionen und Hebel – auch gegen den eigenen Wissenschafts- und Technologieaustausch – ein und intensivierten den Druck auf westeuropäische Staaten, die COCOM-Bestimmungen genauer zu beachten.[51]

Die Not der DDR wuchs zunehmend. Während der Westen 1987 die Produktion des 1-Megabitchips in die Gewinnzone führte, mühte sich die DDR mit »ihrem« ökonomisch alles andere als rentablen und zwei technologische Generationen zurückliegenden 64-Kilobitchip ab.[52] Die nicht mehr zeitgemäße Beschaffung musste auf ein neues – organisatorisch optimiertes – Fundament gestellt werden. Vor dem Hintergrund eines fortdauernden Anwachsens des Rückstandes in der Entwicklung der Mikroelektronik verwies das MfS wiederholt auf die »hohe Verwundbarkeit der Volkswirtschaften« der DDR und der Sowjetunion, da die wichtigsten technologischen Spezialausrüstungen sowie elektronischen Bauelemente nach wie vor beschafft werden mussten. Zutreffend war 1985 die Feststellung des MfS, wonach eine Ablösung durch Eigenentwicklungen auf »absehbare Zeit« unmöglich sei.[53] Da der Bedarf an Hochtechnologiegütern exorbitant wuchs und sich somit die Lieferlinien vervielfachten, stieg auch die Gefahr der Dekonspiration. Die Beschaffung über »abwehr- und aufklärungsmäßig trainierte« inoffizielle Mitarbeiter wurde wichtiger denn je. Wildwuchs sollte unterbunden werden, da es vermehrt zu Pannen bei der Beschaffung gekommen war. Bei einem Versuch des Außenhandelsbetriebes IAI, auf eigene Faust Ausrüstungen zur Produktion von Mehrschalen-Keramikgehäusen zu importieren, war es nicht nur zu »schwerwiegenden Problemen bei der Realisation« gekommen, sondern auch »zur Offenlegung der strategischen Konzeption der DDR beim Gegner«. Dies wiederum führte zu einer Verschärfung der Kontrollmaß-

49 »Heiße Fracht für Moskau«. In: Wochenpresse (Österreich) v. 18.6.1985, S. 22-26.
50 »Wächter werden wach – Industriespionage«. In: Wirtschaftswoche (1985)4, S. 40.
51 Vgl. kontroverse Meinungen in der Tagespresse von 1984 bis 1989. Eine Zusammenfassung der USA-Aktivitäten und zu Reaktionen der Bundesregierung in »Informationen zu aktuellen Maßnahmen des Feindes bei der Bekämpfung des illegalen Technologietransfers«, o. D. (aber nach Januar 1985, offenbar ein HVA-Papier); BStU, ZA, HA XVIII 9438, Bl. 6-10.
52 Vgl. Buthmann, Reinhard: Kadersicherung im Kombinat VEB Carl Zeiss Jena. Die Staatssicherheit und das Scheitern des Mikroelektronikprogramms. Berlin 1997, S. 14-31, hier Tb. S. 28.
53 HA XVIII/8 v. 1.7.1985: »Einschätzung zur Entwicklung der politisch-operativen Lage im Verantwortungsbereich der Abteilung 8 der HA XVIII«; BStU, ZA, HA XVIII 5146, Bl. 1-10, hier 3 f.

nahmen.[54] Als zwei Japaner wegen illegalen Technologiehandels im Mai 1987 verhaftet wurden, kam dies mit außerordentlich negativen Folgen für die DDR unter dem Begriff Toshiba-Affäre in die Schlagzeilen der Westmedien. Am 20. November 1987 bat ein Manager von Toshiba um die Übergabe zweier 256-Kilobitchips, um zu prüfen, ob aus diesen Rückschlüsse auf die Unterstützung seines Hauses für die DDR möglich seien. An das Mikroelektronikkombinat Erfurt, das die Produktion des 64-Kilobitchips betrieb, wurde die dringende Bitte gerichtet, nicht mehr benutzte Masken sofort zu vernichten und die Kennzeichen bei den anderen auszukratzen.[55] Dies alles aber war nur die Spitze des Eisbergs.

Ob es tatsächlich zutrifft, dass das MfS staatlichen Stellen klarmachte, dass die Ausweitung der illegalen Importe in Richtung einer »vollständigen Abdeckung des Ausrüstungsbedarfes für die Mikroelektronik« unrealistisch war, sei dahingestellt. In diesem Sinne etwa will die Abteilung 8 der HA XVIII - »abgestimmt mit der HV A« - den nicht näher genannten staatlichen Stellen die »Nichtbeschaffbarkeit« von großen Stückzahlen deutlich gemacht haben.[56] Sollte sie dies mit Nachdruck getan haben, dann allerdings ohne Erfolg. Ferner verwies sie auf die Notwendigkeit, die Kooperation mit der Sowjetunion konsequenter anzugehen: »Die Lage wird sich hier weiter verschärfen und folglich [seien] die ›ehrgeizigen Pläne‹ Serienproduktion von 1- und 4-M[ega]bit-Schaltkreisen sowie Zielstellungen in anderen Hochtechnologiebereichen nur dann erfüllbar, wenn Lösungswege mit der sowjetischen Seite unterlegt werden.«[57] Diese Argumentation trat immer wieder einmal auf, doch ist es zu einer tragfähigen Doppelstrategie nie gekommen, da sie den realen Möglichkeiten der DDR völlig widersprach.[58] Auch war die Sowjetunion ihrerseits daran weder ernsthaft interessiert noch dazu in der Lage. Die DDR war auf sich allein gestellt.[59] Und obgleich sie dies war, setzte sie selbst auf eine heftig umstrittene Doppelstrategie: Das Kombinat Carl Zeiss Jena sollte die Höchstintegration unter kräftiger Zuhilfenahme der Beschaffung »selbst« entwickeln, das Kombinat Mikroelektronik Erfurt sollte komplette Chipwerke aus Japan - über den Bereich Kommerzielle Koordinierung (KoKo) - geliefert bekommen.[60]

---

54   HA XVIII/8, Oberst Wenzel, v. Juni 1988: »Vorlage zur Berichterstattung zum Stand der Realisierung der politisch-operativen Aufgaben und Schlussfolgerungen für die weitere Qualifizierung der politisch-operativen Grundprozesse«; BStU, ZA, HA XVIII 9807, Bl. 12-21, hier 16.

55   Konvolut zur Toshiba-Affäre; BStU, ZA, BKK 1172, Bl. 3-31, hier 10. Vgl. auch den Beitrag von Kristie Macrakis in diesem Band.

56   Vorlage zur Berichterstattung; BStU, ZA, HA XVIII 9807, Bl. 12-21, hier 16.

57   Information der HA XVIII v. 9.1.1989; BStU, ZA, HA XVIII 13222, Bl. 14 f.

58   Vgl. die Aussage eines führenden Mitarbeiters des ZFTM Dresden; BV Dresden, Abt. XVIII, v. 14.5.1986: »Übernahme einer Technologie [...] zur Produktion mikroelektronischer Bauelemente von der Firma Toshiba/Japan«; BStU, ASt Dresden, Abt. XVIII 405, Bl. 152-154, hier 153.

59   Vgl. Barkleit: Mikroelektronik in der DDR (Anm. 26), S. 28-31.

60   Vgl. Ronneberger: Deckname »Saale« (Anm. 7), S. 137 f.

3 Organisationsstruktur von 1986 bis 1989

1986 ist es zu einer letzten größeren Zäsur in der Organisationsstruktur der Beschaffung gekommen. Günter Mittag, Politbüromitglied, Sekretär für Wirtschaftsfragen im ZK der SED und faktisch »Wirtschaftschef« der DDR, setzte noch 1985 die strategisch orientierte Führungsgruppe »Schlüsseltechnologien« ein, in die er Gerhard Tautenhahn, Abteilungsleiter des ZK der SED, Alexander Schalck-Golodkowski, Bereich KoKo, Felix Meier, Minister für Elektrotechnik und Elektronik, sowie dessen Staatssekretär und 1. Stellvertreter Karl Nendel und Siegfried Wenzel, Stellvertreter des Vorsitzenden der Staatlichen Plankommission, berief.[61] Letztlich aber mag sie eher der Akklamation Mittags gedient haben, als dass sie eine souveräne strategisch orientierte Planarbeit abzuliefern in der Lage war. Noch im selben Jahr wurde Karl Nendel als Regierungsbeauftragter für Mikroelektronik eingesetzt, ihm zur Seite standen mehrere Arbeitsgruppen, in denen KoKo-Mitarbeiter integriert waren.[62] Seine Hauptaufgabe bestand vor allem in der industrieseitigen Dislokation der Importe. Schalck-Golodkowski erwartete parallel hierzu aufgrund der sich permanent verschärfenden Embargobestimmungen »ernsthafte Konsequenzen« für die kommerziellen Importe und reagierte mit entsprechenden Organisationsveränderungen in seinem Bereich. Der gesamte Prozess der Vorbereitung und Realisierung der Importe erfolgte von nun an unter seiner und Nendels Leitung. Siegfried Stöckert, Mitarbeiter von KoKo, wurde von Schalck-Golodkowski beauftragt, die Koordination der Konzeption für die Beschaffung auf den Gebieten der Mikroelektronik und CAD/CAM zu kontrollieren.[63] Wenig später präsentierte Schalck-Golodkowski seinen Mitarbeitern einen zusätzlichen Importauftrag in Höhe von drei Milliarden Valutamark.[64] Das Projekt stand im Zeichen der intensiven Entwicklung und Anwendung der Mikroelektronik, CAD/CAM- und Rechentechnik für den Zeitraum 1986 bis 1990.[65]

Offenbar war Siegfried Stöckert der Spiritus Rector in der konzeptionellen Phase der beschaffungstechnischen Neustrukturierung sowie darüber hinaus. Des Weiteren

---

61 HA XVIII, Kleine, v. 17.1.1986: »Entscheidungsvorschlag«; BStU, ZA, HA XVIII, Bdl. 141, Bl. 38 f.; Ronneberger: Deckname »Saale« (Anm. 7), S. 138 f.

62 Vgl. ebenda, S. 140 f.

63 Siegfried Stöckert (»Leo«); Reg.-Nr. XV 2128/75; Kategorie: IMS; 11.6.1975 für die Hauptabteilung XVIII/7, 9.11.1983 bis Auflösung für die Arbeitsgruppe Bereich Kommerzielle Koordinierung des MfS erfasst; Führungsoffizier: 11.6.1975 Dieter Pfeffer, 21.9.1979 Klaus Köhler, 30.4.1986 bis Auflösung Wolfgang Habenicht; BStU, ZA, AIM 7862/91.

64 Schreiben Schalck-Golodkowskis an Generalmajor Kleine v. 7.4.1986; BStU, ZA, HA XVIII 6568, Bl. 1 f. Ronneberger spricht von 1,25 Milliarden DM; ders.: Deckname »Saale« (Anm. 7), S. 135 f.

65 Vgl. Expertise des MWT von 1985: »Analyse und Schlussfolgerungen für die Entwicklung und breite Anwendung von Schlüsseltechnologien für die Erneuerung der Produktion zur dynamischen Entwicklung der Leistungskraft der Volkswirtschaft der DDR in den Jahren 1986-1990«; SAPMO-BA, DF 4, 21656, S. 1-31.

waren Karl Nendel, Wolfram Zahn, Dietrich Kupfer und Günther Gath[66], Direktor des zum Handelsbereich 4 zählenden Kontors 40, involviert. Die letzten drei galten als Macher schlechthin. Zwar zählte auch der Leiter des Handelsbereiches 4, der stellvertretende Generaldirektor des AHB Elektronik Export-Import Gerhardt Ronneberger zu dieser Gruppe, doch dürfte sein Stern seit seiner halbjährigen Inhaftierung in der Bundesrepublik deutlich gefallen sein.[67] Zumindest aus geheimdienstlicher Sicht galt er als »verbrannt«. Mit heiklen Beschaffungsaufgaben zu Bauelementen und Gerätesystemen war er ohnehin kaum befasst.[68]

Die Beschaffung von Gütern der Elektroniktechnologie war dementsprechend – und abgesehen von der Rolle der HV A und des strategischen Einflusses durch den Wirtschaftschef Günter Mittag – im Wesentlichen Sache des Bereiches KoKo. Im thematischen Zusammenhang verdient diesbezüglich eine der wichtigsten Organisationseinheiten von KoKo, die Hauptabteilung III, auch WTA (Wissenschaftlich-technische Arbeit und Kooperation) genannt, erwähnt zu werden.[69] Sie wurde zum 1. September 1988 letztmalig umstrukturiert.[70] Ihr von Stöckert geleiteter Sondersektor »Elektronik und Mikroelektronik« war »in keiner Berichterstattung, in keiner Information oder irgendwie sonst« in der ohnehin kaum überbietbaren KoKo-Konspiration integriert.[71] Auch der Handelsbereich 4 war der Hauptabteilung III des Bereiches KoKo zugeordnet.[72] Siegfried Stöckert alias IM »Leo« war einer der wichtigsten inoffiziellen Mitarbeiter im Bereich KoKo. Zur Arbeitsaufnahme 1975 in der Abteilung WTA brachte er eine zwanzigjährige außenhändlerische Berufspraxis mit. Seine IM-Tätigkeit für die Hauptabteilung XVIII/7/2 begann gleichfalls in diesem Jahr. Mit Beginn des Mikroelektronikprogramms wurde er im Auftrage Schalck-Golodkowskis speziell für die »Höchstintegration«[73] sowie »anleitungsmäßig« für den Handelsbereich 4 eingesetzt. Er mag auf diesem Gebiet den komplettesten

---

66 Günther Gath (»Hans«), Reg.-Nr. IX 847/65; BStU, ZA, Teilablage MfS A 304/75. Gath war bis zum 30. März 1989 Kontordirektor im Handelsbereich 4 und insbesondere für die Beschaffungslinie Rechentechnik zuständig.

67 Ronneberger: Deckname »Saale« (Anm. 7), S. 69.

68 AG BKK, IMS »Leo« an Oberleutnant Wolfgang Habenicht, v. 17.7.1985: »Derzeitige Lage, insbesondere auf dem Gebiet Mikroelektronik und CAD/CAM«, gegeben am 12.7.1985; BStU, ZA, AIM 7862/91, Bd. 1, Bl. 245-247, hier 245 f. Zu IMS »Leo« vgl. Anm. 63.

69 Für die CAD/CAM-Beschaffung exemplarisch. In: AG BKK, IMS »Albert« an Oberleutnant Wolfgang Habenicht, v. 17.1.1986, gegeben am 15.1.1986; BStU, ZA, AIM 7747/91, Bd. 3, Bl. 1-6, hier 4 f.

70 In den Berichten des 1. Untersuchungsausschusses (Anm. 7) vergleichsweise unterbelichtet dargestellt.

71 AG BKK, IMS »Leo« an Hauptmann Wolfgang Habenicht, v. 20.10.1988: »Zu Strukturfragen der Hauptabteilung III (WTA)«, gegeben am 18.10.1988; BStU, ZA, AIM 7862/91, Bd. 2, Bl. 138 f.

72 Unternehmen. In: Deutscher Bundestag (Hg.): Zweite Beschlussempfehlung und zweiter Teilbericht des 1. Untersuchungsausschusses nach Artikel 44 des Grundgesetzes v. 9.12.1992, BT-Drs. 12/3920. Bonn 1992, S. 39 u. 72.

73 Entwicklung von höchstintegrierten Schaltkreisen (z. B. 1-Megabit-Schaltkreis).

Überblick besessen haben. Eine MfS-Einschätzung spricht von einem »enormen Einblick in die Beschaffungsorganisation von Embargowaren«.[74] Ein Überblickswissen, das aufgrund der strengen Binnenkonspiration und -geheimhaltung nicht hätte existieren dürfen, aber wegen seiner Koordinierungsfunktion unvermeidlich war. Doch auch er wusste längst nicht alles. Die konkreten Beschaffungswege Zahns und damit die der HV A/SWT blieben ihm weitestgehend verschlossen. Dieses Schicksal teilte er mit Ronneberger.[75]

Die neue Organisationsstruktur war im Wesentlichen Ende 1986 etabliert. Nicht weniger als ein Dutzend miteinander verknüpfte Organisationseinheiten im staatlichen, halbstaatlichen und MfS-Bereich griffen über Synapsen wie die Firma Forgber (siehe unten) auf ein Imperium verschiedener Firmentypen im Westen zurück.[76] Schalck-Golodkowski und Nendel bildeten eine Führungs-Doppelspitze, wobei Nendel »für die Planung, Bilanzierung, Vorbereitung und die Finanzierung« sowie für die Planabrechnung der Importe verantwortlich zeichnete. Er entschied »über die materielle Struktur der Importe unter Berücksichtigung des effektivsten Einsatzes der zur Verfügung stehenden Valutafonds« und realisierte »die rechtzeitige Erarbeitung verbindlicher Importspezifikationen«. Schalck-Golodkowski hingegen zeichnete für die »auslandsseitige Vorbereitung, Steuerung und Realisierung [...] sowie für die valutaseitige Finanzierung und Abrechnung der zusätzlich zum Plan eingesetzten Fonds verantwortlich«.[77] Die Umsetzung eines Großteils der Importe erfolgte nach wie vor über den Handelsbereich 4.[78] Das Zuständigkeitsprofil hatte nun folgende Gestalt:

1. der Handelsbereich 4 für die normalen und etwas kompliziert zu beschaffenden Ausrüstungen und Bauelemente,[79]
2. der ehemals offiziell zum Kombinat Mikroelektronik Erfurt zählende Bereich Anlagen-Import im Haus der Elektrotechnik für »Ausrüstungen und Anlagen, die strengen Embargobedingungen« unterlagen,
3. die »speziellen Beschaffungsorgane« (SBO) des SWT der HV A für »Ausrüstungen und Anlagen, die strengsten Embargobedingungen«[80] unterlagen.

Die Lieferungen über die »SBO« galten laut Stöckert als Chefsache Wolfram Zahns, der hierzu »mit dem MfS eng zusammenarbeite«.[81] Aber auch in Bezug auf die

---

74 AG BKK v. 31.10.1988: »Einsatz- und Entwicklungskonzeption für den IMS ›Leo‹, Reg.-Nr. XV/2128/75«; BStU, ZA, AIM 7862/91, Bd. 1, Bl. 276–280, hier 277.
75 Ronneberger: Deckname »Saale« (Anm. 7), S. 54.
76 Siehe Organigramm S. 300.
77 Entwurf v. 7.4.1986: »Gemeinsame Festlegungen zur Wahrnehmung außenwirtschaftlicher Aufgaben zur beschleunigten Entwicklung und Anwendung der Mikroelektronik, CAD/CAM- und Rechentechnik im Zeitraum 1986 [bis] 1990«; BStU, ZA, HA XVIII 6568, Bl. 3–9, hier 3 f.
78 Ebenda, Bl. 4; vgl. Buthmann: Hochtechnologien (Anm. 10), S. 284–287.
79 Tatsächlich handelte es sich weitestgehend und zunehmend um Embargo-Importe.
80 Zum Beispiel Höchststromimplanter (1989 von nur zwei Firmen hergestellt).

beiden anderen Bereiche spielte Zahn mit der »Aufgabe der technischen Koordinierung und [...] Einordnung der jeweiligen unterschiedlich zu beschaffenden Ausrüstungen und Anlagen« offenbar eine Schlüsselrolle. Diese unterschied sich von der Stöckerts dadurch, dass sie praktischer ausfiel und die ausführenden Organe direkt involvierte. Das Arbeitsregime war idealiter so festgelegt, dass alle drei Linien »unabhängig voneinander« arbeiten konnten. Das war laut Stöckert »so gewollt, um keine Berührungspunkte im Außenbereich zu haben und um [...] bestimmte konspirative Linien nicht zu vermischen [...]«[82]. Gleichzeitig war diese Dreigliedrigkeit geeignet, nach außen Verwirrung zu stiften. Sie ist allerdings zu keiner Zeit absolut gewesen. Zuletzt mag sie sich gar aufgelöst haben, da der Zeitdruck zur Beschaffung von Technologischen Spezialausrüstungen enorm gestiegen war. Jeder, der nur irgend konnte, war »beauftragt, in geordneter Art und Weise Beschaffungen durchzuführen«. Die Formfrage schien nebensächlich geworden zu sein, es ging allein noch »um die Frage der Beschaffung, da die Geräte ins Land kommen müssen«[83].

Der 1925 in Dresden geborene Wolfram Zahn war zweifellos Primus inter Pares der Beschaffer. Beruflich zunächst als Bauhilfsarbeiter und Neulehrer beschäftigt, verlief seine eigentliche »Karriere« über die Hochschule für Ökonomie, die Staatliche Plankommission der DDR (SPK) sowie das Büro des Ministerrates. 1964 wurde er Abteilungsleiter in der VVB Bauelemente und Vakuumtechnik Berlin. Ein Jahr später begann hier seine inoffizielle Tätigkeit für das MfS, die bis 1987 andauerte. Bereits seine Werbung verfolgte das Ziel, ihn als Direktor des damals im Aufbau befindlichen Anlagenimports[84] einzusetzen. Dieser Bereich ist 1967 in nur vier Monaten aufgebaut worden. Schon zu dieser Zeit soll Zahn »sämtliche internen Unterlagen über den Bezug von Embargowaren in die Hand« bekommen und »die wichtigsten Verhandlungen auf diesem Gebiet« geführt haben. Eingeschlossen hierin war auch die Aufgabe, die »Auswahl spezieller Mitarbeiter, die bei der Übernahme spezieller Embargoimporte von Messgeräten aus den USA am Umschlagplatz in Dresden eingesetzt« werden sollten, vorzunehmen.[85] Sein engster Mitarbeiter und Stellvertreter war bis zur Übernahme dieser Funktion durch Dietrich Kupfer im Jahre 1972 Gerhardt Ronneberger.[86] 1976 erfolgte aus ausschließlich operativen Gründen Zahns Einsatz als stellvertretender Generaldirektor der VVB Bauelemente und Vaku-

81 AG BKK, IMS »Leo«, v. 21.4.1986: »Zu einer speziellen Problematik bei der Zusammenarbeit mit der Fa. Siemens, WB«, Bandmitschnitt v. 3.4.1986; BStU, ZA, AIM 7862/91, Bd. 1, Bl. 270-275, hier 273.

82 Ebenda.

83 AG BKK, IMS »Leo« an Hauptmann Wolfgang Habenicht, v. 20.10.1988, gegeben am 18.10.1988; ebenda, Bd. 2, Bl. 148-150, hier 148.

84 Hausadresse: Anlagenimport, Bauelemente und Vakuumtechnik, 1017 Berlin, Ehrenbergstraße 11-14.

85 HA XVIII v. 2.6.1967: Beantwortung eines Fragespiegels; BStU, ZA, AIM 1370/87, Bd. 1, Bl. 275-283, hier 275 u. 277.

86 Ronneberger: Deckname »Saale« (Anm. 7), S. 122-125.

umtechnik mit der Aufgabe, die »Embargovorhaben« für den gesamten Bereich des Ministeriums für Elektrotechnik und Elektronik (MEE) zu realisieren. Anleitungsmäßig unterstand er dem Minister des Ministeriums für Elektrotechnik und Elektronik. In seiner Funktion hatte er die notwendigen Abstimmungen mit staatlichen Organen wie dem Ministerium für Wissenschaft und Technik, dem Ministerium für Außenhandel sowie mit der Firma Forgber zu gewährleisten.[87] Mit Bildung des Kombinates Mikroelektronik und Auflösung der VVB Bauelemente und Vakuumtechnik 1978 erhielt der Anlagenimport eine Pseudoanbindung an das Kombinat Mikroelektronik; Zahn selbst wurde formal als Stellvertreter des Generaldirektors des Kombinates geführt.

Einige Erläuterungen zum offiziell dem Außenhandelsbetrieb Elektronik Export-Import zugeordneten, aber selbstständigen Handelsbereich 4 sind nicht zuletzt mit Blick auf die Machtfülle Schalk-Golodkowskis notwendig.[88] Die 1982 von Ronneberger aufgebaute Institution wurde zum 1. Juli 1986 zu einem »einheitlichen Handelsbereich für NSW-Importe« umgebildet. Ihm wurde der von Dietrich Kupfer geleitete Direktionsbereich Anlagenimport einverleibt. Versuche von Ronneberger, dies bereits 1982 zu realisieren, scheiterten am Widerstand Kupfers und der für ihn zuständigen Hauptabteilung XVIII/8 des MfS. Schließlich soll dies dann in einer Art Handstreich gelungen sein.[89] Doch war es bis dahin üblich, dass der Direktionsbereich »nach außen im Auftrag und Vollmacht des AHB Elektronik« agierte.[90] Die Organisationsstruktur des Handelsbereiches wurde zum Zwecke der »Einheitlichkeit bei der Abwicklung von Embargoimporten« modifiziert.[91] Tatsächlich war es immer wieder zu Reibereien zwischen Ronneberger und Zahn gekommen.[92] Die Umsetzung erfolgte nach einem vom Außenhandelsminister Gerhard Beil, Schalck-Golodkowski und dem Minister für Elektrotechnik und Elektronik Felix Meier bestätigten Konzept. Der Bereich galt »als selbstständiger«, dem Generaldirektor des Außenhandelsbetriebes Elektronik Export-Import nicht unterstellter Bereich, der aber dem Scheine nach in diesem integriert blieb. Zwischen dem Ministerium für Außenhandel, dem Bereich KoKo und dem Handelsbereich 4 bestanden »direkte Leitungsbeziehungen«.[93] Der Handelsbereich 4 arbeitete gänzlich als so genannter Sperrbereich. Er

---

87 HA XVIII/8 v. 29.3.1977: Einschätzung und Einsatzrichtung des IMF »Rolf«; BStU, ZA, AIM 1370/87, Bd. 1, Bl. 194 f., hier 194.

88 Vgl. Buthmann: Hochtechnologien (Anm. 10), S. 284-287; Ronneberger: Deckname »Saale« (Anm. 7), S. 142-152.

89 Vgl. Ronneberger: Deckname »Saale« (Anm. 7), S. 81 u. 143 f.

90 AHB Elektronik, NSW-Importbereich v. 3.11.1989: »Standpunkt zu angeblichen ›Privilegien‹ des NSW-Importbereiches«; BStU, ZA, HA XVIII 10459, Bl. 1-10.

91 Schreiben der HA XVIII/8, Oberst Wenzel, an den stellvertretenden Leiter der HA XVIII, Oberst Helmar Wunderlich, v. 15.12.1986; BStU, ZA, HA XVIII 10993, Bl. 1 f.

92 Vgl. Ronneberger: Deckname »Saale« (Anm. 7), S. 81 u. 278.

93 Entwurf v. 8.11.1989: »Vorschlag zur weiteren Gestaltung des NSW-Importbereiches für 1990 und Folgejahre«; BStU, ZA, HA XVIII 10459, Bl. 7-10, hier 7.

besaß ein eigenes Lager und eigene Fahrzeuge. Die Berufung seines Leiters sowie dessen 1. Stellvertreters und Hauptbuchhalters oblag – in Abstimmung mit Nendel – Schalck-Golodkowski. Ronneberger unterstand somit der Doppelspitze Schalck-Nendel. Die Schwerpunkte in der Importtätigkeit dieser Institution bildeten Elektronische Bauelemente, Materialien und Baugruppen für die Mikroelektronik, Baugruppen und Geräte der CAD/CAM-Technik und Messtechnik, Software und Dienstleistungen, Technologische Spezialausrüstungen und Know-how für die Mikroelektronik sowie komplette Produktionslinien und Ausrüstungen mit Anlagencharakter.[94] Der neben dienstleistenden Bereichen in vier Kontore gegliederte Handelsbereich 4 hatte die Importe auf Grundlage von Planauflagen des Bereiches KoKo fiskalisch selbstständig zu bilanzieren.[95]

Der Einfluss Schalck-Golodkowskis auf die Belange der Beschaffung war mit dieser Neustrukturierung zu keinem Zeitpunkt größer. Er hatte die Aktivitäten Kupfers und Zahns und damit auch in gewisser Weise die speziellen Beschaffungsorgane (SBO) gleichsam in seine Reichweite gebracht, obgleich er die Organe des SWT der HV A jenseits der Synapsen nie zu Gesicht bekommen haben mag. Die Umstrukturierungen und Profiländerungen im Bereich KoKo zeigten meist die Handschrift seines Mitarbeiters Stöckert. Im Bestreben, Kupfers Anlagenimport Ronneberger zu unterstellen, waren Sondierungen von Ronneberger, Schalck-Golodkowski, dem Leiter der Hauptabteilung III von KoKo Dieter Paul[96] und Stöckert geführt worden, wobei Nendel lediglich informell einbezogen war.[97] Die Ausgrenzung anderer Einflussgrößen wie die der Hauptabteilung XVIII/8 des MfS konnte im Apparat des MfS keinen Beifall finden. Nicht auszuschließen ist, dass der Befehl 2/87,[98] der »die Durchsetzung aller Maßnahmen des MfS« zur Beschaffung von Embargowaren zum Inhalt hatte und den Leiter des SWT, Generalmajor Horst Vogel, zum Chefkoordinator machte, auch – wenn nicht überhaupt – als Eindämmung der Macht Schalcks und/oder der Achse Schalck-Nendel gedacht war. Der Hauptaspekt dieser neuen Regelung betraf die Führung der Beschaffung insofern, als Vogel die koordinierende Verantwortung zur »Durchsetzung aller Maßnahmen des MfS« übertragen bekam und die Bildung der »nichtstrukturellen Arbeitsgruppe ›EMBARGO‹« beschlossen

---

94 Entwurf v. 7.4.1986; BStU, ZA, HA XVIII 6568, Bl. 5. Die Regelungen hierzu fußten auf dem Beschluss des Sekretariats des ZK der SED v. 11.12.1985 sowie auf dem Beschluss des Ministerrates v. 14.1.1986.

95 Ebenda.

96 Umfassend zu Paul in: Ronneberger: Deckname »Saale« (Anm. 7), S. 115, 149 u. 320.

97 AG BKK, IM »Leo«, v. 21.4.1986: »2. Bericht über Beschaffungsorgane«, gegeben am 3.4.1986; BStU, ZA, AIM 7862/91, Bd. 1, Bl. 273–275, hier 274.

98 Befehl 2/87 v. 12.3.1987 »über die Koordinierung der Aufgaben und Maßnahmen zur Beschaffung von Embargowaren aus nichtsozialistischen Staaten und Westberlin«; BStU, ZA, AGM 480, Bl. 328–330, hier 328.

worden war.[99] Eine praktische Bedeutung mag aber dieser Gruppe nicht zugekommen sein.

Eine strukturelle Übersicht zur Beschaffung ohne expliziten Hinweis auf die Vertreterfirma Günther Forgber wäre höchst unvollständig. Die Firma Forgber galt als so genannte MfS-Firma.[100] Für die ökonomische Anleitung war jedoch die Hauptabteilung I des Bereiches KoKo zuständig. Da jedoch der Leiter der Hauptabteilung I, der Offizier im besonderen Einsatz (OibE) Manfred Seidel,[101] auf das Engste mit dem MfS verbunden war, kann von einer reinen Doppelunterstellung nicht gesprochen werden. Das Unternehmen wurde mit Gewerbeerlaubnis vom 4. August 1965 im Auftrag des damaligen Außenhandelsministers Julius Balkow durch Dr. Günther Forgber gegründet. 1967 wurde es dem Bereich KoKo zugeordnet. Die Firma war wohl die bedeutendste aller MfS-Unternehmen, da sie »alle wichtigen Handelsbereiche« abdeckte. Sie besaß vielfältige kommerzielle Kontakte zu Unternehmen wie der Firma Leybold AG und zu Gemischten Gesellschaften des AHB Carl Zeiss Jena.[102] Zur Forgber-Gruppe gehörten 1989 die Firmen Export-Kontakt Wien, Export-Kontakt Zürich, Export-Kontakt Vaduz sowie Export-Import-Italiana.[103] Als 1989 das ZDF einen Beitrag über den illegalen Technologietransfer im Zusammenhang mit Werner Jürgen Bruchhausen[104] ausstrahlte und Forgber als einen MfS-Mitarbeiter »charakterisierte«, nahm ihn die Leitung des Bereiches KoKo aus diesem Geschäft weitestgehend heraus.[105] Seit 1980 wurde Forgber »aufgrund einer Anordnung, die die inoffizielle Zusammenarbeit des MfS mit [...] Vertreterfirmen verbot«, dem Leiter der Hauptabteilung I, Manfred Seidel, direkt unterstellt und zusammen mit dem Leiter der Abteilung Kader und Sicherheit des Bereiches KoKo, Karl Meier,[106] »operativ betreut bzw. geführt«.[107] Das IM-Führungsverbot dürfte in wesentli-

---

99 Vgl. Organigramm S. 300.

100 Günther Forgber (»Bergmann«, »Kurt«, »Martin«); Reg.-Nr. XV 11728/60, XV 3778/63, XV 2691/83; Kategorie: GI, IMS; 1957 für die Abteilung VI des MfS, 1958–1960 für die Abteilung III der HV A, 12.9.1963 für die Hauptabteilung XVIII, 1980 Bereich Kommerzielle Koordinierung, 5.4.1983 für die Hauptabteilung XVIII, 31.01.1986 bis Auflösung für den Bereich Kommerzielle Koordinierung des MfS erfasst; Führungsoffizier: 12.9.1963 Walter Michel, 27.6.1964 Gisela Fritzsche, 4.2.1971 Günther Krüger, 5.4.1983 Erich Lehmann, 31.10.1986 Wolfram Meinel, Wilhelm Machost; BStU, ZA, AIM 7718/91, Bd. I/1, Bl. 130–132. Biographische Details in Hinblick auf seine IM-Tätigkeit für das MfS: »Rolle von Dr. Günther Forgber«. In: Deutscher Bundestag (Hg.): Beschlussempfehlung und Bericht des 1. Untersuchungsausschusses (Anm. 7), S. 113–115, hier 114, dort auch weitere Hinweise auf gedruckte Quellen.

101 BStU, ZA, KuSch, KKK sowie Diszi 332/92.

102 Ebenda, S. 113 f.

103 AG BKK, IMS »Martin« an Major Jarschel, v. 24.10.1989: »Struktur der Firma Günther Forgber«, gegeben am 29.9.1989; BStU, ZA, BKK 291, Bl. 1 f.

104 Presseartikel zum Fall Jürgen Bruchhausen; BStU, ZA, BKK 832, Bl. 2–6; vgl. auch Ronneberger: Deckname »Saale« (Anm. 7), S. 192.

105 AG BKK v. 20.1.1989: »Wochenbericht vom 14.1. [bis] 20.1.1989«; BStU, ZA, BKK 11, Bl. 90 f.

106 BStU, ZA, KuSch 5396/90.

107 Zur Rolle von Günther Forgber (Anm. 100), S. 114.

chen Punkten kaum wirksam geworden sein, da die OibE Seidel und Meier immer auch MfS-Interessen zu berücksichtigen hatten. Bereits im März 1983 wurde die inoffizielle Zusammenarbeit durch die Hauptabteilung XVIII wieder aufgenommen. Sein Führungsoffizier wurde Oberst Erich Lehmann. 1986 wurde Forgber dann an die Mitarbeiter Oberst Wolfram Meinel bzw. Major Wilhelm Machost der Arbeitsgruppe Bereich Kommerzielle Koordinierung (AG BKK) übergeben.[108] Ein weiterer Hinweis von 1983 belegt, dass er auch für Oberstleutnant Artur Wenzel, den Leiter der für die Sicherung des Handelsbereiches 4 zuständigen Hauptabteilung XVIII/8, »persönlich erfasst« war.[109] Nicht zuletzt die Tatsache, dass dieser Bereich in der Schlegelstraße in Ostberlin seinen Sitz hatte, zeigt die intensive Nähe zum MfS: Hier waren die der Verwaltung Rückwärtige Dienste (VRD) unterstellte Arbeitsgruppe Baude,[110] deren Mitglieder alle OibE waren, sowie die Gruppe Sonderbeschaffung unter Leitung Sigrid Schalck-Golodkowskis untergebracht. Die Involvierung Forgbers in Embargogeschäfte konnte der Schalck-Untersuchungsausschuss zwar nicht abschließend klären;[111] doch allein die organisatorischen Daten sowie die Verbindung zu Zahn, die weit über fiskalische bzw. buchhalterische Aspekte hinausgingen,[112] lassen keinen Zweifel in dieser Frage zu. In einem MfS-Papier von 1987 heißt es hierzu: »Über Forgber läuft fast alles der frühe[re]n Strecke Kupfer« zur Beschaffung von Technologischen Spezialausrüstungen; »Kupfer ist früher unter dem Namen Forgber aufgetreten«.[113] Zahn besaß Prokura für die Firma Forgber. Ferner »verfügt [er] über eigene unabhängige Beschaffungslinien für Elektronik-Erzeugnisse, die Embargobestimmungen unterliegen«. Die Verbindung zu Zahn war praktisch symmetrisch, da dieser »zur Legalisierung und Abdeckung als Fa. Forgber« auftreten konnte. Auch der Leiter des Zeiss-Büros besaß die Vollmacht, als Firma Forgber aufzutreten. Insgesamt gesehen bildete diese Konstruktion eine höchst intelligente Konspirationsfigur. Offenbar hatte sich Anfang 1989 der Handelsbereich 4 soweit selbstständig gemacht, dass er sich der Dienste Forgbers nicht mehr zu bedienen brauchte. Zudem galt laut Stöckert die Firma Forgber zu Beginn des Jahres 1989 als »verbrannt«.[114] Zwar spricht Ronneberger ihr den Rang eines der wichtigsten Embar-

---

108 Ebenda. Oberst Lehmann, ehemaliger Leiter der HA XVIII/7, war zu dieser Zeit Stellvertretender Leiter der HA XVIII; BStU, ZA, HA KuSch 27240/90.

109 Vermerk der HA XVIII/7/2 v. 17.2.1983; BStU, ZA, BKK 1419, Bl. 16.

110 Die AG MAH, die auch – nach ihrem Leiter – »AG Baude« genannt wurde, war für die Realisierung des Importbedarfes des MfS zuständig.

111 Zur Rolle von Günther Forgber (Anm. 100), S. 115.

112 Zahn soll 1970 formal Forgber zugeordnet worden sein (Status: Prokurist), ebenda.

113 AG BKK, IMS »Leo« an Hauptmann Wolfgang Habenicht, v. 30.5.1987: Treffbericht mit Anlagen, gegeben am 20.5.1987; BStU, ZA, AIM 7862/91, Bd. 2, Bl. 28 f., hier 28.

114 AG BKK, IMS »Leo« an Hauptmann Wolfgang Habenicht, v. 20.2.1989: »Zur Stellung der Vertreter-Fa. Günther Forgber in der Embargo-Beschaffungsorganisation«, gegeben am 16.2.1989; ebenda, Bl. 174.

golieferanten ab,[115] doch ist es letztlich zweitrangig, ob Forgber mit seinen Mitarbeitern oder andere Personen mit Prokura die Geschäfte vollzogen.

Schließlich verfügte die Beschaffungsorganisation über ein Beratungsorgan, das sich mit strategischen Fragen zu internationalen Entwicklungstrends in der Mikroelektronik befasste. Administrativ war die als »Wissenschaftsstrategie« bezeichnete Abteilung dem Handelsbereich 4 zugeordnet, fachlich hingegen dem Ministerium für Elektrotechnik und Elektronik. Ihrem Leiter Professor Rolf Jähn[116] unterstanden 45 wissenschaftliche Mitarbeiter mit Graduierungen als Ingenieure und Physiker. Deren Aufgabe bestand in der Analyse internationaler Entwicklungen auf dem Gebiet der Elektronik mit dem Ziel, Ableitungen für den strategischen Kurs der DDR zu treffen. Soweit aus den wenigen überlieferten Unterlagen zu entnehmen ist, gewann die Gruppe ihre Erkenntnisse vornehmlich aus Veröffentlichungen. Adressaten der Expertisen waren die Leitung des Ministeriums für Elektrotechnik und Elektronik, die Hauptabteilung III des Bereiches KoKo und Schalck-Golodkowski persönlich.[117] Laut Ronneberger war die Gruppe auch für den SWT der HV A als Auswerter tätig.[118]

---

115 Vgl. Ronneberger: Deckname »Saale« (Anm. 7), S. 227.
116 Ebenda, S. 146.
117 AG BKK, IMS »Leo« an Hauptmann Wolfgang Habenicht, v. 28.11.1988, gegeben am 22.11.1988; BStU, ZA, AIM 7862/91, Bd. 2, Bl. 156-158. Anhängig: Bereich Wissenschaftsstrategie, Elektrotechnik/Elektronik, v. 15.9.1988: »Wissenschaftlich-technische Aufgabenstellung 1989«; ebenda, Bl. 159-163.
118 Ronneberger: Deckname »Saale« (Anm. 7), S. 146.

Organigramm: Organisationsstruktur der Beschaffung, 1988[119]

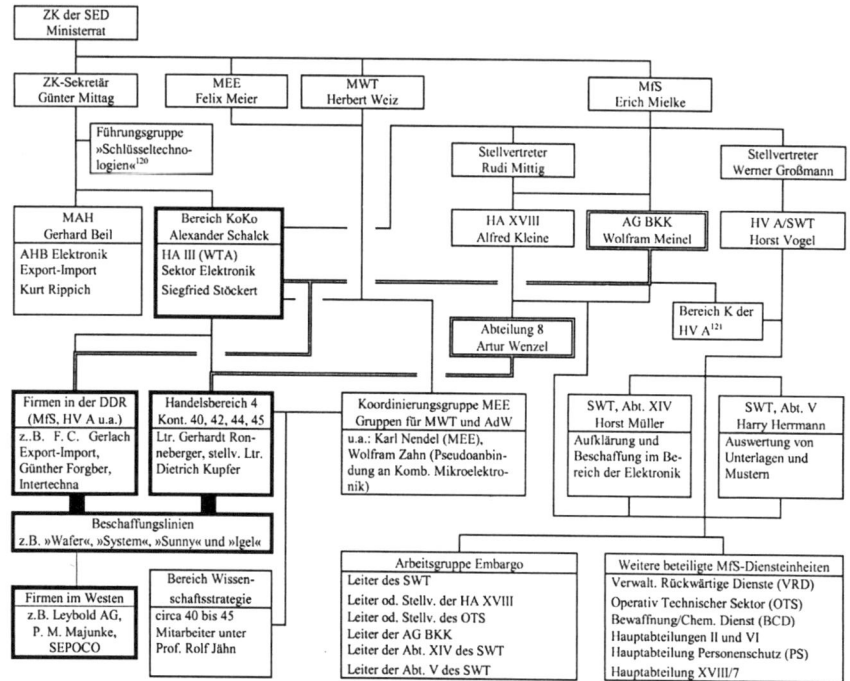

AdW: Akademie der Wissenschaften der DDR
AG BKK: Arbeitsgruppe Bereich Kommerzielle Koordinierung
AHB: Außenhandelsbetrieb
MAH: Ministerium für Außenhandel
MEE: Ministerium für Elektrotechnik und Elektronik
MWT: Ministerium für Wissenschaft und Technik
SWT: Sektor Wissenschaft und Technik
WTA: Wissenschaftlich-technische Arbeit und Kooperation

---

119   Modifiziert nach Buthmann: Hochtechnologien (Anm. 10), S. 288. Das Schema beschreibt nur die Elektronik-Beschaffung. Die einfachen Linien zeigen die Arbeitsbeziehungen, die doppelt ausgezeichneten Linien die MfS-Sicherungszuschreibungen.

120   Mitglieder waren Gerhard Tautenhahn, Alexander Schalck-Golodkowski, Siegfried Wenzel (SPK), Felix Meier und Karl Nendel.

121   Zuständig für die IM-Koordinierung zwischen der HV A und der AG BKK.

300

4   Lieferlinien und Logistik

Die bis Mitte der sechziger Jahre existierenden Beschaffungsmöglichkeiten genügten den Anforderungen an eine effektive und systematische Arbeitsweise nicht. Die elektronische Industrie benötigte Bauelemente in hohen Stückzahlen und komplette Technologien. Aus einer Einschätzung der Hauptabteilung XVIII/2/3 von 1967 geht hervor, dass zur Beschaffung von hochgradigen Embargowaren der Halbleitertechnik von amerikanischen Firmen über Mittelsmänner und einem südafrikanisch-westdeutschen Konzern ein Lieferweg aufgebaut wurde, der für die DDR »einmalige Möglichkeiten« bot, »zu normalen, zwischen westlichen Konzernen üblichen Gepflogenheiten [...] solche komplizierten Importgeschäfte [...] abzuwickeln«[122]. In den achtziger Jahren gab es dann Dutzende solcher Lieferkonstruktionen, die systematisch den so genannten Beschaffungsorganen (BO) bzw. den HVA-nahen speziellen Beschaffungsorganen (SBO) zugeordnet waren.[123] Es handelte sich in der Regel um direkte Lieferanten und solche, die über Beschaffungsorganisationen oder Einzelpersonen lieferten. Dabei wurden von den »BO« solche Güter beschafft, die »im Normalfall nur ganz geringen Exportrestriktionen« unterlagen. Der Übergang zu den von den »SBO« beschafften Gütern war fließend. Ein typischer Vertreter für die »SBO« war die Firma Forgber. Ein Blick in die Geschichte der Beschaffung zeigt, dass es dauerhafte Zuordnungen nicht gegeben hatte und auch nicht geben konnte. So war 1987 angeblich auch der Direktlieferant für die »BO« Leybold bereit, im Falle einer technischen Unterdeklaration »hochbrisante« Ausrüstungen zu liefern.[124] Jedoch konnte die Leybold AG als hundertprozentige Tochter der Degussa AG ab September 1987 nicht mehr so schalten und walten wie gewohnt. Man war bei der Falschdeklaration vorsichtiger geworden.[125]
   Die Beschaffung von Rechentechnik stand von 1985 bis 1987 hoch im Kurs. Allein 1985/86 sind von der VAX-Serie 91 Systeme der Typen 750, 780, 785 und 8600 geliefert worden. Der vom Bereich KoKo zu finanzierende Anteil belief sich einschließlich einer kleineren Position für das Jahr 1987 auf insgesamt 480,1 Millionen Valutamark.[126] Der organisatorische Alltag mutierte zuletzt zu einem Krisenmana-

---

122 HA XVIII/2/3 v. 16.5.1967; BStU, ZA, AIM 1370/81, Bl. 251–259, hier 251.
123 AG BKK, IMS »Leo« an Hauptmann Wolfgang Habenicht, v. 20.11.1987: »Kenntnisse über die Lieferanten der BO/SBO«, gegeben am 18.11.1987; BStU, ZA, AIM 7862/91, Bd. 2, Bl. 79–82.
124 Ebenda, Bl. 79 f.
125 Über die Leybold AG als »zuverlässiger Partner«: Ronneberger: Deckname »Saale« (Anm. 7), S. 202–217.
126 Übersicht über Valutabedarf und Bilanz der beschafften Rechentechnik mit Stand v. 6.3.1987; BStU, ZA, BKK 2065, Bl. 1–5, hier 1 f. Ronneberger spricht von insgesamt 350 leistungsfähigen Rechnern der 16- und 32-bit-Technologie. In: Ronneberger: Deckname »Saale« (Anm. 7), S. 135.

gement.[127] Hierzu dienten insbesondere die so genannten Montagsberatungen des Bereiches, in denen festgelegt wurde, welche Firma welche Ausrüstungen zu beschaffen hatte. Grundlage für die Verteilung der Aufträge bildeten die jeweils aktualisierten COCOM-Listen. Aufträge mit normalem Embargocharakter gingen an den Handelsbereich 4, »hochbrisante Anlagen für die Höchstintegration an die ›SBO‹«. Letztlich aber konnten Überschneidungen immer weniger vermieden werden, da veranlasst durch die Toshiba-Affäre erhebliche Beschaffungsprobleme auftraten und der Handelsbereich 4 über seine alten und neuen Linien versuchen musste, anstelle der »SBO« diese Anlagen zu beschaffen. Eine wesentliche Aufgabe der Koordinierungsgespräche bestand darin, zu verhindern, dass unabgestimmt ein Lieferant der beiden Linien »BO« und »SBO« gleichzeitig eine Anfrage bzw. einen Auftrag erhielt.[128] In Fällen aufgetretener Engpässe mussten rasch Entscheidungen über zu aktivierende Lieferlinien getroffen werden. Nachgerade zeigen diese Engpässe das eigentliche Desaster in der Beschaffung deutlich. So wurden beispielsweise einmal nicht wie gefordert Technologische Spezialausrüstungen für den 100 mm-Wafer geliefert, sondern für den 125er. Die Kosten für diese nicht in die Technologie passenden Ausrüstungen betrugen vier bis fünf Millionen Valutamark. Zwar war die avisierte zweite und dritte Anlage bereits in Europa, »doch niemand wusste, was in der Kiste ist, ob wieder falsche Ausrüstungen oder nicht«. Sowohl der Lieferant als auch der Beschaffer zeigten sich nicht in der Lage, dies anzugeben.[129]

Für die Beschaffung von Rechentechnik waren, wenngleich mit unterschiedlichen Kompetenzzuschreibungen und Kenntnisgraden, etwa zwei Dutzend Personen maßgeblich tätig. Kenntnisse strategischen und/oder ganzheitlichen Charakters dürften unterhalb Günter Mittags und Gerhard Tautenhahns lediglich Siegfried Wenzel, Karl Nendel, Alexander Schalck-Golodkowski, Siegfried Stöckert, Gerhardt Ronneberger und Wolfram Zahn gehabt haben.[130] Vom MfS kommen noch Horst Vogel, Horst Müller, Artur Wenzel und Wolfram Meinel hinzu. Die in drei Linien unterteilte Beschaffungsstruktur (siehe oben) besaß folgende personale Zuordnung: für die Linie 1 neben Stöckert sieben weitere Mitarbeiter; für die Linie 2 fünf, unter ihnen Dietrich Kupfer und Günther Gath, sowie für die Linie 3 ebenfalls fünf Mitarbeiter, unter ihnen Wolfram Zahn, Karl Nendel und Rudi Farken.[131] Für die Beschaffung von

---

127 AG BKK, IMS »Leo« an Hauptmann Wolfgang Habenicht, v. 23.11.1987: »Koordinierungsberatung zwischen Staatssekretär Nendel, Gen. Ronneberger, Gen. Zahn, Gen. Stöckert und Gen. Engler«, gegeben am 18.11.1987; BStU, ZA, AIM 7862/91, Bd. 2, Bl. 83–86.
128 Ebenda, Bl. 83 f.
129 Ebenda, Bl. 85.
130 Siegfried Wenzel war stellvertretender Vorsitzender der Staatlichen Plankommission.
131 AG BKK, IM »Leo«, v. 21.4.1986: »2. Bericht über Beschaffungsorgane«, gegeben am 3.4.1986; BStU, ZA, AIM 7862/91, Bd. 1, Bl. 273–275, hier 274. Zu Rudi Farken: Beschaffungslinie Rechentechnik. Über dessen Kompetenzen. AG BKK, IMS »Leo« an Hauptmann Wolfgang Habenicht, v. 20.10.1988: »Zu Beschaffungen durch den Genossen Rudi Farken«, gegeben am 18.10.1988; BStU, ZA, BKK 1915, Bl. 2 f.

Bauelementen, Geräten und technologischen Ausrüstungen waren auf dieser Ebene deutlich mehr Personen involviert. Für die Linie 1 sind unter Kupfer 15 Mitarbeiter, für die Linie 2 ebenfalls 15 Personen sowie für die Linie 3 neben Stöckert und Nendel noch weitere vier Mitarbeiter nachgewiesen.[132] Die linienbezogen aufgeführten Personen waren überwiegend Mitarbeiter von KoKo, des Handelsbereiches 4 sowie des Ministeriums für Elektrotechnik und Elektronik.

Die vom MfS überwachten Lieferlinien, die Decknamen wie »Sunny«, »Rübe« oder »Professor« erhielten, waren in ihrer Effektivität temporär und technisch-logistisch verschieden. 1987 existierten mindestens 44 Linien für elektronische Güter aller Art.[133] Jede Linie bildete einen eigenständigen unternehmerischen handelslogistischen Mikrokosmos. Als Beispiel mag das Unternehmen Leopold Hrobsky gelten.[134] Bereits Anfang der achtziger Jahre hatte Hrobsky als Mitarbeiter der Firma Electronic Elektronische Bauelemente HGmbH, Wien, geschäftlich mit dem Anlagenimport zu tun. 1987 galt er mit seinen 150 Millionen DM Umsatz als leistungsstark und zuverlässig. Die amerikanische Zollfahndung wurde 1986 auf ihn aufmerksam und setzte ihn prompt auf die »Schwarze Liste«[135]. Gegenklagen konnten eine Streichung von dieser Liste nicht bewirken. Da in den Verfahren ein Schuldbeweis seitens der Amerikaner nicht geführt wurde, mutmaßte das MfS einen nachrichtendienstlichen Ermittlungshintergrund.

Die Firmenkonstruktion beruhte auf einer Scheinfirma namens SEPOCO (als Vorläufer IKOTEX AG). Sie realisierte nicht die eigentlichen Geschäftsabwicklungen, sondern diente der Abwicklung finanzieller Transaktionen. Die Firma Hrobsky realisierte legendiert die kommerziellen Verbindungen zu den Unterlieferanten. Des Weiteren trat Hrobsky als Provisionsvertreter dreier weiterer Firmen wie beispielsweise Sysgraph-Computergrafik auf. Ferner bestanden zu fünf Unterhändlern Lieferverbindungen wie etwa zum Geschäftsführer der Firma ZEIKO. Hrobsky wurde von zwei Rechtsanwälten beraten. Ein umfangreiches Speditions- und Transportverbindungsnetz sorgte für hohe Flexibilität in der Güterverschiebung. Hierzu zählten sowohl die Nutzung des Leihwagendienstes als auch betriebseigene Transporter. Mit einem Kleintransporter vom Typ Mercedes 207 D realisierte Hrobsky pro Woche durchschnittlich einen Transport. Einen wichtigen Bestandteil der Logistik bildeten die Zwischenlager. In den Lagerräumen einer Wiener Spedition wurden die Waren verpackt, »neutralisiert«, falsch deklariert und zollfertig gemacht. Hiermit waren drei Personen befasst. Neben dem Inhaber der Spedition und einem Angestellten war noch ein ehemaliger Schulfreund des Angestellten, der als »höhergestellter« Zollbeamter berechtigt war, eigenständige Zollabfertigungen durchzuführen, involviert. Ferner nutzte Hrobsky in Ungarn ein Zollfreilager. Hier wurden die »brisanten«

---

132 Ebenda.
133 Siehe Tabelle 3.
134 Hinweise auch bei Ronneberger: Deckname »Saale« (Anm. 7), S. 193.
135 Ebenda, S. 48.

Embargowaren umgeschlagen. Die Bewegungsabläufe sahen wie folgt aus: In Österreich und der Schweiz über Pkw, nach Ungarn mit Pkw und Lkw sowie in die DDR mit Flugzeug, Lkw und Pkw. Die Lieferungen nach Österreich erfolgten aus Belgien, den Niederlanden, der BRD, Schweiz und England. Die Linienführung von Österreich nach der DDR erfolgte zweimal wöchentlich über die Route Wien – ČSSR nach Berlin. Die Route Wien – Ungarn nach Berlin wurde über die Deutrans einmal monatlich genutzt. In die DDR bestanden zu sechs Personen des Handelsbereiches 4 kommerzielle Verbindungen, insbesondere zu Dietrich Kupfer und Günter Gath. Des Weiteren existierten zahlreiche Verbindungen zu DDR-Anwendern, insbesondere zum Kombinat Mikroelektronik Erfurt. Mehrere Bankverbindungen sorgten für die notwendige fiskalische Flexibilität. An herausragender Stelle stand hierbei die Deutsche Handelsbank AG[136]. Zahlungen an Zwischenhändler und Produzenten erfolgten »ohne Personenangabe« größtenteils in bar. Der Handelsbereich 4 beglich die Rechnungen nach erfolgter Lieferung in Berlin. Die Gewinnspanne, die auf dem Konto der Deutschen Handelsbank verblieb, betrug 7 bis 10 Prozent. Der Aufschlag auf den marktüblichen Handelspreis betrug zwischen 30 und 45 Prozent. 1985 hatte der Vorfinanzierungssatz Hrobskys stattliche 10 bis 15 Millionen Valutamark erreicht.[137]

Tabelle 3
Lieferlinien und Lieferumfang[138]

Herkunftsland	Deckname	Umsatz 1987	Preisaufschlag [%]	Liefersituation
Japan	Präsident	1986/87: 20 Mio. VM	bis 100	eingeschränkt
Schweiz	Falter	5 Mio. US-Dollar	30 bis 40	Abstimmung mit UdSSR
BRD	Stab	0,5 Mio. VM	30 bis 40	sehr eingeschränkt
BRD	Wafer	2,5 Mio. VM	30 bis 40	geheimdienstliche Aktivitäten
Taiwan	Thai	5 Mio. US-Dollar	30 bis 40	kein Hinweis

---

136 Dem Bereich KoKo unterstellt. Schreiben Mittags an Honecker v. 23./24.4.1981 sowie »Festlegungen zur Unterstellung des Bereiches Kommerzielle Koordinierung«, abgedruckt in: Deutscher Bundestag (Hg.): Erste Beschlussempfehlung und erster Teilbericht des 1. Untersuchungsausschusses nach Artikel 44 des Grundgesetzes, BT-Drs. 12/3462. Bonn 1992, S. 898–902. Konten und Kontenstände zum 30.11.1989; BStU, ZA, BKK 946, Bl. 1–4.

137 HA XVIII/8 v. 29.1.1988: Dossier »System«; BStU, ZA, HA XVIII 11930, Bl. 19–24.

138 Umsatz- und Preisaufschlagszahlen sind Circa-Zahlen. HA XVIII/8/3 v. 28.8.1987: Embargolieferanten; BStU, ZA, HA XVIII 13087, Bl. 2–11. Die Abwicklung von circa 40 Prozent allein über die Schweiz war den westdeutschen Behörden bereits Anfang 1987 bekannt; Schlomann, Friedrich-Wilhelm: Technologietransfer: Embargo wie Emmentaler. In: Schweizerische Handelszeitung Nr. 19 v. 7.5.1987, S. 53.

Herkunftsland	Deckname	Umsatz 1987	Preisauf-schlag [%]	Liefersituation
Österreich/ Schweiz	System	150 Mio. VM	30 bis 45	keinerlei Einschränkungen
Österreich	Sunny	5 Mio. US-Dollar	30 bis 40	UdSSR-Interessen
Frankreich	Director	12 Mio. VM	30	geänderter Lieferweg
BRD	Union	1986/87: 15 Mio. VM	35	Dekonspirationsverdacht
Österreich	Wikinger	0,2 Mio. VM	50	kein relevanter Hinweis
BRD	Kluge	0,5 Mio. VM	20	Steuerfahndung
Schweiz	Klein	1986/87: 10 Mio. VM	30	geheimdienstliche Aktivitäten
Israel	Rübe	3 Mio. VM	80	kein Hinweis
Österreich	Professor	7 Mio. VM	20 bis 30	kein relevanter Hinweis
BRD	Test	9 Mio. VM	30	Zollkontrollen
Schweiz/BRD	Erhard	1986/87: 2 Mio. VM	25 bis 40	kein Hinweis
BRD	Dynamik	1986/87: 1,5 Mio. VM	30	kein relevanter Hinweis
Österreich	Bastler	1 Mio. VM	20	geheimdienstliche Aktivitäten
BRD	Kristall	keine Angabe	30	geheimdienstliche Aktivitäten
Niederlande	Konkurrent	8 Mio. VM	keine Angabe	kein Hinweis
BRD/Schweiz	Schleifer	keine Angabe	keine Angabe	kein relevanter Hinweis
BRD	Selen	1,5 Mio. VM	45	Liefereinschränkungen
Schweden/ BRD	Presse	1 Mio. VM	10 bis 20	kein relevanter Hinweis
BRD	Satellit	1 Mio. VM	50 bis 60	sehr gut
Schweiz	Gewinn	12 Mio. VM	30	stark eingeschränkt
Schweiz	Färber	12 Mio. VM	20	kein Hinweis
Westber-lin/Schweiz	Fellow	7 Mio. VM	10 bis 15	kein relevanter Hinweis
Westberlin	Partner	3 Mio. VM	10	unzuverlässig
Westberlin	Rover	Bankgeschäfte	0,5 bis 1,5	kein Hinweis
Liechtenstein	Atze	5 Mio. DM	10	kein Hinweis
Schweiz	Felix	Transporte	keine Angabe	sehr gut
Italien	Mafia	1986/87: 6,5 Mio. DM	10	kein relevanter Hinweis
Schweiz	Dorn	»bisher«: 3 Mio. [?]	ohne	kein Hinweis
Großbritannien	Oxford	5 Mio. DM	10	kein relevanter Hinweis

Herkunftsland	Deckname	Umsatz 1987	Preisaufschlag [%]	Liefersituation
Schweiz	Unix	»bisher«: 25 Mio. DM	20	kein Hinweis
BRD	Vermittler	1982 bis 1987: 2,5 Mio. DM	10	altersbedingter baldiger Ausfall
BRD	Aniel	1 Mio. DM	15 bis 35	kein relevanter Hinweis
BRD	Wendelin	3,2 Mio. DM	ohne	kein Hinweis
Großbritannien	Igel	20 Mio. DM	10 bis 20	kein Hinweis
BRD	Informant	1986/87: 8,5 Mio. DM	unbekannt	kein relevanter Hinweis
BRD	Fokus	»bisher«: 2,5 Mio. DM	unbekannt	kein relevanter Hinweis
BRD	Stockholm	1986: 1,5 Mio. DM	10 bis 20	sehr eingeschränkt
BRD	Forst	»bisher«: 1 Mio. DM	20 bis 30	kein relevanter Hinweis
BRD	Spindel	3 Mio. DM	20 bis 25	geheimdienstliche Aktivitäten

5 Effizienz und Kosten

Die Frage der Effizienz der Beschaffung ist von genereller Bedeutung. Nicht zuletzt hilft sie, die Rolle des MfS im Sektor Volkswirtschaft präziser zu bestimmen. Zwei unhintergehbare Grundsätze sind sachbezogen zu beachten. Erstens sind Innovationen nur dort sinnvoll, wo zwischen Erfindung und marktgerechter Produktion kurze Wege existieren. Zweitens sind bei einem bestimmten Abstand zum Welthöchststand die entscheidenden betriebswirtschaftlichen Kriterien erfahrungsgemäß negativ. Letzteres gilt mit voller Härte in der mikroelektronischen Industrie. Das Mooresche Gesetz von 1965, wonach sich die Schaltkreiskomplexität circa alle 18 Monate verdoppelt, besitzt auch heute noch Gültigkeit.[139] Daraus folgt empirisch, dass es aus technologischen und ökonomischen Gründen praktisch unmöglich ist, eine beliebige Niveaustufe einfach zu überspringen, ohne sie im Wesentlichen selbst ausgeführt zu haben. Der Ausweg besteht allein im Import kompletter Chipwerke einschließlich des Zugangs zu absoluten Erfahrungsträgern, da das bloße Vorhandensein örtlich gegebener »Human Resources« nicht ausreicht. Und selbst so hätte man keine Garantie auf die Zukunft. Für 2002 wird allein Intel circa vier Milliarden US-Dollar

---

139 Gordon Moore, Mitgründer von Intel. Ein Ende dieses Gesetzes ist nicht abzusehen. Gegenwärtig experimentiert man für die Lithographie mit extrem kurzwelliger Strahlung. Empirisch folgt aus dem Gesetz, dass unter einem solchen Tempo auch die Imitation zu spät kommen muss. In den entsprechenden Zeitspannen zwischen diesen Zyklen halbieren sich die Kosten.

in Forschung und Entwicklung investieren; 1992 waren es »nur« 780 Millionen. All dies zeigt, dass das DDR-Vorhaben reiner Wahnwitz war.

Im Zusammenhang mit dem originären Platz des MfS in der DDR-Volkswirtschaft muss auch dessen repressiver Charakter berücksichtigt werden. Eine eigentümliche Synthese von Hochtechnologiephilosophie und Stasi-Ideologie offenbart dabei ein abenteuerliches Technologie-Verständnis, das die Zeitkonstante eines Innovationszyklus mit dem Bearbeitungstempo Operativer Vorgänge verknüpfte. Danach glaubte das MfS, die Dauer der Innovationszyklen über einen »effektive[ren] und schwerpunktmäßige[n] Einsatz der Kräfte, Mittel und Methoden« zur Bearbeitung »feindlicher Tätigkeit« verkürzen zu können.[140] Dieser Denkansatz entsprang durchaus der Mitte seines Feinddenkens, das Sabotage und Spionage zur unhintergehbaren Voraussetzung menschlichen Handelns hatte. Hierbei wurde ein Kreisschluss in Gang gesetzt, wie er verhängnisvoller nicht denkbar ist: Der ohnehin rückläufige Entwicklungsstand in der Mikroelektronik wurde durch die quantitative Zunahme »prophylaktischer« Operativer Vorgänge weiter abgesenkt, da Personalpolitik immer auch mit Eingriffen in technologische Belange einherging. Insgesamt stellt dieser Fakt ein in der Literatur weitgehend vernachlässigtes Phänomen der Destruktion von Humankapital und innovativen Potenzen dar.

Unter betriebswirtschaftlichen Gesichtspunkten sind folgende Aspekte zur Einschätzung der Effizienz relevant:

— Faktorverschwendung aufgrund von Mehrfachwegen und -beschaffungen;
— Zeitverzug aufgrund des prinzipiell zu spät kommenden Technikeinsatzes;
— Lieferausfälle und somit Zwang zu Substituten »zweiter Wahl«;
— Störpotenzial aufgrund des chronisch mangelhaften Services;
— technologische und Techniklücken wegen fehlender Bauelemente;
— Fremdeingriffe aus Geheimnisschutz- und personalpolitischen Gründen[141] sowie
— fehlende Kostendeckung weit unterhalb des Break-Even-Punktes.

Die wirtschaftliche Ineffizienz besitzt darüber hinaus indirekte Quellen. Von besonderer Bedeutung waren hierbei die permanente Unterfinanzierung von Forschung und Entwicklung sowie die Vernachlässigung eigener geistiger Anstrengungen.

---

140 JHS v. 15.2.1989: »Leiterinformation zu den Forschungsergebnissen ›zur sicherheitspolitischen Durchdringung der breiten Anwendung der Schlüsseltechnologien, insbesondere Mikroelektronik, Rechentechnik und CAD/CAM. Zu damit verbundenen Anforderungen an die Einleitung und Realisierung leistungs- und effektivitätsfördernder Maßnahmen bei der Gewährleistung der Einheit von Feindbekämpfung, vorbeugender Schadensabwendung und Unterstützung (untersucht am Beispiel der Elektronisierung)‹«; BStU, ZA, SdM 639, Bl. 1–36, hier 29.

141 Episode: »Nun hat Leybold schon den Farbanstrich verändert, dass es nicht mehr Dresden machen muss, aber die Leyboldschilder sind nach wie vor drauf«. IMS »Burmeister« v. 22.6.1989; BStU, ZA, HA XVIII 9922, Bl. 88 f., hier 89.

Nur wenige Technologiesegmente stammten zuletzt noch aus eigener Produktion. Die Beschaffung kompletter technologischer Ausrüstungen stieß zuletzt mehr und mehr an ihre Grenzen. Die wichtigsten Geräte galten als extrem schwer oder kaum mehr beschaffbar. Die Beschaffungserfolge bekamen wieder mehr einen zufälligen Charakter. Der Gesamtnutzwert für die Technologie wurde immer fragwürdiger. Zwar war es dem Bereich KoKo im April 1989 gelungen, technische Dokumentationen und Konstruktionsunterlagen der Firma Leybold zu beschaffen, doch war damit längst nicht die Eigenfertigung von Ätzern gesichert. Wenn dies gelungen wäre, hätte es überdies Jahre gebraucht. Der Transfer dieser »heißesten« Unterlagen wurde über die Grenzübergangsstelle Bornholmer Straße in Berlin abgewickelt.[142] Das Regime der Übergabe oblag speziellen Mitarbeitern des Bereiches KoKo.[143]

Viele dieser Güter und die entsprechenden Lieferlinien galten beschaffungstechnisch als »heiß«. Eine betriebswirtschaftlich hinreichende Planbarkeit des technologischen Aufbaus war a priori nicht gegeben. Nicht selten kam es in Bezug auf wichtige Lieferungen zu erheblichen Komplikationen. Der folgende Fall einer völlig misslungenen Implanter-Lieferung zeigt die technologische Dysfunktion der illegalen Beschaffung.

> »Nach unbestätigten Informationen steht diese Lieferung unter Kontrolle amerikanischer Dienststellen. Die einbezogenen Partner in Paris, der Schweiz, den USA und Argentinien geben seit dem 27.12.1988 widersprechende Informationen. Bei diesen Lieferanten handelt es sich um Profis im Waffenexport. Nach den letzten Informationen sind die Implanter von der USA-Herstellerfirma in ein militärisches Sperrgebiet in Argentinien geliefert und von dort mit einem Transportflugzeug einer USA-Chartergesellschaft nach Marokko transportiert worden. Die Maschine sollte schon an verschiedenen Tagen in Richtung DDR starten, erhielt jedoch bisher vom argentinischen Mittelsmann keine Starterlaubnis.«[144]

Diese wohl größte Pleite in der Beschaffung bezeichnet Ronneberger als höchsten finanziellen Verlust und moralische Schlappe für KoKo.[145]

Bereits im Sommer 1988 kam es bei einem Versuch, einen Großrechner vom Typ VAX 8800 zu beschaffen, zu einem Schmierenstück. Die seit November 1987 in der DDR als überfällig geltende Warenlieferung wurde zunächst an der ungarisch-tschechoslowakischen Grenze aufgehalten, dann nach Bulgarien zurückgeführt und

---

142 Die strengsten Embargobestimmungen unterliegende Dokumentation für Sputter- und Ätzanlagen wurde am 16. und 20. Juni 1988 an der Bornholmer Straße übergeben; »Personenavisierungen - Bereich KoKo« v. 1. bis 30.6.1988; BStU, ZA, BKK 292, Bl. 129.
143 Vgl. Buthmann, Reinhard: Die Arbeitsgruppe BKK (MfS-Handbuch, Teil III/11, in Vorbereitung).
144 Information v. 9.1.1989; BStU, ZA, HA XVIII 13222, Bl. 14 f.
145 Ronneberger: Deckname »Saale« (Anm. 7), S. 309-319.

dort beschlagnahmt. Dem in Österreich wohnenden jugoslawischen Beschaffer, der inhaftiert und anschließend des Landes verwiesen wurde, war der Rechner für 4,9 Millionen DM abgekauft worden. Daraufhin protestierte Schalck-Golodkowski bei den bulgarischen Organen, doch die wussten angeblich von nichts. In der Mitteilung Schalck-Golodkowskis an Erich Mielke mit »der Bitte um Unterstützung bei der Aufklärung und Wiederbeschaffung« heißt es, dass »dieser Fall einmalig [...] in der Zusammenarbeit sozialistischer Länder« sei. Doch auch eine Recherche vor Ort brachte keinen Aufschluss über den Verbleib des Rechners. Wenig später erhielt der Handelsbereich 4 über eine frühere Kontaktschiene ein Angebot gleichen Rechnertyps aus Bulgarien, der dann – nicht ohne weitere Komplikationen – gegen Zahlung von 2,5 Millionen Dollar geliefert wurde. Ob dies derselbe Rechner war, konnte aufgrund der fehlenden Seriennummer nicht mehr festgestellt werden.[146] Ronneberger beschreibt die mangelhafte Kompetenz der HVA-Beschaffer am Beispiel einer höchst unvollständigen Lieferung einer VAX 8600-Rechnerkonfiguration, die, weil sie bereits als Toperfolg der ZK-Spitze verkauft worden war, zu einem »Riesenkrach« führte.[147]

Freilich gab es in der Beschaffung von elektronischen Gütern auch viele echte Erfolge. Dies betraf vor allem Geräte für CAD/CAM, insbesondere auf dem Sektor der Mittelklassecomputer.[148] Auch spektakuläre Transaktionen waren so selten nicht. 1988 beschaffte Günter Gath über die Administrationsschiene Schalck-Golodkowski – Nendel – Ronneberger modernste Rechentechnik. Ihm gelang es, einen 64-bit-Rechner vom Typ »Convex« sowie den Rechenbeschleuniger FPS 264 im Gesamtwert von 10,9 Millionen US-Dollar, die beide unter strengstem Embargo standen, über die »mehrfach bewährte Embargolieferlinie ›Sunny‹« zu beschaffen. Die DDR sah sich dadurch in die Lage versetzt, wissenschaftlich-technische und ökonomische Rechenoperationen durchzuführen, die höchsten Anforderungen genügten.[149] Der Handelsbereich 4 konnte 1988 auf eine stattliche Bilanz »ausgewählter sensibler« Technologischer Spezialausrüstungen verweisen, was die folgende Tabelle 4 veranschaulicht.

---

146 AG BKK, IMS »Leo« an Hauptmann Wolfgang Habenicht, v. 6.9.1988, gegeben am 5.9.1988; BStU, ZA, AIM 7862/91, Bd. 2, Bl. 131-135.

147 Ronneberger: Deckname »Saale« (Anm. 7), S. 279 f.

148 So 1986 etwa 550 16-bit-Rechnersysteme allein über die Linie Hrobsky (Fa. Sysgraph); HA XVIII/8/3, IMS »Hans«, v. 10.4.1987; BStU ZA, BKK 946, Bl. 13-16, hier 13.

149 HA XVIII/8, Oberst Wenzel an Kleine v. 18.1.1988: »Information über die Beschaffung modernster Rechentechnik aus dem NSW durch den IMS ›Hans‹/HA XVIII/8«; BStU, ZA, HA XVIII 5969, Bl. 1 f.

Tabelle 4
Teilbilanz des Handelsbereiches 4 von 1988[150]

Technologische Spezialaus-rüstungen	Nutzer	Stückzahl	Valutamark [Mio.]
Testeinrichtungen für Forschung, Entwicklung und Produktion von Speicherschaltkreisen	Kombinate Carl Zeiss Jena und Mikroelektronik Erfurt	10	30
Ätz- und Sputteranlagen	Kombinat Carl Zeiss Jena	15	35
Justier- und Belichtungseinrichtungen, Wafer-Stepper	Kombinate Carl Zeiss Jena und Mikroelektronik Erfurt	5	15
Mittelstromimplanter für den 64-Kilobit-Speicherschaltkreis	Kombinat Mikroelektronik Erfurt	3	10
Dotierungseinrichtungen für die 64- und 256-Kilo sowie 1-Megabit-Speicherschaltkreise	Kombinate Carl Zeiss Jena und Mikroelektronik Erfurt	keine Angabe	21
Spezielle Mess- und Prüfeinrichtungen für alle technologischen Prozessschritte (Elektronenrastermikroskope, Maskenprüfeinrichtungen, Maskensepariereinrichtungen)	Kombinate Carl Zeiss Jena und Mikroelektronik Erfurt	keine Angabe	45
Beschaffung von Einkristallziehanlagen für die Herstellung von Siliziumscheiben	Betrieb Spurenmetalle Freiberg und Kombinat Mikroelektronik Erfurt	3	7
Summe		>36	163

Aufgrund der prophylaktischen Strategie, mehrere Lieferlinien aufzubauen, um Ausfälle kompensieren zu können, war man bis 1988 noch relativ erfolgreich. Für den Bereich Mikroelektronik liefen Geschäfte zu Projektions-, Justier- und Belichtungseinrichtungen, Maskeninspektions-Gerätesystemen, Implantationsanlagen sowie anderen hochwertigen Produkten. Als im Zusammenhang mit der in der Bundesrepublik erfolgten Verhaftung Ronnebergers[151] eine leistungsfähige Lieferlinie im Bereich der Militärtechnik ausgefallen war, konnten Ersatzlieferanten relativ rasch gefunden werden. Hierbei handelte es sich um »heiße« Waren, die nicht einmal Ronneberger bekannt waren. Im Einzelnen waren es drei komplette Funküberwachungssysteme

---

150 Papier v. 30.12.1988; BStU, ZA, HA XVIII 13222, Bl. 16–19, hier 18 f. Tb. in: Buthmann: Hochtechnologien (Anm. 10), S. 280.
151 Vgl. HA XVIII/8 v. 25.10.1982: »Operative Einschätzung zur widerrechtlichen Inhaftierung des Gen. Ronneberger, Gerhardt, Stellvertreter des Generaldirektors im VE AHB Elektronik Export-Import Berlin, in der BRD vom 4.3.1982 bis 27.8.1982«; BStU, ZA, AIM 10823/91, Bd. 2, Bl. 155–162.

einer amerikanischen Firma sowie diverse Spektrumanalysatoren und Breitbandaufzeichnungsgeräte aus den USA. Zudem waren »über eine neu erprobte Lieferlinie« bereits 37 Positionen eines Rechnerkomplexes aus den USA eingetroffen. Der Transfer erfolgte auf Basis eines Sonderauftrages von Schalck-Golodkowski für die Akademie der Wissenschaften der DDR.[152]

Spätestens im März 1989 begann eine der wichtigsten Quellen, die Firma Leybold AG,[153] zu versiegen. Ihr Vorstand legte »unmissverständlich fest«, dass es keine Lieferungen, die den gesetzlichen Bestimmungen widersprächen, mehr geben dürfe. Das aber hielt die Firma nicht davon ab, ein so genanntes Dreierteam zur Erkundung gesetzlicher Lücken einzusetzen. Hauptproblem bildeten die Ätzanlagen, die heißeste Embargoware überhaupt. Der Export dieser Anlagen bedeutete nach Aussagen einer Führungskraft der Firma glatten Selbstmord. Da der abgebende Staat für den Vertrieb solcher Güter eine Endverbleibskontrolle ausüben musste, war eine legale Beschaffung praktisch ausgeschlossen. 1988 hatte es keine zehn Endverbraucher als Hersteller von höchstintegrierten Schaltkreisen gegeben. Die USA sahen sich damit prinzipiell in die Lage versetzt, »eine lückenlose Verfolgung und Kontrolle der Lieferungen« zu realisieren. Es war also konsequent, dass der Bereich KoKo 1988 dazu überging, selbst einen Endverbraucher »unter größter Geheimhaltung« in Taiwan aufzubauen.[154] 1989 befand sich die 1987 geborene Idee bereits in voller Realisation.[155]

Den Verantwortlichen des Bereiches KoKo war bewusst, dass ihre für den Technologietransfer »eingeschossenen Gelder mit einem sehr hohen Risiko behaftet« waren. Erfolgten Lieferungen aus welchen Gründen auch immer nicht, galt das Geld, obgleich fiktive Verträge mit den Partnern existierten, als abgeschrieben.[156] Summa summarum zeigt eine Bilanz vom November 1989 die gigantische Dimension in der Beschaffung des Handelsbereiches 4. Danach betrug das jährliche Importvolumen je Mitarbeiter circa neun bis zehn Millionen Valutamark. In den Export- und Import-

---

152 Eingefädelt von einem hohen ZK-Funktionär; HA XVIII/8, IMB »Rolf« an Oberstleutnant Wenzel, v. 28.6.1982: »Einschätzung der Situation bei der Beschaffung von E-Waren«, gegeben am 28.6.1982; BStU, ZA, HA XVIII 10159, Bl. 8-10, hier 9 f. Hinweis auch in: Ronneberger: Deckname »Saale« (Anm. 7), S. 54.

153 Zahlreiche Belege in Deutscher Bundestag (Hg.): Beschlussempfehlung und Bericht des 1. Untersuchungsausschusses (Anm. 7); ferner ders. (Hg.): Beschlussempfehlung und erster abweichender Bericht zum Bericht des 1. Untersuchungsausschusses nach Artikel 44 des Grundgesetzes v. 27.5.1994, BT-Drs. 12/7650. Bonn 1994; ders. (Hg.): 1. Beschlussempfehlung und zweiter abweichender Bericht zum Bericht des 1. Untersuchungsausschusses nach Artikel 44 des Grundgesetzes v. 27.5.1994, BT-Drs. 12/7725. Bonn 1994.

154 AG BKK, IMS »Leo« an Hauptmann Habenicht, v. 6.9.1988: »Zum Handelsbereich IV - Importhandelsbereich«, gegeben am 5.9.1988; BStU, ZA, AIM 7862/91, Bd. 2, Bl. 131-135.

155 Über Lieferung von Ätzanlagen nach Taiwan; BStU, ZA, BKK 82, Bl. 21. Zur Geschichte in: Ronneberger: Deckname »Saale« (Anm. 7), S. 224-228.

156 AG BKK, IMS »Leo« an Hauptmann Habenicht, v. 6.9.1988: »Zum Handelsbereich IV - Importhandelsbereich«, gegeben am 5.9.1988; BStU, ZA, AIM 7862/91, Bd. 2, Bl. 131-135, hier 132 f.

bereichen des Außenhandelsbetriebes betrug dieser Durchschnittswert lediglich 5,5 bis 6,5 Millionen Valutamark pro Mitarbeiter.[157] Wenn diese Hochrechnung valide ist,[158] hätte allein der Handelsbereich 4 für die beiden letzten Jahre etwa je eine Milliarde Valutamark für illegale Importe umgesetzt. Die zu diesem Bericht separat angegebenen Kosten der einzelnen Produktlinien stützen diesen Wert. Pro Jahr wurden circa 3 500 Verträge abgeschlossen und circa 7 000 bis 8 000 Abrechnungen erstellt.[159] Auch Angaben aus einer anderen Quelle untermauern diese Zahlen: Danach betrugen die Valutaaufwendungen für die Mikroelektronik – ohne die rechentechnische Basis – für die Jahre 1986 bis 1990 insgesamt 2,8 Milliarden Valutamark.[160] Das Ende der Fahnenstange hinsichtlich der planmäßigen und der durch KoKo bereitgestellten Fonds war erreicht.

In den siebziger Jahren wurden etwa 5 bis 10 Prozent Provision bei kleineren Geräten und kleineren Abnahmemengen sowie ohne die Kosten für Vermittler und Mittelsmänner gezahlt. Waren Mittelsmänner notwendig, kam noch ein Aufschlag von 20 bis 30 Prozent hinzu. Diese Marge kann in etwa als Untergrenze für die in den achtziger Jahren gezahlten Provisionen gelten. Für die »heißen« und »heißesten« Güter wurden allerdings beträchtlich höhere Sätze gezahlt, sie lagen im Mittel zwischen 50 und 200 Prozent.

Neben dem Bereich KoKo »erwirtschaftete« auch das MfS Mittel, die nicht aus dem Wirtschaftskreislauf der DDR stammten und so mithalfen, die Beschaffung zu refinanzieren. Hierzu zählten Geld- und Sachzuwendungen, die inoffizielle Mitarbeiter des MfS von westlichen Geheimdiensten für nachrichtendienstliche Leistungen erhielten und an das MfS abzuführen hatten. Beispielsweise erhielt Siegfried Hülss alias »Kran« und »Rolf I« von 1971 bis 1989 274 300 DDR-Mark, 74 600 DM und 8 670 englische Pfund sowie Sachgeschenke und Gold. Von 5 000 Mark, die er dem MfS übergab, erhielt er durchschnittlich 3 000 Mark als Prämie zurück.[161]

---

157 AHB Elektronik, NSW-Importbereich v. 3.11.1989: »Standpunkt zu angeblichen ›Privilegien‹ des NSW-Importbereiches«; BStU, ZA, HA XVIII 10459, Bl. 1-10, hier 3.

158 Der detaillierte, differenzierte und kritische Bericht hinterlässt einen kompetenten und validen Eindruck. Eine andere Angabe im Text bestätigt diesen Wert. Danach entstanden die »meisten Kosten aus ADR [Auslandsdienstreisen] (1989: ca. 1 Million Valutamark = 0,1 Prozent des Umsatzvolumens!)«; ebenda, Bl. 5.

159 Ebenda, Bl. 3.

160 AG BKK, IMS »Leo« an Hauptmann Wolfgang Habenicht, v. 17.5.1989: »Arbeitsstand zum gegenwärtigen Zeitpunkt zur Frage – Wie geht es weiter mit der Mikroelektronik? bzw. Wie geht es weiter im Zeitraum 1991-95 mit dem Import von Technologischen Spezialausrüstungen, insbesondere hinsichtlich der valutaseitigen Finanzierung?«, gegeben am 2.5.1989; BStU, ZA, AIM 7862/91, Bd. 2, Bl. 215-219, hier 215.

161 Siegfried Hülss (»Kran«, »Linde«, »Rolf I«); Reg.-Nr. XV 2869/60; Kategorie: IMF/IMB; 5.9.1959 Kreisdienststelle Jena, 1.5.1960 Abteilung III der HV A, 29.11.1961 für die Hauptabteilung V bzw. XVIII des MfS, 15.4.1968 Objektdienststelle Zeiss Jena, 1.3.1976 bis Auflösung für die Hauptabteilung XVIII/8 erfasst; Führungsoffizier: 5.9.1959 Ernst Hofmann, 11.5.1960 Günter Männel, 1.1.1961 Rudolf Grunert, 29.11.1961 Helmut Lüppisch, 1.3.1976 Artur Wenzel, Siegfried Pulow; BStU, ZA,

6   Schlussbemerkungen

Anfang 1988 sah der Leistungsstand zum 256-Kilobitchip in der Phase der Pilotproduktion katastrophal aus: Die Gutausbeute betrug lediglich 0,2 Prozent. Eine Quote, die hinsichtlich der technologischen Reproduzierbarkeit völlig irrelevant ist. Und für den 1-Megabitchip, der in nur wenigen Monaten Honecker medienwirksam überreicht werden sollte, standen zu diesem Zeitpunkt lediglich 50 Prozent der für die Pilotproduktion notwendigen Ausrüstungen zur Verfügung. Allein diese Fakten belegen, dass die DDR weit davon entfernt war, die Höchstintegration technologisch zu beherrschen. Die Skepsis Toshibas, wonach man selbst bei Komplettlieferung solcherart Technologie noch Jahre benötigt, um sie zu beherrschen, hatte sich vollauf bestätigt. Formal gesehen handelte es sich um einen Zwei-Generationen-Rückstand, der als solcher und unter der Prämisse einer autarken Entwicklung als unaufholsam zu betrachten ist. Der Rückstand zum Weltstand wurde nicht nur nicht verringert, sondern rechnerisch irrelevant gemacht. Insgesamt kostete der illegale Technologietransfer in den letzten drei Jahren mehr als drei Milliarden Valutamark. Dabei dürften Provisionen, Nebenkosten und »verlorene Gelder« etwa die Hälfte dieser Mittel verschlungen haben. Zudem war das Gelieferte häufig seinen Preis nicht wert. Der Gesamtaufwand für die Elektronikentwicklung mag seit Anfang der achtziger Jahre circa 15 Milliarden Mark betragen haben. Für den Zeitraum von 1981 bis 1995 waren circa 24 Milliarden Mark geplant. Für die DDR war dies viel Geld, international aber und eingedenk der breiten Streuung dieser Mittel eher »Peanuts«. Heute werden allein in Ostdeutschland innerhalb nur weniger Jahre 12 Milliarden DM investiert.

Abschließend sei festgestellt, dass nicht nur das Embargo und die Regularien des innerdeutschen Handels Anlass zur illegalen Beschaffung gaben, sondern in einem erheblichen Maße auch die Wissenschafts- und Technologiepolitik der SED, namentlich ihre Personalpolitik. Das MfS bekämpfte im Rahmen seiner »Störfreimachung« einen inneren »Feind«, den es realiter so nicht gab.[162] In der Konsequenz wurden immer wieder Entwicklungen abgebrochen oder verzögert sowie bürgerliche Spitzenforscher von der Hochtechnologieentwicklung ausgegrenzt. Ein innovationsfreundliches Klima war die seltene Ausnahme. Die Politik der SED betrieb über weite Strecken eine klassische Doppelmoral unter den Leitbegriffen »Störfreimachung« und »Beschaffung«. Das MfS war als ihr Instrument in diesen beiden Punkten insofern geschichtsmächtig, als dass es mit massivem Mitteleinsatz etwas tat, das letztlich kontraproduktiv war. So entstand in den achtziger Jahren ein Milliardengrab, das die ohnehin disproportionale volkswirtschaftliche Entwicklung noch beschleunigte. Insofern verdient der SDI-Beschluss Ronald Reagans größere Beachtung

---

AIM 10795/91 und TA 139/76; ebenda, HA XVIII 502a-c, 503a-c, 504a-c, 505a-c, 506a-c; vgl. auch Anm. 12.

162 Zur »Störfreimachung« vgl. ausführlicher Buthmann: Hochtechnologien (Anm. 10), S. 256-261.

als gemeinhin üblich. Er war ein effizienter geschichtsmächtiger Impuls, den die Sowjetunion und die DDR nicht parieren konnten, weil er auf deren bedingten Reflex zielte. Die Strategie des Westens war alles andere als geheim: »der Sozialismus ließ sich ›totrüsten‹«.[163]

---

163 Ronneberger: Deckname »Saale« (Anm. 7), S. 95.

Jörg Roesler

Unkonzentriert beim »Beschaffen« und Bequemwerden beim »Abkupfern«?
Das DDR-Mikroelektronikprogramm und die begrenzten Möglichkeiten von Industriespionage und illegalem Technologietransfer

1   Das Mikroelektronik-Debakel 1989

Am 12. September 1988 übergab Wolfgang Biermann, Generaldirektor des Kombinates VEB Carl Zeiss Jena, auf der Leipziger Herbstmesse das erste Muster eines 1-Megabit-Speichers an SED-Chef Erich Honecker. Um die Übergabe des Labormusters wurde ein gewaltiger Medienrummel organisiert, der – ebenso wie die öffentliche Vorstellung von 32-bit-Mikroprozessoren am 14. August 1989 – der eigenen Bevölkerung und der Welt den Nachweis liefern sollte, dass die DDR auch in den achtziger Jahren den ihr zugeschriebenen Platz unter den zehn ersten Industrienationen der Welt behauptet hatte. Bei der Übergabe vergaß Honecker nicht darauf hinzuweisen, dass die DDR neben den USA, Japan und der Sowjetunion zu den wenigen Ländern gehörte, die die technischen Voraussetzungen für die Entwicklung der Mikroelektronik im eigenen Lande geschaffen hätten.[1] Das war keineswegs eine Erfindung. Die DDR produzierte Ende der achtziger Jahre – nach unterschiedlichen Schätzungen – immerhin 50 bis 83 Prozent des Eigenbedarfs an mikroelektronischen Bauelementen, die Bundesrepublik weit weniger – 20 bis 30 Prozent.[2]

Wovon 1988 und 1989 aber in den DDR-Medien nicht gesprochen wurde, das war der technologische Rückstand der DDR-Kreationen im internationalen Vergleich. Als sich im Herbst 1976 die Wirtschaftskommission des Politbüros des Zentralkomitees der SED in mehreren Sitzungen mit der Vorbereitung des »Mikroelektronikplenums« vom Juni 1977 beschäftigte, hatte sie öffentlich ein Zurückbleiben der eigenen Industrie in diesem Bereich gegenüber den führenden westlichen Mikro-

---

1   Barkleit, Gerhard: Mikroelektronik in der DDR. SED, Staatsapparat und Staatssicherheit im Wettstreit der Systeme. Hg.: Hannah-Arendt-Institut für Totalitarismusforschung. Dresden 2000, S. 28.

2   Hübner, Werner u. a.: Mikroelektronik in der ehemaligen DDR. In: Berliner Bank-Unternehmer Report 3/1990, S. 890; Küchler, Falk: Die Wirtschaft der DDR. Wirtschaftspolitik und industrielle Rahmenbedingungen 1949 bis 1989. Berlin 1997, S. 36; Lee, W. R.; Nigel, Swain: The New Technology That Failed. Information Technology and Computing in the GDR and Hungary. In: Prucha, Vaclav (Hg.): The System of Centrally Planned Economies in Central-, Eastern and South-Eastern Europe after World War II and the Causes of its Decay. Prag 1994, S. 280.

elektronikproduzenten eingestanden. Der technologische Rückstand wurde bei analogen Schaltkreisen auf vier bis acht Jahre, bei digitalen Halbleiterspeichern und Mikroprozessoren auf sechs bis sieben Jahre und bei technologischen Spezialausrüstungen für die Herstellung von Halbleitermaterialien auf bis zu neun Jahre beziffert.[3] Für das Jahr 1989, nach fast anderthalb Jahrzehnten Aufholjagd, musste von Gerhardt Ronneberger, dem Mann, der in der DDR wohl den besten Überblick besaß, festgestellt werden, »dass es nicht gelang, die Mikroelektronik der DDR ans internationale Spitzenniveau heranzuführen. Im Gegenteil: Bei Speicherkreisen lagen wir etwa fünf Jahre zurück, bei Mikroprozessoren war der Abstand noch größer. Wir fuhren zwar im höchsten Gang, und der Motor war schon heißgelaufen, doch wir waren längst überrundet.«[4]

Bekannt waren 1989 nur die propagierten Erfolge der DDR im Bereich der Mikroelektronik, nicht die Rückstände. Umso größer war die Enttäuschung, als sich 1990, nach der Öffnung der DDR-Wirtschaft zum Weltmarkt, herausstellte, dass im Bereich Mikroelektronik alle Entwicklungsmühe letztlich vergeblich gewesen war. Bezogen auf die finanziellen Aufwendungen für diesen Bereich urteilte der Mikroelektronik-Historiker Otto Bernd Kirchner: »Die Wende beendete bis Mitte 1990 diese finanzielle Fehlkalkulation der DDR abrupt und beschränkte alle weiteren Aktivitäten auf diesem Gebiet auf wenige, spezielle Produkte, die in Erfurt, Dresden und Jena seit dieser Zeit fortgeführt wurden.«[5] Ingenieure und Wirtschaftler, die sich zu DDR-Zeiten für die Entwicklung der Mikroelektronik engagiert hatten, zeigten Enttäuschung und Wut. Zumindest Enttäuschung machte sich auch bei einer Gruppe von Gestaltern der Mikroelektronik in der DDR bemerkbar, die von den DDR-Medien 1988 bzw. 1989 in ihrer Mikroelektronik-Kampagne nicht erwähnt worden war, die aber an der Entwicklung des Zweiges einen bemerkenswerten Anteil hatte: die Industriespione und Technologiebeschaffer der Hauptverwaltung Aufklärung (HV A) des Ministeriums für Staatssicherheit (MfS) und des Bereichs »Kommerzielle Koordinierung« (KoKo).[6]

---

3   Müller, Gerhard: Die Politik der SED zur Herausbildung und Entwicklung der Mikroelektronik der DDR im Rahmen der ökonomischen Strategie zur Durchsetzung der intensiv erweiterten Reproduktion (1976–1985). Berlin (Ost) 1989, S. 15.

4   Ronneberger, Gerhardt: Deckname »Saale«. High-Tech-Schmuggler unter Schalck-Golodkowski. Berlin 1999, S. 295.

5   Kirchner, Otto Bernd: Wafer-Stepper und Megabit-Chip. Die Rolle des Kombinates Carl-Zeiss-Jena in der Mikroelektronik der DDR. Stuttgart 2000, S. 32.

6   Zu den Hauptorganisatoren des illegalen Technologietransfers zählten der Bereich Kommerzielle Koordinierung (KoKo) im Ministerium für Außenhandel, an dessen Spitze Alexander Schalck-Golodkowski stand, die bis 1986 von Markus Wolf und danach von Werner Großmann geleitete HV A mit ihrem Sektor »Wissenschaft und Technik« (SWT) und die ebenfalls im MfS angesiedelte Hauptabteilung XVIII, deren Aufgabe der »Schutz der Volkswirtschaft« war. Durch wechselseitige Unterstellungen und Personalunionen waren diese Bereiche teilweise miteinander verflochten. Vgl. dazu Haendcke-Hoppe-Arndt, Maria: Die Hauptabteilung XVIII: Volkswirtschaft (MfS-Handbuch, Teil III/10). Hg. BStU. Berlin 1995.

2 Die Vorwürfe der Industriespione an die Akteure an der »Heimatfront«

Hans Eltgen, der im Auftrage der HV A »als Kurier, Instrukteur und Werber vornehmlich für den Bereich wissenschaftlich-technische Aufklärung« tätig war, schreibt über die letztlich vergeblichen Bemühungen der Wirtschaftsspione: »Wir schmuggelten aus westeuropäischen Waffenschmieden Neuentwicklung auf die volkseigenen DDR-Prüfstände, machten aus geheimen Forschungslabors in München und Hamburg gläserne Objekte und besorgten aus Oslo oder Lissabon für die vom NATO-Embargo betroffene DDR-Wirtschaft Mikroelektronik [...] Indes, selbst die von uns mitgebrachten High-Tech-Früchte vermochten die DDR nicht zu retten. Und uns ›Kämpfern an der unsichtbaren Front‹ ergeht es fast wie den Spionen des Mose, die der Herr bestrafte [...]«[7] Eltgen beklagt, dass die Ingenieure, Wirtschaftler und Politiker an der »Heimatfront« offenbar mit dem technologischen Pfund, das die »Kämpfer an der unsichtbaren Front« besorgten, nicht zweckmäßig umgehen konnten. Deutlicher noch ist diese Auffassung in den Erinnerungen der früheren HVA-Offiziere Peter Richter und Klaus Rösler nachzulesen, die einerseits lobend von den Industriespionen und Organisatoren illegaler Technologietransfers sprechen, die »ungebremst fließendes Material« für den »Sektor Wissenschaft und Technik« (SWT) des MfS heranschafften: »Mitunter traf es kofferweise ein. Die beschafften Muster füllten auch schon mal eine Wagenladung. [...] Die Auswerter waren weder nach Zahl noch nach Ausbildung in der Lage, diese Fülle und die damit oft verbundene Spezifik des Inhalts zu bewältigen.« Andererseits fand es die Industrie offenbar bequemer, »schon vorgedachte Forschungsergebnisse aus westlichen Gefilden nur nachzuvollziehen als etwas Eigenes auszudenken oder auf das Beschaffte noch Selbstentwickeltes draufzusetzen. Insofern wirkten [...] die Aufklärungsergebnisse vom SWT ambivalent.«[8] Mit anderen Worten: »Abkupfern« reicht nicht.

Den großen Umfang der »Beschaffung« von Hochtechnologie betont auch Gerhardt Ronneberger, Chef des Importbereichs von KoKo, dem so genannten »Handelsbereich 4«[9], in seinen Erinnerungen: »Allein für Robotron beschafften wir umfangreiche Produktionskapazitäten für Computer und periphere Geräte, beispielsweise automatisierte Linien für die Bestückung von Leiterplatten, Blechbearbeitungs-

---

7   Eltgen, Hans: Ohne Chance. Erinnerungen eines HVA-Offiziers. Berlin 1995, S. 7 f.
8   Richter, Peter; Rösler, Klaus: Wolfs West-Spione. Ein Insider-Report. Berlin 1992, S. 53 f.
9   Zum Handelsbereich 4 vgl. Buthmann, Reinhard: Hochtechnologien und Staatssicherheit. Die strukturelle Verankerung des MfS in Wissenschaft und Forschung der DDR. Hg. BStU. Berlin 2000, S. 284. Wie Buthmann an dieser Stelle ausführt, galt der Handelsbereich 4 »›als selbstständiger‹, dem Generaldirektor des Außenhandelsbetriebes Elektronik Export-Import ›nicht unterstehender Bereich‹, der aber ›in diesen AHB integriert‹ war. Er stand in Bezug ›zu den Einzelobjekten‹ unter direktem Leitungs- und Kontrollregime des Ministeriums für Elektrotechnik und Elektronik. Zwischen dem Ministerium für Außenhandel, dem Bereich Kommerzielle Koordinierung und dem Handelsbereich 4 bestanden ›direkte Leitungsbeziehungen‹«.

zentren für das Gefäßsystem für PC und Großrechner sowie moderne Mess- und Prüftechnik«. Aber durch derartige High-Tech-Lieferungen »konnte insgesamt die Bilanz einer ineffektiven Wirtschaft nicht [...] verbessert werden.«[10]

Fast klingen die Betonung der Erfolge an der »unsichtbaren Front« und die schonungslose Charakteristik des Zustandes an der »Heimatfront« wie eine Dolchstoßlegende: Wir haben doch alles getan, aber ihr habt versagt!

Im Folgenden werden die Vorwürfe der Industriespione und High-Tech-Schmuggler durchaus ernst genommen. Es soll versucht werden herauszufinden, warum die Bemühungen der DDR, den Westen auf wissenschaftlichem und technischem Gebiet einzuholen, so offensichtlich scheiterten, ungeachtet der Emsigkeit von »Honeckers Westspionen«. Ernst genommen werden soll dabei auch, was die Memoirenschreiber an Selbsteinschätzung über Umfang und Qualität ihrer Schmuggelleistung sagten. Dass sie keineswegs den Mund zu voll nahmen, bestätigten Wissenschaftler, die in den neunziger Jahren die relevanten Akten auswerteten, in weiten Teilen. So schreibt Gerhard Barkleit, bezogen auf die Strategie des Nacherfindens in der DDR: »Ohne die offiziellen und inoffiziellen Mitarbeiter des MfS wäre dieser Strategie nicht der zweifellos vorhandene Erfolg beschieden gewesen.«[11] Detaillierter heißt es dazu bei Kristie Macrakis:

> »Es besteht auch kein Zweifel, dass die ›Schaltstelle für den Technologietransfer‹ (die Auswertungseinheit des SWT) gut organisiert und in der Lage war, Wissenschaftlern Unterstützung zu gewähren. [...] Die DDR war ein zentraler Akteur bei der Beschaffung von wissenschaftlichen Ergebnissen und technischem Know-how aus dem Westen und deren Transfer in den übrigen Ostblock und insbesondere in die Sowjetunion.«[12]

Bezweifelt werden müssen dagegen die von den Memoirenschreibern mit großer Selbstverständlichkeit vorgetragenen Aussagen über die Effektivität der Beschaffung der Hochtechnologie für die DDR-Industrie. Mit der kritischen Untersuchung der in den Memoiren der »Beschaffer« niemals in Zweifel gestellten Effizienz ihrer Tätigkeit wird sich dieser Beitrag zunächst befassen, bevor dann auf die bereits zitierten Vorwürfe der Memoirenschreiber an die »Wirtschaft« näher eingegangen wird.

---

10   Ronneberger: Deckname »Saale« (Anm. 4), S. 295.
11   Barkleit, Gerhard: Strategie des Nacherfindens. Die Mikroelektronik der DDR zwischen dem Embargo des Westens und der Kooperationsverweigerung des Ostens. In: Abele, Johannes; Barkleit, Gerhard; Hänseroth, Thomas (Hg.): Innovationskulturen und Fortschrittserwartungen im geteilten Deutschland. Köln 2001, S. 257.
12   Macrakis, Kristie: Das Ringen um wissenschaftlich-technischen Höchststand. In: Hoffmann, Dieter; Macrakis, Kristie (Hg.): Naturwissenschaft und Technik in der DDR. Berlin 1997, S. 59–88, hier 60 f. u. 86. Vgl. auch den Beitrag von Kristie Macrakis in diesem Band.

Zu dieser Absicht ist zunächst einschränkend zu sagen, dass es eine überzeugende Einschätzung der Effektivität der DDR-Spionage im Sinne der Gegenüberstellung von für die Volkswirtschaft verwertbarem Spionagegut und der für seine Erlangung getätigten Ausgaben nicht gibt, ungeachtet von derartigen Versuchen innerhalb des MfS selbst.[13] Und nach Aussagen von profunden Kennern des illegalen West-Ost-Technologietransfers ist sie auch nicht möglich. So kommt der britische Forscher Philip Hanson zu dem Ergebnis: »Aneignung von ausländischer Technologie mit derartigen Mitteln ist eine Aktivität, die nicht gemessen [...] werden kann.«[14] Hanson gehörte zu den wenigen, die versuchten, eine entsprechende Bilanz aufzustellen, und zwar für die Sowjetunion. Als Grundlage dienten ihm Materialien des KGB, die ihm von der französischen Gegenspionage verfügbar gemacht worden waren.[15]

Im Folgenden kann es deshalb nur darum gehen, vermeidbare und unvermeidbare Ausgaben für die Erlangung von Hochtechnologien durch HV A und KoKo gegenüberzustellen.

3 Der illegale Technologietransfer war unvollständig und unsicher

Der illegale Technologietransfer wurde durch die Existenz von COCOM bedingt. Beim Coordinating Committee for Multilateral Export Controls handelte es sich um eine zur Kontrolle und Koordinierung der Embargomaßnahmen gegen die Sowjetunion und ihre Verbündeten 1949 in Paris gegründete, von den USA gelenkte Institution. COCOM war ein »Kind des Kalten Krieges«[16]. Als sich dieser Mitte der siebziger Jahre wieder verschärfte, nahm die Zahl der »verbotenen Handelsgüter« rasch zu und erreichte 1985 einen Höhepunkt. Gleichzeitig wurden noch verbliebene »Länderlücken« durch die direkte oder indirekte Einbeziehung von Japan, der Schweiz und Österreich in die alle NATO-Staaten umfassende Organisation weiter verschärft.[17] Damit stiegen auch die Ansprüche an die Fähigkeiten und die Findigkeit der Industriespione der DDR.

Wenn die ostdeutschen Technologieschmuggler in ihren Memoiren Beispiele dafür geben, welche Hochtechnologien sie in die DDR einschleusten, dann handelt es

---

13 Buthmann: Hochtechnologien (Anm. 9), S. 286 f.; Macrakis: Das Ringen um wissenschaftlich-technischen Höchststand (Anm. 12), S. 72.

14 Hanson, Philip: The Comparative Economics of Research Development and Innovation in East and West: a Survey. London 1987, S. 82.

15 Hanson, Philip: Soviet Industrial Espionage. Some New Information. In: Riia Discussion Papers 1/1987.

16 Tuck, Jay: High-Tech Espionage. How the KGB smuggles NATO's strategic secrets to Moscow. London 1986, S. 186.

17 Kirchner: Wafer-Stepper (Anm. 5), S. 133–139.

sich bei ihnen stets um im Heimatland hochwillkommene Pläne oder Muster, auf deren Grundlage in der DDR nacherfunden werden konnte. Doch so problemlos wie dargestellt war die Identifizierung und Gewinnung der von der Industrie bestellten High-Tech-Produkte durch die »Beschaffer« in der Regel nicht. Schließlich war der SWT kein Weltmarktersatz, und die Mikroelektroniker der DDR konnten dort nicht ohne weiteres alles an Software, Hardware oder Komponenten bestellen, was ihnen zur Bewältigung ihrer Aufgaben fehlte. Hinzu kamen die unvorhersehbaren Risiken des illegalen Kaufs. Als beispielsweise im März 1986 eine von KoKo gelieferte DEC-VAX 780, eine Ausrüstung für die Mikroelektronik, im VEB Kombinat Carl Zeiss Jena installiert werden sollte, konnte sie nicht einwandfrei in Funktion gesetzt werden. Obwohl die Experten des Kombinats sie für fabrikneu hielten, schien die gelieferte Zentraleinheit ein so genannter »Ausfaller« zu sein. Es gab Vermutungen, dass die Maschinen von einem westlichen Geheimdienst entsprechend präpariert worden und daher nicht funktionsfähig waren.[18]

Darüber hinaus schafften die Wirtschaftsspione auch an, was nicht auf den Anforderungslisten stand. Dazu heißt es in der Analyse von Reinhard Buthmann: »Wenngleich die Beschaffung grundsätzlich zielgerichtet und branchenkonform organisiert war, so darf das nicht heißen, dass inoffizielle Mitarbeiter ›im Operationsgebiet‹ Offerten oder Gelegenheiten zur Beschaffung anderer Produkte ausließen.«[19]

So gab es durchaus Fälle, in denen Materialien oder Ausrüstungen in den Osten geliefert wurden, für die das MfS Millionen von Mark aufwenden musste, ohne dass es möglich oder sinnvoll gewesen wäre, die betreffende Apparatur zu kopieren oder zu reproduzieren.[20] Zu den Ursachen erläutert Buthmann: »Die Sicherung der Beschaffung von ›Vorbildmustern‹ erfolgte offenbar stets unter Tarnbezeichnungen, wobei eine eindeutige Stringenz und Begriffstreue nicht festzustellen ist. Möglich, dass das MfS bei der Vielzahl von Aktionen hin und wieder selbst die Übersicht verlor.«[21]

Die möglichen Irrtümer sind nur ein Ausdruck dafür, dass – abgesehen von der eigentlichen Beschaffungsphase – der gesamte illegale Technologietransfer mit einem hohen Unsicherheitsfaktor verbunden war. Das wiederholt zitierte Beispiel, an dem dies demonstriert werden kann, ist der so genannte »Toshiba-Deal«. Im Jahre 1986 vereinbarte die DDR mit dem japanischen High-Tech-Konzern, zu dem seit Mitte der siebziger Jahre Verbindungen bestanden, eine Zusammenarbeit bei der Herstellung eines 256-Kilobitchips. Die Vereinbarung beinhaltete sowohl die Lieferung von Technologie, zum Beispiel eines Schablonensatzes, als auch Hilfeleistung bei der Einführung von sowie der weiteren Versorgung der in der DDR aufzubauenden

18 Ebenda, S. 130.
19 Buthmann: Hochtechnologien (Anm. 9), S. 284.
20 Macrakis: Das Ringen um wissenschaftlich-technischen Höchststand (Anm. 12), S. 87.
21 Buthmann: Hochtechnologien (Anm. 9), S. 281.

Produktion mit Komponenten. Erste Muster des 256-Kilobitchips sollten bereits im vierten Quartal vorliegen. Als sich abzeichnete, dass dieses Zeitziel aufgrund innerer Probleme nicht erreicht werden würde, drückte das Politbüro der SED mit einem Beschluss zur »beschleunigten Erhöhung der Eigenproduktion Mikroelektronischer Bauelemente« auf Tempo. Doch: alle Beschlüsse und Planungsunterlagen drohten Makulatur zu werden, als sich Anfang 1988 der illegale Lizenzgeber plötzlich und vollständig aus dem »Gentlemen's Agreement« zurückzog.[22] Denn 1987 war den Amerikanern ein anderer Embargo-Bruch Toshibas bekannt geworden. Der japanische Konzern geriet politisch durch die USA und die Bundesrepublik Deutschland erheblich unter Druck. Das Unternehmen sah sich genötigt, die Vernichtung der an das Kombinat Mikroelektronik in Erfurt gelieferten Muster (»Schablonen«) zu verlangen, brach die Kontakte ab und überwies die bereits erhaltenen Gelder zurück. Um größeren Schaden für die DDR-Mikroelektronik zu verhindern, wurden von den Schablonen Kopien angefertigt und zerstört und den Toshiba-Leuten als Beweis vorgelegt. Entscheidend war jedoch nicht die Rettung der Originalschablonen, sondern die Tatsache, dass man im Werk Erfurt Süd-Ost (ESO) wieder ohne die in einem solchen Falle dringend benötigten Serviceleistungen dasaß.[23]

Toshiba gehörte zu den Firmen, die bei verhinderter Leistung die bereits erhaltenen Zahlungen zurückgaben. Andere »Lieferanten«, wie zum Beispiel die im Implanter-Geschäft involvierten Firmen, gaben die bereits kassierten Millionen nicht zurück.[24] Letzteres war auf dem illegalen Markt eher typisch. »Es gab in der Regel nur ein Motiv für die Zusammenarbeit mit uns: das schnelle Geld«, erinnert sich Ronneberger.[25]

Unvollständigkeit und Unsicherheit sowohl bei der Lieferung als auch bei der »Betreuung« beschaffter Hochtechnologie im Lande gehörten einerseits im illegalen Technologietransfer zu den normalen Geschäftsbedingungen. Andererseits lässt sich nachweisen, dass von KoKo und HV A nicht genügend Kraft und Aufmerksamkeit darauf verwandt wurden, dieses Manko des Geschäftes so gering wie möglich zu halten. So kam ein Teil der Technologielieferungen, der sich dann als unnötig für die Mikroelektronikentwicklung in der DDR herausstellte, dadurch zustande, dass die KoKo-Importeure Werbegeschenken der potenziellen Verkäufer nicht widerstehen konnten. In einer Bilanz der Beschaffungsaktivitäten des Handelsbereichs 4 wurde auch intern diese »Beschaffungsideologie« der Wirtschaftsspione kritisiert, die in »Tendenzen unangemessener Großzügigkeit gegenüber ausländischen Vertragspart-

---

22 Barkleit: Mikroelektronik (Anm. 1), S. 86 f.
23 Detaillierter dazu aus der Sicht eines Beteiligten Ronneberger: Deckname »Saale« (Anm. 4), S. 158-183.
24 Ohne Hochstromimplanter war die Massenproduktion der in der DDR entwickelten 1-Megabitchips nicht möglich. Detaillierter zu der Aktion: Ronneberger: Deckname »Saale« (Anm. 4), S. 318 f.
25 Ebenda, S. 154.

nern« zum Ausdruck käme. Den Grund dafür sah der Bericht in den von den DDR-Spionageinstitutionen getroffenen »zu großzügigen Entscheidungen bei der Entgegennahme und zum Verbleib von Werbegeschenken ausländischer Partner«.[26]

4 Der illegale Technologietransfer war (unnötig) teuer

Zwar nahmen die »Beschaffer« gern Werbegeschenke an, aber über die Gelder der DDR, über deren Verwendung sie kraft ihres Auftrages mitentschieden, machten sie sich offensichtlich nicht allzu viel Gedanken. Was da manchmal »kofferweise« in der Abteilung V des SWT ankam, hatte natürlich immer seinen Preis gehabt, egal ob man es später wirklich nutzen konnte oder nicht. Es entsteht der Eindruck, dass Peter Richter und Klaus Rösler die finanzielle Seite der Bezahlung der Industriespionage unterschätzen, wenn sie schreiben: »Industriespionage [...] verlangte oftmals nicht so viel Aufwand wie die Auskundschaftung politischer oder militärischer Vorgänge. In vielen Fällen genügte eine bestimmte Geldsumme, um in den Besitz eines Bauplanes oder auch des Prototyps einer Neuentwicklung zu gelangen.«[27] Die verwendeten Valutamittel aufzubringen, war aber gerade das Problem der DDR. Der Bundesnachrichtendienst schätzt die Einkäufe allein zur Entwicklung der DDR-Mikroelektronik auf 2,8 Milliarden DM.[28] Um genügend Valutamittel, vor allem für die Zahlung von Zinsen und Tilgung der Westschulden[29], aber eben auch für die Wirtschaftsspionage zu haben, musste die DDR-Wirtschaft in den achtziger Jahren eine Politik des »Exports um jeden Preis« betreiben und Erzeugnisse der Textilindustrie und des Maschinenbaus zu Dumpingpreisen, das heißt unter ihren Herstellungskosten, in die westeuropäischen Staaten verkaufen.[30]

Hier wird schon deutlich, dass die High-Tech-Schmuggelware mehr kostete als nur Gehalt (in Mark der DDR) und Spesen (in Valuta) für die Spione und Organisatoren des illegalen Technologietransfers. Bestechungsgelder mussten gezahlt werden

---

26   Zit. in: Buthmann: Hochtechnologien (Anm. 9), S. 286.

27   Richter; Rösler: Wolfs West-Spione (Anm. 8), S. 54.

28   Brief des damaligen BND-Präsidenten Konrad Porzner an den Vorsitzenden des 1. Untersuchungsausschusses des 12. Deutschen Bundestages. In: Deutscher Bundestag: Der Bereich Kommerzielle Koordinierung und Alexander Schalck-Golodkowski. Gutachten und Bericht zum Untersuchungsgegenstand, Drucksache 12/7600, Anlagenband 1. Bonn 1990, S. 96; außerdem: Bereich Kommerzielle Koordinierung (KoKo) der DDR. Zusammenfassender Abschlussbericht. In: Ebenda, Anlage 2, S. 170.

29   Eine umfassende Information über die Auslandsschulden der DDR in harter Währung, die sich (netto) 1980 auf 23,6 Mrd. DM, 1985 auf 15,5 Mrd. DM und 1989 auf 19,9 Mrd. DM beliefen, gibt: Deutsche Bundesbank. Die Zahlungsbilanz der ehemaligen DDR 1975 bis 1989. Frankfurt/M. 1999, S. 58-60.

30   Vgl. Anatomie einer Pleite. Der Niedergang der DDR-Wirtschaft seit 1971. Hg.: Friedrich-Ebert-Stiftung. Berlin 2000, S. 20-22.

bzw. die »heiße Ware« gekauft werden. Auf dem Schwarzen Markt konnten die Aufkäufer aus der DDR nicht verlangen, die gewünschte High-Tech zu Weltmarktpreisen zu erhalten. Die Verkäufer ließen sich das Risiko, das sie durchaus hatten, wenn sie die COCOM-Embargo-Bestimmungen umgingen, sehr gut bezahlen. »Auf Umwegen, wofür selbstredend hohe ›Maut-Gebühren‹ zu entrichten waren, mussten wir an unser Objekt der Begierde heranschleichen«, schreibt Ronneberger, wenn er schildert, wie der SWT einen bestimmten Originalschaltkreis besorgte.

Für die Beschaffung galt als Grundprinzip ein Geheimhaltungsgrad, wie er sonst nur für die Entwicklung und Herstellung militärischer Produkte üblich war. Deshalb wandte sich der Handelsbereich 4 in der Regel nicht an alle Lieferanten, von denen anzunehmen war, dass sie auch »an COCOM vorbei« zu liefern bereit wären, sondern nur an einen einzigen. Damit lieferte sich der SWT natürlich diesem einen Lieferanten mit der Konsequenz aus, dass erhebliche Preisaufschläge faktisch diktiert werden konnten. In den meisten Beschaffungsfällen musste mit den »üblichen Preisaufschlägen für Embargowaren von etwa 30 bis 40 Prozent, bei Hard- und Softwaregütern sogar bis zu 80 Prozent« gerechnet werden. Bei den besonders sorgfältig kontrollierten Embargogütern musste das MfS darüber hinaus einen glaubhaften Endverbraucher im Westen vorweisen können. »Diese Beschaffer«, so Ronneberger, »waren nur mit extrem hohen Verdienstspannen zu ködern«, das heißt nicht mit dem üblichen Preisaufschlag von einem Drittel bis zwei Fünftel des Weltmarktpreises.[31]

Nachteile des illegalen Technologietransfers dieser Art und Dimension lassen sich aber nicht allein über einen Preisvergleich des illegal erworbenen mit dem legal erworbenen Gut fassen. Zusätzliche Kosten traten dadurch ein, dass auch der bestorganisierte illegale Technologietransfer Defizite aufwies, die auszugleichen sich als sehr kostspielig herausstellte.

Oft konnte das Embargo nicht an allen erforderlichen Stellen umgangen werden. Das illustrieren die bereits erwähnten Bemühungen des SWT, in den Besitz von Mustern von Hochstromimplantern zu kommen. Deren Beschaffung endete nach unendlichen Mühen damit, dass nicht einmal die vom SWT geleistete Anzahlung in Höhe von 2,15 Millionen Dollar zurückgewonnen werden konnte, vom Implanter ganz zu schweigen.[32]

Aber auch ein realisierter illegaler Transfer war im Vergleich zur Lizenznahme für dasselbe Gerät mit Nachteilen verbunden. Im Gegensatz zum legalen Technologietransfer durch Lizenzerwerbung konnten beim illegalen Technologietransfer keine Serviceleistungen für den langfristigen Betrieb bzw. die Beschaffung von Ersatzteilen

---

31 Ronneberger: Deckname »Saale« (Anm. 4), S. 304, 310 u. 319; Macrakis: Das Ringen um wissenschaftlich-technischen Höchststand (Anm. 12), S. 80.

32 Ausführlich dazu Ronneberger: Deckname »Saale« (Anm. 4), S. 309-319.

oder zur Inbetriebhaltung bzw. gegebenenfalls Instandsetzung vereinbart werden.[33] Traten in diesem Bereich Pannen ein, so forderte das nicht nur die Nacherfinder, sondern benötigte auch beträchtliche Zeit, um den Schaden zu beseitigen. Diese Tatsache veranlasste Jay Tuck, einen der prominentesten britischen Erforscher des West-Ost-Technologietransfers, zu der Feststellung: »Legale Käufe [...] sind billiger und, da sie oft langfristige Pflegeleistungen für die Anlagen und Arrangements für die Ersatzteilbeschaffung enthalten, verlässlicher.«[34]

Nicht nur wirkliche Risiken ließen sich die High-Tech-Firmen und Händler des Westens gut bezahlen. Sie hielten es für ihr gutes Recht, legale Komponenten für illegale auszugeben, um das Transfergeschäft mit einem kräftigen Aufschlag zu realisieren. Schließlich änderte COCOM entsprechend dem technologischen Fortschritt seine Bestimmungen laufend.[35] Sobald es sich um bereits veraltende Technik handelte, wurden die Verbote aufgehoben und durch solche für jüngste Neuentwicklungen ersetzt.[36] Unter diesen Umständen konnten die Lieferanten bei den oft monatelangen Beschaffungsperioden den Männern vom SWT »schwarz« manch ein Gerät als Schmuggelgut teuer unterjubeln, das es durchaus schon auf dem zugänglichen Markt billig gab. Dagegen half die vom SWT vorgenommene »gründliche Durchleuchtung« aller potenziellen Kunden, die sich vor allem gegen eventuelle vorgeschobene Agenten westlicher Geheimdienste richtete, wenig.[37]

Ein typisches Beispiel für überhöhte Rechnungen war die Lieferung der Ausrüstungen für zwei Leiterplattenwerke[38] nach Berlin (Ost) und Dresden, deren Import

---

33 Deren Bedeutung sei an einem Beispiel aus der Wirtschaftsgeschichte demonstriert: Als der heutige Elektronikgigant Fuji in den zwanziger Jahren des 20. Jahrhunderts als »Fuji Electric« seine Laufbahn begann, profitierte er von der Technologie von Siemens. Fuji war als neues Unternehmen ausdrücklich mit der Absicht geschaffen worden, von der Siemens-Technologie Gebrauch zu machen. Fujis Entwicklung begann in vollständiger technologischer Abhängigkeit von »Patenten, Erfahrung, den Fertigkeiten und dem Allgemeinwissen« von Siemens. Fujis erster Produktionsdirektor war ein Deutscher. Das traf auch auf die Leiter aller Produktions- und Testabteilungen des Unternehmens zu. Vgl. Yamamura, Kozo: Japan's Deus ex Machina: Western Technology in the 1920s. In: Tolliday, Steven (Hg.): The Economic Development of Modern Japan, 1868–1945. From the Meiji Restoration to the Second World War. Bd. 1, Cheltenham 2001, S. 619.

34 Tuck: High-Tech Espionage (Anm. 16), S. 160.

35 Zur Funktionsweise von COCOM vgl. Paine, Lauran: Silicon Spies: The Implication of Soviet Aquisitions of Western Technology. London 1986, S. 20 f.

36 Hanson, Philip: Western Economic Statecraft in East-West Relations. Embargoes, Sanctions, Linkage, Economic Warfare, and Détente. London 1984, S. 27–29. Für den Bereich der Mikroprozessoren vgl. Roesler, Jörg: Einholen wollen und aufholen müssen. Zum Innovationsverlauf bei numerischen Steuerungen im Werkzeugmaschinenbau der DDR vor dem Hintergrund der bundesrepublikanischen Entwicklung. In: Kocka, Jürgen (Hg.): Historische DDR-Forschung. Aufsätze und Studien. Berlin 1993, S. 268–272.

37 Ronneberger: Deckname »Saale« (Anm. 4), S. 154 f.

38 Leiterplatten dienen als Träger und Verbindungen der elektronischen Bauteile eines Gerätes. Darauf werden die Chips, Kondensatoren, Widerstände usw. mit besonderen Verfahren eingelötet. Vgl. Kirchner: Wafer-Stepper (Anm. 5), S. 233.

und Aufbau über die KoKo-Firma Intrac[39] in der Schweiz lief. In vom KoKo-Untersuchungsausschuss des Deutschen Bundestages nach 1990 in Auftrag gegebenen Untersuchungen wurde festgestellt, dass bei diesem Deal kein einziges Gerät transferiert wurde, das dem Embargo unterlag. Auch das Schweizer Bundesamt für Außenwirtschaft, das für die endgültige Exportfreigabe der Leiterplattenanlagen zuständig war und seit einiger Zeit auch die COCOM-Leitsätze befolgen musste, hatte den Export dieser Anlage ohne weitere Einschränkungen freigegeben.

Das Leiterplattengeschäft war kein Einzelfall. In einem Gutachten des HWWA-Instituts für Wirtschaftsforschung Hamburg, das nach der Wende die Bedeutung des Bereichs Kommerzielle Koordinierung für die DDR-Volkswirtschaft untersuchte, stellten die Verfasser fest, dass 67 von 178 durch sie geprüfte Importaufträge (37,6 %) als genehmigungsfrei anzusehen waren. Trotzdem liefen sie über KoKo und seine Kanäle, was zu hohen Aufpreisen führte, die eigentlich nicht notwendig gewesen wären.[40] Ein Bericht des Bundesnachrichtendienstes vor dem gleichen Untersuchungsausschuss gab sogar einen noch höheren Prozentsatz von genehmigungsfreien Hochtechnologie-Importprodukten an, die überflüssigerweise durch KoKo-Kanäle flossen: »Tatsächlich unterlagen nur circa 40 Prozent aller beschafften Technologien, je nach dem Zeitpunkt der Beschaffungen, den Embargobestimmungen des COCOM.«[41]

Für die »Beschaffer« zählte eben nicht der Preis, den sie zu bezahlen hatten, sondern letztlich wurde nur danach gefragt, welche bzw. wie viel (vermeintliche) Embargoware sie aufkauften, und danach wurden sie vom MfS auch bewertet. Allein über dieses Leistungskriterium der Beschaffungsarbeit ließ sich auch verhältnismäßig einfach Buch führen. Nach Angaben des MfS betrug das jährliche Importvolumen je Mitarbeiter des Handelsbereichs 4 des SWT circa 9 bis 10 Millionen Valutamark (VM). In den SW- und NSW-Export- und Importbereichen des Außenhandelsbetriebes belief sich dieser Durchschnittswert dagegen lediglich auf 5,5 bis 6,5 Millionen VM pro Mitarbeiter.[42]

Während sich über Preise für Embargowaren nur der SWT ein gewisses Urteil erlauben konnte, war die Anschaffung »falscher« oder »überflüssiger« Hochtechnologie, das heißt von Apparaten und Anlagen zum Beispiel der Mikroelektronik, die zu den nicht in der DDR zu entwickelnden Sortimenten gehörten, auch in den

---

39 Zu Intrac und anderen so genannten »Parteifirmen«, über die wesentliche Teile des illegalen Technologietransfers organisiert wurden, vgl. Schalck-Golodkowski, Alexander: Deutsch-deutsche Erinnerungen. Hamburg 2000, S. 195–199.

40 Lösch, Dieter; Plötz, Peter: Die Bedeutung des Bereichs Kommerzielle Koordinierung. In: Deutscher Bundestag: Der Bereich Kommerzielle Koordinierung (Anm. 28), Anlage 1, S. 56.

41 Ebenda, Zusammenfassender Abschlussbericht. Anlage 2, S. 170.

42 Buthmann: Hochtechnologien (Anm. 9), S. 286.

Betrieben nachvollziehbar. Nach MfS-internen Berichten wurden in Wirtschaftskreisen bereits 1969 »Reserven« in der »aktiven« und »zielgerichteten« Beschaffung von Unterlagen für alle wichtigen volkswirtschaftlichen Bereiche gesehen.[43] Vorwürfe in diese Richtung hat der letzte Chef der HV A, Werner Großmann, rückblickend nicht zurückgewiesen, wohl aber auch an die Industrie zurückgegeben, indem er ausführte: »Letztlich aber verzettelten wir uns genau wie die DDR-Wirtschaft.«[44]

Der schwerste Vorwurf, der der Industriespionageorganisation jedoch gemacht werden musste, war nicht der der Verzettelung, sondern der des mangelnden Blicks für das ökonomisch Wesentliche. Hätte das MfS seine Westspione nicht nur auf Konstruktionspläne und Muster angesetzt, sondern auch auf die jeweils gültigen COCOM-Listen, die zwar von der Behörde in Paris nicht öffentlich publiziert wurden, aber doch wohl mit den üblichen konspirativen Methoden inklusive Geldzahlungen erhältlich gewesen wären, so hätte sich der finanzielle Aufwand für ein Drittel bis zur Hälfte der Importe, die nicht (mehr) illegal waren, um 30 bis 50 Prozent reduziert.[45] Die Position, aus der die »Technologie-Beschaffer« die Ingenieure und Techniker in der Wirtschaft kritisieren, erweist sich keineswegs als über jede Kritik erhaben, wie es nach deren Memoiren den Anschein hat.

Während die früheren Industriespione diese Seite ihrer Tätigkeit nur ungern ansprechen bzw. ganz weglassen, sind die »Beschaffer« recht explizit in ihren Vorwürfen an die Wirtschaft, vor allem an die Ingenieure und Techniker in der Industrieforschung, die von ihnen die Informationen und Geräte zur »Weiterbehandlung« erhielten. Gebunden sind diese Vorwürfe an die »Strategie des Nacherfindens«, die im High-Tech-Bereich der DDR vor allem in der Mikroelektronik dominierte.[46]

5   Macht Nacherfinden wirklich bequem?

Der Vorwurf, wonach die Forscher und Entwickler in der DDR-Industrie durch die Lieferungen der »Beschaffer« verwöhnt und träge wurden, findet sich explizit bei Peter Richter und Klaus Rösler. Bezogen auf die »Arbeitsergebnisse des Sektors Wissenschaft und Technik« schreiben sie:

> »So konnten viele wissenschaftlich-technische Großtaten nur mit SWT-Hilfe erreicht werden. [...] Aber zugleich wurde damit von den Forschungsinstituten und Wirtschaftsunternehmen der Zwang genommen, sich selbst einen Kopf zu machen. Es war bequemer, schon vorgedachte Forschungsergebnisse aus westlichen Gefilden nur nachzu-

---

43 Ebenda, S. 268.

44 Zit. in: Der Tagesspiegel v. 19.3.2001, S. 6; vgl. auch Großmann, Werner: Bonn im Blick. Die DDR-Aufklärung aus Sicht ihres letzten Chefs. Berlin 2001.

45 Lösch; Plötz: Die Bedeutung (Anm. 40), S. 56.

46 Vgl. dazu generell Barkleit: Strategie des Nacherfindens (Anm. 11), S. 247-262.

vollziehen, als etwa Eigenes auszudenken oder auf das Beschaffte noch Selbstentwickeltes draufzusetzen.«[47]

Der Vorwurf des »Abkupferns« wird von den Autoren nicht weiter belegt. Er fußt aber auf einer durchaus verbreiteten, aber nicht gerechtfertigten Geringschätzung des Nacherfindens. Die Nacherfindung, oder wie es im englischen Sprachgebrauch heißt, »imitation« oder »reverse engineering«, ist keineswegs das Gegenteil der Erfindung (invention), sondern sozusagen ihr »kleiner Bruder«. Beide können der Ausgangspunkt für Innovationen, das heißt die technische Modernisierung in diesem oder jenem Wirtschaftsbereich sein. Aus Untersuchungen von Innovationsforschern – so auch die von G. C. Hufbauer an 51 Fällen von Innovationen in der chemischen Industrie in mehreren Ländern – ergibt sich zur Genüge, dass es einen direkten Zusammenhang zwischen der Schnelligkeit, mit der nacherfunden wurde, und der Erfindungsintensität in bestimmten Firmen und letztlich sogar auf Länderebene gibt. »Eine Firma«, so der britische Innovationsforscher Christopher Freeman, ganz explizit, »mit einer starken Forschungs- und Entwicklungskapazität ist in der Lage, fremde Technik schneller aufzunehmen und zu assimilieren als eine mit schwacher F+E.«[48] Große Firmen in Bereichen, in denen wissenschaftlich-technischer Fortschritt für die Produktinnovation eine relativ große Rolle spielt, wenden zur gleichen Zeit für die Entwicklung neuer Produkte die Strategie der Erfindung als auch die der Nacherfindung an, je nachdem, welche Methode ihrer Meinung nach eher Erfolg verspricht bzw. weniger kostenaufwändig ist. Weltbekannte Firmen, dazu gehören der Chemiegigant Du Pont und der Elektronikproduzent IBM, haben zumindest zeitweise auf der Grundlage von nacherfundenen Produkten mehr Profit gemacht als durch firmeneigene Erfindungen.[49]

Die Entscheidung zur Imitation bedeutete nicht unbedingt, dass die Direktion des Unternehmens den Auftrag an ihre Forschungs- und Entwicklungsabteilungen aufgrund eines Artikels in einer wissenschaftlichen oder technischen Fachzeitschrift gab, sondern schloss stets auch die Anwendung der Mittel der Industriespionage ein, ob die nun von dem Unternehmen auf eigene Faust oder unter Nutzung staatlicher Geheimdienste betrieben wurde. »Industriespionage ist eine Wachstumsindustrie«, schreibt Joseph L. Cook von der Texas Christian University im Vorwort zu einer von ihm herausgegebenen Bibliographie zum Thema. »In einer Ära raschen technologischen Wandels, in der jede Firma danach strebt, die erste auf dem Markt mit dem neuen Produkt zu sein, gehört es zum Geschäft, so weit wie möglich über die Konkurrenz informiert zu sein.«[50]

---

47 Richter; Rösler: Wolfs West-Spione (Anm. 8), S. 54.
48 Freeman, Christopher: The Economics of Industrial Innovation. London 1982, S. 61.
49 Ebenda, S. 71 u. 88.
50 Joseph L. Cook: Industrial Spying and Espionage. Vance Bibliographies. Houston 1985, S. 1.

Dass die (west)deutsche Wirtschaft Spione fürchten musste, endete nicht mit der deutschen Vereinigung.[51] In den neunziger Jahren galt »allgemein, dass die deutsche Wirtschaft Betriebsspione vor allem aus der westlichen Hemisphäre zu fürchten hat«. Die Zielrichtung der Spionage ausländischer Geheimdienste, so Untersuchungen in einem nicht näher genannten Bundesland aus der Mitte der neunziger Jahre, konzentrierte sich 1994 zu 43 Prozent auf Wirtschaftsspionage, 1996 sogar zu 87 Prozent.[52] Ähnliche Angaben über das Interesse deutscher Dienste an amerikanischen Firmengeheimnissen sind auch bekannt. Private Industriespionage der Firmen und »staatliche« der Geheimdienste vermischen sich häufig. So schreibt Christian Tenbrock in einer Analyse auf Grundlage amerikanischer Quellen: »Oft werden die Aufklärer in den Diensten der Konzerne von ehemaligen hochrangigen Geheimdienstlern angeführt.«[53]

Woher im Einzelfall auch die Unterlagen für »reverse engineering« kommen mögen: Schon die Nähe von »invention« und »imitation« spricht gegen den Verdacht der HVA-Memoirenschreiber, die eine Art der Tätigkeit stifte zu schöpferischen Höchstleistungen an, während die andere geistig träge mache. Damit stimmt auch überein, dass die Anzahl der Patente, die den Bürgern der DDR vom Patentamt in München gewährt wurde, verglichen mit dem bundesdeutschen Niveau, zwischen Mitte der siebziger Jahre, als das Mikroelektronikprogramm noch nicht gestartet worden war, und dem Ende der achtziger Jahre in etwa gleich hoch blieb.[54] Der folgende Satz von Gerhard Barkleit, einem der Forscher, der sich am intensivsten mit dem Mikroelektronikbereich der DDR beschäftigt hat und der zugleich Insider ist, hat daher uneingeschränkt Gültigkeit:

> »Die SED konnte auf eine Vielzahl gut ausgebildeter Wissenschaftler und Ingenieure bauen, die trotz der damit verbundenen Beschränkungen der im Staatssozialismus ohnehin nicht sehr großen persönlichen Freiheiten und vergleichsweise bescheidener materieller Stimuli engagiert, motiviert und mit einem hohen Maß an Improvisationsvermögen ausgestattet, die Schaltkreise der Konkurrenz knackten und nachbauten.«[55]

Dem steht die Auffassung eines nicht namentlich genannten Wissenschaftlers des Kombinats VEB Carl Zeiss Jena, des wohl wichtigsten Kombinats der DDR-Mikro-

---

51 Zwischen 1988 und 1996 erhöhte sich der geschätzte Schaden (west)deutscher Firmen durch Wirtschaftsspionage von 8 Mrd. DM auf 20 Mrd. DM. Vgl. Der Tagesspiegel v. 18.11.1996.

52 Magenheim, Thomas: Wirtschaftsspionage verursacht Milliardenschäden. In: Der Tagesspiegel v. 24.3.1997.

53 Tenbrock, Christian: Industriespionage: Neuer Auftrag für 007. In: Die Zeit 48(1993)37, S. 33 f.

54 Bentley, Raymond: Research and Technology in the Former German Democratic Republic. Boulder 1992, S. 132 f.

55 Barkleit: Strategie des Nacherfindens (Anm. 11), S. 257.

elektronikindustrie entgegen, der von Kristie Macrakis zitiert wird. Er vertritt die Auffassung, dass durch die Praxis der Imitation »internationale Entwicklungen ›verschlafen‹ würden und dies sich auf die eigene Wissenschaft auswirke, da man nur noch Nachahmer und nicht mehr Schöpfer sei«.[56]

Zur Entkräftung dieses Arguments sei auf das wohl überzeugendste historische Gegenbeispiel verwiesen: Japan. Das Land, dessen Industrieunternehmen für fast ein Jahrhundert vornehmlich die Strategie des Nacherfindens verfolgt hatten,[57] mutierte seit den sechziger Jahren des 20. Jahrhunderts, und gerade auf dem Gebiet der Mikroelektronik, zum nur durch die USA teilweise übertroffenen Technologieführer, und zwar aus eigener Kraft.[58] Dabei bedienten sich die Japaner keineswegs nur des legalen Technologietransfers, wie er am Beispiel der Ausrüstung von Fuji durch Siemens erwähnt wurde, sondern auch der Wirtschaftsspionage: Als Mitte des 19. Jahrhunderts die Japaner die gewaltigen Möglichkeiten der westlichen industriellen Entwicklung erkannten, ergriffen sie sehr schnell die Chance, fähige junge Leute in großer Zahl in viele Industriestaaten der Welt zu schicken. Als sie später nach Japan zurückkehrten, brachten sie »die industriellen Geheimnisse« ihrer Arbeitgeber mit nach Hause und waren bald in der Lage, mit eigenen Erzeugnissen auf dem Weltmarkt zu konkurrieren. »Die Baumwollindustrie von Lancashire ist diesbezüglich wohl der wichtigste Fall gewesen. Sie hat sich niemals von dem Angriff der japanischen Konkurrenz erholt«, so Peter Hamilton.[59]

Die Nacherfindung blieb auch im 20. Jahrhundert eine wichtige Methode des technologischen Aufholens. Für die Mikroelektronik kündigte sich allerdings ein Ende des »reverse engineering« in der zweiten Hälfte der achtziger Jahre aufgrund der immer komplizierter werdenden technischen Zusammensetzung der modernsten Chips und Geräte an. Das löste berechtigt Sorge im MfS aus.[60] Wirksam wäre diese »technologische Bremse« allerdings erst in der ersten Hälfte der neunziger Jahre geworden.[61] Das Mikroelektronik-Debakel der DDR ist also nicht technologisch erklärbar.

---

56 Macrakis: Das Ringen um wissenschaftlich-technischen Höchststand (Anm. 12), S. 87.

57 Vgl. Nakaoka, Tetsuro: The Transfer of Cotton Manufacturing Technology from Britain to Japan. In: Tolliday, Steven (Hg.): The Economic Development of Modern Japan, 1868-1945. Bd. 1, S. 591–608.

58 Vgl. Westney, D. Eleanor: The Evolution of Japan's Industry. Research and Development. In: Tolliday, Steven (Hg.): The Economic Development of Modern Japan, 1945-1955. From Occupation to the Bubble Economy. Bd. 1, Cheltenham 2001, S. 666–689.

59 Hamilton, Peter: Espionage and Subversion in an Industrial Society. London 1967, S. 8.

60 Vgl. Barkleit: Strategie des Nacherfindens (Anm. 11), S. 258. Das Ende der »Strategie des Nacherfindens« kündigte sich an, als in der Mikroelektronikindustrie ein Grad der Miniaturisierung erreicht wurde, an dem eine Entschlüsselung der geometrischen Strukturen eines Chips nicht mehr ausreichte, Rückschlüsse auf die Funktionsweise, die Herstellungstechnologie und die zur Produktion verwendeten Anlagen eines Chips zu ziehen – all das, was die Imitatoren brennend interessierte, war nur noch unter Zuhilfenahme außerordentlich aufwändiger elektrischer Messmethoden machbar.

61 Kirchner: Wafer-Stepper (Anm. 5), S. 31.

6   Zu den Hauptursachen des Mikroelektronik-Debakels

Wenn die Industriespione zwar nicht so erfolgreich waren wie sie behaupten, aber doch einen unzweifelhaften Beitrag zur Entwicklung der Mikroelektronik in der DDR leisteten, wenn die Forscher und Entwickler viel Fleiß und Erfindungsgeist aufwandten, um die ihnen mit allen Unvollkommenheiten, die ein illegaler Technologietransfer mit sich bringt, übergebenen Pläne und Prototypen in eine von ihnen beherrschte Technologie zu verwandeln, dann bleibt die Frage offen, warum es nicht gelang, das Westniveau auf dem Gebiet der Mikroelektronik zu erreichen.

Die Wirtschaftsgeschichtsforschung hat zur Beantwortung der Frage bisher vier Ansätze entwickelt. Der erste geht davon aus, dass es die SED-Führung war, die durch Fehlentscheidungen auf dem Gebiet von Wissenschaft und Technik und deren ökonomischer Umsetzung Bedingungen geschaffen hat, die von den »Beschaffern« an der »unsichtbaren« und den Forschern und Entwicklern an der »Heimatfront« nicht mehr kompensiert werden konnten.[62] Anklänge für diese Begründung finden sich auch in der Memoirenliteratur der Westspione, wenn festgestellt wird, dass »dort, wo aus den Erkenntnissen der Wirtschaftsaufklärung tatsächlich hätten Entscheidungen abgeleitet werden können - über strategische Richtungen der Produktion, über die Beschränkung auf effektive Hochtechnologien auf der Basis traditioneller Stärken der ostdeutschen Wirtschaftsstruktur [...], sich die SED-Führung jeder Einsicht sperrte«.[63] Ausgeprägt ist diese Argumentation auch in den Memoiren einiger führender Wirtschaftsfunktionäre, so bei Gerhard Schürer.[64] Dabei haben die Verfechter dieses Ansatzes weniger die Hochstilisierung der Mikroelektronik zum Prestigeobjekt 1988/89 im Auge, als vielmehr die acht Jahre zuvor getroffene Grundsatzentscheidung, die Mikroelektronik in der DDR autark zu entwickeln. Bei dieser Grundsatzentscheidung hatte es sich indes eher um eine »Flucht nach vorn« gehandelt, nachdem die ursprünglichen, in Vorbereitung des Mikroelektronikplenums entwickelten Vorstellungen, sowohl mit dem Hochtechnologie-Bereich im militärisch-industriellen Komplex der Sowjetunion als auch - über Lizenznahmen - mit den führenden Mikroelektronikproduzenten im Westen zu kooperieren, gescheitert waren.[65]

Ein zweiter Ansatz sieht in der strengen Geheimhaltungspflicht des auch »an der Heimatfront« vollständig vom MfS überwachten Mikroelektronikbereichs und des dadurch fehlenden nationalen wie internationalen Meinungs- und Erfahrungsaustausches zwischen den Forschern und Entwicklern der DDR eine wesentliche, wenn

---

62   Ebenda, S. 32.
63   Richter; Rösler: Wolfs West-Spione (Anm. 8), S. 54.
64   Schürer, Gerhard: Gewagt und Verloren. Eine deutsche Biographie. Frankfurt/O. 1996, S. 138.
65   Roesler, Jörg: Industrieinnovation und Industriespionage in der DDR. Der Staatssicherheitsdienst in der Innovationsgeschichte der DDR. In: Deutschland Archiv 27(1994)10, S. 1026-1034.

nicht gar die entscheidende Ursache dafür, dass die Aufholstrategien der DDR[66] im mikroelektronischen Bereich gescheitert sind.[67]

Eine dritte Auffassung zielt auf die »systembedingten«, das heißt dem Planungssystem im Allgemeinen und der DDR-Planwirtschaft im Besonderen, inhärenten Defizite vor allem im Innovationsbereich und hält sie für die entscheidende Ursache dafür, dass die Aufholanstrengungen der DDR vergeblich blieben.[68]

Viertens wird davon ausgegangen, dass das gewiss nicht geringe wissenschaftlich-technische Potenzial der DDR wie auch die unbestrittene Fähigkeit ihrer Planungsorgane, Investitionen auf zentrale Anweisung hin auf wenige Schwerpunktzweige zu konzentrieren, nicht mehr ausreichten, um einen Zweig wie die Mikroelektronik, der nur noch in internationaler Arbeitsteilung erfolgreich gestaltet werden konnte, zu beherrschen und zu entwickeln.[69] Die DDR, so formulierte es Olaf Klenke als Fazit seiner überzeugenden Studie über das Scheitern der DDR-Mikroelektronik im internationalen Wettbewerb, »unterlag den ›transnationalen Netzwerken‹ des Westens«.[70]

Im Rahmen der Themenstellung dieses Beitrages können die Argumente für und gegen die vier Thesen nicht diskutiert werden. Es bleibt aber zu fragen, inwieweit Industriespionage und illegaler Transfer das Debakel der Mikroelektronik in der DDR hinausgezögert oder mitverschuldet haben. Die Antwort kann angesichts der noch keineswegs abgeschlossenen Diskussion um die Ursachen des kontinuierlichen Zurückbleibens der DDR-Mikroelektronik hinter den sich rasch ändernden Standards führender westlicher Produzenten auch nur eine vorläufige sein. Diese lautet: Der Beitrag der Industriespione und Organisatoren des illegalen Technologietransfers war substanziell. Ohne diesen hätte es eine eigenständige DDR-Mikroelektronik nicht

---

66 Dabei wird allerdings übersehen, dass Wissenschaftlern aus osteuropäischen Ländern im Rahmen verschärfter Embargobestimmungen die Teilnahme an relevanten Kongressen im Westen verwehrt werden konnte. Vgl. Kirchner: Wafer-Stepper (Anm. 5), S. 134.

67 Diese Auffassung findet sich dezidiert bei Buthmann: Hochtechnologien (Anm. 9), S. 4, 93, 103 u. 290. Eher dagegen argumentiert Barkleit: Mikroelektronik (Anm. 1), S. 137.

68 Vgl. Steiner, André: Anschluss an den »Welthöchststand«? Versuche des Aufbrechens der Innovationsblockaden im DDR-Wirtschaftssystem. In: Abel, Johannes; Barkleit, Gerhard; Hänseroth, Thomas (Hg.): Innovationskulturen und Fortschrittserwartungen im geteilten Deutschland. Köln 2001, S. 70-88. Vor einer Überbewertung des »Systemfaktors« warnt Roesler, Jörg: Auf der Suche nach den Ursachen realsozialistischer Innovationsschwäche. In: Utopie kreativ (1992)25-26, S. 149-159; ders.: Alles nur systembedingt? Die Wirtschaftshistoriker auf der Suche nach den Ursachen der Wirtschaftsschwäche der DDR. In: Timmermann, Heiner (Hg.): Die DDR – Politik und Ideologie als Instrument. Berlin 1999, S. 213-232.

69 Vgl. zu diesem Ansatz: Roesler, Jörg: Zu groß für die kleine DDR? Der Auf- und Ausbau neuer Industriezweige in der Planwirtschaft am Beispiel Flugzeugbau und Mikroelektronik. In: Fischer, Wolfram; Müller, Uwe; Zschaler, Frank: Wirtschaft im Umbruch. Strukturveränderungen und Wirtschaftspolitik im 19. und 20. Jahrhundert. St. Katharinen 1997, S. 308-311 u. 326-330.

70 Klenke, Olaf: Ist die DDR an der Globalisierung gescheitert? Autarke Wirtschaftspolitik versus internationale Weltwirtschaft. Das Beispiel Mikroelektronik. Frankfurt/M. 2001, S. 111.

gegeben. Aber er war nicht entscheidend. Andere Faktoren, vor allem die absolute Größe des in der DDR für den Einsatz in die Aufholstrategie zur Verfügung stehenden Potenzials, waren gewichtiger. Insofern relativiert sich auch die in diesem Beitrag behandelte Frage nach der Effizienz von Industriespionage und illegalem Technologietransfer. Eine - wie aufgezeigt wurde - durchaus mögliche größere Effektivität bei der »Beschaffung« westlicher Technologie hätte das Debakel letztlich nicht verhindern können.

Georg Herbstritt
Die Westarbeit des MfS im Lichte bundesdeutscher Justizakten

1   Einleitung

Wie dicht die Tätigkeiten von Juristen und Historikern beieinander liegen können, brachte vor einigen Jahren das Tagungsthema des deutschen Historikertages auf den Punkt. Es lautete: »Der Historiker als Richter – der Richter als Historiker«. Beide Disziplinen bedienen sich streckenweise sehr ähnlicher Methoden und Herangehensweisen, um einen Sachverhalt zu erfassen. Das »Tatgeschehen«, womit auch ein historisches Ereignis gemeint sein kann, bildet sowohl für den Juristen als auch für den Historiker den Ausgangspunkt seiner Recherchen. Beide Disziplinen finden darin ihren »Untersuchungsgegenstand«.

Juristen und Historiker können sich allerdings wesentlich unterscheiden, wenn es um Erkenntnisinteressen und Ziele ihrer Arbeit geht. Denn der Historiker kann sehr frei entscheiden, wie er eine wissenschaftliche Fragestellung formuliert und welches seine erkenntnisleitenden Interessen sein sollen.[1] Dagegen finden Staatsanwaltschaften und Gerichte bei ihrem Tun einen ganz bestimmten Orientierungsrahmen vor, nämlich das Strafgesetzbuch (StGB). Für die Erforschung der DDR-Spionage, um die es im Folgenden gehen wird, bildeten die Paragraphen 93–101a StGB den Orientierungsrahmen. Diese Bestimmungen gaben den ermittelnden Staatsanwaltschaften gleichsam ihr Erkenntnisinteresse vor. Zwar ist es die Aufgabe der Staatsanwaltschaften, in einem Ermittlungsverfahren das historische Tatgeschehen umfassend festzustellen und sowohl belastende als auch entlastende Umstände zu ermitteln. Das geschieht aber immer im Hinblick darauf, herauszufinden, ob es die persönliche Schuld eines Verdächtigen rechtfertigt, gegen ihn Anklage vor einem Gericht zu erheben.[2] Der Historiker kennt solche Vorgaben nicht. Trotzdem werden manche

---

1   Frei, Norbert (Hg.): Geschichte vor Gericht. Historiker, Richter und die Suche nach Gerechtigkeit. München 2000. In diesem Band vertritt Michael Wildt die These, dass Erkenntnisinteresse, Ausgangspunkt, Untersuchungsgegenstand und Ziele der Ermittlungen von Staatsanwälten und Historikern sich »wesentlich unterscheiden«. Wildt, Michael: Historiker und Staatsanwälte als Ermittler von NS-Verbrechen. In: Ebenda, S. 46–59, hier 51 f.

2   § 160 StPO; ausführlicher hierzu Wache, Volkhard: § 160 StPO. In: Pfeiffer, Gerd (Hg.): Karlsruher Kommentar zur Strafprozeßordnung. 4. Aufl., München 1999, S. 909–916; Lampe, Joachim: Juristische Aufarbeitung der Westspionage des MfS. Eine vorläufige Bilanz. Hg. BStU. Berlin 1999, S. 6 f.

Anklageschriften aus den Spionageprozessen gelegentlich schon als »Standardwerke« der Geschichtsschreibung bezeichnet.[3]

Für die vorliegende Abhandlung spielen diese Fragen eine Rolle, da sie juristische und historische sowie sozialwissenschaftliche Ansätze zusammenführt. Ihr Ausgangspunkt besteht in der Frage, welche historischen und sozialwissenschaftlichen Erkenntnisse über die DDR-Spionage gegen die Bundesrepublik Deutschland sich aus den Ermittlungs- und Gerichtsverfahren gewinnen lassen, die von den bundesdeutschen Strafverfolgungsbehörden und der Justiz nach 1989 in dieser Angelegenheit geführt wurden.

2 Die strafrechtliche Aufarbeitung der DDR-Spionage

Diese Fragestellung erfordert, im Sinne einer Quellenkritik, zunächst einen Blick auf das Procedere der juristischen Aufarbeitung. 1990 war noch keineswegs absehbar, dass es in den folgenden Jahren überhaupt zu Spionageprozessen gegen frühere Mitarbeiter der DDR-Geheimdienste kommen würde. Die damalige Bundesregierung strebte im Sommer 1990 eine weitgehende Amnestie für Spionagetätigkeiten im geteilten Deutschland an. Sie reichte hierzu im Bundestag einen Gesetzentwurf »über Straffreiheit bei Straftaten des Landesverrats und der Gefährdung der äußeren Sicherheit« ein.[4] Dieser sah vor, Einwohner der DDR für Spionage gegen die Bundesrepublik Deutschland »grundsätzlich ohne Einschränkungen straffrei« zu stellen. Ausgenommen werden sollten nur Verbrechen wie Mord und Totschlag, Verschleppung, Freiheitsberaubung, Bedrohung und politische Verdächtigung. Einwohner der alten Bundesrepublik sollten straffrei ausgehen, wenn sie sich innerhalb eines Jahres mit ihrem gesamten Wissen offenbarten.[5]

Der Gesetzentwurf zielte dem Selbstverständnis seiner Verfasser zufolge darauf ab, im Interesse des »Rechtsfriedens« einen »befriedenden Schlussstrich« zu ziehen.[6] Dem damaligen Bundesinnenminister Wolfgang Schäuble zufolge war es ihm und den bundesdeutschen Sicherheitsbehörden aber selbstverständlich auch darum gegangen, das DDR-Spionagenetz in der Bundesrepublik aufzudecken. Die Agenten sollten enttarnt und aus vertraulichen Positionen entfernt werden können. Damit wären sie zugleich daran gehindert worden, ihre Spitzeltätigkeit für andere Nachrich-

---

3 So z. B. Hans Leyendecker über die Anklageschrift gegen führende hauptamtliche Mitarbeiter der HVA-Abteilung X in der Süddeutschen Zeitung v. 11.6.2001, S. 12.

4 Gesetzentwurf der Bundesregierung: Entwurf eines Gesetzes über Straffreiheit bei Straftaten des Landesverrats und der Gefährdung der äußeren Sicherheit, Bundestagsdrucksache (BT-Drs.) 11/7871 v. 13.9.1990. Einen gleichlautenden Gesetzentwurf hatten die Fraktionen der CDU/CSU und FDP am 2.9.1990 eingereicht. Vgl. BT-Drs. 11/7762 (neu). Dem Bundesrat war der Gesetzentwurf der Bundesregierung am 31.8.1990 übersandt worden. Vgl. Bundesratsdrucksache 585/90 v. 31.8.1990.

5 Gesetzentwurf der Bundesregierung (Anm. 4), S. 1, 4 u. 6 f.

6 Ebenda, S. 1.

tendienste fortzusetzen.[7] Für den Schlussstrich gab es indes noch ein anderes Motiv: die Furcht bundesdeutscher Politiker vor unliebsamen Veröffentlichungen der DDR-Spionageerkenntnisse. So ließ Wolfgang Schäuble 1990 MfS-Protokolle von abgehörten Telefonaten bundesdeutscher Politiker vernichten und dachte auch laut darüber nach, ob man die MfS-Akten »nicht unbesehen alle vernichten könnte«.[8] Selbst bei den bundesdeutschen Justizbehörden wäre eine Amnestie nicht auf grundsätzliche Ablehnung gestoßen.[9] Die Bundesregierung konnte sich jedoch nicht durchsetzen. Ernst zu nehmende Bedenken und Widerstände gab es innerhalb der DDR-Bevölkerung, in der Opposition im Bundestag und auch innerhalb der Regierungsparteien.[10] Der Bundesrat bezeichnete den Gesetzentwurf als »unausgereift«, verweigerte seine Zustimmung und empfahl, die Frage einer »Schlussstrichamnestie« dem künftigen gesamtdeutschen Parlament zur Entscheidung zu überlassen.[11] Die Bundesregierung verzichtete daraufhin ebenso wie der Bundestag auch auf anderweitige Regelungen in dieser Angelegenheit. Auch im Einigungsvertrag, der am 31. August 1990 unterzeichnet wurde, war es zu keinen Festlegungen in dieser Frage gekommen.[12]

---

7 Schäuble, Wolfgang: Der Vertrag. Wie ich über die deutsche Einheit verhandelte. Stuttgart 1991, S. 268 u. 270.

8 Ebenda, S. 272 f. u. 279 f.

9 Lampe: Juristische Aufarbeitung (Anm. 2), S. 28; Wagner, Klaus: Spionageprozesse. Spionagemethoden des MfS (HVA) und östlicher (u. a. KGB) sowie nahöstlicher Nachrichtendienste in den Jahren 1977-1990. Bearb. von Guido Korte (Schriftenreihe des Fachbereichs Öffentliche Sicherheit der Fachhochschule des Bundes für öffentliche Verwaltung: Beiträge zur Inneren Sicherheit, Bd. 11). Brühl bei Köln 2000, S. 258.

10 Schäuble: Der Vertrag (Anm. 7), S. 271 f.; Wagner: Spionageprozesse (Anm. 9), S. 256; Schreckliche Vorstellung. Zum Tag der Einheit werden die kleinen DDR-Agenten amnestiert. Markus Wolf muss mit Festnahme rechnen. In: Der Spiegel 44(1990)38, S. 36 f. u. »Die müssen sich verhaften«. In: Der Spiegel 44(1990)39, S. 18-20.

11 Stellungnahme des Bundesrates zum Entwurf eines Gesetzes über Straffreiheit bei Straftaten des Landesverrats und der Gefährdung der äußeren Sicherheit, Bundesratsdrucksache 585/90 v. 7.9.1990; auch vorh. in: Gesetzentwurf der Bundesregierung (Anm. 4), Anlage 2, S. 8-10; Schäuble: Der Vertrag (Anm. 7), S. 271 f.

12 Vertrag […] über die Herstellung der Einheit Deutschlands, BGBl. II, 28.9.1990, S. 889-1245. Darin wird in Anlage I, Kap. III, Sachgebiet C der § 315 Abs. 4 EG StGB/BRD dahingehend formuliert, dass auf in der DDR begangene Taten das BRD-Recht anzuwenden ist, wenn für sie schon vor 1990 BRD-Recht galt; ebenda, S. 955. Kritiker nennen den § 315 (4) EG StGB eine »Scheinnorm«, der als »Ausgangspunkt der Strafverfolgung« nicht infrage kommen könne, so u. a. Nanzka, Martin: Spionage der ehemaligen DDR gegen die Bundesrepublik Deutschland. Verfassungsrechtliche Grenzen der Strafverfolgung wegen Landesverrates, geheimdienstlicher Agententätigkeit und damit in Zusammenhang stehender Straftaten nach der Herstellung der Einheit Deutschlands. Frankfurt/M. u. a. 2000, S. 33 u. 41-43. Zur Amnestiedebatte, die noch zehn Jahre weiter geführt wurde vgl. ausführlich Eser, Albin; Arnold, Jörg (Hg.): Strafrecht in Reaktion auf Systemunrecht. Vergleichende Einblicke in Transitionsprozesse. Bd. 2: Deutschland. Freiburg i. Br. 2000, S. 310-316. Zur vorerst letzten Amnestieforderung von Markus Wolf und anderen vgl. Neues Deutschland v. 11.10.2000, S. 5: Gleichbehandlung für DDR-Agenten; zu diesem Zeitpunkt waren alle verurteilten MfS-

Der Justiz blieb somit nichts anderes übrig, als auf der Grundlage der bestehenden Gesetze in einer völlig neuen Situation tätig zu werden.[13] Die maßgeblichen Rechtsvorschriften waren zwar nicht auf eine Lage zugeschnitten, wie sie durch die Wiedervereinigung Deutschlands entstanden war,[14] aber sie standen einer Strafverfolgung der DDR-Spionage auch nicht entgegen. Insbesondere war es prinzipiell möglich, auch frühere hauptamtliche Mitarbeiter der DDR-Spionageapparate anzuklagen, die selbst nie in der Bundesrepublik waren. Denn sie galten strafrechtlich auch schon vor 1990 als »Mittäter«, sofern sie Agenten in der Bundesrepublik geführt hatten.[15] Ihr Tun wurde also nicht erst nachträglich als strafbar gewertet, sondern es war schon seit jeher mit Strafe bedroht gewesen. Deshalb spielte der Aspekt des Rückwirkungsverbotes hier keine Rolle.

Die früheren hauptamtlichen Mitarbeiter der DDR-Spionageapparate beriefen sich in dieser Situation auf den Gleichbehandlungsgrundsatz und vor allem auch auf einen gewissen Vertrauensschutz. Sie seien bei ihrer Tätigkeit vom Fortbestand der DDR ausgegangen und hätten nicht damit gerechnet, eines Tages von der Bundesrepublik belangt zu werden. Dieser Vertrauensschutz müsse ihnen im wiedervereinigten Deutschland weiterhin gewährt werden.[16] Gegen dieses Argument wurde nicht zuletzt auf das Wiedervereinigungsgebot des Grundgesetzes verwiesen: Die alte Bundesrepublik hatte bis 1989 das Ziel der Wiedervereinigung nicht aufgegeben.[17] Man kann zwar einwenden, dass viele Menschen daran nicht mehr ernsthaft geglaubt haben. Aber gerade die DDR-Führungsschicht hatte sich daran immer noch ernsthaft gestört und gegenüber der Bundesrepublik bis zuletzt darauf gedrungen, dieses Gebot aus dem Grundgesetz zu streichen. Andererseits war es vor allem auch das MfS, das bis 1989 die Bundesrepublik eben gerade nicht als Ausland betrachtete.

Mitarbeiter und West-IM bereits aus der Haft entlassen, mit Ausnahme des erst kurz zuvor in U-Haft genommenen Henning Nase (vgl. Anm. 42).

13 Das »Legalitätsprinzip« verpflichtet die Staatsanwaltschaften, immer dann tätig zu werden, soweit »zureichende tatsächliche Anhaltspunkte« vorliegen; § 152 (2) StPO.

14 Wagner: Spionageprozesse (Anm. 9), S. 280.

15 § 5 Nr. 4 u. § 9 StGB; vgl. auch Wagner: Spionageprozesse (Anm. 9), S. 255; Marxen, Klaus; Werle, Gerhard: Die strafrechtliche Aufarbeitung von DDR-Unrecht. Eine Bilanz. Berlin 1999, S. 135 f. Eine hiervon abweichende Meinung interpretiert die Anwendung des § 5 Nr. 4 StGB für die Zeit nach dem Untergang der DDR als »Siegerjustiz«, da mit der Wiedervereinigung die »Kampfsituation«, auf die dieser Paragraph abzielt, beendet worden sei; so z. B. Neumann, Ulfried: Strafrechtliche Verantwortlichkeit für die DDR-Spionage gegen die Bundesrepublik. In: Lampe, Ernst-Joachim (Hg.): Deutsche Wiedervereinigung. Die Rechtseinheit. Bd. 2: Die Verfolgung von Regierungskriminalität der DDR nach der Wiedervereinigung. Köln u. a. 1993, S. 161-171, hier 170 f.

16 NJW 1991, S. 2501-2504, insb. 2503; Wagner: Spionageprozesse (Anm. 9), S. 257; Thiemrodt, Ivo: Strafjustiz und DDR-Spionage. Zur Strafverfolgung ehemaliger DDR-Bürger wegen Spionage gegen die Bundesrepublik. Berlin 2000, S. 134.

17 Wagner: Spionageprozesse (Anm. 9), S. 257-261; ebenso Abweichende Meinung der Richter Klein, Kirchhof und Winter zur Entscheidung des Bundesverfassungsgerichts betr. Strafbarkeit und Verfolgbarkeit der Spionage für die DDR v. 15.5.1995. In: NJW 1995, S. 1817-1823, hier 1821.

Ähnlich wie die DDR aus Sicht der Bundesrepublik seit dem Grundlagenvertrag vom 21.12.1972 weder Inland noch Ausland war – staatsrechtlich galt sie als Inland, strafrechtlich aber als Ausland –,[18] findet sich auch in MfS-Unterlagen immer wieder eine Dreiteilung der Welt. Als Ausland galt die gesamte Welt außerhalb der beiden deutschen Staaten, als Inland galt die DDR, und dazwischen gab es die BRD mit Westberlin.[19]

Die Staatsanwaltschaften und die Gerichte hatten noch weitere Aspekte zu berücksichtigen, vor allem den Gleichbehandlungsgrundsatz und das Völkerrecht.[20] Trotz aller Bedenken gingen sie mehrheitlich davon aus, dass auch frühere hauptamtliche Mitarbeiter der DDR-Spionageapparate strafrechtlich verfolgt werden könnten.[21] Anderer Ansicht war lediglich das Kammergericht (KG) Berlin. Es sah keine grundlegenden Unterschiede zwischen den Praktiken der DDR-Spionage und der Spionage anderer Staaten.[22] Es setzte deshalb das Verfahren gegen den ehemaligen Leiter der Hauptverwaltung Aufklärung (HV A) des MfS, Werner Großmann, und

---

18 Nanzka: Spionage der ehemaligen DDR (Anm. 12), S. 45. Zum BVerfG-Urteil v. 31.7.1973 über den Grundlagenvertrag vgl. NJW 1973, S. 1539-1545. Zum Inlandsbegriff hinsichtlich des Gebiets der DDR aus juristischer Sicht vgl. u. a. NJW 1981, S. 500 f. u. 531-533; ferner Thiemrodt: Strafjustiz (Anm. 16), S. 77, sowie NJW 1979, S. 59-61. Der BGH formulierte diesen Zustand in einem Urteil v. 29.9.1977 so: »Die Deutsche Demokratische Republik [...] ist [...] im Verhältnis zur Bundesrepublik Deutschland nicht als Ausland anzusehen. [...] die dort erlassenen Gesetze [können] aber auch nicht dem inländischen Recht hinzugerechnet werden«; NJW 1977, S. 2356.

19 Festlegung des Leiters der HV A v. 7.3.1988, VVS MfS o059-A 2/88, S. 3: IM-Statistiken bestanden demnach aus einem Teil A (BRD), einem Teil B (Ausland) und einem Teil C (DDR); BStU, ASt Frankfurt/O., BdL 2366, auch abgedruckt in: Müller-Enbergs, Helmut (Hg.): Inoffizielle Mitarbeiter des Ministeriums für Staatssicherheit. Teil 2: Anleitungen für die Arbeit mit Agenten, Kundschaftern und Spionen in der Bundesrepublik Deutschland. Berlin 1998, S. 950 f. Diese Dreiteilung wurde auch allgemein von der HVA-Schule so gelehrt. Vgl. hierzu das Arbeitsbuch des hauptamtlichen Mitarbeiters der HA VIII, Helmut Neubauer, der am 3.3.1986 den Vortrag eines Lehrers der HVA-Schule protokolliert hatte; BStU, ZA, HA VIII, 5992, Bl. 43.

20 Thiemrodt: Strafjustiz (Anm. 16), S. 70-78 u. 119-122. Ein vom BVerfG in Auftrag gegebenes Gutachten kam 1994 zu dem Ergebnis, dass das Völkerrecht einer Strafverfolgung der DDR-Spionage nicht entgegensteht. U. a. wurden zwölf Fälle untersucht, in denen sich Staaten zusammengeschlossen hatten: Frowein, Jochen A.; Wolfrum, Rüdiger; Schuster, Gunnar (Hg.): Völkerrechtliche Fragen der Strafbarkeit von Spionen aus der ehemaligen DDR. Gutachten erstattet im Auftrag des Bundesverfassungsgerichts und Beschluss des Gerichts v. 15. Mai 1995. Berlin u. a. 1995, S. 83 f.

21 Marxen; Werle: Die strafrechtliche Aufarbeitung (Anm. 15), S. 135. Zur Sicht der Bundesanwaltschaft (BAW) vgl. den Vortrag des damaligen Generalbundesanwalts Stahl, Alexander von: Das Erbe des Ministeriums für Staatssicherheit (MfS). Die Strukturen der Nachrichtendienste der ehemaligen DDR und ihre strafrechtliche Aufarbeitung. Speyer 1993, S. 17-22. Die Rechtsauffassung der Staatsanwaltschaften und Gerichte referiert ausführlich Thiemrodt: Strafjustiz (Anm. 16), S. 59-82 u. 116-173. Knapper, aber stärker problemorientiert setzt sich Bernd Schünemann mit den umstrittenen juristischen Fragen der Strafverfolgung von DDR-Spionage auseinander und bejaht die Verfolgbarkeit insbesondere der HVA-Mitarbeiter. Vgl. seinen Beitrag »Strafrechtliche Verantwortlichkeit für die DDR-Spionage gegen die Bundesrepublik Deutschland nach der Wiedervereinigung«. In: Lampe (Hg.): Deutsche Wiedervereinigung (Anm. 15), S. 173-191, insb. 188.

22 NJW 1991, S. 2501-2504.

seine Mitangeschuldigten aus und legte dem Bundesverfassungsgericht (BVerfG) am 22. Juli 1991 mehrere Fragen zur Prüfung vor.[23]

Erst vier Jahre später, am 15. Mai 1995, gelangte das Bundesverfassungsgericht zu einer Entscheidung, die einen tiefen Einschnitt für die Strafverfolgung bedeutete. Das Gericht erkannte »unmittelbar von Verfassungs wegen ein Verfolgungshindernis« hinsichtlich derjenigen Personen, die als DDR-Bürger nur vom Boden der DDR oder anderer, sicherer Drittstaaten aus Spionage gegen die Bundesrepublik Deutschland betrieben hatten. DDR-Bürger, die sich zur Spionage in der Bundesrepublik oder in Staaten aufgehalten hatten, in denen sie damit rechnen mussten, bestraft oder an die Bundesrepublik ausgeliefert zu werden, konnten hingegen weiterhin strafrechtlich belangt werden. Sie sollten nach Auffassung des Bundesverfassungsgerichts aber besonders milde beurteilt werden. Lediglich Bürger der alten Bundesrepublik, die hier für die DDR spionierten, sollten auch weiterhin unverändert und uneingeschränkt strafrechtlich verfolgbar sein.[24]

Zur Begründung führte das Bundesverfassungsgericht vor allem den »Grundsatz der Verhältnismäßigkeit« an.[25] Mehrfach sprach es die »singuläre staats- und strafrechtliche Situation« an, die durch die Wiedervereinigung entstanden sei.[26] Es betonte, dass sich die betroffenen DDR-Bürger 1990 »ohne ihr Zutun« als Bürger eines Staates wiederfanden, gegen den sie bislang gearbeitet hatten.[27] Letztlich lief die Argumentation des Bundesverfassungsgerichts darauf hinaus, vor allem den früheren hauptamtlichen Mitarbeitern der DDR-Spionageapparate einen Vertrauensschutz zuzubilligen. Denn alle anderen juristischen Aspekte, auf die sich Staatsanwaltschaften und Gerichte in den vorangegangenen Jahren gestützt hatten, wurden auch vom Bundesverfassungsgericht nicht prinzipiell infrage gestellt. Die Bundesrepublik war demzufolge zwar zur Strafverfolgung weiterhin legitimiert, aber ihr Interesse an Strafverfolgung hielt das Gericht für weniger wichtig als den genannten Vertrauensschutz.[28]

Diese Entscheidung des Bundesverfassungsgerichts war allerdings nur mit einer knappen Mehrheit von fünf zu drei Stimmen zustande gekommen. Die drei unterlegenen Richter vertraten in ihrem Minderheitenvotum die Auffassung, der genannte Vertrauensschutz sei »nach der Verfassungsordnung der Bundesrepublik [...] nicht schutzwürdig«. Die Situation, die durch die Wiedervereinigung Deutschlands einge-

---

23 Ebenda, S. 2502.

24 NJW 1995, S. 1816 f. Die Leitsätze der Senatsentscheidung sind abgedruckt in: NJW 1995, S. 1811-1817, zur abweichenden Meinung von dreien der acht Richter (Anm. 17) siehe ebenda, S. 1817-1823. Der volle Wortlaut beider Texte in: Frowein u. a. (Hg.): Völkerrechtliche Fragen (Anm. 20), S. 85-193. Vgl. hierzu auch die Dissertation von Gehrlein, Markus: Die Strafbarkeit der Ost-Spione auf dem Prüfstand des Verfassungs- und Völkerrechts. Köln u. a. 1996, S. 115-138.

25 NJW 1995, S. 1812 u. 1814.

26 Ebenda, S. 1814, ähnlich 1812 u. 1815.

27 Ebenda, S. 1815.

28 Ebenda, S. 1814; vgl. auch Lampe: Juristische Aufarbeitung (Anm. 2), S. 25.

treten sei, rechtfertige allerdings auf den Einzelfall bezogen »Strafminderung oder Straffreistellung«.[29] Genau diese Position hatten die Bundesanwaltschaft und die meisten Gerichte ebenfalls vertreten und bis zu diesem Zeitpunkt auch praktiziert. Mehrere hundert Ermittlungsverfahren gegen frühere hauptamtliche Mitarbeiter der DDR-Spionageapparate hatte die Bundesanwaltschaft deshalb bereits vor dem 15. Mai 1995 eingestellt.[30] Exemplarisch ist auch ein Urteil des Bayerischen Obersten Landesgerichts (BayObLG) gegen zwei hauptamtliche MfS-Mitarbeiter bereits aus dem Jahre 1991, in dem es »gewichtige Strafmilderungsgründe« anerkannte, weil »erst durch die Wiedervereinigung die Strafverfolgung [...] konkret ermöglicht wurde.«[31] Das Hanseatische Oberlandesgericht (OLG) in Hamburg berücksichtigte 1994 in einem Urteil gegen einen hauptamtlichen Mitarbeiter des MfS die Tatsache strafmildernd, dass der Betreffende sich zwar nach bundesdeutschem Recht strafbar gemacht hatte, aber nach verbindlichen DDR-Rechtsnormen gehandelt hatte, er also »den Anforderungen zweier sich widersprechender Rechtsordnungen ausgesetzt« gewesen sei.[32] Der bundesdeutschen Justiz war die Besonderheit der Situation nach der Wiedervereinigung Deutschlands also bewusst, und sie hat ihr in der Praxis in vielfacher Weise Rechnung getragen. Die Sachverhalte, aus denen das Bundesverfassungsgericht ein allgemeines Verfolgungshindernis ableitete, waren bisher schon berücksichtigt worden, allerdings eben nur als Milderungsgründe.

Die Entscheidung des Bundesverfassungsgerichts vom 15. Mai 1995 stieß nicht nur wegen ihrer »wenig stringenten« Argumentation auf Widerspruch.[33] Kritisiert wurde sie vor allem deshalb, weil sie in ihrer Wirkung praktisch eine Amnestie bedeutete. Eine Straffreistellung kann aber nur der Gesetzgeber beschließen. Faktisch hatte das Bundesverfassungsgericht damit den Bereich der Rechtsprechung verlassen und in das Aufgabengebiet des Gesetzgebers eingegriffen.[34] Diese durchaus zutreffende Kritik zielt aber letztlich gegen den Gesetzgeber. Denn die Politik hatte es unterlassen, eine klare Entscheidung zu treffen. Sie hat somit die Justiz im Stich gelassen.

Das Bundesverfassungsgericht sprach in seiner Entscheidung vom 15. Mai 1995 mehrfach die »Eigentümlichkeit« der Spionage an, die darin bestehe, dass das Völkerrecht sie zwar nicht verbiete, aber andererseits ihre Bestrafung zulasse. Spionage werde bestraft, weil sich der betreffende Staat schützen wolle. Sie unterliege hingegen

---

29 Ebenda, S. 1818 u. 1822.
30 Wagner: Spionageprozesse (Anm. 9), S. 254; Marxen; Werle: Die strafrechtliche Aufarbeitung (Anm. 15), S. 219 f.
31 BayObLG, Urt. v. 19.12.1991 – 3 St 8/91 a-d., S. 46 f.
32 OLG Hamburg, Urt. v. 17.1.1994 – 3 StE 4/93-3, S. 80.
33 So Gehrlein: Strafbarkeit der Ost-Spione (Anm. 24), S. 120; ähnlich Wagner: Spionageprozesse (Anm. 9), S. 260 f.
34 So die Meinung des Minderheitenvotums zur BVerfG-Entscheidung (Anm. 24); NJW 1995, S. 1817; ebenso Lampe: Juristische Aufarbeitung (Anm. 2), S. 28, und Wagner: Spionageprozesse (Anm. 9), S. 260.

keinem »allgemeinen sozialethischen Unwerturteil«.[35] Darin unterscheidet sie sich ganz offensichtlich beispielsweise von Menschenrechtsverletzungen und Kriegsverbrechen, die im Gegensatz zur Spionage völkerrechtlich geächtet sind. Dementsprechend findet sich im Minderheitenvotum der drei unterlegenen Richter der Hinweis auf den »völkerrechtlich noch ungelösten Wertungskonflikt« der Spionage.[36]

Nicht zuletzt diese »Eigentümlichkeit« der Spionage hatte dazu geführt, dass die Frage nach der Strafbarkeit der DDR-Spionage im wiedervereinigten Deutschland so kontrovers und heftig wie kaum eine andere Rechtsfrage sowohl innerhalb der Justiz als auch in der Öffentlichkeit diskutiert wurde.[37] Am Ende ist dabei deutlich geworden, dass eine allseits befriedigende Antwort nicht gefunden werden kann. Es gibt zwar gute Gründe, die Strafverfolgung der DDR-Spionage im wiedervereinigten Deutschland zu hinterfragen, aber auch keine letztlich wirklich befriedigenden Argumente, die gegen die Strafverfolgung sprechen würden.

Selbst die Entscheidung des Bundesverfassungsgerichts vom 15. Mai 1995 schuf eine neue Form der Ungleichbehandlung. Denn die Bundesbürger, die als West-IM für die DDR spioniert hatten, konnten weiterhin bestraft werden. Das ist rechtlich nicht zu beanstanden, erscheint aber in einem anderen Licht, wenn die Mittäter oder gar Anstifter, die früheren hauptamtlichen Mitarbeiter der DDR-Spionage, straffrei gestellt werden. Und in der Tat reagierte die Rechtsprechung auf diesen neuen Sachverhalt. In den Verfahren gegen West-IM sprachen die Gerichte nach dem 15. Mai 1995 fast nur noch Bewährungsstrafen aus.[38] Und auch die Strafverfolgungsbehörden hatten das Signal des Bundesverfassungsgerichts verstanden. Die Zeit war gekommen, die Strafverfolgung einzustellen.[39]

Am Ende einer zehn Jahre dauernden strafrechtlichen Aufarbeitung stand schließlich ein Resultat, das den Amnestievorstellungen der früheren Bundesregierung sehr nahe gekommen sein dürfte. Die über 4 000 Ermittlungsverfahren gegen frühere hauptamtliche Mitarbeiter der DDR-Spionageapparate und andere DDR-Bürger wegen Spionage gegen die Bundesrepublik Deutschland endeten nur in 23 Fällen mit einer Verurteilung. Davon wurden gerade einmal zwei Freiheitsstrafen nicht zur Bewährung ausgesetzt. In beiden Fällen war die Spionagetätigkeit mit anderen Straftaten aus der allgemeinen Schwerkriminalität verknüpft gewesen.[40] Die Ermittlungsverfahren gegen rund 3 000 Bürgerinnen und Bürger der alten Bundesrepublik führten zur Verurteilung von mindestens 365 Personen, davon wurden 181

---

35 NJW 1995, S. 1814 f.
36 Ebenda, S. 1820.
37 So die zutreffende Einschätzung von Gehrlein: Strafbarkeit der Ost-Spione (Anm. 24), S. 1.
38 Zu den genauen Zahlen vgl. S. 341.
39 Lampe: Juristische Aufarbeitung (Anm. 2), S. 28–30.
40 Ebenda, S. 10 u. 31; vgl. auch KG Berlin, Urt. v. 1.7.93 - 3 StE 16/92-4, S. 2: Verurteilung des ehemaligen MfS-Oberstleutnants Hans K. wegen »geheimdienstlicher Agententätigkeit in Tateinheit mit Beihilfe zum versuchten Mord«.

vor dem 15. Mai 1995 verurteilt, 184 danach. 63 von ihnen mussten ihre Haftstrafe antreten, da sie nicht zur Bewährung ausgesetzt wurde. Von diesen 63 Haftstrafen ohne Bewährung wurden 53 vor der Entscheidung des Bundesverfassungsgerichtes verhängt, 10 danach.[41] Im Sommer 2001 war der letzte Inhaftierte bereits wieder entlassen worden.[42]

Einen Gewinn brachte die juristische Aufarbeitung auf jeden Fall. Die Akten wurden nicht unbesehen vernichtet, wie Wolfgang Schäuble sich das gewünscht hatte, sondern von den Strafverfolgungsbehörden ausgewertet. Durch die Ermittlungstätigkeit konnten selbst Sachverhalte rekonstruiert werden, über die keine Akten mehr vorhanden waren. An die Stelle von Spekulationen kann jetzt in vielen Fällen Gewissheit treten.

3 Empirische Auswertung der Strafverfahren: Möglichkeiten und Grenzen

Bei der wissenschaftlichen Auswertung der Erkenntnisse aus der juristischen Aufarbeitung gilt es nun, den eingangs angesprochenen »Orientierungsrahmen« der Justiz zu beachten. Denn auch wenn das Agentennetz weitgehend aufgedeckt wurde, so folgt daraus nicht, dass es in jedem Fall detailreiche Ermittlungsverfahren gegeben hat. Es lohnt sich daher, den juristischen »Orientierungsrahmen« genauer anzusehen. Die weitaus meisten DDR-Spionagefälle fielen unter den § 99 StGB und galten somit als »geheimdienstliche Agententätigkeit«. Demnach macht sich derjenige strafbar, der »für den Geheimdienst einer fremden Macht [...] Tatsachen, Gegenstände oder Erkenntnisse« mitteilt oder liefert. Strafbar ist es bereits, sich »gegenüber dem Geheimdienst einer fremden Macht [...] zu einer solchen Tätigkeit bereit« zu erklären.[43] Im Mittelpunkt dieses Paragraphen steht also die Frage, ob eine Person mit einem fremden Geheimdienst zusammengearbeitet hat. Wie sich die Zusammenarbeit konkret gestaltet, ist hingegen nicht entscheidend. Selbst wer Zeitungsartikel oder andere offene Informationen an einen fremden Geheimdienst weitergibt und

---

41 Die hier genannten Zahlen beruhen auf den für die vorliegende Studie ausgewerteten Anklagen gegen West-IM, die nach 1989 erhoben wurden. Hierbei ist zu berücksichtigen, dass nicht alle Anklageschriften verfügbar waren, sodass die Zahl der Verurteilten insgesamt geringfügig höher sein dürfte. Zur Praxis der Verfahrenseinstellungen vgl. auch S. 343-345, weitere statistische Angaben S. 344-346.

42 »Topas« ist Geschichte – für Rupp hat die Zukunft begonnen. In: Magdeburger Volksstimme v. 28.7.2000. Rupp wird hier als der letzte inhaftierte West-IM beschrieben. Wenige Wochen vor Rupps Entlassung wurde jedoch Anfang Mai 2000 ein anderer früherer West-IM, Henning Nase, in U-Haft genommen und erst nach seiner Verurteilung am 19.6.2001 wieder entlassen. Vgl. DDR-Spion verurteilt und aus der Haft entlassen. In: Berliner Morgenpost v. 20.6.2001; Wie fühlt sich ein Verräter? In: Neues Deutschland v. 21.6.2001.

43 § 99 StGB: Geheimdienstliche Agententätigkeit.

keine konkrete Gefahr herbeigeführt hat, macht sich nach § 99 StGB strafbar, sofern ihm nur der Bezugspartner bewusst ist. Der Gesetzgeber ging dabei von der Erkenntnis aus, dass die moderne Spionage vor allem darauf ausgerichtet sei, »die Gesamtverhältnisse eines fremden Staates [...] möglichst lückenlos« zu erfassen. Derartige flächendeckende und genaue Informationen seien »für machtpolitische oder militärische Entscheidungen« heutzutage oft wichtiger »als die Kenntnis echter Staatsgeheimnisse«.[44]

Der § 99 StGB stellt die geheimdienstliche Agententätigkeit aber nur dann unter Strafe, wenn sie sich »gegen die Bundesrepublik Deutschland« richtet, gegen ihre »politische Stellung als Staat«. Sofern ausschließlich Privatpersonen, private Organisationen oder Wirtschaftsbetriebe ausgespäht werden, ist das nicht strafbar. Der Gesetzgeber geht allerdings davon aus, dass in solchen Fällen zumindest »mittelbar« auch die Interessen der Bundesrepublik betroffen sind und somit Strafverfolgung möglich ist.[45]

Wenn Deutsche oder Ausländer für einen fremden Geheimdienst in der Bundesrepublik ausschließlich ausländische Institutionen und Mitbürger ausforschen, bleibt das so lange straffrei, so lange nicht wenigstens indirekt bundesdeutsche Belange berührt werden. Strafbar ist daher beispielsweise stets die Spionage gegen NATO-Einrichtungen ausländischer Staaten in der Bundesrepublik.[46] Aber auch in vielen anderen Bereichen sehen die Gerichte die Interessen der Bundesrepublik zumindest mittelbar verletzt.[47]

Den Verrat von Staatsgeheimnissen stellt § 94 StGB als »Landesverrat« unter Strafe. Landesverrat ist die schwerer wiegende, aber seltenere Form der Spionage. Sie wird in besonders schweren Fällen mit einer lebenslangen Freiheitsstrafe geahndet, während auf geheimdienstliche Agententätigkeit üblicherweise höchstens fünf Jahre, in besonders schweren Fällen bis zehn Jahre Haft stehen können. Aus dem unterschiedlichen Strafmaß resultieren auch unterschiedliche Verjährungsfristen: Geheimdienstliche Agententätigkeit verjährt bereits fünf Jahre nach Beendigung der Tat; das bedeutet, die Strafverfolgungsbehörden haben fünf Jahre Zeit, innerhalb derer sie erste »verjährungsunterbrechende Handlungen«, etwa Hausdurchsuchungen oder eine Vernehmung, durchführen müssen. Die Erstellung einer Anklageschrift ist auch danach noch möglich. Bei Landesverrat beträgt die Verjährungsfrist 20 Jahre.

---

44 Stree, Walter: § 99. In: Schönke, Adolf; Schröder, Horst: Strafgesetzbuch: Kommentar. 25., neu bearb. Aufl. von Peter Cramer, Albin Eser, Theodor Lenckner, Walter Stree. München 1997, RN 1, S. 995, RN 17, S. 997. Ausführlicher zu einzelnen Aspekten des § 99 StGB: Schroeder, Friedrich-Christian: Der Schutz staatsbezogener Daten im Strafrecht. In: NJW 1981, S. 2278-2283.

45 Stree: § 99 (Anm. 44), RN 16f, RN 21, S. 997.

46 Ebenda, RN 20, S. 997.

47 Der BGH kam in seinem Beschluss v. 22.9.1980 zu der Feststellung, dass Agententätigkeit gegen Ausländerorganisationen in der BRD »in der Regel« den Tatbestand des § 99 I Nr. 1 erfüllt. In: NJW 1980, S. 2653-2655.

Landesverrat begeht nach § 94 StGB derjenige, der »einer fremden Macht« ein Staatsgeheimnis »mitteilt« oder »an einen Unbefugten gelangen lässt oder öffentlich bekannt macht«. Er macht sich nach § 94 StGB aber nur strafbar, wenn er die Absicht verfolgt, die Bundesrepublik zu »benachteiligen« oder eine andere Macht zu »begünstigen«. Ferner muss damit »die Gefahr eines schweren Nachteils für die äußere Sicherheit der Bundesrepublik« herbeigeführt worden sein.[48] Im Unterschied zur geheimdienstlichen Agententätigkeit kommt es beim Landesverrat auf den Verratsgegenstand an. Aber es ist nicht erforderlich, dass es sich bei dem Bezugspartner um einen Geheimdienst handelt.

Viele der früheren West-IM konnten in den neunziger Jahren nicht angeklagt oder zumindest nicht verurteilt werden, weil ihre Tat entweder als verjährt galt, oder weil man ihnen nicht mit der nötigen Sicherheit nachweisen konnte, dass sie in ihrem Bezugspartner einen (DDR-)Geheimdienst erkannt hatten. Letzteres kam vor allem im Bereich der Wirtschaftsspionage und der illegalen Technologielieferungen häufig vor. Die MfS-Mitarbeiter gaben sich als Mitarbeiter eines DDR-Betriebes aus und wickelten unter dieser »fremden Flagge« unter anderem Technologieeinkäufe ab. Die Strafverfolgungsbehörden versuchten in solchen Fällen den Nachweis zu führen, dass der West-IM die fremde Flagge in Wirklichkeit durchschaut hatte. Davon konnte man immer dann ausgehen, wenn in der vermeintlichen Geschäftsbeziehung außergewöhnliche Praktiken angewandt wurden, beispielsweise bestimmte Formen der Geheimhaltung.

Die Frage der Verjährung ist eng verknüpft mit der Frage, ab wann eine geheimdienstliche Agententätigkeit als beendet angesehen werden kann. Lange Zeit galt in der Rechtsprechung die Auffassung, dies geschehe erst mit dem erkennbar »endgültigen Abbruch der Beziehungen zum fremden Geheimdienst«. Ein »bloßes Ruhen« der geheimdienstlichen Tätigkeit für eine gewisse Zeit genüge nicht.[49] Beginnend mit einem Urteil im Oktober 1995 revidierte der Bundesgerichtshof diese Sicht. Er betonte, eine geheimdienstliche Agententätigkeit müsse auch tatsächlich ausgeübt werden. Davon könne bei einer längeren Unterbrechung der nachrichtendienstlichen Verbindung aber nicht mehr die Rede sein, es sei denn, eine vorübergehende Unterbrechung sei mit dem Geheimdienst ausdrücklich abgesprochen worden.[50] Eine wichtige Aufgabe der Strafverfolgungsbehörden bestand deshalb in vielen Fällen darin, nachzuweisen, dass die früheren West-IM tatsächlich bis Ende der achtziger

48   § 94 StGB: Landesverrat. Stree: § 94 (Anm. 44), RN 12-14, S. 981 f. Andere Formen der Weitergabe von Staatsgeheimnissen vgl. §§ 95-98 StGB. Zum Begriff des Staatsgeheimnisses vgl. § 93 StGB.

49   Stree: § 99 (Anm. 44), RN 2, S. 995. In diesem Sinne auch der BGH-Beschluss v. 2.11.1978. In: NJW 1979, S. 54 f. Ferner beriefen sich darauf auch die Staatsanwaltschaften, z. B. StA b.d. KG Berlin, Ankl. v. 13.10.1994 - 3 OJs 76/93, S. 13.

50   Lampe, Joachim; Schneider, Hartmut: Neuere Entwicklungen in der Rechtsprechung des Bundesgerichtshofes zur Beendigung der geheimdienstlichen Agententätigkeit im Sinne von § 99 Abs. 1 Nr. 1 StGB. In: Goldammer's Archiv für Strafrecht 146(1999)3, S. 105-118, insb. 106 f. Ein vergleichbarer Beschluss des BGH v. 7.8.1996. In: NJW 1996, S. 3424 f.

Jahre für die DDR-Spionage tätig waren. Manchmal entschieden nur wenige Wochen darüber, ob ein früherer West-IM noch angeklagt werden konnte.

Insgesamt musste etwa die Hälfte der 3 000 Ermittlungsverfahren gegen West-IM nach § 170 II der Strafprozessordnung (StPO) eingestellt werden, insbesondere weil die Tat verjährt war, aber mitunter auch deshalb, weil sie nicht sicher nachgewiesen werden konnte, weil (in Verfahren gegen »Unbekannt«) die Täter nicht ermittelt werden konnten oder der West-IM im Auftrag bundesdeutscher Geheimdienste tätig war.[51] Manche Delikte wurden von den einschlägigen Paragraphen des Strafgesetzbuches nicht erfasst. Dazu gehörten die Terror- und Sabotagevorbereitungen der »Arbeitsgruppe des Ministers/Sonderfragen« (AGM/S) des MfS.[52]

Bei rund jedem vierten Ermittlungsverfahren wäre eine Anklage rechtlich möglich gewesen, aber die Staatsanwaltschaften verzichteten darauf, da sie die »Schuld des Täters als gering« erachteten und »kein öffentliches Interesse an der Verfolgung« erkennen konnten.[53] Sie ließen die Verfahren dann entsprechend den §§ 153-153a StPO einstellen, oft verbunden mit einer Geldauflage.[54] Die Staatsanwaltschaften verfügten dabei über einen großen Spielraum in der Beurteilung, den selbst manche Juristen kritisieren. Sie weisen darauf hin, dass die Verfahrenseinstellungen teilweise

---

51 Lampe gibt die Gesamtzahl der Ermittlungsverfahren gegen BRD-Bürger wegen Spionage für die DDR mit 2 928 an, davon seien 1 563 nach § 170 II StPO eingestellt worden, »weil keine Anklage aus tatsächlichen oder rechtlichen Gründen möglich« sei. Die Zahl der Ermittlungsverfahren gegen DDR-Bürger beziffert er auf 4 171, insgesamt gab es demnach 7 099 Ermittlungsverfahren; Lampe: Juristische Aufarbeitung (Anm. 2), S. 10. An anderer Stelle wird die BAW dahingehend zitiert, es habe 5 636 Ermittlungsverfahren gegen 7 099 Personen gegeben; Antwort der Bundesregierung auf die Kleine Anfrage der [...] Fraktion der PDS, Bundestagsdrucksache 14/4201 v. 4.10.2000, S. 2. Das legt die Schlussfolgerung nahe, bei den von Lampe genannten Zahlen handelt es sich um Personen, nicht um Verfahren. In diesem Sinne auch die statistischen Angaben bei Eser; Arnold (Hg.): Strafrecht (Anm. 12), S. 576 f. In einem Verfahren kann jeweils gegen mehrere Personen ermittelt oder Anklage erhoben werden. Die Zahl der West-IM, die im Auftrag bundesdeutscher Nachrichtendienste tätig waren, und gegen die nach 1989 zunächst ein Ermittlungsverfahren eingeleitet wurde, ist gering. In einer statistischen Auswertung des GBA sind 19 solcher Doppelagenten zu finden: GBA: Auswertebogen A/B (Einstellungen § 170 (2) StPO), PG DDR-Spionage 1991-1993, Ordner 1-3. Zu ihrer rechtlichen Beurteilung vgl. Stree: § 99, RN 25, S. 998 (Anm. 44).

52 Stree: § 99, RN 1, S. 995 (Anm. 44); Wagner: Spionageprozesse (Anm. 9), S. 245 f. Zur AGM/S vgl. Auerbach, Thomas: Einsatzkommandos an der unsichtbaren Front. Terror- und Sabotagevorbereitungen des MfS gegen die Bundesrepublik Deutschland. Berlin 1999. Zu Mordplänen des MfS vgl. Gries, Sabine; Voigt, Dieter: Verbrechen des Ministeriums für Staatssicherheit im Spiegel seines Schrifttums. In: Eckart, Karl; Hacker, Jens; Mampel, Siegfried: Wiedervereinigung Deutschlands. Festschrift zum 20-jährigen Bestehen der Gesellschaft für Deutschlandforschung. Berlin 1998, S. 121-163, insb. 143-149.

53 So die Formulierung des § 153 I StPO, die sich in vielen Einstellungsbeschlüssen wiederfindet.

54 Nach Lampe: Juristische Aufarbeitung (Anm. 2), S. 10, wurden 737 Verfahren gegen West-IM (bzw. Verfahren gegen 737 Personen – vgl. Anm. 51 -) nach §§ 153 ff. StPO vor Anklageerhebung eingestellt.

nicht einmal der gerichtlichen Kontrolle unterliegen und erheben deshalb rechtsstaatliche Bedenken gegen derart weite Ermessensspielräume.[55]

Man kann davon ausgehen, dass mit den rund 3 000 Ermittlungsverfahren die weitaus meisten West-IM der DDR-Spionageapparate erfasst sind, die gegen Ende der DDR noch tätig waren. Für diese Annahme spricht nicht nur das Bestreben der Strafverfolgungsbehörden, das IM-Netz möglichst vollständig zu enttarnen, sondern auch die außergewöhnlich gute Quellenbasis, auf die sie sich dabei stützen konnten, wie sie bei Spionageverfahren üblicherweise nicht vorkommt. Die Akten der MfS-Abwehrdiensteinheiten sind weitgehend erhalten geblieben, darüber hinaus auch wichtige Unterlagen des militärischen Nachrichtendienstes der DDR, der »Verwaltung Aufklärung«, und mit den »Rosenholz-Papieren« konnten die Verluste durch die Aktenvernichtung der HV A an einer entscheidenden Stelle ausgeglichen werden: Das IM-Netz der HV A ließ sich mit den »Rosenholz-Papieren« fast lückenlos enttarnen.[56] Zu diesen Quellen kam eine Vielzahl von Zeugenaussagen und Geständnissen von Beteiligten, Beschuldigten und Angeklagten, wobei hier jeweils auch taktisches Aussageverhalten in Rechnung zu stellen ist, sowie Erkenntnisse bundesdeutscher Nachrichtendienste.[57]

Bekannt ist allerdings auch, dass die Strafverfolgungsbehörden in der ersten Hälfte der neunziger Jahre vollkommen überlastet waren und nicht alle Bereiche der DDR-Spionage gleichmäßig durchleuchteten. Vor allem im Bereich der Wirtschaftsspionage blieb eine ganze Reihe Agenten unentdeckt.[58] Das spräche dafür, die Zahl der West-IM höher als die angedeuteten 3 000 anzusetzen. Da viele Ermittlungsverfahren eingestellt wurden, kam es in den neunziger Jahren letztlich nur gegen rund 500 West-IM zu Anklagen wegen Spionage für die DDR.[59]

Für die folgende Untersuchung wurden Verfahren gegen genau 499 Westagenten ausgewertet. Diese Zahl bildet die Ausgangsgröße bzw. »Grundgesamtheit« der quantitativen Analyse. 482 der 499 Personen wurden angeklagt; somit sind die Anklagen der Bundesanwaltschaft gegen West-IM in den neunziger Jahren annähernd vollständig herangezogen worden, die Anklageschriften der Länderstaatsanwaltschaften zu etwa 90 Prozent – bei letzteren blieben vor allem einige der frühen Anklageschriften unberücksichtigt. Bei 17 der 499 Personen mündete das Ermittlungsverfahren nicht

---

55 Achenbach, Hans: § 170 StPO. In: Wassermann, Rudolf (Hg.): Kommentar zur Strafprozeßordnung in drei Bänden. Bd. 2, Teilband 1, Neuwied, Kriftel 1992, RN 8, S. 890, RN 14, S. 892.

56 Zur Quellenlage vgl. im Einzelnen die Beiträge von Dirk Dörrenberg, Stephan Konopatzky und Helmut Müller-Enbergs in diesem Band.

57 Lampe: Juristische Aufarbeitung (Anm. 2), S. 16.

58 Ebenda, S. 8 f. u. 16. Lampe spricht von einer »Verzehnfachung der Arbeitsbelastung der Bundesanwaltschaft im Verhältnis zu den Vorjahren«; ebenda, S. 9; vgl. auch Staatsschutz vor dem Kollaps. In: Berliner Morgenpost v. 28.2.1994.

59 Eigene Zählung anhand der eingesehenen Verfahren. Lampe: Juristische Aufarbeitung (Anm. 2), S. 10, schreibt von 388 Anklagen bis 1.7.1997, wobei sich eine Anklage auch gleichzeitig gegen mehrere West-IM richten kann, sodass die Zahl der Angeklagten höher ist als die der Anklagen.

in eine Anklage, sei es, weil Beschuldigte verstarben oder als verhandlungsunfähig galten, dass Verjährung eingetreten war oder dass eine Staatsanwaltschaft einen durchaus interessanten Fall als geringfügig eingestuft und auf eine Anklageerhebung verzichtet hatte. Unter den 499 Personen befinden sich 459 West-IM des MfS sowie 44 Agenturische Mitarbeiter des militärischen Nachrichtendienstes der DDR, der »Verwaltung Aufklärung« des Ministeriums für Nationale Verteidigung.[60] In dieser Studie wird zusammenfassend von »West-IM« gesprochen. Diese gemeinsame Betrachtungsweise erscheint gerechtfertigt und nahe liegend, sofern es in einem allgemeineren Sinne um DDR-Spionage sowie um Bundesbürger als Agenten der DDR-Spionage geht. Sofern eine Fragestellung es erfordert, werden die DDR-Spionageapparate auch getrennt betrachtet. Grundsätzlich stützen sich alle statistischen Auswertungen, die in dieser Studie vorgenommen werden, auf die Verfahren gegen diese 499 West-IM. Somit ist ziemlich genau ein Sechstel der rund 3 000 früheren West-IM erfasst, gegen die in den neunziger Jahren ermittelt wurde.

In den Anklageschriften und Urteilen ist die überwiegende Anzahl der bedeutenderen bundesdeutschen DDR-Agenten, also der so genannten West-IM, erfasst, die Ende der achtziger Jahre aktiv waren. Zugleich finden sich in diesen Justizunterlagen aber auch viele unspektakuläre Spionagefälle wieder. Vorhandene Defizite können aufgrund des genannten juristischen »Orientierungsrahmens« zumindest benannt werden. Somit ist es möglich, die Ergebnisse der juristischen Aufarbeitung im Hinblick auf sozialwissenschaftliche und politikgeschichtliche Fragestellungen auch empirisch und quantitativ auszuwerten. Eine wissenschaftliche Aufbereitung von Ergebnissen juristischer Tätigkeit ist in der Strafprozessordnung vorgesehen und geregelt.[61] Hierbei sind in aller Regel keine spektakulären Enthüllungen zu erwarten. Über die tatsächlich oder vermeintlich schlagzeilenträchtigen Ereignisse berichteten die Zeitungen und Nachrichtenmagazine bereits jeweils aktuell während der laufenden Verfahren. Dabei kam den Medien - und ihren Leserinnen und Lesern - der Umstand zugute, dass die Bundesrepublik eines der wenigen Länder ist, die zu Spionageprozessen die Presse und die Öffentlichkeit zulässt und somit für viel Transparenz sorgt.[62] Die empirische Auswertung wird mitunter Befunde zutage fördern, die im Wesentlichen das bestätigen, was man ohnehin schon als gegeben angenommen hat. Trotzdem ist diese Arbeit wichtig, weil sie an die Stelle von Vermutungen gesicherte und durchaus auch neue und vertiefte Erkenntnisse treten lässt.

Im Folgenden werden einige Beispiele für diese empirische Auswertung der Strafverfahren gegen West-IM vorgestellt. Die Aussagen, die hier getroffen werden, dienen einerseits dazu, mithilfe quantitativer Methoden Tendenzen aufzuzeigen, andererseits

---

60 Vier IM waren zu unterschiedlichen Zeiten sowohl Agenten des MfS und der »Verwaltung Aufklärung« und werden hier deshalb doppelt gezählt.

61 § 476 StPO: Übermittlung personenbezogener Informationen zu Forschungszwecken.

62 Quoirin, Marianne: Agentinnen aus Liebe. Warum Frauen für den Osten spionierten. Frankfurt/M. 1999, S. 10. Zu den Einschränkungen vgl. u. a. Wagner: Spionageprozesse (Anm. 9), S. 22-26.

können sie als Einstieg in vertiefende Darstellungen und weitergehende, qualitative Analysen dienen. Dadurch kann beispielsweise der Alltag der Spionage von den spektakulären Einzelfällen getrennt werden, und es lassen sich die normativen Vorgaben des MfS daraufhin überprüfen, inwieweit sie in der Realität umgesetzt wurden.

4 Fallbeispiele

4.1 Zur Rekrutierung von West-IM

Im ersten Beispiel soll der Frage nachgegangen werden, wie Bundesbürger als IM rekrutiert wurden. In diesem Zusammenhang wird gerne an Bonner Sekretärinnen erinnert, die zu Opfern so genannter Romeos wurden; oder man verweist auf die Anwerbung Rainer Rupps, der immerhin zu den wichtigsten West-IM des MfS gehörte und ab 1977 hochkarätige Informationen aus dem Brüsseler NATO-Hauptquartier lieferte.[63] Die Form, in der diese Personen angeworben wurden, wird oft als eine typische Anwerbemethode des MfS bezeichnet: Werber des MfS halten im Westen nach potenziellen IM Ausschau, knüpfen Kontakte und ziehen schließlich erfolgreiche Agenten heran.

Betrachtet man hingegen die Gesamtheit der West-IM, die in den neunziger Jahren angeklagt wurden, so ergibt sich ein anderes Bild. Die Anwerbung Rupps und die Romeo-Methode erweisen sich als Ausnahmeerscheinungen. Gerade einmal 3 bis 4 Prozent der rund 500 angeklagten West-IM wurden durch Werber ausfindig gemacht, wobei sich im Wesentlichen die HV A dieser Methode bediente. Auf die meisten der späteren West-IM war das MfS hingegen durch Hinweise anderer IM aufmerksam geworden. Häufig kamen die hinweisgebenden IM aus dem Kreis der Freunde, Bekannten, Kollegen oder Verwandten. Eine ähnlich wichtige Ausgangsbasis für die Anbahnung nachrichtendienstlicher Kontakte bildete die Auswertung der persönlichen Angaben, die jeder Bundesbürger bei seiner Einreise in die DDR machen musste. Zumeist handelte es sich hierbei um Einreisen zu Verwandten. Wenn es aussichtsreich und geboten erschien, bezog das MfS die DDR-Verwandtschaft eines potenziellen West-IM in die Anwerbungsstrategie mit ein. Der anwerbende hauptamtliche Mitarbeiter des MfS sollte in diesen Fällen auf die »Überwindung

---

63 Rainer Rupp (»Mosel«, »Topas«); Reg.-Nr. XV 333/69; Kategorie: Resident; Vorgangsart: IMA; 8.5.1969 bis Auflösung für die Abteilung XII der HV A erfasst; Führungsoffizier: 8.5.1969 Dieter Kutta, 12.11.1974 Karl Renner, 23.4.1979 bis Auflösung Karl Rehbaum; BStU, SIRA TDB 21, ZV 8243845. Zur Medienresonanz Rupps sei auf die Dokumentation des Mitteldeutschen Rundfunks (MDR) verwiesen: »Der Mann, der die NATO verriet«, ausgestrahlt von der ARD am 8.11.2001, 21.45–22.30 Uhr. Kritisch hierzu: Erfolgreiche Stasi. In: Der Spiegel (2001)46, S. 117.

von so genannten verwandtschaftlichen Skrupeln« unter den DDR-Verwandten hinarbeiten.[64]

In diese Zusammenhänge ordnet sich eine weitere Feststellung ein: Eine Mehrheit der West-IM begegnete dem MfS zunächst in Person eines ihm bekannten Menschen. In einigen Fällen waren es sogar die Eltern, die ihre eigenen Kinder schon im Jugendalter dem MfS zuführten. Bei manchen dieser Eltern handelte es sich um alte Kommunisten, die das aus Überzeugung taten. Andere wollten einfach bei ihrem Führungsoffizier Erfolge vorweisen können. Das galt besonders, wenn der Sohn oder die Tochter einen interessanten Beruf zu ergreifen beabsichtigte oder gerade ergriffen hatte. Ferner wurden auf diese Art viele »mithelfende Ehefrauen« angeworben, aber auch etliche wichtige Quellen. Es handelte sich keinesfalls nur um ein quantitatives Phänomen, sondern auch um eine qualitative Größe. Als ein Indikator hierfür lassen sich die 20 West-IM heranziehen, die in den neunziger Jahren wegen Landesverrats verurteilt wurden. Von diesen 20 wurden immerhin sechs durch engste Familienangehörige – gleichermaßen DDR- und Bundesbürger – dem MfS zugeführt. Diese Form der Rekrutierung wandte die HV A ebenso an wie die Abwehr-Diensteinheiten des MfS, und sie entspricht nicht dem Klischee, mit dem die Anwerbung von Agenten üblicherweise behaftet ist.[65] Dagegen finden sich unter den 20 Landesverratsfällen nur zwei West-IM, die dem MfS von Werbern zugeführt worden waren. Vergleichbare Größenordnungen ergeben sich, wenn man sich die Rekrutierungsgeschichte der rund 50 Top-Agenten ansieht. Als »Top-Agenten« lassen sich unter den rund 500 angeklagten West-IM etwa 50 benennen, die man aufgrund ihrer exklusiven Zugänge oder ihrer Position sowie der Qualität und des Umfangs der gelieferten Informationen und Materialien als »hochkarätige« Agenten auf den klassischen Spionagefeldern von Politik, Verwaltung, Militär, Wirtschaft und Geheimdiensten einstufen kann.[66] Ein Drittel von ihnen wurde durch die aktive Beteiligung naher Verwandter, Freunde oder Kollegen dem MfS zugeführt, während nur 8 Prozent der herausragenden West-IM durch Werber gewonnen wurden.

---

64 BV Cottbus, Leiter: Dienstanweisung 1/67 zur Ausnutzung der Basis des Bezirkes für die Nachrichtenarbeit und äußere Abwehr, 22.3.1967, S. 8; BStU, ASt Frankfurt/O., BV Cottbus, BdL 2448.

65 Von den sechs hier angesprochenen IM wurden vier von der HV A und zwei von der Hauptabteilung II des MfS geführt. Vgl. BayObLG, Urt. v. 15.11.1991 - 3 St 1/91 a-d; BayObLG, Urt. v. 12.3.1992 - 3 St 9/91 a-d; BayObLG, Urt. v. 2.4.1993 - 3 St 37/92 a-d; OLG Celle, Urt. v. 31.3.1995 - 3 StE 9/93-1.

66 Eindeutige Kriterien für solche Top-IM gibt es nicht. In der vorliegenden Untersuchung werden 49 der 499 West-IM als solche eingestuft, von denen die HV A 33 geführt hatte. Markus Wolf sprach einmal von einer Zahl von 50 West-IM, über die sich »tatsächlich zu reden lohnt«; zit. in: Fricke, Karl Wilhelm: Ordinäre Abwehr - elitäre Aufklärung? Zur Rolle der Hauptverwaltung A im Ministerium für Staatssicherheit. In: Aus Politik und Zeitgeschichte (1997)B 50, S. 17-26, hier 19. Eine solche Größenordnung wird auch von Lampe: Juristische Aufarbeitung (Anm. 2), S. 5, nicht grundsätzlich in Zweifel gezogen. Beide beziehen sich hierbei aber nur auf den Bereich der HV A.

Deutlich unterschätzt wurde bislang die Bedeutung der Selbstanbieter. Immerhin rund 8 Prozent der West-IM taten dies aus verschiedenen Gründen. Das ist nicht nur zahlenmäßig ein nicht zu vernachlässigender Anteil. Wichtiger ist noch, dass man unter den Selbstanbietern überproportional viele hochkarätige West-IM findet: Jeder siebte Top-Agent hatte sich den DDR-Geheimdiensten selbst angeboten. Und unter den schon genannten 20 Landesverratsfällen befinden sich fünf West-IM, die dem MfS bzw. der »Verwaltung Aufklärung« als Selbstanbieter zugelaufen waren.[67]

Eine andere Art, wie das MfS auf West-IM aufmerksam wurde, findet sich bislang in keiner Statistik: Immerhin rund 5 Prozent der West-IM waren den DDR-Geheimdiensten dadurch aufgefallen, dass sie gegenüber DDR-Behörden oder -Gesprächspartnern ernsthaft die Absicht kundgetan hatten, in die DDR überzusiedeln. Den derart motivierten Bundesbürgern erläuterte man jedoch, sie könnten der Sache der DDR und des Sozialismus besser dienen, wenn sie zumindest vorübergehend im Westen bleiben und von dort aus Informationen liefern würden. Hochkarätige IM waren in dieser Gruppe kaum vertreten; allenfalls zwei Agenten dieser Kategorie hatten wirklich bedeutende geheimdienstliche Zugänge. Das erscheint durchaus plausibel, denn wer sich in der Bundesrepublik in einer guten beruflichen Position befand, hatte wahrscheinlich weniger Anlass, in die DDR überzusiedeln. Trotzdem lohnt es sich, auch dieser Personengruppe Beachtung zu schenken, da dadurch die Vielschichtigkeit und Widersprüchlichkeit der deutsch-deutschen Verhältnisse anschaulich wird.

Insgesamt gilt, dass solche Zahlen, wie sie hier hinsichtlich der Rekrutierung von West-IM vorgelegt werden können, einige Erfolge der DDR-Westspionage erklären und relativieren, ohne sie damit jedoch zu verkleinern oder zu verharmlosen.

---

67 Bei den fünf angesprochenen Landesverratsfällen handelt es sich um:
Wilhelm Balke (»Gräber«); Reg.-Nr. XV 2982/78; Kategorie: O-Quelle; Vorgangsart: IMA; 25.9.1978 bis Auflösung für die Abteilung IX der HV A erfasst; Führungsoffizier: 25.9.1978 bis Auflösung Bernd Trögel; BStU, SIRA TDB 21, ZV 8233482.
Karl Gebauer (»Drucker«, »Claus Reuter«); Reg.-Nr. XV 2675/75; 1975–1986 für die Hauptabteilung II des MfS erfasst; Führungsoffizier: Wolfgang Mauersberger; BStU, ZA, AIM 6369/86; vgl. Gebauer, Karl: Doppelagent. Erinnerungen. Berlin 1999.
Klaus Kuron (»Berger«, »Stern«, »Bernhard«), Reg.-Nr. XV 3733/85; Kategorie: O-Quelle; Vorgangsart: IMA; 23.8.1985 bis Auflösung für die Abteilung IX der HV A erfasst; Führungsoffizier: 23.8.1985 bis Auflösung Stefan Engelmann; BStU, SIRA TDB 21, ZV 8220073; vgl. Müller-Enbergs: Inoffizielle Mitarbeiter. Teil 2 (Anm. 19), S. 139.
Heinz Werner (»Günter«, »Cherry«), Reg.-Nr. XV 5211/75; Kategorie: AM; 13.12.1968 bis Auflösung für die Verwaltung Aufklärung des Ministeriums für Nationale Verteidigung erfasst; Führungsoffizier: 13.12.1968 bis Auflösung Roland Glaser; BStU, ZA, F 16.
Alfred Spuhler (»Peter«), Reg.-Nr. XV 96/72; Kategorie: O-Quelle; Vorgangsart: IMA; 24.2.1972 für die Abteilung IV, 18.7.1977 bis Auflösung für die Abteilung IX der HV A erfasst; Führungsoffizier: 24.2.1972 Hans Krüger, 23.7.1974 Manfred Fleischhauer, 18.7.1977 Harry Schütt, 29.4.1985 bis Auflösung Siegfried Schlegel; BStU, SIRA TDB 21, ZV 8251612; vgl. Müller-Enbergs: Inoffizielle Mitarbeiter. Teil 2 (Anm. 19), S. 219.

4.2 Die Zusammenarbeit von »Abwehr« und »Aufklärung«

Das zweite Beispiel gilt der Verquickung der Aufgaben von »Abwehr« und »Aufklärung«. Es machte den Charakter des MfS als Geheimpolizei aus, dass ganz verschiedene Aufgabenbereiche und Befugnisse bei einer einzigen Institution, dem MfS, gebündelt waren. Das MfS war zugleich Inlandsgeheimdienst und Auslandsnachrichtendienst, besaß polizeiliche Befugnisse, war ein den Staatsanwaltschaften de jure untergeordnetes, de facto jedoch übergeordnetes Untersuchungsorgan und betrieb über ein Dutzend eigener Untersuchungsgefängnisse.[68] Jede Diensteinheit profitierte von der Machtfülle des Gesamtapparates. Nach 1989 versuchten die ehemaligen HVA-Angehörigen, allen voran Markus Wolf, ihre Diensteinheit als einen eigenständigen Auslandsnachrichtendienst darzustellen und sich somit von der inneren Repression der Abwehrdiensteinheiten abzusetzen. Werner Großmann stellte ergänzend immerhin noch die Frage, ob es nicht womöglich falsch gewesen sei, Inlands- und Auslandsnachrichtendienst in einem gemeinsamen Ministerium anzusiedeln.[69] Dagegen gelangte der Historiker Hubertus Knabe zu dem Ergebnis, die Aufgaben der HV A und der Abwehrdiensteinheiten des MfS hätten im Laufe der Zeit so weit ineinander gegriffen, dass man für die achtziger Jahre sogar von einer »Einheit von Aufklärung und Abwehr« sprechen könne.[70]

Zumindest zu einem der Aspekte dieser Kontroverse kann die Auswertung der Justizakten Erhellendes beitragen. Denn bei den angeklagten West-IM handelt es sich durchweg um Personen, die sich im Sinne der weiter oben erwähnten Paragraphen des bundesdeutschen Strafgesetzbuches der Spionage schuldig gemacht hatten, die also »Aufklärung« betrieben hatten. Von diesen 499 West-IM standen allerdings nur die Hälfte im Dienste der HV A; rund 42 Prozent der West-IM spionierten im Auftrag von Abwehrdiensteinheiten in der Bundesrepublik, und etwa 8 Prozent waren für den militärischen Nachrichtendienst der DDR, die »Verwaltung Aufklärung«, tätig gewesen.[71] Somit widerlegen diese Zahlen die Behauptung, es habe im MfS eine strenge Aufgabenteilung zwischen Inlands- und Auslandsarbeit gegeben. Eine qualitative Gewichtung dieser Statistik zeigt aber noch etwas anderes und führt schließlich zu einer differenzierteren Betrachtungsweise. Es lässt sich feststellen, dass

---

68 Vgl. StPO/DDR v. 12.1.1968 i. d. F. v. 7.4.1977, §§ 87-90, sowie Beleites, Johannes: Das Verhältnis der Staatssicherheitsorgane der DDR zur Staatsanwaltschaft. Manuskript. Berlin 1994, S. 13 f. Zu den Untersuchungshaftanstalten vgl. ders.: Schwerin, Demmlerplatz. Die Untersuchungshaftanstalt des Ministeriums für Staatssicherheit in Schwerin. Schwerin 2001.

69 Wolf, Markus: Spionagechef im geheimen Krieg. Erinnerungen. München 1997, S. 10, u. ö. »Wir verraten keinen«. In: Der Spiegel (2001)6, S. 64. Spiegel-Gespräch mit Werner Großmann.

70 Knabe, Hubertus: West-Arbeit des MfS. Die Zusammenarbeit von »Aufklärung« und »Abwehr«. Berlin 1999, S. 101 u. 113 f.

71 247 der 499 hier untersuchten West-IM spionierten zuletzt für die HV A, 212 für Abwehr-Diensteinheiten des MfS und 40 für die »Verwaltung Aufklärung«. Einige IM waren ursprünglich für andere Diensteinheiten tätig.

die wirklich wichtigen, »hochkarätigen« Agenten überwiegend von der HV A geführt wurden. Zwei Drittel der Top-IM spionierten im Auftrag der HV A und jeweils ein Sechstel für die Abwehrdiensteinheiten und für die »Verwaltung Aufklärung«. Auch unter den 20 Landesverratsfällen ist die HV A mit einem Zweidrittelanteil vertreten. Diese Zahlen, die sicherlich noch einer detaillierteren Untersuchung bedürfen, deuten darauf hin, dass es durchaus eine klare Aufgabenverteilung im MfS gegeben hat und die HV A demnach eindeutig Hauptträger der klassischen Spionage war. Das schließt keineswegs aus, dass es nicht auch Überschneidungen mit anderen Diensteinheiten gegeben hat, und im Falle der Westarbeit waren sie sogar ausdrücklich erwünscht.[72]

Der andere Aspekt dieser Kontroverse betrifft die Frage nach der Tätigkeit der HV A gegen die DDR-Bevölkerung, also die Beteiligung an der inneren Repression. Diese Frage war nicht Gegenstand der Spionageprozesse; sie kam im »Orientierungsrahmen« der Ermittlungsbehörden nicht vor. Aktenkundig wurden in diesem Zusammenhang vor allem Fluchtversuche von DDR-Bürgern, die unter Mitwirkung der HV A und der von ihr geführten West-IM verhindert wurden und für die betroffenen DDR-Bürger häufig Haftstrafen nach sich zogen.[73]

4.3 Die berufliche Qualifikation der West-IM

Das dritte Beispiel widmet sich der Frage nach der beruflichen Qualifikation der West-IM. Zunächst einmal fällt auf, in welch' vielfältigen Arbeitsgebieten die West-IM tätig waren. Da gab es Schüler und Auszubildende ebenso wie Rentner, Studenten und Professoren, Politiker, Putzfrauen, Pastoren und Prostituierte, zahlreiche Handwerker und Arbeiter, Angestellte und Beamte in den verschiedensten Bereichen und Rängen, Gelegenheitsarbeiter und Geschäftsleute, Polizisten und Soldaten, einige Arbeitslose, Ärzte, Lehrer und Ingenieure, auch Künstler und Friseure, ferner einen Museumswärter, einen Landwirt und einen Schmetterlingshändler. Mit anderen Worten, das MfS wusste mit jedem Beruf etwas anzufangen. Andererseits lassen sich dennoch bestimmte berufliche Schwerpunkte feststellen.

Das MfS führte Listen, in denen »operativ-interessante Berufsgruppen und Personen, unabhängig von der Arbeitsstelle« aufgeführt waren. Im Jahre 1978 umfasste diese Wunschliste folgende Tätigkeitsgebiete:

---

72 Exemplarisch hierfür Schulungsmaterial der HVA-Schule: Die Nutzung der operativen Basis der DDR zur Schaffung inoffizieller Positionen im Operationsgebiet, 5.2.1979; BStU, ASt Frankfurt/O., BV Frankfurt/O., BdL 1535.
73 StA b. d. BayObLG, Ankl. gg. Hans Günter E. v. 21.3.1995 – ObJs I 95/94; BAW Karlsruhe, Ankl. gg. Wilhelm B. v. 18.4.1992 – 3 StE 6/92-1. Darüber hinausgehende Beispiele für die Beteiligung der HVA an der inneren Repression vgl. Knabe: West-Arbeit (Anm. 70), S. 113 f.

»Abgeordnete, Archivare, Bedienungspersonal, Datenverarbeiter, Diplom-Inhaber (Diplom-Chem[iker], Dipl.-Ing[enieur]), Dolmetscher, Dozenten, Fotografen, Geldeinnehmer (Gas, Wasser, Licht), Hausangestellte, Ingenieure und ing[enieur]-technisches Personal, Journalisten aller Art (Presse, Rundfunk, Fernsehen, freiberufl[ich]), Juristen, kaufmännisches Personal, Konstrukteure, Laboranten, Monteure, Notare, Politologen, Postangestellte, Professoren, Rechtsanwälte, Referenten, Sekretärinnen, Schreibkräfte, Stenotypistinnen usw., Soziologen, Studenten, bes[onders] Jura, pol[itische] Wissenschaften, Journalistik, Sprachwissenschaften, Naturwissenschaften, Theologie, Techniker, Techn[ischer] Zeichner, Werbefachleute, Wissenschaftler, Vertreter, Vervielfältiger, Volkswirtschaftler, alle freiberuflich Tätigen.«[74]

In einem anderen Dokument aus dem Jahre 1985 hatte das MfS Personenkategorien zusammengestellt, die bei einer Einreise in die DDR vorrangig nachrichtendienstlich angesprochen werden sollten. Im Einzelnen handelte es sich hierbei um »Mitarbeiter der politischen Entscheidungszentren und militärischen Führungszentren; Beamte oder Angestellte staatlicher Institutionen; wissenschaftlich-technisches Personal von Konzernen, Forschungseinrichtungen und Instituten; Mitarbeiter des Apparates der systemtragenden Parteien; Wissenschaftler und Hochschullehrer (Assistenten, Dozenten, Professoren); Dolmetscher, Übersetzer; Studenten (18 bis 24 Jahre); Reisekorrespondenten und Journalisten; Sekretärinnen; Handelsvertreter; Oberschüler, Gymnasiasten, Abiturienten (16 bis 19 Jahre)«.[75] Das MfS interessierte sich sowohl für Personen, die bereits in einer bestimmten Position saßen, als auch für solche, die zumindest gute Aussichten hatten, in der Zukunft einmal eine wichtige Funktion auszuüben.

Vergleicht man die beiden genannten »Wunschlisten« des MfS mit den beruflichen Positionen, die die angehenden West-IM bei ihren ersten Begegnungen mit den DDR-Geheimdiensten innehatten, so lassen sich zwei Feststellungen treffen: Alle »Wunschberufe« mit Ausnahme der Notare und der Geldeinnehmer waren unter den anzuwerbenden West-IM tatsächlich vertreten, und die meisten der künftigen West-IM hatten eine dieser Wunschpositionen inne. Die MfS-internen Vorgaben und ihre Umsetzung lagen demnach nicht allzu weit auseinander. Als zahlenmäßig stärkste Einzelgruppe waren die Studentinnen und Studenten mit einem Anteil von rund 18 Prozent vertreten, weitere rund 2 Prozent waren zum Zeitpunkt der ersten geheimdienstlichen Ansprache noch Schüler. Daneben fallen vor allem die Journalisten und Redakteure mit

---

74 BVfS Cottbus, Leiter: Dienstanweisung 2/78 zur allseitigen Ausnutzung der operativen Basis des Bezirkes für die Aufklärung, 3.5.1978; BStU, ASt Frankfurt/O., BV Cottbus, BdL 2453, S. 12 f.

75 BVfS Halle, Leiter: Dienstanweisung 3/82 über Grundsätze, Zielstellungen und Arbeitsweisen zur Lösung von Aufgaben im und nach dem Operationsgebiet auf der Linie Aufklärung/Abteilung XV bei der Nutzung der operativen Basis der Bezirksverwaltung in der Fassung v. 30.8.1985; BStU, ASt Halle, KD Artern, Sachakte Nr. 3, Bl. 9 f.

über 4 Prozent überproportional stark ins Gewicht. Geheimdienstliche Kontakte baute das MfS aber auch zu Berufsgruppen auf, die nicht auf seiner Wunschliste standen. Dazu gehörten die Hausfrauen mit knapp 3 Prozent. Jeder sechste der hier untersuchten West-IM war zum Zeitpunkt des nachrichtendienstlichen Erstkontaktes jedoch einfacher Arbeiter oder Handwerker und war als solcher zudem außerhalb von besonders sicherheitsempfindlichen Bereichen beschäftigt.

Diese Zahlen können indes nur als vorsichtige Orientierung dienen. Denn sie sagen nur über diejenigen Anwerbungsversuche etwas aus, die schließlich auch in eine mehr oder weniger bedeutungsvolle Agentenkarriere mündeten. Und das war keineswegs die Regel. Zwischen 75 und 90 Prozent aller Anwerbungsversuche des MfS bzw. der »Verwaltung Aufklärung« scheiterten ganz einfach deshalb, weil die angesprochenen Bundesbürger eine Zusammenarbeit mit einem DDR-Geheimdienst ablehnten – sei es, dass sie ein entsprechendes Angebot sofort kategorisch zurückwiesen, sei es, dass sie sich zunächst zur Mitarbeit bereit erklärten, sich danach aber der geheimdienstlichen Zusammenarbeit entzogen.[76]

Das berufliche Spektrum verschiebt sich etwas, wenn man nicht die Anwerbungsphase in den Blick nimmt, sondern die darauf folgende Zeit aktiver Spitzeltätigkeit. Die Studenten konnten in einflussreiche Stellungen aufgestiegen sein, Arbeiter und Handwerker machten sich selbstständig, andere gingen in Rente.

Im Jahre 1989 gingen die meisten West-IM einer Angestellten- oder Beamtentätigkeit nach, darunter waren Kellner und Sekretärinnen ebenso wie Ingenieure und hochgestellte Abteilungsleiter. In dieser heterogenen Gruppe befinden sich auch die meisten der West-IM, die in den sicherheitsrelevanten Bereichen von Militär, Polizei und Geheimdiensten tätig waren. Arbeiter und Handwerker sind ebenso wie selbstständige Kaufleute, Händler und Unternehmer mit rund 11 Prozent vertreten, Journalisten und Redakteure immerhin mit 5,3 Prozent, Hausfrauen mit 3,8 Prozent. Nur ein Prozent aller hier untersuchten West-IM aus dem Jahre 1989 waren Studentinnen oder Studenten.

Aber auch diese Zahlen deuten allenfalls eine Richtung an. Viele Studentinnen und Studenten tauchen in dieser Erhebung nicht auf; ihre Ermittlungsverfahren waren wegen Geringfügigkeit eingestellt worden, da ihre nachrichtendienstlichen Kontakte naturgemäß zumeist noch nicht von langer Dauer waren und ihr eigentlicher Einsatz noch bevorgestanden hätte. Ganz gewiss sind die Geschäftsleute unterrepräsentiert, weil die bundesdeutschen Strafverfolgungsbehörden in den neunziger Jahren die Wirtschaftsspionage bei weitem nicht so umfassend aufarbeiteten wie die Bereiche Politik, Militär, Polizei und Geheimdienste.[77]

---

76 Es handelt sich hier um Schätzungen des Bundesamtes für Verfassungsschutz. Vgl. Bundesminister des Innern (Hg.): Verfassungsschutz '72 [Jahresbericht des Bundesamtes für Verfassungsschutz für das Jahr 1972]. Bonn 1973, S. 113; dass. für das Jahr 1980. Bonn 1981, S. 114.

77 Lampe: Juristische Aufarbeitung (Anm. 2), S.16.

Nur eine Aussage lässt sich in diesem Zusammenhang mit großer Eindeutigkeit treffen: eine akademische Bildung begünstigte eine erfolgreiche Agentenkarriere. Jeder dritte der hier untersuchten rund 500 Westagenten hatte eine Universität oder Fachhochschule besucht und in der Regel auch einen entsprechenden Abschluss gemacht. Von den rund 50 besonders wichtigen West-IM war sogar jeder zweite Akademiker bzw. Akademikerin gewesen.[78] Dementsprechend beträgt auch der Akademikeranteil unter den 63 West-IM, die in den neunziger Jahren zu Haftstrafen ohne Bewährung verurteilt wurden, rund die Hälfte. Im Vergleich zum Bevölkerungsdurchschnitt waren die Hochschulabsolventen unter den West-IM somit überproportional stark vertreten: 1989 besaßen in der Bundesrepublik nicht einmal 10 Prozent aller Erwachsenen eine akademische Ausbildung.[79] Die meisten der akademisch ausgebildeten West-IM waren Männer, ihr Anteil betrug rund 87 Prozent. Das bedeutet zugleich, von den 390 männlichen Westagenten hatte über ein Drittel, etwa 37 Prozent, eine Hochschule besucht, bei den Frauen war es nur jede fünfte. Dieses Bildungsgefälle ist noch größer, als es in der Bundesrepublik Deutschland Ende der achtziger Jahre ohnehin noch war.[80] Eine auffällige Ausnahme gibt es in diesem Bild: Die 20 Landesverratsdelikte gingen in rund drei Viertel der Fälle auf das Konto der Nicht-Akademiker. Zumeist waren es einfache Angestellte wie Sachbearbeiter oder Sekretärinnen, die Zugang zu geheimen Dokumenten aus den Bereichen von Militär, Verteidigungsplanungen und bundesdeutschen Nachrichtendiensten hatten und diese an die DDR-Geheimdienste weiterreichten.[81]

Die »Akademikerschwemme« verteilte sich sehr ungleich auf die verschiedenen Diensteinheiten des MfS. Von den West-IM, die bei der HV A und den ihr nachgeordneten Abteilungen XV geführt wurden, gehörte jeder zweite zur Gruppe der Akademiker. Bei den Abwehrdiensteinheiten des MfS betrug der Anteil der akademisch gebildeten West-IM hingegen nur 20 Prozent. Unter den Westagenten des militärischen Nachrichtendienstes der DDR lag die Akademikerquote immerhin

---

78 Unter »besonders wichtigen« West-IM sind solche zu verstehen, die entweder Landesverrat begangen hatten oder über andere, besonders wertvolle nachrichtendienstliche Zugänge verfügt hatten. Indikatoren hierfür sind u. a. die Zahl und Qualität der gelieferten Berichte bzw. Informationen, deren Bewertungen durch das MfS bzw. die VA und gutachterliche Beurteilungen im Rahmen der Strafverfahren.

79 Statistisches Bundesamt (Hg.): Statistisches Jahrbuch 1991 für das vereinte Deutschland. Wiesbaden 1991, S. 383.

80 Von den rund 3,9 Millionen Hochschulabsolventen, die es 1989 in der BRD gab, waren genau ein Drittel Frauen und zwei Drittel Männer. Vgl. ebenda. Unter den Westagenten betrug das Verhältnis zu diesem Zeitpunkt wie gesagt rund ein Achtel Frauen (13 Prozent) zu sieben Achtel Männer (87 Prozent).

81 Hier gibt es allerdings eine relevante statistische Unsicherheit: Um einen Angeklagten des Landesverrats zu überführen, musste stets der Nachweis erbracht werden, dass entsprechende Dokumente verraten wurden. Häufig war dieser Nachweis nicht mit der für eine Verurteilung erforderlichen Sicherheit zu erbringen, sodass bei der Verurteilung zugunsten der Angeklagten dann nur von einer geheimdienstlichen Agententätigkeit ausgegangen wurde.

noch bei rund 36 Prozent.[82] Diesem Befund entspricht die Tatsache, dass unter den hauptamtlichen Mitarbeitern des MfS die Offiziere der HV A über ein deutlich höheres Bildungsniveau verfügten als ihre Kollegen von den Abwehrdiensteinheiten.[83] Ganz offensichtlich war der vergleichsweise hohe Ausbildungsstand der HVA-Offiziere eine Reaktion auf die vielen hochqualifizierten West-IM. Um sie zu führen, mussten die Führungsoffiziere in der Lage sein, ihnen als gleichwertige Gesprächspartner gegenüberzutreten.

4.4   Belastender Agentenalltag

Die drei hier beschriebenen Beispiele stützen sich stark auf quantitative Methoden. Bei anderen Fragestellungen wird die statistische Auswertung stärker in den Hintergrund treten. So lässt sich anhand der Justizakten beispielsweise deutlich herausarbeiten, wie bedrückend etliche West-IM ihre Situation als Spione empfunden haben. Zahlenmäßig ist dieses Phänomen schnell beschrieben: 13 der rund 500 später angeklagten West-IM hatten sich schon vor der Wende aus eigenem Antrieb vom MfS gelöst, da sie das Agentenleben nicht mehr weiterführen wollten. Ungefähr 100 weitere West-IM hatten immerhin halbherzige, vorsichtige Versuche unternommen, sich vom MfS wieder zu trennen, brachten aber letztlich nicht genug Kraft oder Mut auf, um sich zu lösen. Jenseits aller Statistiken fördert gerade diese Fragestellung das Belastende, ja Krankmachende der nachrichtendienstlichen Arbeit zutage. Denn zu den Charakteristika des geheimdienstlichen Alltags gehörten und gehören Verlogenheit, Fremdbestimmung, die permanente Angst vor dem Entdecktwerden, Entfremdung vom persönlichen Umfeld, kurz: eine unerträgliche Lebenssituation, die bei einigen West-IM nicht nur psychische Belastungen mit sich brachte, sondern auch körperliche Krankheiten hervorrief.

Es gibt in diesem Kontext aber noch eine andere, unschöne Seite. Denjenigen West-IM, die sich innerlich allmählich von ihrem Tun distanzierten, standen diejenigen gegenüber, die überhaupt nicht daran dachten, ihre Zusammenarbeit mit dem MfS bzw. der »Verwaltung Aufklärung« zu beenden. Im Gegenteil, manche konnten nicht genug bekommen und baten ihre Führungsoffiziere um mehr und wichtigere Aufträge. Einige liefen erst zur Hochform auf, nachdem sie sich in ihrem eigentlichen Beruf invalidisieren hatten lassen. Dabei entstanden regelrechte Abhängigkeiten, die in einem Fall so weit gingen, dass ein West-IM in Tränen ausbrach, als ihm sein Führungsoffizier mitteilte, die Zusammenarbeit solle für ein Jahr unterbrochen werden.[84]

---

82 Eigene Berechnungen auf der Grundlage der 499 untersuchten West-IM-Fälle. Davon betreffen lediglich 44 Westagenten der »Verwaltung Aufklärung«, sodass die Zahl von 36 Prozent nicht allzu gefestigt ist.
83 Gieseke, Jens: Die hauptamtlichen Mitarbeiter der Staatssicherheit. Personalstruktur und Lebenswelt 1950–1989/90. Berlin 2000, S. 273 u. 466.
84 KG Berlin, Urt. gg. Lutz S. v. 18.5.1998 – 3 OJs 195/93, S. 9.

5   Unzureichend erforscht: Die Opfer der Spionage

Manche Fragestellungen lassen sich mit dem juristischen Orientierungsrahmen nur ungenügend erfassen. Dazu gehört die Frage nach den Opfern der Spionage, und dazu gehört die Frage, inwieweit die Westarbeit des MfS auf die DDR zurückgewirkt hat. Die Tätigkeit der West-IM ermöglichte es dem MfS, Fluchtvorhaben von DDR-Bürgern zu vereiteln, Zersetzungsmaßnahmen gegen DDR-Kritiker auch im Westen durchzuführen und familiäre und freundschaftliche Ost-West-Kontakte zu stören oder zu zerstören. Davon erfährt man in den Spionageprozessen aber nur am Rande, da der zugrunde gelegte Maßstab, das Strafgesetzbuch, nach der politischen Gefährdung der Bundesrepublik und nach der Bedrohung ihrer Machtstellung fragt. Deshalb ist es wichtig, dass sich die Geschichtsschreibung an solchen Stellen vom juristischen Orientierungsrahmen frei macht und die vorhandenen Quellen auch mit anderen Fragestellungen untersucht.

Darüber hinaus lassen manche Urteilsbegründungen den Eindruck entstehen, dass die Frage nach den Opfern der Spionage regelrecht nachlässig behandelt wurde. Exemplarisch sei hierfür auf das Urteil gegen den Leiter einer Journalistenschule hingewiesen. Dieser arbeitete von Anfang der siebziger Jahre bis 1989 für das MfS und wurde 1996 zu einer einjährigen Haftstrafe verurteilt, die zur Bewährung ausgesetzt wurde. In der Urteilsbegründung hielt das Gericht zwar fest, dass er die Studenten seiner Journalistenschule »bedenkenlos [...] der Gefahr einer nachrichtendienstlichen Ansprache durch das MfS aussetzte«, hielt ihm aber zugute, dass »erfolgreiche Anwerbungen des MfS aufgrund der Informationen des Angeklagten nicht bekannt geworden sind.«[85] Ferner berücksichtigte es zu seinen Gunsten, dass ein »messbarer Schaden aufgrund der Informationen, die er geliefert hat, nicht entstanden ist«.[86] Solche Sätze finden sich häufiger in Urteilen, aber auch in Einstellungsverfügungen. Sie sind zumindest als entlastende Momente schwer nachzuvollziehen, denn erst die Vielzahl von vermeintlich unwichtigen Informationen versetzte das MfS in die Lage, sich einen Überblick zu verschaffen und bei Bedarf gezielt tätig zu werden. In dem hier angeführten Fall kommt noch hinzu, dass die Staatsanwaltschaft in ihrer Anklageschrift ausdrücklich darauf hinwies, dass der Schulleiter zwei seiner Studenten dem MfS zugeführt hatte. Und selbst das Gericht hätte eigentlich davon wissen müssen, denn vor demselben Gericht hatte sich noch wenige Monate zuvor ein West-IM zu verantworten, von dem in der Gerichtsverhandlung festgestellt wurde, dass er von eben diesem Schulleiter nachrichtendienstlich verstrickt worden war.[87]

Eine Sichtung der Anklageschriften und Urteile lässt zumindest in Ausschnitten erkennen, dass die Westarbeit des MfS verhängnisvoll in private Lebensläufe eingriff.

---

85   OLG Düsseldorf, Urt. gg. Heinz St. v. 23.8.1996 – IV-3/95, S. 10.
86   Ebenda, S. 9. Vgl. zu diesem Fall auch Knabe, Hubertus: Der diskrete Charme der DDR. Stasi und Westmedien. Berlin 2001, S. 180 f.
87   OLG Düsseldorf, Urt. v. 8.2.1995 – IV-19/94.

Vor allem sind in diesen Unterlagen Vorfälle festgehalten, bei denen Fluchtvorhaben von DDR-Bürgern durch das Zutun von West-IM entdeckt wurden, was für die betreffenden DDR-Bürger in der Regel Verhaftung und Verurteilung nach sich zog. Eine weitere Opfergruppe, die gelegentlich erwähnt wird, waren ehemalige DDR-Bürger, die im Westen lebten und auch hier vom MfS bearbeitet wurden, weil sie sich beispielsweise weiterhin kritisch mit der DDR auseinander setzten. Mit diesen beiden Opfergruppen ist zugleich eine besonders delikate Konstellation angesprochen: Bundesbürger bespitzelten im Auftrag des MfS DDR-Bürger.

Sofern Bundesbürger als Opfer der MfS-Westarbeit genannt werden, bestand ihr erlittener Schaden in den siebziger und achtziger Jahren vor allem darin, dass ihnen aufgrund der Informationen von West-IM Einreiseverbote in die DDR erteilt wurden, womit zugleich auch Verwandte und Freunde in der DDR getroffen wurden.

Schließlich verweisen die Akten auch auf eine geheimdienstspezifische Opfergruppe: auf Bundesbürger und DDR-Bürger, die für die bundesdeutschen Nachrichtendienste tätig waren, enttarnt wurden und stets mehrjährige Haftstrafen anzutreten hatten.

6   Bilanz: Spionage für den Frieden?

Die Ermittlungsbehörden und die Gerichte mussten sich bei jedem angeklagten West-IM einen Überblick darüber verschaffen, worin die geheimdienstliche Agententätigkeit oder der Landesverrat im Einzelnen bestanden hatte. In der Summe bieten die entsprechenden Akten daher einen weitreichenden, wenn auch nicht vollständigen Überblick über die Zielobjekte der DDR-Spionage und über den Verratsumfang. Die Behauptung vieler Geheimdienstmitarbeiter, ihre Tätigkeit habe der Erhaltung des Friedens gedient, wird hierbei nicht bestätigt. Und es ist bemerkenswert, dass beispielsweise Markus Wolf seine diesbezügliche Behauptung nicht nur nicht belegt, sondern ihr sogar widerspricht. So zitiert Wolf zustimmend den früheren Bundeskanzler Helmut Schmidt, der gegenüber dem Ständigen Vertreter der DDR in der Bundesrepublik, Michael Kohl, offenbar einmal geäußert hatte: »Man soll mit den lästigen Spionagegeschichten aufhören. [...] Das, worauf es ankommt, weiß man sowieso. [...] Der Aufwand ist unnötig und stellt eine Wichtigtuerei dieser Dienste dar, die ihre Existenzberechtigung nachweisen und ihre Planstellen erhalten wollen.«[88]

Soweit es anhand der untersuchten Akten möglich ist, eine Bilanz aufzustellen, so deutet diese tatsächlich in die Richtung, dass die Spionage jeweils und vor allem der Stärkung der eigenen Position diente. Das trifft auf die DDR-Spionage gegen die Bundesrepublik ebenso zu wie auf die, wenngleich defensivere bundesdeutsche Spionage gegenüber der DDR. So ordnet sich beispielsweise ein Großteil der Militär-

---

88   Wolf, Markus: Spionagechef im geheimen Krieg. Erinnerungen. München 1997, S. 474. Auf S. 485 betont Wolf hingegen seinen Beitrag für den Erhalt des Friedens in Europa.

spionage einfach in die Strategie der Abschreckung und der Hochrüstung ein und kann kaum als ein Beitrag zur Vertrauensbildung aufgefasst werden. Von »Spionage für den Frieden« kann man daher nur dann sprechen, wenn man die Hochrüstung von Bundeswehr und NVA als friedenserhaltende Maßnahmen interpretiert. Und die politischen Destabilisierungsversuche des MfS in der Bundesrepublik waren in ihrer Tendenz eher friedensgefährdend.

Die Arbeit der Justiz hat viel zur Erhellung der Westarbeit des MfS beigetragen. Bedingt durch ihren eingangs beschriebenen Orientierungsrahmen, kann die juristische Aufarbeitung zu manchen Fragestellungen hingegen nur marginal beitragen. Neben der Frage nach den Opfern der geheimdienstlichen Arbeit betrifft dies vor allem die Frage, inwieweit die Westarbeit des MfS auf die DDR zurückgewirkt hat und auch als ein Bestandteil der inneren Repression anzusehen ist. Bei diesen Themen handelt es sich um wichtige Forschungsdesiderata.

Eine wesentliche Erkenntnis, auf die man bei einer Analyse des Spionagegeschehens immer wieder stoßen wird, hat Klaus Wagner ausgesprochen, der als Richter und Vorsitzender eines Staatsschutzsenats am Oberlandesgericht Düsseldorf eine Vielzahl prominenter und weniger bekannter Spionageverfahren durchführte: Entgegen dem Mythos des »Geheimnisumwitterten, Gefährlichen und Abenteuerlichen« sei Spionage in Wirklichkeit »eher nüchtern und trivial«, und zwar in einem Umfang, dass selbst ihn als erfahrenen Richter »die Trivialität der Spionage immer wieder aufs Neue überraschte.«[89]

---

89 Wagner: Spionageprozesse (Anm. 9), S. 22, sowie Interview mit Klaus Wagner, ca. 1995: »Üble Mittel waren das«. Klaus Wagner, Deutschlands bedeutendster Spionage-Richter, über die Methoden der Agenten. In: Spiegel-Spezial (1996)1, S. 47.

Joachim Lampe

Die strafrechtliche Aufarbeitung der MfS-Westarbeit: Fortdauernde Lehren aus einem abgeschlossenen Kapitel deutscher Justiz- und Zeitgeschichte

Es gibt Erkenntnisse und Lehren aus der Aufarbeitung der Westarbeit des MfS, deren Aktualität heute deutlicher wird denn je. Darauf werden sich die folgenden Ausführungen beschränken. Denn die Frage, wem nützt die Aufarbeitung noch, muss mit Blick auf die Zukunft befriedigend beantwortet werden.

1 Rückschau: Das Verhältnis der Strafjustiz zum Bundesbeauftragten für die Stasi-Unterlagen

Die Ausgangslage kann wie folgt beschrieben werden: Die Aufarbeitung der operativen Tätigkeit des Geheimdienstes eines totalitären Staates kommt ohne Zuweisung von Schuld – im ethischen, politischen und strafrechtlichen Sinne – nicht aus. Wer hat sich schuldig gemacht, wer nicht? Das sind die Kernfragen. In einem Rechtsstaat ist die Beantwortung dieser Frage ausschließlich den Gerichten anvertraut. Das gibt der Artikel 92 des Grundgesetzes unmissverständlich und von der Ewigkeitsklausel unantastbar geschützt mit auf den Weg.[1]

Diese Verfassungsrechtslage war den Opfern des SED-Unrechtsregimes und der Bürgerbewegung, die das Regime zu Fall gebracht hatte, zu vermitteln. »Wir wollten Gerechtigkeit und bekamen den Rechtsstaat« – dieser Satz von Bärbel Bohley gibt das Problem zutreffend wieder. Die Gesetze, die in der Bundesrepublik Deutschland zur Verfügung stehen, konnten das besondere, nur aus der revolutionären Situation erklärbare Schutzbedürfnis der früheren Opfer des Ministeriums für Staatssicherheit nicht gewährleisten. Mit dem Stasi-Unterlagen-Gesetz (StUG) wurde ein Sonderrecht geschaffen, das das Problem lösen sollte. Dieses Sonderrecht schränkt anderes Recht ein. Das betrifft beispielsweise die Aufträge und Befugnisse anderer staatlicher Stellen. Aber auch Rechte einzelner Bürger sowie Persönlichkeitsrechte und der Datenschutz werden in MfS-Zusammenhängen speziell und damit anders als sonst geregelt.

Selbst der Strafverfolgung werden besondere Rücksichten auferlegt und die Flügel gestutzt: Der Entzug der Sichtungskompetenz von MfS-Unterlagen, in denen

---

1 Grundgesetz, Artikel 92: Gerichtsorganisation: »Die rechtsprechende Gewalt ist den Richtern anvertraut ... .«

Beweise erwartet werden können, trifft einen zentralen Punkt der Strafverfolgung, wenn auch nicht ihren Kern. Von Verfassungs wegen darf auch das StUG nicht in den Kern dessen eingreifen, was Strafrecht ausmacht: die Feststellung von Schuld oder Unschuld für ein konkretes Tatgeschehen. Der Bundesbeauftragte für die Stasi-Unterlagen (BStU) konnte und sollte nicht so etwas sein wie der Wohlfahrtsausschuss der Jakobiner nach der Französischen Revolution. Nur den Gerichten und den ihnen zugeordneten Staatsanwaltschaften sind die tatsächlichen und rechtlichen Möglichkeiten an die Hand gegeben, ein konkretes Geschehen mit allen erreichbaren Beweismitteln aufzuklären.[2] An diese einzigartige Auftrags- und Befugniszuweisung ist die Legitimation der Gerichte geknüpft und gebunden, für die gesamte Gesellschaft verbindlich festzustellen, was geschehen ist und wer dafür die Verantwortung trägt. Der Wahrspruch des Gerichts setzt allseitige Kognition voraus.

Diese Verfassungsrechtslage belegt die Notwendigkeit vertrauensvoller Zusammenarbeit des BStU mit den Strafverfolgungsbehörden. Keiner kommt ohne den anderen aus. Keiner von denen, die schon vor zehn Jahren dabei waren, hätte gedacht, dass das so gut funktioniert. Beide Seiten konnten ihre Aufträge nur mithilfe des jeweils anderen erfüllen. Entscheidend war zweifelsfrei das Engagement, die Sachkunde und die gegenseitige persönliche Wertschätzung. Das Ergebnis kann sich aus den Blickwinkeln beider Seiten sehen lassen.

Ein kleines Beispiel soll das beleuchten: Die Staatsanwaltschaft muss Schwärzungen des BStU in Beweisunterlagen nicht akzeptieren. Sie kann es aber, solange die Ermittlungen darunter nicht leiden. Die Bundesanwaltschaft hat die Schwärzungen grundsätzlich hingenommen, hatte dann aber in den wenigen Fällen, in denen sie die Notwendigkeit darlegte, ungeschwärzte Unterlagen einzusehen, auch keine Schwierigkeiten. Auf den guten Willen auf beiden Seiten kommt es an.

Selbstverständlich stellte die Bundesanwaltschaft ihre Ermittlungsergebnisse dem BStU zur Verfügung, die er zur Erfüllung seines Auftrags benötigt. Das ist Amtshilfe; Amtshilfe hat Verfassungsrang. So stellte die Bundesanwaltschaft dem BStU nicht nur die Strukturanklagen[3] mit der Auflistung der dazugehörenden Beweismittel zur Verfügung, sondern auch Ermittlungsergebnisse in Einzelfällen von besonderer Bedeutung – beispielsweise in Zusammenhang mit der Frage, wie die Dokumentation der gesamten operativen Tätigkeit der Hauptverwaltung A (HV A), die Statistikbögen, die F 16, die F 22, also die so genannten Rosenholz-Unterlagen, 1989 völlig außer Kontrolle der HV A geraten konnte.

Andererseits wäre die Ermittlungstätigkeit der Bundesanwaltschaft ohne die Unterstützung durch den BStU nicht möglich gewesen. Beide Institutionen ergänzten sich. In den Anklagen und Ermittlungsberichten steckt viel Recherchetätigkeit des BStU.

---

2   Strafprozessordnung, §§ 160 f.: Ermittlungsverfahren; Auskunft und Ermittlungen.

3   Strukturanklagen: Anklagen gegen ranghohe Generäle und Offiziere des MfS, in denen die geheimdienstliche Agententätigkeit der DDR gegen die Bundesrepublik systematisch und in ihren komplexen Zusammenhängen aufgeklärt wurde.

Die Ermittlungen der Bundesanwaltschaft - Zeugenbefragungen, Beschuldigten-vernehmungen, Durchsuchungen und Beschlagnahmen - flossen auch in wissenschaftliche Darstellungen des BStU ein und machten es in vielen Fällen erst vorstellbar, was sich hinter den Befehlen und den Berichten aus den MfS-Unterlagen tatsächlich und lebendig verbarg.

Es ist unerlässlich, sich die historischen, politischen und verfassungsrechtlichen Wurzeln dieser gemeinsamen Arbeit bei der Bewältigung der Hinterlassenschaften des MfS zu vergegenwärtigen, wenn aktuelle Fragen, auch kontrovers, diskutiert werden. In der Rückschau lässt sich folgendes Fazit ziehen: Das StUG und seine Handhabung bei der Aufarbeitung der operativen Westarbeit des MfS haben sich bewährt. Es hat sich gezeigt, dass in einer besonderen historischen Situation durchaus ein Sonderrecht in den Rahmen des demokratischen Rechtsstaates eingefügt werden kann, ohne dass rechtsstaatliche Dämme brechen.

2   Nach zehn Jahren: Rückkehr zur Normalität

Aus den Begriffen Sonderrecht und historische Ausnahmesituation folgt bereits logischerweise, dass man zur Normalität zurückfinden muss, wenn für besondere Rücksichten keine Notwendigkeit mehr besteht. Dazu einige Überlegungen, die sich auf den Persönlichkeitsschutz aus Sicht des Strafverfolgers beziehen: Es ist nicht einzusehen, warum der Persönlichkeitsschutz aller - von Opfern, Unbeteiligten und Tätern - zehn Jahre nach der Wende in MfS-Zusammenhängen noch vom sonst geltenden Recht abweichend gesehen werden muss. Die Rechtsordnung der Bundesrepublik Deutschland hat seit über 100 Jahren gewachsene Instrumente, nämlich die Verjährung, und in der modernen Verfassungswirklichkeit entwickelte Normen, zum Beispiel Datenschutz und informationelles Selbstbestimmungsrecht, von denen bei der Beurteilung der MfS-Hinterlassenschaft abzuweichen, jedenfalls heute, kein Anlass mehr besteht. Die abgeschlossene und weiter notwendige historische Aufarbeitung braucht den Pranger nicht.

Wenn die Rechtsordnung Strafverfolgung nicht mehr will, was sich in der Verjährung ausdrückt, und wenn das Justizmitteilungsgesetz und die Strafprozessordnung nicht wollen, dass über strafbares Verhalten und Strafverfahren berichtet wird, dann darf dieser allgemeine Wille des Souveräns nicht unterlaufen werden. In diesem Punkt haben sich durch Zeitablauf seit der Wende rechtliche Notwendigkeiten verändert. Der BStU darf von Verfassungs wegen mit veröffentlichten Stellungnahmen über MfS-Zusammenhänge, die strafrechtlich relevante Vorwürfe indizieren, nicht an die Stelle der Strafjustiz treten. Rechtlich ist es unerheblich, ob mit solchen Stellungnahmen jemand be- oder entlastet wird.

Es wäre ein Irrtum anzunehmen, diese Rechtsansicht würde die so genannten Personen der Zeitgeschichte aus dem Westen begünstigen. Das Gegenteil ist richtig: Die Westarbeit des MfS in den siebziger und achtziger Jahren ist nahezu vollständig aufgearbeitet. Diese Einschätzung lässt sich anhand von Rosenholz und SIRA zuverlässig treffen.[4] Weitgehend unbearbeitet ist die Basis dieser operativen Westarbeit in der DDR. Und zwar nicht nur die aus heutiger Sicht unbedeutenden Deckadressengeber und Verwalter von konspirativen Wohnungen, sondern auch die meisten hochwertigen inoffiziellen Mitarbeiter (IM), die die Verbindung zwischen den hauptamtlichen Führungsoffizieren und den Quellen im Operationsgebiet hielten. In aller Regel handelte es sich dabei um hoch qualifizierte Personen aus Wissenschaft, Wirtschaft, Kultur, Sport, Medien, Gewerkschaft – Personen, von denen durchaus nicht alle auf Rente sein werden. Historische Aufarbeitung nach Beendigung der Strafverfolgung bedeutet nicht, die 77 000 Vorgangskarteikarten und die 317 000 Namenskarteikarten nach unbekannten IM zu durchforschen und diese an den Pranger zu stellen. Das Augenmerk sollte sich nicht auf Personen konzentrieren. Die meisten spielen ohnehin keine Rolle mehr. Menschen können sich zudem ändern. Man sollte das Verständnis von Menschenwürde und Anständigkeit auch in diesen Zusammenhängen wahren, wie das bisher auch geschehen ist.

3 Besonderheiten der MfS-Westarbeit

Es sind die Besonderheiten des Ost-West-Konfliktes nach dem Zweiten Weltkrieg, des so genannten Kalten Krieges, die nicht in der Geschichte versunken sind, die heute fortwirken, aus denen man Lehren ziehen muss. Diese Besonderheiten sollen hier kurz reflektiert werden.

Die Westarbeit des MfS und des gesamten Ostblocks im Kalten Krieg lässt sich nicht beschränken auf das, was man in der Bundesrepublik Deutschland unter nachrichtendienstlicher Auslandsaufklärung versteht. Es gibt keine allgemein staatenübliche geheimdienstliche Tätigkeit. Spionage wird nicht »l'art pour l'art« betrieben. Sie partizipiert am Selbstverständnis des jeweiligen Staates. Sie ist daher auch nicht überall auf der Welt ethisch gleichwertig.

In den Denkgewohnheiten der Nationalstaaten bis zum Zweiten Weltkrieg war Spionage ein legitimes Mittel, um die äußere Sicherheit souveräner Staaten zu gewährleisten. Sozialistische Souveränität hieß dagegen Einsatz der gesamten Staatsmacht, umso effektiv wie möglich den Sozialismus aufzubauen und für die Befreiung der gesamten Menschheit vom Imperialismus zu kämpfen. So kann man es im führenden Staatsrechtslehrbuch der DDR nachlesen.[5] Allein die Existenz des Imperialismus wurde als Angriff verstanden, gegen den es sich mit allen Mitteln zu wehren galt.

---

4   Zu dem Datenbanksystem der Hauptverwaltung A (HV A), dem »System der Informations-Recherche der HV A« (SIRA), und zu den Rosenholz-Unterlagen vgl. den Beitrag von Stephan Konopatzky in diesem Band.

5   Vgl. Mampel, Siegfried: Die sozialistische Verfassung der Deutschen Demokratischen Republik. Kommentar. 2., neubearb. Aufl., Frankfurt/M. 1982, S. 235 f., Rn. 28 f. Mampel bezieht sich hier auf Lewin, David Bencionovic u. a.: Völkerrecht. Lehrbuch. Berlin (Ost) 1967.

Die DDR fühlte sich angegriffen. Im Inneren von der ideologischen Diversion, von der Weigerung der eigenen Bevölkerung, dem System zu folgen, von der eigenen wirtschaftlichen Misere, nach außen von Westdeutschland, von allen politischen, kulturellen, gesellschaftlichen und wirtschaftlichen Erscheinungsformen, die sich negativ auf die DDR auswirken konnten. Diese Gefahrenquellen galt es zu bekämpfen, zu destabilisieren, zu diffamieren. Diese Gesamtaufgabe wird in den Unterlagen des MfS als »Arbeit in und nach dem Operationsgebiet« bezeichnet.

Es ist das auf religionsgleichen Bekenntnissen beruhende Selbstverständnis totalitärer Staaten, das die überragende Bedeutung ihrer Geheimdienste erklärt. Der Kampf der Sicherheitsdienste wird gleichermaßen nach innen und nach außen geführt. Der Konflikt spielt sich nicht auf einem bestimmten Territorium ab, sondern er ist territorial grenzenlos. Auch die Grenzen zwischen Krieg und Frieden verschwimmen. Wir kennen Operationen des MfS in der Bundesrepublik, die mehr Ähnlichkeiten mit militärischen Kommandounternehmen haben. Der Konflikt wird auch nicht durch völkerrechtliche Regeln begrenzt, auch nicht durch Grundüberzeugungen der zivilisierten Welt. Die Geheimdienste des Ostblocks, die sich an der Tscheka als der außerordentlichen Kommission zum Schutz gegen Konterrevolution orientierten, hatten als Schild und Schwert ihrer Parteien alles zu bekämpfen, was als Feind im Inneren und Äußeren gesehen wurde.[6]

Man muss nur die Liste der Zielobjekte des MfS betrachten, um das zu verstehen. Zu den »Kriegstreibern« rechnete das MfS die Evangelische Kirche in Deutschland, amnesty international und andere.[7] Von den in SIRA verzeichneten über 190 000 Informationen der circa 5 000 Quellen aus West und Ost lassen sich nicht annähernd 10 Prozent Zusammenhängen zuordnen, die die Sicherheit der DDR aus unserem Souveränitätsverständnis heraus tangierten. Das Ganze gibt nur einen Sinn im Rahmen der Bespitzelung aller Menschen in Ost und West zur Stabilisierung des totalitären Machtanspruchs des SED-Regimes. Es ist daher auch schlichter Unsinn, wenn führende Offiziere der HV A heute, beispielsweise unter Verweis auf den NATO-Spion Rainer Rupp[8], erklären, die DDR-Spionage habe den dortigen Machthabern vermitteln können, dass die NATO keine militärischen Aggressionen plane. Daher habe die Spionage den Frieden im Kalten Krieg gesichert. Verratsfälle, die die defensive Verteidigungsstra-

---

6 Tscheka: Wserossiskaja Tschreswitschainaja Kommissija (russ.): Außerordentliche Kommission. Ursprünglicher Name der von Feliks Dzierżyński gegründeten sowjetischen Geheimpolizei, zugleich Vorbild für alle Geheimpolizeien der sozialistischen Staaten.

7 MfS, Der Minister: Bekämpfung feindlicher Stellen und Kräfte im Operationsgebiet, die subversiv gegen die DDR und andere sozialistische Staaten tätig sind (außer imperialistische Geheimdienste und kriminelle Menschenhändlerbanden); BStU, ZA, BdL/Dok 5596, Bl. 1-33. Teilweise veröffentlicht in: Siebenmorgen, Peter: »Staatssicherheit« der DDR. Der Westen im Fadenkreuz der Stasi. Bonn 1993, S. 367-391.

8 Rainer Rupp (»Mosel«, »Topas«); Reg.-Nr. XV 333/69; Kategorie: Resident; Vorgangsart: IMA; 8.5.1969 bis Auflösung für die Abteilung XII der HV A erfasst; Führungsoffizier: 8.5.1969 Dieter Kutta, 12.11.1974 Karl Renner, 23.4.1979 bis Auflösung Karl Rehbaum; BStU, SIRA TDB 21, ZV 8243845.

tegie der NATO dokumentierten, gab es seit Ende des Zweiten Weltkrieges häufiger. Das stand auch im Osten nie infrage. Ist es dagegen eine religionsgleiche Überzeugung, allein in der Existenz des Gesellschafts- und Wirtschaftssystems im Westen – im Imperialismus – einen Angriff auf das sozialistische Lager zu sehen, so bedeutet die Einsicht in die Friedfertigkeit des Westens die Selbstaufgabe des eigenen Systems. Das wussten Honecker und Mielke, und das wurde ihnen mit Glasnost und Perestroika nach 1986 zum Alptraum. Das wussten auch die Generäle und Obristen der HV A, die unter anderem im November 2001 in einer Sendung des Mitteldeutschen Rundfunks (MDR) über den Spion Rainer Rupp als erfolgreiche Agentenführer vorgestellt wurden.[9] Mit ihren Thesen von der friedensfördernden Spionage betreiben sie Geschichtsfälschung zur Rettung ihrer Ehre als erfolgreiche Aufklärer, die der Welt weismachen wollen, nichts mit dem Stasiunwert, nichts mit dem SED-Unrecht zu tun gehabt zu haben. Es ist bitter, dass dabei Mitbürger verleumdet und nachhaltig geschädigt werden und dass dabei politischer Schaden angerichtet wird. Hinzuweisen ist hierbei auf den diffusen Antiamerikanismus im Zusammenhang mit den Rosenholz-Unterlagen und auf die Verleumdung der HVA-Offiziere, die in der Wendephase mit bundesdeutschen Sicherheitsbehörden zusammenarbeiteten.

Deshalb muss an dieser Stelle an einige Fakten erinnert werden: Nach den Ermittlungen der Bundesanwaltschaft, die auf substantiierten und glaubwürdigen Zeugenaussagen beruhen, ließ die Leitungsebene der HV A um die Jahreswende 1989/90 einen Satz der Sicherheitsverfilmung der Statistikbögen, der Vorgangskartei F 22 und der Klarnamenkartei F 16 komplett zum KGB nach Berlin-Karlshorst bringen. Der KGB-Offizier Alexander Prinzipalow nahm die Dokumente damals entgegen. Sie beinhalteten die Angaben zu 2 000 zu diesem Zeitpunkt in der HV A noch als aktuell bewerteten Quellen, einschließlich Kontaktpersonen und Werber, 77 000 Operativvorgängen der HV A und 317 000 Personendaten von Bürgern aus der DDR, der Bundesrepublik Deutschland und aus anderen Ländern. Darunter befanden sich auch der Vorgang »Topas«, der NATO-Spion Rainer Rupp, und alle anderen Top-Spione, über die sich die früheren leitenden Mitarbeiter der HV A so stolz in den Medien ausbreiten. Mit dieser Aktion nahm sich die HV A die Möglichkeit, die Sicherheit auch nur eines einzelnen Vorgangs selbst aus eigener Kraft zu garantieren. All das lag nur noch beim sowjetischen Geheimdienst KGB.

Etwa zeitgleich erklärte ein Oberst der HVA-Auswertung vor dem Runden Tisch, es sei angezeigt, mit dem Bundesnachrichtendienst (BND) Fühlung aufzunehmen, um über die HVA-Quellen in der Bundesrepublik zu reden. War das nicht ein Gebot der Stunde? Waren nicht die HVA-Offiziere, jedenfalls die, die nicht wie Markus Wolf nach Moskau gingen, sondern Bürger des vereinten Deutschlands sein wollten, verpflichtet, Schaden abzuwenden, den sie angerichtet hatten? Bloßes Nichtstun genügte nicht mehr, das MfS hatte seine Vorgänge nicht mehr allein in der Hand.

---

9   MDR-Dokumentation über Rainer Rupp: »Der Mann, der die NATO verriet«, ausgestrahlt von der ARD am 8.11.2001, 21.45–22.30 Uhr; vgl. hierzu Erfolgreiche Stasi. In: Der Spiegel (2001)46, S. 117.

Schaden konnte nur durch aktives Tun in Zusammenarbeit mit dem anderen Teil abgewendet werden. Die HVA-Leitung reagierte auf den Vortrag des besagten Obristen der Auswertung in einer Weise, dass dieser um sein Leben fürchten musste und sich spontan unter den Schutz des BND stellte. Dort erklärte er, bei der NATO sitze ein hochkarätiger MfS-Spion mit dem Decknamen »Topas«, den er aber nicht kannte und auch nicht als Rainer Rupp identifizierte.

Dieses tatsächliche Geschehen wurde in der genannten Sendung des Mitteldeutschen Rundfunks, einer öffentlich-rechtlichen Fernsehanstalt, dahingehend kommentiert, dass die HV A mit der Vernichtung ihrer Unterlagen alles getan habe, um Rupp zu schützen, dass gegen Verrat aber kein Kraut gewachsen sei. Dazu wurde der Oberst als angeblicher Verräter in vier oder fünf Kameraeinstellungen gezeigt, auch in seinem Wohngebiet, auch seine Klingelleiste. Doch was ist daran anstößig zu finden, wenn ein HVA-Offizier es nicht mit seinem Gewissen vereinbaren konnte, den Top-Spion »Topas« unerkannt bei der NATO sitzen zu lassen in dem Bewusstsein, dass dem KGB alle für die Führung dieses Agenten erforderlichen Unterlagen übergeben worden waren. Vielmehr stellt sich die Frage, was in einem Journalisten vorgehen muss, wenn er diesen Mann Verräter nennt. Verraten wurde Rainer Rupp alias »Topas« von der HV A, als sie seine F 16 und F 22 aus der Hand gab. Der frühere Leiter der HV A, Werner Großmann, ist der Letzte, der einen ehemaligen Mitarbeiter, der in Zusammenarbeit mit bundesdeutschen Sicherheitsbehörden Schadensbegrenzung versuchte, Verräter nennen darf. Der Vorwurf des Verrats verlangt die Prüfung von Loyalitäten. Nur wenige MfS-Offiziere haben aus ihren Erkenntnissen als Fachleute über die Gefährdung der inneren und äußeren Sicherheit eine auf die Zukunft bezogene Loyalitätspflicht dem neuen, vereinten Deutschland gegenüber hergeleitet. Das sind in der Vorstellung Großmanns und anderer nun die Verräter. Die Mehrheit unter der Leitung der MfS-Führung bewertete hingegen 1990 Loyalitäten gegenüber der Sowjetunion höher, und ein Großteil von ihnen tut das auch heute noch.

Bezeichnend ist auch die undifferenzierte Kritik an den USA im Zusammenhang mit den Rosenholzunterlagen. Im Frühjahr 1993 tauchten die Statistikbögen, die F 16 und die F 22 der HV A in kopierter Form in den USA auf. Die operative Tätigkeit der HV A richtete sich ganz wesentlich auch unmittelbar gegen die USA und die NATO. Niemand wird das Recht der USA bestreiten, sich die Unterlagen operativ zu beschaffen, die diese gegen die USA und die übrigen NATO-Staaten gerichtete MfS-Spionage dokumentieren. Das Verhalten der USA in dieser Sache ist so, wie man es sich unter Verbündeten wünscht. Seit Frühjahr 1993 haben deutsche Sicherheitsbehörden Gelegenheit, die Kopien abzuschreiben. Und im Frühjahr 2000 wurde damit begonnen, die vollständigen Kopien des gesamten Materials dem BStU zur Verfügung zu stellen. Die USA haben immer offen erklärt, Unterlagen, die US-Bürger und Bürger verbündeter Staaten betreffen, würden sie den Deutschen nicht geben. Darüber hinaus gab es keine Selektion durch die USA. Gleichwohl ist die publizistische Behandlung des Themas seit etwa 1999 dominiert von Kritik und Unterstellungen, für die es keine tatsächlichen

Grundlagen gibt, sondern dahinter steht diffuser Antiamerikanismus, der vom tatsächlichen Geschehen ablenken soll. Warum wird eigentlich Russland nicht offen um Rückgabe der Sicherheitsverfilmungen gebeten? Warum getraut sich das niemand?

4 Fazit

Zum Schluss in wenigen Sätzen eine kritische Betrachtung der tatsächlichen und rechtlichen Möglichkeiten, mit besonderen Konfliktformen fertig zu werden, die die innere und äußere Sicherheit der Bundesrepublik Deutschland beeinträchtigen können: Die entscheidende Lehre aus der Aufarbeitung der Westarbeit des MfS ist die Einsicht, dass das normative Rüstzeug – dazu gehören die Gesetze und die Auftrags- und Befugniszuweisungen an die Sicherheitsbehörden – von einem fiktiven Realbild ausgeht, denn es leitet sich von einem Geschehen und von einer Gefährdungslage ab, das in der Vorstellungswelt der Nationalstaaten bis zum Zweiten Weltkrieg wurzelt. Auf dieser Grundlage wird nicht zur Kenntnis genommen und nicht abgewehrt, was aus diesem Rahmen fällt.

Das beginnt bereits mit der Dimension der operativen Westarbeit des MfS, die alle Vorstellungen davon übersteigt, was üblicherweise mit Begriffen wie Auslandsaufklärung und Spionage bezeichnet wird. Für die Erfassung aller Lebensbereiche in Ost und West durch ein flächendeckendes Spitzelsystem waren und sind die Abwehrmechanismen in der Bundesrepublik Deutschland nicht geschaffen. Das setzt sich fort in besonderen Aufträgen, an die im Westen niemand denkt; dazu gehören Zersetzung, Desinformation und Unterwanderung, das Aufgabenfeld der Abteilung X der HV A, der Stimmenkauf des Bundestagsabgeordneten Julius Steiner 1972, die Unterwanderung der Medien und vieles andere. Das geht bis hin zu den Kommandounternehmungen, die ein normaler Mensch in den siebziger und achtziger Jahren nicht für möglich gehalten hätte.[10]

Ein Großteil der Risiken und Gefahren, die von der operativen Westarbeit des MfS ausgingen, konnte man sich im Westen nicht vorstellen und wehrte sie deshalb auch nicht ab. Diese Einsicht ist so aktuell wie nie zuvor, gerade nach dem 11. September 2001. Die operative Westarbeit des MfS ist weitgehend ausgesessen. Von ihr ausgehende Gefahren und Risiken sind mit dem System in sich zusammengebrochen. So einfach wird es künftig nicht mehr sein.

---

10 Zu den hier angesprochenen Aktionen des MfS vgl. ausführlicher die Beiträge von Thomas Auerbach und Dirk Dörrenberg in diesem Band.

Jochen Staadt
Bundesdeutsche Entspannungspolitik in den Jahren der sozial-liberalen Koalition

Die Entstehung zweier deutscher Staaten mit unterschiedlichen politischen Gesellschaftsordnungen brachte von Anfang an eine scharfe Systemkonkurrenz und Versuche des Einwirkens auf die Bürger und politischen Akteure im jeweilig anderen Deutschland mit sich. Bedeutende innenpolitische Entscheidungen standen beiderseits der Zonengrenze und später der Mauer unter dem Druck von Bündniszugehörigkeiten aber auch Stimmungs- und Meinungsentwicklungen in der Bevölkerung. Die deutsche Frage blieb bis zum Ende der DDR trotz aller Verdrängungsversuche in Ost und West virulent. Sie spielte offen und verdeckt in der Bundesrepublik eine erhebliche Rolle in allen Bundestagswahlkämpfen und trug in der DDR zur Entscheidung manch innerparteilicher Machtkämpfe bei. In diesem Zusammenhang spielte die sozialdemokratische Entspannungspolitik – man sollte eigentlich besser von Entspannungspolitiken sprechen – ihre Rolle. Bei genauer Betrachtung schälen sich drei recht unterschiedliche entspannungspolitische Phasen heraus. Die erste erstreckte sich etwa von 1963 bis zur Bildung der sozial-liberalen Koalition 1969. Die zweite umfasste etwa die Zeit der vertraglichen Realisierung der neuen Ostpolitik bis zur Konferenz von Helsinki im Jahre 1975 und die dritte, wohl problematischste und von ihren Kritikern in die Formel von der Nebenaußenpolitik gekleidet, kam nach dem Regierungsverlust der SPD, also von 1982/83 bis zum Sturz des SED-Regimes, zum Tragen.

Die von Präsident Kennedy nach Mauerbau und Kuba-Krise eingeleitete Entspannungspolitik ermöglichte es der SPD als damaliger Oppositionspartei in Westdeutschland, ihre eigenen, seit längerem in Rudimenten bereits vorgedachten Überlegungen zu einer neuen Deutschland- und Ostpolitik in Übereinstimmung mit dem atlantischen Bündnispartner in eine systematische Konzeption zusammenzuführen. Stand Herbert Wehners Deutschlandplan von 1959 noch unter dem Verdacht, die SPD würde auf eigene Faust aus der Frontstellung des Kalten Krieges ausscheren, um sich im Vorfeld der Genfer Viermächtekonferenz als eigenständiger Verhandlungspartner der Sowjetunion ins Spiel zu bringen, so hatte sich die europapolitische Interessenlage der Vereinigten Staaten 1963 bereits derart entwickelt, dass Bundeskanzler Adenauer mit seiner kompromisslosen Haltung gegenüber der DDR für die Kennedy-Administration zunehmend in die Rolle des Störenfrieds rückte. Seine Überlegung, das Containment gegenüber dem Ostblock erst aufzugeben, wenn die Sowjetunion sich in der Frage der Wiedervereinigung Deutschlands zu deutlichen Zugeständnissen bereit fände, verlor angesichts des bereits vollzogenen Wandels in der amerikanischen Außenpolitik ihren unerlässlichen geostrategischen Rückhalt.

Am 26. Juni 1963 nahm John F. Kennedy etwa 300 Meter von diesem Tagungs-ort entfernt in Gegenwart des Bundeskanzlers, des Regierenden Bürgermeisters Willy Brandt und anderer Spitzenpolitiker die Ehrenbürgerschaft der Freien Universität Berlin entgegen. Aus diesem Anlass forderte der amerikanische Präsident in seiner Ansprache an die Studenten und Professoren der FU, Berlin und die deutsche Poli-tik sollten den Tatsachen ins Auge sehen. Die Liebe zur Wahrheit – er bezog sich dabei auf die Maxime der FU »veritas, justitia, libertas« – verlange es,

> »dass wir uns von Selbsttäuschungen frei machen, dass wir uns wei-gern, in bloßen Schlagworten zu denken. Wenn wir für die Zukunft dieser Stadt arbeiten wollen, dann lassen Sie uns mit den Gegebenhei-ten fertig werden, so wie sie wirklich sind, nicht so wie sie hätten sein können und wir sie uns gewünscht hätten. [...] Die friedliche Wieder-vereinigung Berlins und Deutschlands wird daher weder rasch erfolgen noch leicht sein. Wir müssen erst andere dazu bringen, dass sie ihre eigenen wahren Interessen besser begreifen. Was auf lange Sicht den Ausschlag geben wird, sind die realen Gegebenheiten der Stärke des Westens, die realen Gegebenheiten Deutschlands als Nation und als Volk, ohne Rücksicht auf künstliche Grenzen aus Stacheldraht.«[1]

Knapp drei Wochen nach Kennedys triumphalem Deutschlandbesuch erläuterte Egon Bahr, damals Leiter des Presse- und Informationsamtes des Berliner Senats, erstmals öffentlich den Masterplan der sozialdemokratischen Entspannungspolitik. Egon Bahr und Willy Brandt sprachen am 15. Juli 1963 auf einer Tagung der Evan-gelischen Akademie in Tutzing. Bahr ergänzte Brandts etwas nebulöse Ausführungen durch einen Diskussionsbeitrag – er ging später unter dem Diktum »Wandel durch Annäherung« in die Zeitgeschichte ein – und erläuterte erstmals öffentlich die neue sozialdemokratische Interpretation von Kennedys »Strategie for Peace«. Die Wieder-vereinigung werde, sagte Bahr, kein Vorgang sein, »der durch einen historischen Beschluss an einem historischen Tag auf einer historischen Konferenz ins Werk gesetzt wird, sondern ein Prozess mit vielen Schritten und vielen Stationen«. Die Anerkennung des territorialen Status quo und der Ausbau des innerdeutschen Han-dels könnten in der »Zone« – von DDR konnte damals selbst Bahr nicht sprechen – für materielle Verbesserungen sorgen und eine entspannende Wirkung entfalten. Da es nun einmal keinen »praktikablen Weg über den Sturz des Regimes« gebe, bleibe nur der schmale »Weg der Erleichterungen für die Menschen in so homöopathi-schen Dosen, dass sich daraus nicht die Gefahr eines revolutionären Umschlags ergibt, die das sowjetische Eingreifen aus sowjetischem Interesse zwangsläufig auslö-sen würde«. Es sei notwendig, dem SED-Regime die berechtigte, aus Schwäche gebo-rene Furcht vor seinem Sturz soweit zu nehmen, »dass auch die Auflockerung der

---

1   John F. Kennedys Rede ist abgedruckt in: Lönnendonker, Siegward; Fichter, Tilmann: Freie Univer-sität Berlin 1949-1973. Hochschule im Umbruch. Band III, Berlin 1973, S. 156 ff.

Grenze und der Mauer praktikabel wird, weil das Risiko erträglich ist«. Da »die Zone dem sowjetischen Einflussbereich nicht entrissen werden kann«, sagte Bahr, müsse man – so »rasend unbequem« es auch sei – anerkennen, »dass jede Politik zum direkten Sturz des Regimes drüben aussichtslos ist«.[2]

Bahrs Rede in Tutzing entsprang freilich nicht einem rein theoretischen Gedankenspiel. Sie hatte ihren realen Erfahrungshintergrund in den von Beauftragten des Berliner Senats seit November 1961 mit Vertretern des SED-Regimes geführten Geheimverhandlungen über Besuchsregelungen für West-Berliner im Ostteil der Stadt. Diese »Passierscheinverhandlungen« waren gleichsam die Probe aufs Exempel, ob es tatsächlich möglich sein würde, den Machthabern in Ostberlin menschliche Erleichterungen im Austausch gegen erste vorsichtige Schritte zur politischen Entspannung abzuhandeln. Mit dem Passierscheinabkommen, das den West-Berlinern zu Weihnachten 1963 erstmals seit dem Mauerbau Besuchsmöglichkeiten bei Verwandten und Freunden in Ostberlin einräumte, bestand die von Willy Brandt und Egon Bahr verfochtene neue Ostpolitik ihre Nagelprobe.[3] Bis zur tatsächlichen Realisierung des Brandt-Bahrschen Masterplans sollten allerdings noch fast zehn Jahre ins Land gehen.

Wie reagierte nun damals die SED auf die neuen Vorstellungen der SPD? Der stellvertretende Leiter der Westkommission beim Politbüro der SED, Heinz Geggel, schrieb in seiner Konzeption »über unsere Politik nach und in Westdeutschland« am 19. September 1963, Adenauers Position – »Ohne Lösung der Deutschlandfrage darf es keine Entspannung und Verständigung geben« – müsse zu Fall gebracht werden. Die zunehmende Diskussion »über die Notwendigkeit, die DDR in irgendeiner Form anzuerkennen bzw. ihre Existenz wenigstens zu respektieren, muss mit allen Mitteln gefördert werden. Wir müssen jene Kräfte in Westdeutschland fördern, die sich die realistische Erkenntnis zu Eigen gemacht haben, dass die Wiedervereinigung nur über eine internationale und innerdeutsche Entspannung und Normalisierung der Beziehungen zwischen den beiden deutschen Staaten erreicht werden kann.« Heinz Geggel, der in seiner Zeit als Chefredakteur des Berliner Rundfunks und später Intendant des Deutschlandsenders zeitweilig ein unmittelbarer Gegenspieler des damaligen RIAS-Kommentators Egon Bahr war, leitete aus seiner allgemeinen Einschätzung der in Tutzing vorgetragenen Überlegungen Brandts und Bahrs sehr konkrete Schlussfolgerungen für die Arbeit seiner Leute – dazu gehörten natürlich auch die MfS-Agenten – in Westdeutschland ab. »Die Reden von Brandt, Bahr und Albertz u. a. sollten von progressiven Kräften dazu ausgenutzt werden, um führende Funktionäre der SPD zu einem weiteren offensiven Auftreten im Sinne der Abrüs-

---

2   Bahr, Egon: Wandel durch Annäherung. Diskussionsbeitrag in Tutzing. In: Flechtheim, Osip K.: Dokumente zur parteipolitischen Entwicklung in Deutschland seit 1945. Bd. VII, Berlin 1969, S. 193 ff.

3   Vgl. hierzu Staadt, Jochen: Die geheime Westpolitik der SED 1960–1970. Von der gesamtdeutschen Orientierung zur sozialistischen Nation. Berlin 1993, S. 77 ff.

tung und Verständigung zu gewinnen.« Es existierte also tatsächlich – das berühmte System kommunizierender Röhren. SED und MfS ging es dabei um eine Verstärkung der sich anbahnenden inneren Differenzen in den westdeutschen Parteien. Durch fingierte Dokumente seien »Differenzen zwischen einzelnen Funktionären der SPD [zu] verstärken«, in der CDU/CSU sollte Ähnliches versucht werden. Der KGB informierte zur gleichen Zeit, nämlich am 23. September 1963, die sowjetische Führung, dass Herbert Wehner sich intern gegen Brandts Verhandlungsbereitschaft mit Vertretern der DDR gewandt hatte. »Die Angriffe Wehners auf die Politik Brandts in Bezug auf Kontakte mit der DDR verstärkten sich nach der jüngsten Rede Brandts auf der Sitzung der evangelischen Akademie in Tutzing drastisch.«[4]

Am 23. November 1963 bekräftigte Heinz Geggel auf einer Beratung von SED-Funktionären, die für die Westpolitik der Partei in den Bezirken verantwortlich waren, dass es darauf ankomme, die SPD-interne Auseinandersetzung zwischen der Gruppe Wehner/Erler und der um Brandt/Bahr auszunutzen, »um sie in die Richtung zu zwingen, friedliche Koexistenz, Verständigung mit der DDR«.[5]

Man kann davon ausgehen, dass diese konzeptionellen Überlegungen des zentralen Parteiapparats zu dieser Zeit ebenso dem Ministerium für Staatssicherheit als Handlungsmaxime dienten. Natürlich gab es dort, wie auch im Parteiapparat und in Moskauer Führungskreisen hartleibige Gegner eines Zugehens auf die Entspannungspolitiker in der SPD, auf jene Männer, von denen DDR-Außenminister Otto Winzer behauptete, sie planten eine besondere Art Invasion in die DDR, eine Invasion auf Filzlatschen, wie er es nannte. Insbesondere nach der Bildung der Großen Koalition im November 1966 und nach der Erfahrung des Prager Frühlings neigte auch Walter Ulbricht zu dieser Auffassung und versuchte zu einer härteren Gangart zurückzukehren. Doch die sowjetische Führung zwang ihn 1969 zur Umkehr. Leonid Breshnew informierte Ulbricht im Juli 1969 schriftlich über die politischen Absichten der KPdSU mit dem lakonischen Satz: »Es ist notwendig, den Sozialdemokraten einen Auftrieb zu geben, damit sie eine klare Alternative der CDU-CSU-Politik aufstellen.« Die Hauptaufgabe bestehe darin, »die Positionen der CDU zu unterminieren und die Neonazis in dem Bundestag nicht zuzulassen«.[6]

Es stellt sich nun die Frage, ob derartige Schriftstücke nur Wunschvorstellungen enthielten oder ob sie in Realpolitik übersetzt wurden. Um dieser Frage nachzugehen, lohnt sich der Blick auf die – wie es der Staatssicherheitsdienst nannte – »Ebene der operativen Auswertung«. Etwa zur gleichen Zeit, als Breshnews Hinweis bei der

---

4   Mitteilung des KGB über Herbert Wehner, zit. nach: Müller, Reinhard: Die Akte Wehner. Berlin 1993, S. 410.

5   Heinz Geggel: Rede auf der Beratung der Westkommission beim Politbüro mit der Westkommission der Bezirksleitung Berlin am 23.11.1963; Berliner Landesarchiv, BPA, IV A-2/10/572, Bestand Abt. Agit./Prop. Westarbeit.

6   Mitteilung des Politbüros des ZK der KPdSU als Antwort auf die Frage beim Besuch der Partei- und Regierungsdelegation der SED; SAPMO-BA, DY 30, IV 2/2035/62.

SED-Führung einging, beendeten in Ostberlin zwei intime Kenner der internen Vorgänge in der SPD ihre Arbeit an einer Einsatzkonzeption für die politische Penetration des sozialdemokratischen und linken Milieus in der Bundesrepublik durch das MfS. Es handelte sich bei diesem Strategiepapier um die »juristische Doktorarbeit« der MfS-Offiziere Kurt Gailat und Peter Kühn. Sie trug den Titel: »Der Kampf um die Durchsetzung demokratischer Entwicklungsprozesse in Westdeutschland sowie die politisch-operativen Aufgaben zur Förderung und Formierung fortschrittlicher sozialer Kräfte und politischer Plattformen.« Gailat wusste sehr genau, worüber er schrieb, war er doch einer der Führungsoffiziere von Günter Guillaume, der zu diesem Zeitpunkt als »rechter« SPD-Funktionär den Wahlkampf für den SPD-Verkehrsminister der großen Koalition Georg Leber organisierte. Der von den beiden MfS-Offizieren kurz nach der sozial-liberalen Regierungsübernahme fertiggestellte 400-seitige Plan zur Einmischung in die inneren Angelegenheiten der SPD enthielt eine Modellplattform für die Orientierung der »spezifisch politisch-operativen Arbeit zur Gewinnung der fortschrittlichen Kräfte in der SPD«, eine ausformulierte Anleitung für inoffizielle Kräfte und Kontaktpersonen, ein Konzept dafür, wie ein linker Flügel in der SPD programmatisch agieren sollte. Dieses MfS-Konzept von 1969 lässt sich aus heutiger Sicht wie eine Blaupause über die innerparteiliche Entwicklung des linken SPD-Flügels und der Jusos in den siebziger Jahren legen.

Nun soll damit nicht behauptet werden, das MfS habe tatsächlich das Programm der Jusos und anderer Linken in der SPD verfasst. Inwieweit die Vorarbeit von Gailat und Kühn wirksam wurde, bleibt eine offene Frage. Wir wissen aber, dass die Zahl derer sehr hoch war, die damals als Kontaktpartner ansprechbar waren und dass neben den Gesprächspartnern, die sich mit besten Absichten zur DDR hin öffneten, auch einflussreiche inoffizielle Kräfte des MfS in der außerparlamentarischen Opposition (APO) erfolgreich agieren konnten, ebenso auf dem linken Flügel der SPD und allem, was sich dazwischen noch so hin und her bewegte. Zu den damals von der SPD-Führung untersagten Einzelgesprächen mit Abgesandten der SED trafen sich außer Oskar Lafontaine auch subversiv gestimmte Jusos wie Heidemarie Wieczorek-Zeul, Björn Engholm oder Hans Eichel. Letzterer bot sich bereits 1967 in Marburg zwei SED-Abgesandten als Vermittler für eine »marxistische Zirkelbildung« im Sozialdemokratischen Hochschulbund an. »Die fortschrittlichen Gedanken westdeutscher Sozialdemokraten zur Sicherung des Friedens stehen in engem Zusammenhang mit pazifistischen und humanistischen Ideen und stützen sich auf antifaschistische Traditionen der SPD«, schrieben Gailat und Kühn. Sie sahen, gestützt auf Tausende von Kontaktgesprächen, die SED-Reisekader von 1965 bis 1969 mit linken SPD- und Juso-Funktionären geführt hatten, einen wichtigen Ansatz für die Einflussnahme auf die westdeutsche Linke in der Frage der Friedenssicherung. Wer akzeptiere, dass ein Krieg »kein brauchbares Mittel der Politik ist«, müsse auch die Anerkennung der nach dem Zweiten Weltkrieg entstandenen Tatsachen fordern. »Oppositionelle Kräfte befürworten den Kampf für eine europäische Friedensregelung, die Unterzeichnung des Atomwaffensperrvertrages, das Auseinanderrücken der militärischen Blöcke und die Organisierung eines gesamteuropäischen Sicherheitspaktes an Stelle der bestehenden Militärkoalitionen.« Mit der Konstituierung einer Bundesregierung unter Führung der SPD seien für diese Perspektive neue Bedingungen entstanden. »Unsere operative Arbeit mit dem Modell sollte dazu beitragen, die sozialdemokratische Bundesregierung zu echten Beiträgen zum Frieden zu zwingen.« Diese Absicht wiederum werde begünstigt »durch die objektive Übereinstimmung der Mehrheit der Sozialdemokraten mit der organisierten Arbeiterbewegung der DDR in der Frage der Sicherung des Friedens. Das Streben nach Frieden verbindet uns objektiv mit den fortschrittlichen westdeutschen Sozialdemokraten.«

Die Deutschen an der Nahtstelle von Ost und West hätten »ein besonderes Interesse, jede Kriegsgefahr zu beseitigen«, heißt es im Abschnitt Sicherheitspolitik des programmatischen Modells. Hier wird unter Berufung auf Überlegung des linken Sozialdemokraten Rolf Kreibich und des Gewerkschaftsfunktionärs Lothar Pinkall auch die Forderung nach einem Austritt der Bundesrepublik aus der NATO erhoben. Im Abschnitt Deutschlandpolitik wurde gefordert, es müsse »mit allen Vorurteilen und Unwissenheiten gegenüber der DDR Schluss gemacht« werden. »Die auch in der SPD geübte Schwarzweißmalerei zum Verhältnis Bundesrepublik-DDR ist einzustellen.« Westdeutschland müsse sich auf ein Neben- und Miteinander mit der DDR einrichten. Die dazugehörige Fußnote verweist auf die Parteitagsrede des jungen Oskar Lafontaine, zitiert nach dem Protokoll des SPD-Parteitages von 1968.

Im bescheidensten Fall wäre das vom MfS 1969 ausgearbeitete Mustermodell für eine DDR-freundliche linke Politik in der Bundesrepublik als eine sehr gute geheimdienstliche prognostische Arbeit zu charakterisieren.[7] Es tauchen darin einige damals weithin unbekannte Nachwuchskräfte auf, die, wie etwa Oskar Lafontaine, für das SED-Regime noch eine wichtige Rolle spielen sollten - die Forderung nach einem Austritt aus der NATO wurde bekanntlich auch von diesem Politiker im Zusammenhang mit der Nachrüstungsdebatte in der linken SPD verankert. Doch nach allem, was wir über die westpolitischen »Doktorarbeiten« der MfS-Hochschule Potsdam wissen, waren das keine Glasperlenspiele. Die Ausarbeitungen der MfS-Promovenden beruhten in der Regel auf profunden Praxiserfahrungen, und die so genannten operativen Schlussfolgerungen aus diesen Studien dienten der Perfektionierung des geheimdienstlichen Wirkens in der Bundesrepublik.

Zu herausragenden Erfolgen führte - ganz im Sinne der zitierten »Doktorarbeit« - die Einmischungspolitik von SED und MfS in der westdeutschen Friedensbewegung.[8] Wenn man jetzt das Ende dieses Prozesses, dieser Auseinandersetzungen

---

7 Kurt Gailat, Peter Kühn: Der Kampf um die Durchsetzung demokratischer Entwicklungsprozesse in Westdeutschland sowie die politisch-operativen Aufgaben zur Förderung und Formierung fortschrittlicher sozialer Kräfte und politischer Plattformen; BStU, ZA, MfS-JHS 21792.
8 Vgl. hierzu Maruhn, Jürgen; Wilke, Manfred (Hg.): Raketenpoker um Europa. Das sowjetische SS 20-Abenteuer und die Friedensbewegung. München 2001.

anschaut, die sich in den siebziger Jahren und frühen achtziger Jahren im Zuge des Nachrüstungsstreits abgespielt haben, so offenbart der Blick hinter die Moskauer und DDR-Kulissen, wie kühl die Propagandaebene, die Einmischung der Geheimdienste und »Dritten Kolonnen« kalkuliert waren und wie weit die von diesen Kombattanten geschürte Hysterie von der Realpolitik der verantwortlichen Männer in Ost und West entfernt war. Als Helmut Schmidt 1981/82 endgültig seinen Rückhalt in der SPD verlor, als es Egon Bahr und Willy Brandt gelang, Mehrheiten gegen Helmut Schmidts Verteidigungspolitik in der Sozialdemokratischen Partei herzustellen, als man auf westdeutschen Straßen und Plätzen voller Entsetzen mit dem Schlimmsten rechnete, als es zu Ausbrüchen äußerster Angst unter Massen friedensbewegter Menschen kam – genau in dieser Zeit, im Mai 1983, traf Erich Honecker mit Juri Andropow, dem neuen KPdSU-Generalsekretär in Moskau zusammen, um sich darüber abzustimmen, was zu tun sei, wenn nun das von Helmut Schmidt und der NATO in Gang gesetzte Nachrüstungsprogramm realisiert wird. Und in diesem Gespräch erklärte Andropow, dass, wie ihm seine Militärexperten mitgeteilt hatten, die Nachrüstung keine besondere, neue Gefährdung der Sowjetunion bringen werde. »Die Pershing II sei im Vergleich zur Pershing I keine prinzipiell neue Waffe«, sagte Andropow laut SED-Mitschrift des Gesprächs.

> »Bisher sei das Territorium der UdSSR wie auch das Territorium der DDR erreichbar gewesen, jetzt sei es auch so. Es sei aber gelungen, und so verstünden es auch die denkenden Menschen, mit der Frage der Raketen den Kampf gegen den ganzen Kurs der Militarisierung auf eine neue Ebene zu heben. Wenn es zur Stationierung komme, und es sehe so aus, dann werde dieser Kampf gegen die Militarisierung dennoch weitergeführt. Was die ökonomischen Beziehungen mit der BRD betreffe, so werde der Handel weitergeführt, natürlich nicht zum Schaden der DDR. Auch darüber werde man mit Kohl sprechen. Alle Fragen, die mit ihm erörtert werden, werden mit der DDR konsultiert werden. Was die politischen Beziehungen betreffen, so habe Genosse Honecker auf die Frage – wie es weitergeht – faktisch schon geantwortet: Der Dialog müsse fortgesetzt werden.«[9]

Honecker erhielt in der Unterredung grünes Licht für die Fortsetzung der Entspannungspolitik mit der Bundesregierung unter Kanzler Helmut Kohl. Der SED-Chef hatte Andropow im Laufe des Gesprächs auch über den nächsten, unmittelbar bevorstehenden, von seinem intimen Beraterkreis vorbereiteten Verhandlungsschritt mit Westdeutschland informiert. Einen Tag nach der Unterredung zwischen Andropow und Honecker trafen Alexander Schalck-Golodkowski und der bayerische Mi-

9   Jürgen van Zwoll, Büro Honecker: Vermerk über ein Gespräch des Generalsekretärs des ZK der SED und Vorsitzenden des Staatsrates der DDR, Genossen Erich Honecker, am 4. Mai 1983 im Gebäude des ZK der KPdSU; SAPMO-BA, IPA, J IV/827.

nisterpräsident Franz-Josef Strauß zu ihrem ersten Geheimgespräch am Chiemsee zusammen. Es war dies der Verhandlungsauftakt für den wenige Monate später an die DDR ausgereichten Milliardenkredit. Was dann unter der Regierung Kohl als CDU/CSU-Variante der Entspannungspolitik wirksam wurde, verdeutlicht aus heutiger Sicht, wie weit die öffentliche Wahrnehmung der innenpolitischen Auseinandersetzung unter den beteiligten Parteien in der Bundesrepublik von der Realpolitik in den Verhandlungsprozessen entfernt war, die sich auf internationaler, aber auch auf zwischenstaatlicher Ebene abgespielt haben. Dort ging es viel sachlicher, viel interessenbezogener zu, als es sich eine aufgeregte öffentliche Meinung damals je hätte vorstellen wollen.

Ein Resultat, das die Entspannungspolitiken aller Bundesregierungen im hier behandelten Zeitraum gleichsam im Zentrum ihrer Bemühungen als wahre Sisyphusarbeit eingefahren haben, kann trotz allen Dissenses - z. B. über die zu weit gehende Annäherung mit den SED-SPD-Papieren der achtziger Jahre - nicht bestritten werden: Die in zäher Kleinarbeit erreichten menschlichen Erleichterungen, die ein maßgeblicher Beitrag für den Zusammenhalt der deutschen Nation waren. Ich will das abschließend mit einer erstaunlichen Zahl unterfüttern. Von 1972 bis 1989 summierte sich die Anzahl der Besuche von West-Berlinern in Ostberlin und der DDR auf über 40 Millionen. Von Desinteresse an den Landsleuten hinter der Mauer jedenfalls zeugt diese Zahl nicht.

Hubertus Knabe
Das MfS und die Partei der Grünen

1   Vorbemerkungen

Bevor im Folgenden die Bearbeitung der Grünen durch das MfS näher untersucht werden soll, seien zwei Vorbemerkungen vorausgeschickt – eine zum grundsätzlichen Stellenwert der Grünen in der Arbeit des Ministeriums für Staatssicherheit (MfS) und eine über die Schwierigkeiten des Quellenzugangs bei diesem Thema. Die Beschreibung der Westarbeit des MfS am Beispiel der Partei der Grünen sollte nicht zu dem Eindruck verleiten, dass diese unter den politischen Kräften in Westdeutschland besonders anfällig gewesen wären für eine Infiltration durch den DDR-Staatssicherheitsdienst. Erinnert sei vielmehr daran, dass die Grünen in den achtziger Jahren die einzige Partei in der Bundesrepublik waren, die ständige und zum Teil enge politische und persönliche Beziehungen zu oppositionellen Gruppierungen in der DDR unterhielt.[1] Bei der Bearbeitung bundesdeutscher Parteien durch das Ministerium für Staatssicherheit (MfS) und insbesondere durch die für Spionage zuständige Hauptverwaltung A (HV A) lag die 1980 gegründete Partei eher am Rande des nachrichtendienstlichen wie politischen Interesses. Als junge und überwiegend fundamentaloppositionelle Kraft war sie für das MfS weniger bedeutsam als andere Parteien, da sie kaum Einfluss auf die Politik der Bundesrepublik besaß. Der Schwerpunkt ostdeutscher Ausforschung und Einflussnahme lag – entsprechend ihrer Bedeutung für die Regierungsarbeit und das politische Geschehen – bei den anderen im Bundestag vertretenen Parteien, wobei der SPD aus hier nicht näher zu untersuchenden Gründen die größte Aufmerksamkeit zuteil wurde.[2]

Die wissenschaftliche Aufarbeitung der nachrichtendienstlichen Bearbeitung der westdeutschen Parteien durch das MfS und damit auch der Grünen ist bis heute nur fragmentarisch möglich, da die ursprünglich existierenden IM- und Objektvorgänge der HV A 1989/90 vernichtet wurden. Außer einigen elektronisch gespeicherten Informationen, insbesondere den Teildatenbanken des Systems der Informations-

---

1   Vgl. Veen, Hans-Joachim (Hg.): Lexikon Opposition und Widerstand in der SED-Diktatur. Berlin, München 2000, S. 165 f.

2   So verfügte den nach der Auflösung des MfS bekannt gewordenen Unterlagen zufolge das für die SPD zuständige HVA-Referat II/4 über mindestens 14 so genannte Objektquellen, während das für die CDU verantwortliche Referat II/1 wenigstens sieben Objektquellen führte. Die für die FDP und die Grünen zuständigen Referate II/2 und II/6 besaßen dagegen nur jeweils fünf Objektquellen. Vgl. Müller-Enbergs, Helmut (Hg.): Die Inoffiziellen Mitarbeiter. Teil 2: Anleitungen für die Arbeit mit Agenten, Kundschaftern und Spionen in der Bundesrepublik Deutschland. Berlin 1998, S. 204–209. Darüber hinaus besaß das MfS in den westdeutschen Parteien aber noch zahlreiche weitere inoffizielle Mitarbeiter (IM), die von anderen Diensteinheiten geführt wurden, sodass diese Zahlen nur einen ungefähren Eindruck von der Gewichtung der Parteien vermitteln können.

Recherche der HV A (SIRA), stehen nur noch Unterlagen anderer Diensteinheiten zur Verfügung, die sich mit den Grünen ihren Aufgaben entsprechend in der Regel aus einem anderen Blickwinkel, nämlich dem der inneren Sicherheit, beschäftigten. In den aus diesen Abteilungen überlieferten Unterlagen erscheinen selbst langjährige Agenten des MfS oft als Gegner der DDR, da die Diensteinheiten der so genannten Abwehr über deren inoffizielle Tätigkeit für die Aufklärung nicht informiert waren.

Umso unbefriedigender ist es, dass der Forschung der Zugang zur zentralen Personenkartei der HV A bis heute verwehrt wird, sodass auch 13 Jahre nach der Auflösung des MfS nicht festgestellt werden kann, welche Personen aus dem Bereich der westdeutschen Politik für die Spionageverwaltung der DDR tätig waren. Dass es trotz vielfacher Anläufe bisher nicht gelungen ist, diese den Bestimmungen des Stasi-Unterlagen-Gesetzes widersprechende Praxis zu verändern, wird in der Öffentlichkeit wohl nicht ohne Grund als Indiz dafür gewertet, dass die Aufarbeitung westdeutscher Verstrickungen in den Apparat der Staatssicherheit bis heute blockiert wird.[*] Obwohl die 1993 gefertigten Abschriften von den 1990 in die USA gekommenen Unterlagen der HV A – die so genannten Rosenholz-Unterlagen – seit Mitte der neunziger Jahre in der Behörde der Bundesbeauftragten lagern und große Teile davon dort inzwischen auch als elektronische Kopie vorliegen, wird dieses Material nicht zur Überprüfung von Personen herangezogen; auch für die Forschung ist das Material nach wie vor gesperrt. Selbst in Fällen prominenter Verstorbener wie des ehemaligen Bundeswehrgenerals Gert Bastian, dessen Initiative »Generäle für den Frieden« den Einlassungen des früheren HVA-Chefs Markus Wolf zufolge jährlich mit 100 000 DM unterstützt wurde,[3] ist es dadurch bis heute nicht möglich zu prüfen, ob und wenn ja, in welcher Weise dieser in der Personenkartei der HV A erfasst war; entsprechende Rechercheanträge aus dem Bereich der Forschung wurden von der Bundesbeauftragten unter Berufung auf das Stasi-Unterlagen-Gesetz bislang nicht bearbeitet. Die Folge dieser Verfahrensweise ist, dass eine zentrale politische Figur aus dem Kontext der Grünen immer wieder zu Gerüchten Anlass gibt, obwohl die Möglichkeit bestünde, eine größere Klärung herbeizuführen.

Wie unbefriedigend diese Praxis ist, zeigt auch das Beispiel eines Artikels des Journalisten Benedict Maria Mülder, in dem über einige inoffizielle Mitarbeiter (IM) bei der Westberliner Alternativen Liste (AL) berichtet wurde.[4] Gegen einen der in dem Artikel Genannten, einen ehemaligen hohen Funktionär der Partei, wurde aufgrund der Rosenholz-Unterlagen in den neunziger Jahren ein Ermittlungsverfahren wegen Spionage eingeleitet. 1995 wurde es aus Mangel an Beweisen eingestellt, denn zu diesem Zeitpunkt standen keine weiteren Unterlagen zur Verfügung. Erst seit 1999 kann durch die Lesbarmachung der Teildatenbank 12 der HV A der Um-

---

*   Zu dieser Ansicht siehe Vorwort S. 13 – die Redaktion.
3   Wolf, Markus: Spionagechef im geheimen Krieg. Erinnerungen. München 1997, S. 343.
4   Mülder, Benedict Maria: Die Grünen und ihre Inoffiziellen Mitarbeiter. In: Frankfurter Allgemeine Zeitung v. 23.5.2001.

fang seiner Berichterstattung genauer nachvollzogen werden. Obwohl aus der Personenkartei der HV A sowie aus internen Unterlagen der Bundesbeauftragten für die
Stasi-Unterlagen hervorgeht, dass der Betreffende als IM »Herzberg« für die HV A
registriert war, konnte dieser nach dem Erscheinen des Artikels eine Unterlassungs-
erklärung erwirken, der zufolge nicht mehr der Eindruck erweckt werden dürfe, er sei
mit dem IM »Herzberg« identisch. Da dem Journalisten der Zugang zu den Beweismitteln verwehrt wurde, konnte er dem Gericht keine dokumentarischen Belege
präsentieren. Umso unverständlicher ist es, wenn trotz dieser misslichen Situation in
der Öffentlichkeit immer wieder behauptet wird, alle Stasi-Agenten im Westen seien
enttarnt. Das mag für die Bundesanwaltschaft oder das Bundesamt für Verfassungsschutz gelten – nicht aber für die Forschung und für die interessierte Öffentlichkeit.

2   Die Bedeutung der Grünen für das MfS

Das MfS hat sich den überlieferten Unterlagen nach frühzeitig mit den Grünen
beschäftigt. Über einzelne vor ihrer Entstehung angeworbene IM wurde es bereits
im Gründungsprozess regelmäßig mit internen Informationen, vor allem aus Berlin,
versorgt. Dass sich das MfS mit der für die Bundesrepublik anfangs eher unbedeutenden Partei befasste, hatte verschiedene Gründe: Zum einen folgte das MfS damit
seinem generellen Überwachungs- und Informationsbeschaffungsauftrag, zu dem es
gehörte, über alle politischen Organisationen in der Bundesrepublik auskunftsfähig
zu sein. Darüber hinaus war das MfS in den verschiedenen, meist linksradikalen
Vorläufer-Gruppierungen der Grünen vergleichsweise stark präsent, da es von diesen
für die SED-Herrschaft besondere Gefahren ausgehen sah, bei ihnen aber auch besondere ideologische Anknüpfungspunkte fand, was die Anwerbung von Informanten erleichterte. Zum dritten waren die Grünen für das MfS als Teil und ab 1983 als
parlamentarischer Arm der Friedensbewegung von besonderem Interesse, da es Anfang der achtziger Jahre zu den Hauptaufgaben seiner Westarbeit zählte, die Proteste
gegen die Stationierung neuer Mittelstreckenraketen in Westeuropa zu unterstützen.[5]
Ein vierter Grund ist darin zu suchen, dass die Grünen frühzeitig Kontakte zu unabhängigen Friedensgruppen und später auch zu Umweltinitiativen in der DDR
entwickelten, die vom MfS als »feindlich-negativ« eingestuft wurden und deshalb
besonderer Überwachung unterlagen; Verbindungen dieser Gruppen zu den Grünen
wurden intensiv ausgeforscht bzw. zu verhindern versucht. Ein weiteres Motiv ihrer
nachrichtendienstlichen Bearbeitung war die wachsende Bedeutung der Grünen in
der politisch-parlamentarischen Arena nach ihrem Einzug in den Deutschen Bundestag. Insbesondere die Option eines möglichen Bündnisses mit der SPD zum Sturz

---

5   Ausführlich dazu: Knabe, Hubertus: Die unterwanderte Republik. Stasi im Westen. Berlin 1999,
     S. 234–260.

der 1982 gebildeten CDU-FDP-Koalition, welcher auch von SED und MfS ange-
strebt wurde, machte die Partei für die ostdeutsche Führung interessant.

Das Interesse des MfS an den Grünen geht unter anderem aus den Zentralen
Planvorgaben und ähnlichen Zielbestimmungen der geheimdienstlichen Arbeit hervor. Diese machen deutlich, dass die Bearbeitung der Grünen durch das MfS nicht
nur technisch-nachrichtendienstlich ausgerichtet war, sondern den politischen Interessen und Vorgaben der SED folgte. Sie korrespondierte dabei auch mit den nicht-
geheimdienstlichen Anleitungs- und Unterstützungsstrukturen für mit der SED
verbündete Organisationen und Einzelpersonen in Westdeutschland, beispielsweise
in der Friedensbewegung. Die Übergänge zwischen beiden Bereichen waren – etwa
bei der Initiative »Generäle für den Frieden« oder der Bonner »Friedenskoordination« – fließend, sodass sich politische und nachrichtendienstliche Beziehungen ergänzten und gegenseitig bestärkten.

Schon vor dem Einzug in den Bundestag betrachtete das MfS die Grünen »mit
großer Aufmerksamkeit«, wie Markus Wolf im Januar 1983 vor der Parteiorganisati-
on der HV A erklärte. Die HV A müsse auf neue Kräftekonstellationen vorbereitet
sein, wenn die Partei bei den Wahlen im März den Sprung in den Bundestag schaffen sollte.[6] Auch Erich Mielke verlangte in seiner Zentralen Planvorgabe für 1986
unter anderem, »die Meinungsbildung [...] bei den Grünen« auszuforschen.[7] In einer
Dissertation aus dem Jahr 1989 suchten MfS-Mitarbeiter nach Ansatzpunkten in der
Programmatik und der praktischen Politik der Grünen, um durch »politisch durch-
dachte verantwortungsbewusste operative Arbeit die Realisierung der Politik unserer
Partei- und Staatsführung optimal zu unterstützen und dafür günstige Bedingungen
zu schaffen«. Sie wollten »themenbezogen dazu beitragen, gesellschaftliche Kräfte für
diese Politik zu mobilisieren« und »zugleich – in Wahrnehmung unserer internatio-
nalistischen Verantwortung – auch den Hauptkräften des Klassenwiderstandes (DKP)
bei der Realisierung ihrer gesellschaftsstrategischen und bündnispolitischen Vorstellung Hilfe leisten«.[8] Laut Planorientierung für 1989 war es Aufgabe der HV A, den
»Differenzierungsprozess unter den Grünen [...] weiter aufzuklären und mit dem Ziel

---

6   Auszug aus dem Referat des Genossen Generaloberst Wolf auf der Aktivtagung der Parteiorganisati-
    on der HV A am 13.1.1982 [gemeint: 1983]; BStU, ASt Gera, Abt. XV 389, Bl. 17 ff.
7   Zentrale Planvorgabe für 1986 und den Zeitraum bis 1990; BStU, ZA, DSt 103287, Bd. I, S. 20.
8   Die Grünen im politischen System der BRD und ihre Positionen zu Grundfragen der Gegenwart.
    Politische und politisch-operativ bedeutsame Differenzierungsprozesse und Tendenzen; BStU, ZA,
    JHS 20007; vgl. auch Offiziersschüler Thomas Krafft: Das Wirksamwerden von feindlichen Kräften
    in der Partei Die Grünen der BRD und der Alternativen Liste – Berlin (West) im Sinne der Inspirie-
    rung und Organisierung politischer Untergrundtätigkeit in der DDR; BStU, ZA, JHS MF VVS o001-
    344/89. Leutnant Hans-Ulrich Mühlbauer: Die politischen Positionen der Bundespartei Die Grünen
    der BRD und von ihnen ausgehende antisozialistische Bestrebungen, insbesondere zur Inspirierung
    und Förderung oppositioneller Kräfte und Bewegungen in der DDR; BStU, ZA, JHS MF VVS o001-
    354/84.

zu beeinflussen, realistische Kräfte zu stärken und sozialismusfeindliche, subversiv wirkende Kräfte zurückzudrängen.«[9]

Das inhaltliche Interesse des MfS an den Grünen lässt sich auch an den überlieferten Berichten über die Partei und den Vorgaben der HVA-Abteilung VII für die weitere Informationsbeschaffung ablesen: Das MfS interessierte sich danach Mitte der achtziger Jahre vor allem für die innerparteiliche Diskussion zu wichtigen politischen Grundfragen und die »Einschätzung des Differenzierungsprozesses« zwischen den Hauptströmungen in der Partei. So wollte es beispielsweise wissen, welche Möglichkeiten der Gruppe um Otto Schily zur Durchsetzung ihrer Vorstellungen für eine Koalition mit der SPD eingeräumt würden und welchen Einfluss die Funktionäre um den zeitweiligen deutschlandpolitischen Sprecher der Fraktion, Henning Schierholz, besäßen, die gegenüber der DDR »realistischere« Auffassungen vertreten würden. Hinweise auf »geplante Aktivitäten der entschieden antikommunistischen Kräfte« zur Unterstützung der DDR-Opposition wurden ebenso angefordert wie die »Zuarbeit für Personeneinschätzungen«, etwa zu den damaligen Grünen-Politikern Eberhard Bueb, Axel Vogel, Uschi Eid und Heinz Suhr, wodurch das MfS seine Kenntnisse über das Führungspersonal der Grünen zu erweitern suchte.[10]

3 Die Bearbeitung der Grünen durch das MfS

Institutionell zuständig für die Bearbeitung der Grünen war beim MfS das Referat 6 der HVA-Abteilung II und für die Alternative Liste die Abteilung XV der Berliner Bezirksverwaltung. Darüber hinaus agierten in diesem Bereich aber auch andere Diensteinheiten, von der für Terrorabwehr verantwortlichen Hauptabteilung (HA) XXII bis hin zur überwiegend in Westberlin tätigen HA XX/5. Selbstverständlich waren auch die für Telefonkontrolle, Postüberwachung, Funkaufklärung, Reiseverkehr und Observation zuständigen Diensteinheiten intensiv an der Bearbeitung der Grünen beteiligt. So hörte die HA III systematisch Telefone vieler führender Grünen-Politiker ab und gewann auf diese Weise zahlreiche interne Informationen aus der Arbeit von Fraktion und Partei. Wie in den meisten Arbeitsgebieten des MfS beschränkte sich die Zahl der IM bei den Grünen daher nicht auf die in manchen

---

9   Planorientierung des Leiters der Hauptverwaltung A für das Jahr 1989; BStU, ASt Bln XV 24, Bl. 17 ff.

10 HV A, Abteilung VII, Leiterinformation über die innerparteiliche Situation der Grünen und ihre Politik gegenüber der DDR vom 9.9.1985; ebenda, Bl. 183–185, hier 185; vgl. auch MfS: Information 83/88 über die aktuelle Lage in der Partei Die Grünen; MfS: Information 151/87 über die Situation in der Partei Die Grünen vor ihrer Bundesdelegiertenkonferenz; MfS: Information 47/86 über aktuelle Probleme der innerparteilichen Lage und Politik der Grünen; MfS: Information 392/84 über aktuelle Entwicklungstendenzen in der Politik der Grünen gegenüber der DDR; BStU, ZA, Arbeitsbereich Neiber 437. In der Akte sind noch zahlreiche weitere Berichte über die Grünen und die Westberliner Alternative Liste (AL) überliefert.

Veröffentlichungen genannten insgesamt fünf O-Quellen des zuständigen HVA-Referates II/6.[11] Eine Auswertung der über die Grünen in der SIRA-Teildatenbank 12 bis 1987 verzeichneten IM-Berichte zeigt vielmehr, dass insgesamt 368 IM Informationen über die Partei lieferten, zuzüglich derjenigen, die für die Abwehr tätig waren und deren Berichte in der Regel nicht mit eingegeben wurden. Die Intensität ihrer Berichterstattung reichte dabei von einem einzigen Bericht bis zu über 150 aus einer Quelle registrierten Informationen; 43 IM lieferten mehr als zehn Berichte zu den Grünen, 25 mehr als 20 Berichte.[12]

Die über die Grünen berichtenden Quellen sind bislang nur zu einem kleinen Teil enttarnt, bei einigen ist die Identität durch andere Überlieferungen oder durch Ermittlungsverfahren mehr oder weniger gut zu belegen. Weil eine Überprüfung in der Personenkartei der HV A nicht möglich ist, kann das IM-Netz bis heute nicht systematisch, sondern nur punktuell und exemplarisch dargestellt werden. Als regelmäßige Informationsquellen über die Grünen fungierten nicht nur Angehörige der Partei, sondern auch Außenstehende wie der Bonner SPD-Chef und Journalist Rudolf Maerker (IM »Max«), der insgesamt 114 Berichte zu den Grünen beibrachte, was weniger als 10 Prozent seiner voluminösen Gesamtliefermenge entspricht.[13] Auf 60 Berichte brachte es ein den Grünen nahe stehender Journalist mit dem Decknamen »Raul«.[14] Innerhalb des Parteiapparats bewegten sich dagegen der IM »Zeitz«, der Ende 1988 als FU-Professor und AL-Funktionär beschrieben wird (insgesamt 292 Berichte),[15] der ehemalige Mitarbeiter der grünen Europafraktion, Klaus Croissant alias IM »Taler« (61 Berichte), der bereits erwähnte IM »Herzberg« (27 Berichte),[16] der aus dem maoistischen Milieu kommende IM »Sputnik« (313 Berichte),[17] der aus

11 Vgl. Müller-Enbergs (Hg.): Die Inoffiziellen Mitarbeiter. Teil 2 (Anm. 2), S. 208 f.

12 Ich danke Wilhelm Knabe für die Überlassung dieser Zahlenangaben, die auf einer umfangreichen Auswertung der SIRA-Datenbanken beruhen. Vgl. Knabe, Wilhelm: Zur Westarbeit der Stasi bei den Bonner Grünen. Auswertung der SIRA-Dateien von 1979 bis 1987, Vortrag in Otzenhausen am 10.11.2001.

13 »Max«; Reg.-Nr. XV 1628/68; Vorgangsart: IMB; 18.10.1968 bis Auflösung für die Abteilung II der HV A erfasst; Führungsoffizier: 18.10.1968 Gerhard Mehlhase, 26.8.1969 Harry Brade, 10.1.1976 Wolfgang Gemeinhardt, 5.7.1977 Peter Hausstein, 5.2.1981 Bernd Langerwisch, 4.11.1986 bis Auflösung Thomas Dirk; BStU, SIRA TDB 21, ZV 8207117.

14 »Raul«; Reg.-Nr. XV 3307/71; Vorgangsart: IMA; 29.11.1971 bis Auflösung für die Abteilung XV der Bezirksverwaltung Frankfurt/O. erfasst; Führungsoffizier: 29.11.1971 Reinhard Fleer, 5.11.1976 Frank Zeidler, 17.4.1985 bis Auflösung Frank Kurzhals; BStU, SIRA TDB 21, ZV 8207117.

15 »Dr. Zeitz«; Reg.-Nr. XV 2855/68; Vorgangsart: IMA; 9.12.1968 bis Auflösung für die Abteilung XV der Bezirksverwaltung des MfS erfasst; Führungsoffizier: 9.12.1968 Walter Neumann, 27.11.1971 Werner Fischer, 14.3.1984 Peter Hahn, 13.2.1985 bis Auflösung Werner Fischer; BStU, SIRA TDB 21, ZV 8244210.

16 »Herzberg«; Reg.-Nr. XV 580/87; Vorgangsart: IMA; 18.2.1987 bis Auflösung für die Abteilung II der HV A erfasst; Führungsoffizier: 18.2.1987 bis Auflösung Erich Gelbhardt; BStU, SIRA TDB 21, ZV 8233991.

17 »Sputnik«; Reg.-Nr. XV 1535/68; Vorgangsart: IMA; 22.8.1968 für die Abteilung XV der Bezirksverwaltung Berlin des MfS, 25.8.1969 für die Abteilung XVII, 10.3.1976 bis Auflösung für die Abtei-

Hessen berichtende IM »Dozent« (42 Berichte) sowie die Mitarbeiter der grünen Bundestagsfraktion Doris und George Pumphrey, die seit 1983 unter den Decknamen »Dagmar« und »Faber« für das HVA-Referat II/6 arbeiteten.[18] Zu den Mandatsträgern der Grünen, die beim MfS als IM geführt wurden, gehörten der frühere Bundestagsabgeordnete Dirk Schneider, der als IM »Ludwig« für die Aufklärungsabteilung der Berliner Bezirksverwaltung registriert war (knapp 330 Berichte),[19] und die ehemalige Europaabgeordnete Brigitte Heinrich, die unter dem Decknamen »Beate Schäfer« für die HA XXII und das HVA-Referat II/6 operierte (86 Berichte).[20]

Von den bis heute nicht entschlüsselten IM im Bereich der Grünen können durch Auswertung der SIRA-Datenbank der HV A lediglich Berichterstattungsprofile gezeichnet werden, die den nachrichtendienstlichen Werdegang und die Informations- und Einsatzschwerpunkte in Umrissen widerspiegeln; ihr Klarname lässt sich nicht ermitteln, sodass das politische Agieren der Betreffenden in der Partei der Grünen nicht nachvollzogen werden kann. So lässt sich über den bereits erwähnten IM »Sputnik« nur sagen, dass dieser 1968 von der Aufklärungsabteilung in Potsdam registriert und 1976 an die HVA-Abteilung II übergeben wurde, wo er zuletzt von Rolf Keßler, dem Leiter des Referates 6, geführt wurde. Die ersten von »Sputnik« registrierten Berichte stammten aus dem Jahr 1973 und informieren über die »Aktivitäten der maoistischen Organisation Liga gegen den Imperialismus«, insbesondere in Westberlin. Aus der zweiten Hälfte der siebziger Jahre ist darüber hinaus eine Fülle von Berichten über die KPD/ML, die MLD und die KPD in Westberlin sowie über den KJVD und die Vorbereitungen für das so genannte Russell-Tribunal registriert. 1978 setzen dann die Berichte über die Mitgliederversammlungen der Alternativen Liste ein, ab 1982 auch der Sitzungen des Delegiertenrates, sowie über die Aktivitäten der Friedensbewegung und ersetzen zunehmend die regelmäßigen Informationen über die linksextreme Szene in Westberlin. Immer wieder geht es dabei auch um kommunismuskritische Aktionen – sei es gegen den Breshnew-Besuch in Bonn, sei es für die polnische Gewerkschaft Solidarnosc oder sei es die Protestaktion Petra Kellys auf dem Ostberliner Alexanderplatz im Mai 1983. Der letzte registrierte Bericht von »Sputnik« enthält »personelle Angaben zu den ersten Kandidaten der Alternativen Liste Westberlin zu den Abgeordnetenhauswahlen 1985«.

---

lung II der HV A erfasst; 22.8.1968 Erwin Wede, 30.11.1973 Harald Keßler, 20.9.1985 bis Auflösung Rolf Keßler; BStU, SIRA TDB 21, ZV 8255926.

18 »Dagmar« und »Faber«; Reg.-Nr. XV 154/83; Vorgangsart: IMA; 20.1.1983 für die Abteilung IX, 24.8.1983 bis Auflösung für die Abteilung II der HV A erfasst; Führungsoffizier: 20.1.1983 Rolf Gräser, 24.8.1983 bis Auflösung Rolf Keßler; BStU, SIRA TDB 21, ZV 8211163.

19 »Ludwig«; Reg.-Nr. XV 4646/75; Vorgangsart: IMA; 26.11.1975 bis Auflösung für die Abteilung XV der Bezirksverwaltung Berlin des MfS erfasst; Führungsoffizier: 26.11.1975 Peter Hahn, 13.2.1985 Werner Fischer, 9.5.1988 bis Auflösung Peter Hahn; BStU, SIRA TDB 21, ZV 8250507.

20 IM-Vorgang »Beate Schäfer«, Reg.-Nr. XV/5276/82; BStU, ZA, AIM 278/89.

4   Die Arbeit einer Quelle – das Beispiel Brigitte Heinrich

Die Tätigkeit von MfS-Agenten bei den Grünen kann man am Beispiel der Europa-abgeordneten Brigitte Heinrich genauer nachzeichnen. Ihr damaliger Lebensgefährte Klaus Croissant (IM »Taler«) brachte sie 1982 in Kontakt mit Offizieren der HA XXII (»Terrorabwehr«), die sie bereits beim zweiten Treff per Handschlag anwerben konnten. Die Anwerbung, so heißt es in einer späteren Beurteilung, erfolgte »auf der Basis der Überzeugung«; politisch stünde der IM »fest auf der Seite des Sozialismus«.[21] Als Kurier und Instrukteur zur Aufrechterhaltung der Verbindung fungierte Croissant, wofür er nach den Ermittlungen der Bundesanwaltschaft vom MfS mehr als 70 000 DM erhielt.[22] Nachdem die hessischen Grünen Brigitte Heinrich 1984 zur Kandidatin für das Europaparlament nominierten, beteiligte sich auch das HVA-Referat II/6 an ihrer Anleitung; die HA XXII führte jedoch weiterhin eine eigene IM-Akte, wodurch auch Hinweise über ihre Arbeit für die HV A überliefert sind.

Den Unterlagen zufolge erhielt sie schon vor ihrem Einzug ins Europäische Parlament den »Informationsbedarf« des MfS über die Grünen übermittelt. Nach ihrer Wahl ins Parlament im Juni 1984 wurde das weitere Vorgehen dann mit dem Leiter der HVA-Abteilung II, Kurt Gailat, eingehend beraten, da Brisanz und Bedeutung des IM-Vorgangs erheblich gewachsen waren. Man beschloss, mit ihr einen ausführlichen Schulungs- und Instruktionstreff in Jugoslawien durchzuführen, der im August 1984, als Urlaubsreise getarnt, stattfand. Der Bericht über dieses Treffen ging auch an Generaloberst Markus Wolf, der der für die Anwerbung verantwortlichen Abteilung Lob für »dieses Ergebnis der politisch-operativen Arbeit« zollte. In der Auswertung des Schulungstreffs hielt das MfS fest, dass es notwendig sei, für »Beate Schäfer« konkrete Aufgaben zum Europaparlament« und zur Fraktion der Grünen im Bundestag festzulegen. Sie habe sich bisher noch nicht intensiver mit der Politik der Grünen befasst und müsse deshalb »Erkenntnisse nachholen«. Sie besitze aber, so das MfS, die Möglichkeit, Informationen zu beschaffen und »Aktivitäten im Europaparlament durchzuführen, die in unserem Interesse liegen und grüne Politik beinhalten«.[23]

Das MfS erarbeitete für sie eine »Einsatz- und Entwicklungskonzeption«, deren Grundlage ein »klares politisches Konzept« sein sollte, »um den IM voll darauf einzustellen und alle Schritte darauf zu konzentrieren«. Ziel des MfS war vor allem eine Stärkung der politischen Position von Brigitte Heinrich, »um Einflussmöglichkeiten sowohl als Europaparlamentarierin als auf Funktionskreise der Grünen bis in

---

21   Beurteilung über IMB »Beate Schäfer«, o. D. (handschriftlich auf Duplikat: 1986); BStU, ZA, AIM 278/89, Teil I, Bd. 1, Bl. 32 f., u. Bd. 2, Bl. 109 f.

22   Vgl. Schlomann, Friedrich Wilhelm: Die Maulwürfe. Noch sind sie unter uns, die Helfer der Stasi im Westen. München 1993, S. 111 f.

23   Hauptverwaltung A, Abteilung II/8: Treffbericht vom 22.8.1984; ebenda, Teil II, Bd. 2, Bl. 11-15.

Spitzenpositionen zu schaffen«.[24] Die im November 1984 fertiggestellte »Konzeption« legte fest, ihre Möglichkeiten als Abgeordnete zu nutzen, um »durch politische Arbeit und Engagement sowie durch Schaffung entsprechender Kontakte in Bonn die Voraussetzungen zu schaffen, nach der Rotation eine Tätigkeit in Bonn (Fraktion oder Bundesvorstand der Grünen) aufzunehmen«. Um Heinrich in der Europafraktion und darüber hinaus bekannt zu machen, hielt man es vor allem für notwendig, dass sie sich stärker mit den Inhalten und Zielen grüner Politik vertraut machte, einen guten Kontakt zu ihren jeweiligen Partnern in der Fraktion und im Bundesvorstand aufbaute und eigene Initiativen im Interesse grüner Politik entwickelte. Hilfestellung müsse ihr das MfS »besonders hinsichtlich der Einschätzung bestimmter Beschlüsse, deren Initiierung oder Verhinderung, unserer Haltung als DDR dazu« geben. Zu beachten sei dabei, dass die Haltung der Partei der Grünen weitgehend berücksichtigt werden müsse und der IM nicht gegen die Interessen der Partei handeln könne. »Andererseits kann der IM selbst bestimmte Vorschläge für Verhalten bei Abstimmungen usw. an die Fraktion machen.« Außerdem sollte die Abgeordnete Pläne und Absichten der Grünen gegen die DDR erkunden, »Personenhinweise« aus dem Bereich der Spitzenfunktionäre »erarbeiten« und »abklären« und überhaupt »sich in der weiteren operativen Arbeit zu einem aktiven Mitglied der Grünen entwickeln«. Zu diesem Zweck sollte sie sich aus dem terroristischen Umfeld lösen und neue politische Kontakte aufbauen, unter anderem durch Mitarbeit im Liaisonkomitee der Russell-Peace-Foundation und in der Bonner Friedenskoordination.[25]

Obgleich die eigentliche HVA-Akte Brigitte Heinrichs nicht überliefert ist, zeigen die vorhandenen Unterlagen, dass die Abgeordnete während ihrer Parlamentstätigkeit eng mit dem MfS zusammenarbeitete. Seit der »Ausrichtung« auf die Grünen, so konnte das MfS schon in seiner »Einsatzkonzeption« resümieren, »hat der IM wertvolles Material übergeben«. Tatsächlich finden sich in der Arbeitsakte zahlreiche Berichte aus der Konstituierungsphase der so genannten Regenbogenfraktion sowie Personencharakteristiken über die damaligen grünen Europaabgeordneten. Da die Treffs mit Brigitte Heinrich aus Sicherheitsgründen seltener stattfanden als vorher, betätigte sich meist ihr Lebensgefährte Croissant als Überbringer der Nachrichten. Mindestens einmal im Monat, so lautete eine Festlegung vom April 1985, sollte durch ihn eine »Materialübermittlung« erfolgen.[26] Einladungen, Personalentscheidungen und Veranstaltungstermine wurden auf diesem Wege dem MfS regelrecht zur Entscheidung vorgelegt. So notierte im Juni 1984 der inzwischen verstorbene Crois-

---

24 Generalleutnant Neiber: Schreiben an den Leiter der Abteilung XXII vom 24.8.1984; ebenda, Teil I, Bd. 2, Bl. 73.

25 Abteilung XXII/8: Konzeption zur Entwicklung der Vorgänge »Beate Schäfer« und »Taler« vom 29.11.1984; ebenda, Bl. 78–82.

26 Hauptverwaltung A, Abteilung II/6: Bericht zum Treff mit »Beate Schäfer« und »Taler« vom 25.4.–28.4.1985 in einem Objekt der Abteilung XXII; ebenda, Teil II, Bd. 2, Bl. 25–31, hier 30.

sant unter dem Stichwort »Fragen«: »Soll sie an den Treffen der Euro-Arabischen
Gruppe teilnehmen (bei Plenarsitzungen in Straßburg jeden Mittwoch 14 h)? [...]
Die Bundes-Frauen-AG der Grünen will am 8./9.9. über die Bewerbung von [...]
beschließen. Siehe Unterlagen Erich. Gibt es von hier aus evtl. Bedenken gegen ihre
Anstellung?«[27]

Für gründliche Aussprachen kam man mit der Europaabgeordneten und ihrem
Kurier in größeren Abständen zu mehrtägigen Treffs zusammen, beispielsweise im
April 1985 im MfS-Objekt »See«. In einer »Konzeption« hatte das MfS zuvor festgelegt, bei der viertägigen Zusammenkunft »mögliche Aktivitäten des IM auf parla-
mentarischem oder parteipolitischem Gebiet zu Problemen grüner Politik« zu besprechen, insbesondere die Frage, wie weit »links« zu gehen möglich sei, ohne die
Positionen der Grünen zu verlassen. Mit Croissant wollte man überdies besprechen,
wie er aus seiner Arbeit in der Europafraktion der Grünen »eigene Informationen«
erarbeiten könne.[28] Bei der Zusammenkunft sprach das MfS beiden Agenten den
Dank des Ministeriums aus, verbunden mit einem »Sachgeschenk« im Wert von
1 000 DM - was die Abgeordnete, wie es hieß, »durchaus erfreut zur Kenntnis
nahm«. Im Europaparlament, so resümierte man anschließend in der »Treffauswertung«, habe sie sich inzwischen eine »Position« aufgebaut, »die objektiv günstige
Möglichkeiten für eine weitere Entwicklung als Politikerin der Grünen bietet«. Allerdings fülle sie ihre Tätigkeit als Parlamentarierin »noch nicht bzw. nicht genügend
mit den Interessen grüner Politik aus«. In »Verwirklichung ihrer Perspektive (Tätigkeit als Abgeordnete oder Angestellte in der Fraktion der Grünen in Bonn)« hielt
das MfS deshalb nach wie vor eine größere politische Profilierung für notwendig.
Einen breiten Raum nahm bei dem Treffen auch das Verhältnis der Grünen zur SPD
ein, der die Abgeordnete ausgesprochen ablehnend gegenüberstand. Die HV A vertrat hingegen die Auffassung, »dass die SPD durchaus nicht nur negativ zu sehen
ist«. Da aus ihren »Berührungsängsten« zu Sozialdemokraten »auch Einschränkungen bei der Auftragsrealisierung« entstünden, hielten es die beiden Führungsoffiziere
für notwendig, bei kommenden Treffs noch einmal »mit dem IM über ihr Verhältnis
zur SPD zu sprechen, besonders« unter dem Gesichtspunkt der operativen Notwendigkeiten«. Schließlich werden in dem Bericht verschiedene »Aufträge« festgehalten,
die den beiden Agenten erteilt worden seien, darunter die weitere Ausforschung
einer anderen Grünen-Politikerin, die das MfS ebenfalls anwerben wollte. Der IM
werde »weiterhin versuchen, zu den jetzigen Mitgliedern des Bundestages Verbindung aufzunehmen, sich dort entsprechend seinem Verantwortungsbereich, aber
auch darüber hinaus, bekannt zu machen«.[29]

---

27 Terminplan Brigitte, handschriftlich: »Taler« 5.6.84; ebenda, Bl. 75.
28 Abteilung XXII/8: Konzeption zum Treff mit »Taler« und »Beate Schäfer« vom 25.-28.4.1985;
ebenda, Teil II, Bd. 2, Bl. 35-37.
29 Hauptverwaltung A, Abteilung II/6: Bericht zum Treff mit »Beate Schäfer« und »Taler« vom 25.4.-
28.4.1985 in einem Objekt der Abteilung XXII. Abteilung XXII: Treffbericht über den Treff mit dem

Im August 1985 kam man erneut zu einem mehrtägigen Treff zusammen. Der Treffkonzeption zufolge wollte man mit der Abgeordneten des Europaparlamentes (EP) besprechen, dass sie, wie von den Grünen beschlossen, rotieren und hinfort als Angestellte in der Fraktion bleiben sollte. »Hauptrichtung ist die Aufnahme einer Tätigkeit im Bundesvorstand bei Beibehaltung ihrer Anstellung im EP.« Alternativ dazu wurde erwogen, dass sie ihr Abgeordnetenmandat behält oder bei einer grünen Zeitung als Journalistin arbeitet. Auch Croissant wollte man empfehlen, seine berufliche Tätigkeit im Europäischen Parlament »so lange wie möglich« aufrecht zu erhalten.[30] Er war es, der, noch mehr als sie, in den Sitzungen der Fraktion als linker Hardliner auftrat und insbesondere gegen jede Form der Unterstützung von unabhängigen Gruppierungen in Osteuropa auftrat.

Tatsächlich verblieb Brigitte Heinrich auf ihrem Abgeordnetenposten, da sich Vertreter der Frauen bei den Grünen für sie stark gemacht hatten. Dem MfS blieb sie auf diese Weise weiterhin als Quelle im Europaparlament erhalten - mit einem großen Output an Informationen. Unter Berufung auf ihre Quelle »Beate Schäfer« konnte die HV A beispielsweise einige Monate später in einer »Information zur Tätigkeit der Arbeitsgruppe Osteuropa in der Regenbogenfraktion des Europaparlamentes« detailliert den Verlauf einer Polen-Veranstaltung im Dezember 1985 beschreiben, von der die Öffentlichkeit extra ausgeschlossen worden war. Obwohl sich ein italienischer Abgeordneter dafür eingesetzt hatte, eine interfraktionelle Arbeitsgruppe zur Unterstützung osteuropäischer Freiheitsbewegungen zu bilden, wurde der Akte zufolge »durch geeignete politisch-operative Maßnahmen« die Gründung dieser Arbeitsgruppe verhindert.[31]

In einer »Beurteilung« der Quelle aus dem Jahre 1986 heißt es bilanzierend, der IM habe sich mittlerweile in seiner Funktion profiliert. Mit seiner Hilfe könne »eine Vielzahl operativ bedeutsamer Informationen, die im Bewertungssystem der HV A die Bewertung 2-3 erhielten, erarbeitet werden«.[32] Ein Jahr später notierte der Führungsoffizier, dass durch die Arbeit der inoffiziellen Mitarbeiter »Taler« und »Beate Schäfer« im Planjahr 1986/87 bisher 33 Informationen erarbeitet worden seien, die im Durchschnitt mit der Note III bewertet wurden. »Die Arbeit der IM hat wesentlich dazu beigetragen, die Aktivitäten der Regenbogenfraktion im Europarlament und des Bundesvorstandes sowie der Bundestagsfraktion der Grünen aufzuklären.« Das treffe vor allem auf die Menschenrechtspolitik, die Deutschlandpolitik und die internationalen Verbindungen der Partei sowie auf die inhaltliche Vorbereitung der

IMB »Beate Schäfer« und dem IMB »Taler« vom 25.-28.4.1985 im Objekt »See«; ebenda, Teil II, Bd. 2, Bl. 25-31 u. Bl. 38-40.

30 Abteilung XXII/8: Treffkonzeption [für den] Treff mit IMB »Beate Schäfer« und IMB »Taler« vom 20. bis 25.8.1986 im Objekt »80«; ebenda, Teil II, Bd. 2, Bl. 106 f.

31 Hauptverwaltung A, Abteilung II/6: Information zur Tätigkeit der Arbeitsgruppe Osteuropa in der Regenbogenfraktion des Europaparlamentes; ebenda, Teil II, Bd. 2, Bl. 97-100.

32 Beurteilung über IMB »Beate Schäfer«, o. D. (handschriftlich auf Duplikat: 1986); BStU, ZA, AIM 278/89, Teil I, Bd. 1, Bl. 32 f., u. Bd. 2, Bl. 109 f.

Versammlung der Kampagne für europäische atomare Abrüstung (END) in Coventry zu.[33] Bei einem Treff im März 1987 wurde das Thema »Mandatsverzicht« erneut diskutiert und festgelegt, dass »Beate Schäfer« die Frage der Rotation von der Entscheidung der Bundesversammlung abhängig machen solle. »Den dort gefassten Beschluss wird sie auch im Interesse ihrer weiteren Entwicklung auf jeden Fall einhalten.« Neben Dokumenten über die NATO und Druckerzeugnissen aus der linken militanten Szene übergaben die IM auch bei dieser Gelegenheit diverse Unterlagen über Aktivitäten und Vorhaben der Grünen, während das MfS ihnen für die »bisherige gute Arbeit« erneut ein »Sachgeschenk (Kaffeeservice)« überreichte.[34]

Vom August 1987 ist ein weiterer Treffbericht überliefert, in dem es heißt, dass »B. Schäfer« mit hoher Wahrscheinlichkeit doch noch rotieren werde, da sie an einer weiteren politischen Tätigkeit interessiert sei. »Ihr Ziel ist es, die Zeit bis zu den Wahlen zu nutzen, um 1989 wieder Mandatsträger im EP oder 1991 im Bundestag zu werden. [...] Konkrete Aktivitäten werden mit uns abgestimmt.« Die Stasi monierte allerdings die »Unorganisiertheit« der Abgeordneten, die einer »planmäßigen operativen Arbeit« entgegenstehe. »Die trotzdem guten Arbeitsergebnisse resultieren häufig aus dem Erhalt zufälliger Hinweise und Materialien, die durch ›Taler‹ mit in die DDR gebracht bzw. kopiert werden.« Die Agentin erklärte bei dieser Gelegenheit erneut »ihre uneingeschränkte Bereitschaft, mit dem MfS zusammenzuarbeiten«. Die Probleme der Grünen und des Europaparlamentes, so heißt es in der Treffauswertung, »wurden mit ›Taler‹ und ›B. Schäfer‹ ausführlich besprochen und der präzisierte Informationsbedarf festgelegt«.[35]

Ein letzter Treffbericht stammt vom Dezember 1987. Trotz wachsender persönlicher Spannungen zwischen der Abgeordneten und ihrem Instrukteur erklärten beide bei dem Treffen, »dass sie ungeachtet der Entscheidungen weiter mit dem MfS zusammenarbeiten werden«. Nachdem sie dem MfS wieder »umfangreiches Material« übergeben hatten, wurden sie von ihrem Führungsoffizier »im Sinne der Gesamtauftragsstruktur der HV A« neu instruiert.[36] Wenige Tage später endete jedoch überraschend die Zusammenarbeit mit der Parlamentarierin, da sie einen Herzinfarkt erlitt und verstarb. Für das MfS ging es nun um die geräuschlose Abwicklung des Vorgangs. Wohnungen und Arbeitsplätze von Brigitte Heinrich wurden nicht durch Familienangehörige, sondern durch den IM »Taler« aufgelöst, der sich als nahe stehender Freund auch von den Hinterbliebenen damit beauftragen ließ. »Adress- und Notizbücher«, so hieß es, »werden beim nächsten Treff an uns übergeben«.[37]

---

33 Hauptverwaltung A, Abteilung II/6: Einschätzung der Ergebnisse der koordinierten Zusammenarbeit mit den IM »Taler« und »Beate Schäfer« vom 17.7.1987; BStU, ZA, AIM 278/89, Teil I, Bd. 2, Bl. 112.

34 Abteilung XXII/8: Treffauswertung IMB »Taler«, IMB »Beate Schäfer«, 20.-22.3.1987, Objekt »80«; ebenda, Teil II, Bd. 2, Bl. 126-128.

35 Ebenda, Bl. 158 f.

36 Ebenda, Bl. 160.

37 Abteilung XXII/8: Treffauswertung vom 10.1.1988; BStU, ZA, AIM 278/89, Teil I, Bd. 2, Bl. 125.

5   Politische Einflussnahmen

Wie das Beispiel Brigitte Heinrichs zeigt, zielte die Arbeit des MfS nicht nur auf die Informationsbeschaffung aus dem Bereich der Grünen, sondern auch auf politische Einflussnahmen. Diese verfolgten vor allem drei Ziele: Die politische Beeinflussung und Instrumentalisierung der Grünen, insbesondere in der Rüstungs- und in der Deutschlandpolitik; die Zurückdrängung und Neutralisierung von DDR-kritischen Grünen-Politikern; die Verhinderung von SED-kritischen Aktionen und einer Zusammenarbeit mit oppositionellen Gruppierungen in Ostdeutschland.

Zur Durchsetzung dieser Ziele bediente sich das MfS verschiedener Instrumente. Zum einen trug es dafür Sorge, dass unkontrollierte politische Aktionen der Grünen in der DDR in der Regel rigoros verhindert wurden, nicht zuletzt durch polizeiliche Maßnahmen. Darüber hinaus verhängte es seit November 1983 ein Einreiseverbot über insgesamt 3 000 »erkannte« Anhänger und Funktionäre der Grünen, was nicht nur die Möglichkeiten grenzübergreifender Kontakte stark einschränkte, sondern auch als politisches Disziplinierungsinstrument wirkte. In ähnlicher Richtung wirkte die Ausgrenzung so genannter feindlicher und die Bevorzugung so genannter realistischer Kräfte bei den Grünen in offiziellen Kontakten und Gesprächen, beispielsweise durch die Ständige Vertretung der DDR in Bonn. Ein weiteres Mittel stellte die Diskreditierung SED-kritischer Kräfte bei den Grünen durch so genannte aktive Maßnahmen dar, also die unerkannte Lancierung von Informationen, Gerüchten oder Schriftstücken. Schließlich bemühte sich das MfS um die direkte Beeinflussung der innerparteilichen Diskussion durch einzelne inoffizielle Mitarbeiter.

Der Einsatz und die Wirksamkeit dieser Instrumente lässt sich wegen des fragmentarischen Aktenmaterials nur beispielhaft nachzeichnen: Aus verschiedenen Überlieferungen lässt sich unter anderem das Vorgehen gegen SED-kritische Kräfte in der Westberliner AL rekonstruieren, insbesondere gegen die Arbeitsgruppe »Berlin- und Deutschlandpolitik« und gegen Mitglieder der Bezirksgruppe Neukölln.[38] Unterschiedliche Quellen erlauben es insbesondere, die politischen Einflussnahmen Dirk Schneiders (»Ludwig«) zugunsten SED-naher Positionen näher zu analysieren. Der mittlerweile verstorbene Schneider gehörte der grünen Bundestagsfraktion von 1983 bis 1985 als Abgeordneter und von 1985 bis 1987 als Vorrücker an. Wie die Fraktionssprecherinnen Anne Borgmann, Antje Vollmer und Waltraud Schoppe ihm 1984 bescheinigten, hatte er »erheblichen Anteil« am deutschlandpolitischen Konzept der Grünen.[39] Tatsächlich war es in starkem Maße sein Verdienst, dass sich die Grünen die deutschlandpolitischen Vorstellungen der SED, die so genannten Geraer Forderungen, zu Eigen machten.

---

38   Vgl. Knabe: Die unterwanderte Republik (Anm. 5), S. 103.
39   Anne Borgmann, Dr. Antje Vollmer, Waltraud Schoppe: Schreiben vom 2.10.1984 an die Berlin- und Deutschland AG der Alternativen Liste, S. 2; Archiv des Verfassers.

Von ihren politischen Vorstellungen und Aktionsformen her fühlten sich die Grünen eigentlich eher mit den Kritikern der SED, den unabhängigen Friedensgruppen in der DDR, verbunden. Mit Erfolg polemisierte Schneider in der Fraktion jedoch immer wieder gegen eine Zusammenarbeit mit diesen, wie sie vor allem von Petra Kelly und Lukas Beckmann vertreten wurde. Zugleich trat er offensiv für die Übernahme der deutschlandpolitischen Forderungen der SED ein. Über die Fronten in den dadurch ausgelösten Auseinandersetzungen wurde das MfS durch seine Quelle »Ludwig« regelmäßig unterrichtet, ebenso wie über den Verlauf von Fraktions- und Ausschusssitzungen, über das Agieren führender Grünen-Politiker wie Joschka Fischer oder Fraktionssprecherin Anne Borgmann sowie über die Aktivitäten SED-kritischer Kräfte in den Grünen und in der DDR.

Die erste Phase der innergrünen Auseinandersetzungen über das Verhältnis der Grünen zur DDR wurde durch eine Plakataktion Petra Kellys im Mai 1983 auf dem Alexanderplatz eingeleitet. Die SED war damals bestrebt, die Grünen und insbesondere Petra Kelly als Erstunterzeichnerin des Krefelder Appells für die Forcierung der Anti-Raketen-Proteste in der Bundesrepublik zu instrumentalisieren. Aus diesem Grund wurde Petra Kelly nur kurzzeitig festgenommen und wenig später von Erich Honecker offiziell in die DDR eingeladen. Wie Erich Mielke die Führung seines Ministeriums im Juni 1983 informierte, wollte die SED das Treffen jedoch nur dann stattfinden lassen, wenn es dabei nicht zu einer Aktion mit Gleichgesinnten aus Ostdeutschland kommen würde. Schneider verurteilte damals die Aktion von Kelly und wandte sich gegen die von ihr angestrebte gemeinsame Friedensaktion in Ostberlin im Zusammenhang mit dem geplanten Besuch bei Honecker – er selbst gehörte zu den Teilnehmern der Delegation. Parallel dazu berichtete die Quelle »Ludwig« detailliert über die grüneninternen Vorbereitungen, einschließlich Personencharakteristiken der Teilnehmer und der Kontroversen über die Protestaktion. Im Ergebnis entrollten die Grünen bei ihrem Besuch am 31. Oktober 1983 lediglich für kurze Zeit einige Transparente vor dem Staatsratsgebäude und kündigten für den 4. November eine separate gemeinsame Aktion mit ostdeutschen Friedensgruppen an.

Die zweite Phase, die von einem deutlich nachlassenden Interesse der SED an den Grünen nach dem Nachrüstungsbeschluss des Bundestages gekennzeichnet war, wurde durch die gewaltsame Verhinderung der Friedensaktion am 4. November eingeleitet. Während in Ostberlin Polizei und Staatssicherheit den vereinbarten öffentlichen Protest im Keim erstickten, erhielten die eine Woche zuvor noch offiziell empfangenen und alle weiteren dem MfS bekannten Grünen-Vertreter Einreiseverbot. Auch diesmal distanzierte sich Schneider öffentlich mit scharfen Worten von der Friedensaktion. Durch seine Informanten erfuhr das MfS darüber hinaus, dass auch Otto Schily bedauerte, dass durch das Auftreten der Grünen in der DDR »vieles in Scherben gegangen sei, was nun wieder mühsam aufgebaut werden müsse«.[40]

Unter dem Druck der rigorosen Einreisesperren, der Verweigerung weiterer offizieller Gespräche und interner Einflussnahmen kam es in den folgenden Monaten zu einer Neuorientierung in der Politik der Grünen. Schneider konnte insbesondere die drei Fraktionssprecherinnen und den Abgeordneten Schily für die von ihm vertretene Position gewinnen. Über die internen Auseinandersetzungen über das Verhältnis zur DDR wurde das MfS währenddessen regelmäßig unterrichtet. Im August 1984 erfuhr die SED von der Bundestagsabgeordneten Gabi Gottwald, »dass eine maßgebliche Gruppe der Grünen um Dirk Schneider die Absicht habe, seriöse Kontakte zur SED herzustellen und dabei auf alle spektakulären Aktionen zu verzichten«. Im September 1984 forderte Schneider in einer Presseerklärung, die er zusammen mit der Fraktionssprecherin der Grünen, Anne Borgmann, herausgab, die vorbehaltlose Anerkennung der DDR und die Erfüllung der Geraer Forderungen. Eine Politik der Wiedervereinigung Deutschlands und des Offenhaltens der deutschen Frage sei für die Grünen unakzeptabel, weil »friedensbedrohend«.[41] Im Oktober überzeugte Schneider die Fraktion, in den Haushaltsberatungen die Auflösung des Ministeriums für innerdeutsche Beziehungen und die Einstellung der Zuschüsse für den Rundfunksender RIAS zu beantragen.[42] Gegenüber der Ständigen Vertretung der DDR in Bonn erklärten Vollmer und Borgmann, »dass die Bundestagsfraktion der Grünen die Geraer Forderungen unterstützt«. Im November 1984 reisten Vollmer und Schneider nach Ostberlin, wo sie dem für die Westpolitik zuständigen Politbüromitglied Herbert Häber versicherten, »dass sie und ihre Freunde alles, was sie tun können, tun wollten, um zu verhindern, dass Angehörige der Grünen sich an Aktivitäten gegen die DDR beteiligen«.[43] Zusammenfassend stellte das MfS fest:

> »Vorliegende Angaben aus Führungskreisen der Grünen bestätigen den sich seit Mitte dieses Jahres abzeichnenden Stimmungsumschwung in der Bundestagsfraktion der Grünen hinsichtlich ihrer Haltung gegenüber der DDR zugunsten der realistischer denkenden Funktionäre um D. Schneider. Diese Entwicklung werde maßgeblich

---

40 Hinweise auf Reaktionen der Grünen nach der Verhinderung der für den 4.11.1983 geplanten provokativ-demonstrativen Aktion in der Hauptstadt der DDR vom 7.11.1983; BStU, ZA, ZAIG 5097, Bl. 37–39.

41 Die Grünen im Bundestag, Pressedienst: Pressemitteilung Nr. 478/84 v. 17.9.1984.

42 Ebenda, Pressemitteilung Nr. 538/84 v. 17.10.1984. Deutscher Bundestag, 10. Wahlperiode, 103. Sitzung am 27.11.1984, S. 7620 ff. »Schwerer Eklat bei Nachtsitzung im Bundestag: Die Grünen wollten den RIAS abschaffen«. In: Berliner Morgenpost v. 30.11.1984.

43 Zit. nach: Staadt, Jochen: Versuche der Einflußnahme der SED auf die politischen Parteien der Bundesrepublik nach dem Mauerbau. In: Materialien der Enquete-Kommission »Aufarbeitung von Geschichte und Folgen der SED-Diktatur in Deutschland« (12. Wahlperiode des Deutschen Bundestages). Hg. v. Deutschen Bundestag. Bd. V/3, Baden-Baden, Frankfurt/M. 1995, S. 2406–2600, hier 2565.

gefördert durch eine wachsende Befürwortung der Positionen Schneiders seitens der Fraktionssprecherinnen der Grünen, A. Vollmer und A. Borgmann, wie sie u. a. in der Unterstützung der Geraer Forderungen der DDR durch A. Vollmer anlässlich der Bundestagsdebatte am 12.9.1984 zum Ausdruck kam. Auch Schily zeige sich nach seinem Gespräch mit H. Häber vom 6.9.1984 deutlich gewandelt und engagiere sich stärker für ein abgestimmtes Vorgehen dieser Gruppe.«[44]

Im Februar 1985 legte Schneiders Mitarbeiter Jürgen Schnappertz der Fraktion einen Entschließungsantrag vor, der Honeckers Geraer Forderungen offiziell übernahm. Die Bundesregierung wurde darin unter anderem aufgefordert, die Staatsbürgerschaft von Bürgern der DDR zu »respektieren«, für eine Auflösung der Erfassungsstelle Salzgitter einzutreten und die Aufgaben des innerdeutschen Ministeriums auf das Bundeskanzleramt und das Auswärtige Amt zu übertragen.[45] Weil der Antrag einigen Grünen »zu sozialdemokratisch« erschien, wurde er jedoch nicht in den Bundestag eingebracht.

Die Unterstützung der unabhängigen Gruppen in der DDR durch Petra Kelly und andere Grünen-Politiker geriet in der Folgezeit innerhalb der Fraktion zunehmend unter Beschuss. In einer internen Begründung für das Einreiseverbot von Petra Kelly und Gert Bastian schrieb Erich Mielke im Dezember 1985:

> »Von maßgeblichen realistischer denkenden Vertretern der ›Grünen‹ wird zunehmend Kritik an den ›deutschlandpolitischen‹ Positionen von P. Kelly und G. Bastian geübt. Ihr spontanes, unüberlegtes und provokatives Auftreten stelle die Fraktion vor ständig neue Probleme und belaste den von der Fraktionsführung angestrebten politischen Dialog mit der DDR-Führung.«[46]

Petra Kelly war mit ihren politischen Vorstellungen in der Fraktion zunehmend isoliert. Erst in der nächsten Bundestagsfraktion, der Schneider nicht mehr angehörte, gewannen die Beziehungen zu oppositionellen Gruppierungen in der DDR wieder größeres Gewicht.

Schneider beeinflusste aber auch die deutschlandpolitische Diskussion in der Alternativen Liste. In der geteilten Stadt spielten Konzepte für eine Vereinigung der beiden deutschen Staaten, wie sie vor allem von der Arbeitsgruppe »Berlin- und

---

44   MfS: Information 392/84 über aktuelle Entwicklungstendenzen in der Politik der Grünen gegenüber der DDR; BStU, ZA, Arbeitsbereich Neiber 437, Bl. 222–225, hier 222.

45   Entschließungsantrag der Fraktion Die Grünen zum »Bericht zur Lage der Nation« am 27.2.1985; Archiv Grünes Gedächtnis B.II.1, 2087.

46   Versendung von Materialien hetzerischen und verleumderischen Inhalts durch die Bundestagsabgeordnete der Partei Die Grünen, Petra Kelly, an hinlänglich bekannte Exponenten politischer Untergrundtätigkeit in der Hauptstadt der DDR, Anlage zur Wochenübersicht 49/85 vom 2.12.1985; BStU, ZA, ZAIG.

Deutschlandpolitik« vertreten wurden, sowie persönliche Kontakte zu ostdeutschen Oppositionellen naturgemäß eine größere Rolle als in Bonn. In Westberlin verfügte das MfS über eine ganze Reihe von IM, die aus der AL berichteten oder dort Einfluss nahmen. Schneider profilierte sich als Kritiker der von ihm als »Pickelhauben-Fraktion« bezeichneten Arbeitsgruppe und verbreitete über ihre Mitglieder, sie seien »Rechtsextremisten« oder würden vom CIA bezahlt. Schon im September 1986 kam das MfS zur Einschätzung, »dass die realistischen, dialogbereiten, vernünftigen Kräfte, einschließlich der ›Mittelposition‹ innerhalb der Fraktion und des Führungsgremiums (Geschäftsführender Ausschuss) derzeit immer mehr die Oberhand gewinnen«. Darauf ausgerichtet sei auch die »operative Konzeption der Bearbeitung« durch die Berliner Aufklärungsabteilung, »mit guten operativen Positionen unter den realistischen Kräften zur Zurückdrängung des Einflusses negativer, reaktionärer Elemente«. Wenig später, im Oktober 1986, bestimmte ein Thesenpapier zur Rolle Westberlins die programmatische Debatte in der AL und in den Grünen, das von Schneider, Klaus Croissant, dem eingangs erwähnten AL-Funktionär und einigen weiteren AL-Mitgliedern erarbeitet worden war. In dem Papier wurden unter anderem der Abzug der Alliierten, die Loslösung von der Bundesrepublik, die »Selbstregierung« Westberlins und eine eigene Außenpolitik gefordert, wobei jede Form von Druckausübung gegenüber der DDR abgelehnt wurde. »Um einen gleichberechtigten Umgang mit der DDR zu erreichen, muss ein grundsätzliches Umdenken erfolgen, das darauf verzichtet, das westliche System als das überlegene anzusehen«, forderten die Autoren des Papiers.[47]

6   Fazit

Das MfS zeigte sich aufgrund seiner technischen und menschlichen Quellen über die Partei der Grünen in der Bundesrepublik gut informiert. Insbesondere durch die IM-Tätigkeit von Parlamentariern wie Brigitte Heinrich oder Dirk Schneider hatte es Zugang zu wertvollen internen Informationen. Das MfS beschränkte sich bei der Bearbeitung der Grünen jedoch nicht auf die passive Beschaffung von Hinweisen, sondern entfaltete auch einen erheblichen Aufwand, um die eingesetzten IM politisch und nachrichtendienstlich zu instruieren. Die in dem IM-Vorgang zu Brigitte Heinrich überlieferten Dokumente zeigen, dass die Zusammenarbeit mit Agenten im Bereich der Grünen sorgfältig geplant und politisch konzipiert wurde. Das Beispiel des Bundestagsabgeordneten Dirk Schneider macht deutlich, dass das MfS mit gut

---

47   20 Thesen zu Westberlin. Nicht nationale Aufgabe, sondern Brücke des Friedens zwischen Ost und West, erarbeitet von Klaus Croissant, Dirk Schneider, Angelika und Werner Hirschmüller, Brigitte Apel, Thomas Fruth, Benno Hopmann, Dieter Liehmann, Barbara Lüdkecosmann, Heinz Kappei, Ellen Olms, Heiko Rohwedder und Angelika Schäfers; BStU, ZA, Arbeitsbereich Neiber 437, Bl. 110–115.

plazierten IM in der Lage war, erheblichen Einfluss auf die Politik der Fraktion auszuüben – auch wenn sich in der Partei immer wieder Kräfte mit entgegengesetzten politischen Orientierungen zu Wort meldeten.

Ullrich Wössner
Angriffe des MfS auf den Bundesnachrichtendienst

Zu Beginn ist festzustellen, dass ein Vergleich des MfS mit dem Bundesnachrichtendienst (BND) als Nachrichtendienste ohne die einzubeziehende Betrachtung der unterschiedlichen Rahmenbedingungen schlicht unzulässig ist. Hier steht letztlich die Diktatur der Demokratie gegenüber. Ein direkter Vergleich der Nachrichtendienste wäre ein grundlegender Fehler, da man auch unter Außerachtlassung von ethischen Normen zu einem unzutreffenden Ergebnis oder unrichtigen Schlussfolgerungen kommen muss.

Die Rolle des BND wurde in der öffentlichen Auseinandersetzung mit den deutschen Nachrichtendiensten in Bucherscheinungen der letzten Zeit, insbesondere in jenen von ehemaligen Mitarbeitern des Staatssicherheitsdienstes überwiegend kritisch dargestellt. Ich bin daher dankbar dafür, dass mir hier die Gelegenheit gegeben wird, einiges geraderücken zu können. Damit möchte auch der BND einen, wenn auch kleinen Beitrag zur historischen Aufarbeitung deutscher Geschichte leisten.

Ich möchte mich auf wenige plakative Angaben beschränken. Auch aus Gründen des Persönlichkeitsschutzes will ich zu einzelnen Agenten und Fällen keine Stellung nehmen. Allerdings gibt es Personen, die bemüht sind, sich zu Persönlichkeiten der Zeitgeschichte hochzustilisieren. Ich denke hier an Dr. Gabriele Gast, sodass Rücksichtnahme aus diesem Grunde nicht erforderlich scheint.

Vorausschicken darf ich den Hinweis, dass – wie heute in § 2 Absatz 1 Ziffer 2 des Bundesnachrichtendienstgesetzes gefasst - auch vor der Inkraftsetzung dieser Rechtsnormen der BND für seine Eigensicherung zuständig war.[1] Das bedeutet, dass der BND auch in den Zeiten des so genannten Kalten Krieges für den Schutz seiner Mitarbeiter, Liegenschaften, nachrichtendienstlichen Mittel und Methoden eigenverantwortlich tätig war.

Die Angriffe des MfS gegen den BND wurden in der Hauptsache durch die Hauptverwaltung A (HV A) geführt. Dort sind insbesondere die Abteilung IX (Gegenspionage/Äußere Abwehr) sowie die Abteilungen XV der Bezirksverwaltungen des Ministeriums für Staatssicherheit (MfS) zu nennen, die wiederum der Fachaufsicht der HV A unterstanden. Außerdem ist die für die Spionageabwehr zuständige Hauptabteilung II des MfS anzuführen. Unterstützung leistete dabei besonders die für elektronische Aufklärung und Abwehr verantwortliche Hauptabteilung III des MfS. Im Folgenden werde ich der Einfachheit halber die übergeordnete Bezeichnung MfS verwenden.

---

1 Demnach darf der Bundesnachrichtendienst die erforderlichen Informationen einschließlich der personenbezogenen Daten erheben, verarbeiten und nutzen, soweit nicht die anzuwendenden Bestimmungen des Bundesdatenschutzgesetzes oder besondere Regelungen in diesem Gesetz entgegenstehen.

1 Angriffe auf die Behörde des BND

Angriffe des MfS auf die Infrastruktur

Beginnen möchte ich mit den Angriffen des MfS gegen die Infrastruktur des BND und die Aufmerksamkeit auf die MfS-Operation »Pyramide« richten: Durch das Öffnen von Postschließfächern des BND in der Bundesrepublik Deutschland und das Auswerten des einliegenden Schriftguts sowie das anschließende Zurücklegen erwarb das MfS umfangreiche Erkenntnisse über einen Teil des Personals des BND. Hintergrund auf BND-Seite war die Notwendigkeit, erkrankten Mitarbeitern eine postalische Erreichbarkeit ihrer Krankenkasse zu ermöglichen. Die teilweise Erfassung dieser Post durch Agenten des MfS brachte Erkenntnisse zur Person des jeweiligen BND-Mitarbeiters, seinen mitversicherten Angehörigen, Art und Schwere sowie Häufigkeit der jeweiligen Erkrankungen. Auf die operativen Auswirkungen dieser MfS-Operationen werde ich später noch eingehen.

Der BND agierte hier in unrichtiger Einschätzung der tatsächlichen Gefährdungslage: Die Gefahr beim infrastrukturellen Einsatz von Postfächern wurde eher auf deren offener Rückseite (Postbediensteter als Agent des MfS) gesehen als auf der mit aufwändiger Schlüsseltechnik gesicherten Vorderseite. Das MfS war bereit, hier mit hohem operativen Aufwand diese Schlüsseltechnik in den Griff zu bekommen und dann ein erhebliches Entdeckungsrisiko für seine »Kundschafter des Friedens« in Kauf zu nehmen. Mit einer solchen Dreistigkeit im Vorgehen des MfS konnte man nicht rechnen, wohl gerade auch deshalb nicht, weil im BND mit westdeutscher Risikoabwägung in der Spionageabwehr gedacht wurde. Quellenschutz hatte im BND stets Vorrang vor Informationsbeschaffung.

Abschöpfung von BND-Mitarbeitern

Eine weitere erfolgreiche operative Methode des MfS, an Informationen aus dem BND zu gelangen, war die Abschöpfung hauptamtlicher Mitarbeiter durch Heranspielen von MfS-Agenten. Diese MfS-Agenten schufen sich gute Zugänge zu den jeweiligen BND-Mitarbeitern und konnten deren Vertrauen ausnutzen. Ich möchte diese Methodik am Beispiel der Person »Schwarz« schildern:[2] Diese war als Journalist Mitglied eines Freundeskreises, dem auch ein hochrangiger BND-Mitarbeiter angehörte. »Schwarz« war seit dem 7. August 1956 für die HV A erfasst und unter der Flagge »Französischer Nachrichtendienst« angeworben worden. Unter anderem sollte er sich zielstrebig einem erkannten hochrangigen BND-Mitarbeiter

---

2 Gerhard Baumann (»Schwarz«); Reg.-Nr. XV 12399/60; Vorgangsart: IMA; 7.8.1956 bis Auflösung für die Abteilung XV der Bezirksverwaltung Leipzig des MfS erfasst; Führungsoffizier: 7.8.1956 Werner Witzel, 25.4.1974 bis Auflösung Horst Findeisen; BStU, ZA, SIRA TDB 21, ZV 8254265.

nähern. »Schwarz« sollte diesen abschöpfen, was auch schnell gelungen war. Es fielen somit häufig bei »Schwarz« Überlegungen und Konzeptionen der BND-Führung hinsichtlich Lageeinschätzungen, Organisationsstrukturen und Detailinformationen aus BND-Kreisen an. Das MfS erlangte Erkenntnisse, die in Teilen durch die spätere Arbeit des Agenten Alfred Spuhler Bestätigung fanden. »Schwarz« hatte hohe Bedeutung für das MfS, weil er als agiler Journalist mit hilfreichen Zugängen zum BND, zur Bundeswehr und zu politischen Vereinigungen befähigt war, die Inhalte seiner politischen Abschöpfungsgespräche umfassend weiterzuberichten.

Angriffe auf die Kommunikationswege des BND

Für die Funk- und Fernmeldeaufklärung war beim MfS die Hauptabteilung III zuständig. Die Computer dieser Diensteinheit enthielten permanent circa 4 500 Namen von BND-Mitarbeitern. Das MfS wusste wohl, dass es hierbei Mehrfachnennungen gab, die aufgrund von Klarnamen, dienstlichen Decknamen, Arbeitsnamen und anderen Tarnnamen herrührten. Mit allen Mitteln der internen Auswertung bis hin zur Auswertung von »Stimmkonserven« wurden diese Namen durch das MfS abgeglichen, um die Mehrfachnennungen streichen und die Personen eindeutig identifizieren zu können.

Diese Aufträge gegen BND-Mitarbeiter liefen bei der Hauptabteilung III zeitlich unbefristet; dies galt übrigens auch für Politiker, Verlagshäuser und Journalisten in der Bundesrepublik Deutschland. Es bestanden ständig circa 40 000 Aufträge, was zu einem jährlichen Gesprächsaufkommen von über 100 000 Erfassungssätzen führte. Die Hauptabteilung III konnte allerdings aus diesem Gesamtaufkommen jährlich lediglich circa 4 000 Informationen herauslesen. Der Überwachung unterlagen – neben den vorbezeichneten Netzen – auch der Verkehr im »nicht öffentlich beweglichen Landfunk« in Form von Polizei- oder Observationsfunk. Auch im Telexdienst ist umfangreiches Material angefallen. Aus dem BND-Namensbestand waren insgesamt circa 2 000 Datensätze erarbeitet worden.

Hieraus ergaben sich täglich etwa zehn verwertbare Telefonüberwachungen über die Richtfunkstrecken in der Bundesrepublik Deutschland. Die Ausgangsmeldungen der Hauptabteilung III lagen in Form von Dossiers und Auskunftsberichten anderen Bereichen des MfS vor. Sie wurden gemäß Anfall der Informationen erstellt, zum Beispiel wenn Kriterien für eine mögliche nachrichtendienstliche Verwertbarkeit der Hinweise auf eine mögliche Erhöhung der Ansprechbarkeit angefallen waren.

2   Angriffe auf das hauptamtliche Personal

Was brachte diese umfangreiche Sammlung von Personaldaten des BND dem MfS? Selbstredend Berge von schützenswerten Informationen – aber dann? Wozu nützten diese Erkenntnisse?

Als wir nach Gründung der Behörde für die Stasi-Unterlagen auf Basis des Stasi-Unterlagen-Gesetzes diese umfangreichen MfS-Dossiers zur Auswertung erhielten, waren wir zunächst beunruhigt über die Intensität des operativen Ansatzes dieser Ausforschung und deren Ergebnisse. Wir rechneten täglich mit der Enttarnung weiterer als uns bis dato bekannter MfS-Quellen im BND. Denn Hochziel eines jeden Nachrichtendienstes – also auch des MfS – war es, Quellen im jeweils gegnerischen Geheimdienst zu gewinnen. Doch der erhebliche personelle wie materielle Aufwand, der zu diesem Zweck beim MfS betrieben wurde, blieb letztlich ohne Erfolg: Nach heutigem Erkenntnisstand, an dem sich wohl – auch in Erwartung des noch ausstehenden »Rosenholz«-Aufkommens – nichts Wesentliches mehr ändern wird, konnte das MfS keinen einzigen direkten Werbungserfolg im BND erzielen: mehrere Ansprachen hauptamtlicher BND-Mitarbeiter – vor allem durch Kompromatsversuche (Schaffung kompromittierender Umstände bei der Werbung) – scheiterten, weil sich die BND-Mitarbeiter intern offenbarten.

In diesem Zusammenhang ist nun zu fragen, was es mit den beiden »Objekt-Quellen« Alfred Spuhler und Dr. Gabriele Gast auf sich hat, die jahrelang aus dem BND heraus für die HV A des MfS spioniert haben?

Der MfS-Agent Alfred Spuhler

Der Agent Spuhler hat sich 1971 dem MfS als Überzeugungstäter angedient und wurde von der Abteilung IV der HV A am 24. Februar 1972 als »Peter« erfasst.[3] Aus der Position eines Verbindungsoffiziers der Abteilung 2 des BND (zuständig für die technische Aufklärung) zur Bundeswehr hatte er über einen Zeitraum von zehn Jahren beste Einblicke in die damals gerade im Aufbau befindliche Zusammenarbeit des BND mit der Bundeswehr und den Partnerdiensten auf dem Gebiet der Fernmelde-Aufklärung und der Elektronischen Kampfführung (EloKa). Hier hat er dem MfS mit der Übermittlung von technischen Daten und Parametern aus diesem Bereich gedient. Er hat letztendlich damit einen wichtigen Beitrag für den Aufbau der späteren Hauptabteilung III des MfS geleistet.

---

3   Alfred Spuhler (»Peter«); Reg.-Nr. XV 96/72; Kategorie: O-Quelle; Vorgangsart: IMA; 24.2.1972 für die Abteilung IV, 18.7.1977 bis Auflösung für die Abteilung IX der HV A erfasst; Führungsoffizier: 24.2.1972 Hans Krüger, 23.7.1974 Manfred Fleischhauer, 18.7.1977 Harry Schütt, 29.4.1985 bis Auflösung Siegfried Schlegel; BStU, ZA, SIRA TDB 21, ZV 8251612.

Der Agent Spuhler hat mit hoher krimineller Energie Verrat geübt. Er hat sich angepasst verhalten, sich überall beliebt und unverzichtbar gemacht. Jeder konnte mit seinen Problemen zu ihm kommen. Seine Vorgesetzten waren voll des Lobes über seine überdurchschnittlichen dienstlichen Leistungen.

Sogar Verbesserungsvorschläge hat er gemacht, etwa wie man Verschlusssachen bei Eilbedürftigkeit schneller zur Kenntnis erhält oder wie man Vorgänge zur jederzeitigen Zugänglichkeit konzentriert. All dies galt erklärtermaßen auch der Steigerung seines Zugriffs auf Dienstgut und damit seines Verratsumfanges. Spuhler hat das MfS binnen kurzer Zeit mit seinen Lieferungen aus dem Verbindungsbereich überrannt. Dort stapelte sich das Material schließlich »auf Halde«, weil es vom MfS nicht zeitgerecht verarbeitet werden konnte.

In den achtziger Jahren hat der Agent Spuhler das besondere Vertrauen des BND in seine Tätigkeit in der Schaltstelle zwischen der Unterabteilung »Ostaufklärung« in der Abteilung 1 (Operative Aufklärung) und der Abteilung 3 (Auswertung) missbraucht. Auch hier konnte er für das MfS eine große Zahl an dienstlichen Unterlagen kopieren und diese im doppelten Boden seiner Sporttasche seinem Bruder[4], der in München-Grünwald wohnte, überbringen. Der Bruder fotografierte das Material mit einer Spezialkamera und brachte es in einem Versteck per rollenden Toten Briefkasten auf den Weg zum MfS.

Treffs mit dem MfS-Führungsoffizier wurden auch in Drittländern abgewickelt, regelmäßig in den Urlaubszeiten von Alfred Spuhler. Dabei fanden auch Treffs im ehemaligen kommunistischen Machtbereich statt. Die Anreise erfolgte nach Wien, die Weiterfahrt mit einem Pkw der dortigen MfS-Residentur etwa nach Bratislava und von dort meist per Sonderflug des MfS nach Ostberlin.

Alfred Spuhler verriet ab 1980 organisatorische und personelle Strukturen, Arbeitsweisen, Sicherungsvorkehrungen, Aufklärungsziele, Auftragsschwerpunkte und Aufklärungsergebnisse des BND an das MfS. Er wurde im November 1989 festgenommen und am 15. November 1991 wegen Landesverrats zu einer Haftstrafe von zehn Jahren verurteilt.

Die MfS-Agentin Dr. Gabriele Gast

Die Agentin Dr. Gabriele Gast[5] war im Vergleich zu Alfred Spuhler die gefährlichere, besser platzierte Spionin. Sie wurde im Oktober 1968 anlässlich einer Reise nach

---

4 Ludwig Spuhler (»Florian«); Reg.-Nr. XV 97/72; Vorgangsart: IMA; 24.2.1972 für die Abteilung IV, 18.7.1977 für die Abteilung IX der HV A erfasst; Führungsoffizier: 24.2.1972 Hans Krüger, 13.9.1972 Werner Reckling, 23.7.1974 Manfred Fleischhauer, 18.7.1977 Harry Schütt, 25.4.1985 bis Auflösung Siegfried Schlegel; BStU, ZA, SIRA TDB 21, ZV 8251614.

5 Dr. Gabriele Gast (»Gisela«); Reg.-Nr. XV 34/69; Vorgangsart: IMA; 14.1.1969 für die Abteilung XV der Bezirksverwaltung Karl-Marx-Stadt des MfS, 15.7.1981 bis Auflösung für die Abteilung IX der

Karl-Marx-Stadt (heute Chemnitz), die sie im Rahmen von Recherchen für ihre Doktorarbeit unternahm, vom MfS geworben. Sie wurde im November 1973 in den BND eingestellt und war in der Abteilung 3 (Auswertung) des BND und hier im zentralen Steuerungsreferat zuletzt als Regierungsdirektorin tätig.

Fest steht, dass Dr. Gast alle in ihrem Zugriff befindlichen wichtigen Vorgänge bei der Abteilung 3 verraten hat, wobei darunter auch EloKa-Material war. So konnte die Wegversetzung des Spuhler von der Abteilung 2 des BND für das MfS durch das Aufkommen von Frau Dr. Gast zumindest teilweise kompensiert werden. Darüber hinaus hat sie bestimmte Sachverhalte aus sozusagen sachverständiger Sicht für das MfS kommentiert. Sie hat dabei auch auf einzelne, ihr über Führungsfunk gestellte Fragen geantwortet.

Bei Treffs mit dem damaligen Leiter der HV A, Markus Wolf, hat sie Lageeinschätzungen gegeben. Gleichzeitig erhielt sie Aufträge, in welche Richtung sie bei ihrer analytischen Arbeit einflussnehmend tätig werden sollte. Auch sie ist, wie Spuhler, über Drittländer zu Treffs in die damalige DDR gereist, oft aus einem legendierten Urlaubsaufenthalt aus einem anderen Land. Frau Dr. Gast nahm Unterlagen in einer präparierten Tasche mit nach Hause und fotografierte sie dort mit einem handelsüblichen Fotoapparat. Das Material war brisant und für das MfS nützlich. Zur Vertarnung dieser wichtigen Quelle wurde im MfS das Meldungsaufkommen zu außenpolitischen Themen der fiktiven Quelle »Gerald«[6] und die Informationen über den BND unter der Quellenbezeichnung »Reinhard«[7] an die Auswerter der HV A gegeben.

Dr. Gast fügte ihren Meldungen regelmäßig einen umfangreichen Begleitbrief bei. Darin erfolgte ihre persönliche Einschätzung zum Meldungsaufkommen und zur Ansprechbarkeit der von ihr getippten Personen. Zeitweilig schilderte sie personalpolitische Themen aus dem BND. Gast schadete dem BND durch ihre Verratstätigkeit mehr als Spuhler.

Dr. Gast wurde am 19. Dezember 1991 wegen geheimdienstlicher Agententätigkeit zu einer Freiheitsstrafe von sechs Jahren und neun Monaten verurteilt. Weitere – im Gerichtsverfahren aufgrund des damaligen Kenntnisstandes nicht bekannte belastende – Tatbestände hätten das Strafmaß für sie erheblich erhöht.

Frau Dr. Gast musste spätestens nach ihrer Haftentlassung feststellen, dass das MfS sie skrupellos über ihre emotionale Bindung an einen verheirateten »Romeo«, ihren Führungsoffizier, ausnutzte. Sie wurde genutzt und benutzt. Die beiden Ob-

---

HV A erfasst; Führungsoffizier: 14.1.1969 Horst Martin, 26.6.1973 bis Auflösung Karl-Heinz Stefan; BStU, ZA, SIRA TDB 21, ZV 8236033.

6 »Gerald« bzw. »Katja«; Reg.-Nr. XV 378/68; 25.4.1968 für die Abteilung V, 20.11.1969–4.5.1981 für die Abteilung XIII der HV A erfasst; Führungsoffizier: 25.4.1968 Christian Streubel, 20.11.1969 Gerhard Jauck, 6.7.1971 Richard Reise, 16.1.1975 bis Auflösung Steffen Heinrich; BStU, ZA, SIRA TDB 21, ZV 8256169.

7 »Reinhard«; Reg.-Nr. XV 3331/77 bzw. »Denkmal«; Reg.-Nr. XV 22/65. In beiden Fällen keine Erfassung in der BStU, ZA, SIRA TDB 21, aber Verweise auf die Vorgangsführer.

jekt-Quellen, sowohl Dr. Gast als auch Alfred Spuhler, waren ohne ein Zutun des MfS für eine Verratstätigkeit im BND bestens platziert. Spuhler war kein Werbungserfolg des MfS! Es handelt sich um einen Selbstanbieter aus Überzeugung. Er war durch die vermeintlich friedenserhaltende Vision zur Wissensweitergabe an das MfS motiviert – und er hat dennoch Geld angenommen. Spuhler war dem MfS als Objekt-Quelle im BND sozusagen in den Schoß gefallen. Dr. Gast wurde unter Vorspiegelung menschlicher Zuwendung im Wege der »Romeo-Methode« Jahre vor ihrem Eintritt in den BND anlässlich mehrerer Aufenthalte in der ehemaligen DDR geworben. Der Eintritt in den BND war eher zufällig, jedenfalls kein Verdienst des MfS in der Penetration durch systematische operative Methodik gegen hauptamtliche Mitarbeiter des BND. Beide Agenten waren hochgradig motiviert, dem BND und der Bundesrepublik Deutschland zu schaden. Sie haben aus diesem Antrieb heraus selbst für beste Zugänge gesorgt.

Probleme des MfS bei Werbungsversuchen

Die Auswertung der bei der BStU vorhandenen MfS-Dossiers vermittelte dem BND den Eindruck, das MfS habe sich angesichts der exzessiven Sammlung von Daten über BND-Personal zu »Tode geforscht« und sei von der Vielzahl der Informationen »erschlagen« worden. Entweder war das MfS hinreichend mit Informationen aus dem BND versorgt – wobei es tatsächlich noch viel mehr Informationen im BND gegeben hätte – oder aber es fehlte aufgrund von Negativerfahrungen bei operativen Anbahnungsversuchen offensichtlich der Mut zur operativen Umsetzung der gewonnenen Personenerkenntnisse. Vermutlich hat es wohl auch »gemenschelt«: Denn Anbahnungsvorgänge gegen den BND hatten im MfS einen hohen Prestigewert; wer einen solchen Vorgang bearbeitete, hatte wenig Interesse, ihn durch eine missglückte Werbung abrupt zu beenden und dadurch aus der Optik der Hierarchie zu fallen. So ist es auch nachvollziehbar, dass derartige Vorgänge in Organisationsbereichen des MfS bearbeitet wurden, die dafür eigentlich nicht zuständig waren. Die offizielle Erklärung war deshalb, der Bearbeiter habe den Vorgang bei seiner letzten Versetzung »mitgenommen«.

Anfängliche Befürchtungen im BND, es gäbe eine größere Zahl von Werbungsversuchen des MfS, auf welche die angesprochenen BND-Mitarbeiter zwar ablehnend reagierten, hierüber den Dienst aber nicht unterrichtet hatten, erwiesen sich als unbegründet. Auch erwartet der BND nicht, dass weiteres, noch zu erschließendes BStU-Material zu einer wesentlichen Änderung der bislang gewonnenen Erkenntnisse führt.

3   Angriffe auf Quellen

Der BND ging mit dem Einsatz von nachrichtendienstlichen Quellen auf dem Boden der DDR ein hohes Risiko ein. Insbesondere soweit diese Quellen für die militärische Aufklärung der Nationalen Volksarmee und der Westgruppe der sowjetischen Streitkräfte eingesetzt wurden: Angesichts der Dichte des Netzes zur totalen Überwachung der entsprechenden militärischen Objekte und der Menschen, die Zugang oder Einblick in diese Anlagen hatten, musste jede BND-Quelle nach heutigen Erkenntnissen früher oder später zwangsläufig in die Optik des MfS geraten. Wenn dann die Legende der Quelle (zivile Begründung für ihre - mehrmalige - Anwesenheit in der Nähe eines geschützten Objektes) nicht tragfähig war, konnte das MfS den Erfolg einer weiteren Verhaftung verbuchen.

Menschlich besonders tragisch wirkten sich Einzelfälle aus, indem Unschuldige in Spionageverdacht gerieten. So hatten 1977 zwei ältere Damen aus der Bundesrepublik Deutschland bei ihrem Besuch in ihrer früheren Heimat im Osten Orte aufgesucht, in denen sie ihre Jugendzeit verbrachten. Dabei besuchten sie auch eine ehemalige Jugendherberge in Preblow. Das Gebäude wurde zwischenzeitlich durch DDR-Behörden genutzt. Bei ihrer Ausreise wurden sie an der Grenzübergangsstelle Lauenburg verhaftet und der Spionage für die Bundesrepublik Deutschland beschuldigt. Eine der beiden Damen wurde schließlich nach sieben Monaten Haft 1978 in die Bundesrepublik Deutschland abgeschoben, die andere zu einer zwölfjährigen Freiheitsstrafe verurteilt. Erst nach über vier Jahren Haft in Hohenschönhausen und Bautzen II konnte die Bundesregierung die Haftentlassung und Rückkehr in die Bundesrepublik Deutschland erreichen. Anzumerken bleibt, dass keine der beiden Frauen jemals für den BND gearbeitet hat und das »erfolgsorientierte« Verhalten der DDR-Sicherheitsorgane hier auch keinen Einzelfall beschreibt.

Zu den Hintergründen ist auszuführen, dass in dieser totalitären Diktatur sich die Nachrichtenbeschaffungslage für den BND als äußerst schwierig gestaltete. Das MfS nutzte diese Verhaftungen von Agenten des »dekadenten Westens« - und so wurden sie teilweise auch terminiert - nicht nur defensiv. Sie erfolgten häufig unter innen- und außenpolitischen Aspekten und wurden in den DDR-Medien entsprechend publizistisch und agitatorisch ausgeschlachtet: teils als »Geburtstagsgeschenk« für den Minister Erich Mielke, teils zum Anheizen der Transitstrecken-Problematik. Zuhauf wurden Medienberichte in der DDR gefertigt, wie: »und wieder gelang es unseren Abwehrkräften, einen Agenten des westdeutschen Nachrichtendienstes zu verhaften, der unter Missbrauch der durch das Transitabkommen großzügig eingeräumten Reisemöglichkeiten seinem schändlichen Handwerk nachging«.

4   Die Arbeit mit Doppelagenten

Zielpersonen des BND

Dem BND war damals bewusst, dass alle DDR-Bürger, die in den Westen ausreisen durften, zwangsläufig mit dem MfS in Kontakt standen. Westreisen wurden in der DDR als Privileg gesehen. Somit wurden auch die Interessen des DDR-Nachrichtendienstes teilweise in erpresserischer Weise gegenüber den »Reisekadern«, aber auch gegenüber dem DDR-Bürger, der in Familienangelegenheiten reiste, genutzt. Ohne Mitwirkung und positive Entscheidung des MfS war eine Ausreise nicht möglich. Das MfS hatte diese »Kader« und Einzelreisenden zumindest zur Berichterstattung über alle Westkontakte verpflichtet – und diese Berichte wurden auch unter allen nachrichtendienstlichen Aspekten analysiert, sofern sie nicht sogar mit direktem nachrichtendienstlichen Auftrag, sei es defensiv oder operativ, ihre Reise antraten. Der BND – wie Sicherheitsbehörden der Bundesrepublik allgemein – musste sich demzufolge darauf einstellen, dass die Masse der Reisenden eine nachrichtendienstliche Ansprache durch den BND melden würde: Vom MfS ausgewählt waren Reisende mit überprüfter, also einschätzbarer Loyalität zum DDR-Staat. Bindungen zur Familie (Stichwort: Faustpfand) sicherten vor unüberlegten Handlungen wie Verbleib in der BRD im Sinne des MfS ab.

Kontaktierung der Zielpersonen durch den BND

Der BND trat in Kenntnis dieser Problematik dennoch an diesen Personenkreis heran: Die Reisenden waren Wissensträger und teilweise – dank der bekannten Neigung östlicher Dienste zu »Gegenspielen« – bereit, sich durch den BND »anwerben« oder zumindest ihn an diesem Wissen teilhaben zu lassen. Nach heutigen Erkenntnissen haben gegen Ende der Existenz der DDR und damit des MfS neun von zehn DDR-Quellen des BND auf »zwei Schultern getragen«.

Die Erkenntnisse, die so gefahrlos gewonnen an den BND abflossen und damit auch in ausgewerteter Form an die Bundesregierung und weitere Bedarfsträger gelangten, umfassten zutreffende Faktoren, Entwicklungen und Lageeinschätzungen auf politischem, militärischem, wirtschaftlichem und technisch-wissenschaftlichem Gebiet. Sie waren früher oder später jeweils durch weiteres Informationsaufkommen unter anderem von nicht aktiv vom MfS gesteuerten Westreisenden – auch ausländischen Staatsbürgern – nachprüfbar.

Wären die Informationen aus einem Gegenspiel des MfS unzutreffend gewesen, wäre dieses »geplatzt« und damit der MfS-Agent als solcher enttarnt worden. »Spielverderber« wollte das MfS aber nicht sein. Es stand auch wegen der exzessiven Handhabung der flächendeckenden Geheimhaltung (was war in der DDR kein Staatsgeheimnis?) ausreichend echtes »Spielmaterial« zur Verfügung.

Ertragreiche Erkenntnisgewinnung durch den BND

Im Jahr 1985 soll das KGB dem MfS die Weisung erteilt haben, den Anteil der authentischen geheimhaltungsbedürftigen Informationen dieses »Spielmaterials« drastisch zu reduzieren, da man – wie sich heute herausstellt – zu Recht! – befürchtete, dass zu viel tatsächliches Wissen an den BND abfließen würde. Diese zuvor geschilderte, auch nach 1985 weiter praktizierte nachrichtendienstliche Vorgehensweise verhalf dem BND dennoch zu Erkenntnissen, die durchaus wertvoll für einschlägige Berichterstattung waren und verwendet werden konnten. Im Gegenzug brachten sie dem MfS zusätzliche Forschungsergebnisse zu Mitarbeitern und zum Interessensspektrum des BND, deren geringer Wert für das MfS bereits beschrieben worden ist.

»Echte« BND-Quellen

Dankenswerterweise gab es allerdings auch DDR-Bürger, die trotz MfS-Anbindung ohne Wissen des MfS für den BND tätig wurden. Wenn auch der BND wegen nur eingeschränkter Überprüfungsmöglichkeiten bis zur Wende nie ganz sicher sein konnte, dass diese »Zweigleisigkeit« nicht nur von Quellen behauptet, sondern tatsächlich praktiziert wurde. Dem BND stand uneingeschränkt das dienstliche Wissen dieser West-Reisenden bzw. der DDR-Bürger zur Verfügung – ein wesentlicher Stützpfeiler für die Erkenntnisgewinnung und Berichterstattung des BND an die Bundesregierung und die Ressorts.

5 Schlussbemerkung

»Nachrichtendienst« ohne Einsatz von Menschen ist nicht darstellbar; dieser Einsatz ist grundsätzlich mit einem hohen Risiko behaftet. Das weiß der BND und dessen sind sich auch die Menschen bewusst, die, aus welchen Motiven auch immer, dem BND bei der Erfüllung seiner Aufgaben – ich betone – in jeder Hinsicht freiwillig behilflich waren und sind. Der Schaden, den das MfS dem BND und damit der Bundesrepublik Deutschland, vor allem aber den als nachrichtendienstliche Verbindungen operativ eingesetzten, enttarnten und verurteilten Menschen zugefügt hat (Stichwort: horrende Strafzumessung, Todesstrafen und deren Vollzug in der DDR), war ein sehr hoher Tribut. Diese Gefahr, das heißt, das Risiko von den Sicherheitsorganen des »Arbeiter-und-Bauern-Staates« entdeckt und von den Justizorganen verurteilt zu werden, mit allen Folgen, wie:

- der Stigmatisierung in der und durch die Gesellschaft,
- der Zerstörung der bürgerlichen Existenz,
- der Zerstörung des sozialen Umfeldes mit Freunden und Bekannten,
- auch der Zerstörung der Familien bis hin zum Verlust des eigenen Lebens,

haben Menschen aus den unterschiedlichsten Gesellschaftsschichten, Berufsgruppen und Motivlagen in der Bundesrepublik Deutschland und der ehemaligen DDR auf sich genommen.

Engagiert haben sie sich jedoch alle – direkt oder indirekt – für Freiheit, Menschenrechte, besseres, das heißt lebenswerteres Leben in einer westlich-demokratischen Gesellschaftsordnung.

Wenn ehemalige MfS-Größen, die sich mit höchsten Orden der ehemaligen DDR schmückten und schmücken, heute behaupten, sie hätten keinerlei Kenntnisse über bzw. keinen Einfluss auf das geschehene Unrecht bis hin zu der Vollstreckung von Todesurteilen gehabt, kann das nur als blanker Zynismus gewertet werden.

Wie am Beispiel der DDR mit ihren repressiven Sicherheits- und nachrichtendienstlichen Organen festzustellen ist, können Diktatoren und Diktaturen einzelne Menschen bzw. Menschengruppen unterdrücken oder gar vernichten. Dennoch geht bei einem Resümee der Auseinandersetzung deutsch-deutscher Gesellschaftssysteme mit unterschiedlichen Weltanschauungen, auch ausgetragen auf dem Feld der Nachrichtendienste der ehemaligen DDR und der Bundesrepublik Deutschland, der Mensch in seinen Grundrechten beziehungsweise die Menschlichkeit als Sieger hervor. Die Würde des Menschen steht nicht in der Verfügungsgewalt des Staates.

Offene demokratische Gesellschaften tun sich auf dem Gebiet der Geheimdienstarbeit erheblich schwerer als autoritäre Systeme; langfristig werden sie sich jedoch durchsetzen. Sie tragen einen entscheidenden Vorteil in sich, da sie ihr Denken und Handeln auf die Prinzipien der Freiheit gründen. Und die ist und bleibt für die Menschen ansteckend – politisch, wirtschaftlich wie gesellschaftlich.

Nicht verhindern konnte das MfS, dass der BND eine gute Kenntnis der Lage in der DDR bei allen nachvollziehbaren Einschränkungen in der Aufklärung eines diktatorischen Staatswesens gewinnen konnte. Ohne Frage ist das MfS insofern mit seinen Angriffen auf den BND insgesamt gescheitert.

Karl-Rudolf Korte

Deutschlandpolitik in Helmut Kohls Kanzlerschaft: Der begrenzte Einfluss des Ministeriums für Staatssicherheit auf das Regierungshandeln

Um einzuordnen, welchen möglichen Einfluss das Ministerium für Staatssicherheit (MfS) auf das konkrete deutschlandpolitische Regierungshandeln in der Kanzlerschaft Helmut Kohls haben konnte, soll zunächst das Politikfeld der Deutschlandpolitik der achtziger Jahre kurz charakterisiert werden. Danach sind der Entscheidungsprozess und der Regierungsstil näher zu betrachten. Welche Chancen der Einflussnahme im Regierungsapparat hätten für das MfS bestanden?[1] In einem dritten Abschnitt soll konkret nach dem Bild der DDR des Kanzlers gefragt werden. Hatte auf dieser normativen Ebene das MfS Einflusspotenziale? Welche Möglichkeiten hätten bei einem extrem personalisierten Regierungsstil nachrichtendienstliche Aktivitäten gehabt?

Grundsätzlich bestanden viele Möglichkeiten, Informationen auszuspionieren, obwohl das deutschlandpolitische Politikfeld zentralisierter gesteuert wurde als andere Policies. Die nachträgliche Enttarnung einiger Mitarbeiter der Staatssicherheit belegt, dass die DDR im Rahmen der deutsch-deutschen Vertragsverhandlungen weitgehend gut informiert war.[2] Andererseits gingen westdeutsche Spitzenakteure auch immer davon aus, dass die Verhandlungspartner vorab Informationen erhielten, sodass selbst die Bargaining-Prozesse immer nachrichtendienstliche Antizipationen enthielten. Wer sollte in Zeiten des NATO-Doppelbeschlusses nicht davon ausgehen, dass Spionage zum Alltag gehörte? Nachfolgend werden solche Überlegungen nicht problematisiert. Vielmehr wird vor der Folie der Deutschlandpolitik der achtziger Jahre nach dem Regierungsstil und der deutschlandpolitischen Regierungsorganisation gefragt, um zu zeigen, wie personalisiert und netzwerkartig Kohl seine Politik betrieb. In diesem nicht transparenten, dennoch zentralisierten Entscheidungssystem blieben die Hauptakteure absolut unabhängig und zugespitzt auch unangreifbar für nachrichtendienstliche Operationen, die über das Ausspionieren

---

1   Vgl. Henke, Klaus-Dietmar: Staatssicherheit. In: Weidenfeld, Werner; Korte, Karl-Rudolf (Hg.): Handbuch zur deutschen Einheit 1949–1989–1999. Frankfurt/M. 1999, S. 709–730, insb. 726. Ferner Suckut, Siegfried (Hg.): Das Wörterbuch der Staatssicherheit. Berlin 1996, S. 60 f. Zum weiterführenden Gesamtkomplex Staadt, Jochen: Die geheime Westpolitik der SED 1960–1970. Berlin 1993.

2   Grundsätzlich dazu Weidenfeld; Korte (Hg.): Handbuch zur deutschen Einheit (Anm. 1).

von Informationen hinausgingen. Ein mögliches Einflusspotenzial des MfS wäre schon aufgrund des »Systems Kohl«[3] zur Dysfunktionalität verurteilt gewesen.

1 Deutschlandpolitik der achtziger Jahre

In seinem ersten Bericht zur Lage der Nation im geteilten Deutschland formulierte Bundeskanzler Helmut Kohl 1983 das Programm seiner Deutschlandpolitik, an dem er während der gesamten achtziger Jahre konstant festhielt.[4] Es beinhaltete eine Dreiheit: Verschärfung des normativen Abstandes zur DDR; Einbettung der Deutschlandpolitik in die europäische Integration; pragmatische Kooperationsfähigkeit gegenüber der DDR. Diese Trias begleitete Kohls deutschlandpolitisches Regierungshandeln in allen Dimensionen des Regierens.

Den Wandel in der Deutschlandpolitik zur Vorgängerregierung markierte Bundeskanzler Kohl seit der Regierungsübernahme durch die Betonung des normativen Dissenses zur DDR-Führung. Kompromisslos und konfrontativ gegenüber der DDR bettete er die Deutschlandpolitik wieder in einen größeren historischen Rahmen ein, der alle Rechtsgrundlagen der Bundesrepublik Deutschland betraf und nicht nur die Ostverträge und den Grundlagenvertrag als Orientierungs- und Bezugspunkte benannte. Prinzipientreu bestimmte Kohl den Begriff der »Freiheit« als Kern der deutschen Frage, die er rechtlich, politisch und geschichtlich als offen definierte. Das schloss durchaus die Garantie und Anerkennung aller bestehenden Verträge und Vereinbarungen mit der DDR ein. Als Geschäftsgrundlage vereinbarten der Bundeskanzler und seine Chefunterhändler, den normativen Dissens beizubehalten: Keine Verhandlungsbereitschaft über Grundsatzpositionen mit der DDR und zugleich Dokumentation der im westlichen Bündnis verankerten Standfestigkeit. Das kam nicht unerwartet: Trotz des Bekenntnisses von Kohl und Teilen seiner Fraktion zu einer aktiven ostpolitischen Vertragspolitik in den siebziger Jahren hatte die Union stets den Systemgegensatz deklaratorisch in den Mittelpunkt gerückt.

Eher überraschend für die Beobachter des Regierungswechsels und die Bonner Opposition gestaltete sich hingegen die pragmatische Kooperation im deutschlandpolitischen Alltagsgeschäft zwischen Bonn und Ostberlin.[5] Für die Kontinuität der Beziehungen war nicht nur die Interessenlage der Bundesrepublik Deutschland verantwortlich – keine Konflikte an der Nahtstelle der Ost-West-Konfrontation eskalieren zu lassen –, sondern machtpolitisch auch der kleinere Koalitionspartner. Für die

---

3   Detaillierte Nachweise mit Quellenbelegen zum Regierungshandeln dazu bei Korte, Karl-Rudolf: Deutschlandpolitik in Helmut Kohls Kanzlerschaft. Regierungsstil und Entscheidungen. Stuttgart 1998.

4   Ebenda sowie Fröhlich, Manuel: Sprache als Instrument politischer Führung. Helmut Kohls Berichte zur Lage der Nation im geteilten Deutschland. München 1997, S. 74 ff.

5   Wenige Monate nach Regierungsübernahme erfolgte der erste spektakuläre Kredit an die DDR; Korte: Deutschlandpolitik (Anm. 3), S. 161-184.

Regierungsbildung 1982 brauchte Helmut Kohl die FDP. Der politische Preis hierfür bestand in der Fortsetzung von Genschers entspannungspolitischem Kurs, der auf operative Kontinuität gegenüber der DDR baute. Andererseits verschaffte die scharfe ideologische Abgrenzung zur DDR gerade den Handlungsspielraum für die Deutschlandpolitik der Bundesregierung, um das »Machbare« im innerdeutschen Bereich umzusetzen.

Die Ostberliner Mischung aus Drohung und Angebot hatte ihre Ursache auch in der Devisennot der DDR.[6] Die Bundesregierung setzte deshalb verhandlungstaktisch Geld für humanitäre Zwecke ein, ohne dabei allerdings die ganze Marodität der DDR-Wirtschaft zu erkennen. Bonner Druckpotenziale waren langfristig angelegt. Sie schufen Abhängigkeitsstrukturen. Mehr Gespräche, mehr Verhandlungen, mehr Abkommen festigten ein immer engmaschigeres Netzwerk, trotz mancher Rückschläge und stagnierender Einzelverhandlungen. Wollte man Störungen vermeiden, mussten beide Regierungen weiter kooperieren. So richtete sich jeder im deutsch-deutschen Dilemma ein, getragen von einem parteiübergreifenden Konsens, der diesen deutschlandpolitischen Minimalismus zur Linderung der Teilungsfolgen unterstützte. Die normative Druckkulisse der westdeutschen Deutschlandpolitik, die Kohl bis in den Herbst 1989 hinein unverändert beließ, hätte ohne die Reformpolitik von KPdSU-Generalsekretär Michail Gorbatschow und den rasanten Wandel der Verhältnisse in den Nachbarländern der DDR allerdings nicht ausgereicht, um die Massenausreise der DDR-Bürger und den Massenprotest in der DDR zu initiieren. Weder die Verdichtung der Kooperationsfelder noch die Aufrechterhaltung der Vereinigungsprogrammatik in Grundsatzprogrammen und Regierungserklärungen hätten den Umbruch in der DDR bewirkt. Erst als sich die DDR-Führung dem doppelten Druck – aus Moskau und aus Bonn – und dem innerstaatlichen Protest gegenübersah, folgte der ideologischen ferner die politische Kapitulation. Bonner Devisen trugen auch zur Stabilisierung des SED-Regimes bei. Ob es ohne Bonner Geld eher zum Zusammenbruch gekommen wäre, bleibt trotzdem Spekulation: Nichts deutete darauf hin, dass die DDR auf größeren ökonomischen Druck mit politischer Liberalisierung im Innern reagieren würde. Eher schien angesichts der offensiven Reformverweigerung eine Verhärtung der inneren Verhältnisse wahrscheinlich. Bonn befand sich jedoch in dieser dramatischen Phase eher in der Rolle eines staunenden Zuschauers.

Bundeskanzler Kohls deutschlandpolitische Programmatik war unmissverständlich auf die langfristige Perspektive der deutschen Einheit in Freiheit ausgerichtet. Die Akzentverlagerungen der Regierung Kohl/Genscher betrafen zum einen die formulierte Schärfe des Systemgegensatzes und zum anderen eine praktische Deutschlandpolitik, die sich die Gegensätze in Grundpositionen in keiner Phase abhandeln ließ. Durch diese Standfestigkeit blieb es am Ende den späteren DDR-

---

6 Grundsätzlich vgl. Schroeder, Klaus (unter Mitarbeit von Alisch, Steffen): Der SED-Staat. München 1998, S. 269-274 u. 306-310, insb. 271 f.

Flüchtlingen in der Prager Botschaft erspart, in ein Asylverfahren der Bundesrepublik einzutreten: Sie besaßen automatisch die Staatsbürgerschaft der Bundesrepublik Deutschland, wenn sie dies wünschten. Kohl verfolgte allerdings keine operative Wiedervereinigungspolitik, wie sie ein Teil seiner Kritiker einforderte. Dies hätte unter den Bedingungen der ideologisch-machtpolitischen Teilung der Welt einen deutschen Sonderweg und den Ausstieg aus dem westlichen Bündnis bedeutet, was mit Kohls Grundüberzeugungen unvereinbar war. Kohl, dessen Deutschlandpolitik auf Verhandlungen und innerdeutsche Interessenverknüpfung angelegt war, konnte nicht in Moskau über die Abschaffung der DDR diskutieren, solange nicht gleichzeitig die Verankerung im Westen garantiert blieb. Er setzte auf die Stabilität des europäischen Staatensystems. Der Schlüssel für die Überwindung der Teilung lag immer zuerst in Moskau. Nur eine Lockerung der sowjetischen Deutschlandpolitik konnte das Staatensystem verändern. Trotz dieser Einsicht knüpfte der Bundeskanzler erst sehr spät engere Kontakte zu Gorbatschow. Insgesamt blieb Kohl seinem politischen Programm treu: Sein Ziel war die deutsche Einheit in Freiheit, im Westen verankert, in Europa integriert.

Bundeskanzler Kohl konzentrierte sich von Beginn seiner Amtszeit an prioritär auf das Erreichen menschlicher Erleichterungen für die Bewohner der DDR sowie auf die Sicherung Westberlins. Sein Erfolgsmaßstab sollte der Besucher- und Reiseverkehr sein. Seine Zielsetzung galt den Menschen, den Menschenrechten sowie den humanitären Fragen und war an Gesten dosierter Menschlichkeit ausgerichtet. Der Stellenwert der Deutschlandpolitik, den Kohl ihr beimaß, hing nicht unmittelbar mit dem ihr innewohnenden ideologischen Streitkern zusammen. Vielmehr glaubte er, seinen bürgerlichen Vorstellungen entsprechend, seine politische Macht für das Thema der Nation einzusetzen: Wenn der staatliche Zusammenschluss nicht zu haben war, musste man wenigstens die Nation zusammenhalten. Er entwickelte ein Gespür dafür, welche emotionale, integrierende Botschaft von diesem Thema auszugehen hatte. Dabei trafen weder innerdeutsche Vertragsmodalitäten noch Wiedervereinigungsprogrammatik auf sein unmittelbares Interesse. In geradezu Adenauerscher Gelassenheit blieb Kohl beim Arsenal der immer wiederkehrenden Grundbegriffe und Sprachbilder, zu denen auch die Nation gehörte. Der programmatische Wortschatz orientierte sich am Alltagswissen, ohne tiefsinnig zu scheinen, und transportierte in den Vereinfachungen auch stets Vertrautes. Mit der dabei mitschwingenden emotionalen Botschaft, die ohne verbindliche Präzision war, traf er, innenpolitisch angetrieben, durchaus auf Koordinaten bürgerlicher Empfindungen, die er mit seiner Politik ansprechen wollte. Dies war die unverstellte, persönliche Essenz der Kohlschen Deutschlandpolitik: mehr Botschaft als Strategie, mehr gemeinschaftsorientiertes Selbstverständnis als konkrete Entscheidungsalternative - auch so lassen sich die Berichte zur Lage der Nation im geteilten Deutschland lesen und interpretieren.

Um den Stellenwert der Deutschlandpolitik zu ermessen, müssen jedoch auch der gesamtpolitische Maßstab und die Zeitbedingtheit mit bedacht werden. Nicht alle innerdeutschen Verhandlungen endeten erfolgreich. Man kann darüber streiten, wie viel an den innerdeutschen Vereinbarungen Kohls Verdienst und wie viel gütiges Schicksal oder glückliche Fügung angesichts günstiger internationaler Konstellationen war. Ein herausragender Platz im Spektrum der Bonner Regierungspolitik kam der Deutschlandpolitik bis 1989 nicht zu, sieht man einmal vom spektakulären Honecker-Besuch in der Bundesrepublik 1987 ab. Sie war immer eingebettet in das Gesamtklima des Ost-West-Konflikts. Der Umsetzung des NATO-Doppelbeschlusses, der Rückgewinnung der außenpolitischen Vertrauensstellung, der Sanierung des Bundeshaushalts und der Überwindung der damals so bezeichneten »Eurosklerose« galt in den ersten Regierungsjahren Kohls volle Aufmerksamkeit.

Frühestens mit Wolfgang Schäubles Engagement für die Deutschlandpolitik nahm Helmut Kohl ab Anfang 1985 dieses Politikfeld deutlicher wahr als noch zu Beginn seiner Amtszeit. Das bezog sich nicht auf die normative Dimension, in der er das Thema nicht erst für sich entdecken musste. Vielmehr eröffneten sich durch das Ende der scharfen Ost-West-Konfrontation Handlungsspielräume und damit operative Möglichkeiten des Regierungshandelns, die der Bundeskanzler für Zwecke der Außendarstellung und Legitimationsbeschaffung nutzen wollte. Auch nach der für den Ost-West-Konflikt so wichtigen Zeitenwende von 1985, abzulesen an der Wiederaufnahme der sowjetisch-amerikanischen Gipfeldiplomatie, blieb die Deutschlandpolitik für Kohl dennoch eher nachgeordnet. Selbst die Krisendiplomatie des Jahres 1989 fokussierte die Ausreisewelle als ein innenpolitisches Thema Westdeutschlands. Noch immer ging es um Reparaturarbeiten an der ansonsten akzeptierten Zweistaatlichkeit. Der Balanceakt zwischen Offenhalten der deutschen Frage bei gleichzeitiger Interessenverflechtung mit der DDR wurde noch fortgesetzt. Bis in den November 1989 hinein galt unverändert eine Art Stillhalteabkommen mit der DDR. Das schloss zwar keine zeitlose Bestandsgarantie für das politische System mit ein, doch signalisierte die Bundesregierung, dass auch sie an einer Massenausreise aus der DDR nicht interessiert war.

2   Der deutschlandpolitische Entscheidungsprozess

Deutschlandpolitik war zu jeder Zeit institutionell vorgegebene Chefsache. Kohl musste sich hier keinen Führungsanspruch erkämpfen. Die Zahl der Akteure und vermeintlichen Mitgestalter in diesem exekutiven Feld des Regierungshandelns war nie groß. Die Möglichkeiten einer gezielten Beeinflussung hätten sich somit unmittelbar auf den Kreis der Spitzenakteure ausrichten müssen. Die Richtlinienkompetenz des Kanzlers erstreckte sich auch auf wichtige operative Details.[7] Normativ und operativ gestaltete das Kanzleramt monopolartig die Beziehungen zur DDR.[8] Bundeskanzler Kohl wollte daran bei Amtsübernahme nichts ändern. Das ausgeprägte Maß an hierarchischer Autorität der Regierungszentrale gegenüber den Ressorts blieb deutschlandpolitisch unangetastet. Dennoch musste Kohl auch jede deutschlandpolitische Entscheidung in den Mehrheitsfraktionen und in seiner Partei absichern.[9] Denn für jeden Kanzler hatte die Deutschlandpolitik auch stets hohes Destabilisierungspotenzial, was es zu beachten galt.

Das politische Gewicht und die Konfliktfähigkeit des Bundesministeriums für innerdeutsche Beziehungen als zuständiges Fachressort waren zu gering, als dass sich daraus Probleme in der Koordinierung der Deutschlandpolitik ergeben hätten. Nachträglich enttarnte inoffizielle Mitarbeiter des MfS in diesem Ministerium hatten Zugang zu Informationen, aber keinen Einfluss auf Entscheidungsprozesse. Anders als der Außenminister entstammten die Bundesminister für innerdeutsche Beziehungen zudem der Kanzlerpartei. Aus dem Hader der Ressortegoismen zwischen Kanzleramt und Auswärtigem Amt, innerdeutschem Ministerium und Ständiger Vertretung hielt Kohl sich heraus. Er ließ sich von keiner Seite vereinnahmen. Das Auswärtige Amt war aufgrund seines eigenen Anspruchs und der Koalitionsarithmetik mächtig. Wegen des besonderen völkerrechtlichen Status des zweiten deutschen Staates war es allerdings relativ machtlos gegenüber den deutschlandpolitischen Steuerungsinitiativen und Entscheidungsvorgaben des Kanzleramtes. Kohl ließ Genscher auf der Chefebene über die normativen Grundsätze seiner Deutschlandpolitik informieren (Berichte zur Lage der Nation und Regierungserklärungen). International sicherten der Außenminister und die vom Kanzleramt aus geleitete Bonner Viererrunde, die aus den Botschaftern der drei westlichen Verbündeten Frankreich, Großbritannien, USA und einem Bonner Vertreter bestand,[10] die Interpretation der Deutschlandpolitik ab. Die Viererrunde diente besonders in den ersten Jahren von Kohls Kanzlerschaft als ein wichtiger deutschlandpolitischer Abstimmungsmechanismus zwischen der Bundesregierung und den Drei Mächten. Durch gewachsene eigene außenpolitische Erfahrungen und persönliche Verbindungen konnte Kohl in den späteren Jahren auf direktem Wege sowie im Telefonat mit anderen Regierungschefs die Bündnispartner über seine Entscheidungen informieren und die Notwendigkeit des formellen diplomatischen Abstimmungsmechanismus relativieren. Auch

---

7   Zur Einordnung vgl. Haungs, Peter: Kanzlerdemokratie in der Bundesrepublik Deutschland von Adenauer bis Kohl. In: Zeitschrift für Politik 33(1986)1, S. 44-46.

8   Überblick bei Schmid, Günther: Entscheidung in Bonn. Die Entstehung der Ost- und Deutschlandpolitik 1969/70. Köln 1980.

9   Zum personellen Netzwerk der Kanzler-Entscheidungen vgl. Korte: Deutschlandpolitik (Anm. 3), S. 23-66.

10 Bedarff, Hildegard: Die Viererrunde. Zum Bedeutungswandel multilateraler Koordinationsgremien zwischen den westlichen Siegermächten und der Bundesrepublik Deutschland. In: Zeitschrift für Parlamentsfragen 22(1991)4, S. 555-567.

das schränkte den deutschlandpolitischen Einfluss Genschers ein. Mit der Person Horst Teltschiks als außenpolitischem Abteilungsleiter im Kanzleramt signalisierte Kohl gegenüber Genscher von Beginn an außenpolitisches Eigenprofil.[11] Erstmals in der deutschen Geschichte dieser Funktion wurde es nicht mehr von einem Berufsdiplomaten ausgefüllt. Die machtpolitische Schwäche des Auswärtigen Amtes unter Klaus Kinkel (seit 1992) wird auch dadurch dokumentiert, dass Kohl nach Teltschiks Weggang (1991) wieder bewusst einen außenpolitischen Abteilungsleiter aus dem Auswärtigen Amt zuließ.

Der Ausbau des Kanzleramtes als Regierungszentrale[12] erfolgte erst mit Wolfgang Schäubles Amtsantritt als neuer Chef des Kanzleramtes und Bundesminister für besondere Aufgaben am 15. November 1984. Er koordinierte und zentralisierte alle Entscheidungs- und Informationsabläufe. Schäuble und später auch Rudolf Seiters wurden zu den entscheidenden Figuren des organisatorischen Ablaufs in der Bundesregierung. Sie waren die engsten Berater des Kanzlers. Auf die Deutschlandpolitik hatte das unmittelbar Auswirkungen: Schäuble brachte im Gegensatz zu Philipp Jenninger, der von 1982 bis 1984 Staatsminister war, mehr politisches Gewicht mit ein. Als Bundesminister besaß Schäuble, anders als sein Vorgänger, gegenüber seinen Ministerkollegen schon vom Status her ein höheres Durchsetzungspotenzial. Das Bundeskanzleramt erwachte aus seinem deutschlandpolitischen »Dornröschenschlaf«[13]. Erst unter Schäuble übernahm es - deutlich erkennbar für alle anderen Ressorts - die Funktion, die ihm formal ohnehin zufiel. Schäuble straffte die Zuständigkeitsabgrenzungen zwischen innerdeutschem Ministerium, Auswärtigem Amt, Ständiger Vertretung und dem Arbeitsstab Deutschlandpolitik - einer besonderen Organisationseinheit des Kanzleramtes innerhalb der außenpolitischen Abteilung - mit Beamten, die weitgehend aus dem Auswärtigen Amt kamen.[14] Das Kanzleramt blieb nicht nur operatives Zentrum, sondern wurde als solches auch fortan akzeptiert. Die Konflikte, die aus Ressortegoismen folgten, waren im Grunde Nachhutgefechte. Schäuble koordinierte und führte auch die Verhandlungen auf dem geheimen Sonderkanal mit der DDR. Er relativierte dadurch alle anderen Kontakte, die Alexander Schalck-Golodkowski auch weiterhin mit dem bayerischen Ministerpräsidenten Franz-Josef Strauß auf der Südschiene unterhielt. Zu Jenningers Amts-

---

11 Zum Dauerkonflikt Wagner, Peter M.: Erfolg der Bonner Komplementärdiplomatie. In: Bruck, Elke; Wagner, Peter M. (Hg.): Wege zum »2+4«-Vertrag. Die äußeren Aspekte der deutschen Einheit. München 1996; auch Wagner, Peter M.: Außenpolitik in der »Koalitionsdemokratie«. In: Internationale Politik 53(1998)4, S. 31-36.

12 Grundsätzlich: Müller-Rommel, Ferdinand; Pieper, Gabriele: Das Bundeskanzleramt als Regierungszentrale. In: Aus Politik und Zeitgeschichte (1991)B 21-22, S. 3-13, und Berry, Phyllis: The Organization and Influence of the Chancellory during the Schmidt and Kohl Chancellorship. In: Governance 2(1989)2, S. 339-355.

13 So Wagner, Wolfgang: Der Regierungswechsel in Bonn. In: Europa-Archiv 38(1983)6, S. 157-164.

14 Dazu auch König, Klaus: Vom Umgang mit Komplexität in Organisationen. Das Bundeskanzleramt. In: Der Staat 28(1989)1, S. 49-70.

zeiten als Staatsminister im Kanzleramt verhandelte auch der Ständige Vertreter der Bundesrepublik Deutschland in Ostberlin noch mit Schalck-Golodkowski. Schäuble monopolisierte die Kontakte. Für Schäuble hatten seine Vertrauensstellung gegenüber dem Kanzler und die Dominanz in der Regierungszentrale den großen Vorteil, keine zeitaufwändigen doppelten Rückkoppelungen mit Schalck-Golodkowski – auf dem geheimen Sonderkanal – und mit der eigenen Regierung organisieren zu müssen. Dadurch, dass Schäuble selbst den Part des Verhandlungsführers übernahm, fiel auf westdeutscher Seite eine zusätzliche Koordinierungsebene weg. Schäuble konnte die Regierungsposition unmittelbar selbst vertreten.

Mit der Aufwertung des Chefs des Kanzleramtes zum Bundesminister und Chefoperateur der Deutschlandpolitik wurde Schäuble zum innerdeutschen Topmanager des Kanzlers. Seine Machtposition drückte sich weniger im situationsgerechten Beherrschen des bürokratischen Apparates oder dem angemessenen Umgang mit den Fachressorts aus, als vielmehr durch seine Nähe zum Kanzler. Schäuble war ein Teil des »Systems Kohl« und nur in diesem System hatte der Kanzleramtschef auch Maklermacht.[15] Sein täglicher direkter Zugang zu Kohl verschaffte ihm ein Informationsmonopol von politisch hohem Wert. Im informellen Gespräch zwischen Kanzler und Kanzleramtsminister lag die Quelle der politischen Entscheidungsfindung, mithin der Kern, der relativ unbeeinflusst von Außeneinflüssen blieb.

Großen, unmittelbaren Einfluss auf den deutschlandpolitischen Entscheidungsprozess erzielte der Bundeskanzler außerdem durch die Beauftragung enger Vertrauter mit der Führung wichtiger deutschlandpolitischer Missionen und Verhandlungen und seine hier gegebenen informellen Interventionsmöglichkeiten in einzelnen Verhandlungsphasen: Mal ließ er Strauß den Milliardenkredit einfädeln, mal testete Volker Rühe den Grad der inneren Erosion der DDR, mal sollte Ernst Albrecht mit Erich Honecker reden, um die Elbe-Sanierung voranzubringen.

Kohl brauchte ein schlagkräftiges Kanzleramt als Koordinationsinstanz der Regierungsarbeit, weniger für eigene Beratungszwecke als zur Durchsetzung seines Führungsanspruchs. Die durch das Kanzleramt vorgegebene Organisations- und Personalprärogative hätte als Instrument zur Durchsetzung des Führungsanspruchs nicht ausgereicht. Zum einen dauerte es etwa bis Mitte der achtziger Jahre, bis Kohl durch gezielte Personalpolitik seine Vertrauensleute überall im Kanzleramt untergebracht hatte. Zum anderen hätte auch eine noch so effizient und loyal ausgerichtete Regierungszentrale nicht den Führungsanspruch ermöglicht, den der Kanzler durch seine parteipolitische Rückbindung erhielt. Der direkte Zugang Schäubles zum Bundeskanzler minderte insgesamt den Einfluss der deutschlandpolitischen Ministerialbürokratie sowohl aus dem Bereich des Kanzleramtes als auch aus den Ressorts.

---

15 Vgl. auch Prätorius, Rainer: Präsidenten im bürokratischen Umfeld. Grenzen des politischen Managements in den USA. In: Neue Politische Literatur 37(1992)2, S. 249-259.

Grundsätzlich war zwischen zwei Entscheidungs- und Kommunikationsfeldern für den Kanzler zu trennen, nämlich dem der Administration und dem der Politik.[16] Die Platzierung von politisch ausgewählten Leitungsbeamten und die informelle Handhabung von Kohls »politischer Familie« privilegierte Personen mit Sonderstatus gegenüber anderen, die, trotz formeller Legitimation, keinen direkten Zugang zum Kanzler hatten. Der Bundeskanzler machte sich durch die Etablierung informeller, institutionell nicht vorgesehener Gesprächsstrukturen unabhängig von den Amtsvorlagen, die er als nur eine von mehreren Quellen der Entscheidungsfindung benutzte. Statt der Vorlage der Administration bevorzugte er die persönliche Erörterung, das Gespräch, auch mit Mitarbeitern, die nicht oben in der politischen Hierarchie angesiedelt waren. Kohl war außerdem fixiert auf alternative Beratungsquellen, die außerhalb des Amtes lagen. Vielfalt und Unabhängigkeit charakterisierten das Informationsmanagement – auch ein Aspekt, der gezielte MfS-Attacken erschwerte.

Die deutschlandpolitischen Konfliktlinien im Kanzleramt verliefen zwischen der Redenschreibergruppe und dem Arbeitsstab Deutschlandpolitik. Dies betraf ausschließlich die normative Ebene der Deutschlandpolitik. Während die handverlesenen Redenschreiber Teil des Zentrums der Macht waren, folgte der Arbeitsstab den Regeln bürokratischer Politik.[17] Die Redenschreiber nutzten ihren Informations- und Vertrauensvorsprung zur Herrschaftsabsicherung von Kohls Kanzlerschaft. Hinter dem Kampf um Worte steckte nicht nur das programmatische Profil der Deutschlandpolitik, sondern in der spezifischen Wortwahl oder den signifikanten Auslassungen verbarg sich auch eine Momentaufnahme von Kohls jeweiliger Machtposition. Die Mitarbeiter des Arbeitsstabs Deutschlandpolitik besaßen eine doppelte Loyalität: gegenüber ihrer Entsendebehörde, dem Auswärtigen Amt, und gegenüber dem Kanzleramt. Daraus resultierte häufig eine diplomatische Strategie der Konfliktvermeidung. In Vermerken und Redearrangements entschieden sie sich oft für eine politische Schonung der DDR mit unverbindlichen Formulierungen ohne Reizvokabular.

Als operative Schaltstelle der Deutschlandpolitik war der Arbeitsstab im Kanzleramt für den jeweiligen deutschlandpolitischen Chefmanager unverzichtbar. Die gesamte Koordination der DDR-Kontakte, Verhandlungen, auch die auf dem Sonderkanal, wurden dort gesteuert.

---

16 Vgl. Schreckenberger, Waldemar: Der Regierungschef zwischen Politik und Administration. In: Haungs, Peter u. a. (Hg.): Civitas. Widmungen für Bernhard Vogel zum 60. Geburtstag. Paderborn 1992, S. 603–614.

17 Mit all den Konsequenzen sind sie belegt bei Scharpf, Fritz W.: Positive und negative Koordination in Verhandlungssystemen. In: Héritier, Adrienne (Hg.): Policy-Analyse. Opladen 1993, S. 57–83. Zu den Redenschreibern vgl. Korte, Karl-Rudolf (Hg.): »Das Wort hat der Herr Bundeskanzler«. Eine Analyse der großen Regierungserklärungen von Adenauer bis Schröder. Wiesbaden 2002, S. 217 ff.

Ebenso wenig wie Kohl eine Transparenz seiner persönlichen Informationsabläufe zuließ, betrieb er eine Rationalisierung der politischen Entscheidungsfindung. Für das Themenfeld Deutschlandpolitik kristallisierten sich keine fixen Ent-
scheidungswege heraus. Am Entscheidungsmonopol des Kanzlers bestand jedoch zu
keinem Zeitpunkt Zweifel. Das lässt zwei Aussagen zu, deren Wahrheitsgehalt vermutlich genau in der gemeinsamen Schnittmenge liegt:

1. Der Bundeskanzler entschied alleine und im bilateralen Dialog zusammen mit
   dem jeweiligen Chefmanager der Deutschlandpolitik (Jenninger/Schäuble/Sei-
   ters).

2. Deutschlandpolitische Entscheidungen entwickelten sich im Kräfteparallelogramm zwischen Parteiinteressen, Fraktionsrücksichtnahmen, Koalitionsan-
   sprüchen[18], Ressort- und Kabinettsprinzip, Demoskopie sowie dem Wettbewerb zwischen negativer und positiver Koordination, dem jede Form von bürokratischer Politik ausgesetzt ist.

Die Prozesse des deutschlandpolitischen Regierungshandelns der achtziger Jahre
liefern zahlreiche Beispiele für beide Entscheidungsvarianten. Eine Erklärung dafür
findet sich in Kohls Machtposition. Diese drückte sich nicht in der Art aus, wie er
wichtige Entscheidungen traf, sondern wie er sie vorbereitete. Dem Kanzler kam es
dabei weniger auf die Detailentscheidung an, obwohl er sich auch einer Reihe derartiger Einzelheiten persönlich widmete, wenn sie politische Brisanz enthielten. Wichtig war ihm vielmehr, dass er seine Aufmerksamkeit mehr auf den richtigen Impuls,
den zeitgerechten Augenblick und die handelnden Personen ausrichtete und weniger
auf die konkrete Entscheidung. Um dieses Grundmuster erfolgreich anzuwenden,
war Kohl auf vielfältige, differenzierte Informationen aus seinem Frühwarnsystem
angewiesen. Gleichzeitig musste er in einer Frühphase koordinierend und moderie-
rend die Entscheidungsvorbereitung vermitteln lassen. Kohl verkündete am Ende das
jeweilige Ergebnis. Was sein Anteil an den konkreten Entscheidungen war, lässt sich,
von wenigen Ausnahmen abgesehen, nur unscharf erkennen.

Das Ausmaß des persönlichen Anteils des Kanzlers an der Entscheidungsfindung
im deutschlandpolitischen Bereich hing darüber hinaus nicht von der konkreten
Thematik ab, sondern ausschließlich vom funktionalen Kontext: Wann wurde ein
Thema in welchem Ausmaß so politisch, dass es Kohls volle Aufmerksamkeit bean-
spruchte? »Politisch« bedeutete in diesem Kontext immer in erster Linie Machtpoli-
tik: Regieren als Kunst des Machterhalts und des Machtbewahrens, was mal die
subtile Detailentscheidung (Sitzordnung beim Abendessen mit Honecker in Bonn
1987), mal die Einbindung politischer Konkurrenten (Strauß während des Milliar-
denkredits 1983), mal das generelle Richtunggeben (Kulturabkommen, Transit- und
Swingvereinbarung), mal Textstilistik (Streit um Worte im Umfeld des Wiesbadener

---

18   Zum Kontext Clemens, Clay: The Chancellor as Manager. Helmut Kohl, the CDU and Governance
     in Germany. In: West European Politics 17(1994)4, S. 28-51.

CDU-Parteitags 1988), oft aber auch bewusste Entscheidungsverweigerung (Umfeld der Oder-Neiße-Grenzdiskussionen) einschließen konnte.[19]

Trotz formeller Zuständigkeit des Kabinetts für die Regierungsabkommen im Bereich der Deutschlandpolitik fielen die inhaltlichen Vorentscheidungen in informellen Gremien.[20] Neben der informellen Entscheidungspraxis im Kräfteparallelogramm avancierte von den regierungsinternen Koordinationsgremien eindeutig der erweiterte Dreier-Kreis (Schäuble, Bundesminister für innerdeutsche Beziehungen, Bundessenator für Berlin, Staatssekretär Auswärtiges Amt und Wirtschaftsministerium) zum zentralen deutschlandpolitischen Steuerungsorgan. Hier wurden nicht nur wichtige Koordinierungen, Akzentuierungen, Unterrichtungen und Sprachregelungen für die operative Deutschlandpolitik festgelegt, sondern auch zahlreiche Vorentscheidungen gefällt, die dann zur Kabinettsreife ausgearbeitet wurden. Jenninger, Schäuble und Seiters informierten dieses Gremium und nutzten es durchaus zur eigenen Willensbildung, doch konsultierten sie es nur in Ausnahmefällen. Von der Verhandlungsführung auf dem Sonderkanal erfuhr der Dreier-Kreis nur selektiv. Ort der Koordinierungsgespräche war seit 1984 das Kanzleramt. Nur in der ersten Phase seiner Regierungszeit saß der Kanzler persönlich regierungsinternen Koordinationsgremien vor. Ende 1984 beendete Kohl diese formelle Leitungsaufgabe und überließ sie danach Wolfgang Schäuble.

Das Kanzleramt benutzte das Bundesministerium für innerdeutsche Beziehungen zunehmend als Serviceeinrichtung, die Dienstleistungen für die Berichte zur Lage der Nation erbrachte oder Sachstandspapiere zu detaillierten Themenfeldern der innerdeutschen Vertragsverhandlungen zusammenstellte. Oft musste sich das im Prinzip zuständige innerdeutsche Ministerium mühsam wichtige Informationen zu den innerdeutschen Verhandlungen aus dem Kanzleramt besorgen. Auf Referatsleiterebene wurde mit dem Kontaktausschuss ein neues Koordinierungsgremium geschaffen, das beim Bundesministerium für innerdeutsche Beziehungen angesiedelt war. Dies konnte zumindest als ein Teilerfolg des innerdeutschen Ministeriums bei der Behauptung seiner Ressortbedeutung gewertet werden.

Die regierungsinterne Koordination der Deutschlandpolitik war geprägt vom persönlichen Stil des zuständigen Staatsministers oder Bundesministers im Kanzleramt. Zwar lief die Organisation der formellen Abstimmungsmechanismen relativ unberührt vom Regierungswechsel weiter, doch die Entscheidungsstrukturen verlagerten sich seit dem Amtsantritt von Schäuble noch eindeutiger auf das Kanzleramt.

---

19 Einzelbelege zu den geschilderten Beispielen in Korte: Deutschlandpolitik (Anm. 3), S. 161-184, 228-242, 265-285, 339 f. u. 414-437.

20 Dazu Schreckenberger, Waldemar: Informelle Verfahren der Entscheidungsvorbereitung zwischen der Bundesregierung und den Mehrheitsfraktionen. Koalitionsgespräche und Koalitionsrunden. In: Zeitschrift für Parlamentsfragen 25(1994)3, S. 329-346; auch Manow, Philip: Informalisierung und Parteipolitisierung. Zum Wandel exekutiver Entscheidungsprozesse in der Bundesrepublik. In: Zeitschrift für Parlamentsfragen 27(1996)1, S. 96-107.

Rainer Barzel hatte sich, seine Rolle als prominente Besetzung des innerdeutschen Ministeriums antizipierend, um eine aktive Ausweitung der Zuständigkeiten bemüht. Sein Aktionismus der ersten Tage trachtete nach politischen Gesten mit hohem Symbolgehalt (z. B. Antrittsbesuch bei der Ständigen Vertretung; Sitzordnung im Plenarsaal) für die innerdeutschen Beziehungen. Unter Heinrich Windelen und Dorothee Wilms sank dann der ohnehin begrenzte Einfluss des Ministeriums auf die Praxis des deutschlandpolitischen Regierungshandelns wieder ab.

Die Bundestagsfraktion verfügte zwar über beträchtlichen Einfluss auf die Grundausrichtung von Kohls Deutschlandpolitik - besonders im Spektrum des inhaltlichen Grenzbereichs zwischen Deutschland- und Ostpolitik -, nicht aber über konkrete Mitwirkungsrechte im Entscheidungsprozess.[21] Kohl und seine Chefmanager integrierten von Fall zu Fall gezielt einzelne Abgeordnete als wichtige Vertreter fraktionsinterner Gruppierungen in den Prozess der Entscheidungsbildung.

3 Das Bild der DDR im Kanzleramt

Welches Bild von der DDR konnte sich unter diesem Gewirr an Entscheidungsmechanismen und Zuständigkeiten entwickeln? Welchen Anteil hätte möglicherweise das Ministerium für Staatssicherheit auf die Wahrnehmung der DDR gehabt? Dies ist vor allem im Blick auf die Deutschlandpolitik in der Schlussphase höchst relevant. Denn Kritik am Kurs der Bonner Deutschlandpolitik entzündete sich an der Frage, ob Kanzler Kohl nicht den Reformdruck auf die DDR hätte verstärken sollen. Für den Kontext der Fragestellung ist es deshalb interessant zu untersuchen, welche Informationen der Kanzler über die DDR erhielt und wie er sie in dieser Phase gewichtete. Zum Erfolg des »Systems Kohl« gehörte die permanente Zulieferung von Informationen aus dem persönlich aufgebauten, umfassenden Netzwerk ebenso wie die Auswertung dienstlicher Informationsangebote. Zwangen die Informationen, die Kohl über die DDR erhielt, den Kanzler zur Änderung seiner Deutschlandpolitik? Das Bild der DDR setzte sich im Kanzleramt aus mehreren Informationsquellen zusammen:

–   Der Bundesnachrichtendienst lieferte in seinen Berichten regelmäßig Informationen. Der frühere Präsident des Bundesnachrichtendienstes Hans-Georg Wieck gab darüber Auskunft: »Ab Frühjahr 1986 konnten wir alles genau zu ordnen. Wir haben erkannt, dass die erste Priorität der DDR-Bevölkerung die Wiederherstellung der deutschen Einheit war. Auf diesem Gebiet waren wir sicherlich besser informiert als andere. Auch über Schalck-Golodkowski haben wir immer alles erfahren. Vieles passte aber nicht in die politische Landschaft

---

21   Grundsätzlich dazu Gros, Jürgen: Politikgestaltung im Machtdreieck Partei, Fraktion, Regierung. Zum Verhältnis von CDU-Parteiführungsgremien, Unionsfraktion und Bundesregierung 1982-1989 an den Beispielen der Finanz-, Deutschland- und Umweltpolitik. Berlin 1998.

und wurde deshalb verdrängt. [...] In der Frage der Übersiedlungsanträge lagen wir immer mit den Stellen der Bundesregierung und der Kirchen im Clinch. Die Bundesregierung hat ja noch zu später Stunde Honecker eingeladen. Offenbar ging sie davon aus, dass damit eine gute Wirkung in der Bevölkerung beider Teile Deutschlands ausgelöst wurde. Das entsprach nicht unserem Meinungsbild in der DDR.«[22] So schrieb Wieck am 31. Januar 1988 an den Bundeskanzler zur Übersiedlerproblematik: »Unverändert die Motivlage der Antragsteller. Unzufriedenheit mit dem politischen System, insbesondere durch Bevormundung durch Staat; wachsende Konfliktbereitschaft der Antragsteller, die eher bereit sind, mit ihrem Übersiedlerwunsch an die Öffentlichkeit zu gehen; Anträge circa 1 bis 1,5 Millionen Übersiedlungswillige.« Eine Implosion der DDR sagte allerdings auch der BND nicht voraus. Keineswegs legte der BND die Schlussfolgerung nahe, dass zur ersten Priorität der DDR-Bevölkerung die Wiederherstellung der Einheit gehörte. Nach solchen Zeilen musste man vergeblich in den Berichten suchen. Fehlender Neuigkeitsgehalt der übermittelten Informationen reduzierte außerdem den Gebrauchswert. Beispielsweise hatten die zahlreichen Hinweise in den BND-Berichten über die mögliche Ablösung Honeckers seit 1988 keinen besonders geheimnisträchtigen Informationsgehalt. An diesen Spekulationen waren viele Stellen beteiligt. Dieser Nachrichtenwert tendierte gegen Null, da dies auch zeitgleich in Zeitschriften nachlesbar war.[23] Kohl nahm die zum Teil für ihn extra farblich markierten Textstellen der BND-Berichte zur Kenntnis, doch sie veränderten nicht sein Bild über die DDR. Er stützte seine Lagebeurteilungen auch nicht intern auf nachrichtendienstliche Erkenntnisse. Kohl machte keinen Hehl aus seiner Geringschätzung des BND. Zum Präsidenten Wieck bestand ein gespanntes Verhältnis. Weder der Kanzler noch sein Kanzleramtsminister sahen sich aufgrund derartiger Berichte genötigt, ihr Bild über die DDR zu verändern.

— Die Berichte der Ständigen Vertretung, in Form von Eil-Telexen über die Lage in der DDR, landeten auf dem Dienstweg über den Leiter des Arbeitsstabes beim Chef des Kanzleramtes. Detailliert und ausführlich konnte man sich über politische Ereignisse und oppositionelle Bewegungen innerhalb der Bevölkerung der DDR ein Bild machen. In der Fülle der Kleinsthinweise fehlte häufig die Gewichtung der Einschätzungen. Was war wichtiger, was eher unbedeutend? Was war Einzelereignis, und welche Aktion hatte Folgewirkungen? Der Arbeitsstab gab diese Informationen unverändert an Schäuble weiter.[24]

---

22 »Es mangelt an Vertrauen.« In: Focus 3(1995)36, S. 78-80; vgl. auch BND-Bericht v. 31.1.1988. In: Bundeskanzleramt, AZ 35001, Akte 78, Bd. 17.

23 Vgl. z. B. Fricke, Karl Wilhelm: Die Nachfolge Honeckers kompliziert sich. In: Deutschland Archiv 21(1988)10, S. 1034-1037.

24 So der Ministerialdirigent und Leiter der Gruppe 22 im Bundeskanzleramt, Ernst Stern, in einem Gespräch mit dem Autor am 14.12.1995 in Bonn.

- Die politische Abteilung des Bundesministeriums für innerdeutsche Beziehungen erstellte ihrerseits Lageberichte für den Minister, der diese wiederum mit in die gemeinsamen deutschlandpolitischen Koordinationsrunden einfließen lassen konnte.
- Die DDR galt als kreditwürdig und ökonomisch berechenbar.[25] Bundeskanzler Kohl sagte dazu: »Also beispielsweise diese Chimäre ›zehntgrößte Industrienation der Welt‹, die war doch weitgehend hier verbreitet. Und wenn man was dagegen gesagt hat, ist man sofort als Kalter Krieger verschrien worden. Das war vorrangig einer der gigantischsten PR-Tricks der Neuzeit, dass sie das fertig gebracht haben.«[26] Hauptquelle derartiger Berechnungen und Einschätzungen in den Berichten der Ständigen Vertretung und des Arbeitsstabes Deutschlandpolitik war das Deutsche Institut für Wirtschaftsforschung (DIW) in Westberlin, das regelmäßig das Kanzleramt informierte.[27] Das ganze Ausmaß der Zahlungsbilanzkatastrophe in ihren für die DDR existenzbedrohenden Auswirkungen konnte erst ab 1990 mit bereinigten DDR-Daten belegt werden.[28] Die Tatsache, dass die ostdeutsche Ökonomie wesentlich besser und vergleichsweise effizienter funktionierte als die der anderen sozialistischen Staaten in Osteuropa, prägte das DDR-Bild bei westdeutschen Politikern und Wirtschaftsfachleuten ebenso wie die von SED-Politikern öfter reklamierte Zugehörigkeit der DDR zu den zehn führenden Wirtschaftsnationen der Erde.[29]

So entstanden dienstliche Hintergrundberichte, die sich aus differenzierten Quellen zusammensetzten. In Form eines Kurzbriefings erhielt der Kanzler vor seinen jeweiligen Gesprächen mit SED-Politikern die entsprechenden zusätzlichen Informationen mündlich oder schriftlich in komplexer Form zusammengestellt. Auf diesem Wege wurde er mit einem Bild der DDR konfrontiert, wie es sich aufgrund der amtlichen Berichte zusammensetzte.

Neben der Auflistung dienstlicher Informationsaufbereitung und den politischen Schlussfolgerungen, die Kohl und Schäuble daraus zogen, stellt sich noch die Frage, welches öffentliche Meinungsbild über die DDR in dieser Zeit existierte. Denn auch

---

25 Vgl. kritisch und differenziert zum Kenntnisstand über die DDR-Ökonomie im Kanzleramt und im Finanzministerium Grosser, Dieter: Das Wagnis der Währungs-, Wirtschafts- und Sozialunion. Stuttgart 1998.

26 So Bundeskanzler Helmut Kohl im Gespräch mit dem Autor am 30.9.1996 in Bonn.

27 So Stern im Gespräch mit dem Autor am 15.12.1995 in Bonn (vgl. auch Anm. 24).

28 Vgl. Haendcke-Hoppe-Arndt, Maria: Wer wusste was? Der ökonomische Niedergang der DDR. In: Deutschland Archiv 28(1995)6, S. 588-602. Grundsätzlich dazu Schürers Krisen-Analyse. Dokumentation. In: Deutschland Archiv 25(1992)10, S. 1112-1120; auch Gros, Jürgen: Entscheidung ohne Alternativen? Die Wirtschafts-, Finanz- und Sozialpolitik im deutschen Vereinigungsprozess 1989/1990. Mainz 1994, S. 24-41; Hertle; Hans-Hermann: Staatsbankrott. Der ökonomische Untergang des SED-Staates. In: Deutschland Archiv 25(1992)10, S. 1019-1030.

29 Vgl. dazu auch Busch, Andreas: Die deutsch-deutsche Währungsunion. Politisches Votum trotz ökonomischer Bedenken. In: Liebert, Ulrike; Merkel, Wolfgang (Hg.): Die Politik zur deutschen Einheit. Opladen 1991, S. 185-207, hier 185 f.

dieses vermittelte Bild musste der Bundeskanzler mit in sein Regierungshandeln einbeziehen. Das Kanzleramt finanzierte über viele Jahre hinweg demoskopische Erhebungen zum Meinungsbild in der Bundesrepublik Deutschland (Institut für Demoskopie Allensbach) und in der DDR (Infratest). Kurzzusammenfassungen der Ergebnisse landeten regelmäßig auf dem Kanzlerschreibtisch. Zwei typische Meinungsbilder aus dem Jahre 1988 sollen hier angefügt werden:[30]

– Das Ansehen von Honecker war bei der westdeutschen Bevölkerung durch seinen Besuch in der Bundesrepublik Deutschland deutlich gestiegen.

– Es wuchs innerhalb der westdeutschen Bevölkerung die latente Bereitschaft, die Grundordnungen, die politisch-gesellschaftlichen Systeme von Bundesrepublik Deutschland und DDR pauschal gleichzusetzen.[31]

Gerade dieser letzte Akzent vermittelte einen Eindruck von dem öffentlichen Meinungsklima und der veröffentlichten Meinung in der Bundesrepublik Deutschland unmittelbar vor dem Beginn der Umbruchphase in der DDR. Mehrheitlich existierte ein »schiefes DDR-Bild«.[32] Das Bild setzte sich zusammen aus Verharmlosung des Unrechtscharakters und Verklärung der so genannten Nischengesellschaft. Die DDR erschien zunehmend als ganz normaler Staat mit einem hinreichend anhänglichen und zufriedenen Staatsvolk. Diese Fehlperzeption beinhaltete auch eine Überschätzung der Leistungsfähigkeit und der politischen Stärke des Systems. So fand gerade in den achtziger Jahren, folgt man dem breiten Pfad der veröffentlichten Meinung, eine bemerkenswerte Umkehr in den Beziehungen zwischen beiden deutschen Staaten statt. Man glaubte, dass die DDR stärker wurde und die Oberhand in den Beziehungen erzielte. Ihre gewachsene internationale Reputation trug mit dazu bei. Die Wahrnehmung der DDR tendierte eindeutig in die Richtung, dass man den zweiten deutschen Staat zunehmend stärker und mächtiger einschätzte. Die geschichtliche Realität lehrt das Gegenteil: Die DDR wurde in dieser Zeit schwächer und vor allem auch ökonomisch abhängiger von der Bundesrepublik.

Bundeskanzler Kohl schuf sich, wie zu allen politischen Vorgängen, auch von der DDR sein eigenes Bild. Er verglich die vielfältigen Informationen und folgte keinesfalls ausschließlich einer Beraterrichtung oder einer Informationsquelle. Er blieb n diesem Punkt unabhängig. So wenig wie er sich im Alltag des Bonner Regierens in die Karten sehen ließ, so diffus blieben die Kanäle, über die sich der Bundeskanzler letztlich sein Bild der DDR zusammensetzte. Dabei vertraute er auf seine partiellen Eindrücke, die er bei seinen wenigen Reisen in die DDR persönlich gemacht hatte. Kohl reiste als Oppositionsführer mehrfach privat in die DDR. Als Bundeskanzler besuchte er ebenfalls privat vom 27. bis 29. Mai 1988 die Städte

---

30 Daten dazu bei Glaab, Manuela: Die deutsche Frage im Bewußtsein der Deutschen. In: März, Peter (Hg.): 40 Jahre Zweistaatlichkeit in Deutschland. München 1999, S. 47-60; ausführlicher dies.: Deutschlandpolitik in der öffentlichen Meinung. Opladen 1999.

31 Korte: Deutschlandpolitik (Anm. 3), S. 388.

32 Jäckel, Hartmut: Unser schiefes DDR-Bild. In: Deutschland Archiv 23(1990)10, S. 1557-1566.

Erfurt, Gotha, Weimar, Dresden und Gera. Am Ende des Vier-Augen-Gesprächs zwischen Kohl und Honecker in Bonn hatten beide dies vereinbart. Schalck-Golodkowski überbrachte später Schäuble die Nachricht, dass der Privatbesuch des Bundeskanzlers in der DDR »in Ordnung« gehe und eine offizielle Nachricht dazu noch kommen werde.[33] Honecker schrieb darüber in den Moabiter Notizen: »Noch eine kleine Nachbemerkung, die für viele vielleicht interessant ist. Kanzler Kohl besuchte 1988 inoffiziell die DDR von Weimar bis Dresden. Die Presse hat Wort gehalten und nichts darüber berichtet.«[34] Der Bundeskanzler erinnerte sich lebhaft an zahlreiche Begegnungen mit Bürgern der DDR während dieser Privatreise und an große Sympathiebekundungen im Fußball-Stadion von Dresden: »Wir haben mit vielen Leuten gesprochen. Und dann haben wir beobachtet, wie man die dann anschließend polizeilich angesprochen hat.« Im offiziellen Bericht des DDR-Ministeriums des Innern stand dazu:

> »Durch den Bundeskanzler wurde mehrfach versucht, Kontakte zu DDR-Bürgern herzustellen, indem er Bürger ansprach. Dabei kam es zu keinen Personenansammlungen bzw. Sympathiebekundungen. In Erfurt übergaben zwei namentlich bekannte DDR-Bürger dem Bundeskanzler jeweils einen Brief. [...] Durch rechtzeitige operativ-vorbeugende Maßnahmen, insbesondere zur Verhinderung von Demonstrativ- und anderen provokatorischen Handlungen wurden im engen Zusammenwirken mit den zuständigen Diensteinheiten des Ministeriums für Staatssicherheit Störungen der öffentlichen Ordnung und Sicherheit nicht zugelassen.«[35]

Ebenso erfolgsorientiert berichtete Honecker über diesen Besuch gegenüber dem sowjetischen Botschafter in der DDR, Wjatscheslaw Kotschemassow. In einer Notiz zu diesem Gespräch hieß es:

> »Genosse Honecker wies darauf hin, dass man mit Kohl kürzlich ein Experiment durchgeführt habe, indem man es ihm erlaubte, zu einem Privatbesuch in die DDR zu kommen. Er hatte bereits dreimal einen entsprechenden Antrag gestellt. Er reiste nach Erfurt, Gotha, Dresden und in andere Städte. Mit Ausnahme der Dresdener Semper Oper, wo 400 BRD-Bürger als Touristen anwesend waren, sei er an vielen Orten überhaupt nicht erkannt worden und musste sich selbst vorstellen. Dies geschah besonders, als er von der beantragten Route abwich und auf eigene Faust Geschäfte und Restaurants besuchte. Wir wollten vor

---

33 Vgl. mit Belegen dazu Korte: Deutschlandpolitik (Anm. 3), S. 390.
34 Honecker, Erich: Moabiter Notizen. Berlin 1994, S. 47.
35 Vgl. mit Belegen dazu Korte: Deutschlandpolitik (Anm. 3), S. 390 f.

allem testen, wie die Bevölkerung sich ihm gegenüber verhält. Insgesamt war der Besuch für ihn eine große Pleite.«[36]

Der Bundeskanzler äußerte sich im November 1993 vor der Enquete-Kommission »Aufarbeitung von Geschichte und Folgen der SED-Diktatur in Deutschland« des Deutschen Bundestages zu seinem persönlichen Informationsstand:

> »Ich habe keinerlei Verwandte in der DDR gehabt, habe aber viele Besucher erlebt. Allerdings in der Weise, wie damals üblich, dass wir uns an dritten Plätzen getroffen haben, um die Leute mit den Gesprächen nicht in Verlegenheit zu bringen. Es gab Informationen von Einzelnen. Ich will aber auch sagen, dass man z. B. interessante Wirtschaftsinformationen von Besuchern aus der DDR relativ selten erhalten hat. Das waren dann sektorale Ausschnitte, mit denen man nicht viel anfangen konnte. Die Hinweise, die Westdeutsche von der Leipziger Messe mitbrachten, waren z. T. eher verherrlichend als der realistischen Lage angemessen, weil man ja die Aufträge haben wollte.«[37]

Welches Bild wurde dem Bundeskanzler vermittelt? Welches machte er sich selber? Wie setzte er die Informationen in Politik um? Die Antwort kann nicht eindeutig ausfallen. Kohl selbst sagte dazu bei der öffentlichen Anhörung der Enquete-Kommission im Reichstag: »Fehleinschätzungen der SED-Führung: Wir haben über die SED-Führung manches gewusst. Ich habe allerdings im Nachhinein Zweifel, inwieweit das wirklich seriös war.«[38] Weiter sagte er zu den Informationsquellen:

> »Dass wir alle die ökonomische Lage in der DDR in dem Zeitraum, den Sie (gemeint war der Fragesteller Bernd Faulenbach; d. Verf.) genannt haben, mehr oder weniger falsch eingeschätzt haben, ist unbestreitbar. Aber da sind wir in ganz guter Gesellschaft. Ich kenne den möglicherweise kostspieligsten Nachrichtendienst der Welt. Er hat im letzten Drittel der achtziger Jahre eine Prognose zur Ökonomie der DDR abgegeben. Da kann man sich nur fragen, wofür sie das Geld ausgegeben haben. [...] Dass wir alle der Propaganda ein Stück erlegen sind, steht für mich außer Frage, zumal die Gegenkritik ja relativ schwach war.«[39]

Die Perzeption der inneren Unruhen in der DDR sowie einer Verhärtung und Repression aus Unsicherheit war evident. Darin stimmten die in den Berichten vermittelten Bilder 1988 überein. Doch niemand prophezeite die Schlussfolgerung: Die

---

36 Ebenda, S. 391.
37 Deutscher Bundestag (Hg.): Materialien der Enquete-Kommission »Aufarbeitung von Geschichte und Folgen der SED-Diktatur in Deutschland«. Bd. V/1, Baden-Baden 1995, S. 930.
38 Ebenda, S. 936.
39 Ebenda, S. 926 f.

Implosion der DDR. 1988 vermittelten alle Einschätzungen den Eindruck, dass die Existenz des politischen Systems der DDR nicht zur Disposition stand.

Kohls politisches Frühwarnsystem, das ihm mit einer Fülle an Informationen wichtige Signale und Stimmungsbilder für seine Strategien des Machterhalts vermittelte, funktionierte nur für die Bundesrepublik Deutschland. Seine DDR-Informationen waren dagegen marginal, sein DDR-Bild diffus. Die Dramatik der inneren Veränderungen nahm er keinesfalls wahr. Seine Parteibasis zwang ihn ebenso wenig zur Korrektur seines einmal gefassten Bildes über die DDR.

4 Personalisierter Regierungsstil[40]

Wer sich näher mit dem Regierungsstil des Bundeskanzlers Helmut Kohl beschäftigt[41], erkennt, dass Kohl seinem einmal etablierten Regierungsstil kontinuierlich treu geblieben ist, sozusagen von »monumentaler Unbeirrbarkeit« (H. Rudolph). Geändert hat sich hingegen die Wahrnehmung seiner Kanzlerschaft. Die ausgleichende Moderation des Konflikts erscheint einmal als moderne Unternehmerleistung, ein anderes Mal als Ausweis von Führungsschwäche. Viel ist heute von der vollkommenen Machtdurchdringung des »Systems Kohl«[42] die Rede. Unterstellt wird dabei, dass der Bundeskanzler ausschließlich auf die Balance der Machtarchitektur achtete, bei vollkommener Vernachlässigung der programmatischen Dimension des Regierens. Diese Argumentation stimmt nur in Teilaspekten. Sicher ist das »System Kohl« geprägt von der Kunst des Machterhalts. Die Prozesse der Machtbildung und Machtsicherung hatten für den Bundeskanzler zumeist einen höheren Stellenwert als die Durchsetzung deutschlandpolitischer Programmsätze. Das soll jedoch nicht bedeuten, dass die politische Macht für den Bundeskanzler ausschließlich zum Selbstzweck geriete. Zielvorgaben, für die er die Macht verwenden wollte, ließ er erarbeiten. Doch Rekorde in der Amtsdauer einer Kanzlerschaft sind ohne eine Ökonomie des Kräfteeinsatzes, die vor allem der Machterhaltung dient, nur schwer vorstellbar. Machterwerb und Machterhalt sind die Voraussetzungen und die Ziele der Politik. Demokratische Macht – und nur um die geht es dabei – ist viel schwerer zu erhalten als Macht durch Demagogie oder Gewalt. Dieses Eingeständnis wird oft

---

40 Zu diesem Kapitel vgl. grundsätzlich Korte: Deutschlandpolitik (Anm. 3), S. 494–497; vgl. auch weiterführend ders.: Regieren. In: ders.; Weidenfeld, Werner (Hg.): Deutschland-Trendbuch. Opladen 2001, S. 515–546.

41 In vergleichender Perspektive dazu Helms, Ludger: Das Amt des deutschen Bundeskanzlers in historisch und international vergleichender Perspektive. In: Zeitschrift für Parlamentsfragen 27(1996)4, S. 697–711; dazu auch Clemens, Clay; Paterson, William E. (Hg.): The Kohl chancellorship. London 1998.

42 Beschrieben von Dettling, Warnfried: Das Erbe Kohls. Frankfurt/M. 1994.

verschmäht, weil man in Deutschland zur Dämonisierung der Macht neigt.[43] Aber
wie erkämpfte sich Kohl diese Machtposition? Sein System musste er sich erst aufbauen. Sein deutschlandpolitischer Führungsanspruch war zwar institutionell mit
Einschränkungen vorgegeben, doch seine machtpolitischen Herausforderer und
Rivalen hatte Kohl keineswegs bereits zu Beginn seiner Amtszeit hinter sich gelassen.
Weder Amtsbonus und Charisma noch deutschlandpolitische Reputation halfen
ihm, seine Macht bis 1989 zu stabilisieren. Am Anfang stand nicht die machtvolle,
zielbewusste und in hoher Staatskunst gefällte persönliche Entscheidung wie dann
im Falle des Zehn-Punkte-Programms, sondern eher die deutschlandpolitische
Machtbeschränkung durch Rivalen, die eine deutschlandpolitische Wende ein-
forderten.[44]

4.1 Vertrauen und Loyalität

Alles zentrierte sich auf die Person des Kanzlers. Er pflegte eine unorthodoxe, per-
sonenbezogene Arbeitsweise. Das war Teil seiner Herrschaftspraxis. Doch Kohl
regierte vor allem vermittelt durch Personen seines Netzwerkes. Er begriff Politik
gänzlich personal. Gremienarbeit ersetzte für Kohl nie den direkten Dialog, das
Gespräch, kleine Arbeitszirkel oder das Telefonat. An den Schlüsselstellen der
Deutschlandpolitik positionierte er nicht nur Personen, die sein besonderes Vertrau-
en besaßen und von deren persönlicher Loyalität er überzeugt war. Vielmehr bestand auch zwischen ihm und diesen Personen seiner »politischen Familie« eine
Deckungsgleichheit im Koordinatensystem sonstiger politischer Themen, die im
konkreten Fall von Prozessen der Entscheidungsfindung keiner permanenten Rück-
sprache über Einzelregelungen bedurfte. Das war perfekte Arbeitsteilung. Politik
drückte sich somit zuallererst in geschickter Personalpolitik aus. Dabei wird nicht
unterstellt, dass Kohl dies von Beginn seiner Kanzlerschaft an beherrschte. Es lässt
sich nachweisen, wie er einige Jahre brauchte, um über Personalauswahl politische
und administrative Richtungsentscheidungen zu treffen. Das personelle Arrangement
der Akteure bestimmte immer der Kanzler. Dabei bevorzugte Kohl eine hierarchie-
unabhängige Auswahl. Das informelle Moment der persönlichen Nähe war wichtiger
als administrative Zuständigkeiten. Der eigene Anteil des Kanzlers an Programmatik
und Konzeption verschwimmt vor dem Hintergrund dieser extrem personalisierten
Form des Regierungshandelns.

---

43 So auch Thaysen, Uwe: Helmut Kohl. Garant für Deutschlands Harmlosigkeit. In: Zeitschrift für
    Parlamentsfragen 27(1996)4, S. 733-742.
44 Korte, Karl-Rudolf: Die Entfaltung von Politikstilen nach Wahlen. In: Derlien, Hans-Ulrich; Murs-
    wieck, Axel (Hg.): Regieren nach Wahlen. Opladen 2001, S. 113-131. Zum internationalen Kontext
    Weidenfeld, Werner (mit Wagner, Peter M. und Bruck, Elke): Außenpolitik für die deutsche Einheit.
    Die Entscheidungsjahre 1989/90. Stuttgart 1999, S. 97-134.

4.2 Kohl als Wahlkämpfer

Kohls innenpolitische Machtsicherung lief zuerst stets über sein parteipolitisches Mandat. Die parteipolitische Unterstützung blieb seine Machtressource. Auch deshalb erforderte die Beachtung deutschlandpolitischer Konfliktlinien und Kontroversen der eigenen Partei seine anhaltende Aufmerksamkeit. Weil für ihn Erwerb und Erhalt der Macht so dominant waren, musste er die Basis dieses Machtpotenzials immer im Auge behalten. Seine Stärke hing von der effektiven Steuerungsleistung des Parteiapparates ab. Regieren verstand er als Kunst des Machterhalts, was permanent unterstellte Wahlkampfkonstellationen bedeutete.[45] Es lässt sich an Brennpunkten der deutschlandpolitischen Diskussionen sowie an Kohls Entscheidungsverhalten bei Vertragsverhandlungen nachweisen, wie der Kanzler sein Regieren zunächst an den Prozessen der Machtbildung und Machtsicherung ausrichtete und daran deutschlandpolitisches Regierungshandeln koppelte. Dieses Merkmal des »Systems Kohl« hatte mehrere Varianten. Es konnte sich im Festhalten an den deutschlandpolitischen Grundpositionen ebenso zeigen wie bei der Zurückhaltung in den Diskussionen über die polnische Westgrenze. Auch der Verzicht auf persönlich vertretene, eindeutige Zielvorgaben bei den Vertragsverhandlungen ließ sich so interpretieren. Unter dem Gesichtspunkt der Machtwahrung blieb der Kanzler damit erfolgreich, zumal er seine Macht für die Erreichung seiner »Visionen« instrumentalisierte.

4.3 Machtbewusste Moderation als Methode des »stillen Regierens«

Kohl war Moderator, Koordinator, Amtsinhaber und Meister der leisen Töne in dem Maße, in dem es ihm gelang, koalitionspolitisch und innerparteilich sein Regierungshandeln abzusichern. Insofern folgte auch die Deutschlandpolitik den Zeichen, Zwängen und Strukturbedingungen der Koalitionsdemokratie. Dies setzte zwangsläufig alle Formen des stillen Regierens in Form informeller Abstimmungsmodalitäten auf allen Ebenen voraus. Gegenpositionen innerhalb des Regierungslagers hat Kohl nicht frontal bekämpft, sondern sie aufgenommen, gewürdigt und abgeschliffen. Zum Erfolgsrezept des stillen Regierens gehörte auch eine Art von Verflüssigung der Richtlinienkompetenz: Auswandern der Entscheidungen durch informelle Verfahren und gleichzeitig relative Offenheit des Kanzlers in Sachfragen. Auch das erklärt, warum es zum Erfolgsgeheimnis des »Systems Kohl« gehörte, keine explizite deutschlandpolitische Langfriststrategie zu verkünden, die über das hinausreichte, was den Leitlinien des Präambelgebots des Grundgesetzes entsprach. So drängte sich den Beobachtern häufig der Eindruck auf, dass der Politik des Dialogs, der Verhandlungen und schrittweisen Verbesserungen das »Grand Design« fehlte, unabhängig

---

45 Korte, Karl-Rudolf: Wahlen in der Bundesrepublik Deutschland. 3. Aufl., Bonn 2000, S. 109–127.

davon, ob dies eher zur staatlichen Vereinigung geführt hätte. Das stille Regieren war zudem auch Ausdruck seines von hohem Misstrauen, übervorsichtigem Abwägen und der Scheu vor offenen Kampfsituationen geprägten Charakters. Kohl agierte vorsichtig, tastete den Handlungsspielraum ab, den ihm die Partei oder die Mehrheitsfraktionen ließen und entschied, wenn seine Machtposition nicht mehr gefährdet erschien. Erst nachdem die Entscheidung austariert war, verkündete er sie. Kohl entwickelte zusammen mit Genscher einen feinen Sinn für den Bedarf der FDP, ihr Profilierungsfeld zu finden und in ihm Wähler zu konsolidieren. Der Streit zwischen Genscher und Strauß hatte etwas Rituelles, manchmal trug er sogar Merkmale eines koalitionsinternen Zwanges. Der Zwist der Bündnispartner versprach ein Stück Kenntlichkeit zum wechselseitigen Nutzen. Kohl ließ sich in diesen Streit nicht hineinziehen. Er sah darin eine Profilierungsfläche für politische Schlichter. Doch insgesamt schadeten diese Auseinandersetzungen dem Bild eines führungsstarken Kanzlers. Um das Räderwerk hinter den Kulissen am Laufen zu halten, bediente sich Kohl subtiler Mittel: Das Zusammenführen der Kontrahenten unter Einigungszwang; Zeitstrategien, durch Druck auf Terminplanung; Stellvertreter-Reden von Gesinnungsgefährten als Testballons für inhaltliche Positionierungen; rhetorische Mittel des Einerseits-andererseits; Entschärfung des Konfliktes im Wege von Vertagung, der Verlagerung in Gremien oder der Überbrückung des Disputs in Harmonieformeln. Häufig trug ihn ein Gefühl für den Minimalkonsens. Hier zeigte sich das eigentliche Metier des Helmut Kohl: Die Notwendigkeit und Aufgabe der Integration ganz unterschiedlicher Interessen und Temperamente, die Zusammenfassung von Ergebnissen. Wenn er als Schlichter des Konflikts auftreten konnte, bewies er Führungsstärke. Wenn es nichts mehr oder noch nichts zu schlichten gab, sah er sich mit dem Vorwurf der Führungsschwäche konfrontiert. Oft hing das stille Regieren vom angemessenen Timing ab: Seine Entscheidungen fielen zu einem Zeitpunkt, den er selbst bestimmte. Dabei ließ er sich oft vom Prinzip leiten: Nichts erhöht die Autorität mehr als Schweigen.

4.4 Informationsmonopol als Frühwarnsystem

Kohl entwickelte Prozeduren, mit denen es ihm gelang, wichtige Interessenlagen seiner Partei in Erfahrung zu bringen, ohne dabei auf öffentliche Auseinandersetzungen angewiesen zu sein. Dazu war ein ausgefeiltes Netzwerk an Informationszuträgern aus allen Ebenen der Partei erforderlich. Diese Zuträger arbeiteten als personifiziertes Frühwarnsystem des Kanzlers. Ihre Ergebnisse bildeten stets eine Entscheidungsgrundlage des Kanzlers, die er neben die der Administration setzte. So konnte er sich sein eigenes Bild von der jeweiligen Lage machen. Dieser Basiskontakt war Teil seines Systems, weil er es zum Erhalt seiner Macht brauchte. Es war überaus zeitaufwändig und bedurfte der permanenten Pflege. Deuteten die Signale auf parteiinternen Widerstand oder auch abgeschwächter auf dringenden politischen

Regelungs- und Handlungsbedarf, versuchte er selbst auf die Einbindung der Widersacher hinzuwirken – oder er ließ seine Unterhändler Kompromisse vermitteln. Auf jeden Fall bedeutete jede alarmierende Meldung über die Kanäle des Frühwarnsystems genau die Gemengelage, an der ein sachlicher Routinevorgang politisch brisant wurde. Trotz der Etablierung des Frühwarnsystems gab es auch Fälle, in denen das System versagte.[46] Es war keineswegs vollkommen, schon gar nicht im Blick auf die Analyse der Vorgänge in der DDR.

5   Zusammenfassung

Jeder Kanzler prägt einen eigenen Führungsstil. Insofern kommt es durchaus auf die Person des Kanzlers an. Die persönliche Handschrift sowohl in der Verhandlungsführung als auch in machtpolitischen Organisationsfragen ist unverkennbar. Doch dieser Stil ist immer von den jeweiligen politischen Machtkonstellationen abhängig. Mit der möglichen Charakterisierung eines kooperativen Führungsstils Kohls gegenüber dem Koalitionspartner wird nicht deutlich, dass Kohl zeitgleich patriarchalisch das Kanzleramt lenkt. Für die personalen Komponenten des Führungsstils bleibt ein Korridor, der sich allerdings an den Rahmenbedingungen mit eigener Wirksamkeit zu orientieren hat. Die Veränderungen durch die Medien und die Kommunikationskultur zwingen jedem Kanzler einen Führungsstil auf. Dieser ist durch die Beachtung der Kategorien inszenatorischen Denkens charakterisierbar, was Ähnlichkeiten im Führungsverhalten – unabhängig von der Parteifarbe – zur Konsequenz haben wird. Systembedingt muss jeder Kanzler darüber hinaus auf seine tägliche Integrationsleistung gegenüber der eigenen Partei-Machtbasis bauen. Die von diesem Muster abweichenden plebiszitären Versuche der Bundeskanzler Helmut Schmidt und Ludwig Erhard scheiterten gerade an der Ignoranz dieses Sachverhalts, trotz dokumentierter Führungsbereitschaft im und durch das Kanzleramt.

Weitere systembedingte Auswirkungen auf den Führungsstil sind zu benennen: Wenn zutrifft, worauf die politischen Systemanalysen seit Jahren hinweisen, dass sich die funktionalen Bedingungen des Regierens in allen westlichen Industrieländern dramatisch gewandelt haben, dann kann das »System Kohl« durchaus auch als eine moderne, zeitgemäße Antwort auf diese neuen Herausforderungen angesehen werden: als machtgeleiteter Koordinationsstil.

Kohls Stärke lag nicht zufällig im effektiven Steuern der Partei, relativ unbeeindruckt von den Zwängen der bürokratischen Politik, den Amtshierarchien und Ressortwünschen. Er favorisierte das Regieren in Personalnetzwerken, bei denen sich die Verhandlungspartner aus den unterschiedlichen Entscheidungsarenen von Außeneinflüssen abschirmen. Das machte zwar anfällig für Entscheidungsblockaden, weil sich dabei häufig Kompetenzbereiche und Interessendefinitionen der Entschei-

---

46   Siehe dazu Korte: Deutschlandpolitik (Anm. 3), S. 376-394 u. 438-478.

dungsebenen nicht deckten, aber es stärkte auch gleichzeitig die Machtposition des Moderators, weil er die Verhandlungspartner und die Regeln bestimmte. Er allein zog Nutzen aus der nur für ihn bestehenden Transparenz des Verfahrens. Scheinbare Unangreifbarkeit lebt vom Mythos der nicht vorhandenen Transparenz. Kohl hatte damit die Nichtsystematik zum System gemacht: Was bei Bundeskanzler Schmidt noch als Kleeblatt der Entscheidungsfindung erkennbar war, wuchs sich bei Kohl zum wuchernden Gestrüpp aus. Schon aus dieser Systemlogik heraus wäre ein direkter MfS-Einfluss auf den Kanzler sehr schwer realisierbar gewesen.

Abkürzungen

AA-PA	Auswärtiges Amt-Politisches Archiv
ABN	Antibolschewistischer Block der Nationen
Abt.	Abteilung
ADR	Auslandsdienstreise
AdW	Akademie der Wissenschaften
AEG	Allgemeine Elektricitäts-Gesellschaft
AFL-CIO	American Federation of Labor-Congress of Industrial Organizations (US-Gewerkschaft)
AfNS	Amt für Nationale Sicherheit
AG	Arbeitsgemeinschaft
	Arbeitsgruppe
AG BKK	Arbeitsgruppe Bereich Kommerzielle Koordinierung
AGI	archivierte GI-Akte
Agit./Prop.	Agitation/Propaganda
Agit/Fi	Agitation/Film
AGM »S«, AGM/S	Arbeitsgruppe des Ministers/Sonderfragen
AGS	Arbeitsgruppe für Sonderaufgaben (Abteilung IV)
AHB	Außenhandelsbetrieb
AIM	archivierter IM-Vorgang bzw. archivierter IM-Vorlauf
AL	Alternative Liste
AM	Agenturischer Mitarbeiter
AMD	Arbeitsstelle für Molekularelektronik Dresden
	Advanced Micro Devices Inc.
ANC	African National Congress (Afrikanischer Nationalkongress)
Ankl.	Anklage
Anm.	Anmerkung
AOP	Archivierter Operativer Vorgang (passive Erfassung)
APO	Außerparlamentarische Opposition
APÜ	Außenpolitische Übersicht
A-Quellen	Abschöpfquellen
ARD	Arbeitsgemeinschaft der öffentlich-rechtlichen Rundfunkanstalten der Bundesrepublik Deutschland
AS	Allgemeine Sachablage
ASR	Arbeitsgruppe zur Sicherung des Reiseverkehrs
AST	Aufgabenstellung
	Gerichtsakten und Sachakten der Abteilung I A der Generalstaatsanwaltschaft und der Staatsanwaltschaften
ASt	Außenstelle

BA	Bereich Aufklärung
	Bundesarchiv
BAK	Bundesarchiv (Koblenz)
BAW	Bundesanwaltschaft
BayObLG	Bayerisches Oberstes Landesgericht
BBC	British Broadcasting Corporation (Rundfunk- und Fernsehgesellschaft)
BCD	Bewaffnung und Chemischer Dienst (MfS-Diensteinheit)
Bdl.	Bündel
BdL/Dok.	Büro der Leitung/Dokument
BdM	Bund der Mitteldeutschen
BdV	Bund der Vertriebenen
BfV	Bundesamt für Verfassungsschutz
BGBl.	Bundesgesetzblatt
BGH	Bundesgerichtshof
BHE	Bund der Heimatvertriebenen und Entrechteten
Bit	binary digit
BKA	Bundeskriminalamt
BKK	Bereich Kommerzielle Koordinierung
BMI	Bundesministerium des Innern
BMVg	Bundesministerium der Verteidigung
BND	Bundesnachrichtendienst
BO	Beschaffungsorgan
BPA	Bundespressearchiv
BRD	Bundesrepublik Deutschland
BStU	Die Bundesbeauftragte für die Unterlagen des Staatssicherheitsdienstes der ehemaligen DDR
BT	Bundestag
BT-Drs.	Bundestagsdrucksache
BV	Bezirksverwaltung
BVerfG	Bundesverfassungsgericht
BVfS	Bezirksverwaltung für Staatssicherheit
CAD	Computer Aided Design
CAM	Computer Aided Manufacturing
CBS-Television	Columbia Broadcasting System
CD	compact disc
CD-ROM	compact disc-read-only memory
CDJ-P	C. D. Jackson: Papers, 1931–1967
CDJ-R	C. D. Jackson: Records, 1953–1954
CDU	Christlich Demokratische Union
CSU	Christlich Soziale Union

CENTAG	Central Army Group (Heeresgruppe Mitte)
CIA	Central Intelligence Agency (Auslandsaufklärungsdienst der USA)
CIC	Counter Intelligence Corps (militärischer Aufklärungsdienst der USA)
COCOM	Coordinating Committee/Controlling Commission (for East-West Trade Policy), Koordinierungsausschuss/Kontrollkommission (für Ost-West-Handelspolitik)
ČSR	Československá Republika (Tschechoslowakische Republik)
ČSSR	Československá Socialistická Republika (Tschechoslowakische Sozialistische Republik)
DA	Deckadresse
	Dienstanweisung
DC	District of Columbia (dem Bundeskongress unterstellter Bundesdistrikt der USA um Washington)
DEC	Digital Equipment Corporation (US-Konzern für digitale Anwendernetzwerke)
DEFA	Deutsche Film-AG
DGB	Deutscher Gewerkschaftsbund
Diszi	Disziplin
DKP	Deutsche Kommunistische Partei
DM	Deutsche Mark
dpa	Deutsche Presseagentur
DRV	Demokratische Republik Vietnam
DSt	Dokumentenstelle
EAP	Europäische Arbeiterpartei
EDV	Elektronische Datenverarbeitung
EG	Einführungsgesetz
EI	Einzelinformation
ELA	Eisenhower Library, Abilene, Kansas
EloKa	Elektronische Kampfführung
EP	Europaparlament
ESER	Einheitliches System Elektronischer Rechentechnik
ESO	(Werk) Erfurt Süd-Ost
EV	Ermittlungsverfahren
EVG	Europäische Verteidigungsgemeinschaft
EWG	Europäische Wirtschaftsgemeinschaft
F 16	Personenkartei (MfS)
F 22	Vorgangskartei (MfS)
F+E	Forschung und Entwicklung

ITT	International Telephone and Telegraph Corporation (US-Konzern der Elektro- und Nachrichtentechnik)
FAP	Freiheitliche Arbeiterpartei
FAZ	Frankfurter Allgemeine Zeitung
FDJ	Freie Deutsche Jugend
FDP	Freie Demokratische Partei
FEC	Free Europe Committee
FRUS	Foreign Relations of the United States
FU	Freie Universität
FuAR	Funkaufklärungsregiment
GBA	Generalbundesanwalt
GE	General Electric
Gen.	Genosse
GI	Geheimer Informator
GM	Geheimer Mitarbeiter
GMS	Gesellschaftlicher Mitarbeiter für Sicherheit
GOLEM	Großspeicher-Orientierte-Listen-Eingabe-Methode
GRH	Gesellschaft für rechtliche und humanitäre Unterstützung
GRM	Gesellschaft zum Schutz von Bürgerrecht und Menschenwürde
GRU	Glawnoje Raswediwatelnoje Uprawlenije (militärischer Geheimdienst der Sowjetunion)
HA	Hauptabteilung
HF	Hochfrequenz
HGmbH	Handelsgesellschaft mit beschränkter Haftung
HNE	Hilfsnetzelemente
Humint	Human Intelligence
HV A	Hauptverwaltung A (Aufklärung)
HWWA	Hamburgisches Welt-Wirtschafts-Archiv
IABG	Industrie-Anlagen-Betriebsgesellschaft mbH
IADE	Informationsauswertende Diensteinheit
IAI	Industrieanlagen-Import
IBM	International Business Machines
IM	Inoffizieller Mitarbeiter
IM-Akte A	Personal- und Arbeitsakte für inoffizielle Mitarbeiter
IM-Akte B	Personal- und Arbeitsakte für inoffizielle Mitarbeiter für die Sicherung der Konspiration und des Verbindungswesens
IMA	IM für besondere Aufgaben
IMB	IM mit Feindverbindung bzw. zur unmittelbaren Bearbeitung im Verdacht der Feindtätigkeit stehender Personen

IMF	IM der inneren Abwehr mit Feindverbindungen zum Operationsgebiet
IMS	IM, der mit der Sicherung eines gesellschaftlichen Bereichs oder Objekts beauftragt ist bzw. Inoffizieller Mitarbeiter zur politisch-operativen Durchdringung und Sicherung des Verantwortungsbereiches
INPOL	Polizeiliches Informationssystem
INT	Institut für Nachrichtentechnik
IWF	Institut für wirtschaftswissenschaftliche Forschung
IZ	Informationszentrum
JFD-P	John Foster Dulles-Paper
JHS	Juristische Hochschule
Juso	Jungsozialisten
k. A.	keine Angabe
Kfz	Kraftfahrzeug
KG	Kammergericht
KGB	Komitet Gossudarstwennoi Besopasnosti (pri Sowete Ministrow SSSR), Komitee für Staatssicherheit (beim Ministerrat der UdSSR)
KgU	Kampfgruppe gegen Unmenschlichkeit
KJVD	Kommunistischer Jugendverband Deutschlands
KKK	Kaderkarteikarte
KoKo	Kommerzielle Koordinierung
KP	Kontaktperson
KPD	Kommunistische Partei Deutschlands
KPdSU	Kommunistische Partei der Sowjetunion
KPdSU(B)	Kommunistische Partei der Sowjetunion (Bolschewiken)
KS, KuSch	Kader und Schulung
KSZE	Konferenz über Sicherheit und Zusammenarbeit in Europa
KUD	Kuratorium Unteilbares Deutschland
KVP	Kasernierte Volkspolizei
KW	Konspirative Wohnung
KW-Funk	Kurzwellen-Funk
KZ	Konzentrationslager
LDP(D)	Liberal-Demokratische Partei (Deutschlands)
LfV	Landesamt für Verfassungsschutz
LG	Landgericht
LKA	Landeskriminalamt
MAD	Militärischer Abschirmdienst
MAH	Ministerium für Außenhandel

M-Apparat	Militärapparat
MBB	Messerschmidt-Bölkow-Blohm
MBFR	Mutual and Balanced Force Reduction Talks (Verhandlungen über eine ausgewogene Reduzierung der Streitkräfte)
MDR	Mitteldeutscher Rundfunk
MEE	Ministerium für Elektrotechnik und Elektronik
MF	Mikrofilm
MfAA	Ministerium für Auswärtige Angelegenheiten
MfNV	Ministerium für Nationale Verteidigung
MfS	Ministerium für Staatssicherheit
MGB	Ministerstwo Gossudarstwennoi Besopasnosti (Ministerium für Staatssicherheit)
MID	Military Intelligence Division
Min.	Minister
MLD	Marxisten-Leninisten Deutschlands
MLP	Seeley J. Mudd Library, Princeton, New Jersey
Mob.	Mobilmachung
MPÜ	Militärpolitische Übersicht
MRG	Militärregierungsgesetz
Ms.	Manuskript
MWI	Militärwissenschaftliches Institut
MWT	Ministerium für Wissenschaft und Technik
NATO	North Atlantic Treaty Organization (Nordatlantikpakt-Organisation)
NAW	National Archives, Washington, DC
	Nationales Aufbauwerk
NDP(D)	National-Demokratische Partei Deutschlands
NJW	Neue Juristische Wochenschrift
NKFD	Nationalkomitee Freies Deutschland
NORTHAG	Northern Army Group (Heeresgruppe Nord)
NS	Nationalsozialismus
NSA	National Security Agency (Amt für Nationale Sicherheit – USA)
NSC	National Security Council (US-Sicherheitsrat)
NSDAP	National-Sozialistische Deutsche Arbeiterpartei
NSW	Nichtsozialistisches Wirtschaftsgebiet
NTS	Narodno Trudowoi Sojus (Völkischer Arbeiterbund)
NVA	Nationale Volksarmee
NVR	Nationaler Verteidigungsrat

OECD	Organization for Economic Cooperation and Development (Organisation für wirtschaftliche Zusammenarbeit und Entwicklung)
OEI	Operative Einzelinformation
OibE	Offizier im besonderen Einsatz
OLG	Oberlandesgericht
op.	operativ
OPC	Office of Policy Coordination (der CIA)
OPK	Operative Personenkontrolle
O-Quelle	Objektquelle
Osint	Open Source Intelligence (offene Informationsgewinnung)
OTAkl	Operativ-Taktische Aufklärung
OTS	Operativ-Technischer Sektor
ÖTV	Gewerkschaft Öffentliche Dienste, Transport und Verkehr
OUN	Organisation Ukrainischer Nationalisten
P	Personalakte
PCM	Pulscodemodulation
PDS	Partei des Demokratischen Sozialismus
PG	Parteigenosse
PID	Politisch-Ideologische Diversion
PLO	Palestine Liberation Organization (Palästinensische Befreiungsorganisation)
PLO-DLFP	Gruppe Hawatmeh
PLO-PLFP	Gruppe Habbash
R	Referat
RAF	Rote-Armee-Fraktion
RFE	Radio Free Europe
RG	Record Group
RGW	Rat für Gegenseitige Wirtschaftshilfe
RIAS	Rundfunk im amerikanischen Sektor
RL	Radio Liberation, Radio Liberty
RN, Rn.	Randnummer
RSHA	Reichssicherheitshauptamt
RSV	Republik Südvietnam
SA	Systemausgang
SAA	Strategische Agenturaufklärung
SACEUR	Supreme Allied Command[er] Europe (NATO-Streitkräfte/Oberkommando)

SALT	Strategic Arms Limitation Talks (Verhandlungen über die Begrenzung strategischer Waffen)
SAPMO-BA	Stiftung Archiv der Parteien und Massenorganisationen der DDR im Bundesarchiv
SBO	Spezielle Beschaffungsorgane
SBONR	Union für den Kampf um die Befreiung der Völker Russlands
SBZ	Sowjetische Besatzungszone
SC	Select Correspondence (ausgewählte Korrespondenz)
SDI	Strategic Defense Initiative (Strategische Verteidigungsinitiative)
SdM	Sekretariat des Ministers
SE	Systemeingang
SED	Sozialistische Einheitspartei Deutschlands
SEL	Standard Electric Lorenz
SFM	System für Massendaten
SfS	Staatssekretariat für Staatssicherheit
SGD	Stellvertreter des Generaldirektors
SIRA	System der Informations-Recherche der HV A
SK	Spezialkader
SPD	Sozialdemokratische Partei Deutschlands
SPK	Staatliche Plankommission
SS	Schutzstaffel
SS 20	Sowjetische Mittelstreckenrakete
SSD	Staatssicherheitsdienst
StA	Staatsanwaltschaft
START	Strategic Arms Reduction Talks (Verhandlungen über eine Reduzierung der strategischen Waffen)
Stellv.	Stellvertreter
stv.	stellvertretender
StGB	Strafgesetzbuch
StGB a. F.	Strafgesetzbuch alte Fassung
StPO	Strafprozessordnung
StUG	Stasi-Unterlagen-Gesetz
SW	Sozialistisches Wirtschaftsgebiet
SWAPO	South West Africa People's Organization (Südwestafrikanische Volksorganisation)
SWR	Slushba Wneschnei Raswedki (Auslandsgeheimdienst der Russischen Föderation)
SWT	Sektor Wissenschaft und Technik

TA	Teilablage
Tb.	Tabelle
TDB	Teildatenbank
TSA	Technologische Spezialausrüstungen
TsOPE	Tsentralnoe Obedinenie Poslevoennykh Emigrantov iz SSR (Zentralverband der Nachkriegsemigranten aus der UdSSR)
TU	Technische Universität
TV	Teilverbände
UdSSR	Union der Sozialistischen Sowjetrepubliken
UFJ	Untersuchungsausschuss Freiheitlicher Juristen
U-Haft	Untersuchungshaft
UNO	United Nations Organization (Organisation der Vereinten Nationen)
US	United States (Vereinigte Staaten)
USA	United States of America (Vereinigte Staaten von Amerika)
VA	Verwaltung Aufklärung
VEB	Volkseigener Betrieb
Verwaltung W	Verwaltung Wismut
VfK	Verwaltung für Koordinierung
VfZ	Vierteljahrshefte für Zeitgeschichte
V-Leute	Vertrauensleute
VM	Valutamark
VOA	Voice of America (Stimme von Amerika)
VPO	Vereinigung Politischer Ostflüchtlinge
VR	Volksrepublik
VRD	Verwaltung Rückwärtige Dienste
VVB	Vereinigung Volkseigener Betriebe
VVN	Vereinigung der Verfolgten des Naziregimes
VVS	Vertrauliche Verschlusssache
WAST	Wehrmachtsauskunftsstelle
WB	Westberlin
WINTEX/ CIMEX	Winter-Exercise/Civil-Military Exercise (Zivil-militärische Übung der NATO und ihrer Mitglieder)
WPÜ	Wirtschaftspolitische Übersicht
WTA	Wissenschaftlich-technische Arbeit und Kooperation Wissenschaftlich-technische Auswertung
WTI	Wissenschaftlich-technische Information
ZA	Zentralarchiv
ZAIG	Zentrale Auswertungs- und Informationsgruppe

ZAPU	Zimbabwe African People's Union (Afrikanische National-union bzw. Volksunion von Simbabwe)
ZDF	Zweites Deutsches Fernsehen
ZFTM	Zentrum für Forschung und Technologie der Mikroelektronik (Dresden)
ZK	Zentralkomitee
ZMD	Zentrum für Mikroelektronik Dresden
ZOPA	Zentrale Objekt- und Personendatenbank der HV A
ZUV	Zentraler Untersuchungsvorgang
ZV	Zentralverzeichnis

Personenregister

A

Abel, Rudolf 215
Ackermann, Anton 144
Ackermann, Siegfried 257
Ackern, Wilhelm van 147
Adenauer, Konrad 14-16, 18, 170, 181, 183-185, 191-201, 203, 367, 369, 407
»Ahmed« 66 f.
Albin, Gabriele 61
Albrecht, Ernst 411
Aleskerov, Kerrar 189
»Alfred« 257
»Alois« 128
»Alvar« 270
Anders, W•adis•aw 162
Andropow, Juri 26, 373
Angerer, Jo 59
»Angestellter« 62
Angleton, James 156
»Aniel« 306
Anker, Jens 69
Arafat, Jassir 52
Armin, R. J. 59
Arnold, Gerhard 261 f.
»Asriel« 208
»Atze« 305
Auerbach, Thomas 11, 68, 135, 366
»Aurikel« 208
»Auto« 52
Axen, Hermann 23, 244

B

B., Hans-Joachim 265
Bade, Uwe 49
Baerwolf, Alfred 267
Baginski, Kazimierz 162
Bahr, Egon 21, 23, 124, 163, 222, 368-370, 373
Bahro, Rudolf 24
Bajohr, Walter 58
Balke, Wilhelm 349
Balkow, Julius 297
Bandera, Stepan 174
»Bar« 48
Baring, Arnulf 193
Barkleit, Gerhard 59, 318, 328
»Baron« 131
Barschel, Uwe 81 f.
Barzel, Rainer 415
Bäßler, Günter 286 f.
Bastian, Gert 376, 390
»Bastler« 305
Bauch, Winfried 52
Baumann, Gerhard 394
Beater, Bruno 178
»Beate Schäfer« 55, 381 f., 385 f.
Becher, Johannes R. 23
»Becker« 77
Becker, Gerhard 262
Becker, Heinz 62
Beckert, Horst 114
Beckmann, Lukas 388
Behm, Paul 147
Beil, Gerhard 295
Benjamin, Hilde 181, 185
»Berger« 349
»Bergmann« 297
Berliner, Kurt 66
»Bernhard« 349
Bertag, Peter 127, 129, 262
Besymenski, Lew 181
Biedenkopf, Kurt 81
Bielecki, Tadeusz 162

Zu den Autoren

THOMAS AUERBACH
Historiker
Geboren 1947 in Leipzig. Von 1970 bis 1976 Stadtjugendleiter der Evangelischen Kirche in Jena; 1976 Inhaftierung durch das MfS und Zwangsausbürgerung aus der DDR; von 1978 bis 1992 Jugendleiter, Religionslehrer und Referent für politische Erwachsenenbildung am Gesamtdeutschen Institut in Westberlin; seit 1992 wissenschaftlicher Mitarbeiter der Abteilung Bildung und Forschung bei der BStU.
Veröffentlichungen: Vorbereitung auf den Tag X. Die geplanten Isolierungslager des MfS. Berlin 1995; Einsatzkommandos an der unsichtbaren Front. Terror- und Sabotagevorbereitungen des MfS gegen die Bundesrepublik Deutschland. Berlin 1999.

HEINZ BUSCH
Oberst a. D. der HV A
Geboren 1931 in Belgard (Hinterpommern). Dr. phil.; Kasernierte Volkspolizei; von 1954 bis 1972 Hauptabteilung I des MfS, Abwehroffizier im militärischen Nachrichtendienst, u. a. von 1959 bis 1963 an der DDR-Botschaft in Moskau; von 1963 bis 1967 Studium an der Frunse-Kriegsakademie in Moskau; von 1972 bis 1975 Dozent an der Juristischen Hochschule des MfS; von 1975 bis 1989 Leiter des Referats militärische Auswertung und Information der Abteilung VII der HV A, ab 1985 stellvertretender Abteilungsleiter; 1989 Beauftragter der HVA-Leitung für den Zentralen Runden Tisch; Übertritt in die Bundesrepublik.
Veröffentlichungen: Die Militärspionage der DDR-Staatssicherheit. In: Europäische Sicherheit (1993)12, S. 617–621; Die Militärspionage der DDR. Berlin 2001 (Ms.).

REINHARD BUTHMANN
Dipl.-Ing., Historiker
Geboren 1951 in Altentreptow. Von 1973 bis 1976 Studium der Optik an der FHS Jena, Dipl.-Ing.; von 1976 bis 1990 wissenschaftlicher Mitarbeiter am Institut für Kosmosforschung der Akademie der Wissenschaften der DDR; von 1978 bis 1984 Studium der Elektroniktechnologie an der TU Dresden, Dipl.-Ing.; von 1991 bis 1992 Studium der Betriebswirtschaft an der Verwaltungsakademie Frankfurt/M., Dipl.-Betriebswirt; seit 1992 Mitarbeiter der Abteilung Bildung und Forschung bei der BStU.
Veröffentlichungen: Kadersicherung im Kombinat VEB Carl Zeiss Jena. Berlin 1997; Hochtechnologien und Staatssicherheit. Berlin 2000; Abwanderung und Flucht von Eliten aus der SBZ/DDR am Beispiel der wissenschaftlichen Intelligenz. München 2001.

DIRK DÖRRENBERG
Direktor beim Bundesamt für Verfassungsschutz
Geboren 1939. Studium der Rechtswissenschaften, 2. juristisches Staatsexamen; Richter, Staatsanwalt; tätig bei der EG-Kommission in Brüssel, beim NATO Defence College in Rom und beim international staff des NATO-Headquarters in Brüssel; seit 1991 Leiter der Abteilung IV (Spionageabwehr, Geheimschutz) des Bundesamtes für Verfassungsschutz.
Veröffentlichung: Spionageabwehr 10 Jahre nach Beendigung des Kalten Krieges. In: Bundesamt für Verfassungsschutz (Hg.): Bundesamt für Verfassungsschutz. 50 Jahre im Dienst der inneren Sicherheit. Köln 2000, S. 355–372.

RAINER O. M. ENGBERDING
Kriminaldirektor
Geboren 1946 in Sangerhausen. Von 1969 bis 1975 Studium der Rechtswissenschaften an der Universität Bonn, 2. Staatsexamen; Anwalt; seit 1978 beim Bundeskriminalamt, seit 1981 in der Spionagebekämpfung tätig, Kriminaldirektor.
Veröffentlichungen: Spionageziel Wirtschaft. Düsseldorf 1993; Spionage – Die neuen Köpfe der Hydra. In: Bundeskriminalamt (Hg.): Festschrift für Horst Herold zum 75. Geburtstag. Wiesbaden 1998, S. 535–554; Die Kronzeugenregelung. Stuttgart 1999.

ROGER ENGELMANN
Sachgebietsleiter, Historiker
Geboren 1956 in München. Dr. phil.; von 1975 bis 1982 Studium der Geschichte, Germanistik und Sozialwissenschaften an der Universität München; von 1982 bis 1985 Studienreferendar und Forschungstätigkeit; von 1985 bis 1989 Stipendiat und Mitarbeiter des Deutschen Historischen Instituts in Rom; von 1990 bis 1992 wissenschaftlicher Mitarbeiter beim Institut für Zeitgeschichte München; seit 1992 Sachgebietsleiter der Abteilung Bildung und Forschung bei der BStU.
Veröffentlichungen: Hg. (mit Klaus-Dietmar Henke): Die Bedeutung der Unterlagen des Staatssicherheitsdienstes für die Zeitgeschichtsforschung. Berlin 1995; (mit Karl Wilhelm Fricke): »Konzentrierte Schläge«. Staatssicherheitsaktionen und politische Prozesse in der DDR 1953 bis 1956. Berlin 1998; Hg. (mit Clemens Vollnhals): Justiz im Dienste der Parteiherrschaft. Rechtspraxis und Staatssicherheit in der DDR. Berlin 1999; (mit Bernd Eisenfeld): 13. August 1961: Mauerbau, Fluchtbewegung und Machtsicherung. Berlin 2001.

MANFRED GÖRTEMAKER
Professor für Neuere Geschichte
Geboren 1951 in Großoldendorf. Dr. phil.; von 1971 bis 1975 Studium der Geschichte, Politikwissenschaft und Publizistik in Münster und Berlin; von 1975 bis

1980 wissenschaftlicher Assistent an der FU Berlin; von 1980 bis 1981 John F. Kennedy Memorial Fellow an der Harvard University; von 1982 bis 1989 Visiting Assistent Prof. an der Stanford University; von 1989 bis 1990 Krupp Foundation Senior Associate am Institute for East-West Security Studies in New York; von 1991 bis 1992 Gastprof. an der Universität Leipzig; seit 1993 o. Prof. für Neuere Geschichte an der Universität Potsdam; 1996 Gastprof. an der Duke University, Durham, North Carolina; 1999 Gastprof. am Dartmouth College, Hanover, New Hampshire; 2002/03 Fellow am St. Antony's College, University of Oxford.
Veröffentlichungen: Die unheilige Allianz. Die Geschichte der Entspannungspolitik 1943-1979. München 1979; (mit Arnulf Baring): Machtwechsel. Die Ära Brandt-Scheel. Stuttgart 1982; Deutschland im 19. Jahrhundert. Entwicklungslinien. Opladen 1983; (mit Gerhard Wettig): USA-UdSSR. Dokumente zur Sicherheitspolitik. Opladen 1987; Geschichte der Bundesrepublik Deutschland. Von der Gründung bis zur Gegenwart. München 1999; (Mithg.): Zwischen Königtum und Volkssouveränität. Die Revolution 1848/49 in Brandenburg. Frankfurt/M. 1999; (Hg.): Die Universität Potsdam. Geschichte - Bauten - Umgebung. Berlin 2001; Kleine Geschichte der Bundesrepublik Deutschland. München 2002; (Mithg.): Gleichschaltung unter Stalin? Die Entwicklung der Parteien im östlichen Europa 1944-1949. Paderborn 2002; (Mithg.): Weimar in Berlin. Porträt einer Epoche. Berlin 2002; Geschichte Europas 1850-1918. Stuttgart u. a. 2002.

GEORG HERBSTRITT
Historiker
Geboren 1965 in Schluchsee (Breisgau-Hochschwarzwald). Von 1985 bis 1992 Studium der neueren und neuesten Geschichte, osteuropäischen Geschichte und katholischen Theologie an der Albert-Ludwigs-Universität Freiburg (Breisgau), M.A.; von 1992 bis 1993 Praktika in Polen und Rumänien; von 1994 bis 1998 wissenschaftlicher Mitarbeiter beim Landesbeauftragten für Mecklenburg-Vorpommern für die Stasi-Unterlagen der ehemaligen DDR; seit 1999 wissenschaftlicher Mitarbeiter der Abteilung Bildung und Forschung bei der BStU.
Veröffentlichungen: Ein Weg der Verständigung? Die umstrittene Deutschland- und Ostpolitik des Reichskanzlers a. D. Dr. Joseph Wirth in der Zeit des Kalten Krieges. Frankfurt/M. 1993; »... den neuen Menschen schaffen«. Schule und Erziehung in Mecklenburg-Vorpommern und die Konflikte um die Schweriner Goetheschule von 1945 bis 1953. Schwerin 1996; Die Lageberichte der Deutschen Volkspolizei im Herbst 1989. Eine Chronik der Wende im Bezirk Neubrandenburg. Schwerin 1998.

HUBERTUS KNABE
Direktor, Politologe
Geboren 1959 in Unna. Dr. phil.; Studium der Geschichte und Germanistik in Bremen, Studienleiter der Evangelischen Akademie in Westberlin; von 1992 bis 2000

wissenschaftlicher Mitarbeiter der Abteilung Bildung und Forschung bei der BStU; seit 2001 wissenschaftlicher Direktor der Stiftung »Gedenkstätte Berlin-Hohenschönhausen«.

Veröffentlichungen: Aufbruch in eine andere DDR. Reinbek 1989; West-Arbeit des MfS. Berlin 1999; Die unterwanderte Republik. Stasi im Westen. Berlin 1999; Der diskrete Charme der DDR. Stasi und Westmedien. Berlin 2001.

STEPHAN KONOPATZKY
Sachgebietsleiter
Geboren 1963 in Berlin-Lichtenberg. Von 1980 bis 1983 Ausbildung zum Facharbeiter für Nachrichtentechnik; von 1983 bis 1984 Facharbeiter für Nachrichtentechnik bei der Deutschen Post; von 1984 bis 1987 Nachrichtentechniker bei der Konsumgenossenschaft Berlin; von 1987 bis 1990 Mitarbeiter bei einer privaten Rundfunkwerkstatt; 1990 Bürgerkomitee und Mitarbeiter der Arbeitsgruppe Sicherheit des Zentralen Runden Tisches, danach des Staatlichen Komitees zur Auflösung des MfS; ab 1991 Mitarbeiter bei der BStU, Sachgebietsleiter bei AR 7 (Erschließung elektronischer Datenträger).
Veröffentlichung.: Anmerkungen zur Besetzung der Berliner Stasi-Zentrale im September 1990. In: Horch & Guck 9(2000)2, S. 6–10.

KARL-RUDOLF KORTE
Leiter der Forschungsgruppe Regieren am Institut für Politikwissenschaft der Universität Duisburg-Essen
Geboren 1958 in Hagen (Westfalen). Dr. phil.; von 1979 bis 1982 Studium der Politikwissenschaft, Germanistik und Pädagogik in Mainz und Tübingen; 1997 habil.; von 1984 bis 1995 wissenschaftlicher Mitarbeiter an der Universität Mainz; von 1986 bis 1995 stellvertretender Leiter der Forschungsgruppe Deutschland an der Universität Mainz; von 1995 bis 2002 Leiter der Forschungsgruppe Deutschland am Centrum für angewandte Politikforschung C.A.P. München und Akademischer Rat am Geschwister-Scholl-Institut für Politische Wissenschaft der Ludwig-Maximilians-Universität München; seit Sommer 2002 Prof. am Institut für Politikwissenschaft der Gerhard-Mercator-Universität Duisburg.
Veröffentlichungen: Deutschlandpolitik in Helmut Kohls Kanzlerschaft. Regierungsstil und Entscheidungen. Stuttgart 1998; Hg. (mit Werner Weidenfeld): Handbuch zur deutschen Einheit. 1949–1989–1999. Frankfurt, New York 1999; Aufstieg und Fall von Regierungen. Machterwerb und Machterosionen in westlichen Demokratien. München 2001.

JOACHIM LAMPE
Bundesanwalt beim Bundesgerichtshof
Geboren 1941 in Riebau (Kreis Salzwedel). Von 1960 bis 1964 Studium der Rechtswissenschaften in Göttingen; von 1965 bis 1967 Wehrdienst; 1970 2. Staatsexamen,

Richter und Staatsanwalt in Hannover; von 1972 bis 1974 wissenschaftlicher Mitarbeiter im Bundesministerium der Justiz; seit 1975 Staatsanwalt bei der Bundesanwaltschaft, seit 1989 Leiter des Referats für die Strafverfolgung von Spionage und Landesverrat.

Veröffentlichungen: Politische und juristische Aspekte der Spionageprozesse. In: Weber, Jürgen (Hg.): Eine Diktatur vor Gericht. München 1995; Juristische Aufarbeitung der Westspionage des MfS. Berlin 1999; Die strafrechtliche Aufarbeitung der DDR-Spionage. In: Geiß, Karlmann; Nehm, Kay; Brandtner, Hans Erich; Hagen, Horst (Hg.): Festschrift aus Anlass des 50-jährigen Bestehens von Bundesgerichtshof, Bundesanwaltschaft und Rechtsanwaltskammer. Köln 2001, S. 449–473.

KRISTIE MACRAKIS
Professorin für Wissenschaftsgeschichte
Geboren in Boston. Von 1982 bis 1989 Studium der Geschichte der Naturwissenschaften an der Harvard-University, Promotion 1989, Ph. D.; seit 1991 Professur an der Michigan State University.

Veröffentlichungen: Scientific Research in Nazi Germany. Oxford 1993; Hg. (mit Dieter Hoffmann): Naturwissenschaften und Technik der DDR. Berlin 1997; Science under Socialism: East Germany in Comparative Perspektive. Harvard 1999; The Case of Agent Gorbachev. In: American Scientist Nov/Dec 2000, S. 534–542.

HELMUT MÜLLER-ENBERGS
Politologe
Geboren 1960 in Haltern (Westfalen). Von 1978 bis 1981 Ausbildung zum Chemiefacharbeiter bei den Chemischen Werken Hüls in Marl; von 1985 bis 1989 Studium der Politikwissenschaften in Münster und Berlin, Diplom-Politologe; von 1990 bis 1992 wissenschaftlicher Mitarbeiter am Zentralinstitut für sozialwissenschaftliche Forschung an der FU Berlin; seit 1992 wissenschaftlicher Mitarbeiter der Abteilung Bildung und Forschung bei der BStU.

Veröffentlichungen: Demokratie Jetzt. Berlin 1990; Programme zur Volkskammerwahl 1990. Berlin 1990; Was will die Bürgerbewegung? Augsburg 1992; IM-Statistik 1985–1989. Berlin 1993; Inoffizielle Mitarbeiter des Ministeriums für Staatssicherheit. Teil 1: Richtlinien und Durchführungsbestimmungen. Berlin 1996; Teil 2: Anleitungen für die Arbeit mit Agenten, Kundschaftern und Spionen in der Bundesrepublik Deutschland. Berlin 1998; (mit Wolfgang Stock und Marcus Wiesner): Das Fanal. Das Opfer des Pfarrers Brüsewitz aus Rippicha und die evangelische Kirche. Münster 1999; (mit Jan Wielgohs und Dieter Hoffmann): Wer war wer in der DDR? Ein biographisches Lexikon. Berlin 2000.

JÖRG ROESLER
Unternehmensberater
Geboren 1940 in Berlin. Dr. rer. oec.; von 1959 bis 1964 Studium der Wirtschaftswissenschaften, Wirtschaftsgeschichte und Geschichte in Berlin; von 1964 bis 1974

Mitarbeiter am Institut für Wirtschaftsgeschichte der HU Berlin; von 1974 bis 1991 Leiter des Bereichs DDR und Osteuropa am Institut für Wirtschaftsgeschichte der Akademie der Wissenschaften; 1975 habil.; ab 1983 Professur; von 1992 bis 1995 wissenschaftlicher Mitarbeiter am Zentrum für Zeithistorische Forschung Potsdam; seit 1999 Unternehmensberater.

Veröffentlichungen: Auf der Suche nach den Ursachen realsozialistischer Innovationsschwäche. In: Utopie kreativ (1993)25/26, S. 149-157; Industrieinnovation und Industriespionage in der DDR. In: Deutschland Archiv (1994)10, S. 1026-1040; Zu groß für die kleine DDR? Der Auf- und Ausbau neuer Industriezweige in der Planwirtschaft am Beispiel Flugzeugbau und Mikroelektronik. In: Fischer, Wolfram (Hg.): Wirtschaft im Umbruch. St. Katharinen 1997, S. 307-334; Im Wettlauf mit Siemens. Die Entwicklung von numerischen Steuerungen für den DDR-Maschinenbau im deutsch-deutschen Vergleich. In: Baar, Lothar; Petzina, Dietmar: Deutsch-deutsche Wirtschaft 1945-1990. St. Katharinen 1999, S. 349-389.

JOCHEN STAADT
Historiker, Journalist
Geboren 1950 in Bad Kreuznach. Dr. phil.; von 1968 bis 1976 Studium der Germanistik und Politischen Wissenschaften an der FU Berlin; seit 1992 Mitarbeiter des Forschungsverbundes SED-Staat der FU Berlin und Autor der Frankfurter Allgemeinen Zeitung/Berliner Seiten – Forschungsschwerpunkte: Westpolitik der SED, deutsch-deutsche Beziehungen seit 1960, zur Zeit Abschluss eines Forschungsprojektes über die Zusammenarbeit des MfS und des MdI mit dem kubanischen Innenministerium (MININT).

Veröffentlichungen: (mit Klaus Schroeder): Der diskrete Charme des Status quo. DDR-Forschung in der Ära der Entspannungspolitik. Berlin 1992; Die geheime Westpolitik der SED 1960-1970. Berlin 1993; (Hg.): Auf höchster Stufe. Gespräch mit Erich Honecker. Berlin 1995; Im Westen nichts Neues? Dokumentation zur Diskussion um den Einfluss von SED, FDJ und MfS auf die Freie Universität Berlin. Berlin 1995; Eingaben. Die institutionalisierte Meckerkultur in der DDR. Berlin 1996; (mit Reinhard Borgmann): Deckname Markus. Spion im ZK. Berlin 1998; (mit Manfred Wilke): »Ein Hochsicherheitstrakt der Macht«. Das Zentralkomitee der SED am Marx-Engels-Platz. In: Wilderotter, Hans (Hg.): Das Haus am Werderschen Markt. Berlin 2000; Die SED und die »Generale für den Frieden«. In: Maruhn, Jürgen; Wilke, Manfred (Hg.): Raketenpoker um Europa. München 2001.

BERND STÖVER
Professor für Zeitgeschichte
Geboren 1961 in Oldenburg. Dr. phil.; von 1983 bis 1989 Studium der Geschichte und Germanistik in Göttingen und Bielefeld; Promotion 1991; 2001 habil.; Privatdozent am Lehrstuhl für Zeitgeschichte der Universität Potsdam.

Veröffentlichungen: Volksgemeinschaft im Dritten Reich. Düsseldorf 1993; (Hg.): Berichte über die Lage in Deutschland. Die Meldungen der Gruppe »Neu Beginnen« aus dem Dritten Reich 1933-1936. Bonn 1996; Hg. (mit Arnd Bauerkämper und Michael Sabrow): Doppelte Zeitgeschichte. Deutsch-deutsche Beziehungen 1945-1990. Bonn 1998; Hg. (mit Christoph Kleßmann): 1953 - Krisenjahr des Kalten Krieges in Europa. Köln 1999; Die Bundesrepublik Deutschland. Darmstadt 2002; Die Befreiung vom Kommunismus. Amerikanische Liberation Policy im Kalten Krieg 1947-1991. Köln 2002; Der Kalte Krieg. München 2003.

PHILIPP-CHRISTIAN WACHS
Historiker
Geboren 1967 in Hamburg. Dr. phil.; von 1991 bis 1998 Studium der Zeitgeschichte und internationalen Beziehungen, Volkswirtschaft und des öffentlichen Rechts in Bamberg, Paris, Berlin und München, u. a. bei Arnulf Baring und Michael Wolffsohn.
Veröffentlichungen: Die Bodenreform von 1945. Die zweite Enteignung der Familie Mendelssohn-Bartholdy. München 1994; Der Fall Theodor Oberländer (1905-1998). Ein Lehrstück deutscher Geschichte. Frankfurt/M. 2000; Die Inszenierung eines Schauprozesses gegen Theodor Oberländer vor dem Obersten Gericht der DDR. In: Buschfort, Wolfgang (Hg.): Vorträge zur deutsch-deutschen Nachkriegsgeschichte. Berlin 2001, S. 30-55; Konrad Adenauer und Theodor Oberländer. In: Wolffsohn, Michael; Brechenmacher, Thomas: Geschichte als Falle. Deutschland und die jüdische Welt. Neuried 2001.

BODO WEGMANN
Politologe
Geboren 1966 in Bremen. Von 1983 bis 1993 kaufmännischer Angestellter; von 1993 bis 1999 Studium der Politologie an der Universität Bremen und FU Berlin, Diplom-Politologe; seit 1999 freischaffender Politikwissenschaftler.
Veröffentlichungen: (mit Monika Tantzscher): SOUD. Das geheimdienstliche Datennetz des östlichen Bündnissystems. Berlin 1996; Die struktur-historische Darstellung der Entwicklung des geheimen militärischen Nachrichtendienstes der Deutschen Demokratischen Republik 1952-1990. Neustadt 1997; Zwischen Normannenstraße und Camp Nikolaus. Zur Entstehung der deutschen Nachrichtendienste nach 1945. Berlin 1999.

ULLRICH WÖSSNER
Direktor beim Bundesnachrichtendienst
Geboren 1949. Studium der Rechtswissenschaften; 1981 Eintritt in den BND; nach verschiedenen Verwendungen im In- und Ausland seit 1998 Leiter Sicherheit und Spionageabwehr sowie Geheimschutzbeauftragter des BND, Direktor.

Joachim Zöller

Leiter der Spionageabwehr des MAD

Geboren 1948 in Blutlingen (Kreis Lüchow-Dannenberg). Seit 1967 bei der Bundeswehr; ab 1978 beim MAD, dort tätig in der Spionage-, Extremismus- und Terrorismusabwehr sowie als Leiter der Gruppe Zentrale Informationsverarbeitung der Abteilung Zentrale Aufgaben; von 1993 bis 1995 Referent im Aufsichtsreferat des MAD im Bundesministerium der Verteidigung; seit 2000 Leiter der Abteilung Spionageabwehr des MAD, Oberst.